Saskia Naumann

Nachhaltigkeit durch Kaufgewährleistungsrecht

Schriften zum Europäischen und Internationalen Privat-, Bank- und Wirtschaftsrecht

EIW Band 70

Saskia Naumann

Nachhaltigkeit durch Kaufgewährleistungsrecht

Eine anreizorientierte Analyse der Grundlagen aus ökologischer Perspektive

DE GRUYTER

Dr. iur. **Saskia Naumann**, Potsdam.
Dissertation Humboldt-Universität zu Berlin 2025

ISBN 978-3-11-222451-9
e-ISBN (PDF) 978-3-11-222452-6
e-ISBN (EPUB) 978-3-11-222453-3

Library of Congress Control Number: 2025946825

Bibliografische Information der Deutschen Nationalbibliothek
Die Deutsche Nationalbibliothek verzeichnet diese Publikation in der Deutschen Nationalbibliografie; detaillierte bibliografische Daten sind im Internet über http://dnb.dnb.de abrufbar.

Druck: CPI books GmbH, Leck

www.degruyterbrill.com
Fragen zur allgemeinen Produktsicherheit:
productsafety@degruyterbrill.com

Inhalt

Abkürzungsverzeichnis

a.A.	andere Ansicht
Abs.	Absatz
AcP	Archiv für die civilistische Praxis
AEUV	Vertrag über die Arbeitsweise der Europäischen Union
a.F.	alter Fassung
Afa-Tabellen	Abschreibungstabellen für die Absetzung für Abnutzung
AFR	Annual Failure Rate
AG	Amtsgericht
AGB	Allgemeine Geschäftsbedingungen
AGBG	Gesetz zur Regelung des Rechts der Allgemeinen Geschäftsbedingungen
Am. J. Comp. Law	The American Journal of Comparative Law
Anm.	Anmerkung
Art.	Artikel
Aufl.	Auflage
B2B	Business-to-Business
B2C	Business-to-Consumer
BDI	Bundesverband der Deutschen Industrie e.V.
BeckRS	Beck-Rechtsprechung
Beschl.	Beschluss
BGB	Bürgerliches Gesetzbuch
BGH	Bundesgerichtshof
BImSchG	Bundes-Immissionsschutzgesetz
BKR	Zeitschrift für Bank- und Kapitalmarktrecht
BMU	Bundesministerium für Umwelt, Naturschutz, nukleare Sicherheit
BMUV	Bundesministerium für Umwelt, Naturschutz, nukleare Sicherheit und Verbraucherschutz
BR-Drs.	Bundesratsdrucksache
bspw.	beispielsweise
BT-Drs.	Bundestagsdrucksache
BVerfG	Bundesverfassungsgericht
bzgl.	bezüglich
bzw.	beziehungsweise
C2C	Consumer-to-Consumer
C2B	Consumer-to-Business
CE	Conformité Européenne
CEN	Comité Européen de Normalisation
CENELEC	Comité Européen de Normalisation Electrotechnique
cm	Zentimeter
CO2	Kohlenstoffdioxid
COM	Dokument der Kommission der Europäischen Gemeinschaft
CR	Computer und Recht
CSR	Corporate Social Responsibility

https://doi.org/10.1515/9783112224526-001

CSRD	Richtlinie (EU) 2022/2464 des Europäischen Parlaments und des Rates vom 14. Dezember 2022 zur Änderung der Verordnung (EU) Nr. 537/2014 und der Richtlinien 2004/109/EG, 2006/43/EG und 2013/34/EU hinsichtlich der Nachhaltigkeits-berichterstattung von Unternehmen (Corporate Sustainability Reporting Directive)
DAR	Deutsches Autorecht
ders.	derselbe
d. h.	das heißt
DIDRL	Richtlinie (EU) 2019/770 des Europäischen Parlaments und des Rates vom 20. Mai 2019 über bestimmte vertragsrechtliche Aspekte der Bereitstellung digitaler Inhalte und digitaler Dienstleistungen
dies.	dieselbe(n)
DIN	Deutsches Institut für Normung
DÖV	Die Öffentliche Verwaltung
Econ. J.	The Economic Journal
Ed.	Edition
EG	Erwägungsgrund / Europäische Gemeinschaft
EGBGB	Einführungsgesetz zum Bürgerlichen Gesetzbuch
EL	Ergänzungslieferung
ElektroG	Elektro- und Elektronikgesetz
EN	Europäische Norm
endg.	endgültig
EnVKG	Energieverbrauchskennzeichnungsgesetz
EnVKV	Energieverbrauchskennzeichnungsverordnung
ERPL	European Review of Private Law
ESRS	European Sustainability Reporting Standard(s)
EU	Europäische Union
EuCML	Journal of European Consumer and Market Law
EuGH	Europäischer Gerichtshof
EU-GrCh	Charta der Grundrechte der Europäischen Union, 2000/C 364/01
EUV	Vertrag über die Europäische Union
EuZW	Europäische Zeitschrift für Wirtschaftsrecht
EVPG	Energieverbrauchsrelevante-Produkte-Gesetz
e.V.	eingetragener Verein
EWG	Europäische Wirtschaftsgemeinschaft
EWR	Europäischer Wirtschaftsraum
f.	folgend(e)
ff.	folgende(n)
FIT	Failure in Time
Fn.	Fußnote
FS	Festschrift
GG	Grundgesetz
ggf.	gegebenenfalls
gGmbH	gemeinnützige Gesellschaft mit beschränkter Haftung
GPR	Zeitschrift für das Privatrecht der Europäischen Union
grds.	grundsätzlich
GRUR	Gewerblicher Rechtsschutz und Urheberrecht

HGB	Handelsgesetzbuch
HGB-E	Handelsgesetzbuch-Entwurf
Hrsg.	Herausgeber
HS.	Halbsatz
IEC	International Electrotechnical Commission
IMDS	International Material Data System
insb.	insbesondere
InTeR	Zeitschrift zum Innovations- und Technikrecht
IP	Internet Protocol
i.R.d.	im Rahmen des/der
i.S.d.	im Sinne des/der
ISO	International Organization for Standardization
i.V.m.	in Verbindung mit
J. Consum. Policy	Journal of Consumer Policy
J. Econ. Theory	Journal of Economic Theory
J. Leg. Stud.	The Journal of Legal Studies
J. Polit. Econ.	Journal of Political Economy
JuMiKo	Justizministerkonferenz
JuS	Juristische Schulung
JZ	JuristenZeitung
KMU	Kleine und mittlere Unternehmen
KOM	Dokument der Kommission der Europäischen Gemeinschaft
KrWG	Kreislaufwirtschaftsgesetz
LDK	Lebensdauerklasse
Lfg.	Lieferung
lit.	littera (lateinisch für Buchstabe)
mind.	mindestens
Mio.	Million
MMR	Zeitschrift für IT-Recht und Recht der Digitalisierung
MTBF	Mean Time between Failure
MTTF	Mean Time to Failure
MTTR	Mean Time to Repair
m.w.N.	mit weiteren Nachweisen
NGO	Non-Governmental Organisation
NJW	Neue Juristische Wochenschrift
NJW-RR	Neue Juristische Wochenschrift Rechtsprechungs-Report Zivilrecht
Nr.	Nummer
NVwZ	Neue Zeitschrift für Verwaltungsrecht
NZM	Neue Zeitschrift für Miet- und Wohnungsrecht
NZV	Neue Zeitschrift für Verkehrsrecht
Ökodesign-RL	Richtlinie 2009/125/EG des Europäischen Parlaments und des Rates vom 21. Oktober 2009 zur Schaffung eines Rahmens für die Festlegung von Anforderungen an die umweltgerechte Gestaltung energieverbrauchsrelevanter Produkte
Ökodesign-VO	Verordnung (EU) 2024/1781 des Europäischen Parlaments und des Rates vom 13. Juni 2024 zur Schaffung eines Rahmens für die Festlegung von Ökodesign-Anforderungen für nachhaltige Produkte, zur Änderung der Richtlinie

	(EU) 2020/1828 und der Verordnung (EU) 2023/1542 und zur Aufhebung der Richtlinie 2009/125/EG
OLG	Oberlandesgericht
ONR	ON-Regel des Austrian Standards International
POH	Power-On Hours
ProBas	Prozessorientierte Basisdaten für Umweltmanagement-Instrumente
ProdHaftG	Produkthaftungsgesetz
ProdSG	Produktsicherheitsgesetz
ProdSV	Verordnung zum Produktsicherheitsgesetz
Q. J. Econ.	The Quarterly Journal of Economics
RabelsZ	Rabels Zeitschrift für ausländisches und internationales Privatrecht
RL	Richtlinie
Rn.	Randnummer
S.	Satz/Seite
SDG(s)	Sustainable Development Goal(s)
SMR	Schuldrechtsmodernisierungsreform
s.o.	siehe oben
sog.	sogenannte/r
South. Econ. J.	Southern Economic Journal
stRspr.	ständige Rechtsprechung
u. a.	unter anderem
UAbs.	Unterabsatz
UBA	Umweltbundesamt
UN	United Nations
UNCED	United Nations Conference on Environment and Development (Konferenz der Vereinten Nationen für Umwelt und Entwicklung)
Univ. Chic. Law Rev.	The University of Chicago Law Review
Urt.	Urteil
usw.	und so weiter
UWG	Gesetz gegen den unlauteren Wettbewerb
v.	vom
v.a.	vor allem
Verbraucherrechte-RL	Richtlinie 2011/83/EU des Europäischen Parlaments und des Rates vom 25. Oktober 2011 über die Rechte der Verbraucher, zur Abänderung der Richtlinie 93/13/EWG des Rates und der Richtlinie 1999/44/EG des Europäischen Parlaments und des Rates sowie zur Aufhebung der Richtlinie 85/577/EWG des Rates und der Richtlinie 97/7/EG des Europäischen Parlaments und des Rates
VerfBlog	Verfassungsblog
VGKRL	Richtlinie 1999/44/EG des Europäischen Parlaments und des Rates vom 25. Mai 1999 zu bestimmten Aspekten des Verbrauchsgüterkaufs und der Garantien für Verbrauchsgüter
vgl.	vergleiche
VSMK	Verbraucherschutzministerkonferenz
VuR	Verbraucher und Recht
vzbv	Verbraucherzentrale Bundesverband

WCED	World Commission on Environment and Development (Weltkommission für Umwelt und Entwicklung)
WKRL	Richtlinie (EU) 2019/771 des Europäischen Parlaments und des Rates vom 20. Mai 2019 über bestimmte vertragsrechtliche Aspekte des Warenkaufs, zur Änderung der Verordnung (EU) 2017/2394 und der Richtlinie 2009/22/EG sowie zur Aufhebung der Richtlinie 1999/44/EG
WM	Zeitschrift für Wirtschafts- und Bankrecht
Yale Law J.	The Yale Law Journal
z. B.	zum Beispiel
ZEuP	Zeitschrift für Europäisches Privatrecht
ZfDR	Zeitschrift für Digitalisierung und Recht
ZfPW	Zeitschrift für die gesamte Privatrechtswissenschaft
ZfU	Zeitschrift für Umweltpolitik & Umweltrecht
ZGR	Zeitschrift für Unternehmens- und Gesellschaftsrecht
ZHR	Zeitschrift für das gesamte Handelsrecht und Wirtschaftsrecht
Ziff.	Ziffer
ZIP	Zeitschrift für Wirtschaftsrecht
ZRP	Zeitschrift für Rechtspolitik
ZUM	Zeitschrift für Urheber- und Medienrecht
ZUR	Zeitschrift für Umweltrecht
ZVP	Journal of Consumer Policy/Zeitschrift für Verbraucherpolitik

Einführung

Klimawandel als die zentrale Herausforderung des 21. Jahrhunderts ist ein globales Problem, das uns alle angeht. Nicht nur die Vereinten Nationen[1], auch die Europäische Kommission[2] und die deutsche Bundesregierung[3] postulieren eine nachhaltige Entwicklung. Nachhaltigkeit ist in aller Munde, doch was bedeutet dies? Wann ist eine Entwicklung nachhaltig und wie kann die und der Einzelne dazu beitragen?

Nachhaltigkeit ist ein Querschnittsthema, welches die Weltbevölkerung in jedem Lebensbereich betrifft. Eine der bedeutsamsten Ursachen der Klimakrise stellt die Wegwerfgesellschaft dar, in der wir leben. Heutige Herstellungsprozesse und das Konsumverhalten führen zu Umweltbeeinträchtigungen und müssen sich grundlegend ändern. Eine Strategie zur Bekämpfung von negativen Umweltauswirkungen und zur Etablierung einer nachhaltigen Entwicklung muss sich daher auch auf die Bereiche der Produktion und Konsumtion beziehen. Umweltschutz ist eine Aufgabe eines jeden Individuums. Jeder kann einen Beitrag zum Schutz unseres Planeten leisten. Es vollzieht sich bereits ein Wertewandel in der Bevölkerung, in der Konsumverhalten immer mehr hinterfragt wird und Fertigungsprozesse umweltschonend fortentwickelt werden. Das Nachhaltigkeitsbewusstsein nimmt stetig zu. Allerdings reicht der Kauf eines „grünen" Produkts, das nicht per Transport um die ganze Welt den Weg nach Deutschland gefunden hat, nicht aus, um dem Klimawandel effektiv zu begegnen. Produktionsprozesse und Konsumgewohnheiten müssen vielmehr eine strukturelle Umwandlung erfahren.

Recht ist ein entscheidendes Mittel der Nachhaltigkeitstransformation. Nicht nur kann es konkrete Grenzwerte für industrielle CO2-Ausstöße festsetzen, auch kann es als Instrument dienen, um Verhalten von Marktakteuren zu steuern. So fällt der Blick auf das Kaufrecht, welches unmittelbar Käufer und Verkäufer adressiert,[4] als diejenigen Marktteilnehmer, die produzieren und konsumieren. Kaufgewährleistungsrecht ist Teil des Systems rechtlicher Steuerungsmechanis-

---

1 *Konferenz der Vereinten Nationen über Umwelt und Entwicklung*, Rio-Erklärung über Umwelt und Entwicklung, 1992; *Konferenz der Vereinten Nationen für Umwelt und Entwicklung*, AGENDA 21, 1992; *Generalversammlung Vereinte Nationen*, Transformation unserer Welt: die Agenda 2030 für nachhaltige Entwicklung, 2015.

2 *Europäische Kommission*, Der europäische Grüne Deal, COM(2019) 640 final, 11.12.2019.

3 *Die Bundesregierung*, Deutsche Nachhaltigkeitsstrategie, Weiterentwicklung 2021, 15.12.2020.

4 Die in der Arbeit gewählte männliche Form bei Personenbezeichnungen und personenbezogenen Hauptwörtern bezieht sich immer zugleich auf Personen aller Geschlechter. Aus Gründen der einfacheren Lesbarkeit, der sprachlichen Vereinfachung sowie der Konformität mit der Wortwahl des Gesetzgebers wird auf eine Mehrfachbezeichnung verzichtet.

https://doi.org/10.1515/9783112224526-002

men. Die kaufgewährleistungsrechtlichen Mechanismen können nachhaltigkeitsfördernde Anreize setzen und Restriktionen für umweltschädigendes Verhalten bereitstellen. Sie können über das im Einzelfall gekaufte Produkt hinaus Einfluss auf nachhaltige Strukturen in der Herstellung und im Konsumverhalten nehmen. Regelungen aus dem Zivilrecht und Umweltschutz können hier ineinander übergehen und miteinander verzahnt werden. Nachhaltigkeit kann durch Kaufgewährleistungsrecht verfolgt werden. Strategien zur Erreichung bestimmter Nachhaltigkeitsziele können in das rechtliche Normgefüge des Kaufgewährleistungssystems etabliert werden und so einen Beitrag zum Schutz unserer Umwelt leisten. Welche konkreten Nachhaltigkeitsziele durch die Verfolgung bestimmter Strategien mittels kaufgewährleistungsrechtlicher Mechanismen verfolgt werden können, wie sie Einfluss auf das Verhalten von Produzenten und Konsumenten nehmen und in welchem Ausmaß negative Umweltbeeinträchtigungen vermieden werden können, ist Inhalt dieser Untersuchung.

A. Hintergrund und Anlass der Untersuchung

Dass die Menschheit mit ihrem Verhalten weitreichende Umweltzerstörung betreibt und zukünftiges Leben auf der Erde gefährdet, dürfte wohl kaum noch bezweifelt werden. Der menschengeschaffene Klimawandel bedroht unsere Existenz immens. Wirtschaftswachstum und steigender Konsum bedingen sich gegenseitig und gleichzeitig sind alle Ressourcen auf der Erde nur begrenzt verfügbar, was regelmäßig schlicht ignoriert wird. Bei der Herstellung neuer Waren werden Unmengen an schädlichen Stoffen in die Atmosphäre gepumpt und der nie endende Wunsch nach mehr und den neuesten Produkten lassen die Abfallberge wachsen. Die Konsum- und Produktionsmuster schädigen die Umwelt in mehrdimensionaler Weise. Dies gibt Anlass zur Debatte, wie der anhaltenden Umweltzerstörung entgegengewirkt werden kann. Jeder Einzelne kann und sollte seinen Beitrag zum Schutz unseres Planeten leisten.

Im Zentrum der Diskussionen steht immer wieder die Frage nach einer nachhaltigen Entwicklung. In der Wirtschaft nimmt die Bedeutung von Nachhaltigkeit stetig zu. Auch in der Bevölkerung hat sich ein gewisses Nachhaltigkeitsbewusstsein etabliert und nachhaltige Entscheidungen werden zum Teil anerkennend gewürdigt. Doch was genau bedeutet „Nachhaltigkeit“ und wann ist eine Entwicklung „nachhaltig“? Der Begriff ist vage und ihm wird (zurecht) vorgeworfen, nicht operabel und viel zu komplex zu sein. Daher ist es von besonderer Bedeutung den Begriff in unterschiedliche Forschungsdisziplinen zu tragen und seine konkrete Ausgestaltung im jeweiligen Gebiet und Forschungsrahmen festzulegen.

Der Schutz der Natur und der Erde im Ganzen ist eine gesamtgesellschaftliche Aufgabe, an der sich alle Disziplinen beteiligen können und, angesichts des Grads der Umweltzerstörung, auch müssen.[5] Ein einziges Allheilmittel zur Erreichung von Nachhaltigkeit existiert nicht.[6] Vielmehr bedarf es eines Verbunds von miteinander in Einklang stehenden Instrumenten.[7] Da es sich vorliegend um eine juristische Dissertation handelt, bezieht und beschränkt sich die hier geführte Debatte auf rechtliche Mechanismen. Das Augenmerk liegt auf dem Einfluss von Recht auf Umweltzerstörung bzw. Umweltschutz. Dabei kann Recht als ein Instrument unter vielen angesehen werden, welches auf eine Transformation zu einer nachhaltigen Gesellschaft hinwirkt. Die Umsetzung von Zielen des Umweltschutzes ist ein langwieriger Prozess, der nicht ohne Konfliktlösungen auskommt und Engagement, unter anderem und vor allem auch, von Wissenschaft und Forschung erfordert, die wegweisende Reformimpulse geben.

Der Umfang der Diskussionen und Beiträge, inwiefern öffentliche Regulierung Nachhaltigkeitsziele zu erreichen vermag, ist recht groß. Seltener wird beleuchtet, inwieweit Zivilrecht, und insbesondere das Kaufgewährleistungsrecht, aktuell bereits Potenzial bietet, um Nachhaltigkeitsziele zu verfolgen und inwieweit hier konkrete nachhaltigkeitsfördernde Reformoptionen bestehen. Nachhaltigkeitspolitik wird in diesem Bereich bislang nicht aktiv betrieben. Insoweit eine nachhaltige Entwicklung als Lebensstil wahrgenommen wird, ist sie in Recht und Politik noch nicht umgesetzt und ein nachhaltiger Wandel bedarf weiterer Durchsetzung. Dabei regelt das Zivilrecht den zentralen Bereich, wenn es um Produktnutzung geht, nämlich den Zugang zu Produkten, zum Beispiel durch Kaufvertragsschluss als die häufigste Form des Konsums, und ist daher von herausstechender Bedeutung.[8] Das Zivilrecht hat bereits und kann weitere nachhaltigkeitsfördernde Konzepte einführen, welche den rechtlichen Handlungsrahmen von Rechtssubjekten festlegen. Zivilrechtliche Regelungen gelten zwischen Privatrechtssubjekten. Durch die Gestaltung der Rechtsbeziehung zwischen Produktanbieter und Konsument können sie Produktions- und Konsumgewohnheiten adressieren.[9] Zivilrechtlichen Mechanismen wohnt großes Potenzial inne, Nachhaltigkeit zum Entscheidungsparameter zu machen und Handlungen von Individuen in nachhaltiger Weise zu beeinflussen. Weil Verbraucherrecht, und insbesondere das Kaufgewährleistungsrecht, und

5 So auch *Halfmeier*, AcP 216 (2016), 717, 720, welcher die nachhaltige Entwicklung als eine gesamtgesellschaftliche Aufgabe bezeichnet.

6 *Rehbinder*, NVwZ 2002, 657, 665.

7 *Schlacke/Stadermann/Grunow*, UBA Texte 24/2012, 2012, S. 7.

8 *Schlacke/Stadermann/Grunow*, UBA Texte 24/2012, 2012, S. 16 ff.

9 Die Bedeutung des Zivilrechts für die Produktnutzung ebenso betonend *Schlacke/Stadermann/Grunow*, UBA Texte 24/2012, 2012, S. 19.

Umweltrecht sich weitgehend separat entwickelt haben, ist es schon seit langem an der Zeit, Bereiche des Verbraucherrechts und Verbraucherschutzes mit Umweltschutz und Nachhaltigkeitszielen in Einklang zu bringen.[10] Umweltschutz ist eine gesamtgesellschaftliche Aufgabe. Es bedarf eines staatlichen Einschreitens, um das Handeln von vielen Normadressaten zu beeinflussen, in ihrer nachhaltigen Auswirkung zu verstärken und für strukturelle Veränderungen zu sorgen.

B. Anspruch an die Untersuchung

Ziel dieser Arbeit ist es, die Möglichkeiten und Grenzen des Kaufgewährleistungsrechts, konkrete Nachhaltigkeitsziele zu verfolgen, herauszuarbeiten und das Potenzial zur Erreichung dieser Ziele einzuschätzen. Untersucht wird, inwieweit das Kaufgewährleistungsrecht bereits de lege lata Nachhaltigkeitsziele erreichen kann und inwiefern der Gesetzgeber kaufgewährleistungsrechtliche Regelungen ändern sollte, um Nachhaltigkeitsziele effektiver de lege ferenda erreichen zu können. Normen und Mechanismen des Gewährleistungsrechts, welche geeignet sind, bestimmten Nachhaltigkeitszielen nachzugehen, sollen identifiziert, analysiert und ggf. fortentwickelt werden. Bereits bestehende Ideen und Konzepte in Hinblick auf Nachhaltigkeit durch Kaufgewährleistungsrecht werden aufgegriffen, unter mehreren Gesichtspunkten diskutiert und weiterentwickelt. Dabei soll der Diskurs zur Erreichung einer nachhaltigen Entwicklung wieder und weiter entfacht werden und neue Gedanken und Rechtsmodelle eingebracht werden. Weil das Kaufgewährleistungsrecht europarechtlich determiniert ist, richtet sich der Gesetzesänderungsauftrag zumeist an den europäischen Gesetzgeber. Die Untersuchung soll somit einen Beitrag zu künftigen europäischen Rechtsvereinheitlichungsprojekten[11] leisten und aufzeigen, wie die Umwelt und folglich die Erde geschützt werden kann.

10 *Micklitz*, EuCML 2019, 229, 230, 237, der fordert, dass Verbraucherrecht unter der Prämisse einer nachhaltigen Entwicklung von Grund auf neu gedacht werden sollte.

11 Die Ergebnisse dieser Arbeit in Hinblick auf das Erreichen von Nachhaltigkeitszielen sowie die darauf begründeten und vorgeschlagenen Gesetzesänderungen sollte die Europäische Kommission bei der Überprüfung der WKRL beachten. Gem. Art. 25 WKRL überprüft diese nämlich spätestens am 12.06.2024 die Anwendung der WKRL und bewertet, ob die Richtlinie einen einheitlichen und kohärenten Rahmen für das ordnungsgemäße Funktionieren des Binnenmarktes in Einklang mit den für die Politikbereiche der Union maßgeblichen Grundsätzen gewährleistet und fügt ihrem Bericht gegebenenfalls Gesetzgebungsvorschläge bei.

C. Gegenstand der Untersuchung

Das Zivilrecht kann auf vielen Ebenen mit mannigfaltigen Instrumenten unterschiedliche Nachhaltigkeitsziele verfolgen und fördern. Gegenstand dieser Arbeit ist allein das aktuell geltende Kaufgewährleistungsrecht und die Analyse der kaufgewährleistungsrechtlichen Mechanismen im Hinblick auf Nachhaltigkeitsaspekte. Von Relevanz ist daher die Warenkaufrichtlinie[12], die vom deutschen Gesetzgeber nicht ausschließlich für den Bereich des Verbrauchsgüterkaufs umgesetzt wurde. Um unterschiedliche Regelungsmodelle und deren Auswirkungen analysieren und gegenüberstellen zu können, wird auch auf das Kaufrecht eingegangen, wie es vor der Schuldrechtsmodernisierungsreform[13] 2002 sowie nach der SMR zwischen 2002 und 2021 in Folge der Umsetzung der Verbrauchsgüterkaufrichtlinie[14] bestand. Bei der Untersuchung nicht außer Acht gelassen werden können öffentlich-rechtliche Instrumente, die zwar grds. durch staatliche Behörden durchgesetzt werden, aber auch mit Hilfe des Kaufgewährleistungsrechts Wirkung entfalten können. Daneben erfahren auch andere zivilrechtliche Normen im Rahmen des Kaufgewährleistungsrechts Relevanz. In die Betrachtung fließen demnach auch Regelungen aus BGB-fremden Gesetzen mit ein, wie solche des UWG oder ProdSG sowie Bestimmungen nach der Ökodesign-VO[15] und der Verbraucherrechte-RL.[16]

Der Untersuchungsgegenstand umfasst hingegen nicht das gesamte Zivilrecht. Andere Vertragstypen neben dem Kauf wie Miete oder Pacht werden nicht näher beleuchtet. Ihnen ist aber zuzugestehen, dass ihr Einfluss auf das Erreichen von Nachhaltigkeitszielen auch groß ist. Da der Kauf der Vertragstyp ist, der in der

---

12 Richtlinie (EU) 2019/771 des Europäischen Parlaments und des Rates vom 20. Mai 2019 über bestimmte vertragliche Aspekte des Warenkaufs, zur Änderung der Verordnung (EU) 2017/2394 und der Richtlinie 2009/22/EG sowie zur Aufhebung der Richtlinie 1999/44/EG, sog. Warenkaufrichtlinie und nachfolgend „WKRL".

13 Nachfolgend „SMR".

14 Richtlinie 1999/44/EG des Europäischen Parlaments und des Rates vom 25. Mai 1999 zu bestimmten Aspekten des Verbrauchsgüterkaufs und der Garantien für Verbrauchsgüter, sog. Verbrauchsgüterkaufrichtlinie und nachfolgend „VGKRL".

15 Verordnung (EU) 2024/1781 des Europäischen Parlaments und des Rates vom 13. Juni 2024 zur Schaffung eines Rahmens für die Festlegung von Ökodesign-Anforderungen für nachhaltige Produkte, zur Änderung der Richtlinie (EU) 2020/1828 und der Verordnung (EU) 2023/1542 und zur Aufhebung der Richtlinie 2009/125/EG, sog. „Ökodesign-VO".

16 Richtlinie 2011/83/EU des Europäischen Parlaments und des Rates vom 25. Oktober 2011 über die Rechte der Verbraucher, zur Abänderung der Richtlinie 93/13/EWG des Rates und der Richtlinie 1999/44/EG des Europäischen Parlaments und des Rates sowie zur Aufhebung der Richtlinie 85/577/EWG des Rates und der Richtlinie 97/7/EG des Europäischen Parlaments und des Rates, sog. „Verbraucherrechte-RL".

Praxis am häufigsten vorkommt und Leitbildcharakter[17] hat, liegt das Hauptaugenmerk auf ihm. Die Untersuchung beschränkt sich zudem auf die schuldvertragsrechtlichen Mechanismen des Kaufvertragsrechts und bezieht darüber hinaus keine Regelungen aus den Bereichen des Sachenrechts, Bereicherungsrechts oder Deliktsrechts[18] mit ein.

Aber auch bei der Untersuchung des Kaufgewährleistungsrechts wird nicht auf alle erdenklichen Mechanismen eingegangen, die bestimmte Aspekte der Nachhaltigkeit positiv beeinflussen können und durchaus von erheblichem Gewicht sind. Außer Acht gelassen werden bereits im Anwendungsbereich digitale Dienstleistungen und digitale Inhalte, für die besondere Regelungen aufgrund der Richtlinie über digitale Inhalte und Dienstleistungen[19], die in §§ 327 ff. BGB umgesetzt wurden, gelten, sowie Immaterialgüter, Immobilien, Lebens-, Arznei- und Pflanzenschutzmittel und Medizinprodukte. Der Fokus liegt auf beweglichen Waren und Waren mit digitalen Elementen, insb. auf Elektro- und Elektronikgeräten, die aufgrund ihres physischen Daseins und ihres Fertigungsprozesses eine herausragende Rolle für die Umwelt spielen. Das Kaufgewährleistungsrecht und die hier diskutierten Änderungsvorschläge wirken sich zwar nicht lediglich unerheblich auf den Gebrauchtwarenmarkt aus, dennoch würde die Einbeziehung von gebrauchten Waren den Rahmen dieser Arbeit sprengen. Nicht vergessen werden darf dabei jedoch, dass gerade der Gebrauchtwarenmarkt die Kreislaufwirtschaft ankurbelt und einen bedeutenden Beitrag zu einer nachhaltigen Entwicklung leistet. Auf Rechtsfolgenseite beim Vorliegen eines Mangels konzentriert sich die Untersuchung auf den Rechtsbehelf der Nacherfüllung und geht nicht tiefgehend auf den Rücktritt, die Minderung oder den Schadensersatz ein.

In die Analyse, Abwägung und Bewertung fließen auch Erwägungen des europäischen sowie des deutschen Gesetzgebers mit ein. Dabei wird die Existenz der Richtlinien und der deutschen Normen hingenommen und nicht hinsichtlich der Gesetzgebungskompetenz und korrekten Harmonisierung begutachtet. Sofern neue Regelungen oder die Abänderung bestehender Normen vorgeschlagen und bewertet werden, wird ebenfalls nicht darauf eingegangen, ob dies formal-rechtlich möglich ist. Da die WKRL grundsätzlich vollharmonisierend ist, kann der deutsche Gesetzgeber keine hiervon abweichenden rein national geltenden Rege-

---

17 *Grundmann* in: Riesenhuber, Europäische Methodenlehre, 3. Aufl. 2015, 172, 181 Rn. 24.

18 Siehe zur deliktsrechtlichen Haftung für Umweltschäden *Gsell*, ZHR 2023, 392.

19 Richtlinie (EU) 2019/770 des Europäischen Parlaments und des Rates vom 20. Mai 2019 über bestimmte vertragsrechtliche Aspekte der Bereitstellung digitaler Inhalte und digitaler Dienstleistungen, nachfolgend „DIDRL“.

lungen treffen.[20] Insoweit können die gemachten Änderungsvorschläge als solche aufgefasst werden, die sich an den europäischen Gesetzgeber richten. Aber auch seine konkrete Gesetzgebungskompetenz wird hierbei nicht näher erläutert, ebenso wenig wie potenzielle Verstöße gegen europäisches Primärrecht, zum Beispiel eine Beschränkung und mögliche Rechtfertigung der Warenverkehrsfreiheit. Genauso wenig erfolgt eine Rechtfertigung auf nationaler Ebene bzgl. der Schaffung von zwingendem Privatrecht und Eingriffe in die Privatautonomie.

Auch, wenn auf einzelne Regelungen aus anderen Gesetzestexten eingegangen wird, erfolgt keine Untersuchung des gesamten anderen Rechtsgebiets. So wird nicht näher darauf eingegangen, inwiefern z. B. die Mechanismen des Wettbewerbsrechts, Abgabenrechts, Abfallrechts, Kreislaufwirtschaftsrechts oder Produktsicherheitsrechts dazu geeignet sind, Nachhaltigkeitsziele zu verfolgen.

Auch bezieht sich diese Untersuchung ausdrücklich lediglich auf die Eignung des Kaufgewährleistungsrechts, Nachhaltigkeitsziele zu erreichen. Der vorgelagerten Frage, welche rechtlichen Instrumente aus welchem Rechtsgebiet und mittels welcher Durchsetzung am besten oder effektivsten dazu geeignet sind, wird nicht nachgegangen. Auch, wenn dies wichtige Aspekte sind, um beurteilen zu können, wie gesamtgesellschaftlich am ehesten auf eine nachhaltige Entwicklung hinzuwirken ist, darf nicht geleugnet werden, dass jede Disziplin einen Beitrag leisten kann und muss. Wie groß die Auswirkung eines Beitrags durch das Kaufgewährleistungsrecht im Vergleich zu anderen rechtlichen Instituten ist, wird dabei nicht näher analysiert. Auch auf die unterschiedliche Effektivität einer privaten im Gegensatz zu einer öffentlichen Rechtsdurchsetzung wird nicht eingegangen. Um auf eine umfassende nachhaltige Entwicklung hinzuwirken und die anhaltende Umweltzerstörung einzudämmen ist jeder Beitrag zwingend notwendig.

In diesem Rahmen ist daher auch zu berücksichtigen, dass das Kaufgewährleistungsrecht, als zivilrechtliches Instrument, dessen Regelungen lediglich zwischen den betroffenen Privatrechtssubjekten Wirkung entfalten und sich auf Kaufgegenstände beziehen, nicht sämtliche Umweltbelange und Klimaprobleme adressieren kann. Die Arbeit konzentriert sich auf negative Umweltauswirkungen, die durch Produktions- und Konsummuster in Hinblick auf Waren entstehen, die Teil eines Kaufvertrags sind. Es wird auf produktbezogene Umweltprobleme eingegangen. Dabei wird noch näher zu erläutern sein, auf welche Aspekte eines Produktlebenszyklus das Kaufgewährleistungsrecht im Speziellen Einfluss nehmen kann.

---

20 Ausnahmen stellen sog. Öffnungsklauseln dar, wie sie beispielsweise in Art. 10 Abs. 6, Art. 16 Abs. 3 S. 2 oder Art. 17 Abs. 4 WKRL enthalten sind.

Insoweit die ökonomische Analyse des Rechts für die Bewertung und im Rahmen der Argumentationsstruktur herangezogen und angewendet wird, erfolgt keine separate methodologische Rechtfertigung der Anwendung der Erkenntnisse hieraus.[21]

D. Methode der Untersuchung

Um herauszuarbeiten, ob, wie und mit welchem Wirkungsgrad Kaufgewährleistungsrecht Nachhaltigkeitsziele adressieren, verfolgen und erreichen kann, sind vorerst vom Recht losgelöst konkrete ökologische Ziele festzulegen. Diese werden die Prämisse der gesamten Untersuchung bilden.

Zunächst werden die Normen des Kaufgewährleistungsrechts in dogmatischer Hinsicht beleuchtet, um herauszuarbeiten, ob das Erreichen von Zielen in Hinblick auf eine nachhaltige Entwicklung bereits vom Gesetzgeber angelegt ist. Wenn den Regelungen nicht explizit ökologische Erwägungen zugrunde liegen, wird untersucht, ob die Norm grundsätzlich geeignet ist auf eine bestimmte Art und Weise Nachhaltigkeitsziele zu verfolgen. In einem zweiten Schritt erfolgt eine Beurteilung und Bewertung der rechtlichen Mechanismen dahingehend, in welchem Ausmaß, Umfang und zu welcher Effektivität diese in der Lage sind die konkreten Nachhaltigkeitsziele zu verfolgen und auch tatsächlich zu erreichen. Hierbei wird insbesondere auf Auswirkungen auf die Verhaltensweisen der Marktakteure, nämlich Verkäufer und Käufer, die unmittelbare Adressaten des Kaufrechts sind, eingegangen. In die Diskussion fließen Überlegungen mit ein, wie die zivilrechtlichen Regelungen anders ausgestaltet und geändert werden könnten, um die definierten Nachhaltigkeitsziele auf eine „bessere“ und weitreichendere Art und Weise zu verfolgen und zu erreichen.

Lösungskonzepte lassen sich jedoch nicht lediglich durch Anwendung einer Disziplin erarbeiten. Zielführender ist vielmehr eine interdisziplinäre Forschung, welche Grundlagen, Methoden und Erkenntnisse aus Rechtswissenschaft, Wirtschaftswissenschaft und Umweltwissenschaft in Zusammenschau betrachtet und in die Argumentation einfließen lässt.[22] In Hinblick auf den Sinn und Zweck sowie die Wirkungsweise von Regelungen ist das Recht nicht nur in dogmatischer Hinsicht zu beleuchten, sondern es sind seine wirtschaftlichen Hintergründe unter Beachtung der ökologischen Zielsetzung zu untersuchen. Bei Zugrundelegung des

21 Siehe hierzu aber überblicksweise *Wagner* in: FS Canaris, 2017, 281.

22 Siehe zur Entwicklung des Verständnisses von Rechtswissenschaft als reine Dogmatik hin zur Dominanz von pluralistischen und quellenoffenen Wertungsmodellen *Grundmann*, JZ 2024, 469, 469 ff. m.w.N.

Nachhaltigkeitsbestrebens dürfen Folgeprobleme, die sich aus der Anwendung aktuell geltender oder neu vorgeschlagener Normen und den damit einhergehenden Handlungen der Marktakteure ergeben, nicht außer Acht gelassen werden. Die tatsächlichen Folgen, die sich aus der Anwendung des Rechts ergeben, bilden den Kern der Debatte, inwiefern Nachhaltigkeitsziele mittels Kaufgewährleistungsrecht erreicht werden können oder bei Gesetzesänderung erreicht werden könnten und stellen die Grundlage der Bewertung der Regelungen dar.

Auf Basis der interdisziplinären Argumentation in Bezug auf unterschiedliche Normausgestaltungen kann eine Bewertung dieser dahingehend erfolgen, welche Ausgestaltung die „beste" Lösungsstrategie zur Erreichung von Nachhaltigkeitszielen beinhaltet. Ein präziser Bewertungsmaßstab muss demgegenüber erst noch festgelegt werden.

E. Gang der Untersuchung

Die Arbeit gliedert sich in vier Teile. Im ersten Teil werden sämtliche Grundlagen, die für die nachfolgende Analyse und Bewertung relevant sind, erläutert. Insbesondere werden konkrete Nachhaltigkeitsziele herausgearbeitet, für die sich das Kaufgewährleistungsrecht als besonders fruchtbar erweisen kann und welche die Prämisse der gesamten Untersuchung bilden. Zudem wird ein Bewertungsmaßstab festgelegt, um unter mehreren rechtlichen Lösungsvorschlägen den nachhaltigsten zu identifizieren. Kernstück dieser Arbeit bilden der zweite und dritte Teil. Sie stellen die Strategien einer nachhaltigen Entwicklung ausführlich dar, zeigen Folgeprobleme und unterschiedliche Lösungswege auf. Der zweite Teil lässt sich in drei große Themenbereiche gliedern, wobei die dargestellten Mechanismen nicht als in sich geschlossene und abgrenzbare Regelungen zu verstehen sind. Sie werden nicht separat betrachtet, sondern bedingen und beeinflussen sich gegenseitig und sind im Zusammenhang zu sehen und zu bewerten. Dies ergibt sich bereits daraus, dass das Vorliegen eines Mangels für sich genommen keine Auswirkungen auf das Wirtschaftsgeschehen hat, solange dieser vom Käufer nicht durch die Geltendmachung eines Abhilferechts gerügt wird. Erst in diesem Zeitpunkt entfalten die Regelungen des Kaufgewährleistungsrechts ihre Wirkung. Die im dritten Teil aufgeführten und vorgeschlagenen rechtlichen Mechanismen beziehen sich auf alle drei Themenkomplexe des zweiten Teils, vereinen die dort klassifizierten Problemschwerpunkte und versuchen übergreifende Lösungskonzepte bereitzustellen. Schließlich erfolgt im vierten Teil eine Gesamtbetrachtung, in der die Möglichkeiten und Grenzen des Kaufgewährleistungsrechts als Gesamtmechanismus und Strategie zur Erreichung von Nachhaltigkeitszielen aufgezeigt werden.[23]

23 Einschlägige Literatur und Materialien wurden bis einschließlich 31.07.2024 berücksichtigt und zuletzt aktualisiert am 30.06.2025.

Erster Teil: Grundlagen

Dem Hauptteil der Untersuchung des Kaufgewährleistungsrechts in Hinblick auf seinen Beitrag zu einer nachhaltigen und umweltgerechten Entwicklung muss ein Grundlagenkapitel vorangehen. Nachfolgend soll zuvorderst die Prämisse der gesamten Untersuchung herausgearbeitet werden (A.). Es bedarf konkreter ökologischer Zielsetzungen anhand derer sich die Analyse und Bewertung der rechtlichen Mechanismen orientiert. Sodann wird das Bewertungskriterium festgelegt, das den Maßstab dafür bildet, welche Normausgestaltung einer anderen vorzuziehen ist, um bestimmte Nachhaltigkeitsziele zu erreichen (B.). Dieses Bewertungskriterium ist argumentationsleitend für den Hauptteil der Untersuchung.

A. Nachhaltigkeit durch Kaufgewährleistungsrecht

Inhalt dieser Arbeit ist die Analyse des Kaufgewährleistungsrechts unter dem Gesichtspunkt von Nachhaltigkeit bei Berücksichtigung ökonomischer Gegebenheiten und Erkenntnisse. Es wird untersucht, inwiefern kaufgewährleistungsrechtliche Mechanismen Nachhaltigkeitsziele verfolgen können oder sollten. Der Begriff Nachhaltigkeit unterliegt einem sehr breiten Verständnis. Letztlich könnte man so gut wie alles hierunter subsumieren, was entfernt einen Bezug zur Umwelt aufweist. Um konkrete Untersuchungsmaßstäbe aufzustellen und Ziele formulieren zu können, unter denen das Kaufgewährleistungsrecht beleuchtet werden kann, muss vorweg hinreichend spezifisch erläutert werden, welche Bedeutung Nachhaltigkeit in dem hiesigen Kontext hat. Mit Hilfe eines konkreten Nachhaltigkeitsbegriffs können die kaufgewährleistungsrechtlichen Regelungen dahingehend analysiert und bewertet werden, ob sie in ihrer aktuellen Ausgestaltung in der Lage sind, Nachhaltigkeit zu fördern und zu erreichen und ob und wie sie gegebenenfalls überarbeitet werden könnten und sollten, um Nachhaltigkeitsziele (noch effektiver und umfangreicher) zu verfolgen.

Zur Erarbeitung der Prämisse der hiesigen Arbeit werden unterschiedliche Begriffsverständnisse von Nachhaltigkeit dargestellt (I.) und konkrete Aspekte der Nachhaltigkeit herausgearbeitet, die für die Untersuchung relevant sind (II.). Sodann wird begründet, inwiefern Nachhaltigkeit Eingang in das Zivilrecht finden kann (III.) und welche, noch zu formulierenden, Nachhaltigkeitsziele in welcher Art und Weise vom Kaufgewährleistungsrecht in Bezug genommen werden können (IV.).

https://doi.org/10.1515/9783112224526-003

I. Begriffsverständnis: Nachhaltigkeit

Das Konzept von Nachhaltigkeit ist für das Recht schwer greifbar und schwer operationalisierbar. Damit der Begriff der Nachhaltigkeit im Recht angewendet werden kann, muss er in seiner Komplexität reduziert werden. Um Kaufgewährleistungsrecht unter dem Gesichtspunkt der Nachhaltigkeit untersuchen und bewerten zu können, bedarf es vordergründig der Erläuterung, welches Verständnis von Nachhaltigkeit zugrunde gelegt werden soll. Nachhaltigkeit ist ein wertungsoffener Begriff, der viele unterschiedliche Facetten hat und dem in jedem Themenbereich eine eigenständige Bedeutung zukommen kann. Er ist unterschiedlicher Deutung und Verwendungszwecke gänzlich offen. Aufgrund der Generalität und Unbestimmtheit des Nachhaltigkeitsbegriffs ist eine Konkretisierung seiner Vorgaben und Kennzeichen erforderlich. Der Anspruch der nachfolgenden Ausführungen ist dabei nicht, eine konkrete Definition der Nachhaltigkeit zu finden oder sich auf eine bestimmte Auslegung der Nachhaltigkeit festzulegen. Vielmehr ist die für die nachfolgende Untersuchung relevante Bedeutung bzw. konkrete Ausformung eines Teils des Begriffs der Nachhaltigkeit zu klären. So werden Leitlinien für die Beurteilung vorgegeben, ob die zu untersuchenden Regelungssysteme Nachhaltigkeit erreichen oder hemmen und wie sie ggf. geändert werden könnten, um der Hemmung entgegenzuwirken und Nachhaltigkeit in diesem Sinne zu fördern.

Es erfolgt demnach eine, grundsätzlich in allen Rechtgebieten erforderliche, Operationalisierung des Nachhaltigkeitsverständnisses sowie die Entwicklung von Handlungsanweisungen und Bewertungsmaßstäben. Dabei werden zunächst außerjuristische Definitionsansätze dargestellt und sodann auf ein rechtswissenschaftlich fundiertes Nachhaltigkeitsverständnis eingegangen.

1. Eindimensionaler Nachhaltigkeitsbegriff

Nachhaltigkeit kann als Sicherung der ökologischen, d.h. ressourcenökonomischen, Nachhaltigkeit verstanden werden.[24] Sie bezieht sich konkret nur auf Fragen der Fortexistenz der natürlichen Lebensgrundlagen.[25] Dieses sog. eindimensionale Nachhaltigkeitsbegriffsverständnis umfasst die Erhaltung der natürlichen Lebensgrundlagen für künftige Generationen und der damit einhergehenden Sicherung und Schonung ökologischer Ressourcen durch vorausschauende Planung,

24 *Halfmeier*, VuR 2022, 3, 3; *Jarass* in: Jarass/Pieroth GG, 18. Aufl. 2024, GG Art. 20a Rn. 10; *Nettesheim* in: Grabitz/Hilf/Nettesheim, EUV/AEUV, 84. EL 2025, AEUV Art. 11 Rn. 21.

25 *Halfmeier*, AcP 216 (2016), 717, 721 f.

Pflege und Bewirtschaftung.[26] Hierzu müssen Stoffkreisläufe geschlossen werden und mit den ökosystemischen Prozessen und Funktionen übereinstimmen.[27] Daraus folgen die Grundsätze, dass der Verbrauch erneuerbarer Ressourcen nicht größer sein darf als ihre Regenerationsrate, dass nicht erneuerbare Ressourcen nur dann und in einem Umfang genutzt werden dürfen, in denen der physische und funktionell gleichwertige Einsatz von erneuerbaren Ressourcen nicht möglich ist oder nicht gleich effizient wäre, und dass bei der Menge von Abfällen und Emissionen die Absorptionsfähigkeit der Umwelt und die Tragfähigkeit natürlicher Systeme beachtet wird.[28]

Nachhaltigkeit im ökologischen Sinne steht hierbei im Mittelpunkt der Betrachtung und ihr wird grds. Vorrang eingeräumt, sodass soziale und ökonomische Entwicklungen nur sekundär relevant werden, wenn und weil dies zur Erreichung ökologischer Ziele erforderlich ist und weil sie lediglich als Ursache und Folge von Umweltbelastungen angesehen werden.[29] Demnach sollen sich Wirtschaftswachstum und Umweltbelastungen, in Besonderem der Ressourcenverbrauch, auch nicht mehr gegenseitig bedingen.[30]

Um bereits hier einen Bezug zum produktbezogenen Kaufgewährleistungsrecht herzustellen, lassen sich entsprechend dem eindimensionalem Nachhaltigkeitsverständnis folgende Leitsätze formulieren. Der Umgang mit Ressourcen muss effizient sein, die Produktverantwortung erstreckt sich auf die ökologische Verträglichkeit, die Langlebigkeit und die Kreislauffähigkeit von Produkten und es muss auf die Etablierung innovativer umweltschonender und die Eliminierung umweltbelastender Handlungsalternativen hingewirkt werden.[31]

---

26 *Kahl* in: Streinz, EUV/AEUV, 3. Aufl. 2018, AEUV Art. 11 Rn. 22; *Kahl* in: Kahl, Nachhaltigkeit als Verbundbegriff, 2008, 1, 17; *Murswiek* in: Sachs GG, 10. Aufl. 2024, GG Art. 20a Rn. 37; *Schulze-Fielitz* in: Dreier, Grundgesetz-Kommentar, 3. Aufl. 2015, GG Art. 20a Rn. 40.

27 *Die Bundesregierung*, Deutsche Nachhaltigkeitsstrategie, Weiterentwicklung 2021, 15.12.2020, S. 92.

28 *Die Bundesregierung*, Deutsche Nachhaltigkeitsstrategie, Weiterentwicklung 2021, 15.12.2020, S. 92; *Jarass* in: Jarass/Pieroth GG, 18. Aufl. 2024, GG Art. 20a Rn. 10; *Kahl* in: Streinz, EUV/AEUV, 3. Aufl. 2018, AEUV Art. 11 Rn. 23; *Kahl* in: Kahl, Nachhaltigkeit als Verbundbegriff, 2008, 1, 18; *Murswiek* in: Sachs GG, 10. Aufl. 2024, GG Art. 20a Rn. 32, 38; *Nettesheim* in: Grabitz/Hilf/Nettesheim, EUV/AEUV, 84. EL 2025, AEUV Art. 11 Rn. 21; *Schulze-Fielitz* in: Dreier, Grundgesetz-Kommentar, 3. Aufl. 2015, GG Art. 20a Rn. 39.

29 *Hellgardt/Jouannaud*, AcP 222 (2022), 163, 168; *Michelsen/Adomßent* in: Heinrichs/Michelsen, Nachhaltigkeitswissenschaften, 2014, 3, 28.

30 *Kahl* in: Streinz, EUV/AEUV, 3. Aufl. 2018, AEUV Art. 11 Rn. 23; *Kahl* in: Kahl, Nachhaltigkeit als Verbundbegriff, 2008, 1, 19.

31 *Hellgardt/Jouannaud*, AcP 222 (2022), 163, 169 f.

2. Drei-Säulen-Modell

Nachhaltigkeit kann, entgegen der Auffassungen des eindimensionalen, ökologischen Nachhaltigkeitsbegriffs, in dreidimensionaler Weise verstanden werden. Die ökologische Dimension des Nachhaltigkeitsbegriffs und die bereits vorgenommene Definition (s. o. Erster Teil A.I.1.) beansprucht grundsätzlich und vollumfänglich Geltung. Im Unterschied zum rein ökologischen Verständnis einer nachhaltigen Entwicklung finden ebenso wirtschaftliche und soziale Belange Eingang in das Konzept von Nachhaltigkeit.

Nachhaltigkeit als Begriff wurde erstmals diskussionswirksam ausdrücklich im sog. Brundtland-Bericht von 1987 beschrieben. Die *World Commission on Environment and Development* (WCED) definiert *„sustainable development“* als *„development that meets the needs of the present without compromising the ability of future generations to meet their own needs“*.[32] Dies bedeutet, dass nachhaltige Entwicklung eine solche ist, die den Bedürfnissen der heutigen Generation entspricht, ohne die Möglichkeit künftiger Generationen zu gefährden, ihre eigenen Bedürfnisse zu befriedigen.

Der Grundsatz der Förderung nachhaltiger Entwicklung in der Europäischen Union geht zurück auf die Definition durch die WCED sowie die Zielvorstellungen, die auf der Konferenz der Vereinten Nationen für Umwelt und Entwicklung (UNCED) in Rio de Janeiro 1992 entwickelt, in 27 Grundsätzen in der Rio-Deklaration sowie in der Agenda 21 niedergeschrieben und die mit den von der UN-Vollversammlung 2015 verabschiedeten 17 *„Sustainable Development Goals“* (SDGs), die Bestandteil der Agenda 2030 sind, weiterentwickelt wurden.[33] Der Definition von *„sustainable development“* durch die WCED wird zumeist das Verständnis zugrunde gelegt, dass ökonomische, ökologische und soziale Entwicklungen zwangsläufig miteinander verbunden sind.[34] Die drei Säulen müssen zukunftsbezogen be-

---

32 *World Commission on Environment and Development*, Report of the World Commission on Environment and Development: Our Common Future, 1987, Chapter 2 Rn. 1.

33 Siehe ausführlich zur Historie des Nachhaltigkeitsbegriffs *Generalversammlung Vereinte Nationen*, Transformation unserer Welt: die Agenda 2030 für nachhaltige Entwicklung, 2015; *Konferenz der Vereinten Nationen über Umwelt und Entwicklung*, Rio-Erklärung über Umwelt und Entwicklung, 1992; *Konferenz der Vereinten Nationen für Umwelt und Entwicklung*, AGENDA 21, 1992; *Michelsen/Adomßent* in: Heinrichs/Michelsen, Nachhaltigkeitswissenschaften, 2014, 3, 3 ff.

34 *Calliess* in: Calliess/Ruffert, EUV/AEUV, 6. Aufl. 2022, AEUV Art. 11 Rn. 13; *Calliess* in: Dürig/Herzog/Scholz, 106. EL 2024, GG Art. 20a Rn. 97 f., 101; *Generalversammlung Vereinte Nationen*, Transformation unserer Welt: die Agenda 2030 für nachhaltige Entwicklung, 2015, S. 1; *Kluth* in: Kluth/Smeddinck, Umweltrecht, 2. Aufl. 2020, § 1 Rn. 12; *Kotzur* in: Geiger/Khan/Kotzur/Kirchmair, EUV/AEUV, 7. Aufl. 2023, AEUV Art. 11 Rn. 2; *Kotzur*, DÖV 2005, 313, 318 f.; Siehe zum dreidimensionalen Nachhaltigkeitsbegriff im Völkerrecht *Schlacke*, Umweltrecht, 8. Aufl. 2021, S. 192, § 8 Rn. 20 m.w.N.

trachtet werden, sodass auch von einem vierdimensionalen Verständnis ausgegangen werden kann.[35] Die zu berücksichtigenden Säulen stehen in keinem Rangverhältnis, sondern haben alle ein gleiches Gewicht und müssen miteinander in Einklang bzw. Ausgleich gebracht werden, sodass ihre Zielvorgaben effizient, d.h. optimal, verwirklicht werden.[36] Die Bundesregierung versteht unter nachhaltiger Entwicklung das Ziel, die natürlichen Lebensgrundlagen der Erde dauerhaft zu sichern und allen Menschen jetzt und in Zukunft ein Leben in Würde zu ermöglichen, verweist dabei auf den Brundtland-Bericht und geht somit ebenfalls von einem dreidimensionalen Begriffsverständnis aus.[37] Andere hingegen legen dem Brundtland-Bericht ein engeres Verständnis zugrunde und sprechen sich gegen die Interpretation von Nachhaltigkeit in dreidimensionaler Weise aus (dazu unter S. 66 ff.).[38] Die Begriffe der Nachhaltigkeit in diesem weiten Verständnis und nachhaltige Entwicklung meinen dasselbe, sie laufen damit parallel.[39]

3. Nachhaltigkeit unter rechtlichen Bezugspunkten

Wie Nachhaltigkeit als Ziel zu verstehen ist, das Kaufgewährleistungsrecht verfolgen kann und sollte, kann sich unter Zugrundelegung höherrangigen Rechts ergeben, das Bezug zu Nachhaltigkeit und Umwelt nimmt. Es ist von großem Nutzen, sich an anderen rechtlichen Festsetzungen zu orientieren. Solche sind ggf. sogar bindend für die Auslegung zivilrechtlicher Normen oder können zumindest relevanter Maßstab sein, um ein einheitliches Verständnis von Nachhaltigkeit in der Rechtswissenschaft zu erlangen.

a) Unionsrechtlich

Die Europäische Union hat sich in Art. 3 Abs. 3 UAbs. 1 S. 2 EUV selbst das Ziel gesetzt, auf die nachhaltige Entwicklung Europas hinzuwirken. Dies soll auf der Grundlage eines ausgewogenen Wirtschaftswachstums und von Preisstabilität, eine

35 *Gehne*, Nachhaltige Entwicklung als Rechtsprinzip, 2011, S. 78.

36 *Calliess* in: Dürig/Herzog/Scholz, 106. EL 2024, GG Art. 20a Rn. 101; *Gehne*, Nachhaltige Entwicklung als Rechtsprinzip, 2011, S. 76 ff.; *Kahl* in: Kahl, Nachhaltigkeit als Verbundbegriff, 2008, 1, 9; *Kahl*, DÖV 2009, 2, 6; *Kluth* in: Kluth/Smeddinck, Umweltrecht, 2. Aufl. 2020, § 1 Rn. 12 f.; *Neuner*, ZfPW 2024, 127, 132.

37 *Die Bundesregierung*, Deutsche Nachhaltigkeitsstrategie, Weiterentwicklung 2021, 15.12.2020, S. 91.

38 *Bosselmann*, The Principle of Sustainability, 2. Ed. 2017, S. 26 ff.; *Ekardt*, Theorie der Nachhaltigkeit, 3. Aufl. 2021, S. 67 f.; *Klimke/Wetenkamp/Dahlke*, Rechtsfortbildung in Zeiten planetarer Krisen, VerfBlog, 16.06.2023; *Schirmer*, ZEuP 2021, 35, 38 f.; *Schröter/Bosselmann*, ZUR 2018, 195, 203.

39 *Calliess* in: Dürig/Herzog/Scholz, 106. EL 2024, GG Art. 20a Rn. 96; *Kahl* in: Kahl, Nachhaltigkeit als Verbundbegriff, 2008, 1, 8.

in hohem Maße wettbewerbsfähige soziale Marktwirtschaft sowie ein hohes Maß an Umweltschutz und Verbesserung der Umweltqualität geschehen. In Art. 3 Abs. 5 S. 2 EUV verpflichtet sich die Union, und damit sowohl die Unionsorgane als auch die unionspolitisch handelnden Mitgliedstaaten,[40] einen Beitrag zu globaler nachhaltiger Entwicklung zu leisten. In der Präambel des EUV heißt es, dass der wirtschaftliche und soziale Fortschritt der Völker im Rahmen der Verwirklichung des Binnenmarktes, der Stärkung des Zusammenhalts und des Umweltschutzes sowie unter Berücksichtigung des Grundsatzes der nachhaltigen Entwicklung gefördert werden soll und Politiken verfolgt werden sollen, die gewährleisten, dass Fortschritte bei der wirtschaftlichen Integration mit parallelen Fortschritten auf anderen Gebieten einhergehen.

Nach Art. 11 AEUV müssen die Erfordernisse des Umweltschutzes bei der Festlegung und Durchführung der Unionspolitiken und -maßnahmen, insbesondere zur Förderung einer nachhaltigen Entwicklung, einbezogen werden. Ziele der Umweltpolitik der Union sind gem. Art. 191 Abs. 1 AEUV die Erhaltung und Schutz der Umwelt sowie die Verbesserung ihrer Qualität, der Schutz der menschlichen Gesundheit, die umsichtige und rationelle Verwendung der natürlichen Ressourcen und die Förderung von Maßnahmen auf internationaler Ebene zur Bewältigung regionaler oder globaler Umweltprobleme und insbesondere zur Bekämpfung des Klimawandels. Dabei soll die Umweltpolitik auf ein hohes Schutzniveau abzielen und beruht auf den Grundsätzen der Vorsorge und Vorbeugung, auf dem Grundsatz, Umweltbeeinträchtigungen mit Vorrang an ihrem Ursprung zu bekämpfen, sowie auf dem Verursacherprinzip, Art. 191 Abs. 2 UAbs. 1 AEUV. Die Ziele, die Art. 3 EUV aufstellt, sind sowohl untereinander als auch im Verhältnis zu den Zielen des Art. 191 AEUV als gleichrangig anzusehen.[41]

Zu den Grundsätzen europäischer Außenpolitik gehört gem. Art. 21 Abs. 2 lit. d) EUV die Förderung einer nachhaltigen Entwicklung in Bezug auf Wirtschaft, Gesellschaft und Umwelt in den Entwicklungsländern mit dem vorrangigen Ziel, die Armut zu beseitigen.

Auch die europäische Grundrechtecharta verschreibt sich dem Umweltschutz. Nach Art. 37 EU-GRCh muss in die europäische Politik ein hohes Umweltschutzniveau sowie die Verbesserung der Umweltqualität mit einbezogen werden und nach dem Grundsatz der nachhaltigen Entwicklung sichergestellt werden. In der Präambel der EU-GRCh ist zu lesen, dass die Union bestrebt ist, eine nachhaltige Entwicklung zu fördern.

---

40 *Ruffert* in: Callies/Ruffert, EUV/AEUV, 6. Aufl. 2022, EUV Art. 3 Rn. 4 f.

41 *Krämer* in: von der Groeben/Schwarze/Hatje, 7. Aufl. 2015, AEUV Vor. Art. 191–193 Rn. 102, 104.

Durch die Formulierungen in EUV und AEUV sowie das Nebeneinander von ökologischen, sozialen und ökonomischen Belangen ergibt sich ein europäisches Nachhaltigkeitsverständnis im Sinne des dreidimensionalen Nachhaltigkeitsbegriffs.[42] Den grundsätzlich primär ökonomischen Erwägungen des Europarechts, die sich in den Unionszielen widerspiegeln, kommt große Bedeutung zu, die Ökonomie wurde aber unter Art. 3 Abs. 3 EUV durch die nachhaltige Entwicklung Europas als Kernziel abgelöst, welches ökonomische, ökologische sowie soziale Belange verbindet.[43] Es wird bewusst ein ausgewogenes Wirtschaftswachstum angestrebt, das gerade nicht um den Preis des Umweltschutzes und der Umweltqualität verfolgt werden soll.[44] Zudem gilt es, Umweltbeeinträchtigungen von vornherein zu vermeiden und nicht lediglich die negativen Umweltauswirkungen im Nachhinein zu beseitigen. Es wird damit deutlich, dass dem Umweltschutz eine herausgehobene Stellung zukommt.

b) Nationalstaatsrechtlich

Art. 20a GG zufolge schützt der Staat auch in Verantwortung der künftigen Generationen die natürlichen Lebensgrundlagen im Rahmen der verfassungsmäßigen Ordnung durch die Gesetzgebung und nach Maßgabe von Gesetz und Recht durch die vollziehende Gewalt und die Rechtsprechung. Der Schutz natürlicher Lebensgrundlagen ist ebenso in allen Landesverfassungen statuiert.[45] Die natürliche Lebensgrundlage erfasst die Grundlagen allen Lebens und die gesamte natürliche Umwelt des Menschen, sei es die vom Menschen unberührte Natur wie auch die vom Menschen geschaffene und beeinflusste Natur.[46] Teil des grundrechtlich verankerten Umweltschutzes ist das Vorsorgeziel, wonach Risikominimierung und Ressourcenschonung verfolgt werden, sodass Umweltgefahren und Umweltschäden bereits vor ihrer Entstehung vermieden werden können, sowie das

42 *Calliess* in: Calliess/Ruffert, EUV/AEUV, 6. Aufl. 2022, AEUV Art. 11 Rn. 13; *Calliess* in: Dürig/Herzog/Scholz, 106. EL 2024, GG Art. 20a Rn. 102; *Kotzur* in: Geiger/Khan/Kotzur/Kirchmair, EUV/AEUV, 7. Aufl. 2023, AEUV Art. 11 Rn. 2; *Kotzur*, DÖV 2005, 313, 318 f.; Siehe zum dreidimensionaler Nachhaltigkeitsbegriff im Völkerrecht *Schlacke*, Umweltrecht, 8. Aufl. 2021, S. 192, § 8 Rn. 20 m.w.N.

43 *Kotzur*, DÖV 2005, 313, 318.

44 *Kotzur*, DÖV 2005, 313, 319.

45 Art. 11 SHVerf; Art. 12 MVVerf; Art. 11a BremVerf; Präambel HmbVerf; Art. 1 Abs. 2, Art. 6c NDSVerf; Art. 2 Abs. 1, Art. 35 LSAVerf; Art. 2 Abs. 1, Art. 39 und 40 BbgVerf; Art. 31 BLNVerf; Art. 10 SaVerf; Art. 29a NRWVerf; Art. 26b HV; Art. 31 ThürVerf; Art. 69 RhPfVerf; Art. 59a SLVerf; Art. 3a BWLV; Art. 141 BV.

46 *Epiney* in: Huber/Voßkuhle, 8. Aufl. 2024, GG Art. 20a Rn. 59 f.; *Jarass* in: Jarass/Pieroth GG, 18. Aufl. 2024, GG Art. 20a Rn. 3; *Rux* in: BeckOK GG, 61. Ed. 15.03.2025, GG Art. 20a Rn. 10 ff.; *Schulze-Fielitz* in: Dreier, Grundgesetz-Kommentar, 3. Aufl. 2015, GG Art. 20a Rn. 32.

Verursacherprinzip, wonach der Verursacher von Umweltschäden für die Beseitigung, Verminderung und den Kostenausgleich verantwortlich ist.[47] Durch den Bezug auf künftige Generationen wird deutlich, dass Umweltschutz gegenwärtig als auch zukunftsgerichtet betrieben wird, was Ausdruck des Nachhaltigkeitsprinzips ist.[48] Die natürlichen Lebensgrundlagen müssen für künftige Generationen erhalten bleiben und Umweltschutzlasten müssen zwischen den Generationen verhältnismäßig aufgeteilt werden und dürfen nicht einseitig zu Freiheitsbelastungen künftiger Generationen führen, obwohl schon heute die Lebensgrundlage schützende Maßnahmen vorgenommen werden können.[49] Die Grundrechte sichern Freiheit intertemporal und schützen daher vor einer einseitigen Verlagerung von erforderlichen Umweltschutzmaßnahmen in die Zukunft.[50] Der Umweltschutz als Staatsaufgabe stellt somit einen Teilbereich des Nachhaltigkeitsprinzips dar.[51]

c) Zusammenfassung

Aus den europarechtlichen Normen und dem GG ergibt sich, dass Umweltschutz in gegenwärtiger und zukunftsgerichteter Hinsicht ausgeübt werden muss, wobei als Umwelt die natürlichen Lebensgrundlagen bezeichnet werden. Umweltschutz umfasst dabei das Vorsorge- und Verursacherprinzip. Daraus ergibt sich, dass Normen so ausgestaltet sein sollen, dass Umweltschäden von vornherein nicht entstehen und dass jene Marktakteure adressiert werden sollen, deren Handeln potenziell die Umwelt schädigt.

Damit geben die rechtlichen Grundlagen zwar eine Richtung des Nachhaltigkeitsverständnisses vor. Eine konkrete Definition, was nun unter Nachhaltigkeit oder nachhaltiger Entwicklung, wie es in den Normen heißt, zu verstehen ist, geben sie hingegen nicht. Die Formulierungen enthalten selbst wertungsoffene Begrifflichkeiten und bieten noch keinen konkreten auslegungsrelevanten Mehrwert.

---

47 *Epiney* in: Huber/Voßkuhle, 8. Aufl. 2024, GG Art. 20a Rn. 116 f.; *Jarass* in: Jarass/Pieroth GG, 18. Aufl. 2024, GG Art. 20a Rn. 8 f.; *Schlacke*, Umweltrecht, 8. Aufl. 2021, S. 54 ff., § 3 Rn. 3 ff., 11 ff.; Siehe ausführlich zum Vorsorgeprinzip des Gesetzgebers *Bernsdorff*, NuR 1997, 328, 332 f.

48 *Bernsdorff*, NuR 1997, 328, 332; *Calliess* in: Dürig/Herzog/Scholz, 106. EL 2024, GG Art. 20a Rn. 96 ff.; *Epiney* in: Huber/Voßkuhle, 8. Aufl. 2024, GG Art. 20a Rn. 73; *Murswiek* in: Sachs GG, 10. Aufl. 2024, GG Art. 20a Rn. 32; *Rehbinder*, NVwZ 2002, 657, 658; BVerfG, Beschl. v. 13.03.2007, 1 BvF 1/05, NVwZ 2007, 937, 941.

49 BVerfG, Beschl. v. 24.03.2021, 1 BvR 2656/18, 1 BvR 78/20, 1 BvR 96/20, 1 BvR 288/20, NJW 2021, 1723, 1738 f. Rn. 192 f.

50 BVerfG, Beschl. v. 24.03.2021, 1 BvR 2656/18, 1 BvR 78/20, 1 BvR 96/20, 1 BvR 288/20, NJW 2021, 1723, 1737 Rn. 183.

51 *Wieland*, ZUR 2016, 473, 475.

II. Konkrete Aspekte der Nachhaltigkeit

Es ist noch nicht eindeutig geklärt, was unter Nachhaltigkeit im Konkreten für die hiesigen Zwecke zu verstehen ist. Die Definitions- und Erklärungsversuche des Prinzips der Nachhaltigkeit bleiben auf einem abstrakten Niveau und es fehlt bislang an Tiefenschärfe.[52] Zur Bestimmung von Zielen, die durch kollektives Handeln erreicht werden sollen, müssen die Ursachen von Umweltproblemen zugrunde gelegt werden und zur Durchsetzung der Ziele muss zwischen ihnen ein systematischer und theoretischer Zusammenhang hergestellt werden.[53] Tatsächliche und praktische Wirkung kommt dem Nachhaltigkeitsgrundsatz erst durch Relationierung der Ziele und Schutzgüter zu, die dann einer konkreten Abwägung und einem Ausgleich zugänglich sind.[54] Um die formulierten Ziele zu erreichen und Rechtsgüter zu schützen, bedarf es genauer Handlungsanweisungen, die unter Berücksichtigung zukünftig eintretender Bedingungen und Konsequenzen der Handlung getroffen werden.[55]

Demzufolge erfolgt nun eine Darstellung von Teilaspekten der Nachhaltigkeit zur bereichsspezifischen Konkretisierung, welche im Rahmen des Gewährleistungsrechts besonders fruchtbar gemacht werden können und anhand derer eine Begutachtung zivilrechtlicher Mechanismen erfolgen kann. Ursachen und Zusammenhänge von Umweltzerstörung werden aufgezeigt und bilden die Grundlage für die Formulierung von Nachhaltigkeitszielen.

1. Problemdarstellung: Ein Teilaspekt der Umweltzerstörung

Umweltzerstörung, unter anderem und insbesondere, ist den nicht nachhaltigen Konsumgewohnheiten und Produktionsweisen zuzuschreiben.[56] Ihnen kommen zwar positive Funktionen zu, indem Konsum individuelle Bedürfnisse befriedigt und die damit einhergehende Produktion Wirtschaftswachstum begünstigt.[57] Gleichzeitig führt wachsender Konsum und steigende Produktion zu erhöhtem Verbrauch von Ressourcen, indem Werkstoffe abgebaut, gehandelt, zu Waren verarbeitet und als Abfall entsorgt werden oder als Emissionen schädlicher Che-

52 Hinsichtlich des grundlegenden Charakters eines Prinzips sowie des Unterschieds zwischen Prinzip und Regelung siehe *Bosselmann*, The Principle of Sustainability, 2. Ed. 2017, S. 54 ff., 64 ff.

53 *Oberender/Zerth* in: Kahl, Nachhaltigkeit als Verbundbegriff, 2008, 554, 567.

54 *Lepsius* in: Kahl, Nachhaltigkeit als Verbundbegriff, 2008, 326, 329 f.

55 *Lepsius* in: Kahl, Nachhaltigkeit als Verbundbegriff, 2008, 326, 330 f.

56 *Konferenz der Vereinten Nationen für Umwelt und Entwicklung*, AGENDA 21, 1992, Kapitel 4, S. 18; *World Commission on Environment and Development*, Report of the World Commission on Environment and Development: Our Common Future, 1987, Chapter 2 Rn. 5.

57 Siehe *Michel*, Premature Obsolescence, 2022, S. 2 f.

mikalien in Boden, Wasser und Luft ausgestoßen werden, sowie deren Transport im In- und Ausland.[58] Die Verarbeitung von Materialien führt in nicht unerheblichem Maße zum Biodiversitätsverlust und zu Flächen- und Wasserverbrauch und zu deren Verschmutzung.[59] Ein hoher Energieverbrauch und Treibhausgasemissionen beruhen zu einem großen Teil auf der Industrietätigkeit.[60] So lassen sich etwa 50 % der gesamten Treibhausgasemissionen sowie mehr als 90 % des Biodiversitätsverlusts und des Wasserstresses auf die Gewinnung und Verarbeitung von Rohstoffen zurückführen.[61]

Der Ressourcenverbrauch wirkt sich immer intensiver auf die Umwelt aus durch die immer weiter anwachsende Anzahl an produzierten Waren und ihrer relativ kurzen Nutzungsdauer, wodurch auch das Abfallaufkommen steigt.[62] Studien zeigen, dass die Erstnutzungsdauer von den meisten Produktgruppen, vor allem von Haushaltsgroßgeräten, immer weiter sinkt.[63] Die kurzen Nutzungszeit-

58 *Die Bundesregierung*, Deutsche Nachhaltigkeitsstrategie, Weiterentwicklung 2021, 15.12.2020, S. 296 f.; *Europäische Kommission*, Der europäische Grüne Deal, COM(2019) 640 final, 11.12.2019, S. 8; *Fischer/Moch/Prakash/Teufel/Stieß/Kresse/Birzle-Harder*, UBA Texte 11/2019, 2019, S. 21; *Petersen*, NVwZ 2022, 921, 921.

59 *Europäische Kommission*, Der europäische Grüne Deal, COM(2019) 640 final, 11.12.2019, S. 8; *Fischer/Moch/Prakash/Teufel/Stieß/Kresse/Birzle-Harder*, UBA Texte 11/2019, 2019, S. 21, 92.

60 *Europäische Kommission*, Der europäische Grüne Deal, COM(2019) 640 final, 11.12.2019, S. 8; *Fischer/Moch/Prakash/Teufel/Stieß/Kresse/Birzle-Harder*, UBA Texte 11/2019, 2019, S. 41 m.w.N.

61 *Europäische Kommission*, Ein neuer Aktionsplan für die Kreislaufwirtschaft, COM(2020) 98 final, 11.03.2020, S. 2.

62 *Prakash/Dehoust/Gsell/Schleicher/Stamminger*, UBA Texte 11/2016, 2016, S. 21; *Prakash/Dehoust/Gsell/Schleicher/Stamminger*, UBA Texte 10/2015, 2015, S. 14, 25 ff.; *Schlacke/Tonner/Gawel*, JZ 2016, 1030, 1031; Siehe zum Abfallaufkommen in Deutschland *Smeddinck* in: Kluth/Smeddinck, Umweltrecht, 2. Aufl. 2020, § 3 Rn. 8.

63 Siehe *Prakash/Dehoust/Gsell/Schleicher/Stamminger*, UBA Texte 11/2016, 2016, Kapitel 5, zusammenfassend S. 282; *Prakash/Dehoust/Gsell/Schleicher/Stamminger*, UBA Texte 10/2015, 2015, S. 17, 41 ff. m.w.N.; EG 8 der Verordnung (EU) 2019/2022 der Kommission vom 1. Oktober 2019 zur Festlegung von Ökodesign-Anforderungen an Haushaltsgeschirrspüler gemäß der Richtlinie 2009/125/EG des Europäischen Parlaments und des Rates, zur Änderung der Verordnung (EG) Nr. 1275/2008 der Kommission und zur Aufhebung der Verordnung (EU) Nr. 1016/2010 der Kommission verweist darauf, dass sich die Lebensdauer von Haushaltsgeschirrspülern in den vergangenen Jahren verkürzt hat und sich dieser Trend fortsetzen dürfte; Die gleiche Aussage trifft EG 8 der Verordnung (EU) 2019/2023 der Kommission vom 1. Oktober 2019 zur Festlegung von Ökodesign-Anforderungen an Haushaltswaschmaschinen und Haushaltstrockner gemäß der Richtlinie 2009/125/EG des Europäischen Parlaments und des Rates, zur Änderung der Verordnung (EG) Nr. 1275/2008 der Kommission und zur Aufhebung der Verordnung (EU) Nr. 1015/2010 der Kommission in Hinblick auf Haushaltswaschmaschinen; Siehe auch *Cooper*, 27 J. Consum. Policy 421, 428 ff., 444 (2004), wonach Umfragen ergaben, dass Konsumenten regelmäßig eine höhere als die tatsächliche Lebensdauer erwarteten.

räume und die damit einhergehende Ressourcenverschwendung resultieren insbesondere aus dem unternehmensseitigen hohen Druck zur Kosteneinsparung, den kurzen Produktzyklen aufgrund von Scheininnovationen sowie aus der unzureichenden Zeit für Produktentwicklung aufgrund des Wettbewerbsdrucks.[64] Eine Vielzahl von Produkten wird außer Dienst gestellt, obwohl sie noch funktionieren oder zumindest reparierbar sind.[65] Jährlich entstehen ca. 35 Mio. Tonnen Abfall, ca. 261 Mio. Tonnen Treibhausgasemissionen in der EU und es werden ca. 30 Mio. Tonnen Ressourcen verschwendet durch die Entsorgung von meist noch reparierbaren und nutzbaren Produkten.[66] Vor allem Elektro- und Elektronikgeräte führen aufgrund ihrer schnellen Wachstumsrate, weil noch teilweise funktionierende Geräte nicht reparierbar sind, ihre Batterie nicht ausgetauscht werden kann oder keine Unterstützung der Software mehr erfolgt zu einem besonders hohen Abfallaufkommen.[67] Der zunehmende Austausch von Elektro- und Elektronikprodukten hat enorme Auswirkungen auf die Umwelt, weil für ihre Herstellung Ressourcen wie unterschiedliche und seltene Metalle benötigt werden, deren Gewinnung und Verarbeitung mit großem Materialaufwand, Flächen- und Energieverbrauch sowie Treibhausgasemissionen einhergehen und welche nur schwer recycelt werden können.[68] Vor allem der aus der frühzeitigen Entsorgung entstehende Elektroschrott besteht aus vielen wertvollen und knappen Metallen wie Gold, Platin, Kupfer, Aluminium oder Stahl, und erfährt mehrheitlich ein Downcycling, womit ein Wert- und Qualitätsverlust dieser Materialien einhergeht.[69]

Die Gefährdung der Lebensgrundlagen besteht damit in dem ansteigenden Konsum und der steigenden Produktion von Waren bei gleichzeitiger Verringerung

64 *Gregory*, 14(1) South. Econ. J. 24, 44 (1947); *Longmuß/Poppe/Neef* in: Longmuß/Poppe, Geplante Obsoleszenz, 2019, 39, 61; *Michel*, Premature Obsolescence, 2022, S. 64 ff.; *Schridde/Kreiß/Winzer*, Geplante Obsoleszenz, 2013, S. 18 f., 56.

65 *Cooper*, 27 J. Consum. Policy 421, 437 (2004), wonach Umfragen ergaben, dass 33 % der Befragten noch funktionsfähige Geräte ausrangierten und mehr als 21 % der Befragten reparaturbedürftige Geräte entsorgten.

66 *Vertretung in Deutschland*, Pressemitteilung: Kampf gegen Wegwerfgesellschaft: Kommission will Recht auf Reparatur, 22.03.2023.

67 *Europäische Kommission*, Ein neuer Aktionsplan für die Kreislaufwirtschaft, COM(2020) 98 final, 11.03.2020, S. 8; So auch *Croon-Gestefeld*, ZEuP 2024, 379, 381 m.w.N.

68 *Prakash/Dehoust/Gsell/Schleicher/Stamminger*, UBA Texte 10/2015, 2015, S. 26 f.; *Fischer/Moch/Prakash/Teufel/Stieß/Kresse/Birzle-Harder*, UBA Texte 11/2019, 2019, S. 16, 34, 41 m.w.N., 54; So auch *Michel*, Premature Obsolescence, 2022, S. 3.

69 *Verbraucherkommission Baden-Württemberg* in: Brönneke/Wechsler, Obsoleszenz interdisziplinär, 2015, 309, 313 m.w.N.

der Konsumzeit pro Ware.[70] Demgegenüber stellt ein höherer Konsum gerade keine Garantie dafür dar, dass unsere Befriedigung und Zufriedenheit zunimmt.[71] Die Herstellungsphase sowie die Entsorgung von Waren stellen dabei die umweltrelevantesten Lebenszyklusphasen dar.[72] Ein Lebenszyklus erfasst die aufeinanderfolgenden und miteinander verknüpften Phasen der Lebensdauer eines Produkts, die sich aus der Rohstoffgewinnung oder Rohstofferzeugung aus natürlichen Ressourcen, Vorbehandlung, Herstellung, Lagerung, Vertrieb, Installation, Nutzung, Wartung, Reparatur, Nachrüstung, Instandsetzung und Wiederverwendung sowie dem Ende der Lebensdauer zusammensetzen.[73] Die derzeit in entwickelten Ländern herrschenden nicht nachhaltigen Produktions- und Verbrauchsmuster stehen zudem einer nachhaltigen Entwicklung in armen Ländern entgegen.[74] Opfer und Verursacher negativer Umweltauswirkungen sind in räumlicher wie auch zeitlicher Hinsicht personenverschieden.[75]

Das hier hauptsächlich zu thematisierende Problem kann unter den Begriff der Obsoleszenz zusammengefasst werden. Obsoleszenz meint die natürliche oder künstliche Alterung eines Produkts, welches unbrauchbar wird,[76] und die für sich betrachtet umwelttechnisch nicht kritisch ist. Obsoleszenz kann sowohl normale Alterung meinen als auch vorzeitige Alterung.[77] Zu den beschriebenen negativen Umweltauswirkungen führt nur die vorzeitige Alterung. Denn es wird notwendig Ersatzbeschaffungen zu tätigen, wenn das Produkt zu früh gealtert ist und nicht mehr nutzbar ist, womit erhöhter Konsum und eine ansteigende Produktion einhergehen sowie eine Zunahme des Abfallaufkommens und des Ressourcenverbrauchs zu erwarten ist.[78] In besonderem Maße resultiert hieraus ein soziales Problem. Einkommensschwache Konsumenten können sich i.d.R. nur günstige

---

70 *Halfmeier*, VuR 2022, 3, 6; *Halfmeier*, AcP 216 (2016), 717, 751.

71 *Gregory*, 14(1) South. Econ. J. 24, 44 (1947).

72 Zum Schema des gesamten Lebenszyklus eines Produkts siehe *Kommission der Europäischen Gemeinschaften*, Grünbuch zur integrierten Produktpolitik, KOM (2001) 68 endg., 07.02.2001, S. 7.

73 Art. 2 Nr. 12 Ökodesign-VO; *Europäische Kommission*, Vorschlag für eine Richtlinie des Europäischen Parlaments und des Rates über die Begründung ausdrücklicher Umweltaussagen und die diesbezügliche Kommunikation (Richtlinie über Umweltaussagen), COM(2023) 166 final, 22.03.2023, Art. 2 Nr. 13 Richtlinienvorschlag.

74 *Bosselmann*, The Principle of Sustainability, 2. Ed. 2017, S. 65.

75 *Ekardt*, Theorie der Nachhaltigkeit, 3. Aufl. 2021, S. 30 ff. m.w.N.

76 „Obsoleszenz" auf Duden online, abrufbar unter https://www.duden.de/rechtschreibung/Obsoleszenz, zuletzt abgerufen am 30.06.2025; Siehe zur Übersicht mehrerer Definitionsversuchen des Begriffs „Obsoleszenz" *Hess*, Geplante Obsoleszenz, 2018, S. 29 ff.

77 *Prakash/Dehoust/Gsell/Schleicher/Stamminger*, UBA Texte 10/2015, 2015, S. 31; *Prakash/Dehoust/Gsell/Schleicher/Stamminger*, UBA Texte 11/2016, 2016, S. 64.

78 *Schlacke/Alt/Tonner/Gawel/Bretschneider*, UBA Texte 72/2015, S. 35; *Gawel/Bretschneider*, ZfU 1 (2016), 1, 1.

Waren leisten, die voraussichtlich noch schneller altern als teurere und wahrscheinlich höherwertige Produkte und „sind damit doppelt gestraft“, weil sie öfter zu Neuanschaffungen gezwungen werden und ihre Kaufkraft abnimmt.[79]

Vorzeitige Obsoleszenz erfasst die Verkürzung der Lebensdauer, wodurch das Produkt nicht seine ökologisch betrachtet optimale Lebensdauer erreicht, ohne dass die Verkürzung aus normaler Abnutzung und Verschleiß herrührt.[80] Eine Alterung gilt als vorzeitig, wenn die (geplante) Nutzungsdauer die tatsächliche Lebensdauer eines Produkts übersteigt. Das heißt, das Produkt kann nicht mehr zweckmäßig verwendet werden und geht früher kaputt als angenommen.[81] Obsoleszenz markiert das Ende der Nutzungsdauer und führt bei einem Defekt zum Ende der Lebensdauer.[82] Lebensdauer meint hierbei die durchschnittliche Zeit von der Erstvermarktung bis zum Defekt des Produkts und Nutzungsdauer die Zeitspanne der tatsächlichen Nutzung durch den Anwender sowie die ggf. erfolgende Zweit- und Drittnutzung, d. h. die Zeitspanne zwischen Erwerb und individueller Außerdienststellung.[83] Lebensdauer bezieht sich auf die gesamte Zeitspanne der Produktnutzungsmöglichkeit hinsichtlich der zum Erwerbszeitpunkt vorhandenen Funktionen, die sich mit jeder Reparatur verlängern kann.[84]

2. Ursachen von Obsoleszenz

Obsoleszenz ist ein Begriff, welcher die Alterung eines Produkts beschreibt, das dadurch unbrauchbar wird.[85] Ursachen der Alterung und auch der umweltbedrohlichen vorzeitigen Alterung können in vier (Haupt-)Kategorien gegliedert werden: werkstoffliche, funktionale, ökonomische und psychologische Obsoles-

---

79 *Europäisches Parlament, Ausschuss für Binnenmarkt und Verbraucherschutz*, Bericht über das Thema „Längere Lebensdauer für Produkte: Vorteile für Verbraucher und Unternehmen“ (2016/2272(INI)), 09.06.2017, S. 16; *Michel*, Premature Obsolescence, 2022, S. 4.

80 *Michel*, Premature Obsolescence, 2022, S. 51 f.

81 *Europäische Kommission*, Neue Verbraucheragenda, Stärkung der Resilienz der Verbraucher/innen für eine nachhaltige Erholung, COM(2020) 696 final, 13.11.2020, S. 5.

82 *Michel*, Premature Obsolescence, 2022, S. 48 f.

83 *Prakash/Dehoust/Gsell/Schleicher/Stamminger*, UBA Texte 10/2015, 2015, S. 32; *Prakash/Dehoust/Gsell/Schleicher/Stamminger*, UBA Texte 11/2016, 2016, S. 65; *Schlacke/Alt/Tonner/Gawel/Bretschneider*, UBA Texte 72/2015, S. 48; Vgl. auch *Michel*, Premature Obsolescence, 2022, S. 48, der zufolge jedoch das Ende der Lebensdauer stets durch einen endgültigen Defekt gekennzeichnet sei, dort auch Nachweise für die große Bandbreite unterschiedlicher Definitionen.

84 *Gawel/Bretschneider*, ZfU 1 (2016), 1, 6 f.

85 „Obsoleszenz“ auf Duden online, abrufbar unter https://www.duden.de/rechtschreibung/Obsoleszenz, zuletzt abgerufen am 30.06.2025.

zenz.[86] Diese Arten der Obsoleszenz wirken zusammen, überschneiden sich und können nicht trennscharf voneinander abgegrenzt werden. Ursache der Außerdienststellung eines Produkts ist zumeist eine Kombination mehrerer Aspekte, die nachfolgend dargestellt werden.

a) Werkstoffliche Obsoleszenz

Unter dem Terminus der werkstofflichen Obsoleszenz wird die mangelnde Leistungsfähigkeit von Materialen und Komponenten eines Produkts verstanden, die zu einer verkürztem Lebensdauer führen.[87] Die Lebensdauer eines Produkts kann wegen seines technischen Designs verkürzt sein, oder einige minderwertige und zu schnell verschleißende Komponenten können zur insgesamten Unbrauchbarkeit eines Produkts führen.[88] Dies ist besonders problematisch bei sog. geschlossenen Systemen, bei denen die Alterung eines Systemelements die Dysfunktionalität des gesamten Systems zur Folge haben kann, sodass sämtliche, noch funktionierende Systemteile nutzlos und entsorgt werden.[89] Der Vorwurf liegt hier darin, dass es eine Konstruktionsalternative gab, mit der die Ware länger gehalten hätte.[90] Weitere Ursachen können die nicht vorhandene oder zu kurze Vorgabe an die Fertigung für die zu erreichende Lebensdauer, die nicht hinreichende Prüfung der Komponenten im Herstellungsprozess oder des Gesamtprodukts hinsichtlich der

---

86 Siehe hierzu *Prakash/Dehoust/Gsell/Schleicher/Stamminger*, UBA Texte 10/2015, 2015, S. 32; *Prakash/Dehoust/Gsell/Schleicher/Stamminger*, UBA Texte 11/2016, 2016, S. 64 f., 264; *Oehme/Unnerstall/Krause/Golde* in: Longmuß/Poppe, Geplante Obsoleszenz, 2019, 143, 143 f.; Siehe auch *Arnold*, Recht auf Reparatur, 2024, S. 35 ff.; *Michel*, Premature Obsolescence, 2022, S. 1 f., 52 ff.; Siehe zur frühzeitigen Auseinandersetzung mit dem Thema Obsoleszenz *Gregory*, 14(1) South. Econ. J. 24, (1947); *Hillmann*, ZVP 1977, 48, der bereits zwischen qualitativer und psychischer Obsoleszenz unterschied; Siehe auch *Cooper*, 27 J. Consum. Policy 421, 423 ff. m.w.N. (2004), der (von der hiesigen Unterteilung abweichende) unterschiedliche Verständnisse der Kategorien von Obsoleszenz darstellt und erläutert.

87 *Michel*, Premature Obsolescence, 2022, S. 53 ff.; *Oehme/Unnerstall/Krause/Golde* in: Longmuß/Poppe, Geplante Obsoleszenz, 2019, 143, 143; *Prakash/Dehoust/Gsell/Schleicher/Stamminger*, UBA Texte 11/2016, 2016, S. 64; Siehe hierzu auch *Jaeger-Erben/Proske*, PLATE Conference Proceedings 2017, 181, 183, denen zufolge kurzlebige Produkte aufgrund von werkstofflicher Obsoleszenz zur Normalität geworden sind.

88 *Latzel/Sausmikat*, ZIP 2016, 1420, 1421, die dies konkret als „konstruktionsbedingte Obsoleszenz“ bezeichnen; *Michel*, Premature Obsolescence, 2022, S. 55; Für konkrete Produktbeispiele siehe *Schridde/Kreiß/Winzer*, Geplante Obsoleszenz, 2013, S. 25 ff., die diese Beispiele allerdings als Fälle der geplanten Obsoleszenz einstufen.

89 *Arnold*, Recht auf Reparatur, 2024, S. 36; *Micklitz/Mehnert/Specht-Riemenschneider/Liedtke/Kenning*, Recht auf Reparatur, 2022, S. 15.

90 *Hess*, Geplante Obsoleszenz, 2018, S. 36; *Verbraucherkommission Baden-Württemberg*, Stellungnahme Nr. 34/2014, 13.11.2014, S. 8.

Einhaltung der Lebensdaueranforderungen oder die höhere reale Belastung im Gegensatz zur eingeschätzten und der Produktion zugrundeliegenden Belastung sein.[91] Der Eintritt eines physischen Defekts ist beispielsweise der Hauptgrund für den Austausch von Haushaltsgroßgeräten.[92]

i. Geplante Obsoleszenz

Unter geplanter Obsoleszenz ist formal betrachtet die Strategie des Herstellers zu verstehen, die Alterung des Produkts zu planen und konzeptionell vorzusehen.[93] In die Planung von Obsoleszenz wird, unter anderem, das Kalkül von bestimmten Produkteigenschaften, Wartungszyklen, Vorhalten von Ersatzteilen, Aufrüstbarkeit oder ein reparaturfreundliches Produktdesign mit einbezogen.[94] Dabei umfasst die Strategie der geplanten Obsoleszenz drei Dimensionen: Form (verstanden als relative und absolute Obsoleszenz), Timing (verstanden als vorzeitige und verzögerte Obsoleszenz) und Intention (verstanden als intendierte und nicht-intendierte Konsequenzen der Obsoleszenz).[95]

Geplante Obsoleszenz kann einerseits in positiver Hinsicht verstanden werden. Die Produktlebensdauer ist eine Eigenschaft, die gemessen werden kann, sodass Ideale, Optima, Referenzpunkte oder Vergleichsnormale einer Lebensdauer bestimmt werden können.[96] Der Ersatz eines eigentlich noch funktionierenden Geräts durch den Konsumenten kann als relative Obsoleszenz bezeichnet werden und der Ersatz eines aufgrund eines Defekts funktionsunfähig gewordenen Produkts als absolute Obsoleszenz.[97] Vorzeitige Obsoleszenz beschreibt das Unterschreiten und verzögerte Obsoleszenz das Überschreiten der optimalen Lebensdauer.[98] Idealiter

---

91 *Prakash/Dehoust/Gsell/Schleicher/Stamminger*, UBA Texte 11/2016, 2016, S. 35 f., 265.

92 *Prakash/Dehoust/Gsell/Schleicher/Stamminger*, UBA Texte 10/2015, 2015, S. 51 ff.

93 *Poppe/Longmuß* in: Longmuß/Poppe, Geplante Obsoleszenz, 2019, 17, 24, 32; Siehe zur Entstehung und Entwicklung des Konzepts einer geplanten Obsoleszenz *Michel*, Premature Obsolescence, 2022, S. 22 ff., 34 ff.

94 *Poppe/Longmuß* in: Longmuß/Poppe, Geplante Obsoleszenz, 2019, 17, 18, 23.

95 *Poppe/Longmuß* in: Longmuß/Poppe, Geplante Obsoleszenz, 2019, 17, 23 ff.; Zustimmend *Michel*, Premature Obsolescence, 2022, S. 44.

96 *Poppe/Longmuß* in: Longmuß/Poppe, Geplante Obsoleszenz, 2019, 17, 25 f.; Von der Planbarkeit der Eigenschaft der Lebensdauer ausgehend *Hess*, Geplante Obsoleszenz, 2018, S. 67 ff., 106; *Winzer*, ÖkologischesWirtschaften 2017, 9.

97 *Cooper*, 27 J. Consum. Policy 421, 423 (2004).

98 *Poppe/Longmuß* in: Longmuß/Poppe, Geplante Obsoleszenz, 2019, 17, 25 ff.

sollte die Lebensdauer eines Produkts der tatsächlichen Nutzungsdauer entsprechen und alle Bauteile sollten eine ähnlich lange Lebensdauer erreichen.[99]

Die konkrete Planung der Lebensdauer durch die Hersteller bei der Entwicklung eines Produkts kann sowohl intendierte als auch nicht-intendierte Folgen haben und zur Obsoleszenz des Produkts führen, sowohl vorzeitig als auch verzögert.[100] Zur nicht-intendierten vorzeitigen Obsoleszenz kann es umso eher kommen, je weniger akkurat Hersteller die Produktlebensdauer planen.[101] Aufgrund von Kosten- und Zeitdruck wird oft eine Lebensdauer in Kauf genommen, die hinter dem technisch Möglichen und ökologisch Sinnvollen zurückbleibt.[102]

In besonderem Maße besorgniserregend für die Umwelt wäre die Obsoleszenz, wenn sie im negativen Sinne aktiv geplant ist und zu einem vorzeitigen Produktausfall führt. Gemeint ist, dass der Hersteller absichtlich Produkte mit minderwertiger Konstruktion oder mit minderwertigen Komponenten herstellt oder Schwachstellen im Designprozess bewusst in Kauf nimmt, die Gebrauchsdauer dadurch gezielt verkürzt wird und den Käufer schließlich häufiger zu Neuanschaffungen zwingt.[103] Es ist anzunehmen, dass der Hersteller in diesem Szenario Güter mit einer geringeren Qualität produzieren würde, deren Lebensdauer deshalb kürzer wäre, obwohl eine längere Lebensdauer nach dem aktuellen Stand der Technik und unter Kostengesichtspunkten möglich wäre.[104] Für den Verkäufer könnte dieses Vorgehen durchaus vorteilhaft sein, wenn man davon ausgeht, dass er dadurch einen schnelleren Umsatz erzielt, Verkäufe sich wiederholen, er Kosten durch den Einkauf minderwertiger Materialien und einer einfacheren Verarbeitung spart und schließlich seinen Profit maximiert.[105] Durch den vorzeitigen Er-

---

99 *Atamer/Grundmann* in: Grundmann/Atamer, European Sales Law, 2023, 1, 8; *Prakash/Dehoust/Gsell/Schleicher/Stamminger*, UBA Texte 10/2015, 2015, S. 29; *Prakash/Dehoust/Gsell/Schleicher/Stamminger*, UBA Texte 11/2016, 2016, S. 31, 289.

100 *Poppe/Longmuß* in: Longmuß/Poppe, Geplante Obsoleszenz, 2019, 17, 29 f.

101 *Poppe/Longmuß* in: Longmuß/Poppe, Geplante Obsoleszenz, 2019, 17, 31.

102 *Schridde/Kreiß/Winzer*, Geplante Obsoleszenz, 2013, S. 18 f.

103 *Bulow*, 101(4) Q. J. Econ. 729, 729, 731 ff. (1986); *Gregory*, 14(1) South. Econ. J. 24, 24 (1947); *Hillmann*, ZVP 1977, 48, 49; *Hohmuth*, InTeR 2014, 74, 75 f.; *Kreiß* in: Brönneke/Wechsler, Obsoleszenz interdisziplinär, 2015, 51, 51 f.; *Prakash/Dehoust/Gsell/Schleicher/Stamminger*, UBA Texte 10/2015, 2015, S. 28; *Prakash/Dehoust/Gsell/Schleicher/Stamminger*, UBA Texte 11/2016, 2016, S. 21, 60, 288; *Schridde/Kreiß/Winzer*, Geplante Obsoleszenz, 2013, S. 12 ff., 87 f. m.w.N.; *Verbraucherkommission Baden-Württemberg* in: Brönneke/Wechsler, Obsoleszenz interdisziplinär, 2015, 309, 315.

104 *Gregory*, 14(1) South. Econ. J. 24, 24 (1947); *Hohmuth*, InTeR 2014, 74, 75; *Schridde/Kreiß/Winzer*, Geplante Obsoleszenz, 2013, S. 88.

105 *Bulow*, 101(4) Q. J. Econ. 729, 746 (1986); *Gregory*, 14(1) South. Econ. J. 24, 25 ff. (1947); *Hillmann*, ZVP 1977, 48, 49; *Hohmuth*, InTeR 2014, 74, 75; *Kreiß* in: Brönneke/Wechsler, Obsoleszenz interdisziplinär, 2015, 51, 52; *Prakash/Dehoust/Gsell/Schleicher/Stamminger*, UBA Texte 10/2015, 2015, S. 28; *Schridde/Kreiß/Winzer*, Geplante Obsoleszenz, 2013, S. 6 ff., 19.

satzkauf würde sich der Preis für den Käufer pro Nutzung erhöhen und stellt letztlich eine verdeckte Preiserhöhung für das Produkt dar.[106] Zusammenfassend lassen sich folgende Faktoren finden, welche geplante Obsoleszenz begünstigen: Gesättigte bzw. wettbewerbsintensive Märkte, die zu Überkapazitäten neigen, unübersichtliche und intransparente Märkte, Kapitalmarkt- bzw. Gewinnorientierung der Hersteller sowie ethische Einstellung des Managements.[107] Der Käufer wird in der Regel als Opfer dargestellt, der keinerlei Einfluss auf die Produktlebensdauer habe im Gegensatz zum einflussreichen und mächtigen Hersteller, der das marktwirtschaftliche System zu schädigenden Produktstrategien ausnutze.[108] Wenn von geplanter Obsoleszenz gesprochen wird, wird meistens dieses negative Verständnis zugrunde gelegt.[109] Ein solches stimmt aber nicht mit der mehrdimensionalen Wirklichkeit überein, in der Hersteller und Verbraucher miteinander agieren und gegenseitig die Produktentwicklung und Konsummuster beeinflussen.[110] Ein herstellerseitiges Vorgehen im Sinne einer negativ geplanten Obsoleszenz ist zudem kaum nachweisbar und lässt sich nicht sicher von natürlichem Verschleiß abgrenzen.[111] Eine Tendenz dahingehend, dass Hersteller bewusst, d. h. mit Absicht, Schwachstellen in Produkte einbauen und das Design manipulieren, ist real nicht zu erkennen.[112] Dagegen spricht auch, dass ein solches Vorgehen für Unternehmer unwirtschaftlich wäre, weil alle anderen Komponenten länger haltbar und damit insgesamt teurer wären, als sie sein müssten, wenn und weil das gesamte Produkt nur begrenzt haltbar wäre.[113] Eher im Gegenteil soll die Le-

106 *Kreiß* in: Brönneke/Wechsler, Obsoleszenz interdisziplinär, 2015, 51, 52.

107 *Schridde/Kreiß/Winzer*, Geplante Obsoleszenz, 2013, S. 8 ff.; Siehe zu den herstellerbezogenen Ursachen vorzeitiger Obsoleszenz auch *Michel*, Premature Obsolescence, 2022, S. 64 ff.

108 *Jaeger-Erben/Proske*, PLATE Conference Proceedings 2017, 181, 182; *Schridde/Kreiß/Winzer*, Geplante Obsoleszenz, 2013, S. 12, 16, 88.

109 Vgl. *Bulow*, 101(4) Q. J. Econ. 729, (1986); *Gregory*, 14(1) South. Econ. J. 24, (1947); *Hillmann*, ZVP 1977, 48; *Hohmuth*, InTeR 2014, 74, 75; *Jaeger-Erben/Proske*, PLATE Conference Proceedings 2017, 181, 182; *Michel*, Premature Obsolescence, 2022, S. 2, 27 f. m.w.N., 43 ff.; *Schridde/Kreiß/Winzer*, Geplante Obsoleszenz, 2013, S. 12 ff., 88.

110 *Prakash/Dehoust/Gsell/Schleicher/Stamminger*, UBA Texte 11/2016, 2016, S. 31, 49, 288 f.; So wohl auch *Michel*, Premature Obsolescence, 2022, S. 44, der zufolge ernsthafte Zweifel an der Existenz von geplanter Obsoleszenz bestehen, vor allem aufgrund des Risikos von Reputationsverlust.

111 *Hohmuth*, InTeR 2014, 74, 75; *Jaeger-Erben/Proske*, PLATE Conference Proceedings 2017, 181, 182, denen zufolge die böswillige Absicht des Herstellers in den Medien zumeist als Gewissheit dargestellt wird, jedoch nie Beweise angeführt werden; *Schridde/Kreiß/Winzer*, Geplante Obsoleszenz, 2013, S. 12 f., 89.

112 *Hess*, Geplante Obsoleszenz, 2018, S. 35; *Longmuß/Poppe/Neef* in: Longmuß/Poppe, Geplante Obsoleszenz, 2019, 39, 40; *Prakash/Dehoust/Gsell/Schleicher/Stamminger*, UBA Texte 11/2016, 2016, S. 32, 49; Anders noch *Hillmann*, ZVP 1977, 48, 49 ff.

113 *Longmuß/Poppe/Neef* in: Longmuß/Poppe, Geplante Obsoleszenz, 2019, 39, 49.

bensdauer des Gesamtprodukts der Lebensdauer seiner schwächsten Komponente entsprechen.[114]

Die subjektive Perspektive der vorsätzlich geplanten Obsoleszenz bei der Produktherstellung spielt aus Sicht des Kaufgewährleistungsrechts keine Rolle.[115] Das Phänomen der negativ geplanten Obsoleszenz lässt sich empirisch nicht nachweisen. Ein solcher Nachweis ist im Rahmen dieser Arbeit auch nicht leistbar. Daher ist der viel diskutierte Vorgang der im negativen Sinne geplanten Obsoleszenz für die hiesige Untersuchung insoweit nicht relevant und wird bei der Betrachtung außen vorgelassen. Die relevanten und zu lösenden Probleme beziehen sich auf Obsoleszenz als ein komplexes und mehrdimensionales Phänomen generell, sodass der Blick nicht auf die Fälle der im negativen Sinne geplanten Obsoleszenz begrenzt sein sollte.[116] Auch wenn das OB einer geplanten Obsoleszenz hier nicht diskutiert wird, gelten alle geschilderten Anreizmechanismen und sonstigen Ausführungen erst recht für den Fall der im negativen Sinne geplanten Obsoleszenz, die keine zwingende Bedingung des Problems einer vorzeitigen Alterung darstellt.[117]

ii. Natürlicher Verschleiß

Keine Ursachen der problematisierten vorzeitigen Alterung sind normale Abnutzung, Ausfall von Verschleiß- und Gebrauchsteilen, die dazu bestimmt sind mit vertretbaren Aufwand während der Gebrauchsdauer regelmäßig ausgetauscht zu werden, Frühausfälle von Produkten aufgrund von Herstellungsfehlern sowie Zufallsausfälle aufgrund von Wartungs- und Benutzungsfehlern.[118] Von der Obso-

---

114 *Longmuß/Poppe/Neef* in: Longmuß/Poppe, Geplante Obsoleszenz, 2019, 39, 56.

115 *Verbraucherkommission Baden-Württemberg*, Stellungnahme Nr. 34/2014, 13.11.2014, S. 8 Fn. 12; *Brönneke* in: Brönneke/Wechsler, Obsoleszenz interdisziplinär, 2015, 185, 188 f., der ebenfalls betont, dass der subjektive Faktor irrelevant sei und „Um das Problem lösen zu können und sich nicht in Grabenkämpfen über Grundsatzpositionen zu verlieren, sollte man sich in einer sachlich orientierten Fachdebatte von dem Kampbegriff der ‚geplanten Obsoleszenz' verabschieden. Die Fokussierung auf die Frage des vorsätzlichen Handelns verstellt den Weg zu möglichen Lösungen."

116 Siehe zur Kritik am Konzept der geplanten Obsoleszenz *Michel*, Premature Obsolescence, 2022, S. 42 ff.; Vgl. *Arnold*, Recht auf Reparatur, 2024, S. 32 ff., der den Begriff der geplanten Obsoleszenz als ungeeignet für die Nachhaltigkeitsdebatte ansieht, weil er den Blick auf die relevanten und zu lösenden Probleme versperrt.

117 So auch *Brönneke* in: Brönneke/Wechsler, Obsoleszenz interdisziplinär, 2015, 185, 189; Wohl auch *Arnold*, Recht auf Reparatur, 2024, S. 34 f.

118 *Latzel/Sausmikat*, ZIP 2016, 1420, 1421; *Michel*, Premature Obsolescence, 2022, S. 51 f.; Siehe auch die Definition von „vorzeitige Obsoleszenz" gem. Art. 2 Nr. 21 der Verordnung (EU) 2024/1781 des Europäischen Parlaments und des Rates vom 13. Juni 2024 zur Schaffung eines Rahmens für

leszenz ist der natürliche und unvermeidbare Verschleiß abzugrenzen, der auch eine Art der Produktalterung darstellt, vorliegend aber nicht adressiert wird, solange er sich nicht in einen vermeidbaren Verschleiß in Form einer werkstofflichen Obsoleszenz wandelt.[119]

b) Funktionale Obsoleszenz

Funktionale Obsoleszenz erfasst die sich schnell ändernden technischen und funktionalen Anforderungen an ein Produkt als Ursachen der Alterung.[120] Gemeint sind Änderungen von Anforderungen aufgrund technischen Fortschritts, neuer Standards in Bezug auf Datenformate, Funktionen und Übertragungen sowie durch neue gesetzliche Vorgaben.[121] Die Alterung ist in der Regel softwarebedingt und lässt sich zum einen darauf zurückführen, dass Software an die höheren Anforderungen nicht angepasst wird, weil keine Updates bereitgestellt werden, sodass ältere Komponenten nicht mehr oder nicht in gewohntem Umfang nutzbar sind.[122] Die Folgen von ausbleibender Anpassung digitaler Inhalte und digitaler Dienstleistungen an die sich ändernde digitale Umgebung mittels Aktualisierungen sind mangelnde Kompatibilität von Hardware und Software, mangelnde Interoperabilität oder mangelnde Funktionalität des gesamten physischen Produkts.[123] Waren, die ihre Funktionen nur mittels digitaler Inhalte und Dienstleistungen erfüllen können, können ihre Funktionen ihrem Zweck entsprechend ohne Anpassung der digitalen Inhalte und Dienstleistungen dann gar nicht mehr erfüllen und sind gealtert. Funktionale Obsoleszenz kann auch dadurch eintreten, dass Hersteller ihre Server als externe Infrastruktur, zu denen eine Verbindung des Produkts erforderlich ist, um seine Funktionen zu erhalten, nicht weiter bereitstellen.[124] Zum anderen können die Weiterentwicklung und die Installation von Software starke Modifikationen für die Hardware mit sich bringen, weshalb die Hardwareleistung

---

die Festlegung von Ökodesign-Anforderungen für nachhaltige Produkte, zur Änderung der Richtlinie (EU) 2020/1828 und der Verordnung (EU) 2023/1542 und zur Aufhebung der Richtlinie 2009/125/EG.

119 Siehe zum Verständnis des Produktverscheiß ausführlich *Hess*, Geplante Obsoleszenz, 2018, S. 44 ff.

120 *Prakash/Dehoust/Gsell/Schleicher/Stamminger*, UBA Texte 10/2015, 2015, S. 32; *Prakash/Dehoust/Gsell/Schleicher/Stamminger*, UBA Texte 11/2016, 2016, S. 64; *Welters*, Obsoleszenz im Zivilrecht, 2012, S. 1; Siehe auch *Arnold*, Recht auf Reparatur, 2024, S. 36 ff.

121 *Michel*, Premature Obsolescence, 2022, S. 56; *Welters*, Obsoleszenz im Zivilrecht, 2012, S. 1.

122 Vgl. *Prakash/Dehoust/Gsell/Schleicher/Stamminger*, UBA Texte 11/2016, 2016, S. 36, 266.

123 Siehe hierzu *Micklitz/Mehnert/Specht-Riemenschneider/Liedtke/Kenning*, Recht auf Reparatur, 2022, S. 42 f.; Siehe auch *Michel*, Premature Obsolescence, 2022, S. 58.

124 *Michel*, Premature Obsolescence, 2022, S. 58.

beeinträchtigt sein kann und die Ware langsamer wird, weil neue Anwendungen höhere Verarbeitungskapazitäten benötigen oder Batterien zu schwach sind, oder Funktionen nicht mehr nutzbar sind.[125] Wenn ältere Hardware mit neuer Software inkompatibel ist, kann kein Update durchgeführt werden, die Ware wird funktionslos und ist veraltet.[126]

c) Ökonomische Obsoleszenz

Auch die sog. ökonomische Obsoleszenz ist Ursache großer Umweltbelastungen. Das Produkt ist im Sinne der ökonomischen Obsoleszenz gealtert, wenn der Einsatz produktbezogener Ressourcen, nötige Instandsetzungen und Instandhaltungen sowie erforderliche Reparaturen aus Kostengründen ausbleiben, weil die alternativen Kosten einer Neuanschaffung viel geringer sind.[127] Dem wirtschaftlichen Kostenvergleich vorangehend stellt sich die Frage der Reparierbarkeit, d. h. inwiefern eine Reparatur technisch überhaupt möglich ist (nachfolgend als „Reparaturfähigkeit“ bezeichnet) und ob Reparaturdienstleistungen und Ersatzteile verfügbar sind (nachfolgend als „Reparaturfreundlichkeit“ bezeichnet).[128] Die Einschränkung der Verfügbarkeit von Verbrauchsmaterialien (z. B. Tinte, Batterien), von Ersatzteilen oder von Zubehör (z. B. Ladekabel) sowie von Wartungs- und Reparaturservices sind Ursachen für den Funktionsverlust und den Neukauf von Produkten.[129] Das Fehlen eines einzelnen austauschbedürftigen Teils des Produkts ist bei geschlossenen Produkten besonders problematisch, weil dann das gesamte Produkt funktionsunfähig wird und veraltet ist.[130] Ein Kostenvergleich zugunsten

---

125 *Michel*, Premature Obsolescence, 2022, S. 56 f., wonach dies oft bei der Aktualisierung von Betriebssystemen der Fall ist.

126 *Michel*, Premature Obsolescence, 2022, S. 2, 56, 57 f.

127 *Michel*, Premature Obsolescence, 2022, S. 2, 60 ff.; *Oehme/Unnerstall/Krause/Golde* in: Longmuß/Poppe, Geplante Obsoleszenz, 2019, 143, 144; *Prakash/Dehoust/Gsell/Schleicher/Stamminger*, UBA Texte 10/2015, 2015, S. 32; *Prakash/Dehoust/Gsell/Schleicher/Stamminger*, UBA Texte 11/2016, 2016, S. 65; *Welters*, Obsoleszenz im Zivilrecht, 2012, S. 9; Siehe auch *Hohmuth*, InTeR 2014, 74, 75.

128 *Prakash/Dehoust/Gsell/Schleicher/Stamminger*, UBA Texte 11/2016, 2016, S. 22; Siehe auch *Gawel/Bretschneider*, ZfU 1 (2016), 1, 11; *Hohmuth*, InTeR 2014, 74, 75; *Schridde/Kreiß/Winzer*, Geplante Obsoleszenz, 2013, S. 14, die ebenso wie Hohmuth diese Ursachen als Erscheinungsformen der „geplanten Obsoleszenz“ ansehen.

129 *Michel*, Premature Obsolescence, 2022, S. 2, 58 ff., die das Fehlen von Ersatzteilen einer separaten Kategorie der sog. indirekten Obsoleszenz zuordnet, die produktexterne Ursachen der frühzeitigen Alterung umschreibt; So auch *Arnold*, Recht auf Reparatur, 2024, S. 38 ff. m.w.N.; Siehe auch *Schridde/Kreiß/Winzer*, Geplante Obsoleszenz, 2013, S. 14, denen zufolge eine solche Situation bereits ein Massenphänomen darstelle; *Welters*, Obsoleszenz im Zivilrecht, 2012, S. 2.

130 *Arnold*, Recht auf Reparatur, 2024, S. 36; *Micklitz/Mehnert/Specht-Riemenschneider/Liedtke/Kenning*, Recht auf Reparatur, 2022, S. 15; *Welters*, Obsoleszenz im Zivilrecht, 2012, S. 2.

der Neuanschaffung kann sich aus den kurzen Produktentwicklungszeiten, dem schnellen Preisverfall, dem anspruchsvollen oder reparaturunfreundlichen Design, den hohen Reparaturkosten, der langen Reparaturdauer sowie der mangelnden Verfügbarkeit von Ersatzteilen, Reparaturanleitungen, Werkzeugen und Reparaturdienstleistungen ergeben.[131] Diese Form der Obsoleszenz wird durch eine aktive Entscheidung begründet, die ausschließlich von wirtschaftlichen Gesichtspunkten abhängig gemacht wird, denen sich wissenschaftliche und technologische Argumente für eine Reparatur unterordnen.[132] Die Nichtvornahme der Reparatur eines defekten Produkts aus wirtschaftlichen Gesichtspunkten beendet die Lebensdauer eines Produkts.

d) Psychologische Obsoleszenz

Unter psychologischer Obsoleszenz wird die Neuanschaffung eines Produkts verstanden aufgrund verbesserter Funktionen, technischen Fortschritts, neuen Erfindungen, saisonaler Trends, Moden und Stil oder neuer Produktalternativen gegenüber dem Vorgängermodell.[133] Weitere psychologische Ursachen von Obsoleszenz bilden das intrinsische Streben des Menschen nach Mehr sowie soziale Lebensgewohnheiten, wonach Neukäufe eine Selbstverständlichkeit darstellen.[134] Das bisherige Produkt ist grundsätzlich noch voll funktionsfähig (sog. relative Obsoleszenz), wird aber vom Nutzer relativ entwertet und damit als veraltet abgestempelt.[135] Die Produktnutzungsdauer nimmt somit wegen der Vielfalt an

131 *Arnold*, Recht auf Reparatur, 2024, S. 41 ff.; *Michel*, Premature Obsolescence, 2022, S. 61; *Prakash/Dehoust/Gsell/Schleicher/Stamminger*, UBA Texte 11/2016, 2016, S. 36 f., 65; *Prakash/Dehoust/Gsell/Schleicher/Stamminger*, UBA Texte 10/2015, 2015, S. 32.

132 *Jaeger-Erben/Proske*, PLATE Conference Proceedings 2017, 181, 182 f. m.w.N.; *Welters*, Obsoleszenz im Zivilrecht, 2012, S. 9.

133 *Gregory*, 14(1) South. Econ. J. 24, 24, 27 ff. (1947); *Hess*, Geplante Obsoleszenz, 2018, S. 36; *Hillmann*, ZVP 1977, 48, 51 f.; *Michel*, Premature Obsolescence, 2022, S. 2, 53, 62 ff.; *Prakash/Dehoust/Gsell/Schleicher/Stamminger*, UBA Texte 11/2016, 2016, S. 22, 64; *Prakash/Dehoust/Gsell/Schleicher/Stamminger*, UBA Texte 10/2015, 2015, S. 26, 32; Dies betrifft insbesondere Elektro- und Elektronikprodukte aufgrund ihrer hohen Innovationsgeschwindigkeit; siehe auch *Cooper*, 27 J. Consum. Policy 421, 427, 441 (2004), der die Außerdienststellung eines Geräts aufgrund neuer Funktionen von neueren Modellen als technologische Obsoleszenz bezeichnet.

134 *Hillmann*, ZVP 1977, 48, 53 f.; *Jaeger-Erben/Proske*, PLATE Conference Proceedings 2017, 181, 183; *Winzer*, ÖkologischesWirtschaften 2017, 9.

135 *Cooper*, 27 J. Consum. Policy 421, 426 f., 442 f. (2004); *Fischer/Moch/Prakash/Teufel/Stieß/Kresse/Birzle-Harder*, UBA Texte 11/2019, 2019, S. 45 ff., wonach in der Käuferschaft eine weit verbreitete Präferenz und der Wunsch nach der aktuellsten Technik festzustellen ist; *Jaeger-Erben/Proske*, PLATE Conference Proceedings 2017, 181, 183; *Michel*, Premature Obsolescence, 2022, S. 62; *Poppe/Longmuß* in: Longmuß/Poppe, Geplante Obsoleszenz, 2019, 17, 25.

Waren, den kürzeren Innovationszyklen und der sich schnell ändernden Trends ab.[136]

Auch hier kann im negativen Sinne eine geplante Obsoleszenz angenommen werden für die Fälle, in denen Hersteller künstlich das Aussehen und den Stil ihrer Produkte ändern sowie das Modebewusstsein ihrer Kunden beeinflussen, damit die Mode- und Nutzungszyklen verkürzen und die Konsumenten faktisch zu einem Neukauf zwingen.[137] Aufgrund der sich schnell ändernden Mode werden noch funktionierende Güter schnell aussortiert und ersetzt, sodass Konsumenten eine ggf. tatsächliche (schlechte) Qualität eigentlich nie wahrnehmen werden.[138] Im Gegensatz zu wirklichen Erfindungen, tragen neue Moden, Trends und Scheininnovationen zudem nichts zur materiellen Kultur oder zum technischen Fortschritt bei.[139]

Diese Problematik wird in dieser Arbeit größtenteils außen vor gelassen und nur der Vollständigkeit halber für den Überblick genannt. Mit Mitteln des Gewährleistungsrecht kann nicht wesentlich auf die Psyche der Käufer Einfluss genommen werden. Das Kaufgewährleistungsrecht kann keinen nennenswerten Beitrag zu Lösung des Problems der psychologischen Obsoleszenz leisten.

3. Internationale Konzepte und Grundsätze nachhaltiger Entwicklung

Eines der ersten konkreten Konzepte nachhaltiger Entwicklung stellen die auf der Konferenz der Vereinten Nationen über Umwelt und Entwicklung in Rio de Janeiro im Juni 1992 ausgearbeiteten Zielvorstellungen dar, welche in der sog. Rio-Deklaration sowie der Agenda 21 niedergeschrieben wurden. Mit der Rio-Deklaration wurden 27 Grundsätze festgelegt. Grundsatz 3 besagt, dass Entwicklung so zu erfolgen hat, dass den Entwicklungs- und Umweltbedürfnissen der heutigen und zukünftigen Generationen in gerechter Weise entsprochen wird und nach Grundsatz 4 muss die Entwicklung nachhaltig sein, d.h. der Umweltschutz muss Bestandteil des Entwicklungsprozesses sein und in dessen Zusammenhang betrachtet werden.[140] Gemäß Grundsatz 8 müssen nicht nachhaltige Produktions-

---

136 *Europäisches Parlament, Ausschuss für Binnenmarkt und Verbraucherschutz,* Bericht über das Thema „Längere Lebensdauer für Produkte: Vorteile für Verbraucher und Unternehmen" (2016/2272(INI)), 09.06.2017, S. 8.

137 *Gregory,* 14(1) South. Econ. J. 24, 24 (1947); *Hillmann,* ZVP 1977, 48, 51 f., 55 f.; *Michel,* Premature Obsolescence, 2022, S. 43; *Schridde/Kreiß/Winzer,* Geplante Obsoleszenz, 2013, S. 10, 14, die insofern von einer „milderen Form von geplantem Verschleiß" sprechen.

138 *Gregory,* 14(1) South. Econ. J. 24, 26 (1947).

139 *Gregory,* 14(1) South. Econ. J. 24, 44 (1947).

140 *Konferenz der Vereinten Nationen über Umwelt und Entwicklung,* Rio-Erklärung über Umwelt und Entwicklung, 1992, S. 1.

weisen und Konsumgewohnheiten abgebaut und beseitigt werden, um nachhaltige Entwicklung erreichen zu können.[141] Besonders hervorzuheben und in den Kontext des Kaufgewährleistungsrechts zu setzen ist dabei Kapitel 4 der Agenda 21, welches sich mit der Veränderung der Konsumgewohnheiten auseinandersetzt.[142] Als Ziele zur Verringerung von Umweltbelastungen werden die Förderung und die Herstellung eines besseren Verständnisses von nachhaltigen Konsumgewohnheiten und Produktionsweisen formuliert.[143] Der Handlungsbedarf besteht hierbei darin, die Produktion effizienter zu gestalten und Konsumgewohnheiten zu verändern, um eine optimale Ressourcennutzung zu erreichen und das Abfallaufkommen auf ein Mindestmaß zu reduzieren.[144] Dabei wird dem unternehmerischen Verhalten ein entscheidender Einfluss auf die Umwelt, die Ressourcennutzung und Abfallminimierung und -vermeidung zugesprochen, indem es die Hersteller sind, die effiziente Produktionsprozesse, vorbeugende Strategien und neue Produktionstechnologien vorantreiben.[145] Ziel 12 der *Social Development Goals*, die in der Agenda 2030 festgelegt wurden, erfasst ebenfalls die Sicherstellung von nachhaltigen Konsum- und Produktionsmustern. Konkret wird hier das Ziel formuliert, bis 2030 das Abfallaufkommen durch Vermeidung, Verminderung, Wiederverwertung und Wiederverwendung während des gesamten Produktions- und Konsumprozesses deutlich zu verringern.[146] Daneben soll die Bewirtschaftung grds. nachhaltiger erfolgen und die Nutzung natürlicher Ressourcen effizienter werden.[147] Um nachhaltige Entwicklung und Wachstum voranzutreiben, muss vor allem der Verbrauch von natürlichen Ressourcen drastisch verringert werden.[148]

---

141 *Konferenz der Vereinten Nationen über Umwelt und Entwicklung*, Rio-Erklärung über Umwelt und Entwicklung, 1992, S. 2.

142 *Konferenz der Vereinten Nationen für Umwelt und Entwicklung*, AGENDA 21, 1992, Kapitel 4, S. 18 ff.

143 *Konferenz der Vereinten Nationen für Umwelt und Entwicklung*, AGENDA 21, 1992, Kapitel 4, S. 18, 19.

144 *Konferenz der Vereinten Nationen für Umwelt und Entwicklung*, AGENDA 21, 1992, Kapitel 4, S. 18, 20 f.

145 *Konferenz der Vereinten Nationen für Umwelt und Entwicklung*, AGENDA 21, 1992, Kapitel 30, S. 296.

146 *Generalversammlung Vereinte Nationen*, Transformation unserer Welt: die Agenda 2030 für nachhaltige Entwicklung, 2015, S. 24; *Vereinte Nationen*, Ziele für nachhaltige Entwicklung, Bericht 2016, S. 34.

147 *Generalversammlung Vereinte Nationen*, Transformation unserer Welt: die Agenda 2030 für nachhaltige Entwicklung, 2015, S. 24.

148 *Vereinte Nationen*, Ziele für nachhaltige Entwicklung, Bericht 2016, S. 34.

Diese festgelegten Ziele sind Grundlage der Nachhaltigkeitspolitik in Deutschland.[149] So formuliert die Bundesregierung zu dem *Social Development Goal* Nr. 12, dass ein rechtlicher Rahmen gesetzt werden müsse und Maßnahmen verfolgt und weiterentwickelt werden müssten hinsichtlich des nachhaltigen Konsums, der Abfallvermeidung und der Kreislaufwirtschaft, insbesondere durch stärkeren Bezug zu Kriterien wie der Lebensdauer, der Reparaturfreundlichkeit und Recyclingfähigkeit im Produktdesign, durch Bereitstellung von Informationen zu glaubwürdigen Produktsiegeln, durch Förderung von Materialforschung und -entwicklung innerhalb des gesamten Lebenszyklus sowie Forschung zu gesamtgesellschaftlicher Verhaltensänderung und zu den Rahmenbedingungen eines nachhaltigen Wirtschaftssystems.[150] Bisher wurden die in der Deutschen Nachhaltigkeitsstrategie herausgearbeiteten Ziele in Hinblick auf die ökonomische und soziale Entwicklung sachdienlich verfolgt, jedoch ohne, dass diese mit einer positiven ökologischen Entwicklung verknüpft wurden, obwohl Nachhaltigkeit laut Bundesregierung die gleichzeitige Erfüllung von ökonomischen, sozialen und ökologischen Zielvorgaben darstelle.[151] Ökonomisches Wachstum muss in Form eines nachhaltigen Wachstums erfolgen.[152]

Die Deutsche Nachhaltigkeitsstrategie muss ihren Charakter als bloßes Informationsinstrument ablegen und durch die Formulierung konkreterer Ziele und durch institutionelle Reformen wirksamer werden und mehr Verbindlichkeit schaffen.[153] Diese Arbeit ist als Beitrag und Umsetzung der Deutschen Nachhaltigkeitsstrategie zu sehen. Sie nimmt Bezug auf Kriterien wie Lebensdauer und Reparaturfreundlichkeit, Warensiegel, Verhalten und Verhaltensänderung von Käufer und Verkäufer bedingt durch rechtliche Instrumentarien sowie die Ausrichtung der Wirtschaft an nachhaltigen Entwicklungen.

4. Zusammenfassung und Grundlagen der Untersuchung

Die bisherigen Ausführungen haben gezeigt, dass Nachhaltigkeit ein Begriff mit vielen Facetten ist. Einer nachhaltigen Entwicklung stehen insbesondere die nicht nachhaltigen Konsumgewohnheiten und Produktionsweisen in der Weise entgegen, dass Konsum stetig zunimmt, die Erstnutzungsdauer von Produkten sinkt, noch funktionierende Geräte außer Dienst gestellt werden und die Produktion von

149 *Die Bundesregierung*, Deutsche Nachhaltigkeitsstrategie, Weiterentwicklung 2021, 15.12.2020, S. 11.

150 *Die Bundesregierung*, Deutsche Nachhaltigkeitsstrategie, Weiterentwicklung 2021, 15.12.2020, S. 289.

151 *Kurz*, ZfU 3 (2019), 342, 346.

152 *Ruffert* in: Callies/Ruffert, EUV/AEUV, 6. Aufl. 2022, EUV Art. 3 Rn. 39.

153 *Kurz*, ZfU 3 (2019), 342, 348.

Neuwaren steigt. Der Fokus der nachfolgenden Untersuchung liegt auf dem Problem der vorzeitigen Obsoleszenz, welches die dargestellten negativen Umweltauswirkungen zur Folge hat. Gemeint ist die Verkürzung der Lebensdauer unter die ökologisch optimale Lebensdauer, ohne dass diese ihren Grund im natürlichen Verschleiß hat. Grundlage der Untersuchung bilden die Ursachen von Obsoleszenz. Das Kaufgewährleistungsrecht kann als Mechanismus zur Stärkung einer nachhaltigen Entwicklung dienen, indem es Anreize zur Verhaltensänderung gibt, um insbesondere der werkstofflichen, funktionalen und ökonomischen Obsoleszenz entgegenzuwirken. Es sollen gezielt nicht nachhaltige Produktionsweisen und Konsummuster abgebaut werden, d. h. auf effiziente Produktion, optimale Ressourcennutzung und Verringerung des Abfallaufkommens hingewirkt werden.

III. Nachhaltigkeit und Zivilrecht

Nachhaltigkeit kann und sollte durch Integration verfolgt werden. Das bedeutet, dass das Nachhaltigkeitsprinzip durch Einbettung umgesetzt wird, indem es in andere Politikfelder, die nachhaltigkeitsneutral oder nachhaltigkeitshemmend sein können, implementiert wird.[154] Ökologische, ökonomische, soziale sowie zukunftsbezogene Aspekte sind in einen Entscheidungsprozess einzubeziehen.[155] Das Zivilrecht, insb. das Kaufgewährleistungsrecht, um das es hier geht, muss dem Nachhaltigkeitsgrundsatz dahingehend zugänglich sein, dass seine Normen im Sinne der Nachhaltigkeit verstanden, ausgelegt und durch den Gesetzgeber weiterentwickelt werden können. Dabei soll und kann das Gewährleistungsrecht nicht zur Umsetzung des Nachhaltigkeitsideals als solchem dienen, sondern adressiert vielmehr einzelne Teilziele des Nachhaltigkeitskonstrukts. Diese werden im nächsten Schritt greifbar zu formulieren sein.

1. Charakter des europa- und nationalstaatsrechtlichen Nachhaltigkeitsgrundsatzes

Nicht eindeutig ist, welche rechtlichen Folgen sich daraus ergeben, dass die nachhaltige Entwicklung als Ziel der Europäischen Union in der EUV, als allgemein geltende Bestimmung in der AEUV sowie im Rahmen des Schutzes der natürlichen Lebensgrundlage in Art. 20a GG festgeschrieben ist. Die Normen ordnen keine

---

154 *Kahl* in: Kahl, Nachhaltigkeit als Verbundbegriff, 2008, 1, 20; *Kotzur* in: Geiger/Khan/Kotzur/Kirchmair, EUV/AEUV, 7. Aufl. 2023, AEUV Art. 11 Rn. 3; *Krämer* in: von der Groeben/Schwarze/Hatje, 7. Aufl. 2015, AEUV Art. 11 Rn. 20 ff.

155 *Gehne*, Nachhaltige Entwicklung als Rechtsprinzip, 2011, S. 75 f., 217 f.

rechtlichen Konsequenzen an, es könnte sich um eine Regelung, ein Prinzip, ein Programmsatz oder ein sonstiges unverbindliches Politikziel handeln.

Auf europäischer Ebene stellt der Nachhaltigkeitsgrundsatz eine Zielbestimmung dar, begründet jedoch keine Rechtspflicht für die Mitgliedstaaten, sondern ist für sie nur im Rahmen der Durchführung von Europarecht sowie aufgrund des Gebots unionsrechtskonformer Auslegung verbindlich.[156] Aus der Querschnittsklausel des Art. 11 AEUV ist kein absoluter oder relativer Vorrang des Umweltschutzes abzuleiten, sondern vielmehr das Gebot und die Rechtspflicht zur Berücksichtigung von Umweltschutzbelangen und der Abwägung mit gegenläufigen Interessen i.R.d. Politiken, um einen schonenden Ausgleich zu generieren.[157] Dabei muss das Ziel der Nachhaltigkeit in besonderer Weise beachtet werden und die Abwägung muss die in Art. 191 AEUV niedergeschriebenen Ziele mit einbeziehen und darf nicht zu einer einseitig zu Lasten der Umwelt führenden Entscheidung ausfallen.[158] Da die Unionspolitik regelmäßig durch die einzelnen Mitgliedstaaten vollzogen wird, binden die Ziele des Art. 11 AEUV auch die inländischen Behörden und Gerichte.[159] Somit muss bei der Auslegung und Anwendung des deutschen Gewährleistungsrechts, das durch die Umsetzung europäischer Richtlinien im BGB entstanden ist, stets die nachhaltige Entwicklung im Blick behalten werden.

Art. 20a GG ist eine Staatszielbestimmung, welche zwar keine subjektiven Rechte des Einzelnen begründet, jedoch eine grundsätzlich objektiv und unmittelbar verbindliche, bereichsübergreifende Verpflichtung des Staats darstellt.[160] Der Umweltschutz als Staatsziel will eine zukunftsgerichtete nachhaltige Entwicklung, diesen zukünftigen Zustand schützen und stellt ein Prinzip im Sinne eines

---

156 *Krämer* in: von der Groeben/Schwarze/Hatje, 7. Aufl. 2015, AEUV Art. 11 Rn. 13 ff., 34; *Neuner*, ZfPW 2024, 127, 133; *Ruffert* in: Callies/Ruffert, EUV/AEUV, 6. Aufl. 2022, EUV Art. 3 Rn. 7 f.; *Schirmer*, ZEuP 2021, 35, 39 f.; Siehe hinsichtlich der Auslegung Europäischen Privatrechts *Grundmann/Riesenhuber*, JuS 2001, 529, 532, 534 f.

157 *Calliess* in: Calliess/Ruffert, EUV/AEUV, 6. Aufl. 2022, AEUV Art. 11 Rn. 7; *Hellgardt/Jouannaud*, AcP 222 (2022), 163, 170; *Kotzur* in: Geiger/Khan/Kotzur/Kirchmair, EUV/AEUV, 7. Aufl. 2023, AEUV Art. 11 Rn. 6; *Krämer* in: von der Groeben/Schwarze/Hatje, 7. Aufl. 2015, AEUV Art. 11 Rn. 12, 24; *Nettesheim* in: Grabitz/Hilf/Nettesheim, EUV/AEUV, 84. EL 2025, AEUV Art. 11 Rn. 22.

158 *Calliess* in: Calliess/Ruffert, EUV/AEUV, 6. Aufl. 2022, AEUV Art. 11 Rn. 8; *Nettesheim* in: Grabitz/Hilf/Nettesheim, EUV/AEUV, 84. EL 2025, AEUV Art. 11 Rn. 20.

159 *Calliess* in: Calliess/Ruffert, EUV/AEUV, 6. Aufl. 2022, AEUV Art. 11 Rn. 12; *Kotzur* in: Geiger/Khan/Kotzur/Kirchmair, EUV/AEUV, 7. Aufl. 2023, AEUV Art. 11 Rn. 5.

160 BT-Drs. 12/6633, 6; BT-Drs. 12/6000, 67; BVerfG, Beschl. v. 16.02.2000, 1 BvR 242/91, NJW 2000, 2573, 2575; BVerfG, Urt. v. 12.12.2000, 1 BvR 1762/95 u. 1787/95, NJW 2001, 591, 593; *Epiney* in: Huber/Voßkuhle, 8. Aufl. 2024, 78 ff.; *Murswiek* in: Sachs GG, 10. Aufl. 2024, GG Art. 20a Rn. 12; *Schulze-Fielitz* in: Dreier, Grundgesetz-Kommentar, 3. Aufl. 2015, GG Art. 20a Rn. 24; *Wieland*, ZUR 2016, 473, 475.

Optimierungsgebots dar.[161] Diesem Prinzipiencharakter ist immanent, dass das Ziel die werthaltige Grundlage rechtlicher Normen darstellt, Ausgangspunkt der normativen Bewertung ist und eine Abwägungsstruktur für im Einzelfall zu treffende Entscheidungen vorgibt und sämtliche Rechtsbereiche durchdringt.[162] Ausreichend ist es, wenn das Prinzip in einem optimal gebotenen, in rechtlicher und faktischer Hinsicht bestmöglichen Maße verfolgt und erfüllt wird, wobei dieses Maß stets unterschiedlich sein kann, abhängig davon, welche gegenläufigen Prinzipien und Regeln den Sachverhalt beeinflussen.[163] Gem. Art. 20a GG erfolgt der Schutz natürlicher Lebensgrundlagen in Verantwortung für künftige Generationen lediglich im Rahmen der verfassungsmäßigen Ordnung. Das Ziel der Nachhaltigkeit ist also in Ausgleich mit anderen Verfassungsrechtsgütern und anderen Verfassungsprinzipien zu bringen, ihm kommt kein unbedingter Vorrang zu (aber auch kein unbedingter Nachrang)[164], das Nachhaltigkeitsprinzip hat prima facie-Charakter.[165] Die staatliche Verantwortung für künftige Generationen umfasst daher auch die Beachtung von sozialen und ökonomischen Rahmenbedingungen.[166] Das Staatsziel der ökologischen Generationengerechtigkeit ist durch seine Festschreibung im Grundgesetzt in die Verantwortung des Staats für Wirtschaftswachstum und Sozialstaat zu integrieren.[167]

Demzufolge ist eine Implementierung von Nachhaltigkeit im Recht nicht nur möglich, sondern auch verpflichtend. Der Nachhaltigkeitsgrundsatz stellt auf eu-

---

161 *Hellgardt/Jouannaud*, AcP 222 (2022), 163, 170; *Jarass* in: Jarass/Pieroth GG, 18. Aufl. 2024, GG Art. 20a Rn. 6; *Kluth* in: Kluth/Smeddinck, Umweltrecht, 2. Aufl. 2020, § 1 Rn. 61, 66; *Kotzur*, DÖV 2005, 313, 315, 318; *Schomerus* in: Heinrichs/Michelsen, Nachhaltigkeitswissenschaften, 2014, 290, 293 f., 301.

162 *Epiney* in: Huber/Voßkuhle, 8. Aufl. 2024, GG Art. 20a Rn. 80; *Jarass* in: Jarass/Pieroth GG, 18. Aufl. 2024, GG Art. 20a Rn. 1; *Kahl* in: Kahl, Nachhaltigkeit als Verbundbegriff, 2008, 1, 11; *Kotzur*, DÖV 2005, 313, 315 f.; *Wieland*, ZUR 2016, 473, 475; Siehe zum grundlegenden Charakter eines Prinzips *Bosselmann*, The Principle of Sustainability, 2. Ed. 2017, S. 54 ff., 64 ff.

163 *Alexy*, Theorie der Grundrechte, 9. Aufl. 2020, S. 75 ff.; *Epiney* in: Huber/Voßkuhle, 8. Aufl. 2024, GG Art. 20a Rn. 105; *Hellgardt/Jouannaud*, AcP 222 (2022), 163, 170; *Kluth* in: Kluth/Smeddinck, Umweltrecht, 2. Aufl. 2020, § 1 Rn. 66; *Murswiek* in: Sachs GG, 10. Aufl. 2024, GG Art. 20a Rn. 53; *Schulze-Fielitz* in: Dreier, Grundgesetz-Kommentar, 3. Aufl. 2015, GG Art. 20a Rn. 26; *van Aaken*, „Rational Choice" in der Rechtswissenschaft, 2003, S. 318 ff.; *Wieland*, ZUR 2016, 473, 475 f.

164 *Bernsdorff*, NuR 1997, 328, 330 f.

165 BVerfG, Beschl. v. 24.03.2021, 1 BvR 2656/18, 1 BvR 78/20, 1 BvR 96/20, 1 BvR 288/20, NJW 2021, 1723, Rn. 198; BT-Drs. 12/6633, 6 f.; BT-Drs. 12/6000, 67 f.; *Alexy*, Theorie der Grundrechte, 9. Aufl. 2020, S. 87 ff., 100 ff.; *Jarass* in: Jarass/Pieroth GG, 18. Aufl. 2024, Art. 20a Rn. 14; *Kluth* in: Kluth/Smeddinck, Umweltrecht, 2. Aufl. 2020, § 1 Rn. 66; *Rehbinder*, NVwZ 2002, 657, 658; *Schulze-Fielitz* in: Dreier, Grundgesetz-Kommentar, 3. Aufl. 2015, GG Art. 20a Rn. 41 f.

166 *Calliess* in: Dürig/Herzog/Scholz, 106. EL 2024, GG Art. 20a Rn. 95.

167 *Calliess* in: Dürig/Herzog/Scholz, 106. EL 2024, GG Art. 20a Rn. 103.

ropäischer Ebene eine Zielbestimmung und auf nationaler Ebene eine Staatszielbestimmung dar.[168] Die Verfassung bildet auch für die Privatrechtsordnung den ordnungspolitischen Rahmen.[169] Damit ist der Nachhaltigkeitsgrundsatz Grundlage von Recht und die Erkenntnisse aus der Ökologie zur Verfolgung einer nachhaltigen Entwicklung und zum Schutz der natürlichen Lebensgrundlagen sind bei der Auslegung, Anwendung und Weiterentwicklung von privatrechtlichen Vorschriften von allen drei Staatsgewalten zu berücksichtigen.[170] Der Nachhaltigkeitsgrundsatz genießt zwar keinen Vorrang vor anderen Zielbestimmungen, er darf aber zumindest nicht ohne Beachtung in Form einer Abwägung bei staatlichem Handeln außen vor gelassen werden und muss stets in bestmöglichem Maße verfolgt werden. Demnach resultiert aus Art. 20a GG ein Gestaltungsauftrag, der sich an den Gesetzgeber richtet,[171] das Zivilrecht ggf. zu ändern, um Nachhaltigkeitsziele optimal verfolgen und erreichen zu können, jedenfalls insoweit bei einer Abwägung keine anderen Belange von mindestens gleichem Gewicht dagegensprechen. Es obliegt dem Gesetzgeber zu entscheiden, mit welchen Mitteln und zu welchen Zeitpunkt er das Staatsziel verwirklichen will, wobei er irreversible Schäden, unumkehrbare Schädigungsprozesse sowie nicht reproduzierbare Ressourcen bei seiner Entscheidung berücksichtigen muss und zu einem Zeitpunkt tätig werden muss, in welchem Umweltschutz noch zu verwirklichen ist.[172] Durch die Gestaltungsfreiheit des Gesetzgebers ist ihm eine Änderung des Privatrechts zur besseren Verfolgung einer nachhaltigen Entwicklung in jedem Fall möglich. Aufgrund der durch Art. 20a GG begründeten Schutzpflicht bzw. des Schutzauftrags des Staats, hat dieser u. a. Individuen Rechte einzuräumen, sie zu umweltfreundlichem Handeln zu verpflichten, sie von Umwelteingriffen abzuhalten und grundsätzlich Maßnahmen zu ergreifen, um die Umwelt zu erhalten und wieder-

---

168 Siehe ausführlich zur Normgeltung als Zielbestimmung *Gehne*, Nachhaltige Entwicklung als Rechtsprinzip, 2011, S. 258 ff.

169 *Grundmann* in: FS Hopt, 2010, 61, 64, 74; Siehe auch *Grundmann*, RabelsZ 86 (2022), 364, welcher aufgrund des pluralistisch ausgestalteten Wertekanons der Verfassung eine sog. Pluralistische Privatrechtstheorie begründet.

170 BT-Drs. 12/6633, 7; *Bach/Kieninger*, JZ 2021, 1088, 1088; *Grundmann*, RabelsZ 86 (2022), 364, 387, 391 f.; *Grundmann* in: FS Hopt, 2010, 61, 64; *Jarass* in: Jarass/Pieroth GG, 18. Aufl. 2024, GG Art. 20a Rn. 2a, 19, 23; *Rux* in: BeckOK GG, 61. Ed. 15.03.2025, GG Art. 20a Rn. 27; *Schröter/Bosselmann*, ZUR 2018, 195, 204.

171 BT-Drs. 12/6633, 7; *Bernsdorff*, NuR 1997, 328, 330.

172 *Bernsdorff*, NuR 1997, 328, 330; BVerfG, Beschl. v. 24.03.2021, 1 BvR 2656/18, 1 BvR 78/20, 1 BvR 96/20, 1 BvR 288/20, NJW 2021, 1723, 1732 Rn. 146, 1745 f. Rn. 229.

herzustellen.[173] Die Schutzpflicht des Staats erstreckt sich zudem, neben dem Erhalt natürlicher Lebensgrundlagen, gem. Art. 2 Abs. 2 S. 1 GG auch auf den Schutz von Leben und Gesundheit künftiger Generationen vor den Gefahren des Klimawandels.[174] Weil es sich bei der nachhaltigen Entwicklung um eine globale Herausforderung handelt, geht die Schutzpflicht über die Grenzen deutschen Staatsgebiets hinaus und muss alle planetaren Grenzen beachten.[175] Der Gesetzgeber hat dem unbestimmten Begriff der Nachhaltigkeit Konturen und Inhalt in Form von Gesetzen zu verleihen.[176] Institutionell ist das Parlament, in welchem sich politische Entscheidungen und Recht begegnen, auch am besten zur Ausformung des Nachhaltigkeitsgrundsatzes geeignet, indem es Ziele gestalten und formulieren, Parameter festlegen sowie komplizierte Abwägungen von Zielkonflikten vornehmen kann.[177] Den Gesetzgeber trifft zwar keine Pflicht zu einem bestimmten nachhaltigkeitsfördernden Handeln, vielmehr verbleibt ihm ein erheblicher Ermessensspielraum bei der Konkretisierung und Umsetzung der durch das Nachhaltigkeitskonzepts vorgegebenen Leitlinien.[178] Dennoch ist er zur Beobachtung, Überprüfung und Nachbesserung im Falle sich ändernder Umstände, die ursprünglich Grundlage der gesetzgeberischen Entscheidung waren, verpflichtet.[179]

---

173 BVerfG, Beschl. v. 24.03.2021, 1 BvR 2656/18, 1 BvR 78/20, 1 BvR 96/20, 1 BvR 288/20, NJW 2021, 1723, 1738 f. Rn. 192 f.; *Bernsdorff*, NuR 1997, 328, 330; *Epiney* in: Huber/Voßkuhle, 8. Aufl. 2024, GG Art. 20a Rn. 119; *Jarass* in: Jarass/Pieroth GG, 18. Aufl. 2024, GG Art. 20a Rn. 2a, 5.

174 BVerfG, Beschl. v. 24.03.2021, 1 BvR 2656/18, 1 BvR 78/20, 1 BvR 96/20, 1 BvR 288/20, NJW 2021, 1723, 1732 Rn. 146, 148.

175 BVerfG, Beschl. v. 24.03.2021, 1 BvR 2656/18, 1 BvR 78/20, 1 BvR 96/20, 1 BvR 288/20, NJW 2021, 1723, 1740 f. Rn. 200 f. m.w.N.; *Rux* in: BeckOK GG, 61. Ed. 15.03.2025, GG Art. 20a Rn. 13; *Bardt*, IW Analysen Nr. 72, 2011, S. 4.

176 *Lepsius* in: Kahl, Nachhaltigkeit als Verbundbegriff, 2008, 326, 327; BVerfG, Beschl. v. 24.03.2021, 1 BvR 2656/18, 1 BvR 78/20, 1 BvR 96/20, 1 BvR 288/20, NJW 2021, 1723, 1742 Rn. 207 f.

177 *Lepsius* in: Kahl, Nachhaltigkeit als Verbundbegriff, 2008, 326, 329, 335, 349; So auch *Bernsdorff*, NuR 1997, 328.

178 BVerfG, Beschl. v. 24.03.2021, 1 BvR 2656/18, 1 BvR 78/20, 1 BvR 96/20, 1 BvR 288/20, NJW 2021, 1723, 1742 Rn. 207 f.; *Berg* in: Kahl, Nachhaltigkeit als Verbundbegriff, 2008, 425, 430; *Gehne*, Nachhaltige Entwicklung als Rechtsprinzip, 2011, S. 74 f.; *Lepsius* in: Kahl, Nachhaltigkeit als Verbundbegriff, 2008, 326, 327 f.; *Leschke* in: Kahl, Nachhaltigkeit als Verbundbegriff, 2008, 297, 318 f., der dafür plädiert den Nachhaltigkeitsgrundsatz und seine jeweiligen Ausprägungen konkret und verbindlich für staatliches Handeln in der Verfassung zu verankern und Verstöße zu sanktionieren.

179 *Lepsius* in: Kahl, Nachhaltigkeit als Verbundbegriff, 2008, 326, 327 f.; BVerfG, Beschl. v. 08.08. 1978, 2 BvL 8/77, NJW 1979, 359, 360: „Hat der Gesetzgeber eine Entscheidung getroffen, deren Grundlage durch neue, im Zeitpunkt des Gesetzeserlasses noch nicht abzusehende Entwicklungen entscheidend in Frage gestellt wird, dann kann er von Verfassungs wegen gehalten sein zu überprüfen, ob die ursprüngliche Entscheidung auch unter den veränderten Umständen aufrechtzuerhalten ist."

Aufgrund des schnellen Wandels verfügbarer Technik und Verfahren, neuer Erfahrungen und Erfindungen sowie neu auftretender Zielkonflikte kann vom Gesetzgeber erwartet werden, bestehendes Recht unter Nachhaltigkeitsgesichtspunkten an neue Tatsachen und neue Prognosen anzupassen sowie Handlungsanweisungen entsprechend neu formulierter angepasster Nachhaltigkeitsziele festzulegen.[180] Der Gesetzgeber ist verfassungsrechtlich verpflichtet die Voraussetzungen und erforderlichen Anreize für eine nachhaltige Entwicklung zu schaffen.[181]

Der Regelungsauftrag, hier überwiegend als Nachbesserungsauftrag zu verstehen, an den Gesetzgeber, Nachhaltigkeitsziele optimal zu verfolgen und zu erreichen, ist Grundlage dieser Arbeit. Diesem Auftrag kann nachgekommen werden, indem neues Recht geschaffen wird oder bestehendes Recht erneuert und geändert wird unter der Prämisse der bestmöglichen Förderung von Nachhaltigkeitszielen.

2. Implementierung rechtsfremder Aspekte in das Privatrecht

Die Integration von Nachhaltigkeitsbelangen in das Recht ist möglich und nach dem soeben Ausgeführten auch verpflichtend. Der Mechanismus und die Art und Weise einer Implementierung in das Privatrecht bedarf aber noch einer näheren Erläuterung.

Erkenntnisse aus anderen Disziplinen, wie der Ökonomik oder der Ökologie, erlangen in der Rechtswissenschaft Relevanz und Legitimität, wenn sie sich in rechtliche Kategorien und Begrifflichkeiten überführen lassen und soweit sie Teil der verfassungsmäßigen Werteordnung sind.[182] Bei den hier zu behandelnden Faktoren von Nachhaltigkeit handelt es sich um Belange, die sich in der verfassungsmäßigen Werteordnung widerspiegeln und deren Berücksichtigung im rechtswissenschaftlichen und -dogmatischen Diskurs legitim und sogar verbindlich ist.

Durch die Auslegung und Interpretation von Normen und unbestimmten Rechtsbegriffen können Nachhaltigkeitsgesichtspunkte grundsätzlich Eingang in das Zivilrecht finden sowie durch die Rechtsprechung und Anwendung des Rechts zur Bedeutung gelangen.[183] Da es sich bei den Aspekten der Nachhaltigkeit um

180 *Lepsius* in: Kahl, Nachhaltigkeit als Verbundbegriff, 2008, 326, 335 f.

181 BVerfG, Beschl. v. 24.03.2021, 1 BvR 2656/18, 1 BvR 78/20, 1 BvR 96/20, 1 BvR 288/20, NJW 2021, 1723, 1748 Rn. 248 f.

182 *Grundmann*, RabelsZ 86 (2022), 364, 405 ff., 418, der hiermit die sog. „Wertenachverfolgungsmethode" beschreibt.

183 BVerfG, Urt. v. 23.11.2005, 8 C 14/04, NVwZ 2006, 595, 597; BGH, Urt. v. 27.01.2006, V ZR 46/05, NJW 2006, 1424, 1424 f. Rn. 11, m.w.N.; *Gsell*, ZHR 2023, 392, 395 ff., 411; *Halfmeier*, AcP 216 (2016), 717,

rechtsfremden Input handelt, können sie im Rahmen des Zivilrechts bedeutsam werden, wenn es Institute und Strukturen bereitstellt, die es ermöglichen, dass solche Themen bei der rechtlichen Bewertung von Sachverhalten aufgenommen werden können und damit in die privatrechtliche Eigenlogik integrierbar sind.[184] Direkten Eingang finden Nachhaltigkeitsziele in das Privatrecht, insb. in das Kaufrecht, wenn sie sich bipolar feststellen lassen können und als Rechte- und Pflichtenbeziehung zwischen Verkäufer und Käufer zur Geltung kommen.[185] Nachhaltigkeit erfasst den Schutz von Gütern, die keiner Person exklusiv zugewiesen sind, sondern eine Vielzahl von Menschen gleichermaßen betreffen.[186] Da Nachhaltigkeit und der Schutz der Umwelt somit keine Teilnehmer des Privatrechtsverkehrs sind, sind sie bei dem im Grundsatz durch das Privatrecht vorzunehmenden Interessenausgleich eigentlich irrelevant.[187] Wenn sich zwischen Nachhaltigkeitsgesichtspunkten und der Kaufsache jedoch ein unmittelbarer Zusammenhang herstellen lässt, ist die Verknüpfung zum Gewährleistungsrecht in jedem Fall gegeben und eine Störung des Äquivalenzinteresses zwischen Verkäufer und Käufer aufgrund von Verstößen und Nichtbeachtung von Nachhaltigkeitsthemen führt zur Anwendung des Gewährleistungsrechts.[188]

Das Kaufrecht in seiner derzeit geltenden Fassung ist nicht unbedingt geeignet, sämtliche Umweltbelange, die es potenziell adressieren könnte, tatsächlich auch in sein bestehendes Normgefüge einzufügen, jedenfalls nicht ohne Neugestaltung entsprechender Normen, denn auch eine interpretatorische Ausweitung ist nicht vollends genügend.[189] Neben der Möglichkeit, Nachhaltigkeitsgesichtspunkte bei der Auslegung und Anwendung unbestimmter Rechtbegriffe in das Zivilrecht einfließen zu lassen, steht es dem Gesetzgeber frei, das Recht zu ändern und zu

---

730 f.; *Hellgardt/Jouannaud*, AcP 222 (2022), 163, 172; *Schulze-Fielitz* in: Dreier, Grundgesetz-Kommentar, 3. Aufl. 2015, GG Art. 20a Rn. 25; *Wieland*, ZUR 2016, 473, 474, 477.

184 *Schirmer*, ZEuP 2021, 35, 41; *Schirmer*, Nachhaltiges Privatrecht, 2023, S. 4 ff.; Siehe zum hauptsächlichen Sinn und Zweck des Gewährleistungsrechts, Vertragsgerechtigkeit und einen Interessenausgleich zu schaffen sowie Privatautonomie zu ermöglichen und Verbraucherschutz zu betreiben *Hess*, Geplante Obsoleszenz, 2018, S. 166 ff.

185 *Schirmer*, ZEuP 2021, 35, 47.

186 *Hellgardt/Jouannaud*, AcP 222 (2022), 163, 183.

187 *Halfmeier*, AcP 216 (2016), 717, 732, 737.

188 *Schirmer*, ZEuP 2021, 35, 47; *Mak/Lujinovic*, EuCML 2019, 4, 6; *Halfmeier*, AcP 216 (2016), 717, 732, der sich dafür ausspricht, dass der Grundsatz des Ausgleichs von Privatinteressen im Sinne eines nachhaltigen Privatrechts nicht ausschließlich gelten solle und vielmehr ebenso die Interessenlage künftiger Generationen und der Erhalt der natürlichen Lebensgrundlage zu berücksichtigen seien.

189 *Micklitz*, EuCML 2019, 229, 229 f., 237; So auch *Ekardt*, ZUR 2016, 463, 463; *Terryn*, 27(4) ERPL 851, 852 f. (2019), der zufolge das Verbraucherrecht noch nicht in hinreichendem Maße Nachhaltigkeitsgesichtspunkte berücksichtige; Ebenso *van Gool/Michel*, EuCML 2021, 136, 136 f.

ergänzen, um weitere Strukturen zur Implementierung von Nachhaltigkeitszielen bereitzustellen. Nachhaltigkeitserwägungen sind in jedem Fall aber dann zu berücksichtigen, soweit der Gesetzgeber dies anordnet bzw. bestimmte Nachhaltigkeitsziele zur Grundlage eines Gesetzes oder einer Norm macht.[190] Da der Wertekanon der deutschen Verfassung pluralistisch ausgestaltet ist, kann der Gesetzgeber grds. sämtliche dort niedergeschriebenen Zielvorstellungen zum Anlass für seine Rechtsetzung nehmen.[191]

Der Gesetzgeber kann Lösungen und Strategien zur Erreichung von Nachhaltigkeitszielen verfolgen, indem er in das Gewährleistungsrecht regulierende Maßnahmen implementiert, welche die Ausübung der Privatautonomie[192] in nachhaltigkeitsbegünstigender Weise beschränken und damit die Gestaltung der Rechtsbeziehung zwischen Privatrechtssubjekten beeinflussen.[193] Der Privatrechtsgesetzgeber muss sich nicht ausschließlich an Individualinteressen orientieren und sich nicht einzig dem Ziel der Gewährleistung subjektiver Handlungsfreiheiten verschreiben.[194] Eher im Gegenteil muss er sich auch am Gemeinwohl orientieren.[195] Private Autonomie als die selbstbestimmte Wahrnehmung subjektiver Handlungsfreiheiten und die politische bzw. öffentliche Autonomie, verstanden als die Ausgestaltung von Recht durch einen souveränen Gesetzgeber, stehen in keinem Über- oder Unterordnungsverhältnis, sondern sind gleichursprünglich.[196] In einem demokratisch durch Diskurs erschaffenen Rechtssystem setzen sich private und öffentliche Autonomie grundsätzlich wechselseitig voraus und kommen gleichgewichtig zur Geltung.[197] Dies bedeutet, dass Regulierung und Umwelt als Allgemeinwohlbelang im Verhältnis zu Privatautonomie und Einzel-

---

190 Vgl. *Grundmann/Riesenhuber*, JuS 2001, 529, 532 f. hinsichtlich der Ökonomischen Analyse als Mittel der teleologischen Auslegung und denen zufolge sich aus den Indizien des Gesetzgeberwillens und des Gesetzeszwecks ergibt, welche Erwägungen bei der Auslegung und Anwendung des Rechts zu berücksichtigen sind; *Grunewald* in: FS Adams, 2013, 173, 173, der zufolge Ziele im Interesse der Allgemeinheit generell durch dispositives oder zwingendes Recht verfolgt werden können, somit auch die Förderung nachhaltigen Konsums.

191 *Grundmann*, RabelsZ 86 (2022), 364, 391 f.; *Hacker*, Verhaltensökonomik und Normativität, 2017, S. 388.

192 Siehe zur Entwicklung des Verständnisses von subjektiven Rechten *Habermas*, Faktizität und Geltung, 5. Aufl. 1997, S. 112 ff.

193 *Grundmann* in: FS Canaris, 2017, 907, 910, 926 ff.; Vgl. auch *Grundmann* in: FS Hopt, 2010, 61, 65, 87, dem zu folge Verbraucherprivatrecht das Paradebeispiel für ein regulierenden Vertragsrecht darstelle.

194 *Habermas*, Faktizität und Geltung, 5. Aufl. 1997, S. 161 f.

195 Vgl. *Habermas*, Faktizität und Geltung, 5. Aufl. 1997, S. 111.

196 *Habermas*, Faktizität und Geltung, 5. Aufl. 1997, S. 134 f., 162.

197 *Habermas*, Faktizität und Geltung, 5. Aufl. 1997, S. 151, 161 f.

interessenausgleich in einem Wechselverhältnis stehen.[198] Die Freiheitsrechte Einzelner können die Souveränität des Gesetzgebers nicht einschränken.[199]

Insbesondere in Bereichen, in denen Allgemeininteressen und Individualinteressen weitgehend parallel existieren, wie in den Bereichen der Produktherstellung und -nutzung, ist die Einbettung von Regulierung ins Privatrecht und damit die Durchsetzung von Regulierung mittels Privatrecht, das diese Bereiche adressiert, zweckmäßig.[200] Weil das Zivilrecht die Rechtsbeziehung zwischen Produktanbieter und Konsument regelt, ist es besonders geeignet, Einfluss auf Produktions- und Konsumgewohnheiten zu nehmen.[201] Insbesondere das Kaufgewährleistungsrecht, das Gegenstand der hiesigen Untersuchung ist, bietet einige taugliche Anknüpfungspunkte, um Nachhaltigkeitsziele mit Hilfe des Rechts erreichen zu können. Weil der Kauf die häufigste Form des Konsums und des Produktzugangs darstellt, liegt der Fokus auf dem Kaufrecht.[202]

3. Zusammenfassung und Leitfaden der Untersuchung

Nachhaltigkeit stellt nach dem zuvor Ausgeführten ein sektorenverbindendes Leitmotiv dar, das sich seinerseits auf alle anderen rechtlichen Bereiche auswirkt und konsequent als überleitender Maßstab für das gesamte staatliche Handeln bindend ist.[203] Zudem bedarf die Staatszielbestimmung, das Prinzip der Nachhaltigkeit, grds. einer bereichsspezifischen Konkretisierung, Implementierung und damit Ausgestaltung des Schutzniveaus durch die Staatsorgane.[204] Nachhaltig-

198 *Grundmann* in: FS Canaris, 2017, 907, 912.

199 *Habermas*, Faktizität und Geltung, 5. Aufl. 1997, S. 162, der insoweit schreibt: Freiheitsrechte „sind notwendige Bedingungen, die die Ausübung politischer Autonomie erst ermöglichen; als ermöglichende Bedingungen können sie die Souveränität des Gesetzgebers, obwohl sie diesem nicht zur Disposition stehen, nicht einschränken. Ermöglichende Bedingungen erlegen dem, was sie konstituieren, keine Beschränkungen auf."

200 *Grundmann* in: FS Canaris, 2017, 907, 934; *Kieninger*, ZEuP 2020, 264, 271 f.; Zustimmend *Mehnert*, ZRP 2023, 9, 9.

201 *Schlacke/Stadermann/Grunow*, UBA Texte 24/2012, 2012, S. 19.

202 *Schlacke/Stadermann/Grunow*, UBA Texte 24/2012, 2012, S. 19.

203 *Die Bundesregierung*, Deutsche Nachhaltigkeitsstrategie, Weiterentwicklung 2021, 15.12.2020, S. 91; *Gehne*, Nachhaltige Entwicklung als Rechtsprinzip, 2011, S. 258 ff.; *Häberle/Kotzur*, Europäische Verfassungslehre, 8. Aufl. 2016, S. 816 Rn. 1281; *Kahl* in: Kahl, Nachhaltigkeit als Verbundbegriff, 2008, 1, 12 m.w.N.; *Kluth* in: Kluth/Smeddinck, Umweltrecht, 2. Aufl. 2020, § 1 Rn. 60; *Rehbinder*, NVwZ 2002, 657, 657 f.; *Rux* in: BeckOK GG, 61. Ed. 15.03.2025, GG Art. 20a Rn. 27; *Schulze-Fielitz* in: Dreier, Grundgesetz-Kommentar, 3. Aufl. 2015, GG Art. 20a Rn. 25.

204 *Gehne*, Nachhaltige Entwicklung als Rechtsprinzip, 2011, S. 258 ff.; *Kahl*, DÖV 2009, 2, 9; *Kluth* in: Kluth/Smeddinck, Umweltrecht, 2. Aufl. 2020, § 1 Rn. 11; *Schulze-Fielitz* in: Dreier, Grundgesetz-Kommentar, 3. Aufl. 2015, GG Art. 20a Rn. 46.

keitsbelange sind nach dem geltenden Kaufgewährleistungsrecht zu berücksichtigen und es existieren bereits Strukturen zur Implementierung. Mit dem Merkmal der „Haltbarkeit" als Teil des Beschaffenheitsbegriffs im Rahmen des Mangelbegriffs wurde durch den Gesetzgeber ausdrücklich das Tor zur Beachtung von Umweltbelangen geöffnet. Zudem verdeutlicht EG 32 WKRL den eindeutigen gesetzgeberischen Willen, neben dem Ausgleich von Privatinteressen und dem Verbraucherschutz bzw. zugleich auch Nachhaltigkeitsziele mit Hilfe des Kaufrechts zu verfolgen.

Es wurde deutlich, dass Nachhaltigkeit Eingang in das Zivilrecht findet und grundsätzlich Geltung beansprucht bei der Auslegung, Anwendung und Weiterentwicklung von Recht. Das Gewährleistungsrecht kann und muss demnach als Instrument genutzt werden, um Anreize zu setzen und Verhalten zu steuern, um das übergeordnete Ziel der Nachhaltigkeit zu implementieren und zu verfolgen. Damit einher geht die Frage, inwiefern Kaufgewährleistungsrecht grundsätzlich dazu geeignet ist, Belange wie die Nachhaltigkeit mit seinen Mechanismen zu verfolgen oder inwieweit der Gesetzgeber Änderungen vornehmen sollte, um umweltschonende Handlungsweisen der Marktakteure zu fördern. Gegenstand dieser Arbeit ist es, zu untersuchen, welche Regelungen des geltenden Kaufgewährleistungsrechts nachhaltiges Marktverhalten fördern und welche es hemmen und inwieweit Änderungen vorgenommen werden könnten und sollten, um Nachhaltigkeitsziele zu erreichen.[205] Dabei sind externe Erkenntnisse und Methoden für die Analyse und Bewertung eines nachhaltigen Privatrechts bedeutsam, aber auch Auswirkungen des Privatrechts selbst auf andere Gebiete sind zu berücksichtigen.[206] Insofern sind die rechtlichen Mechanismen auch dahingehend zu betrachten, inwiefern sie Nebenwirkungen verursachen und ob und wie diese durch eine rechtliche Neugestaltung in nachhaltiger Weise verändert werden können.[207]

---

205 So auch *Gehne*, Nachhaltige Entwicklung als Rechtsprinzip, 2011, S. 90 f. hinsichtlich der Umsetzung der Effizienzaufgabe des Nachhaltigkeitsprinzips; *Terryn*, 27(4) ERPL 851, 852 f. (2019), der zufolge Recht und insbesondere dem Verbraucherrecht eine besondere Rolle zur Ermöglichung und Förderung nachhaltiger Geschäftsmodelle und Konsumgewohnheiten zukommt.

206 *Gehne*, Nachhaltige Entwicklung als Rechtsprinzip, 2011, S. 90 f.; *Halfmeier*, AcP 216 (2016), 717, 737.

207 *Halfmeier*, AcP 216 (2016), 717, 737.

IV. Bezugnahme konkreter Nachhaltigkeitsaspekte durch das Kaufgewährleistungsrecht

Das Gewährleistungsrecht kann Lösungsstrategien bereithalten für das oben konkret beschriebene Problem der vorzeitigen Alterung von Produkten und dient damit als Instrument zur Verfolgung von Nachhaltigkeitszielen. Konsumgewohnheiten und Produktionsweisen können zwar nicht unmittelbar durch das Kaufgewährleistungsrecht verändert werden, es kann aber als Instrument dienen, um Parameter einzuführen und die grundsätzliche Richtung einer nachhaltigen Entwicklung vorzugeben.[208] Kaufgewährleistungsrecht kann als eine regulierende gesetzgeberische Maßnahme angesehen werden, die zur Erreichung von Nachhaltigkeitszielen das Verhalten von Marktakteuren zu beeinflussen versucht. Hierbei sollen die ausformulierten Nachhaltigkeitsziele nicht nur kurzzeitig und durch einmaliges Handeln erreicht werden, vielmehr ist es notwendig, eine dauerhafte nachhaltige Entwicklung zu verfolgen, bei der durch stetig wirkende Mechanismen eine Annäherung an das Nachhaltigkeitsziel erfolgt und bei der das Nachhaltigkeitsziel entwicklungsoffen formuliert ist.[209] Die auf das Nachhaltigkeitsprinzip abzielenden Lebens- und Wirtschaftsweisen sollen in dauerhafter und global durchhaltbarer Weise etabliert werden.[210] Dabei sollten kaufgewährleistungsrechtliche Mechanismen eine Entwicklung hin zu mehr Nachhaltigkeit ermöglichen und hinreichend konkret, angemessen sanktionsbewehrt, sensibel für *Rebound*- und Verlagerungseffekte und der Motivationslage der Normadressaten entsprechend sein.[211]

Empirisch exakte Aussagen hinsichtlich der Gefährdung natürlicher Lebensgrundlagen lassen sich im hiesigen Untersuchungsrahmen nicht feststellen. Daher muss eine solche Einschätzung in ihrer Komplexität reduziert werden, um rechtlich operabel sein zu können. Für die hiesige Untersuchung ergibt sich daraus außerdem, dass Ziele aus naturwissenschaftlichen Daumenregeln ermittelt werden.[212] Aus den bisherigen Ausführungen und insbesondere aus den Erwägungen und Strategien internationaler Konzepte (s.o. Erster Teil A.II.3.) ergibt sich, dass Produktionsweisen und Konsumgewohnheiten in nachhaltiger Weise verändert werden müssen. Maßnahmen des Kaufgewährleistungsrechts müssen dem wachsenden Abfallaufkommen, Ressourcenverbrauch und Energieverbrauch entgegenwirken. Auch ohne auf Beweise des menschengemachten Klimawandels oder

208 *Bosselmann*, The Principle of Sustainability, 2. Ed. 2017, S. 54.
209 *Bardt*, IW Analysen Nr. 72, 2011, S. 4; *Kotzur*, DÖV 2005, 313, 319.
210 *Ekardt*, ZUR 2016, 463, 466; *Bardt*, IW Analysen Nr. 72, 2011, S. 4.
211 *Ekardt*, ZUR 2016, 463, 466.
212 So auch *Schirmer*, ZEuP 2021, 35, 40.

auf exakte Forschungsergebnisse hinsichtlich der Folgen menschlichen Handelns für die Umwelt Bezug zu nehmen, ist jedenfalls unstreitig, dass ein Großteil der Bevölkerung Angst vor Umweltschäden verspürt. Die Angst vor dem Entzug der natürlichen Lebensgrundlagen, die essenziell sind für das menschliche Leben und Überleben, durch aktuelle Konsum- und Produktionsgewohnheiten ist allgegenwärtig. Dieser Fakt gibt hinreichend Anlass und ist ausschlaggebend für den Gesetzgeber den Schutz der Umwelt und die Eindämmung klimaschädlicher Handlungen als Gemeinwohlbelange seiner Gesetzgebung zugrunde zu legen und diesbezüglich Maßnahmen zu ergreifen. Eine im Einzelfall den individuellen Präferenzen und Bedürfnissen ggf. widersprechende Gesetzgebung ist dann angebracht und auch legitim, weil die Individualinteressen Einzelner den Gesetzgeber in seiner Handlungsfreiheit nicht beschränken.[213] Seine Autonomie Recht nach Gemeinwohlbelangen auszugestalten, muss sich der privaten Autonomie grundsätzlich nicht unterordnen.[214] Ferner ergeben sich auch aus ausschließlich individualorientierter Perspektive Argumente für ein gesetzgeberisches Tätigwerden zum Schutz der Umwelt, notwendigerweise dann auch gegen die Interessen einzelner Individuen. Dem Gesetzgeber obliegt eine Sorgfaltspflicht gegenüber künftigen Generationen, die ihn verpflichtet deren subjektive Handlungsfreiheiten zu gewährleistet, weshalb Eingriffe in die subjektiven Rechte heutiger Generationen durch Maßnahmen zur Verhinderung irreversibler Umweltschäden auch bei Ungewissheit über umweltrelevante Ursachenzusammenhänge erforderlich und angemessen sind.[215] Im Einzelnen bedeutet dies:

Konsum und Produktion gilt dann als nachhaltig, wenn die Befriedigung der berechtigten Bedürfnisse der derzeitigen sowie der zukünftigen Generationen unter Beachtung der Belastbarkeitsgrenze der Erde und der universellen Menschenrechte sowie der weiteren Nachhaltigkeitsziele nicht gefährdet wird.[216] Explizit adressiert werden muss die in besonderem Maße Umweltschäden verursachende Herstellungsphase, in welcher der Ressourcenverbrauch reduziert und die Ressourcenproduktivität gesteigert werden muss.[217]Darüber hinaus ist zur Errei-

213 *Habermas*, Faktizität und Geltung, 5. Aufl. 1997, S. 161 f.

214 *Habermas*, Faktizität und Geltung, 5. Aufl. 1997, S. 134 f., 162.

215 Vgl. BVerfG, Beschl. v. 24.03.2021, 1 BvR 2656/18, 1 BvR 78/20, 1 BvR 96/20, 1 BvR 288/20, NJW 2021, 1723, 1727 ff. Rn. 117 ff., 1745 f. Rn. 229.

216 *Die Bundesregierung*, Deutsche Nachhaltigkeitsstrategie, Weiterentwicklung 2021, 15.12.2020, S. 286.

217 So auch *Kurz*, ZfU 3 (2019), 342, 350; *Fischer/Moch/Prakash/Teufel/Stieß/Kresse/Birzle-Harder*, UBA Texte 11/2019, 2019, S. 92; *Konferenz der Vereinten Nationen für Umwelt und Entwicklung*, AGENDA 21, 1992, Kapitel 4, S. 18, 20f. *Vereinte Nationen*, Ziele für nachhaltige Entwicklung, Bericht 2016, S. 34.

chung der Dekarbonisierung erforderlich, dass der Energieverbrauch drastisch verringert wird.[218] Unter nachhaltigem Konsum ist ein ressourcenschonender und umweltfreundlicher Produktgebrauch im Sinne einer Nutzung von ressourceneffizienten, reparaturfreundlichen und langlebigen Produkten zu verstehen.[219] Einer funktionierenden Kreislaufwirtschaft, in der alle eingesetzten Rohstoffe vollständig wiedergewonnen und wiederverwendet werden können, stehen weiterhin praktische Hürden entgegen, sodass Ziel auf dem Weg zur Erreichung einer umfänglich möglichen Kreislaufwirtschaft ist, den Ressourcen- sowie Energie- und Arbeitsverlust am Ende der Produktlebensdauer immer weiter zu verringern.[220] Daneben sollten die Kreisläufe grundsätzlich verlangsamt werden, indem auf eine hohe Produkthaltbarkeit hingewirkt wird und ein Funktionsverlust durch die Möglichkeit der Reparatur nicht in jedem Fall zum dauerhaften Produktausfall führt.[221] Damit einher gehen muss eine Veränderung der Konsummuster, weg von kurzen Nutzungsphasen hin zu einem längeren und langsameren Ge- und Verbrauch von Produkten.[222] Der Nachhaltigkeitsgrundsatz lässt sich in Form der Verbesserung der Haltbarkeit, der Reparierbarkeit und Nachrüstbarkeit von Produkten sowie der Verringerung des CO2-Ausstoßes realisieren.[223] Nachhaltiges Wirtschaften beinhaltet aufgrund der drohenden Knappheit von Ressourcen insbesondere auch die Entkopplung von Energie- und Ressourcenverbrauch vom Wirtschaftswachstum und den Konsum- und Produktionsaktivitäten sowie das Senken der Nachfrage nach Energie, Ressourcen und Verkehrsleistungen.[224] Eine relative Entkopplung, gemeint ist, dass Produktionsprozesse und Produkte an sich weniger Energie und Ressourcen benötigen, besteht bereits, jedoch ist der Weg hin

---

218 *Kurz*, ZfU 3 (2019), 342, 349.

219 *Schlacke/Alt/Tonner/Gawel/Bretschneider*, UBA Texte 72/2015, S. 37; *Schlacke/Tonner/Gawel*, JZ 2016, 1030, 1031; Siehe auch *Micklitz/Mehnert/Specht-Riemenschneider/Liedtke/Kenning*, Recht auf Reparatur, 2022, S. 7 f. m.w.N.: „Eine längere Lebensdauer von Produkten könnte zu einer erheblichen Reduzierung des Ressourcen- und Energieverbrauchs führen".

220 *Longmuß/Dworak* in: Longmuß/Poppe, Geplante Obsoleszenz, 2019, 73, 73; Vgl. auch *Petersen*, NVwZ 2022, 921, 921.

221 *Longmuß/Dworak* in: Longmuß/Poppe, Geplante Obsoleszenz, 2019, 73, 74.

222 *Micklitz/Mehnert/Specht-Riemenschneider/Liedtke/Kenning*, Recht auf Reparatur, 2022, S. 9.

223 Diese Maßnahmen sind Teil des Aktionsplans für die Kreislaufwirtschaft, welcher Strategien zur Etablierung nachhaltiger Produkte ausarbeitet und dessen Grundlage der Grüne Deal der Europäischen Kommission ist; Vgl. *Europäische Kommission*, Ein neuer Aktionsplan für die Kreislaufwirtschaft, COM(2020) 98 final, 11.03.2020, S. 4; *Europäische Kommission*, Der europäische Grüne Deal, COM(2019) 640 final, 11.12.2019, S. 9.

224 *Die Bundesregierung*, Deutsche Nachhaltigkeitsstrategie, Weiterentwicklung 2021, 15.12.2020, S. 54, 92, 286; *Europäische Kommission*, Ein neuer Aktionsplan für die Kreislaufwirtschaft, COM(2020) 98 final, 11.03.2020, S. 2; *Europäische Kommission*, Der europäische Grüne Deal, COM(2019) 640 final, 11.12.2019, S. 2.

zu einer absoluten Entkopplung, gemeint ist der Rückgang von negativen Umweltauswirkungen insgesamt bei steigender Güterproduktion und steigendem Bruttoinlandsprodukt, noch weit.[225] Ziel ist die Herbeiführung von Ressourceneffizienz, einer funktionierenden Kreislaufwirtschaft, die Etablierung nachhaltiger Lieferketten sowie die grundsätzliche Vermeidung und verantwortungsvolle Entsorgung von Abfällen.[226] Das Abfallaufkommen ist während des gesamten Produktlebenszyklus, und insb. bei der Außerdienststellung durch seltenere Außerdienststellung, zu verringern.[227]

Als zentrale Herausforderungen beschreibt die Bundesregierung die weitestgehend langlebige Produktgestaltung, ihre Ressourceneffizienz sowie die Möglichkeit der Wiederverwendbarkeit.[228] Die Kommission will im Rahmen einer nachhaltigen Produktpolitik bestehende Maßnahmen verbessern und neue Maßnahmen einführen, die darauf hinwirken, dass Verbraucher Informationen über Produkte hinsichtlich ihrer Lebensdauer, Verfügbarkeit von Reparaturdiensten, Ersatzteilen und Reparaturanleitungen erhalten.[229] Darüber hinaus soll dem Verbraucher ein wirksames Recht auf Reparatur zugestanden werden, um die vorzeitige Entsorgung reparierbarer Waren zu verhindern.[230] Schließlich soll erreicht werden, dass umweltschädliche Produkte in der EU nicht in den Verkehr gebracht werden und vom Markt verschwinden und die Herstellerverantwortung für

225 *Zahrnt* in: Boos/Brönneke/Wechsler, Konsum und nachhaltige Entwicklung, 2019, 45, 46.

226 *Die Bundesregierung*, Deutsche Nachhaltigkeitsstrategie, Weiterentwicklung 2021, 15.12.2020, S. 54; Zum Schutz der Menschenrechte und der Umwelt in globalen Lieferketten dienen auch die Regelungen der Richtlinie (EU) 2024/1760 des Europäischen Parlaments und des Rates vom 13. Juni 2024 über die Sorgfaltspflichten von Unternehmen im Hinblick auf Nachhaltigkeit und zur Änderung der Richtlinie (EU) 2019/1937 und der Verordnung (EU) 2023/2859.

227 *Konferenz der Vereinten Nationen für Umwelt und Entwicklung*, AGENDA 21, 1992, Kapitel 4, S. 18, 20 f.; *Generalversammlung Vereinte Nationen*, Transformation unserer Welt: die Agenda 2030 für nachhaltige Entwicklung, 2015, S. 24; *Vereinte Nationen*, Ziele für nachhaltige Entwicklung, Bericht 2016, S. 34.

228 *Die Bundesregierung*, Deutsche Nachhaltigkeitsstrategie, Weiterentwicklung 2021, 15.12.2020, S. 286.

229 *Europäische Kommission*, Ein neuer Aktionsplan für die Kreislaufwirtschaft, COM(2020) 98 final, 11.03.2020, S. 6; *Europäische Kommission*, Neue Verbraucheragenda, Stärkung der Resilienz der Verbraucher/innen für eine nachhaltige Erholung, COM(2020) 696 final, 13.11.2020, S. 8.

230 Richtlinie (EU) 2024/1799 des Europäischen Parlaments und des Rates vom 13. Juni 2024 über gemeinsame Vorschriften zur Förderung der Reparatur von Waren und zur Änderung der Verordnung (EU) 2017/2394 und der Richtlinie (EU) 2019/771 und (EU) 2020/1828; *Europäische Kommission*, Ein neuer Aktionsplan für die Kreislaufwirtschaft, COM(2020) 98 final, 11.03.2020, S. 6; Siehe zur Diskussion des Vorschlags eines Rechts auf Reparatur außerhalb des Gewährleistungsrechts *Arnold*, Recht auf Reparatur, 2024, S. 110 ff.

nachhaltige Produkte näher in den Blick genommen wird.[231] Diese Aspekte werden im Rahmen dieser Arbeit noch näher betrachtet. Gemein ist den Nachhaltigkeitszielen, dass sie präventiv versuchen momentane Konsum- und Produktionsweisen zu ändern, um weitere Umweltzerstörung zu vermeiden. Regelmäßig werden solche Umweltschutzmaßnahmen auch günstiger und einfacher durchführbar sein als die Beseitigung von Umweltschäden im Nachhinein. Aus diesem Grunde bilden solche präventiven Maßnahmen den Schwerpunkt der Untersuchung.

V. Zusammenfassung und Prämisse der Untersuchung

Je langlebiger ein Produkt produziert wird, je leichter Reparaturen im Mangelfall erfolgen und je eher Updates möglich sind, desto länger kann es genutzt werden, desto weniger werden Ersatzanschaffungen getätigt und desto ressourcenschonender und damit umweltfreundlicher sind diese Waren, indem sie die Rohstoffgewinnung und den Herstellungsaufwand neuer Waren vermeiden sowie das Abfallaufkommen durch die Entsorgung verringern.[232] Dies stellt die Prämisse der nachfolgenden Untersuchung dar. Kaufgewährleistungsrecht soll unter diesem Blickwinkel Synergien schaffen. Seine rechtlichen Mechanismen stellen mehrere Instrumente bereit, die einen großen Teil des Produktlebenszyklus abdecken und Einfluss sowohl auf den Herstellungsprozess als auch auf die Nutzungsphase nehmen können. Kernelemente der Lösungsstrategie sind die Verlängerung der Produktlebensdauer und Produktnutzungsdauer durch Verbesserung der Produktqualität, Möglichkeit und Erleichterung von Reparaturen sowie Bereitstellung von Updates für die Software von Waren mit digitalen Elementen.

B. Analyserahmen und Analyseinstrumente

Um herauszufinden, mit welchen Mitteln die Ziele der Nachhaltigkeit am besten erreicht werden können, eignet sich das Zusammenspiel von positiver (dazu I.) und normativer Analyse des Rechts (dazu II.). Die Untersuchung des Kaufgewährleistungsrechts, die Argumentationen und die Bewertung konkreter rechtlicher Normausgestaltung sollen mit Hilfe von ökonomischen Methoden, Theorien und

231 *Europäische Kommission*, Der europäische Grüne Deal, COM(2019) 640 final, 11.12.2019, S. 9.
232 *Fischer/Moch/Prakash/Teufel/Stieß/Kresse/Birzle-Harder*, UBA Texte 11/2019, 2019, S. 16, 42, 92 f.; *Gawel/Bretschneider*, ZfU 1 (2016), 1, 1; *Oehme/Jacob*, Strategien gegen Obsoleszenz, 2017, S. 7; *Prakash/Dehoust/Gsell/Schleicher/Stamminger*, UBA Texte 11/2016, 2016, S. 272, 282; *Schlacke/Alt/Tonner/Gawel/Bretschneider*, UBA Texte 72/2015, S. 45.

Erkenntnissen erfolgen. Dabei werden ökonomische Grundannahmen und Verhaltensmodelle zugrunde gelegt. Diese sind Teil der Mikroökonomik, in welcher es um das Verhalten einzelner Wirtschaftssubjekte und dessen Auswirkungen auf das Marktgeschehen geht.[233]

Nachfolgend soll eine kurze Darstellung der ökonomischen Grundlagen für einen Überblick und zum Verständnis der durchzuführenden Analyse erfolgen. Dabei kann in diesem Rahmen kein umfassender lehrbuchartiger Aufriss der ökonomischen Analyse des Rechts vorgenommen werden und zudem sind ökonomische Theorien und Modelle in der Literatur bereits ausführlich beschrieben. Es wird insofern auf weitergehende Ausführungen in den genannten Quellen verwiesen.

I. Positive ökonomische Analyse des Kaufgewährleistungsrechts

Erkenntnisse aus der positiven ökonomischen Analyse sollen für die Untersuchung herangezogen werden, um unterschiedliche rechtliche Normausgestaltungen bezüglich ihres Einflusses auf das menschliche Verhalten vergleichen zu können. Im Rahmen der positiven ökonomischen Theorie des Rechts wird menschliches Verhalten beschrieben, erklärt und entsprechend der Restriktions- und Anreizwirkung von verschiedenen rechtlichen Normausgestaltungen, welche Handlungsalternativen verteuern oder verbilligen, prognostiziert.[234] Es geht darum Ursache-Wirkzusammenhänge im Verhalten von Marktakteuren zu untersuchen.[235] Die positive ökonomische Theorie des Rechts ist ein methodologisch individualistischer Ansatz.[236]

1. Rational-Choice-Modell

Teil des ökonomischen Paradigmas ist der methodologische Individualismus, wonach individuelles Verhalten analysiert wird, von dem auf ein Verhaltensmuster der gesamten Gruppe von Käufern oder Verkäufern, welche der gleichen Ent-

233 *Eidenmüller*, Effizienz als Rechtsprinzip, 4. Aufl. 2015, S. 29.

234 *Petersen/Towfigh* in: Towfigh/Petersen, Ökonomische Methoden im Recht, 2. Aufl. 2017, 1, 4 Rn. 6; *Posner*, Economic Analysis of Law, 9. Ed. 2014, S. 31 ff.; *van Aaken* in: 44. AssÖR: Recht und Ökonomik, 2004, 1, 4; Siehe ausführlich zum Einfluss von Recht auf menschliches Verhalten *van Aaken*, „Rational Choice" in der Rechtswissenschaft, 2003, S. 79 ff.

235 *Leschke* in: Kahl, Nachhaltigkeit als Verbundbegriff, 2008, 297, 299.

236 *van Aaken* in: 44. AssÖR: Recht und Ökonomik, 2004, 1, 5.

scheidungssituation ausgesetzt sind, geschlossen wird.[237] Während die menschlichen Bedürfnisse unbegrenzt sind, sind die Ressourcen knapp, weshalb Individuen Entscheidungen treffen müssen.[238]

Nach dem Verhaltensmodell des *homo oeconomicus* werden Entscheidungen nach dem Eigennutztheorem und unter der Rationalitätsannahme getroffen, d. h. Individuen wählen rational nach ihrer Präferenzordnung unter mehreren Optionen diejenige, die ihren Nutzen maximiert.[239] Das Eigennutztheorem beschreibt das Entscheiden entsprechend dem eigenen monetären, zeitlichen, emotionalen, ethischen oder geschmacklichen Nutzen.[240] Die Entscheidung ist rational, wenn sich für die Option entschieden wird, die den höheren individuellen Nutzen bringt.[241]

Dabei wird die Entscheidung einerseits bestimmt durch individuelle Präferenzen, d. h. Motive und Wertvorstellungen, und andererseits durch Restriktionen beschränkt, d. h. Begrenzung des Handlungsspielraums durch Verhalten anderer Individuen, durch institutionelle, informelle, zeitliche, monetäre und informationelle Beschränkungen.[242] Werden Restriktionen des Handelns gelockert, wird dies als Anreiz bezeichnet, sodass Restriktionen Entscheidungen verteuern und Anreize Entscheidungen vergünstigen.[243] Während Präferenzen des Einzelnen stabil sind, können Restriktionen und Anreize verändert werden und so die Abwägung der Vor- und Nachteile bzw. des Nutzens und der Kosten und somit grds. die Ent-

237 *Towfigh* in: Towfigh/Petersen, Ökonomische Methoden im Recht, 2. Aufl. 2017, 25, 25 ff. Rn. 61, 63.

238 *Eidenmüller*, Effizienz als Rechtsprinzip, 4. Aufl. 2015, S. 29; *Towfigh* in: Towfigh/Petersen, Ökonomische Methoden im Recht, 2. Aufl. 2017, 25, 25 ff. Rn. 61, 64.

239 Sog. REM-Hypothese; *Eidenmüller*, Effizienz als Rechtsprinzip, 4. Aufl. 2015, S. 29 f., 34 ff.; *Schäfer/Ott*, Lehrbuch der ökonomischen Analyse des Zivilrechts, 5. Aufl. 2012, S. 46, 95 ff.; *Towfigh* in: Towfigh/Petersen, Ökonomische Methoden im Recht, 2. Aufl. 2017, 25, 25 Rn. 61.

240 *Towfigh* in: Towfigh/Petersen, Ökonomische Methoden im Recht, 2. Aufl. 2017, 25, 30 Rn. 70.

241 *Mathis*, Effizienz statt Gerechtigkeit?, 4. Aufl. 2019, S. 26 f.; *Towfigh* in: Towfigh/Petersen, Ökonomische Methoden im Recht, 2. Aufl. 2017, 25, 33 Rn. 77; *van Aaken* in: 44. AssÖR: Recht und Ökonomik, 2004, 1, 4; *van Aaken*, „Rational Choice“ in der Rechtswissenschaft, 2003, S. 73 f. m.w.N.

242 *Eidenmüller*, Effizienz als Rechtsprinzip, 4. Aufl. 2015, S. 29 ff.; *Hacker*, Verhaltensökonomik und Normativität, 2017, S. 33; *Mathis*, Effizienz statt Gerechtigkeit?, 4. Aufl. 2019, S. 27; *Towfigh* in: Towfigh/Petersen, Ökonomische Methoden im Recht, 2. Aufl. 2017, 25, 27 ff. Rn. 64 ff.; *van Aaken* in: 44. AssÖR: Recht und Ökonomik, 2004, 1, 5; *van Aaken*, „Rational Choice“ in der Rechtswissenschaft, 2003, S. 74 f.

243 *Towfigh* in: Towfigh/Petersen, Ökonomische Methoden im Recht, 2. Aufl. 2017, 25, 29 Rn. 67; *van Aaken* in: 44. AssÖR: Recht und Ökonomik, 2004, 1, 5 f.

scheidung beeinflussen.[244] Eine derartige Veränderung kann durch die Ausgestaltung von Recht erfolgen, wodurch Recht als Steuerung individuellen Verhaltens analysiert werden kann. Recht kann damit unmittelbar Einfluss nehmen auf die Entscheidung eines Individuums und mittelbar auf Entscheidungen von Vertragspartnern und sonstigen von der Entscheidung des Individuums Betroffenen, die auf die Entscheidung reagieren.[245]

2. Verhaltensökonomik

Die Verhaltensökonomik (*Behavioral Economics*) entwickelt das Modell des *homo oeconomicus* weiter, modifiziert und präzisiert dieses und stellt es grundsätzlich in Frage.[246] Der Ansatz der Verhaltensökonomik fügt der REM-Hypothese weitere Grundannahmen hinzu, wonach Individuen nur ein begrenztes Eigeninteresse (*bounded self-interest*) haben, begrenzt rational (*bounded rationality*) handeln und begrenzte Selbstdisziplin (*bounded willpower*) aufweisen.[247] Damit versucht die Verhaltensökonomik einen realistischeren Erklärungsansatz für menschliches Verhalten zu finden, um bessere Prognosen über zukünftige Entwicklungen stellen zu können, bestehende Normen besser erklären zu können sowie mittels rechtlicher Regulierung Anomalien zu beseitigen oder zumindest abzuschwächen.[248]

Zum einen handeln Individuen nicht immer egoistisch und nutzenmaximierend, weil es für sie in vielen Situationen gar nicht möglich ist, in rationaler Weise ihre eigenen Interessen zu verfolgen.[249] Zum anderen sind viele Menschen willensschwach und werten einen gegenwärtigen Nutzen höher, wohingegen sie den

244 *Mathis*, Effizienz statt Gerechtigkeit?, 4. Aufl. 2019, S. 27; *Towfigh* in: Towfigh/Petersen, Ökonomische Methoden im Recht, 2. Aufl. 2017, 25, 29 Rn. 68; *van Aaken* in: 44. AssÖR: Recht und Ökonomik, 2004, 1, 4 f.

245 *van Aaken* in: 44. AssÖR: Recht und Ökonomik, 2004, 1, 6.

246 Siehe hierzu grundlegend *Kahneman/Tversky*, 47(2) Econometrica 263, (1979); sowie zusammenfassend und m.w.N. *Mathis*, Effizienz statt Gerechtigkeit?, 4. Aufl. 2019, S. 42 ff.; *Hacker*, Verhaltensökonomik und Normativität, 2017, S. 40 ff.

247 *Hacker*, Verhaltensökonomik und Normativität, 2017, S. 75 ff. m.w.N.; *Schäfer/Ott*, Lehrbuch der ökonomischen Analyse des Zivilrechts, 5. Aufl. 2012, S. 103 ff.; *Towfigh* in: Towfigh/Petersen, Ökonomische Methoden im Recht, 2. Aufl. 2017, 25, 38 Rn. 86; Siehe zu menschlichen Verhaltensantrieben allgemein und in Bezug auf Nachhaltigkeit *Ekardt*, Theorie der Nachhaltigkeit, 3. Aufl. 2021, S. 131 ff., 141 ff.

248 *van Aaken* in: 44. AssÖR: Recht und Ökonomik, 2004, 1, 9.

249 Siehe *Schäfer/Ott*, Lehrbuch der ökonomischen Analyse des Zivilrechts, 5. Aufl. 2012, S. 105 ff. hinsichtlich möglicher Ursachen eines von der Rationalitätsannahme abweichenden Verhaltens; *Hacker*, Verhaltensökonomik und Normativität, 2017, S. 80 ff.

zukünftigen Nutzen abdiskontieren.[250] Zudem handeln Individuen oft, ihrem eigenen Nutzen entgegen, nach Fairness- oder Gerechtigkeitserwägungen.[251]

II. Normative Analyse des Kaufgewährleistungsrechts

Um zu einem Ergebnis gelangen zu können, welche rechtliche Normausgestaltung am besten geeignet ist Nachhaltigkeitsziele zu erreichen, bedarf es konkreter Bewertungskriterien. Solche lassen sich in der ökonomischen Analyse des Rechts finden (1.) oder können auch abseits dessen formuliert werden (2.).

Allgemeine Lebenssachverhalte, -zustände oder Zustandsänderungen werden typischerweise danach bewertet, ob sie effizient sind. Effizienz als Bewertungskriterium für mehrere Handlungsalternativen meint im allgemeinen Sprachgebrauch in den Bereichen Technik und Wirtschaft das Erreichen eines Ziels bei vorgegebenem konstanten Nutzen mit möglichst geringen Mitteln (sog. Minimierungsprinzip) oder das Erreichen eines Ziels bei gegebenem konstanten Einsatz so weit wie möglich (sog. Maximierungsprinzip), wobei das Ziel nicht vorgegeben ist.[252] Eine Maßnahme oder Entscheidung ist demnach effizient, wenn sie den Nutzen erhöht oder den Aufwand verringert.[253] Daneben können rechtliche Instrumente auch an ihrer Effektivität gemessen werden. Effektivität beschreibt den Grad der Wirksamkeit oder Leistungsfähigkeit einer Zielverwirklichungsmaßnahme.[254]

1. Normative ökonomische Analyse des Kaufgewährleistungsrechts

Die Erkenntnisse aus der normativen ökonomischen Analyse sollen solche aus der positiven ökonomischen Analyse ergänzen, indem sie Bewertungskriterien aufstellen, an denen unterschiedliche rechtliche Normausgestaltungen und ihre Aus-

---

250 *Hacker*, Verhaltensökonomik und Normativität, 2017, S. 76, 105 ff.; *Schäfer/Ott*, Lehrbuch der ökonomischen Analyse des Zivilrechts, 5. Aufl. 2012, S. 104, 109.

251 *Hacker*, Verhaltensökonomik und Normativität, 2017, S. 76, 109 ff.; *Schäfer/Ott*, Lehrbuch der ökonomischen Analyse des Zivilrechts, 5. Aufl. 2012, S. 104, 109 f.

252 *Baumgärtner* in: Heinrichs/Michelsen, Nachhaltigkeitswissenschaften, 2014, 261, 261; *Eidenmüller*, Effizienz als Rechtsprinzip, 4. Aufl. 2015, S. 55; *Janson*, Ökonomische Theorie im Recht, 2004, S. 88; *Rühl*, Statut und Effizienz, 2011, S. 140; *Schmidt* in: Boos/Brönneke/Wechsler, Konsum und nachhaltige Entwicklung, 2019, 27, 29; *Schmidt*, Die Bedeutung der Effizienz für Nachhaltigkeit, 2008, S. 6 ff.

253 *Schmidt* in: Boos/Brönneke/Wechsler, Konsum und nachhaltige Entwicklung, 2019, 27, 29.

254 *Ekardt*, Theorie der Nachhaltigkeit, 3. Aufl. 2021, S. 97; *Schlacke/Stadermann/Grunow*, UBA Texte 24/2012, 2012, S. 14.

wirkungen auf das menschliche Verhalten gemessen werden können. Nach der normativen ökonomischen Theorie des Rechts werden unterschiedliche Regelungsmöglichkeiten in Hinblick auf die Lösung eines konkreten Problems anhand von theoretischen Prämissen und unter Beachtung ihrer Auswirkungen verglichen, bewertet und die vorzugswürdige Normgestaltung herausgearbeitet.[255] Zur Bewertung haben sich zwei Richtungen etabliert, die Wohlfahrtsökonomik im Sinne einer Allokationseffizienz (a.) sowie die ökonomische Vertrags- bzw. Konsenstheorie (b.).

a) Wohlfahrtsökonomie und Allokationseffizienz

Das Zivilrecht kann und soll nach dem Effizienzkonzept der Wohlfahrtsökonomik das Ziel einer effizienten Ressourcenallokation herbeiführen, welches klassisches Bewertungskriterium der *Law-and-Economics*-Bewegung ist.[256] Ein Zustand ist effizient und die Allokation optimal, wenn die Güter der Verwendung zugeführt werden, in der sie den höchsten Nutzen erzielen.[257] Der Nutzen wird hierbei von den Präferenzen und Entscheidungen von Akteuren in konkreten Situationen beeinflusst sowie von anderen Aspekten, bspw. in sozialer, psychologischer, ästhetischer und kultureller Hinsicht.[258] Diese Ausrichtung geht zurück auf den Utilitarismus, wonach menschliche Präferenzen so weit wie möglich und in der Art und Weise befriedigt werden sollen, dass der Gesamtnutzen maximiert wird.[259] Dabei soll die gesamtgesellschaftliche Wohlfahrt das Ziel sein, welche sich aus der Summe der individuellen Wohlfahrt, also des individuellen (streng subjektiven) Nutzens ergibt.[260] Recht soll als Instrument dazu verwendet werden, die gesamtgesell-

---

255 *Leschke* in: Kahl, Nachhaltigkeit als Verbundbegriff, 2008, 297, 299; *Petersen/Towfigh* in: Towfigh/Petersen, Ökonomische Methoden im Recht, 2. Aufl. 2017, 1, 5 Rn. 8; *Posner*, Economic Analysis of Law, 9. Ed. 2014, S. 31 ff.

256 *Janson*, Ökonomische Theorie im Recht, 2004, S. 89; *Petersen/Towfigh* in: Towfigh/Petersen, Ökonomische Methoden im Recht, 2. Aufl. 2017, 1, 17 Rn. 42; *Rühl*, Statut und Effizienz, 2011, S. 140.

257 *Posner*, Economic Analysis of Law, 9. Ed. 2014, S. 14; *Riha*, Ökonomische Analyse des Sachmängelgewährleistungsrechts des BGB, 2007, S. 19; *van Aaken* in: 44. AssÖR: Recht und Ökonomik, 2004, 1, 23.

258 *Schmidt* in: Boos/Brönneke/Wechsler, Konsum und nachhaltige Entwicklung, 2019, 27, 31.

259 *Posner*, 8(1) J. Leg. Stud. 103, 104 ff., 111 f. (1979); *Petersen/Towfigh* in: Towfigh/Petersen, Ökonomische Methoden im Recht, 2. Aufl. 2017, 1, 5 Rn. 8, 19 Rn. 48; *Riha*, Ökonomische Analyse des Sachmängelgewährleistungsrechts des BGB, 2007, S. 21; *Schäfer/Ott*, Lehrbuch der ökonomischen Analyse des Zivilrechts, 5. Aufl. 2012, S. 25 ff.; *van Aaken*, „Rational Choice" in der Rechtswissenschaft, 2003, S. 192 f. m.w.N.; Vgl. auch *Janson*, Ökonomische Theorie im Recht, 2004, S. 89 f.

260 *Riha*, Ökonomische Analyse des Sachmängelgewährleistungsrechts des BGB, 2007, S. 21; *Schäfer/Ott*, Lehrbuch der ökonomischen Analyse des Zivilrechts, 5. Aufl. 2012, S. 25 ff.; *Towfigh* in:

schaftliche Wohlfahrt zu fördern und zu steigern.[261] Der individuelle Nutzen kann jedoch nicht als kardinale Zahl angegeben werden und auch nicht einfach zusammengerechnet und verglichen werden, da Präferenzen inkommensurabel sind, weshalb sich die Kriterien der Pareto-Effizienz und Kaldor-Hicks herausgebildet haben.[262]

i. Pareto-Kriterium

Pareto-Effizienz bezieht sich darauf, dass ein Zustand gegenüber einem anderen Zustand pareto-superior ist oder dass ein bestimmter Zustand pareto-optimal ist.[263] Eine pareto-superiore Veränderung und damit eine Zustandsverbesserung ist anzunehmen, wenn nach einem Vergleich individueller Präferenzen mindestens eine Person bessergestellt wird, aber keine andere Person schlechter.[264] Ein Zustand ist pareto-optimal, wenn eine pareto-superiore Verbesserung einer Situation nicht mehr möglich ist, d.h. eine Besserstellung einer Person nicht ohne Schlechterstellung einer anderen Person erfolgen kann.[265] Für einen pareto-optimalen Zustand müssen folgende Teileffizienzen kumulativ gegeben sein: Die Produktion eines Guts kann nicht erhöht werden, ohne dass zugleich diejenige eines anderen Guts verringert werden müsste (effiziente Produktion), die existierenden Güter können nicht weiter zum gegenseitigen Vorteil getauscht werden (effizienter Konsum) sowie Konsum und Produktion sind optimal aufeinander abgestimmt

---

Towfigh/Petersen, Ökonomische Methoden im Recht, 2. Aufl. 2017, 25, 39 Rn. 88; Vgl. auch *Janson*, Ökonomische Theorie im Recht, 2004, S. 89 f.; Siehe zum Nutzenbegriff *van Aaken*, „Rational Choice“ in der Rechtswissenschaft, 2003, S. 194 ff. m.w.N.

261 *Towfigh* in: Towfigh/Petersen, Ökonomische Methoden im Recht, 2. Aufl. 2017, 25, 39 Rn. 87.

262 *Janson*, Ökonomische Theorie im Recht, 2004, S. 90; *Riha*, Ökonomische Analyse des Sachmängelgewährleistungsrechts des BGB, 2007, S. 32; *Schäfer/Ott*, Lehrbuch der ökonomischen Analyse des Zivilrechts, 5. Aufl. 2012, S. 28 f.; *Towfigh* in: Towfigh/Petersen, Ökonomische Methoden im Recht, 2. Aufl. 2017, 25, 39 Rn. 88; Siehe zur weitergehenden Kritik am Utilitarismus *Posner*, 8(1) J. Leg. Stud. 103, 111–119 (1979); *Sen* in: Fukuda-Parr/Kumar, Readings in Human Development, 2003, 41, 44 f.

263 *Mathis*, Effizienz statt Gerechtigkeit?, 4. Aufl. 2019, S. 55.

264 *Eidenmüller*, Effizienz als Rechtsprinzip, 4. Aufl. 2015, S. 48; *Janson*, Ökonomische Theorie im Recht, 2004, S. 91; *Mathis*, Effizienz statt Gerechtigkeit?, 4. Aufl. 2019, S. 55; *Posner*, Economic Analysis of Law, 9. Ed. 2014, S. 14; *Riha*, Ökonomische Analyse des Sachmängelgewährleistungsrechts des BGB, 2007, S. 32; *Rühl*, Statut und Effizienz, 2011, S. 140 f.; *Schäfer/Ott*, Lehrbuch der ökonomischen Analyse des Zivilrechts, 5. Aufl. 2012, S. 13; *Towfigh* in: Towfigh/Petersen, Ökonomische Methoden im Recht, 2. Aufl. 2017, 25, 41 Rn. 90.

265 *Eidenmüller*, Effizienz als Rechtsprinzip, 4. Aufl. 2015, S. 48; *Janson*, Ökonomische Theorie im Recht, 2004, S. 91; *Mathis*, Effizienz statt Gerechtigkeit?, 4. Aufl. 2019, S. 55; *Sen* in: Fukuda-Parr/Kumar, Readings in Human Development, 2003, 41, 51; *van Aaken*, „Rational Choice“ in der Rechtswissenschaft, 2003, S. 212.

(effiziente Produktionsstruktur).[266] Die Grundannahmen dieses Effizienzkriteriums sind dabei die Konsumentensouveränität, der Nonpaternalismus sowie der Grundsatz der Einstimmigkeit. [267] Demnach sind die individuellen Präferenzen autonom zu behandeln und zu respektieren, der individuelle Nutzen ist ausschlaggebend und eine Änderung der Güterzuweisung ist nur mit Zustimmung aller möglich.[268]

Bezogen auf das Recht bedeutet dies, dass eine Regelung durch eine andere dann ersetzt werden sollte, wenn diese Rechtsveränderung von mindestens einer Person vorgezogen wird und keine andere Person sie ablehnt (pareto-superior) und eine Regelung bestehen bleiben sollte, wenn es keine andere rechtliche Regelung gibt, welche von mindestens einer Person vorgezogen wird und die keine andere Person ablehnt (pareto-optimal).[269]

Kritik erfährt das Kriterium unter dem Gesichtspunkt, dass es nicht die Anfangsverteilung von Gütern berücksichtigt und daher keine Aussage über die Qualität eines Zustands oder darüber treffen kann, welcher Zustand vorzugswürdig ist, sondern lediglich den Status quo zementiert.[270] Darüber hinaus werden externe Effekte nicht berücksichtigt und die Betroffenheit Dritter wird in den Vergleich von zwei Zuständen nicht mit einbezogen, obwohl Handlungen mittelbar starke Auswirkungen auf sie haben.[271] Das Konzept eignet sich auch deshalb nicht zur Beurteilung von Recht, weil es kein Kriterium gibt, um zwischen mehreren pareto-optimalen Zuständen zu wählen.[272]

ii. Kaldor-Hicks-Kriterium

Die Grundzüge der Pareto-Effizienz, wonach die Entscheidung zwischen zwei Zuständen anhand individuellen Nutzens erfolgt, bleiben bestehen und werden erweitert durch das Kompensationskriterium, das Kaldor-Hicks-Kriterium.[273] Hier-

266 *Schäfer/Ott*, Lehrbuch der ökonomischen Analyse des Zivilrechts, 5. Aufl. 2012, S. 15 ff.; *Towfigh* in: Towfigh/Petersen, Ökonomische Methoden im Recht, 2. Aufl. 2017, 25, 41 Rn. 91.

267 *Mathis*, Effizienz statt Gerechtigkeit?, 4. Aufl. 2019, S. 54.

268 *Mathis*, Effizienz statt Gerechtigkeit?, 4. Aufl. 2019, S. 54.

269 *Rühl*, Statut und Effizienz, 2011, S. 141.

270 *Hacker*, Verhaltensökonomik und Normativität, 2017, S. 306 f.; *Janson*, Ökonomische Theorie im Recht, 2004, S. 91; *Mathis*, Effizienz statt Gerechtigkeit?, 4. Aufl. 2019, S. 58 f.; *Rühl*, Statut und Effizienz, 2011, S. 151; *Towfigh* in: Towfigh/Petersen, Ökonomische Methoden im Recht, 2. Aufl. 2017, 25, 41 Rn. 92; *van Aaken*, „Rational Choice" in der Rechtswissenschaft, 2003, S. 214 f.

271 *Mathis*, Effizienz statt Gerechtigkeit?, 4. Aufl. 2019, S. 59 f.; *Posner*, Economic Analysis of Law, 9. Ed. 2014, S. 14.

272 *van Aaken*, „Rational Choice" in der Rechtswissenschaft, 2003, S. 215 f.

273 *Kaldor*, 49(195) Econ. J. 549, (1939); *Hicks*, 49(196) Econ. J. 696, 700 ff. (1939).

nach dürfen Kosten und Nutzen einer Entscheidung bei unterschiedlichen Personen(gruppen) anfallen, sodass diejenigen, die einen Vorteil aus einer Maßnahme ziehen, den Nachteil anderer aus ihren Gewinnen theoretisch kompensieren können und eine Zustandsänderung wohlfahrtssteigernd ist, solange ein Individuum nach der Kompensation immer noch besser steht als vorher.[274] Es genügt dabei, dass die Entschädigung theoretisch gezahlt werden könnte, sie muss tatsächlich jedoch nicht geleistet werden, dann läge nämlich ohnehin eine Pareto-Verbesserung vor.[275] Es wird also hypothetisch geprüft, ob die durch eine Entscheidung erzielten Wohlfahrtsgewinne derart verteilt werden könnten, dass keine Person schlechter stünde als vor der Entscheidung, d. h. zumindest das ursprüngliche Nutzenniveau müsste bestehen bleiben.[276]

iii. Reichtumsmaximierungsprinzip

Den Schwierigkeiten des Pareto-Kriteriums sowie des Kaldor-Hicks-Kriteriums, weil sie den zu messenden und zu gewichtenden individuellen Nutzen zum Bewertungsmaßstab der Auswirkungen einer Transaktion machen, welcher inhaltlich offen ist, von jeder Person allein bestimmt wird und nicht objektiv ermittelbar oder monetär messbar ist und schon gar nicht miteinander verrechnet werden kann, versucht das Reichtumsmaximierungsprinzip (*wealth-maximization principle*) zu begegnen.[277] Statt individueller Nutzen im utilitaristischen Sinne wird hier individueller Reichtum verglichen und die Maximierung von Nutzen und Reichtum meint nicht dasselbe, sondern kommt oft zu unterschiedlichen Ergebnissen.[278] Ein Zustand ist gegenüber einem anderen Zustand vorzuziehen, soweit

274 *Eidenmüller*, Effizienz als Rechtsprinzip, 4. Aufl. 2015, S. 51; *Janson*, Ökonomische Theorie im Recht, 2004, S. 92; *Mathis*, Effizienz statt Gerechtigkeit?, 4. Aufl. 2019, S. 62 f.; *Rühl*, Statut und Effizienz, 2011, S. 142; *Schäfer/Ott*, Lehrbuch der ökonomischen Analyse des Zivilrechts, 5. Aufl. 2012, S. 20; *Towfigh* in: Towfigh/Petersen, Ökonomische Methoden im Recht, 2. Aufl. 2017, 25, 42 Rn. 93; *van Aaken*, „Rational Choice“ in der Rechtswissenschaft, 2003, S. 217 f.

275 *Eidenmüller*, Effizienz als Rechtsprinzip, 4. Aufl. 2015, S. 51; *Janson*, Ökonomische Theorie im Recht, 2004, S. 92; *Mathis*, Effizienz statt Gerechtigkeit?, 4. Aufl. 2019, S. 62 f.; *Posner*, Economic Analysis of Law, 9. Ed. 2014, S. 14; *Schäfer/Ott*, Lehrbuch der ökonomischen Analyse des Zivilrechts, 5. Aufl. 2012, S. 20.

276 *Janson*, Ökonomische Theorie im Recht, 2004, S. 92 f.

277 *Posner*, 8(1) J. Leg. Stud. 103, 114 (1979); *Rühl*, Statut und Effizienz, 2011, S. 143, 154 ff.; Vgl. auch *Eidenmüller*, Effizienz als Rechtsprinzip, 4. Aufl. 2015, S. 53 f.; *Janson*, Ökonomische Theorie im Recht, 2004, S. 98 f.

278 *Posner*, 8(1) J. Leg. Stud. 103, 119 ff. (1979).

durch die Änderung der gesamtgesellschaftliche Reichtum vergrößert wird.[279] Die Gewinne Einzelner können theoretisch die Verluste anderer kompensieren, solange die Gewinne im Ergebnis überwiegen, wobei Reichtum den Wert meint, welcher anhand von Marktpreisen oder durch die Zahlungsbereitschaft (in Dollar oder Dollar-äquivalent) zum Erhalt oder Zustimmungsbereitschaft zum Verkauf ausgedrückt wird.[280] Eine Umverteilung ist reichtumsmaximierend, wenn das Gut oder das Recht dem Individuum zugeht, für das es am meisten wert ist, wobei es nicht zwangsläufig darauf ankommt, dass etwas für eine Zustandsänderung gezahlt wird (expliziter Markt), sondern was dafür theoretisch gezahlt werden würde (impliziter Markt).[281] Die Verteilung von Reichtum geht mit der Zuordnung von Rechten einher bzw. folgt dieser, welche nach dem Reichtumsmaximierungsprinzip vorgenommen wird.[282]

Staatliche Zwangsgewalt soll dabei durch Rechtsetzung den Markt und das Ergebnis freiwilliger Transaktionen imitieren, wenn effiziente freiwilligen Transaktionen wegen zu hoher Transaktionskosten nicht zustande kommen und um schließlich die Zuordnung eines Rechts oder Guts zu demjenigen, für den es am meisten wert ist, sicherzustellen.[283]

Aber auch das Reichtumsmaximierungsprinzip bleibt nicht ohne Kritik. So wird beim Vergleich von Reichtum fälschlicherweise unterstellt, dass Geldeinheiten für alle Individuen den gleichen Nutzen haben, weshalb Ergebnisse entstehen können, die den gesellschaftlichen Reichtum maximieren, jedoch den gesamtgesellschaftlichen Nutzen verringern.[284] Einige Vorwürfe, die für das Kaldor-Hicks-Kriterium gemacht werden, gelten auch für das Reichtumsmaximierungsprinzip, sodass schließlich kein großer Unterschied in der Anwendung zwischen diesen beiden Kriterien besteht.[285]

---

279 *Eidenmüller*, Effizienz als Rechtsprinzip, 4. Aufl. 2015, S. 54; *Janson*, Ökonomische Theorie im Recht, 2004, S. 99; *Mathis*, Effizienz statt Gerechtigkeit?, 4. Aufl. 2019, S. 186, 194; *Rühl*, Statut und Effizienz, 2011, S. 144.

280 *Posner*, 8(1) J. Leg. Stud. 103, 119 (1979); *Posner*, Economic Analysis of Law, 9. Ed. 2014, S. 16; *Rühl*, Statut und Effizienz, 2011, S. 144; Vgl. auch *Janson*, Ökonomische Theorie im Recht, 2004, S. 99; *Mathis*, Effizienz statt Gerechtigkeit?, 4. Aufl. 2019, S. 186.

281 *Posner*, 8(1) J. Leg. Stud. 103, 119 f. (1979); *Posner*, Economic Analysis of Law, 9. Ed. 2014, S. 16; Vgl. auch *Mathis*, Effizienz statt Gerechtigkeit?, 4. Aufl. 2019, S. 187 f.

282 *Posner*, 8(1) J. Leg. Stud. 103, 135 (1979).

283 *Posner*, 8(1) J. Leg. Stud. 103, 108, 127, 130 (1979); *Mathis*, Effizienz statt Gerechtigkeit?, 4. Aufl. 2019, S. 186.

284 *Janson*, Ökonomische Theorie im Recht, 2004, S. 99 f., dort noch weitere kritische Ausführungen.

285 *Eidenmüller*, Effizienz als Rechtsprinzip, 4. Aufl. 2015, S. 54; *Rühl*, Statut und Effizienz, 2011, S. 157 ff.

b) Ökonomische Vertragstheorie bzw. Konsensprinzip

Nach dem Konsensprinzip, welches ausdrücklich als zur Effizienz gegensätzliches Kriterium zur Bewertung von Regeln zu verstehen ist, ist die freiwillige Zustimmung aller Individuen zu einer bestimmten Regel entscheidend für ihre Geltung oder für institutionelle Reformen.[286] Im Gegensatz zum ökonomischen Effizienzkriterium wird hier nicht auf das übergeordnete Ziel der Wohlfahrtssteigerung einer Entscheidung als Endzustand abgestellt, sondern zentral ist die individuelle Entscheidung für oder gegen Institutionen (Regeln).[287] Zu unterscheiden ist zwischen einem faktischen Konsens, bei dem sich alle betroffenen Individuen tatsächlich aktiv oder passiv für eine Regelung entscheiden, und einem hypothetischen Konsens, wonach die theoretisch ermittelte Zustimmungsfähigkeit zu einer Regelung ausreicht.[288] Es gibt dabei zwei Varianten des Konsenskriteriums, einerseits anknüpfend an den Status quo, d. h. Zustimmung zu institutionellen Reformen aufgrund heutiger Präferenzen, Restriktionen und widerstreitender Interessen der Marktakteure, und andererseits anknüpfend an den Schleier der Unwissenheit, d. h. Zustimmung zu institutionellen Reformen ohne Kenntnis der (zukünftigen) persönlichen Situation.[289]

Das Konsenskriterium, welches an den Schleier der Unwissenheit anknüpft, ist vorliegend zur Bewertung ungeeignet,[290] da es nicht darum geht institutionelle Grundlagen und Rahmenbedingungen festzulegen, die eine langfristig nachhaltige Entwicklung legitimieren.[291] Ebenso wenig ist das Konsenskriterium, welches an den Status quo anknüpft, zur Bewertung geeignet, da die Frage nach Besserstellung der beteiligten Akteure durch Rechtsänderung nicht diejenige Fragestellung ist, mit der sich die hiesige Untersuchung beschäftigt. Bei der Analyse rechtlicher Normen dahingehend, ob, inwieweit und welche Ausgestaltung am besten in der Lage ist Nachhaltigkeitsziele zu erreichen, ist die Bewertung anhand des in der Bevölkerung zu findenden Konsens völlig ungeeignet. Zudem geht es vorliegend nicht um institutionelle Reformen, auf welche das Konsensprinzip zugeschnitten ist.

---

286 *Janson*, Ökonomische Theorie im Recht, 2004, S. 108; *Leschke* in: Kahl, Nachhaltigkeit als Verbundbegriff, 2008, 297, 303; *Rühl*, Statut und Effizienz, 2011, S. 145; Siehe zu konsenstheoretischen Ansätzen im Vergleich zum ökonomischen Effizienzziel ausführlich *Eidenmüller*, Effizienz als Rechtsprinzip, 4. Aufl. 2015, S. 234 ff.

287 *Janson*, Ökonomische Theorie im Recht, 2004, S. 109; *Leschke* in: Kahl, Nachhaltigkeit als Verbundbegriff, 2008, 297, 303 f.

288 *Janson*, Ökonomische Theorie im Recht, 2004, S. 109 ff.; *Leschke* in: Kahl, Nachhaltigkeit als Verbundbegriff, 2008, 297, 303; *Rühl*, Statut und Effizienz, 2011, S. 145.

289 *Leschke* in: Kahl, Nachhaltigkeit als Verbundbegriff, 2008, 297, 303 f., 307 ff.

290 Siehe zur Kritik des Konsensprinzips *Janson*, Ökonomische Theorie im Recht, 2004, S. 109 – 113.

291 Siehe hierzu *Leschke* in: Kahl, Nachhaltigkeit als Verbundbegriff, 2008, 297, 307 ff.

2. Formales Konzept der Effizienz

Die Bewertung einer rechtlichen Norm kann anhand einer normativen Entscheidungstheorie erfolgen, welche formalen Regeln und Strategien folgt.[292] Sie fördert die Rationalität der Gesetzgebung.[293] Dabei ist die normative Entscheidungstheorie Teil der Ökonomik und dient als generelle Entscheidungstheorie, sie selbst ist jedoch keine Methode der normativen ökonomischen Analyse des Rechts.[294]

Die Entscheidung erfolgt i.R.d. formalen Konzepts anhand von fünf Faktoren: (1) der Entscheider ist Gesetzgeber oder Rechtsanwender, (2) es gibt Gesetzes- oder Rechtsprechungsalternativen, d. h. mehrere Handlungsmöglichkeiten, (3) es ist ein bestimmtes Wertesystem oder ein bestimmtes Ziel vorhanden, das den Bewertungsmaßstab für die Handlungsalternativen bildet, (4) es lassen sich Hypothesen über die Wirkung einzelner Handlungsmöglichkeiten hinsichtlich des Ziels aufstellen, auch bzgl. Neben-, Fern- und Folgewirkungen und (5) es bestehen Wahlregeln bzw. Entscheidungsmaximen.[295]

Die Entscheidung für eine Rechtsnorm und gegen eine alternative Rechtsnorm sollte in Bezug zum verfolgten Zweck rational erfolgen,[296] d. h. die Entscheidung fällt zugunsten der Rechtsnorm aus, welche das Ziel in optimaler Weise, mit größter Wahrscheinlich und/oder höchstem Ausmaß erreicht und zudem zu den geringsten Neben-, Fern- und Folgewirkungen (sog. Opportunitätskosten) hinsichtlich anderer Ziele führt.[297] Formale Effizienz meint demnach die Optimierung von Maßnahmen und rechtlicher Ausgestaltung von Normen in Hinblick auf ein bestimmtes Ziel unter Einbezug sonstiger Folgeauswirkungen.[298] Das Zielsystem wird durch das formale Konzept nicht bestimmt und muss vielmehr im Vorfeld

---

292 *van Aaken* in: 44. AssÖR: Recht und Ökonomik, 2004, 1, 28; *van Aaken*, „Rational Choice" in der Rechtswissenschaft, 2003, S. 288, 296 ff. m.w.N.

293 *van Aaken*, „Rational Choice" in der Rechtswissenschaft, 2003, S. 288, 183 f.

294 Vgl. *van Aaken*, „Rational Choice" in der Rechtswissenschaft, 2003, S. 183 ff.

295 *van Aaken* in: 44. AssÖR: Recht und Ökonomik, 2004, 1, 28; *van Aaken*, „Rational Choice" in der Rechtswissenschaft, 2003, S. 296 ff.

296 Der Begriff der Zweckrationalität geht zurück auf *Weber*, Wirtschaft und Gesellschaft, 5. Aufl. 1972, S. 13, wonach derjenige „zweckrational handelt, wer sein Handeln nach Zweck, Mitteln und Nebenfolgen orientiert, und dabei sowohl die Mittel gegen die Zwecke, wie die Zwecke gegen die Nebenfolgen, wie endlich auch die verschiedenen möglichen Zwecke gegeneinander rational abwägt."

297 *van Aaken* in: 44. AssÖR: Recht und Ökonomik, 2004, 1, 29; *van Aaken*, „Rational Choice" in der Rechtswissenschaft, 2003, S. 289, 293, 190 f.; Diese Definition umschreibt ein zweckrationales Handeln i. S. v. *Weber*, Wirtschaft und Gesellschaft, 5. Aufl. 1972, S. 13.

298 *van Aaken* in: 44. AssÖR: Recht und Ökonomik, 2004, 1, 30; *van Aaken*, „Rational Choice" in der Rechtswissenschaft, 2003, S. 289.

definiert werden, um einen Maßstab für die Beurteilung zu generieren.[299] Dabei sind die möglichen Wertemaßstäbe schrankenlos.[300]

III. Bewertungsmaßstab der Untersuchung

Diese Arbeit betrachtet das Kaufgewährleistungsrecht in Hinblick auf seinen Beitrag zur Nachhaltigkeitstransformation. Zu untersuchen ist, welche Instrumente des Kaufgewährleistungsrechts zur Erreichung von Nachhaltigkeit und zur Vermeidung von Umweltzerstörung am besten geeignet sind. Um eine Bewertung der rechtlichen Mechanismen vornehmen zu können, muss zuvor der Maßstab hierfür festgelegt werden und spezifische Kriterien zur Beurteilung formuliert werden.

Der klassischen ökonomischen Analyse des Rechts liegt das Ziel der volkswirtschaftlichen Allokationseffizienz zugrunde (s. o. Erster Teil B.II.1.a)). Es geht darum, menschliche Präferenzen so weit wie möglich und in der Art und Weise zu befriedigen, dass der Gesamtnutzen maximiert wird. Demgegenüber ist das Kaufgewährleistungsrecht vom Gedanken des Verbraucherschutzes durchzogenen, will die Personengruppe der Verbraucher als schwache und unerfahrene Marktakteure schützen und privilegiert im Ergebnis dadurch die Funktion des Verbrauchens, nämlich den Konsum als solchen.[301] Sowohl die Ausrichtung auf die Maximierung des volkswirtschaftlichen Nutzens als auch der besondere Schutz des Konsums fördern das Wirtschaftswachstum. Je mehr Waren produziert, verkauft und genutzt werden, desto besser wird die Maximierung der Gesamtwohlfahrt sowie die Förderung des Verbrauchers im Konsum erreicht. In Konstellationen und Situation, die von Umweltzerstörung geprägt sind, kann und sollte das Mehr an Produktion und Konsumtion jedoch nicht das vorrangige Ziel sein (s. o. Erster Teil A.II.). Vielmehr sollte es im Erreichen von (mehr) Nachhaltigkeit bestehen.

1. Berücksichtigung ökologischer Folgen im Rahmen der Allokationseffizienz

Insoweit ökologische Folgen im Rahmen des klassischen Effizienzkriteriums Beachtung finden, kann dieses den Bewertungsmaßstab für ökologische Auswir-

---

299 *van Aaken* in: 44. AssÖR: Recht und Ökonomik, 2004, 1, 30; *van Aaken*, „Rational Choice“ in der Rechtswissenschaft, 2003, S. 289.

300 *Weber*, Wirtschaft und Gesellschaft, 5. Aufl. 1972, S. 45.

301 *Gelbrich*, Verbraucherschutz in Zeiten der planetaren Krisen, VerfBlog, 17.06.2023; *Halfmeier*, VuR 2022, 3, 3, 7; Siehe auch *Micklitz*, VuR 2019, 281, 281, dem zufolge Verbraucherrecht und Kreislaufwirtschaft nicht zusammenpassen; Ihm zustimmend *Croon-Gestefeld*, ZEuP 2024, 379, 383.

kungen rechtlicher Normen bilden. Bei Entscheidungen in Hinblick auf die Allokation von Gütern, werden nicht lediglich Waren gegen Geld getauscht, vielmehr ist der Verbrauch von Ressourcen und das Einbüßen an Umweltqualität auch Teil dieser Transaktionen. Die der ökonomischen Effizienz zugrundeliegende Vergleichsrechnung, die Vor- und Nachteile sowie Nutzen und Kosten einer Entscheidung für das Individuum abwägt, erfasst aber nur bedingt ökologische Folgen und spezifisch ökologische Marktmechanismen haben sich bisher noch nicht etabliert.[302] Nachhaltigkeitsaspekte beziehen Individuen höchstens aus ihrer tugendhaften Moral in ihre Entscheidung mit ein, um ihre Vorbildlichkeit zu signalisieren und sich gegenüber „minderwertigen Gruppen" abzugrenzen, wobei sich dieses Verhalten zudem lediglich auf einzelne Bereiche wie die des Essens erstreckt.[303]

Umweltaspekte werden im Übrigen im Rahmen der ökonomischen Analyse nur dann berücksichtigt, wenn Umweltschäden als Kosten bei einer Partei konkret anfallen durch persönliche Verluste oder durch Bepreisung von Umweltschäden mittels Steuern und Abgaben.[304] Persönliche Verluste entstehen hingegen nur selten und der Preis für Umweltschäden bleibt, selbst wenn er beispielsweise mittels Steuern oder sonstigen Bepreisungssystemen adressiert wird, meistens hinter dem tatsächlichen negativen Wert zurück, sodass zumeist keine Partei für Umweltschäden aufkommen muss und diese im Ergebnis nie vollständig im Rahmen der ökonomischen Analyse berücksichtigt werden (sog. „externe Kosten").[305] Das heißt Umweltaspekte spielen bei der Abwägung von Nutzen einzelner Individuen keine Rolle,[306] weil sie externe Effekte darstellen. Mehr Umweltschutz führt nicht zu mehr individuellem Nutzen und weniger Umweltschutz verursacht auch keine berücksichtigungsfähigen Kosten für den Einzelnen. Umweltgüter stellen sog. öffentliche Güter dar, die von mehreren Individuen gleichzeitig genutzt werden

302 *Bach/Kieninger*, JZ 2021, 1088, 1090.

303 *Halfmeier*, VuR 2022, 3, 6.

304 *Bach/Kieninger*, JZ 2021, 1088, 1091; *Kommission der Europäischen Gemeinschaften*, Grünbuch zur integrierten Produktpolitik, KOM (2001) 68 endg., 07.02.2001, S. 13.

305 *Bach/Kieninger*, JZ 2021, 1088, 1091; *Baumgärtner* in: Heinrichs/Michelsen, Nachhaltigkeitswissenschaften, 2014, 261, 272; *Kommission der Europäischen Gemeinschaften*, Grünbuch zur integrierten Produktpolitik, KOM (2001) 68 endg., 07.02.2001, S. 13; *Neuner*, ZfPW 2024, 127, 130; *van Aaken*, „Rational Choice" in der Rechtswissenschaft, 2003, S. 228 ff. m.w.N.; Siehe bzgl. Schwierigkeiten des Kausalitätsnachweises und Schadensbemessung von Umweltschäden zu einem Rechtssubjekt *Schäfer/Ott*, Lehrbuch der ökonomischen Analyse des Zivilrechts, 5. Aufl. 2012, S. 389 f.; Zudem allgemein zu nicht-intendierten Externalitäten und Nachhaltigkeit *Leschke* in: Kahl, Nachhaltigkeit als Verbundbegriff, 2008, 297, 305 ff.

306 *World Commission on Environment and Development*, Report of the World Commission on Environment and Development: Our Common Future, 1987, Chapter 2 Rn. 73.

können und nicht exklusiv sind.[307] Umwelt ist eine endliche Ressource, für dessen Verbrauch kein Entgelt entsprechend ihrem Knappheitsverhältnis gezahlt wird, weil es für sie keine definierten Eigentumsrechte gibt, keine Märkte für sie existieren und der Zugang zu ihnen frei ist.[308] Eine Mehr-Inanspruchnahme der Umwelt erhöht den Nutzen des Individuums, nicht aber seine Kosten. Aufgrund des unendlich betriebenen Wirtschaftens erfolgt keine optimale Zuteilung der endlichen Ressource Umwelt, sondern eine Übernutzung.[309] Die exzessive Nutzung rührt also daher, dass der Gesamtverbrauch der Ressource Umwelt nicht in der Kosten-Nutzen-Rechnung eines Individuums aufgeführt wird.[310] Zudem können nicht alle Arten von Umweltschäden in finanzieller Hinsicht bemessen und in ihren Auswirkungen präzise prognostiziert werden, weshalb eine ökonomisch-mathematische Bewertung fast unmöglich ist.[311] Demgegenüber führen die externen Effekte für andere Individuen, die nicht an der zu den negativen Umweltauswirkungen führenden Entscheidung beteiligt sind, dazu, dass diese ihrem Nutzen abträglich sind, sie jedoch ihrem Einflussbereich entzogen sind und damit geht die ökonomische Annahme fehl, dass der Nutzen eines Individuums durch seinen eigenen Konsum bestimmt wird.[312] Dies betrifft in besonderem Maße Individuen künftiger Generationen. Heutige Entscheidungen wirken sich weitestgehend in Hinblick auf ihre Konsequenzen für die Umwelt erst in der Zukunft aus. Das hat zur Folge, dass der Nutzen im Zeitpunkt der Entscheidung bzw. der Handlung eintritt und die

307 *Baumgärtner* in: Heinrichs/Michelsen, Nachhaltigkeitswissenschaften, 2014, 261, 270; *Wagner*, NJW 2021, 2256, 2257 Rn. 7.

308 *Baumgärtner* in: Heinrichs/Michelsen, Nachhaltigkeitswissenschaften, 2014, 261, 270; *Fritsch*, Marktversagen und Wirtschaftspolitik, 10. Aufl. 2018, S. 96; *Oberender/Zerth* in: Kahl, Nachhaltigkeit als Verbundbegriff, 2008, 554, 555, denen zufolge das Knappheitsproblem in den „zeitlich versetzten Ansprüche[n] an die natürlichen Ressourcen“ begründet liegt.

309 *World Commission on Environment and Development*, Report of the World Commission on Environment and Development: Our Common Future, 1987, Overview Rn. 25; siehe hierzu näher *Baumgärtner* in: Heinrichs/Michelsen, Nachhaltigkeitswissenschaften, 2014, 261, 266 ff., 274, wonach Umwelt ein sog. „Allemendegut“ darstellt, welches im Vergleich zum gesamtwirtschaftlichen Optimum übernutzt wird und ein Marktversagen begründet; *Fritsch*, Marktversagen und Wirtschaftspolitik, 10. Aufl. 2018, S. 96 ff.

310 *Hellgardt/Jouannaud*, AcP 222 (2022), 163, 184; *Wagner*, NJW 2021, 2256, 2257 Rn. 7.

311 *Bach/Kieninger*, JZ 2021, 1088, 1091 f.; *Ekardt*, Theorie der Nachhaltigkeit, 3. Aufl. 2021, S. 433 f.; *Ekardt*, ZUR 2016, 463, 467; *Fritsch*, Marktversagen und Wirtschaftspolitik, 10. Aufl. 2018, S. 145, dem zufolge die Schadenshöhe in Geldeinheiten zu schätzen wäre.

312 *Baumgärtner* in: Heinrichs/Michelsen, Nachhaltigkeitswissenschaften, 2014, 261, 270.

Opportunitätskosten erst zu einem zukünftigen Zeitpunkt entstehen, ohne dass Grenzkosten und Grenznutzen intertemporal miteinander verknüpft wären.[313]

Auf die hiesige Konstellation übertragen bedeutet dies, dass die wachsende Produktion und der steigende Konsum an Gütern zu negativen Umweltauswirkungen führen (s. o. Erster Teil A.II.), welche als externe Effekte nicht in der Sphäre von Hersteller oder Konsument anfallen und bei ihrer Entscheidungsfindung daher irrelevant sind. Individuen können folglich Entscheidungen treffen und Handlungen vornehmen, welche der Umwelt schaden, ohne hierfür ein entsprechendes Entgelt zahlen zu müssen. Die planmäßige Verkürzung der Nutzungsdauer eines Produkts und der zunehmende Erneuerungsbedarf des Konsumenten sind daher und aufgrund der daraus resultierenden unternehmerischen Wachstumsmöglichkeit sowie der konsumentenseitigen Befriedigung der Bedürfnisse nach technisch aktuellen, modischen und neuesten Geräten als rational anzusehen.[314] Aus ökonomischer Perspektive führt vorzeitige Alterung positiv zu verstärktem Wirtschaftswachstum, insbesondere zu mehr Wettbewerb, langfristigen Umsätzen durch schnellere Wiederholungskäufe sowie zu technischem Fortschritt.[315] Im gesamtgesellschaftlichen Kontext fallen die Kosten der Umweltzerstörung und zur Beseitigung von Umweltschäden demgegenüber durchaus an, sie können nur keinem Rechtssubjekt zugeschrieben werden.[316] Schlagen sich diese externen Kosten, die durch Produzent und Konsument verursacht werden, nicht im Produktpreis nieder und können daher von den Parteien unberücksichtigt bleiben, und treten die negativen Effekte erst in Zukunft bzw. bei einem Dritten oder der gesamten Gesellschaft ein, die keinen Einfluss hierauf haben, stellt dies ein Marktversagen dar.[317]

Das klassische Effizienzkriterium im Sinne der Wohlfahrtsökonomik ist demzufolge nicht geeignet, um Recht unter dem Gesichtspunkt von Nachhaltigkeit zu bewerten. Dort ist Effizienz selbst das einzige Ziel, welches von allen weiteren Zielen gefördert werden muss.[318] Das Pareto-Kriterium wie auch das Kaldor-Hicks-

313 *Oberender/Zerth* in: Kahl, Nachhaltigkeit als Verbundbegriff, 2008, 554, 557, welche in der intertemporalen Verknüpfung von Grenznutzen und Grenzkosten ein ökonomisch fundiertes Nachhaltigkeitskonzept erblicken.

314 *Hillmann*, ZVP 1977, 48, 49.

315 *Michel*, Premature Obsolescence, 2022, S. 2 m.w.N.

316 *Halfmeier*, VuR 2022, 3, 7.

317 *Grundmann* in: FS Canaris, 2017, 907, 926; *Halfmeier*, VuR 2022, 3, 7; *van Aaken*, „Rational Choice" in der Rechtswissenschaft, 2003, S. 228; Siehe zu den zwei Wohlfahrtstheoremen und zu ihrer Ungültigkeit in Bezug auf die Ressource Umwelt *Baumgärtner* in: Heinrichs/Michelsen, Nachhaltigkeitswissenschaften, 2014, 261, 269 ff.; Siehe hierzu ausführlich *Fritsch*, Marktversagen und Wirtschaftspolitik, 10. Aufl. 2018, S. 84 ff.

318 *Eidenmüller*, Effizienz als Rechtsprinzip, 4. Aufl. 2015, S. 56 f.

Kriterium vergleichen den Nutzen von Individuen, um vorhersagen zu können, wann eine Rechtsveränderung wohlfahrtssteigernd ist. Eine ökologisch vorteilhafte Regelung hat jedoch in Bezug auf ihren Gewinn für die Umwelt keinen Einfluss auf den Nutzen eines Individuums, weil die Umwelt eine Externalität darstellt. Auch bleiben Auswirkungen auf Dritte unberücksichtigt, deren Interessen aber Gegenstand einer nachhaltigen Entwicklung sind, insbesondere die Belange zukünftiger Generationen. Die Bewertung einer rechtlichen Regelung anhand eines Effizienzkriteriums im Sinne der Wohlfahrtsökonomie stößt darüber hinaus an vielen Stellen auf Kritik und genießt auch keinen unbedingten Vorrang gegenüber anderen Bewertungskriterien oder -prinzipien.[319] Zwar bietet die ökonomische Analyse des Rechts einen hohen Informationswert, für eine umfassende rechtliche Wertung ist sie aber erst in Verbindung mit anderen disziplinären Erkenntnissen wirklich gewinnbringend.[320] Die ökonomische Analyse des Rechts sollte daher unter Berücksichtigung von ökologischen Themen weiterentwickelt werden.[321] Zivilrechtliche Normgestaltung, welche durch das Setzen von Anreizen als Steuerungsinstrument für menschliches Verhalten dient, muss nicht zwangsläufig ökonomische effiziente Ressourcenallokation zum Ziel haben, sondern kann andere Ziele verfolgen, welche dann auch ökonomisch ineffizient sein dürfen.[322] Für die Bewältigung von Herausforderungen und Aufgaben sowie für die Qualität menschlicher Entwicklung sind eine Vielzahl von Belangen und Werten relevant, die allesamt berücksichtigungsbedürftig sind.[323] Der Gesetzgeber kann somit frei entscheiden, aufgrund welcher Motive er Recht schafft, welchen Regelungszweck Recht verfolgen soll und welche Ziele daher bei der Auslegung und Anwendung von Recht berücksichtigt werden sollen.

---

319 Vgl. *Janson*, Ökonomische Theorie im Recht, 2004, S. 107 f.; *Riha*, Ökonomische Analyse des Sachmängelgewährleistungsrechts des BGB, 2007, S. 21 ff.; Siehe zur Kritik am Effizienzkriterium als ausschließlich nutzenbasiertes Bewertungskriterium *Janson*, Ökonomische Theorie im Recht, 2004, S. 90–108; *Grundmann*, RabelsZ 86 (2022), 364, 377 ff., 391 ff.; *Mathis*, Effizienz statt Gerechtigkeit?, 4. Aufl. 2019, S. 206 ff.; *Micklitz*, EuCML 2019, 229, 233; *Sen* in: Fukuda-Parr/Kumar, Readings in Human Development, 2003, 41; *Wagner* in: FS Canaris, 2017, 281, 313.

320 *Grundmann*, RabelsZ 86 (2022), 364, 370 ff.

321 *Bach/Kieninger*, JZ 2021, 1088, 1090.

322 So auch *Eidenmüller*, Effizienz als Rechtsprinzip, 4. Aufl. 2015, S. 443 ff.; *Janson*, Ökonomische Theorie im Recht, 2004, S. 130 f.; *Rühl*, Statut und Effizienz, 2011, S. 166, 168; *Sen* in: Fukuda-Parr/Kumar, Readings in Human Development, 2003, 41, 42; *van Aaken*, „Rational Choice" in der Rechtswissenschaft, 2003, S. 191, 298; *Weber*, Wirtschaft und Gesellschaft, 5. Aufl. 1972, S. 196, 45; Grundlegend auch *Wagner* in: FS Canaris, 2017, 281, 287 f., 313 ff. mit Verweis auf das Beispiel EuGH, Urt. v. 17.09.2002, C-253/00, der das Effizienzprinzip dennoch für den Bereich des Vertragsrechts als das vorherrschende Rechtsprinzip ansieht.

323 *Sen* in: Fukuda-Parr/Kumar, Readings in Human Development, 2003, 41, 43, 46 f., 54.

2. Rationale Entscheidungsfindung im Sinne der ökologischen Effizienz

Für die hiesige Untersuchung lässt sich daher am besten ein formales Konzept der Effizienz für die Bewertung unterschiedlicher Regelungsmechanismen heranziehen.[324] Dieses nimmt Rückgriff auf die normative Entscheidungstheorie, die zwar an die Ökonomik anknüpft, gegenüber der normativen ökonomischen Theorie allerdings in Hinblick auf die Pluralität von Werten im Recht aufgrund ihrer Ziel- und Wertoffenheit vorzugswürdig ist.[325]

Die Entscheidung für oder gegen bestimmte Regelungen erfolgt folgendermaßen anhand von fünf Faktoren: Die Rolle des Entscheiders fällt dem Gesetzgeber zu, da es vorliegend darum geht zu beurteilen, welche rechtliche Normausgestaltung einer anderen vorzuziehen ist bzw. inwieweit geltendes Recht Nachhaltigkeitsziele erreichen kann oder ob legislative Änderungen vorzugswürdig sind. Gegenstand der Entscheidung sind unterschiedliche Gesetzesvarianten, die im Nachfolgenden dargestellt werden. Der Bewertungsmaßstab und das Ziel, das durch die rechtlichen Mechanismen erreicht werden soll, ist Nachhaltigkeit im Allgemeinen und die im Abschnitt A.II aufgeführten konkreten Aspekte im Besonderen. Die (Aus-)Wirkungen unterschiedlicher Varianten rechtlicher Normausgestaltung kennt der Gesetzgeber nicht mit Sicherheit, er kann aber Wahrscheinlichkeitsaussagen hierüber treffen und entscheidet sodann zwischen ihnen unter Risiko aufgrund von Prognosewissen.[326] Die Prognosen über die Auswirkungen der Varianten (Folgenanalyse) erfolgen mit Hilfe der positiven ökonomischen Analyse des Rechts, v. a. mit Blick auf die umweltlichen Folgen. Methodisch wird im Sinne der Mikroökonomie untersucht, welche Auswirkungen individuelle Handlungsentscheidungen auf Gesellschaft und Wirtschaft haben,[327] und insbesondere auf die Umwelt. Grundlage der Untersuchung sind die oben dargestellten Grundannahmen, wonach Individuen bei konstanten Präferenzen rational handeln und sich damit von Restriktionen und Anreizen, die durch Recht geschaffen werden können, in ihren

---

324 Den im Ergebnis inhaltlich gleichen Ansatz vertreten *Bach/Kieninger*, JZ 2021, 1088, 1090; *Baumgärtner* in: Heinrichs/Michelsen, Nachhaltigkeitswissenschaften, 2014, 261, 262 ff.; Siehe auch *Gehne*, Nachhaltige Entwicklung als Rechtsprinzip, 2011, S. 75 ff., 221 ff., der zufolge das Nachhaltigkeitskonzept inhaltlich vorgibt, Nachhaltigkeitsaspekte in Maßnahmen einzubeziehen, diese optimal zu verwirklichen und eine Werteabwägung vorzunehmen sowie dies einer Verhältnismäßigkeitskontrolle zu unterziehen; Ähnlich auch *Hellgardt*, Regulierung und Privatrecht, 2016, S. 47 ff., dem zufolge Recht die Funktion des Regulierens haben kann und so ausgestaltet sein sollte, dass es das festgesetzte Allgemeinwohlziel in optimaler Weise erreichen kann.

325 *van Aaken*, „Rational Choice" in der Rechtswissenschaft, 2003, S. 291, 312.

326 *van Aaken*, „Rational Choice" in der Rechtswissenschaft, 2003, S. 297.

327 *Baumgärtner* in: Heinrichs/Michelsen, Nachhaltigkeitswissenschaften, 2014, 261, 263; *Eidenmüller*, Effizienz als Rechtsprinzip, 4. Aufl. 2015, S. 29.

Handlungsmöglichkeiten leiten lassen.[328] Für die Fälle, in denen Individuen sich tatsächlich nicht entsprechend der Annahmen des *homo oeconomicus* verhalten, dient Recht als Instrument, um die Hürden und Beschränkungen, zur Ermöglichung einer rationalen Entscheidung, zu beseitigen. Individuen handeln in ihrem eigenen Interesse und verfolgen das Ziel der Nutzenbefriedigung, Unternehmen in der Regel das Ziel ihrer Gewinnmaximierung und das gesamtgesellschaftliche Ziel der Nachhaltigkeit wird wenn überhaupt nur sekundär verfolgt.[329] Durch die Änderung rechtlicher Normen lassen sich Restriktionen und Anreize für individuelles Verhalten schaffen, sodass untersucht werden kann, inwiefern hierdurch Einfluss auf die Entscheidung einer Handlungsalternative genommen werden kann und sollte, um bestimmte gesamtgesellschaftliche Ziele, wie das Erreichen von Nachhaltigkeit und Umweltschutz, in optimaler Weise zu erreichen.[330] Die Entscheidungsmaximen und -kriterien für oder gegen die Variante einer Rechtsnorm leiten sich aus dem Optimierungsprinzip ab. Entscheidend ist, welche rechtliche Normausgestaltung (Mittel) das definierte Nachhaltigkeitsziel (Zweck) im größten und bestmöglichen Ausmaß und zu den geringsten Alternativkosten, d.h. zu den geringsten Neben-, Fern- und Folgewirkungen, effektiv erreichen kann.[331]

Der Gesetzgeber soll sich rational für eine ökologisch effiziente Norm entscheiden. Insoweit von dem Begriff der „ökologischen Effizienz" gesprochen wird, ist er im Rahmen dieser Untersuchung dahingehend zu verstehen, dass eine Norm in Bezug auf das ökologische Ziel, das Erreichen konkreter Nachhaltigkeitsziele,

328 *Baumgärtner* in: Heinrichs/Michelsen, Nachhaltigkeitswissenschaften, 2014, 261, 263 f.; *Eidenmüller*, Effizienz als Rechtsprinzip, 4. Aufl. 2015, S. 34 ff.; *Mathis*, Effizienz statt Gerechtigkeit?, 4. Aufl. 2019, S. 27; *Towfigh* in: Towfigh/Petersen, Ökonomische Methoden im Recht, 2. Aufl. 2017, 25, 29 Rn. 68; *van Aaken* in: 44. AssÖR: Recht und Ökonomik, 2004, 1, 4 ff.

329 *Baumgärtner* in: Heinrichs/Michelsen, Nachhaltigkeitswissenschaften, 2014, 261, 262.

330 *Baumgärtner* in: Heinrichs/Michelsen, Nachhaltigkeitswissenschaften, 2014, 261, 264; *van Aaken* in: 44. AssÖR: Recht und Ökonomik, 2004, 1, 30; Siehe für eine ausführliche Erklärung zum Einfluss rechtlicher Regulierungen auf menschliches Verhalten *van Aaken*, „Rational Choice" in der Rechtswissenschaft, 2003, S. 79 ff.; Vgl. auch *Hellgardt*, Regulierung und Privatrecht, 2016, S. 47 ff., dem zufolge Recht die Funktion des Regulierens haben kann, indem es als Steuerungsinstrument zur Erreichung konkreter Allgemeinwohlziele eingesetzt wird und zentraler Aspekt der Regulierungsfunktion die Verhaltenssteuerung von Rechtsunterworfenen ist.

331 Eine Entscheidung in diesem Sinne nach Zweck, Mittel und Nebenfolgen wird als zweckrational bezeichnet, ursprünglich hierzu *Weber*, Wirtschaft und Gesellschaft, 5. Aufl. 1972, S. 13; Vgl. auch *Baumgärtner* in: Heinrichs/Michelsen, Nachhaltigkeitswissenschaften, 2014, 261, 262; *Eidenmüller*, Effizienz als Rechtsprinzip, 4. Aufl. 2015, S. 55 f.; *Gehne*, Nachhaltige Entwicklung als Rechtsprinzip, 2011, S. 91; *Schmidt*, Die Bedeutung der Effizienz für Nachhaltigkeit, 2008, S. 9; *van Aaken* in: 44. AssÖR: Recht und Ökonomik, 2004, 1, 29; *van Aaken*, „Rational Choice" in der Rechtswissenschaft, 2003, S. 289, 293, 190 f.

effizient sein muss (sog. Zweckrationalität[332]). D.h. der Zweck muss im größtmöglichen Ausmaß mit so gering wie möglichen negativen Folgeauswirkungen durch Mittel kaufrechtlicher Mechanismen erreicht werden können.

3. Abwägungsvorrang von ökologischen Zielen

Die Bewertung unterschiedlicher Normausgestaltungen erfolgt in dieser Untersuchung anhand eines formalen Konzepts der Effizienz mit dem Ziel der Nachhaltigkeitstransformation. Im Rahmen dieses Konzepts muss eine Folgenanalyse und eine Abwägung mit relevanten Zielkonflikten und den Kosten einer alternativen Regelungsmöglichkeit erfolgen. Daraus ergibt sich die Problematik, inwiefern sämtliche Zielkonflikte als gleichrangig und gleichwertig mit der Erreichung von Nachhaltigkeitszielen angesehen werden. Oder ob dem Nachhaltigkeitsgrundsatz ein Abwägungsvorrang vor sonstigen Zielen eingeräumt werden sollte und als primär zu verfolgen gilt. Es wäre dann erstrangig zu bewerten, ob Nachhaltigkeitsziele in optimaler Weise im größtmöglichen Ausmaß erreicht würden, währenddessen sonstige Ziele als nachrangig zurücktreten müssten.

Bei der Anwendung eines formalen Konzepts der Effizienz und der Annahme, dass die unter Abschnitt A.II konkret beschriebenen Aspekte der Nachhaltigkeit und die Folgeauswirkungen, wie ökonomische Wohlfahrtseinbußen, grundsätzlich gleichwertig in die Abwägung eingestellt werden, würde schließlich das dreidimensionale Nachhaltigkeitskonzept angewandt. Ökonomische wie ökologische Auswirkungen einer rechtlichen Normausgestaltung müssten gleichrangig Berücksichtigung finden und in einen gerechten Ausgleich gebracht werden, ohne dass einem Belang von vornherein mehr Bedeutung eingeräumt würde. Unterschiedliche Werte und Ziele können neutral zueinander sein, sodass die Verfolgung eines Ziels die Erfüllung eines anderen nicht beeinträchtigen würde.[333] Sie können auch miteinander harmonieren und die Verfolgung eines Ziels führt ebenso zur Erfüllung des anderen Ziels.[334] Zwecke können jedoch auch antinomisch sein, d.h. zueinander in Konkurrenz stehen, weil die Verfolgung eines Zwecks die Erfüllung eines anderen Ziels in einem gewissen Ausmaß behindert, was sodann eine Abwägung der Zwecke notwendig macht.[335]

Aus Sicht einer pluralistischen Rechtstheorie, die sämtliche Disziplinen als Informationsquellen für die Ausgestaltung von Recht heranzieht, bedarf es einer gewissen Ordnung bzw. eines Verhältnisses, welches grundsätzlich im Wege der

---

332 *Weber*, Wirtschaft und Gesellschaft, 5. Aufl. 1972, S. 13.

333 *van Aaken*, „Rational Choice“ in der Rechtswissenschaft, 2003, S. 300.

334 *van Aaken*, „Rational Choice“ in der Rechtswissenschaft, 2003, S. 300.

335 *van Aaken*, „Rational Choice“ in der Rechtswissenschaft, 2003, S. 300.

Konkordanz ermittelt werden sollte.[336] Ökonomische und soziale Zielvorgaben müssen daher grundsätzlich weiterhin für die Abwägung beachtlich sein.[337] Sie stellen eigenständige Grundsätze dar, die neben der nachhaltigen Entwicklung Eingang in die Abwägung finden.[338] Generell gilt, dass Ansichten und Interessen aller gesellschaftlichen Gruppen sowie naturwissenschaftliche Phänomene stets so weit wie möglich bei der Ausgestaltung von Recht berücksichtigt werden sollten.[339] Die Berücksichtig ausschließlich eines Interessens- und Erklärungsansatzes, das auf Unterordnung angelegt ist, stellt zum einen nur eine schwache Informationsgrundlage einer Rechtsnorm dar und widerspricht zum anderen dem Gleichheitssatz und dem verfassungsmäßigen Wertekanon.[340] Ökologische Belange genießen im Grundsatz keinen unbedingten Vorrang, sondern sind im Konfliktfall mit anderen Verfassungsprinzipien in einen gerechten Ausgleich zu bringen.[341] Es darf nicht vergessen werden, dass es in der Rechtswirklichkeit schließlich soziale und wirtschaftliche Entwicklungen sind, die den ökologischen Fortschritt in rechtspolitischen Prozessen unmittelbar beeinflussen.[342] Ohne ökonomischer Handlungsfähigkeit und wirtschaftlichen Erfolg ist es den Wirtschaftssubjekten erst gar nicht möglich ökologische und soziale Ziele zu verfolgen und Gewinne aus dem Wirtschaftswachstum können von der Gesellschaft in Umweltschutzmaßnahmen und technische Innovationen investiert werden.[343] Im Einklang mit der generellen Gleichwertigkeit unterschiedlicher Verfassungsgüter kann aber jedenfalls ein prima-facie Vorrang des Nachhaltigkeitsprinzips angenommen werden,

---

336 *Grundmann*, JZ 2024, 469, 476 f.

337 *World Commission on Environment and Development*, Report of the World Commission on Environment and Development: Our Common Future, 1987, Chapter 2 Rn. 72; So auch aufgrund des Verständnisses der pluralistischen Rechtstheorie *Grundmann*, JZ 2024, 469, 476 f.; Dies gilt umso eher in Entwicklungsländer, in denen die negativen Folgen des Wirtschaftens transnationaler Unternehmen zu Tage treten, siehe hierzu insb. *Ruggie*, Protect, Respect and Remedy: a Framework for Business and Human Rights, 2008.

338 *Epiney* in: Huber/Voßkuhle, 8. Aufl. 2024, GG Art. 20a Rn. 51; *Grundmann*, JZ 2024, 469, 476 f., der insofern von Konkordanz zwischen verschiedenen Erklärungsansätzen spricht.

339 *Grundmann*, JZ 2024, 469, 476.

340 *Grundmann*, JZ 2024, 469, 477.

341 BVerfG, Beschl. v. 24.03.2021, 1 BvR 2656/18, 1 BvR 78/20, 1 BvR 96/20, 1 BvR 288/20, NJW 2021, 1723, 1740 Rn. 198; BT-Drs. 12/6633, 6 f.; BT-Drs. 12/6000, 67 f.; *Alexy*, Theorie der Grundrechte, 9. Aufl. 2020, S. 87 ff., 100 ff.; *Grundmann*, RabelsZ 86 (2022), 364, 395 f., 415 f.; *Jarass* in: Jarass/Pieroth GG, 18. Aufl. 2024, GG Art. 20a Rn. 14; *Kluth* in: Kluth/Smeddinck, Umweltrecht, 2. Aufl. 2020, § 1 Rn. 66; *Rehbinder*, NVwZ 2002, 657, 658; *Schulze-Fielitz* in: Dreier, Grundgesetz-Kommentar, 3. Aufl. 2015, GG Art. 20a Rn. 41 f.

342 *Klimke/Wetenkamp/Dahlke*, Rechtsfortbildung in Zeiten planetarer Krisen, VerfBlog, 16.06. 2023; *Bardt*, IW Analysen Nr. 72, 2011, S. 5.

343 *Bardt*, IW Analysen Nr. 72, 2011, S. 5 f.

sodass Nachhaltigkeitszielen im Zweifel bei der Abwägung Begründungsvorsprung zukommt, wenn keines der konfligierenden Ziele im Einzelfall klar überwiegt.[344]

Um einen angemessenen Ausgleich zwischen Umweltschutz und Allokationseffizienz i. S. d. Wohlfahrtssteigerung zu erreichen bzw. damit ein „Mehr" an Umweltschutz zugleich auch ökonomisch effizient ist, dürfte mehr Umweltschutz keine zusätzlichen Kosten verursachen, wenn ein individueller Nutzenzuwachs ausbleibt. Oder mehr Umweltschutz müsste immer zugleich auch mit einer Gewinnmaximierung einhergehen oder die Vorteile nachhaltiger Produkte und Produktion müssten sonstige Wohlfahrtseinbußen beim Konsum übersteigen.[345] Eine solche Simultanität besteht jedenfalls bei ressourceneffizienten Maßnahmen, welche in monetärer Hinsicht die Kosten eines Wirtschaftssubjekts mindern und damit seinen Nutzen erhöhen und in ökologischer Hinsicht die Umwelt schonen.[346] Ökonomische und Ökologische Zielsetzung sind jedoch nicht zwangsweise gleichlaufend, eher im Gegenteil werden sie sich oft widersprechen.[347]

Ökonomisch beleuchtet sollen Ressourcen effizient verteilt werden, sodass der Nutzen maximiert wird, wohingegen unter ökologischen Gesichtspunkten Ressourceneffizienz den Schutz natürlicher Ressourcen zur Vermeidung von Umweltschäden meint.[348] So ist zwar ein Zustand gesamtgesellschaftlich ökonomisch effizient, in welchem der Nutzengewinn einer Maßnahme größer ist als die Zunahme des Aufwands hierfür, verstanden als Umweltbelastung, dennoch erhöht sich der absolute Aufwand in ökologisch nachteiliger Weise.[349] Auch liegt nach dem soeben Ausgeführten ein für das Individuum effizienter Zustand vor, wenn eine Handlung den eigenen Nutzen erhöht und gleichzeitig mit Umweltbelastungen einhergeht, da solche in die individuelle Effizienzbewertung gar nicht erst mit einbezogen werden. Ein Zustand ist ebenfalls effizient, wenn natürliche Ressourcen und Umwelt nicht noch mehr in Anspruch genommen würden, gleichzeitig aber eine Steigerung des Produktertrags möglich wäre. Dieses Effizienzverständnis widerspricht jedoch den Zielsetzungen (s. o. Erster Teil A.II.), denen zufolge die derzeitigen Umweltbelastungen und die aktuelle Beanspruchung der Natur nicht lediglich konstant gehalten werden sollen, sondern verringert werden müssen. Auch wenn eine weitergehende Umweltzerstörung gestoppt würde, wäre dies nicht ausreichend, um die natürlichen Lebensgrundlagen für künftige Generationen in

---

344 Vgl. *Schirmer*, ZEuP 2021, 35, 40.

345 *Gawel/Bretschneider*, ZfU 1 (2016), 1, 21; *Rehbinder*, NVwZ 2002, 657, 666.

346 *Schmidt* in: Boos/Brönneke/Wechsler, Konsum und nachhaltige Entwicklung, 2019, 27, 31 f.

347 *Bach/Kieninger*, JZ 2021, 1088, 1090 f.; *Baumgärtner* in: Heinrichs/Michelsen, Nachhaltigkeitswissenschaften, 2014, 261, 265 f.

348 *Bach/Kieninger*, JZ 2021, 1088, 1091.

349 *Schmidt* in: Boos/Brönneke/Wechsler, Konsum und nachhaltige Entwicklung, 2019, 27, 29 f.

ausreichendem Maße zu erhalten. Wenn Effizienz erreicht werden kann durch einen konstanten Ressourcenaufwand und einen höheren Produktertrag, geht damit dennoch ein erhöhter Produktverbrauch einher, der gerade in Widerspruch zu den oben genannten Aspekten der Nachhaltigkeit, die es zu erreichen gilt, steht.

Ökologisch betrachtet ist primäres Ziel die Vermeidung einer umweltschädlichen Ressourcennutzung und hierbei grundlegend die Reduktion der Ressourcennutzung auf das unbedingt erforderliche Maß, sog. Suffizienz.[350] Teil der Suffizienzstrategie ist die sog. Entschleunigung von Produktionsprozessen, sodass sie langsamer und zuverlässiger erfolgen, um Qualität und Langlebigkeit von Waren zu verbessern.[351] In Hinblick auf den individuellen Lebensstil meint Suffizienz ein genügsames Leben, in welchem die Konsumenten mit weniger Produkten gut leben können.[352] Bei Beachtung der Nachhaltigkeitsziele wäre weniger Einsatz von natürlichen Ressourcen und mehr Umweltschutz nur dann ökonomisch effizient, wenn der Produktertrag und der individuelle Nutzen zumindest nicht zugleich sinken.[353] Die umweltfördernden Ziele der Verlängerung der Produktlebensdauer und -nutzungsdauer sowie der Verringerung der Produktion und dem damit einhergehenden geringeren Konsum, die mit Hilfe des Kaufgewährleistungsrechts verfolgt werden sollen, stehen aber der Wohlfahrtssteigerung entgegen und begründen dann einen ökonomisch ineffizienten Zustand, wenn der Umsatz der Hersteller sinkt, weil Ressourcen nicht genutzt, sondern geschont werden und seltener neue Produkte hergestellt, verkauft und erworben werden.[354]

Demgemäß sind folgende Konstellationen ökonomisch effizient: weiter zunehmende Umweltzerstörung bei Überwiegen des Nutzens, konstante Umweltzerstörung bei gleichzeitig steigendem Nutzen und verringerter Ressourcenverbrauch und Umweltschutz bei gleichbleibendem, nicht abnehmendem Nutzen.

Nur diese Zustände würden entsprechend des dreidimensionalen Nachhaltigkeitsbegriffs zu einem gleichwertigen Ausgleich von ökonomischen und ökologischen Interessen führen. Bei gleichwertiger Abwägung ist ein Erreichen der formulierten Nachhaltigkeitsziele bei gleichzeitiger ökonomischer Effizienz jedoch nur für die Fallkonstellation möglich, in welcher nachhaltigkeitsfördernde Maß-

---

350 *Bach/Kieninger*, JZ 2021, 1088, 1091; *Ekardt*, Theorie der Nachhaltigkeit, 3. Aufl. 2021, S. 42 ff., 56 ff.; *Ekardt*, ZUR 2016, 463, 468.

351 *Zahrnt* in: Boos/Brönneke/Wechsler, Konsum und nachhaltige Entwicklung, 2019, 45, 50.

352 *Ekardt*, Theorie der Nachhaltigkeit, 3. Aufl. 2021, S. 42; *Zahrnt* in: Boos/Brönneke/Wechsler, Konsum und nachhaltige Entwicklung, 2019, 45, 47.

353 *Schmidt*, Die Bedeutung der Effizienz für Nachhaltigkeit, 2008, S. 4.

354 *Bach/Kieninger*, JZ 2021, 1088, 1091; *Gawel/Bretschneider*, ZfU 1 (2016), 1, 5; *Halfmeier*, VuR 2022, 3, 7; *Micklitz*, EuCML 2019, 229, 230; *Schlacke/Alt/Tonner/Gawel/Bretschneider*, UBA Texte 72/2015, S. 46; *Schmidt*, Die Bedeutung der Effizienz für Nachhaltigkeit, 2008, S. 6.

nahmen nicht zugleich den Nutzen, Umsatz oder Ertrag der Wirtschaftssubjekte mindern. In der Praxis ist ein Gleichlauf ökonomischer und ökologischer Ziele dann aber nahezu unmöglich. Anders ausgedrückt führen Wirtschaftswachstum, der Ausbau des Binnenmarkts und die damit einhergehende Wohlfahrtssteigerung zu Umweltzerstörungen, indem durch eine wachsende Produktion sowie Importe und Exporte mehr CO2-Emissionen ausgestoßen werden, Ressourcen übermäßig genutzt werden, mehr Abfall generiert wird, etc. (s. o. Erster Teil A.II.). Die Strategie der Suffizienz steht im Widerspruch zur heutigen Konsum- und Wegwerfgesellschaft sowie zum allgemeinen Streben nach Wirtschaftswachstum.[355]

Ein gleichwertiger Ausgleich von ökonomischen und ökologischen Interessen kann jedoch nur im geringen Maße zur Lösung des Problems der Umweltzerstörung und Verlangsamung des Klimawandels beitragen. Besonders zu kritisieren ist an dem dreidimensionalen Begriffsverständnis, dass von ihm unterschiedliche Ziele in gleicher Weise erfasst sind, die sich teilweise widersprechen und gegensätzlich sind, was zum Verlust der Bedeutung und der Aussagekraft des Prinzips führt.[356] Soweit die Verringerung des Ressourcenverbrauchs und der Umweltbelastungen nicht zugleich zu einem geringeren Nutzen führt, ist eine Konvergenz der Zielsetzungen entsprechend dem Drei-Säulen-Modell zwar gegeben. Dennoch werden Zielkonflikte im Rahmen des mehrdimensionalen Nachhaltigkeitskonzepts, wie soeben gezeigt, oft zulasten der ökologischen Zielsetzung gelöst. Kosten und Nutzen werden mithilfe der Diskontierung abgezinst, was zur Folge hat, dass heutiger Nutzen werthaltiger und höher ist als zukünftige Kosten der Umweltzerstörung und das gilt umso mehr, je weiter Schäden in der Zukunft entstehen, sodass Umweltzerstörung damit immer ökonomisch effizient ist, solange die erzielten Gewinne heute groß genug sind.[357] Überdies sind verschiedene Kapitalarten beliebig substituierbar und Naturkapital kann verbraucht werden, soweit die hierdurch erzielten Gewinne hoch genug sind und eingesetzt werden können, um das Naturkapital durch Maschinen- oder Humankapital zu ersetzen und den Verlust durch technologische und wirtschaftliche Fortschritte auszugleichen.[358] Hinzu kommt, dass es sich bei den natürlichen Ressourcen und der Umwelt bei der durch Individuen tatsächlich real vorgenommenen Entscheidungsabwägung um sog. Externalitäten handelt. Die oben dargestellten Effizienzstrategien hindern damit

355 *Zahrnt* in: Boos/Brönneke/Wechsler, Konsum und nachhaltige Entwicklung, 2019, 45, 47.
356 *Bosselmann*, The Principle of Sustainability, 2. Ed. 2017, S. 63; *Epiney* in: Huber/Voßkuhle, 8. Aufl. 2024, GG Art. 20a Rn. 50; *Kahl* in: Kahl, Nachhaltigkeit als Verbundbegriff, 2008, 1, 22 f.
357 *Leschke* in: Kahl, Nachhaltigkeit als Verbundbegriff, 2008, 297, 311; *Schirmer*, Nachhaltiges Privatrecht, 2023, S. 21 ff.; Kritisch *Ekardt*, Theorie der Nachhaltigkeit, 3. Aufl. 2021, S. 436 f.
358 *Schirmer*, Nachhaltiges Privatrecht, 2023, S. 23; *Klimke/Wetenkamp/Dahlke*, Rechtsfortbildung in Zeiten planetarer Krisen, VerfBlog, 16.06.2023.

Ressourcen- und Umweltschonung sogar, indem ein höherer Ertrag durch einen höheren Verbrauch ökonomisch effizient ist, weil der gleichzeitig ansteigende Verbrauch von Ressourcen und Umwelt gerade keine Kosten verursacht.[359]

Das dreidimensionale Nachhaltigkeitsverständnis ist ein schwaches Verständnis,[360] weil es im Ergebnis die Allokationsproblematik widerspiegelt und die Abwägungen anhand der wohlfahrtsökonomischen Kosten-Nutzen-Analyse vornimmt.[361] Daraus folgt, dass Nachhaltigkeit im Grundsatz gleichgesetzt würde mit dem ökonomischen Effizienzprinzip.[362] Für die Zugrundelegung und Integration interdisziplinärer Erkenntnisse bei der Rechtsetzung, wie solche aus der Ökologie, wäre hiernach letztlich immer die ökonomische Effizienz handlungsleitend, was in Widerspruch zu dem verbindlichen pluralistischem Wertekanon stünde.[363] Soweit angenommen wird, dass ökonomische Effizienz ein Rechtsprinzip oder gar ein Verfassungsprinzip darstellt, ist sie jedoch weder das einzige noch das höchstrangige Prinzip.[364] Die Ziele und Wertemaßstäbe im Recht sind vielmehr schrankenlos.[365] Der Gesetzgeber kann seiner Rechtsetzung den gesamten Wertekanon der Verfassung zugrunde legen.[366] Er ist legitimiert und verfügt über die Einschätzungsprärogative, welcher Wert einmal, nicht grundsätzlich und nicht ohne Berücksichtigung sonstiger Werte, vorrangig verwirklicht werden soll und in welchem Verhältnis damit Effizienz zu anderen Zielen stehen soll.[367]

Statt wie bisher lediglich eine Strategie zur Anpassung an den Klimawandel zu verfolgen, sollte sämtliches Handeln an der Verhinderung des Klimawandels anknüpfen. Umweltschutz sollte keine freiwillige, sondern eine umfassend ver-

---

359 *Schmidt*, Die Bedeutung der Effizienz für Nachhaltigkeit, 2008, S. 10.

360 Siehe ausführlich zur Ungeeignetheit eines dreidimensionalen Begriffsverständnisses von Nachhaltigkeit *Ekardt*, Theorie der Nachhaltigkeit, 3. Aufl. 2021, S. 67 ff., 372 f.

361 So auch *Schirmer*, ZEuP 2021, 35, 38; *Schirmer*, Nachhaltiges Privatrecht, 2023, S. 19 f.; *Schröter/Bosselmann*, ZUR 2018, 195, 202 f.

362 *Schirmer*, Nachhaltiges Privatrecht, 2023, S. 19 ff.

363 So auch *Grundmann*, RabelsZ 86 (2022), 364, 370 ff., 385, 415 f.; *Grundmann*, JZ 2024, 469, 475 f.

364 *Grundmann*, RabelsZ 86 (2022), 364, 392 m.w.N., 416 f.; Siehe insbesondere *Eidenmüller*, Effizienz als Rechtsprinzip, 4. Aufl. 2015, S. 443 ff., dem zufolge das ökonomische Effizienzprinzip nicht verfassungsrechtlich verankert sei, eine effizienzorientierte Gesetzgebungspolitik aber grds. möglich sei in den Grenzen, welche die Grundrechte und sonstigen Werte von Verfassungsrang vorgeben.

365 *van Aaken*, „Rational Choice" in der Rechtswissenschaft, 2003, S. 191, 298; *Weber*, Wirtschaft und Gesellschaft, 5. Aufl. 1972, S. 45.

366 *Grundmann*, RabelsZ 86 (2022), 364, 393; *Janson*, Ökonomische Theorie im Recht, 2004, S. 130 f.; *Rühl*, Statut und Effizienz, 2011, S. 166, 168; *van Aaken*, „Rational Choice" in der Rechtswissenschaft, 2003, S. 191, 298; *Weber*, Wirtschaft und Gesellschaft, 5. Aufl. 1972, S. 196, 45.

367 *Eidenmüller*, Effizienz als Rechtsprinzip, 4. Aufl. 2015, S. 414 ff., 443 ff., 486 f.; *Grundmann*, RabelsZ 86 (2022), 364, 393.

pflichtende Aufgabe sein. Eine bessere Lösungsstrategie stellt nach dem bisher Gesagten Suffizienz statt ökonomischer Effizienz dar. Suffizienz bezeichnet die Strategie der Reduktion der Ressourcennutzung auf das unbedingt erforderliche Maß, im Grunde fordert sie daher Verzicht.[368] Der Umwelt- und Ressourcenverbrauch muss verringert werden, um steigenden Konsum und steigende Produktion einzudämmen, auch wenn damit ein sinkender Produktertrag einhergeht.[369] Letztlich muss eine Abkehr vom weit befürworteten dreidimensionalen Nachhaltigkeitskonzept hin zu einem eindimensionalen Nachhaltigkeitskonzept mit dem Vorrang der ökologischen Nachhaltigkeit erfolgen.

Eine Entscheidung des Gesetzgebers zwischen mehreren Varianten einer rechtlichen Normausgestaltung ist zweckrational, wenn konkurrierende und kollidierende Ziele in eine Skala eingeordnet würden, an dessen Reihenfolge sich die konkrete Entscheidung sodann orientiert.[370] Der nachhaltigen Entwicklung im Sinne eines eindimensionalen Verständnisses stehen soziale und wirtschaftliche Aspekte gegenüber, die mangels unmittelbaren Vorrangs des Nachhaltigkeitsprinzips grundsätzlich bei gesetzgeberischen Entscheidungen beachtet werden müssen. In einzelnen Entscheidungen kann der Gesetzgeber jedoch einem Belang Vorrang einräumen. Für die Bereiche der Produktion und Konsumtion ist dies erforderlich. Hier ist eine Hierarchisierung geboten. Effizienz im Sinne des Wohlfahrtstheorems sowie sonstige soziale Zielsetzungen sind daher gegenüber den primären Zielen des Erhalts essentieller Umweltgüter des Erdsystems und der Vermeidung einer umweltschädigenden Ressourcennutzung, insb. der Reduktion der Ressourcennutzung auf das unbedingt erforderliche Maß, sog. Suffizienz, nachrangig und von untergeordneter Bedeutung.[371] Insofern besteht kein vollständig gleichberechtigtes Nebeneinander von ökonomischen, sozialen und ökologischen Belangen im Sinne des weiten Nachhaltigkeitsbegriffs. Sie können insoweit verfolgt werden, wie es ökologisch geboten ist. Effizientes Wirtschaften und Nutzengenerierung kann nur im Rahmen des ökologisch Möglichen erfolgen. Die Erhaltung und Wiederherstellung ökologischer Integrität und gesicherte Leistungsfähigkeit muss die Grundnorm und ökologische Nachhaltigkeit muss das vorrangige Leitprinzip sein.[372] Eine nach-

---

368 *Bach/Kieninger*, JZ 2021, 1088, 1091; *Ekardt*, Theorie der Nachhaltigkeit, 3. Aufl. 2021, S. 42 ff., 56 ff.; *Schmidt*, Die Bedeutung der Effizienz für Nachhaltigkeit, 2008, S. 6.

369 *Halfmeier*, VuR 2022, 3, 6; *Schmidt*, Die Bedeutung der Effizienz für Nachhaltigkeit, 2008, S. 9 ff.

370 *Weber*, Wirtschaft und Gesellschaft, 5. Aufl. 1972, S. 13.

371 *Bach/Kieninger*, JZ 2021, 1088, 1091; *Ekardt*, ZUR 2016, 463, 468; *Schirmer*, ZEuP 2021, 35, 38; Vgl. auch *World Commission on Environment and Development*, Report of the World Commission on Environment and Development: Our Common Future, 1987, S. 33, 42.

372 So auch *Calliess* in: Calliess/Ruffert, EUV/AEUV, 6. Aufl. 2022, AEUV Art. 11 Rn. 13; *Kahl* in: Kahl, Nachhaltigkeit als Verbundbegriff, 2008, 1, 10; *Klimke/Wetenkamp/Dahlke*, Rechtsfortbildung in

haltige Entwicklung, ebenso mit Blick auf ökonomische und soziale Prozesse, ist mithin eine solche, die sich innerhalb der Tragfähigkeit der ökologischen Systeme und unter Sicherung der ökologischen Existenzgrundlage vollzieht.[373] Es kann daher nicht, wie nach dem ökonomischen Kosten-Nutzen-Modell, eine Abzinsung zukünftiger Umweltschäden erfolgen und eine Substituierung einzelner Natursysteme (durch wirtschaftliches oder soziales Kapital) scheidet aufgrund ihrer Unverzichtbarkeit aus.[374]

Primär geht es darum alle Maßnahmen, die Umweltzerstörung und die Übernutzung der Umwelt verhindern, zu verfolgen. Im Kontext der Mechanismen des Kaufgewährleistungsrechts liegt der Fokus auf der Suffizienzstrategie, welche zu schnellen umweltschützenden Ergebnissen führen kann. Dabei wird Verzicht durch das Kaufgewährleistungsrecht nur insoweit verfolgt, als dass menschliche Grundbedürfnisse befriedigt sind. Die Grundversorgung wird vorausgesetzt. Das europäisch determinierte Kaufgewährleistungssystem bezieht sich auf die Situation in Europa, bei der eine Unterversorgung, nicht gedeckte Grundbedürfnisse oder auch Menschenrechtsverletzungen nicht die entscheidenden Probleme einer nachhaltigen Entwicklung darstellen. Wohingegen global betrachtet die sozialen Belange am wichtigsten sind und erst, wenn die Existenz durch Grundversorgung gesichert ist, kann darüber diskutiert werden, wie man auf die Verringerung des Verbrauchs hinwirken könnte.[375] Ein derartiger Fokus auf ökologische Belange und ein weitgehender Vorrang ökologischer Zielsetzungen, wie er hier befürwortet wird, ist vertretbar in der Diskussion um nachhaltige Maßnahmen in entwickelten westlichen Ländern mit einer liberalen und starken wirtschaftlichen Struktur. Hier lassen sich Maßnahmen etablieren und durchsetzen, die zulasten ökonomischer Erwägungen gehen können und ohne dass soziale Aspekte der Grundversorgung oder Menschenrechtsverletzungen den primären Fokus bilden müssten. In Ent-

---

Zeiten planetarer Krisen, VerfBlog, 16.06.2023; *Schirmer*, ZEuP 2021, 35, 38 f.; *Schröter/Bosselmann*, ZUR 2018, 195, 203.

373 *Berg* in: Kahl, Nachhaltigkeit als Verbundbegriff, 2008, 425, 435 f.; *Bosselmann*, The Principle of Sustainability, 2. Ed. 2017, S. 63; *Calliess* in: Calliess/Ruffert, EUV/AEUV, 6. Aufl. 2022, AEUV Art. 11 Rn. 13; *Kahl* in: Kahl, Nachhaltigkeit als Verbundbegriff, 2008, 1, 9 f.; *Kurz*, ZfU 3 (2019), 342, 352, *Schirmer*, ZEuP 2021, 35, 38 f.; *Schirmer*, Nachhaltiges Privatrecht, 2023, S. 25 f.; *Schröter/Bosselmann*, ZUR 2018, 195, 203; *World Commission on Environment and Development*, Report of the World Commission on Environment and Development: Our Common Future, 1987, Chapter 2 Rn. 5.

374 *Kahl* in: Kahl, Nachhaltigkeit als Verbundbegriff, 2008, 1, 9; *Schirmer*, Nachhaltiges Privatrecht, 2023, S. 26; So auch *Gehne*, Nachhaltige Entwicklung als Rechtsprinzip, 2011, S. 150 f., 146 ff.

375 *Bardt*, IW Analysen Nr. 72, 2011, S. 6; *Schmidt*, Die Bedeutung der Effizienz für Nachhaltigkeit, 2008, S. 16; Zur primären Sicherstellung der Grundbedürfnisse und zu der hieraus folgenden Diskrepanz zwischen Nachhaltigkeit und Effizienz *Schirmer*, Nachhaltiges Privatrecht, 2023, S. 24 f.

wicklungsländern hingegen muss der Blick besonders auf soziale Belange geworfen werden. Die Grundsätze, die der nachhaltigen Entwicklung und ihrer Umsetzung zugrunde liegen, sind auch die Achtung von Menschenrechten.[376] Solange diese nicht gewährleistet werden können und eine Grundsicherung nicht existiert, können ökologische Ziele im Rahmen der Politiken keinen Vorrang erhalten.[377] Das Wirtschaften der Industriestaaten wirkt sich nachteilig auf Drittstaaten aus, welche die negativen Umweltauswirkungen unmittelbar zu spüren bekommen und in denen die Sicherung der Existenz nicht ohne weiteres möglich ist. Das Verfolgen der Strategie der Suffizienz in den Industriestaaten ist sinnvoll und erforderlich, um die negativen Folgen des Wirtschaftens in Drittstaaten, die selbst oft nicht genügend Kapazitäten haben, um hiergegen vorzugehen, einzudämmen.[378]

IV. Zusammenfassung und Leitfaden der Untersuchung

Ziel der nachfolgenden Untersuchung ist die Beantwortung der Frage, inwiefern Kaufgewährleistungsrecht zur Nachhaltigkeitstransformation beitragen kann oder hemmenden Einfluss hat und wie durch eine Änderung zivilrechtlicher Normausgestaltung Nachhaltigkeitsziele ggf. besser verfolgt werden können. Die Deutsche Nachhaltigkeitsstrategie und die konkret formulierten Ziele, können nur dann wirksam erreicht werden, wenn korrespondierend zur Zielformulierung eine Maßnahmenplanung erfolgt und wenn bei Zielabweichungen andere und weitere effektive Regelungsoptionen herausgearbeitet werden.[379] Es muss daher untersucht werden, wie die Maßnahmen funktionieren, welche Wirkung ihnen zu-

---

376 Vgl. *Generalversammlung Vereinte Nationen*, Transformation unserer Welt: die Agenda 2030 für nachhaltige Entwicklung, 2015, Einleitung Rn. 3, 8, 10, 19, 35.

377 Siehe zur besonderen Bedeutung von unternehmensseitig verursachten Menschenrechtsverletzungen in Drittstaaten sowie Leitlinien zu dessen Bekämpfung *Ruggie*, Protect, Respect and Remedy: a Framework for Business and Human Rights, 2008; Der Bekämpfung von tatsächlichen und potenziellen negativen Auswirkungen auf die Menschenrechte und die Umwelt im Zusammenhang mit der Geschäftstätigkeit von Unternehmen dienen auch die Regelungen der Richtlinie (EU) 2024/1760 des Europäischen Parlaments und des Rates vom 13. Juni 2024 über die Sorgfaltspflichten von Unternehmen im Hinblick auf Nachhaltigkeit und zur Änderung der Richtlinie (EU) 2019/1937 und der Verordnung (EU) 2023/2859.

378 Vgl. auch in Bezug auf Menschenrechtsverletzungen in Drittstaaten *Ruggie*, Protect, Respect and Remedy: a Framework for Business and Human Rights, 2008, S. 6 Rn. 14, dem zufolge Heimatstaaten, dessen Recht auch extraterritorial für Unternehmen gilt, Maßnahmen treffen müssen, um negative Auswirkungen des Wirtschaftens transnationaler Unternehmen in Drittstaaten zu verhindern.

379 *Kurz*, ZfU 3 (2019), 342, 351.

kommt und welche Zielkonflikte sie auslösen.[380] Die Prämisse lautet die Produktlebensdauer und die Produktnutzungsdauer zu verlängern und somit umweltschädigende Auswirkungen durch Produktion und Konsumtion zu vermeiden. Da Hersteller und Konsument diejenigen Marktakteure sind, dessen Entscheidungen und Handlungen Auswirkungen auf die Umweltfreundlichkeit eines Produkts haben, ist das Kaufgewährleistungsrecht, welches die Beziehungen dieser Parteien regelt und ihre Entscheidungen durch den etablierten Rechtsrahmen miteinander verknüpft, in besonderer Weise dazu geeignet, auf diese Entscheidungen steuernd Einfluss zu nehmen, um Produktionsweisen und Konsumgewohnheiten zu ändern.[381] Fragen des Umwelteinflusses von Hersteller und Konsumenten bilden den Leitfaden der Untersuchung. Damit einher geht die Frage, welche Entscheidungen sie an welcher Stelle des Produktlebenszyklus treffen, und Fragen der Lenkungswirkung ebendieser Entscheidungen durch das Recht.

Das Ziel ökologischer Nachhaltigkeit kann nur erreicht werden, wenn die Marktakteure die Notwendigkeit der Umsetzung des Nachhaltigkeitsprinzips erkennen und ihr Verhalten danach ausrichten.[382] Unter der Annahme eines rational handelnden und den eigenen Nutzen maximierenden Menschen werden Umweltbelange größtenteils jedoch nicht in Entscheidungen mit einbezogen. Der Grenznutzen einer individuellen Entscheidung fällt heute im Zeitpunkt der Entscheidung an und Grenzkosten einer Transaktion werden erst in Zukunft eintreten. Dies stellt ein Marktversagen dar und rechtfertigt staatliches Eingreifen.[383] Der Erlass von Gesetzen soll zu einer Internalisierung dieser externen Kosten führen, damit Grenzkosten und Grenznutzen bei dem Handelnden im Zeitpunkt seiner Entscheidung anfallen.[384] Mittels Kaufgewährleistungsrecht, das sich der Nachhaltig-

---

380 *Kurz*, ZfU 3 (2019), 342, 351.

381 *Kommission der Europäischen Gemeinschaften*, Grünbuch zur integrierten Produktpolitik, KOM (2001) 68 endg., 07.02.2001, S. 3; *Schlacke/Alt/Tonner/Gawel/Bretschneider*, UBA Texte 72/2015, S. 53; Vgl. auch *Micklitz/Mehnert/Specht-Riemenschneider/Liedtke/Kenning*, Recht auf Reparatur, 2022, S. 13, denen zufolge eine Umgestaltung des Produktions-Konsumsystems nur im Wechselspiel zwischen Anbietern, deren Handlungsprämissen, Käufern und der Gesetzgebung erfolgen könne.

382 *Kommission der Europäischen Gemeinschaften*, Grünbuch zur integrierten Produktpolitik, KOM (2001) 68 endg., 07.02.2001, S. 11.

383 *Grundmann* in: FS Canaris, 2017, 907, 926; *Metzger* in: MüKo BGB, 9. Aufl. 2022, BGB Vor § 327 Rn. 29; Siehe zur allgemeinen Erläuterung, warum Marktversagen staatliches Einschreiten legitimiert *Grundmann/Kerber/Weatherill* in: Grundmann/Kerber/Weatherill, Party Autonomy and the Role of Information in the Internal Market, 2001, 3, 10 ff.

384 *Oberender/Zerth* in: Kahl, Nachhaltigkeit als Verbundbegriff, 2008, 554, 560 f.; Siehe zu verschiedenen Instrumenten zur Internalisierung externer Effekte *Fritsch*, Marktversagen und Wirtschaftspolitik, 10. Aufl. 2018, S. 105 ff.

keitstransformation verschreibt, wird ein struktureller Rahmen geschaffen, welcher Restriktionen begründet, um umweltschädigendes Verhalten zu verteuern und damit zu verhindern, und Anreize setzt, um umweltschonendes Verhalten zu vergünstigen und damit zu begünstigen, und somit werden schließlich Präferenzen künftiger Generationen mit denjenigen heutiger Individuen in Ausgleich gebracht.[385] Staatliche Regulierung muss dabei einen wirksamen Impuls an den Primäradressaten der Norm senden, d.h. denjenigen auf Anbieter- oder Nachfrageseite, der zuerst zu einem Handeln aktiviert werden soll, um ihn sodann zu einem bestimmten Verhalten zu veranlassen.[386] Wirkt der Impuls auf den Primäradressaten, soll sich der Impuls auch auf die Marktgegenseite auswirken und dort zu einer Änderung und Anpassung des Verhaltens führen.[387] Gewährleistungsinstrumente richten sich typischerweise primär an den Käufer, der zunächst seine Gewährleistungsrechte geltend machen muss und sekundär an den Verkäufer als Verpflichtungsadressaten.[388]

Konkret soll die Untersuchung der rechtlichen Mechanismen danach erfolgen, ob sie nachhaltiges und ressourcenschonendes Verhalten der Marktteilnehmer ermöglichen, fördern oder es hemmen. Recht kann sich dabei auf die Konsumentenentscheidungen in der Produktnutzungsphase beziehen. Mit Blick auf das Kaufgewährleistungsrecht werden Kaufentscheidungen nicht adressiert und Außerdienststellungsentscheidungen nur insofern, als sie zwingend sind, weil Produkte ihre Funktionsfähigkeit verlieren, nicht jedoch aufgrund von psychologischer Obsoleszenz (s. o. Erster Teil A.II.2.d)). Das Gewährleistungsrecht bezieht sich insbesondere auf die Art und Weise der Nutzung eines Produkts sowie auf Reparaturentscheidungen und damit auf die Entscheidung des Käufers von seinen Gewährleistungsrechten Gebrauch zu machen oder nicht. Für das Kaufgewährleistungsrecht relevante und fassbare Entscheidungen des Herstellers werden in der Herstellungsphase eines Produkts getroffen und betreffen das Produktdesign, nachhaltige Produkteigenschaften, Innovationen und die Bereitstellung von Wartungs- und Reparaturdiensten. Ein nachhaltiges Produktdesign

---

385 So auch *Oberender/Zerth* in: Kahl, Nachhaltigkeit als Verbundbegriff, 2008, 554, 567 f.; In dem Sinne, dass Rechtsnormen wie Preise wirken, ebenfalls *van Aaken*, „Rational Choice“ in der Rechtswissenschaft, 2003, S. 79 ff., dort ausführliche Erklärungen zum Einfluss rechtlicher Regulierungen auf menschliches Verhalten; Vgl. auch *Habermas*, Faktizität und Geltung, 5. Aufl. 1997, S. 152, dem zufolge Gesetze Handlungen koordinieren und Optionsspielräume begrenzen.

386 *Gawel/Bretschneider*, ZfU 1 (2016), 1, 19 f.; *Schlacke/Alt/Tonner/Gawel/Bretschneider*, UBA Texte 72/2015, S. 59.

387 *Gawel/Bretschneider*, ZfU 1 (2016), 1, 20; *Schlacke/Alt/Tonner/Gawel/Bretschneider*, UBA Texte 72/2015, S. 59.

388 *Gawel/Bretschneider*, ZfU 1 (2016), 1, 20; *Schlacke/Alt/Tonner/Gawel/Bretschneider*, UBA Texte 72/2015, S. 59.

und die Möglichkeit der Reparatur führen zu einer längeren Lebensdauer des Produkts, damit ebenfalls zu einer längeren Produktnutzung, wodurch weniger Neuanschaffungen getätigt werden und der Ressourcenverbrauch bei der Herstellung reduziert werden kann. Klarstellend ist auszuführen, dass das Kaufgewährleistungsrecht nicht auf den gesamten Lebenszyklus eines Produkts Einfluss nehmen kann. Nachhaltigkeit wird in Bezug auf die Beschaffungskette der Ressourcen, konkrete Materialverarbeitung und Energieerzeugung bei der Herstellung, Verpackung, Transport, Abfall, Entsorgung und Recycling durch das Kaufgewährleistungsrecht nicht adressiert bzw. nur insofern, als das Ziel verfolgt wird, grundsätzlich weniger Waren zu produzieren.[389] Die Strategien gegen Obsoleszenz, die mithilfe des Kaufgewährleistungsrechts verfolgt werden können und sollten, beziehen sich daher übergeordnet auf die Verlängerung der Produktlebensdauer sowie der Produktnutzungsdauer.[390] Recht muss erst noch die nötigen Voraussetzungen schaffen, damit ein suffizienter Lebensstil möglich ist und sich etablieren kann.[391]

Die Normen müssen daher in Bezug auf diese Strategien untersucht werden und verglichen werden mit Reformvorschlägen, sodass die Normgestaltung herausgearbeitet werden kann, welche Nachhaltigkeitsziele am besten zu erreichen vermag.[392] Um einschätzen zu können, welche Regelung die Ziele am besten erreicht (Bewertung i. S. d. normativen Analyse), muss eine Folgenabschätzung der jeweiligen Normen dahingehend erfolgen, dass Prognosen angestellt werden, wie sich die Normen auf das Verhalten der Individuen und damit auf das übergeordnete Ziel einer nachhaltigen Entwicklung auswirken (Folgenanalyse i. S. d. positiven ökonomischen Analyse). Denn ohne eine Änderung des Verhaltens der Marktteilnehmer ist eine Transformation hin zu einer nachhaltigen Entwicklung nicht zu erwarten. Die Bewertung unterschiedlicher rechtlicher Mechanismen, in deren Rahmen eine Abwägung ihrer Auswirkungen und von Zielkonflikten stattfindet, erfolgt nach den Grundsätzen einer rationalen Entscheidungsfindung im Sinne der ökologischen Effizienz. Dabei gilt es zu untersuchen, ob ökologische, soziale und ökonomische, insbesondere auch verbraucherschützende Ziele, unvereinbar sind

---

389 Siehe Schemata bzgl. Lebenszyklus eines Produkts *Kommission der Europäischen Gemeinschaften*, Grünbuch zur integrierten Produktpolitik, KOM (2001) 68 endg., 07.02.2001, S. 7.

390 *Oehme/Jacob*, Strategien gegen Obsoleszenz, 2017, S. 2, 7.

391 *Zahrnt* in: Boos/Brönneke/Wechsler, Konsum und nachhaltige Entwicklung, 2019, 45, 48.

392 Siehe auch *Hellgardt*, Regulierung und Privatrecht, 2016, S. 47 ff., dem zufolge die Funktion von Recht das Erreichen eines konkreten Allgemeinwohlziels, z. B. Umweltschutz, sein kann und welcher die Regulierungsfunktion des Rechts als „Einsatz von Recht als staatliches Instrument mit einer über den Einzelfall hinausreichenden Steuerungsintention, die auf die Implementierung politischer Allgemeinwohlziele gerichtet ist“ beschreibt.

oder sich miteinander verbinden lassen und ob ökologische Ziele stets nur zulasten von Verbraucherschutz und/oder Wohlfahrtswachstum erreicht werden können.[393]

393 Eine Verbindung der Ziele für möglich erachtend *Gelbrich*, Verbraucherschutz in Zeiten der planetaren Krisen, VerfBlog, 17.06.2023; Ablehnend *Halfmeier*, AcP 216 (2016), 717, 750, der das Verbraucherrecht in der Tradition der unbeschränkten Wirtschaftseuphorie stehen sieht, welche mit dem Ziel des nachhaltigen Wirtschaftens nicht vereinbar sei.

Zweiter Teil: Strategien zur Vermeidung von Obsoleszenz

Die Arbeit widmet sich der Untersuchung des Kaufgewährleistungsrechts in Hinblick auf die Förderung und Hemmung der Nachhaltigkeitstransformation. Prämisse der nachfolgenden Ausführungen ist die Verlängerung der Produktlebensdauer und der Produktnutzungsdauer zur Vermeidung von negativen Umweltauswirkungen. Die Nutzungsdauer eines Produkts ist abhängig von Entscheidungen des Konsumenten hinsichtlich der Art und Weise der Nutzung, der Außerdienststellung oder Reparatur im Falle eines Defekts sowie von Entscheidungen des Herstellers hinsichtlich des Produktdesigns, der Bereitstellung von Reparaturdiensten und Ersatzteilen sowie von Aktualisierungen.

Der zweite Teil bildet das Kernstück dieser Arbeit. Es werden Strategien zur Vermeidung von Obsoleszenz aufgezeigt. Die rechtlichen Gestaltungen sind nicht als separate Lösungsvorschläge zur Begegnung von Obsoleszenz zu verstehen, sondern vielmehr im Zusammenhang zu betrachten. Es ist daher von einer einheitlichen Strategie zu sprechen, bestehend aus unterschiedlichen, sich gegenseitig bedingenden und beeinflussenden Mechanismen des Kaufgewährleistungsrechts gegen Ausformungen des Problems der Obsoleszenz. Diese (Teil-)Strategien lassen sich in drei Themenbereiche gliedern. Teil A beschäftigt sich mit den Anforderungen an eine (Mindest-)Lebensdauer von Produkten zur Vermeidung werkstofflicher Obsoleszenz. Die sich hier offenbarenden Hürden einer nachhaltigen Entwicklung werden in Form von Zielkonflikten dargestellt. Die Lösungen, die hierzu präsentiert werden, gelten in gleichem Maße für ähnliche Hindernisse der anderen (Teil-)Strategien. Teil B befasst sich mit der Vermeidung werkstofflicher und ökonomischer Obsoleszenz und diskutiert, inwieweit eine Reparatur im Falle des Eintritts eines Defekts einem Neukauf vorzuziehen ist, vorgezogen werden kann bzw. vorgezogen werden muss. Teil C untersucht die Auswirkungen von Aktualisierungen als Lösung für das Problem der funktionalen Obsoleszenz.

A. Anforderungen an eine (Mindest-)Lebensdauer zur Vermeidung werkstofflicher Obsoleszenz

Als Lösung zur Vermeidung der werkstofflichen Obsoleszenz kann das Kaufgewährleistungsrecht auf verschiedenen Ebenen Lösungen bereitstellen. Vorliegend wird diskutiert, inwiefern Gewährleistungsrecht dazu beitragen kann, die Lebensdauer eines Produkts entsprechend ihrer beabsichtigten Nutzungsdauer zu erhöhen und vorzeitige Alterung zu verhindern. Das Kaufgewährleistungsrecht

https://doi.org/10.1515/9783112224526-004

tritt zutage, wenn Marktteilnehmer gem. § 433 BGB einen Kaufvertrag[394] über einen Gegenstand abschließen, der allerdings nicht vertragsgemäß ist und weshalb der Käufer Abhilferechte gegenüber dem Verkäufer geltend machen kann. Erster Anhaltspunkt einer Strategie zur Vermeidung werkstofflicher Obsoleszenz ist der Mangelbegriff des § 434 BGB, der europarechtlich determiniert ist und mit dem die Art. 5–8 WKRL umgesetzt wurden. Wenn ein Produkt nicht so lange genutzt werden kann, wie es sollte und beabsichtigt ist, könnte ein Mangel vorliegen, welcher das Sanktionssystem der §§ 434 ff. BGB aktiviert. Dieses System kann bei Geltendmachung durch den Käufer darauf hinwirken, dass Produkte mit langlebigem Design und höherer Qualität hergestellt werden, weil Hersteller nicht den Sanktionen des Kaufgewährleistungsrechts unterliegen wollen.[395]

I. Dogmatische Grundlagen: Haltbarkeitskriterium im Rahmen des Mangelbegriffs

Zunächst ist zu klären, inwiefern der Mangelbegriff des Kaufgewährleistungsrechts für Nachhaltigkeitskriterien fruchtbar gemacht werden kann. Im nachfolgenden Abschnitt wird zuvörderst auf das Kriterium der Haltbarkeit eingegangen. Dabei sind neben dem nationalen Recht auch die diesem zugrundeliegenden europäischen Rechtsakte zu berücksichtigen, insb. sind der Wille des europäischen Gesetzgebers, die Erwägungsgründe in den relevanten Richtlinien sowie der Richtlinientext selbst zu beachten.[396]

Die Lebensdauer eines Produkts erfasst die Dauer der Haltbarkeit eines Materials und der Funktionstüchtigkeit des Produkts insgesamt, d. h. die Zeit von der

394 Nach § 433 Abs. 1 BGB wird der Verkäufer einer Sache durch den Kaufvertrag verpflichtet, dem Käufer die Sache frei von Sach- und Rechtsmängeln zu übergeben und das Eigentum an der Sache zu verschaffen. Korrespondierend hierzu ist der Käufer nach § 433 Abs. 2 BGB verpflichtet, dem Verkäufer den vereinbarten Kaufpreis zu zahlen und die gekaufte Sache abzunehmen. Die VGKRL definierte den Kaufvertrag nicht. Art. 2 Nr. 5 Verbraucherrechte-RL enthält aber eine Definition, wonach ein Kaufvertrag jeder Vertrag ist, durch den der Unternehmer das Eigentum an Waren an den Verbraucher überträgt oder deren Übertragung zusagt und der Verbraucher hierfür den Preis zahlt oder dessen Zahlung zusagt, einschließlich von Verträgen, die sowohl Waren als auch Dienstleistungen zum Gegenstand haben.

395 So auch hinsichtlich der Anreizwirkung des Kaufgewährleistungsrechts, indem es die Haftung des Verkäufers statuiert *Schäfer/Ott*, Lehrbuch der ökonomischen Analyse des Zivilrechts, 5. Aufl. 2012, S. 518; *Gomez* in: Grundmann/Bianca, EU-Kaufrechts-Richtlinie Kommentar, 2002, Einl. Rn. 71.

396 *Grundmann/Riesenhuber*, JuS 2001, 529, 534 f. und siehe 529 ff. zur Auslegung des Europäischen Privatrechts.

Erstvermarktung bis zum endgültigen Defekt des Produkts.[397] Unter Haltbarkeit wiederum wird eine haltbare Beschaffenheit verstanden und haltbar bedeutet, dass Produkte nicht leicht verschleißend sind, sondern von einer festen und dauerhaften Beschaffenheit.[398] Für die nachfolgenden Ausführungen, die sich auf das Kaufgewährleistungsrecht beziehen, ist allein die Zeitspanne des Produkts von der Erstvermarktung bis zum erstmaligen Defekt von Relevanz. Begrifflich ist daher abzustellen auf die Haltbarkeit bzw. die Lebensdauer im engeren Sinne, welche gem. Art. 2 Nr. 13 WKRL die Fähigkeit der Sache umfasst, ihre Funktionen und Leistungen bei normaler Verwendung zu behalten. D. h. es muss der störungsfreie Betrieb der Ware bis zu ihrem ersten Funktionsdefekt sichergestellt sein.[399] Natürlicher Verschleiß begründet keinen Mangel, solange er nicht übermäßig oder unnatürlich auftritt.[400]

Anknüpfungspunkt des Mangelbegriffs ist demnach die Haltbarkeit bzw. die Lebensdauer im engeren Sinne, die Produkte haben sollten, um umweltgerecht „lange" zu halten und nicht vorzeitig zu altern, und die Grundlage der Strategie gegen werkstoffliche Obsoleszenz ist. Wann ein Mangel einer Ware vorliegt, bestimmt sich nach den Anforderungen in Art. 5–8 WKRL, die in § 434 sowie § 475b Abs. 2–6 BGB umgesetzt wurden. Hiernach ist eine Ware und eine Ware mit digitalen Elementen vor allem dann mangelhaft und das Gewährleistungsrecht ist anwendbar, wenn sie nicht den subjektiven oder objektiven Anforderungen an die Vertragsmäßigkeit genügt.

1. Subjektive Anforderungen an die Vertragsmäßigkeit

Bereits vor der Schuldrechtsmodernisierungsreform knüpfte § 459 BGB a.F. an Fehler an, die den Wert und die Tauglichkeit für den vertraglich vorausgesetzten Gebrauch erheblich minderten (Abs. 1), sowie an das Fehlen zugesicherter Eigenschaften der Sache (Abs. 2). Der Wortlaut des § 459 BGB a.F. war nicht ganz eindeutig, indizierte jedoch die Einbeziehung subjektiver Komponenten in die Beurteilung der Mangelhaftigkeit einer Sache. Die Zusicherung von Sacheigenschaften ist eindeutig subjektiver Natur. Die Rechtsprechung sowie herrschende Literatur legten auch für Abs. 1 einen subjektiven Fehlerbegriff zugrunde, wonach ein Fehler

---

397 „Lebensdauer" auf Duden online, abrufbar unter https://www.duden.de/rechtschreibung/Lebensdauer, zuletzt abgerufen am 30.06.2025; *Prakash/Dehoust/Gsell/Schleicher/Stamminger*, UBA Texte 11/2016, 2016, S. 65; *Schlacke/Alt/Tonner/Gawel/Bretschneider*, UBA Texte 72/2015, S. 48.

398 „Haltbarkeit" auf Duden online, abrufbar unter https://www.duden.de/rechtschreibung/Haltbarkeit, zuletzt abgerufen am 30.06.2025; „haltbar" auf Duden online, abrufbar unter https://www.duden.de/rechtschreibung/haltbar, zuletzt abgerufen am 30.06.2025.

399 *Gawel/Bretschneider*, ZfU 1 (2016), 1, 8.

400 *Hess*, Geplante Obsoleszenz, 2018, S. 154 ff.; *Hohmuth*, InTeR 2014, 74, 78.

dann vorlag, wenn der tatsächliche Zustand der Kaufsache von dem Zustand abwich, den die Vertragsparteien bei Vertragsschluss gemeinsam vorausgesetzt hatten und diese Abweichung den Wert der Sache oder ihre Eignung zum vertraglich vorausgesetzten Gebrauch herabsetzte oder aufhob.[401]

Nach der Schuldrechtsmodernisierungsreform 2002 normierte § 434 Abs. 1 S. 1 BGB a.F. deutlich, dass eine Sache frei von Sachmängeln war, wenn sie die vereinbarte Beschaffenheit hatte oder sich nach § 434 Abs. 1 S. 2 Nr. 1 BGB a.F. für die vertraglich vorausgesetzte Verwendung eignete. Die Diktion der Vorschriften über den Sachmangel waren vor der Reform weniger stringent als die Vorgaben nach Art. 2 VGKRL.[402] Auch wenn die Vorgaben nach Art. 2 VGKRL zum Sachmangel im Ergebnis dem deutschen Recht entsprachen, war eine Umsetzung zwingend erforderlich, da die Rechtslage auf Vorschriften zurückging, die lediglich von der Rechtsprechung erweitert ausgelegt wurden.[403] Der Vorteil an der Einführung der Maßgeblichkeit der Beschaffenheitsvereinbarung im Rahmen der subjektiven Vertragsmäßigkeit war vor allem darin zu sehen, dass auf die Unterscheidung zwischen Fehlern und Fehlen zugesicherter Eigenschaften verzichtet werden konnte.[404] Der einheitliche Beschaffenheitsbegriff ist einfacher und klarer.[405]

Mit Umsetzung von Art. 6 WKRL ergänzte der deutsche Gesetzgeber die subjektiven Anforderungen an die Mangelfreiheit, sodass eine Sache gem. § 434 Abs. 2 BGB die subjektiven Voraussetzungen erfüllt, wenn sie die vereinbarte Beschaffenheit hat, sich für die nach dem Vertrag vorausgesetzte Verwendung eignet und mit dem vereinbarten Zubehör und den vereinbarten Anleitungen, einschließlich Montage- und Installationsanleitungen übergeben wird. Die subjektiven Voraussetzungen nach Art. 6 WKRL gelten ebenso für Waren mit digitalen Elementen,[406] was in § 475b Abs. 3 Nr. 1 BGB mit Verweis auf § 434 Abs. 2 BGB klargestellt wird.

Ein Mangel könnte, heute sowie damals, darin bestehen, dass die Sache nicht die vereinbarte Beschaffenheit hinsichtlich der Nutzbarkeit für einen bestimmten Zeitraum aufweist, weil sie vorzeitig unbrauchbar wurde, oder darin, dass sie sich nicht für die vertraglich vorausgesetzte Verwendung über einen bestimmten Zeitraum hinweg eignet.

---

401 BGH, Urt. v. 22.06.1983, VIII ZR 92/82, NJW 1983, 2242; *Honsell* in: Staudinger, 1995, BGB § 459 Rn. 19 m.w.N.

402 *Schmidt-Räntsch*, ZEuP 1999, 294, 297.

403 *Schmidt-Räntsch*, ZEuP 1999, 294, 297; *Reich*, NJW 1999, 2397, 2399.

404 BT-Drs. 14/6040, 212 f.

405 So auch *Honsell* in: Staudinger, 1995, BGB § 459 Rn. 35.

406 Siehe Art. 2 Nr. 5 WKRL, wonach der Begriff „Waren" neben beweglichen körperlichen Gegenständen explizit auch bewegliche körperliche Gegenstände mit digitalen Elementen erfasst, d.h. Waren mit digitalen Elementen.

a) Beschaffenheitsvereinbarung

Eine Vereinbarung über die Beschaffenheit des Kaufgegenstands ist anzunehmen, wenn „der Verkäufer in vertragsmäßig bindender Weise die Gewähr für das Vorhandensein einer Eigenschaft der Kaufsache übernimmt und damit seine Bereitschaft zu erkennen gibt, für alle Folgen des Fehlens dieser Eigenschaft einzustehen.“[407] Die vereinbarte Beschaffenheit als erste Variante der subjektiven Anforderungen an die Vertragsmäßigkeit wäre für Nachhaltigkeitsaspekte wie die Haltbarkeit nur fruchtbar, wenn diese vom Beschaffenheitsbegriff erfasst wären.

Was genau unter „Beschaffenheit“ zu verstehen ist, die vom Verkäufer und Käufer vereinbart wurde, ließ sich dem Gesetzestext nach der SMR nicht entnehmen. Der Gesetzgeber wollte sich ausdrücklich nicht dazu positionieren, ob hiervon nur der Kaufsache unmittelbar physisch anhaftende Eigenschaften erfasst sein sollten oder auch außerhalb der Sache liegende Umstände.[408] Selbst der BGH hat sich nicht abschließend entschieden, fasst unter Beschaffenheit aber sowohl alle Eigenschaften, die dem Kaufgegenstand unmittelbar physisch anhaften als auch Umweltbeziehungen, die mit den physischen Eigenschaften des Gegenstands in Verbindung stehen, wie auch sonstige Umweltbeziehungen, die nach der Verkehrsauffassung Einfluss auf die Wertschätzung des Gegenstands haben.[409] Dabei ist weiterhin ungeklärt, ob die Umweltbeziehungen ihren Ursprung im Kaufgegenstand haben müssen oder jeder tatsächliche Bezug ausreichend ist. Viele fassen unter die Beschaffenheit sowohl die natürlichen, physischen Eigenschaften einer Sache als auch alle tatsächlichen, wirtschaftlichen und rechtlichen Verhältnisse.[410]

Somit konnten Nachhaltigkeitsstandards unter den weiten Beschaffenheitsbegriff subsumiert werden, wenn sie Eigenschaften darstellten, die sich im Produkt selbst oder in ihrem Gebrauch niederschlugen.[411] Dies ist zu begrüßen mit Blick auf

---

407 BGH, Urt. v. 20.03.2019, VIII ZR 213/18, NJW 2019, 1937, 1938 Rn. 22 m.w.N.; BGH, Urt. v. 26.04.2017, VIII ZR 80/16, NJW 2017, 2817, 2818 Rn. 13 m.w.N.

408 BT-Drs. 14/6040, 213.

409 BGH, Urt. v. 28.05.2021, V ZR 24/20, NJW 2021, 3397, Rn. 22; BGH, Urt. v. 15.06.2016, VIII ZR 134/15, NJW 2016, 2874, Rn. 10 ff.; BGH, Beschl. v. 26.08.2014, VIII ZR 335/14, BeckRS 2014, 17609, Rn. 17; BGH, Urt. v. 19.04.2013, V ZR 113/12, NJW 2013, 1948, Rn. 15; BGH, Urt. v. 30.11.2012, V ZR 25/12, NJW 2013, 1671, Rn. 10.

410 So *Berger* in: Jauernig BGB, 19. Aufl. 2023, BGB § 434 Rn. 8; *Faust* in: BeckOK BGB, 74. Ed. 01.05.2025, BGB § 434 Rn. 14 ff.; *Gsell*, ZHR 2023, 392, 410 f.; *Saenger* in: HK-BGB, 12. Aufl. 2024, BGB § 434 Rn. 14 ff.; *Schirmer*, Nachhaltiges Privatrecht, 2023, S. 306 ff. ausführlicher zur Lieferkettengovernance als Beschaffenheit; *Schlacke/Stadermann/Grunow*, UBA Texte 24/2012, 2012, S. 22; Siehe zur Diskussion, ob ethische Standards, die sich nicht auf die physische Beschaffenheit auswirken, Teil des Beschaffenheitsbegriffs sein können *Dastis*, VuR 2017, 252 m.w.N.

411 *Schlacke/Alt/Tonner/Gawel/Bretschneider*, UBA Texte 72/2015, S. 123; *Tonner/Gawel/Schlacke/Alt/Bretschneider*, VuR 2017, 3, 4.

Art. 3 Abs. 1 VGKRL, der die Haftung des Verkäufers für „jede Vertragswidrigkeit" normierte. Umso positiver ist es, dass aus dem Gesetzentwurf zur Neufassung des § 434 Abs. 2 BGB hervorgeht, dass Beschaffenheit jegliche Merkmale des Gegenstands meint, die ihm selbst anhaften oder sich aus seiner Beziehung zur Umwelt ergeben.[412] Ausdrücklich enthält § 434 Abs. 2 S. 2 BGB nun beispielhafte Aufzählungen,[413] wonach zur Beschaffenheit Art, Menge, Qualität, Funktionalität, Kompatibilität, Interoperabilität und sonstige Merkmale der Sache, für die die Parteien Anforderungen vereinbart haben, gehören. Aus der beispielhaften Aufzählung und aus dem Wortlaut des zugrundeliegenden Art. 6 lit. a) WKRL („sonstige Merkmale", „*other features*") lässt sich der Wille des Gesetzgebers erkennen, den weiten Beschaffenheitsbegriff als maßgeblich anzuerkennen.[414]

Dennoch ist nicht klar, ob der Gesetzgeber zwischen einer vereinbarten Beschaffenheit nach § 434 Abs. 2 BGB und einer üblichen Beschaffenheit nach § 434 Abs. 3 BGB unterscheidet. Denn unter den objektiven Beschaffenheitsbegriff fällt explizit auch die Haltbarkeit als Kriterium der Nachhaltigkeit, unter den subjektiven Beschaffenheitsbegriff hingegen nicht. Ebenso ist in Art. 7 Abs. 1 lit. d) WKRL die Haltbarkeit als sonstiges Merkmal aufgeführt, in Art. 6 lit. a) WKRL hingegen nicht. Der Begriff des sonstigen Merkmals hat ebenso wie der Beschaffenheitsbegriff innerhalb der Norm die gleiche Bedeutung und der offene Wortlaut sowie die nur beispielhaft vorgenommene Aufzählung bestimmter Kriterien sprechen dafür, dass die Haltbarkeit ein sonstiges Merkmal einer Ware und Bestandteil des subjektiven Beschaffenheitsbegriff ist.[415] Auch nach den allgemeinen bereits mit Umsetzung der VGKRL seit 2002 geltenden Grundsätzen, stellt die Haltbarkeit ein Merkmal der Sache dar, das zur Beschaffenheit gehört.[416] Die Haltbarkeit steht im unmittelbaren Verhältnis zu den physischen Eigenschaften des Produkts. Sie ist abhängig von der Wahl der Materialien, dem Produktstyle sowie dem Design einzelner Produktteile.[417] Denn ein Produkt ist gemeinhin nur haltbar, wenn die

---

412 BT-Drs. 19/27424, 23.

413 BT-Drs. 19/27424, 23.

414 Die Aufzählung in Art. 6 lit. a) WKRL ebenfalls für nicht erschöpfend erachtend *Schulze/Zoll*, European Contract Law, 3. Ed. 2021, Chapter 5 Rn. 41; *van Gool/Michel*, EuCML 2021, 136, 138; So auch in Bezug zum Wortlaut von § 434 BGB *Pammler* in: jurisPK-BGB, 10. Aufl. 26.08.2024, BGB § 434 Rn. 22; *Faust* in: BeckOK BGB, 74. Ed. 01.05.2025, BGB § 434 Rn. 15, 18.

415 *Faber* in: Stabentheiner/Wendehorst/Zöchling-Jud, Das neue europäische Gewährleistungsrecht, 2019, 63, 80; *Faust* in: BeckOK BGB, 74. Ed. 01.05.2025, BGB § 434 Rn. 14, 36; *Michel*, Premature Obsolescence, 2022, S. 355; *Pammler* in: jurisPK-BGB, 10. Aufl. 26.08.2024, BGB § 434 Rn. 26; *van Gool/Michel*, EuCML 2021, 136, 138; *Weidenkaff* in: Grüneberg BGB, 84. Aufl. 2025, BGB § 434 Rn. 10.

416 *Hess*, Geplante Obsoleszenz, 2018, S. 78 ff., 332 f.; *van Gool/Michel*, EuCML 2021, 136, 138.

417 *Atamer/Grundmann* in: Grundmann/Atamer, European Sales Law, 2023, 1, 13.

Materialen, aus denen das Produkt besteht, nicht schnell verschleißen, sondern funktionstüchtig bleiben. Die Funktionen einer Sache hängen von ihrer physischen Konstruktion und Verarbeitung ab. Die Haltbarkeit ergibt sich nicht erst aus der Beziehung der Sache zur Umwelt, sondern ist in ihr selbst begründet und bezieht sich damit direkt auf die physischen Eigenschaften der Sache und stellt einen wertbildenden Faktor dar. Sie ist mithin unter die Beschaffenheit zu subsumieren und kann Teil einer Beschaffenheitsvereinbarung sein.[418]

Sollten zwischen den Parteien hinsichtlich der Haltbarkeit der Ware bereits vertragliche Abreden getroffen worden seien, ist das Kriterium im Rahmen der subjektiven Anforderungen zu berücksichtigen.[419] Vereinbarungen, die die Haltbarkeit betreffen, werden im Massengeschäft aber nur selten getroffen, in der Praxis wohl höchstens konkludent entlang der Handelskette bei Mindesthaltbarkeitsangaben von Lebensmitteln.[420] Das Themenfeld der Haltbarkeit von Lebensmitteln, die regelmäßig schnell verbraucht werden, ist für die hiesige Untersuchung jedoch von nachrangiger Bedeutung. Zudem ist eine Beschaffenheitsvereinbarungen nicht im Zweifel, sondern nur in einem eindeutigen Fall anzunehmen.[421] Sie ist nicht bereits aufgrund eines hohen Kaufpreises rückzuschließen.[422]

b) Vertraglich vorausgesetzte Verwendung

Die vertraglich vorausgesetzte Verwendung war schon vor der SMR zur Bestimmung des Vorliegens eines Mangels relevant. Gem. § 459 Abs. 1 S. 1 BGB a.F. haftete der Verkäufer dafür, dass die Sache nicht mit Fehlern behaftet war, die den Wert oder die Tauglichkeit zu dem vertraglich vorausgesetzten Gebrauch aufhoben oder minderten. Der mit der SMR eingeführte und der Umsetzung von Art. 2 Abs. 2 lit. b) VGKRL dienende § 434 Abs. 1 S. 2 Nr. 1 BGB a.F. ist wortgleich zum aktuell geltenden und der Umsetzung von Art. 6 lit. b) WKRL dienende § 434 Abs. 2 S. 1 Nr. 2 BGB und

418 Siehe zu der Frage, wann „Verschleiß" einen rechtlich relevanten Mangel begründen kann (im Gegensatz zu der Alterung im Sinne der Obsoleszenz) *Hess*, Geplante Obsoleszenz, 2018, S. 120 ff.

419 EG 32 WKRL.

420 BT-Drs. 14/6040, 213; *Bach/Wöbbeking*, NJW 2020, 2672, 2673 Rn. 13; *Keimeyer/Gailhofer/Gsell/Graulich/Prakash/Scherf/Brönneke/Gildeggen/Schmitt/Schwarz*, UBA Texte 115/2020, 2020, S. 31; *Micklitz/Mehnert/Specht-Riemenschneider/Liedtke/Kenning*, Recht auf Reparatur, 2022, S. 47.

421 BGH, Urt. v. 10.11.2021, VIII ZR 187/20, NJW 2022, 686, 688 Rn. 35 m.w.N.; BGH, Urt. v. 27.09. 2017, VIII ZR 271/16, NJW 2018, 146, 146 Rn. 18 m.w.N.; BGH, Urt. v. 26.04.2017, VIII ZR 80/16, NJW 2017, 2817, 2818 Rn. 13 m.w.N.; *Weidenkaff* in: Grüneberg BGB, 84. Aufl. 2025, BGB § 434 Rn. 12.

422 *Hess*, Geplante Obsoleszenz, 2018, S. 91 f.

lehnt sich in seiner Formulierung ohne inhaltliche Veränderung an die Fassung des § 459 Abs. 1 S. 1 BGB a.F. an.[423]

Auf die vertraglich vorausgesetzte Verwendung ist nur abzustellen, wenn eine Beschaffenheitsvereinbarung fehlt.[424] Vorher ist allerdings genau zu untersuchen, ob sich aus der Vereinbarung über den Verwendungszweck nicht bereits eine konkret zu beachtende Beschaffenheit ergibt.[425] Ist das nicht der Fall, ist die konkrete Nutzung des Kaufgegenstands durch den Käufer entscheidend, welche die Parteien nicht vereinbart, sondern übereinstimmend unterstellt haben.[426] Zur Anwendung gelangt die Variante, soweit eine andere als die gewöhnliche Verwendung übereinstimmend unterstellt wird.[427] Relevant sind hierbei nicht die konkreten Eigenschaften der Kaufsache, sondern nur die Eignung für die Nutzungsart durch den Käufer.[428] Ein Mangel liegt vor, wenn die Tauglichkeit der Sache aufgrund ihrer Beschaffenheit bei bestimmungsgemäßer Verwendung beseitigt, aber auch wenn sie lediglich gemindert ist.[429] Die Haltbarkeit ist, wie oben bereits ausgeführt, eine konkrete Eigenschaft der Kaufsache. Wie lange eine Sache verwendet werden kann, ist eine Eigenschaft, die unabhängig vom Verwendungszweck besteht und daher für sich allein nicht im Rahmen von § 434 Abs. 2 S. 1 Nr. 2 BGB Berücksichtigung finden kann.[430]

2. Objektive Anforderungen an die Vertragsmäßigkeit

Waren und Waren mit digitalen Elementen entsprechen gem. § 434 Abs. 3, § 475b Abs. 4 Nr. 1 BGB, womit Art. 7 WKRL umgesetzt wurde, den objektiven Anforderungen, wenn sie sich für die gewöhnliche Verwendung eignen, eine Beschaffenheit aufweisen, die bei Gegenständen derselben Art üblich ist und die der Käufer erwarten kann unter Berücksichtigung der Art der Sache und der öffentlichen Äußerungen, die von dem Verkäufer oder einem anderen Glied der Vertragskette

423 BT-Drs. 14/6040, 213.

424 *Saenger* in: HK-BGB, 12. Aufl. 2024, BGB § 434 Rn. 20; *Weidenkaff* in: Grüneberg BGB, 84. Aufl. 2025, BGB § 434 Rn. 17.

425 *Westermann* in: MüKo BGB, 8. Aufl. 2019, BGB § 434 Rn. 18.

426 BGH, Urt. v. 20.03.2019, VIII ZR 213/18, NJW 2019, 1937, 1938 Rn. 25.

427 BGH, Urt. v. 20.03.2019, VIII ZR 213/18, NJW 2019, 1937, 1938 Rn. 26; BGH, Urt. v. 26.04.2017, VIII ZR 80/16, NJW 2017, 2817, 2818 Rn. 16 m.w.N.; *Weidenkaff* in: Grüneberg BGB, 84. Aufl. 2025, BGB § 434 Rn. 18.

428 BGH, Urt. v. 20.03.2019, VIII ZR 213/18, NJW 2019, 1937, 1938 Rn. 26.

429 BGH, Urt. v. 26.04.2017, VIII ZR 80/16, NJW 2017, 2817, 2818 Rn. 18 m.w.N.; *Weidenkaff* in: Grüneberg BGB, 84. Aufl. 2025, BGB § 434 Rn. 20.

430 So auch *Bach/Wöbbeking*, NJW 2020, 2672, 2674 Rn. 14; Anderer Ansicht ist *Hess*, Geplante Obsoleszenz, 2018, S. 95 f., der die mit der Haltbarkeit einhergehende längere Nutzung als Verwendungszweck, je nach Einzelfall, ansieht.

oder in deren Auftrag, insb. in der Werbung oder auf dem Etikett, abgegeben wurden, der Beschaffenheit einer Probe oder eines Musters entsprechen, die oder das der Verkäufer dem Käufer vor Vertragsschluss zur Verfügung gestellt hat, und mit dem Zubehör einschließlich der Verpackung, der Montage- oder Installationsanleitung sowie anderen Anleitungen übergeben wird, deren Erhalt der Käufer erwarten kann. Weniger detailliert beschrieb die Vorgängervorschrift des § 434 Abs. 1 S. 2 Nr. 2 BGB a.F. in Anlehnung an und aufgrund der Umsetzung von Art. 2 Abs. 2 lit. c) und d) VGKRL, dass die Sache mangelfrei war, wenn sie sich für die gewöhnliche Verwendung eignete und eine Beschaffenheit aufwies, die bei Sachen der gleichen Art üblich war und die der Käufer nach der Art der Sache erwarten konnte. Dabei ergibt sich aus dem damaligen sowie aus dem heutigen Wortlaut, dass die Anforderungen kumulativ gegeben sein müssen und im Unterschied zu den subjektiven Anforderungen können keine Widersprüche entstehen, da die gewöhnliche Verwendung diejenige ist, die durch die übliche und vom Käufer zu erwartende Beschaffenheit ermöglicht wird.[431] Wenn die Sache nicht zur gewöhnlichen Verwendung geeignet ist, hat sie auch nicht die übliche Beschaffenheit.[432] Ist sie hingegen für die gewöhnliche Verwendung geeignet, kann es dennoch sein, dass sie nicht die übliche Beschaffenheit aufweist und ein Mangel allein aus diesem Grund vorliegt, die übliche Beschaffenheit hat insoweit eigenständige Bedeutung.[433]

a) Das Merkmal „Haltbarkeit"

Das Merkmal der Haltbarkeit fällt unter den Begriff der Beschaffenheit und war daher bereits vor der Modernisierung des § 434 BGB im Jahr 2022 zur Bestimmung des Mangels relevant und unter Art. 2 Abs. 2 lit. d) VGKRL sowie § 434 Abs. 1 S. 2 Nr. 2 BGB a.F. zu subsumieren.[434] § 434 Abs. 3 S. 2 BGB führt aufgrund der Vorgaben in Art. 7 Abs. 1 lit. d) WKRL nun zusätzlich ausdrücklich aus, dass zu der üblichen Beschaffenheit Menge, Qualität und sonstige Merkmale der Sache, einschließlich

---

431 *Faust* in: BeckOK BGB, 74. Ed. 01.05.2025, BGB § 434 Rn. 61; *Westermann* in: MüKo BGB, 8. Aufl. 2019, BGB § 434 Rn. 24.

432 *Matusche-Beckmann* in: Staudinger, 2023, BGB § 434 Rn. 101.

433 *Matusche-Beckmann* in: Staudinger, 2023, BGB § 434 Rn. 101; *Weiler*, WM 2002, 1784, 1786.

434 Siehe oben; So auch *Howells/Twigg-Flesner/Wilhelmsson*, Rethinking EU Consumer Law, 2018, S. 183; *Meller-Hannich*, DAR 2021, 493, 494; Anders hingegen *Bianca* in: Grundmann/Bianca, EU-Kaufrechts-Richtlinie Kommentar, 2002, VGKRL Art. 3 Rn. 19, dem zufolge eine extrem kurze Lebensdauer die mangelnde Eignung für den gewöhnlichen Gebrauch begründe; *Grundmann* in: Grundmann/Bianca, EU-Kaufrechts-Richtlinie Kommentar, 2002, Art. 2 Rn. 28, welcher die Haltbarkeit ebenso unter den gewöhnlichen Gebrauch subsumieren würde.

ihrer Haltbarkeit, Funktionalität, Kompatibilität und Sicherheit gehören.[435] Wesentliche inhaltliche Änderungen, abseits der ausdrücklichen Erwähnung der Haltbarkeit im Gesetz, ergeben sich für den Rechtszustand nicht.[436]

Die Relevanz des Merkmals der Haltbarkeit einer Sache führt dazu, dass der Verkäufer nun ausdrücklich dafür einzustehen hat, dass der Gegenstand zum Zeitpunkt des Gefahrübergangs die Fähigkeit aufweist, seine erforderlichen Funktionen und Leistungen bei normaler Verwendung zu behalten.[437] Damit positionierte sich der Gesetzgeber in Hinblick auf die Bedeutung der Nachhaltigkeit innerhalb des Gewährleistungssystems. Haltbarkeit kann hierbei mit Lebensdauer im engeren Sinne gleichgesetzt werden (s. o. Zweiter Teil A.I.). Beide Begriffe umfassen die Möglichkeit der Nutzung eines Produkts bis zu einem Zeitpunkt, in dem ein erstmaliger Defekt eintritt und das Produkt funktionslos wird. Sollte das Produkt bei normaler Verwendung frühzeitig seine Funktionen verlieren, ist das Beschaffenheitsmerkmal der Haltbarkeit nicht gegeben und das Produkt somit mangelhaft. Bei Geltendmachung dieses Mangels greifen die gewährleistungsrechtlichen Sanktionen, die auf verschiedene Weise dazu geeignet sind, Nachhaltigkeitsziele zu erreichen.

Das Merkmal der Haltbarkeit als konkrete Eigenschaft einer Sache wird nur i.R.d. üblichen Beschaffenheit relevant und beeinflusst damit die gewöhnliche Verwendung. Wie bereits unter den subjektiven Anforderungen ausgeführt, ist die Haltbarkeit als solche keine Verwendungsart. Da die übliche Beschaffenheit für sich eine eigenständige Bedeutung haben kann, ist in dieser Untersuchung nur relevant, inwiefern eine Haltbarkeit als Beschaffenheit üblich ist und vom Käufer erwartet werden kann.

b) Die übliche und vom Käufer erwartbare Haltbarkeit

Welche Haltbarkeit eines Produkts vertraglich geschuldet ist, d. h. wie lange die Funktionen des Produkts bei normaler Verwendung gewährleistet sein müssen, bemisst sich nach zwei unterschiedlichen Referenzen, einmal an der üblichen Beschaffenheit von Gegenständen derselben Art und zum anderen an der Erwartungshaltung des Käufers.[438] Dabei haben beide Tatbestände eigenständige Bedeutung, d. h. die Ware muss der üblichen Beschaffenheit entsprechen ebenso wie

---

435 Die Aufzählung ist nicht abschließend, so auch *Schulze/Zoll*, European Contract Law, 3. Ed. 2021, Chapter 5 Rn. 44.

436 *Bach/Wöbbeking*, NJW 2020, 2672, 2674 f. Rn. 20 ff.; *Lorenz*, NJW 2021, 2065, 2066; *Weidenkaff* in: Grüneberg BGB, 84. Aufl. 2025, BGB § 434 Rn. 6.

437 Art. 2 Nr. 13 WKRL; BT-Drs. 19/27424, 24.

438 BT-Drs. 14/6040, 213 f.

der Erwartung des Käufers, um mangelfrei zu sein.[439] Üblich ist die Beschaffenheit eines Gegenstands, wenn es die durchschnittliche Qualität eines Gegenstands der betreffenden Art hat.[440] Die vernünftigen Erwartungen knüpfen an zwei Parameter, an die Art der Sache und an die öffentlichen Äußerungen in Bezug auf die Sache.[441] Die Sache ist bereits mangelhaft, wenn sie nur mit einem der zwei Parameter nicht übereinstimmt.[442]

Während dem Gesetzestext zufolge der Gegenstand eine Beschaffenheit aufweisen muss, die der Käufer erwarten kann, stellen die VGKRL und WKRL darauf ab, was der Käufer vernünftigerweise („*reasonably*") erwarten kann. Die Klarstellung soll einem ausgewogenen Gleichgewicht zwischen dem Erfordernis der Rechtssicherheit sowie einer angemessenen Flexibilität der Rechtsvorschrift dienen.[443] Diese Konkretisierung bzw. Beschränkung wurde nicht im nationalen Gesetzestext übernommen, da sie nur beschreibt, was ohnehin zu prüfen ist, nämlich den Erwartungshorizont eines Durchschnittskäufers, d.h. was ein durchschnittlicher, vernünftiger Käufer in Bezug auf das Vorhandensein konkreter Eigenschaften erwarten durfte.[444] Entscheidend ist nicht die Erwartungshaltung nach dem jeweilige Horizont des betreffenden Käufers, sondern die Erwartung entsprechend den objektiven Verkehrsgepflogenheiten, der Art und des Zwecks des Gegenstands sowie der Einzelfallumstände.[445]

3. Verhältnis von subjektiven und objektiven Anforderungen an die Vertragsmäßigkeit

§ 459 BGB a.F. statuierte mit Wirkung vom 01.01.1964 die Haftung des Verkäufers für Fehler, die den Wert oder die Tauglichkeit der Sache zum gewöhnlichen oder nach dem Vertrag vorausgesetzten Gebrauch mindern oder aufheben, sowie für das Fehlen der zugesicherten Eigenschaften. Dahingegen umschrieb § 434 BGB a.F.

439 *Faber* in: Stabentheiner/Wendehorst/Zöchling-Jud, Das neue europäische Gewährleistungsrecht, 2019, 63, 94.

440 *Schulze* in: HK-BGB, 12. Aufl. 2024, BGB § 327e Rn. 23.

441 *Grundmann* in: Grundmann/Bianca, EU-Kaufrechts-Richtlinie Kommentar, 2002, VGKRL Art. 2 Rn. 31; *Faber* in: Stabentheiner/Wendehorst/Zöchling-Jud, Das neue europäische Gewährleistungsrecht, 2019, 63, 91 f.; BT-Drs. 14/6040, 214.

442 *Faber* in: Stabentheiner/Wendehorst/Zöchling-Jud, Das neue europäische Gewährleistungsrecht, 2019, 63, 92.

443 EG 24 WKRL.

444 BT-Drs. 14/6040, 214.

445 Art. 7 Abs. 1 lit. d) WKRL: „was der Verbraucher in Anbetracht der Art der Waren (...) erwarten kann" bzw. „which the consumer may reasonably expect given the nature of the goods", EG 24 WKRL, EG 46 DIDRL; *Staudenmayer*, ZEuP 2019, 663, 681; *Weiler*, WM 2002, 1784, 1785.

mit Wirkung vom 01.01.2002 den Mangel, für den der Verkäufer nach § 433 BGB haftet, als eine Abweichung von der vereinbarten Beschaffenheit und soweit eine solche nicht vereinbart ist, als die Nichteignung für die nach dem Vertrag vorausgesetzte Verwendung, sonst als die Nichteignung zur gewöhnlichen Verwendung und die Abweichung von der üblichen Beschaffenheit, die bei Sachen der gleichen Art üblich war und der Käufer nach der Art der Sache erwarten konnte. Die subjektive Zusicherung von Eigenschaften und der objektive Fehlerbegriff standen früher eher unverbunden nebeneinander.[446] Der Dreiklang des Sachmängelbegriffs, der durch die Umsetzung von Art. 2 Abs. 2 VGKRL eingeführt wurde, entsprach im Wesentlichen dem durch die Rechtsprechung und Literatur entwickelten sog. subjektivem Fehlerbegriff, wonach es primär auf die Vereinbarung über die Beschaffenheit und sekundär auf die gewöhnliche Beschaffenheit ankam, sodass die Neufassung von § 434 BGB a.F. mit Wirkung vom 01.01.2002 inhaltlich keine gravierenden Änderungen des nationalen Rechts bedeutete.[447] Diese Abstufung ging so eindeutig nicht aus dem Wortlaut des Art. 2 Abs. 2 VGKRL hervor. Unstrittig war aber, dass die subjektive Fehlerbestimmung entscheidend zur Bestimmung des Mangels war und nur, wenn keine vertragliche Abrede getroffen wurde, konnten die objektiven Kriterien herangezogen werden.[448] Grund hierfür ist der in allen Mitgliedstaaten geltende Grundsatz der Vertragsfreiheit und Parteiautonomie.[449]

Durch die Umsetzung von Art. 5–8 WKRL definiert § 434 BGB in seiner aktuell geltenden Fassung den Mangelbegriff als die Nichtübereinstimmung mit den subjektiven Anforderungen oder den objektiven Anforderungen oder den Montageanforderungen. Aus der Formulierung der Norm, wonach der Kaufgegenstand den subjektiven, objektiven und den Montageanforderungen entsprechen muss, ist zu schlussfolgern, dass die subjektiven und objektiven Anforderungen an die Mangelfreiheit des Kaufgegenstands nun gleichrangiges Gewicht haben und kumulativ vorliegen müssen, um einer Haftung zu entgehen.[450] Dies entspricht auch dem

---

446 So auch *Rachlitz/Kochendörfer/Gansmeier*, JZ 2022, 705, 706.

447 BT-Drs. 14/6040, 80, 211; *Zimmer* in: Ernst/Zimmermann, Zivilrechtswissenschaft und Schuldrechtsreform, 2001, 191, 197.

448 *Faust* in: BeckOK BGB, 74. Ed. 01.05.2025, BGB § 434 Rn. 2; *Howells/Twigg-Flesner/Wilhelmsson*, Rethinking EU Consumer Law, 2018, S. 179; *Matusche-Beckmann* in: Staudinger, 2023, BGB § 434 Rn. 38; *Westermann*, JZ 2001, 530, 532; *Westermann* in: MüKo BGB, 8. Aufl. 2019, BGB § 434 Rn. 6; *Zöchling-Jud*, GPR 2019, 115, 119.

449 *Grundmann* in: Grundmann/Bianca, EU-Kaufrechts-Richtlinie Kommentar, 2002, VGKRL Art. 2 Rn. 8; *Howells/Twigg-Flesner/Wilhelmsson*, Rethinking EU Consumer Law, 2018, S. 179.

450 EG 25 und 29 WKRL; BT-Drs. 19/27424, 23; *Atamer/Grundmann* in: Grundmann/Atamer, European Sales Law, 2023, 1, 23; *Heinze* in: Grundmann/Atamer, European Sales Law, 2023, 101, 107; *Pfeiffer*, GPR 2021, 120, 121 f.; *Saenger* in: HK-BGB, 12. Aufl. 2024, BGB § 434 Rn. 2; *Weidenkaff* in:

Wortlaut von Art. 5 WKRL: „*The seller shall deliver goods to the consumer that meet the requirements set out in Articles 6, 7 and 8*“. Das heißt, selbst wenn die Ware der Beschaffenheitsvereinbarung entspricht, kann sie mangelhaft sein, weil sie nicht die objektiv übliche Beschaffenheit aufweist.[451] Dies gilt jedenfalls, soweit die objektiv übliche Beschaffenheit nicht wirksam durch Vereinbarung abbedungen wurde. Die unterschiedslose Beachtung von subjektiven und objektiven Anforderungen an die Vertragsmäßigkeit soll gem. EG 25 WKRL die berechtigten Interessen beider Vertragsparteien wahren. Gemeint ist hiermit vor allem, dass Käufer in ihren berechtigten Erwartungen an die Beschaffenheit der Ware nicht enttäuscht werden können sollen, weil die objektiven Anforderungen an die Vertragsmäßigkeit durch primär zu beachtende vertragliche Abreden unterlaufen werden könnten, bspw. indem der Verkäufer in seinen AGB einseitig die Beschaffenheit detailliert beschreibt, die der Käufer aber regelmäßig nicht zur Kenntnis nehmen würde.[452]

4. Negative Beschaffenheitsvereinbarung und Kenntnis vom Mangel

Die subjektiven und objektiven Kriterien nach § 434 BGB a.F. konnten frei miteinander kombiniert werden und aufgrund der Vertragsfreiheit war es den Parteien möglich eine Beschaffenheit des Kaufgegenstands zu vereinbaren, die nicht der objektiv üblichen und erwartbaren Beschaffenheit entsprach.[453] Die Beschaffenheit konnte oberhalb und unterhalb des üblichen Qualitätsstandards vereinbart werden.[454] Die Unabdingbarkeit der Regelungen der VGKRL nach Art. 7 Abs. 1 UAbs. 1 VGKRL bezog sich nicht auf die Vertragswidrigkeit und stand der Vereinbarung über negative Abweichungen von der üblichen Beschaffenheit auch im Verbrauchsgüterkauf daher nicht entgegen.[455] Eine negative Abweichung von der üblichen Beschaffenheit hinsichtlich einer bestimmten Eigenschaft musste jedoch

---

Grüneberg BGB, 84. Aufl. 2025, BGB § 434 Rn. 6; a.A. *Rachlitz/Kochendörfer/Gansmeier*, JZ 2022, 705; *Stariradeff*, MMR 2016, 715, 716, der zufolge der Vorrang des subjektiven Mangelbegriffs ausdrücklich normiert werden sollte.

451 *Meller-Hannich*, DAR 2021, 493, 495; So im Ergebnis auch *Wendehorst* in: Stabentheiner/Wendehorst/Zöchling-Jud, Das neue europäische Gewährleistungsrecht, 2019, 111, 131.

452 *Wendehorst* in: Stabentheiner/Wendehorst/Zöchling-Jud, Das neue europäische Gewährleistungsrecht, 2019, 111, 131; *Zöchling-Jud*, GPR 2019, 115, 120.

453 *Grundmann* in: Grundmann/Bianca, EU-Kaufrechts-Richtlinie Kommentar, 2002, VGKRL Art. 2 Rn. 9, 19.

454 *Meller-Hannich*, DAR 2021, 493, 495.

455 *Stijns/van Gerven* in: Grundmann/Bianca, EU-Kaufrechts-Richtlinie Kommentar, 2002, VGKRL Art. 7 Rn. 24; *Grundmann* in: Grundmann/Medicus/Rolland, Europäisches Kaufgewährleistungsrecht, 2000, 281, 297; *Grundmann* in: Grundmann/Bianca, EU-Kaufrechts-Richtlinie Kommentar, 2002, VGKRL Art. 2 Rn. 9.

deutlich zur Kenntnis gebracht werden und der Verbraucher musste eine solche ausdrücklich vertraglich akzeptieren, d.h. ein genereller Ausschluss der Vereinbarkeit mit dem objektiv Üblichen war unzulässig.[456]

Dem Käufer standen die Rechte wegen eines Mangels nicht zu, wenn er bei Vertragsschluss Kenntnis vom Mangel hatte oder vernünftigerweise nicht in Unkenntnis darüber sein konnte, Art. 2 Abs. 3 VGKRL. Das galt sowohl für den Verbrauchsgüterkauf als auch für alle anderen Kaufverträge und bereits gem. § 460 BGB a.F. vor der SMR. Kenntnis meint hierbei das positive Wissen über den Mangel, seines Umfangs und seiner rechtlichen Tragweite im Zeitpunkt des Vertragsschlusses.[457] Ist dem Käufer der Mangel infolge grober Fahrlässigkeit unbekannt geblieben, so kann er gem. § 442 Abs. 1 S. 2 BGB die Mangelgewährleistungsrechte nur geltend machen, wenn der Verkäufer den Mangel arglistig verschwiegen oder eine Garantie für die Beschaffenheit der Sache übernommen hat.[458] Grobe Fahrlässigkeit meint dabei die schwere Vernachlässigung der zu beobachtenden Sorgfalt, die generell von einem Verkehrsteilnehmer erwartet werden kann, woraus allerdings keine grundsätzliche Untersuchungsobliegenheit des Käufers folgt.[459] Vielmehr kann sich der Käufer auf Angaben des Verkäufers zur Sache verlassen, ohne dass er grob fahrlässig handelt.[460] Sollte sich der Käufer eines Stellvertreters bedienen, so kommt es nach § 166 Abs. 1 BGB auf die Kenntnis oder das Kennenmüssen des Vertreters an. Der Haftungsausschluss kann damit gerechtfertigt werden, dass es dem Käufer bei Kenntnis des Mangels im Zeitpunkt des Vertragsschlusses möglich war, diesen bei den Preisverhandlungen anzuführen.[461] Der Käufer ist sodann nicht mehr schutzwürdig und eine verschuldensunabhängige Haftung des Verkäufers für die Leistungsstörung ist nicht mehr gerechtfertigt.[462]

---

456 *Stijns/van Gerven* in: Grundmann/Bianca, EU-Kaufrechts-Richtlinie Kommentar, 2002, VGKRL Art. 7 Rn. 24 f.

457 BGH, Urt. v. 13.05.1981, VIII ZR 113/80, NJW 1981, 2640, 2641; *Saenger* in: HK-BGB, 12. Aufl. 2024, BGB § 442 Rn. 2 f.; *Weidenkaff* in: Grüneberg BGB, 84. Aufl. 2025, BGB § 442 Rn. 7 f.

458 Dasselbe galt bereits vor der SMR gem. § 460 S. 2 BGB a.F v. 01.01.1900, wobei der Verkäufer trotz grob fahrlässiger Unkenntnis des Käufers vom Mangel nur haftete, wenn er den Mangel entweder arglistig verschwieg oder die Abwesenheit des Fehlers zugesichert hat.

459 *Reich*, NJW 1999, 2397, 2402; *Saenger* in: HK-BGB, 12. Aufl. 2024, BGB § 442 Rn. 5; *Staudenmayer* in: Grundmann/Medicus/Rolland, Europäisches Kaufgewährleistungsrecht, 2000, 27, 35 f.; *Grundmann*, AcP 202 (2002), 40, 48 m.w.N.

460 BGH, Urt. v. 20.02.2013, VIII ZR 40/12, BeckRS 2013, 5054, Rn. 15.

461 *Zöchling-Jud*, GPR 2019, 115, 121.

462 *Dassbach*, Informationsverantwortung im Kaufrecht, 2016, S. 47 ff., 50 ff., wonach § 442 BGB die Funktion hat, informationelle Verantwortungssphären abzugrenzen und der Verkäufer neben der Verantwortung für die Leistungsstörung grds. zugleich die Verantwortung für die Unkenntnis des Käufers hinsichtlich des Mangels bei Vertragsschluss trägt, wohingegen bei käuferseitiger

Besonderer Bedeutung gegenüber der negativen Beschaffenheitsvereinbarung kommt der Regelung zu, wenn der Verkäufer den Mangel selbst nicht kennt und daher keine Vereinbarung mit dem Käufer treffen kann.[463] Der Verkäufer kann sich jedoch nicht vollständig enthaften und keine Klausel im Vertrag vorsehen, nach der dem Käufer jede zum Zeitpunkt des Vertragsschlusses bestehende Vertragswidrigkeit bekannt war, denn die Beweislast für die Kenntnis vom Mangel trifft den Verkäufer.[464] Das Risiko trifft den Verkäufer, weil er im Gegensatz zum Käufer Zugriff auf sämtliche Produktinformationen hat, und geht erst dann auf den Käufer über, wenn sich ihm die Vertragswidrigkeit geradezu aufdrängen musste und bleibt aber für die Fälle des arglistigen Verhaltens beim Verkäufer bestehen.[465]

Gemäß dem neuen systematischen Ansatz nach der Umsetzung der WKRL sind die Vertragsparteien weiterhin frei, eine Beschaffenheit des Kaufgegenstands zu vereinbaren, welche von den objektiven Anforderungen abweicht. Die Neuregelung von § 434 BGB wird jedenfalls für Kaufverträge zwischen zwei Unternehmern oder zwischen zwei Verbrauchern keine nennenswerte Auswirkung haben, weil wie zuvor formfrei von den objektiven Anforderungen abgewichen werden kann.[466] Für Verträge, die nur unter § 434 BGB fallen, d.h. alle Verträge, die keine Verbrauchsgüterkaufverträge sind, stellt dies der Wortlaut der Norm klar, wonach die objektiven Anforderungen an die Vertragsmäßigkeit entscheidend sind, „soweit nicht wirksam etwas anderes vereinbart wurde". Daneben gilt § 442 Abs. 1 S. 1 BGB, wonach dem Käufer keine Gewährleistungsrechte zustehen, wenn er bei Vertragsschluss bereits Kenntnis vom Mangel hatte.

Nach § 475 Abs. 3 S. 2 BGB ist § 442 BGB seit dem 01.01.2022 nicht mehr auf den Verbrauchsgüterkauf anzuwenden. Für die Konstellation der Mangelkenntnis des Verbrauchers trifft Art. 7 Abs. 5 und Art. 21 WKRL,[467] die mit § 476 Abs. 1 BGB

Kenntnis des Mangels bei Vertragsschluss die Informationsverantwortung wieder beim Käufer liegt, sog. informationelle Eigenverantwortung, welche Ausprägung der Privatautonomie ist.

463 *Grundmann* in: Grundmann/Bianca, EU-Kaufrechts-Richtlinie Kommentar, 2002, VGKRL Art. 2 Rn. 49.

464 *Stijns/van Gerven* in: Grundmann/Bianca, EU-Kaufrechts-Richtlinie Kommentar, 2002, VGKRL Art. 7 Rn. 28 f.; *Weidenkaff* in: Grüneberg BGB, 84. Aufl. 2025, BGB § 442 Rn. 6.

465 *Grundmann*, AcP 202 (2002), 40, 48 f.

466 BT-Drs. 19/27424, 23; *Weidenkaff* in: Grüneberg BGB, 84. Aufl. 2025, BGB § 434 Rn. 6; *Biermann*, DAR 2022, 134, 134.

467 Auf zentraler Ebene können lediglich Einzelfragen zum Verbrauchsgüterkauf geregelt werden und gleichzeitig gelten dezentrale (nationale) Regelungen für den Kaufvertrag außerhalb des Verbrauchsgüterkaufs. Dies kann als sog. Eckpunktemodell auf zentraler Ebene bezeichnet werden. Siehe *Grundmann* in: Riesenhuber, Europäische Methodenlehre, 3. Aufl. 2015, 172, 176 Rn. 13.

umgesetzt wurden, nun eine andere Regelung.[468] Es handelt sich dabei um besondere Verbraucherschutzregelungen, die dazu führen, dass § 442 BGB nur noch im allgemeinen Kaufrecht anwendbar ist.[469] Dies ist zu begrüßen, weil die Frage nach der Kenntnis des Käufers stark diskussions- und argumentationsbedürftig ist, während im Verbrauchsgüterkauf klare und einfache Regeln zu bevorzugen sind.[470] Daraus folgt, dass bekannte Mängel nicht automatisch zu einem Haftungsausschluss führen, sondern dass über diese eine Vereinbarung von den Vertragsparteien getroffen werden muss. Nach Art. 21 Abs. 1 WKRL, umgesetzt in § 476 Abs. 1 S. 1 BGB, ist die Vorschrift für Kaufverträge zwischen einem Unternehmer und einem Verbraucher grds. zwingend. Nur unter den strengen Voraussetzungen des Art. 7 Abs. 5 WKRL, umgesetzt in § 476 Abs. 1 S. 2 BGB, kann eine Beschaffenheitsbeschreibung erfolgen, die Vorrang vor den objektiven Maßstäben hat, wenn (1.) der Verbraucher vor der Abgabe seiner Vertragserklärung eigens davon in Kenntnis gesetzt wurde, dass ein bestimmtes Merkmal der Ware von den objektiven Anforderungen abweicht, und (2.) die Abweichung in diesem Sinne im Vertrag ausdrücklich gesondert vereinbart wurde. Dies gilt für Verbraucherverträge über Waren sowie über Waren mit digitalen Elementen. Die Regelung soll einerseits sicherstellen, dass die objektiven Standards den Parteien nicht gegen ihren Willen aufgezwungen werden, und andererseits den Verbraucher vor dem Abschluss eines Vertrags ohne hinreichende Informationsgrundlage schützen.[471]

Notwendig ist hiernach eine vorvertragliche, ausdrückliche und an den Verbraucher individuell gerichtete Information des Unternehmers über die von dem objektiv Üblichen abweichende genau bestimmte Eigenschaft, die nicht lediglich in der Produktbeschreibung unter vielen Eigenschaften oder in den AGB genannt werden darf.[472] Im Unterschied zum Warenhandel außerhalb des Verbrauchsgüterkaufs und zur Rechtslage vor 2022, bei der gem. § 442 BGB jede Kenntnis und grob fahrlässige Unkenntnis des Käufers vom Mangel genügt, reicht die selbst

---

468 Diese Regelung ersetzt den Haftungsausschluss bei Kenntnis nach Art. 2 Abs. 3 VGKRL; Siehe Entsprechungstabelle im Anhang der WKRL.

469 BT-Drs. 19/27424, 28 f.; *Dassbach*, Informationsverantwortung im Kaufrecht, 2016, S. 429 ff. m.w.N., dem zufolge aber auch dem Käufer im B2C-Verhältnis Mängelkenntnis bei Vertragsschluss schaden sollte und die Mangelkenntnis haftungsausschließend wirken sollte mit der Begründung informationeller Eigenverantwortung auch des Verbrauchers; *Giebler*, DAR 2021, 673, 675, dem zufolge eine Korrektur unerwünschter Ergebnisse über § 242 BGB wünschenswert wäre, je nach Art und Ursprünglich der Kenntnis des Käufers.

470 *Howells/Twigg-Flesner/Wilhelmsson*, Rethinking EU Consumer Law, 2018, S. 184.

471 *Schulze/Zoll*, European Contract Law, 3. Ed. 2021, Chapter 5 Rn. 39.

472 BT-Drs. 19/27424, 42; *Lorenz*, NJW 2021, 2065, 2073; *Riehm/Abold*, CR 2021, 530, 534; a.A. *Stariradeff*, MMR 2016, 715, 716, der zufolge eine Information in der Produktbeschreibung ausreichend sein sollte.

verschaffte Kenntnis des Käufers nicht aus, um die Anforderungen des § 476 Abs. 1 S. 2 BGB zu erfüllen und von den objektiven Anforderungen abweichen zu können.[473] Im Rahmen des Online-Warenhandels können die Anforderungen durch das Anklicken eines Kästchens oder das Bestätigen einer Schaltfläche erfüllt werden.[474] Dennoch ist dogmatisch unklar, ob die Norm zwei getrennte Willenserklärungen des Verbrauchers fordert, die ggf. auch getrennt übermittelt werden müssen, oder ein einheitlicher Bestellvorgang im Online-Handel weiterhin möglich bleibt, wonach ein ausdrücklicher Hinweis in der Bestellübersicht ausreicht und der Verbraucher durch Bestätigung des Bestell-Buttons die Kenntnisnahme zum Ausdruck bringt oder einen gesonderten Button drücken muss.[475] Diese Lösung kann zwar formal schnell das Einverständnis des Verbrauchers einholen, führt aber wiederum, wenn der Verbraucher verpflichtet wird, viele Kästchen zu betätigen, zu mehr Intransparenz, die eigentlich durch die Normierung verhindert werden soll.[476] Wichtig ist letztlich, dass der Verbraucher Kenntnis erlangt, dass er eine Ware kauft, dessen Eigenschaften von dem objektiv Üblichen abweichen, was durch jede Art einer besonderen Hervorhebungen dieser Vereinbarung erreicht werden kann.[477] Eine persönliche Hinweisobliegenheit des Unternehmers wird damit allerdings nicht begründet.[478] Wird der Kaufvertrag mündlich geschlossen, lassen sich die Anforderungen leichter umsetzen, aber auch hier ist unklar, ob zwei getrennte Willenserklärungen des Verbrauchers erforderlich sind und wie dies in der Praxis genau funktionieren soll.[479] Die Beweislast des Verkäufers bzgl. der abweichenden Vereinbarung wird wahrscheinlich dazu führen, dass dieser die Vereinbarung schriftlich wird festhalten müssen, was dem Zweck und der Praxis

---

473 *Faber* in: Stabentheiner/Wendehorst/Zöchling-Jud, Das neue europäische Gewährleistungsrecht, 2019, 63, 83; *Rachlitz/Kochendörfer/Gansmeier*, JZ 2022, 705, 712.

474 BT-Drs. 19/27424, 42; *Zöchling-Jud*, GPR 2019, 115, 120; *Staudenmayer*, NJW 2019, 2889, 2890; *Lorenz*, NJW 2021, 2065, 2073; *Firsching*, ZUM 2021, 210, 215.

475 *Zöchling-Jud*, GPR 2019, 115, 120; *Faber* in: Stabentheiner/Wendehorst/Zöchling-Jud, Das neue europäische Gewährleistungsrecht, 2019, 63, 85 f., der die Betätigung eines „Gemeinschafts-Buttons" zur Bestellung des Produkts und zur Akzeptanz der Abweichung nicht den gesetzlichen Anforderungen genügen lässt; *Pfeiffer*, GPR 2021, 120, 123 f., der in dem Merkmal „gesondert" ein Formerfordernis für zwei Äußerungen (schriftlich, mündlich, elektronisch) sieht; *Riehm/Abold*, ZUM 2018, 82, 85, die jedenfalls eine gesonderte vertragliche Vereinbarung für nicht erforderlich ansieht.

476 *Zöchling-Jud*, GPR 2019, 115, 121.

477 BT-Drs. 19/27424, 42; *Riehm/Abold*, ZUM 2018, 82, 86, wonach bei widersprüchlichen Äußerungen auf die Abweichung in besonderer Deutlichkeit aufmerksam gemacht werden muss.

478 *Rachlitz/Kochendörfer/Gansmeier*, JZ 2022, 705, 712.

479 *Zöchling-Jud*, GPR 2019, 115, 120.

schneller Transaktionen von geringwertigen Wirtschaftsgütern widerspricht.[480] Hinzu kommt die praktische Schwierigkeit, bereits im Zeitpunkt des Vertragsschlusses eine ausdrückliche und gesonderte Erklärung über die Abweichung von der üblichen Beschaffenheit abzugeben, welche sich regelmäßig und vor allem in Bezug auf digitale Inhalte und Dienstleistungen, dessen Markt ständigen Innovationen und Neuerungen unterliegt, erst ex-post bestimmen lässt.[481]

Abweichungen von den objektiven Anforderungen an die Vertragsmäßigkeit können zulasten oder zugunsten des Käufers getroffen werden.[482] Zur Bestimmung, um welche Art von Abweichung es sich handelt, müssen die objektiven Anforderungen an die Beschaffenheit der Ware bestimmt werden. Hierzu muss die Ware einer „Art" zugeordnet werden und es ist ein herstellerübergreifender Vergleichsmaßstab anzuwenden.[483] Jedenfalls sind die strengen Anforderungen des § 476 Abs. 1 S. 2 BGB lediglich auf negative Beschaffenheitsvereinbarungen anzuwenden, da der Verbraucher bei positiver Abweichung nicht schutzbedürftig ist und § 476 Abs. 1 S. 1 BGB, welcher der Regelung vorgelagert ist, sich ausdrücklich auf für den Verbraucher nachteilige Abweichungen bezieht.[484] Grundsätzlich stehen damit subjektive und objektive Anforderungen an die Vertragsmäßigkeit nebeneinander und ergänzen sich wechselseitig und soweit ein Widerspruch besteht, weil das subjektiv Vereinbarte den objektiven Standard übersteigt, ist die Beschaffenheitsvereinbarung maßgebend, und wenn das subjektiv Vereinbarte den objektiven Standard unterschreitet ist die Beschaffenheitsvereinbarung nur maßgebend, soweit sie nach den strengen Vorgaben für den Verbrauchsgüterkauf wirksam vorgenommen wurde, anderenfalls gilt der objektive Standard.[485] Somit kommen den Regelungen besondere verbraucherschützende Funktionen zu, indem sie das allgemeine Gewährleistungslevel im Vergleich zur vorherigen Rechtslage erhöhen sowie für eine hinreichende Informiertheit der Verbraucher sorgen.[486]

---

480 *Zöchling-Jud*, GPR 2019, 115, 121; *Faber* in: Stabentheiner/Wendehorst/Zöchling-Jud, Das neue europäische Gewährleistungsrecht, 2019, 63, 86; Die Regelung als wenig praktikabel ansehend *Pfeiffer*, GPR 2021, 120, 123.

481 *Riehm/Abold*, ZUM 2018, 82, 86.

482 Siehe hierzu *Rachlitz/Kochendörfer/Gansmeier*, JZ 2022, 705, 708.

483 BGH, Urt. v. 24.10.2018, VIII ZR 66/17, NJW 2019, 292, Rn. 34; Siehe zur Bestimmung der „Art" des Kaufgegenstands ausführlich *Heinze* in: Grundmann/Atamer, European Sales Law, 2023, 101, 108 ff.

484 *Rachlitz/Kochendörfer/Gansmeier*, JZ 2022, 705, 709; Vgl. auch *Heinze* in: Grundmann/Atamer, European Sales Law, 2023, 101, 108 f.

485 *Faber* in: Stabentheiner/Wendehorst/Zöchling-Jud, Das neue europäische Gewährleistungsrecht, 2019, 63, 81, 95.

486 *Heinze* in: Grundmann/Atamer, European Sales Law, 2023, 101, 108.

5. Zusammenfassung

Die Haltbarkeit stellt eine Eigenschaft des Produkts dar, die physisch im Produkt begründet liegt. Somit lässt sie sich unter „Beschaffenheit" subsumieren und kann Gegenstand einer Beschaffenheitsvereinbarung sein. Wenn eine solche nicht ausdrücklich oder konkludent getroffen wurde, kann die Eigenschaft für die objektiv übliche und vom Käufer zu erwartende Beschaffenheit relevant werden. Sobald das Produkt vorzeitig nicht mehr genutzt werden kann und es zu einem frühzeitigen Produktausfall kommt, kann es sich um einen Mangel handeln.[487] Das Vorliegen eines Mangels ist Anwendungsvoraussetzung für das Kaufgewährleistungsrecht. Erst, wenn ein Mangel vorliegt, kann das Gewährleistungssystem Wirkung entfalten und erst dann können Nachhaltigkeitsstrategien des Gewährleistungsrechts etabliert und diskutiert werden.

II. Inhalt der Strategie zur Vermeidung werkstofflicher Obsoleszenz und Leitfaden der Untersuchung

Es wird die Funktionsweise und die Wirkung rechtlicher Mechanismen als Strategie zur Verlängerung der Haltbarkeit von Produkten untersucht. Der mit der Neuherstellung von Waren einhergehende Ressourcenverbrauch sowie das mit der Außerdienststellung zunehmende Abfallaufkommen müssen zum Erhalt der Umwelt verringert werden. Die Verlängerung der Produktlebensdauer durch Verbesserung der Produktqualität führt dazu, dass Produkte länger genutzt werden können, seltener Neuanschaffungen erforderlich sind, Produkte später und damit insgesamt seltener zu Abfall werden. Je besser die Produktqualität ist, desto weniger tritt das Problem der werkstofflichen Obsoleszenz auf, das es zur Erreichung einer nachhaltigen Entwicklung zu vermeiden gilt (s. o. Erster Teil A.II. sowie Erster Teil A.V.).

Erster Anhaltspunkt für eine solche Strategie bietet EG 32 WKRL. Durch die Aufnahme des Kriteriums der Haltbarkeit in den Katalog der Voraussetzungen für eine vertragsmäßige Leistung (vgl. Art. 7 Abs. 1 lit. d) WKRL) sollen nachhaltige Verbrauchergewohnheiten und die Kreislaufwirtschaft gefördert werden. Individueller Verbraucherschutz spielt hierbei eine eher untergeordnete Rolle.[488] Zentrales Ziel des Richtliniengesetzgebers ist es, das Funktionieren des Binnenmarkts zu verbessern.[489] Um dies zu erreichen, sollten mangelhafte Waren, die nicht den

487 BGH, Urt. v. 23.11.2005, VIII ZR 43/05, NJW 2006, 434, 435 Rn. 19; *Gsell*, JZ 2008, 29, 32.
488 *Zöchling-Jud*, GPR 2019, 115, 122.
489 EG 1 WKRL.

Kriterien an eine vertragsmäßige Leistung entsprechen, aus dem Unionsmarkt ausgeschlossen werden.[490] Insbesondere sollen umweltschädliche Produkte nicht in den Verkehr gebracht werden.[491] Hierzu können eine bessere Marktüberwachung und das Setzen richtiger Anreize für die Wirtschaftsteilnehmer beitragen.[492] Der Richtliniengeber schlägt vor, produktspezifische Rechtsvorschriften einzuführen, die je nach Art oder Gruppe des Produkts eigene Anforderungen an die Haltbarkeit oder sonstige Produkteigenschaften stellen.[493]

Durch die Klarstellung in Art. 7 Abs. 1 lit. d) WKRL, umgesetzt in § 434 Abs. 3 BGB, dass Teil des Beschaffenheitsbegriffs die Haltbarkeit ist, wird nun auch im Kaufgewährleistungsrecht die Bedeutung der Nachhaltigkeitstransformation hervorgehoben. Inwiefern die eingangs konkret definierten umweltfördernden Ziele durch das Haltbarkeitskriterium erreicht werden können und welche Folgeprobleme sich hieraus ergeben, ist Gegenstand der nachfolgenden Untersuchung. Dabei wird innerhalb der Analyse zwischen Käufer- und Verkäufersicht differenziert. Käufer als Primäradressaten der Regelungen sollen und müssen intensiv angehalten werden, ihre Gewährleistungsrechte auszuüben,[494] um das System des Kaufgewährleistungsrechts zu aktivieren. In Bezug auf den Verkäufer soll durch das objektive Haltbarkeitserfordernis und die Mechanismen, die das System bereitstellt, ein Anreiz zur Herstellung langlebiger Produkte gegenüber kurzlebigen Produkten gesetzt werden.

III. Käufer als Primäradressat der Strategie zur Vermeidung werkstofflicher Obsoleszenz

Primäradressat der Regelungen des Kaufgewährleistungsrechts und damit der Strategie zur Vermeidung werkstofflicher Obsoleszenz ist der Käufer. Er soll aktiviert werden seine Gewährleistungsrechte geltend zu machen und so den Mechanismen des Kaufgewährleistungsrechts zur Geltung verhelfen. Denn die Wirksamkeit zivilrechtlicher Regelungen hängt davon ab und ist darauf angewiesen, dass die durch sie mit Rechten ausgestatteten Personen ihre Rechte aktiv wahrnehmen.[495] Ohne Geltendmachung des Gewährleistungsrechts durch den Käufer,

490 EG 32 WKRL.

491 *Europäische Kommission*, Der europäische Grüne Deal, COM(2019) 640 final, 11.12.2019, S. 9.

492 EG 32 WKRL.

493 EG 32 WKRL.

494 *Schlacke/Alt/Tonner/Gawel/Bretschneider*, UBA Texte 72/2015, S. 204.

495 *Hellgardt/Jouannaud*, AcP 222 (2022), 163, 185; *Bach/Kieninger*, JZ 2021, 1088, 1088, die darauf hinweisen, dass das Zivilrecht im Gegensatz zum Öffentlichen Recht nämlich „self-executing“ ist

werden die Mechanismen gegenüber dem Verkäufer nicht ausgelöst und laufen schlicht leer. Eine Hürde der Geltendmachung von Gewährleistungsrechten stellt zuvörderst das Vorhandensein bzw. eher Nichtvorhandensein von Normen und Informationen dar, die dem Käufer eine Richtschnur an die Hand geben, um überhaupt einschätzen zu können, wann ein Mangel vorliegt und ob ihm Rechte zustehen.

Damit der Käufer von seinen Rechten Gebrauch machen kann, muss er Kenntnis davon haben, dass es sich bei der Funktionsstörung des erworbenen Produkts um einen Mangel im Sinne des § 434 BGB handelt. Hierfür ist erforderlich, dass es ihm gelingt den Unterschied zwischen normaler und vorzeitiger Alterung zu erkennen. Er muss also bestimmen können, welche Haltbarkeit bei Produkten dieser Art üblich ist, um seine Erwartung diesbezüglich bilden zu können. Ist für ihn ersichtlich, dass sein Produkt früher als vergleichbare Produkte funktionsunfähig wurde, kann er auch beurteilen, dass es sich um einen Mangel handelt, der zur Anwendbarkeit des Gewährleistungsrechts führt. Ist die Bestimmung der normalen Haltbarkeit nicht möglich und lässt sie sich somit nicht von einer vorzeitigen Alterung abgrenzen, läuft das Haltbarkeitskriterium zur Bestimmung der Mangelhaftigkeit einer Ware ins Leere. Informationen und Transparenz hinsichtlich der Umwelteigenschaften von Produkten sind demnach elementar, um umweltfreundliche Entscheidungen treffen zu können,[496] wie diejenige von § 437 BGB Gebrauch zu machen.

1. Informationsdefizit des Käufers: Abgrenzung von vorzeitiger und normaler Alterung

Ausfluss des Grundsatzes der Privatautonomie ist, dass sich jede Vertragspartei sämtliche für sie entscheidungsrelevanten Informationen eigenverantwortlich beschaffen muss und hierfür das Risiko trägt.[497] Ein Konsument handelt rational, wenn er so viele Informationskosten aufwendet, wie der Grenznutzen dieser Informationen den Grenzkosten entspricht, weshalb immer ein rationales Informa-

und es keine öffentlichen Einrichtungen gibt, die für die Einhaltung zivilrechtlicher Normen sorgen.

496 *Kommission der Europäischen Gemeinschaften*, Grünbuch zur integrierten Produktpolitik, KOM (2001) 68 endg., 07.02.2001, S. 8; *Europäische Kommission*, Neue Verbraucheragenda, Stärkung der Resilienz der Verbraucher/innen für eine nachhaltige Erholung, COM(2020) 696 final, 13.11.2020, S. 8 f.; *Stigler*, 69(3) J. Polit. Econ. 213, 213 (1961), welcher schrieb „knowledge is power".

497 *Dassbach*, Informationsverantwortung im Kaufrecht, 2016, S. 5 f. m.w.N., siehe S. 293 ff. hinsichtlich der Abkehr vom Grundsatz informationeller Eigenverantwortung aufgrund der Ausdehnung der Informationspflichten des Unternehmers im B2C-Verhältnis.

tionsdefizit verbleiben wird.[498] Dabei hängt die Höhe der Informationsbeschaffungskosten vom sachlichen und personellen Aufwand zur Beobachtung und Messung einer Eigenschaft ab und variiert je nach Gütergruppe.[499] Je mehr Verkäufer es auf dem Markt gibt und je größer der Markt ist, im geografischen Sinne, desto unterschiedlicher ist die Qualität und umso höher sind die Suchkosten.[500] Der Nutzen der Information über die Qualität des Produkts ist umso größer, je weitreichender die Spanne unterschiedlicher Qualität am Markt ist.[501] Die Opportunitätskosten der Zeit steigen und Such- und Informationsbeschaffungsaktivitäten werden immer teurer.[502] Der Anreiz, Informationskosten aufzuwenden, ist umso geringer, je weniger werthaltig das erworbene Produkt ist bzw. lohnt sich das Aufwenden von Suchkosten umso eher, je höher der Preis für das Produkt ist.[503] Das gleiche gilt in Hinblick auf die Quantität, denn je größer die zu erwerbende Menge eines Produkts, desto mehr lohnen sich Informationsbeschaffungskosten für diese Art von Ware, die sich mit der dadurch gefundenen besseren Qualität zu einem besseren Preis ausgleichen.[504] Die Informationsgewinnung ist für einen Käufer, der gelegentlich ein Produkt erwirbt und daher für eine geringe Anzahl von Transaktionen Informationen beschaffen will, prohibitiv teuer im Vergleich zu einem am Markt professionell tätig werdenden Hersteller.[505] Regelmäßig wird ein unerfahrener Käufer, der neu in einen Markt eintritt, auch einen höheren Kaufpreis für ein qualitativ geringwertiges Produkt zahlen.[506] Im B2B-Bereich hingegen wird der Käufer oftmals eine ähnliche Expertise haben wie der Verkäufer und wird seinerseits auf die Produktionsbedingungen seines Zulieferers Einfluss nehmen können, sodass das Problem der Informationsasymmetrie dort nicht so sehr zu Tage tritt wie im B2C-Bereich.[507]

---

498 *Tietzel* in: Ott/Schäfer, Allokationseffizienz in der Rechtsordnung, 1989, 52, 56; *Kurz* in: Brönneke/Wechsler, Obsoleszenz interdisziplinär, 2015, 59, 64; *Stigler*, 69(3) J. Polit. Econ. 213, 216 (1961); *Nelson*, 78(2) J. Polit. Econ. 311, 313 (1970); Siehe allgemein zum Screening *Fritsch*, Marktversagen und Wirtschaftspolitik, 10. Aufl. 2018, S. 265 f.

499 *Tietzel* in: Ott/Schäfer, Allokationseffizienz in der Rechtsordnung, 1989, 52, 57.

500 *Stigler*, 69(3) J. Polit. Econ. 213, 219 (1961).

501 Vgl. *Stigler*, 69(3) J. Polit. Econ. 213, 215 (1961), welcher sich auf die Größe der Preisspanne für ein Produkt bezieht.

502 *Tietzel* in: Ott/Schäfer, Allokationseffizienz in der Rechtsordnung, 1989, 52, 55.

503 *Stigler*, 69(3) J. Polit. Econ. 213, 215, 219 (1961); *Tietzel* in: Ott/Schäfer, Allokationseffizienz in der Rechtsordnung, 1989, 52, 57; *Nelson*, 78(2) J. Polit. Econ. 311, 312 (1970).

504 *Stigler*, 69(3) J. Polit. Econ. 213, 215 (1961).

505 *Grundmann*, JZ 2000, 1133, 1137; *Grundmann/Kerber/Weatherill* in: Grundmann/Kerber/Weatherill, Party Autonomy and the Role of Information in the Internal Market, 2001, 3, 21.

506 *Stigler*, 69(3) J. Polit. Econ. 213, 219 (1961).

507 *Schridde/Kreiß/Winzer*, Geplante Obsoleszenz, 2013, S. 16.

Die dogmatischen Kriterien für die Beurteilung der üblichen Haltbarkeit (s. o. Zweiter Teil A.I.2.b)) helfen vorliegend für die Abgrenzung der vorzeitigen zur normalen Alterung leider nur bedingt weiter. Sie sind derart wertungsoffen und interpretationsbedürftig, sodass sich die Frage der konkreten Einschätzung einer üblichen Haltbarkeit weiterhin stellt. Die Maßstäbe bieten zwar Anhaltspunkte zur Orientierung. Sie stellen für den Käufer allerdings keine konkrete Richtschnur dar, anhand derer er einzuschätzen vermag, ob vorzeitige oder normale Alterung bei einem Funktionsausfall seines Produkts vorliegt. Weder das deutsche Gesetz noch der Richtlinientext geben Anhaltspunkte dafür, wie sich die Beschaffenheitserwartung in Hinblick auf die Produktlebensdauer im Verkehr bilden soll.

Die mangelnde Möglichkeit der Feststellbarkeit der Haltbarkeit liegt vor allem darin begründet, dass keine gesetzlichen Richtwerte zur üblichen Haltbarkeitsdauer existieren, Rechtsprechung, an der man sich orientieren könnte, lediglich Kraftfahrzeuge betrifft und andere verkäuferfremde Informationsquellen, wie bspw. Fachzeitschriften, Produkttests der Stiftung Warentest, AfA-Tabellen öffentlicher Einrichtungen, Internetforen, soziale Medien oder Verbraucherportale, wenig aussagekräftig aufgrund uneinheitlicher Prüfungen und Zugrundelegung pauschaler und statistischer Werte, nicht für die jeweilige Produktgruppe verallgemeinerbar, eine intransparente und schwer zu durchdringende Informationsmasse darstellen, lediglich subjektive Erfahrungen widerspiegeln und wissenschaftlich nicht fundiert sind.[508] Selbständige Informationsbeschaffungsmaßnahmen scheitern regelmäßig auch an der Nichtverlässlichkeit der Richtigkeit herstellerseitiger Informationen wegen ihres ex-ante-Opportunismus, der begrenzten Speicher- und Abruffähigkeit von Informationen durch den Käufer aufgrund der meistens nicht standardisierten und unübersichtlichen Informationsbereitstellung, die aus Kosten- und Zeitgründen nur vereinfacht angewendeten Suchmethoden nach Informationen sowie der nicht fachgerechten Informationsverarbeitung, um Produktpreise vergleichen zu können, wegen mangelnder Bildung oder Intelligenz der Käufer.[509] Gleichzeitig erhöht sich der Informationsbedarf aufgrund der sich ändernden wirtschaftlichen und sozialen Gegebenheiten, wie die wachsende Produktivkraft durch funktionelle Arbeitsteilung und des technisch immer komplexer sowie sich im europäischen Binnenmarkt ausbreitenden und damit unübersichtlicher werdenden Warenangebots.[510] Diese

---

508 *Bach/Wöbbeking*, NJW 2020, 2672, 2674 Rn. 15; *Croon-Gestefeld*, NJW 2022, 497, 501 Rn. 21; *Hess*, Geplante Obsoleszenz, 2018, S. 39 f., 128 ff.; *Rudloff*, VuR 2018, 323, 324; *Prakash/Dehoust/Gsell/Schleicher/Stamminger*, UBA Texte 10/2015, 2015, S. 33 ff.; *Prakash/Dehoust/Gsell/Schleicher/Stamminger*, UBA Texte 11/2016, 2016, S. 24, 66 ff.

509 *Fleischer*, ZEuP 2000, 772, 776 m.w.N.

510 *Fleischer*, ZEuP 2000, 772, 774 ff. m.w.N.

Umstände führen zu sehr hohen Informationskosten, die in der Regel den Grenznutzen der Informationsgewinnung weit übersteigen.

Eine Lösung durch den Markt wird bereits bereitgestellt durch Anbieter von Informationen (sog. Informationsintermediäre), die ihre Dienste entgeltlich anbieten und die in Anspruch genommen werden, solange deren Preis unter den eigenen Informationsbeschaffungskosten und dem Informationsgrenznutzen liegt.[511] Soweit der Wert eines Produkts hoch genug ist, lohnt sich die Einschaltung von Informationsintermediären.[512] Hierzu zählen beispielsweise beratende Berufe wie Ärzte, Architekten, Immobilienmakler, die über spezialisierte Kenntnisse über Güter mit hohem Wert und großer Qualitätsunsicherheit verfügen und den Käufer entsprechend des Einzelfalls aufklären und informieren können.[513] In Hinblick auf mangelnde Informationen zur Haltbarkeit von Produkten, namentlich Elektro- und Elektronikwaren, als Qualitätsunsicherheit, mögen solche Arten von Informationsintermediären jedoch nicht weiterhelfen.

Der Käufer kann auf die Qualität des Produkts zur Ermittlung seiner Haltbarkeit zurückgreifen,[514] anstatt nach bereits bestehenden Informationen über die Haltbarkeit zu suchen. Bei der Feststellung der objektiv üblichen Haltbarkeit handelt es sich um eine Produkteigenschaft, die durch den Käufer selbst aber nur sehr schwer feststellbar ist. Er müsste hierfür Messverfahren und Produktanalysemöglichkeiten nutzen können, die nur dem Hersteller selbst zustehen und möglich sind. Zudem müsste eine gesamte Produktart untersucht werden, um Aussagen über eine allgemein objektiv übliche Eigenschaft treffen zu können. Die Kosten der Informationsbeschaffung sind damit nicht nur sehr hoch für den Käufer, sondern faktisch ist eine eigenständige Informationsbeschaffung durch käuferseitige Untersuchungen des Produkts nicht möglich. Für den Durchschnittskäufer ist nicht erkennbar, welche Qualität die Konstruktion und die Komponenten des Produkts aufweisen, weshalb er zur Bildung seiner Erwartungen Qualitätsindizien wie die Produktmarke und den Preis heranziehen wird.[515] Der Preis spiegelt die Herstellungskosten und die Qualität des Produkts wider, sodass

---

511 *Tietzel* in: Ott/Schäfer, Allokationseffizienz in der Rechtsordnung, 1989, 52, 57 f.; Siehe ausführlich zum Thema Informationsintermediäre *Grundmann/Kerber* in: Grundmann/Kerber/Weatherill, Party Autonomy and the Role of Information in the Internal Market, 2001, 264.

512 *Grundmann*, JZ 2000, 1133, 1141.

513 *Tietzel* in: Ott/Schäfer, Allokationseffizienz in der Rechtsordnung, 1989, 52, 58; *Grundmann*, JZ 2000, 1133, 1141.

514 *Latzel/Sausmikat*, ZIP 2016, 1420, 1426.

515 *Latzel/Sausmikat*, ZIP 2016, 1420, 1426; So auch EG 32 WKRL; *Matusche-Beckmann* in: Staudinger, 2023, BGB § 434 Rn. 109; *Michel*, Premature Obsolescence, 2022, S. 68 f. m.w.N.; *Rudloff*, VuR 2018, 323, 324.

man davon ausgehen könnte, dass günstigere Produkte eine geringere Qualität aufweisen.[516] Eine sichere Aussage über die Haltbarkeit des Produkts als Qualitätsmerkmal lässt sich mit Hilfe des Kaufpreises allerdings nicht treffen.[517] In den Produktpreis sind auch sonstige Merkmale wie die Dauer der Verfügbarkeit von Ersatzteilen, der Service, besonderes Design, die Marke sowie mechanische und elektronische Robustheit mit einbezogen.[518] Deshalb können Produkte mit demselben Preis unterschiedliche Qualitätsmerkmale aufweisen und es lässt sich vom Preis kein Rückschluss auf die Haltbarkeit eines Produkts ziehen.[519] In einer Marktwirtschaft mit Preisfreiheit kann der Preis grundsätzlich kein Kriterium zur Bestimmung eines objektiven Standards sein.[520] Dennoch kann er die berechtigten Käufererwartungen dahingehend wecken, dass je höher der Preis, desto höher sollte die Qualität und desto länger sollte die Lebensdauer sein.[521]

Bei der Beschaffenheit von Kaufgegenständen kann zwischen Sucheigenschaften, die vor Vertragsabschluss kontrolliert werden können, Erfahrungseigenschaften, die der Käufer erst nach Vertragsabschluss überprüfen kann, sowie Vertrauenseigenschaften, die so gut wie gar nicht nachprüfbar sind, unterschieden werden.[522] Wenn die Suchkosten für Informationen über Produkteigenschaften zu teuer werden, können diese erst durch Erfahrung beschafft werden.[523] Aufgrund

---

516 *Latzel/Sausmikat*, ZIP 2016, 1420, 1426; *Keimeyer/Gailhofer/Gsell/Graulich/Prakash/Scherf/Brönneke/Gildeggen/Schmitt/Schwarz*, UBA Texte 115/2020, 2020, S. 172; So auch *Hohmuth*, InTeR 2014, 74, 77.

517 *Hess*, Geplante Obsoleszenz, 2018, S. 163; *Michel*, Premature Obsolescence, 2022, S. 68 f. m.w.N.; *Nelson*, 78(2) J. Polit. Econ. 311, 313 (1970); *Stigler*, 69(3) J. Polit. Econ. 213, 214 (1961), dem zufolge nicht alle Preisabweichungen und Preisunterschiede auf unterschiedlichen Verkaufsbedingungen beruhen, die einen unterschiedlichen Preis rechtfertigen würden; *Verbraucherkommission Baden-Württemberg* in: Brönneke/Wechsler, Obsoleszenz interdisziplinär, 2015, 309, 314.

518 *Latzel/Sausmikat*, ZIP 2016, 1420, 1427; *Prakash/Dehoust/Gsell/Schleicher/Stamminger*, UBA Texte 11/2016, 2016, S. 31 f., 289.

519 *Europäisches Parlament, Ausschuss für Binnenmarkt und Verbraucherschutz*, Bericht über das Thema „Längere Lebensdauer für Produkte: Vorteile für Verbraucher und Unternehmen" (2016/2272(INI)), 09.06.2017, S. 16; *Hess*, Geplante Obsoleszenz, 2018, S. 129, 163; *Latzel/Sausmikat*, ZIP 2016, 1420, 1427.

520 *Faust* in: BeckOK BGB, 74. Ed. 01.05.2025, BGB § 434 Rn. 34; *Grundmann* in: Grundmann/Bianca, EU-Kaufrechts-Richtlinie Kommentar, 2002, VGKRL Art. 2 Rn. 27.

521 AG Offenbach, Urt. v. 27.09.2004, 38 C 276/04, NJW-RR 2005, 423, 424; *Atamer/Grundmann* in: Grundmann/Atamer, European Sales Law, 2023, 1, 24.

522 *Busch* in: BeckOGK EGBGB, 15.03.2025, EGBGB Art. 246 Rn. 8.1; *Fritsch*, Marktversagen und Wirtschaftspolitik, 10. Aufl. 2018, S. 254 ff.; *Hacker*, Verhaltensökonomik und Normativität, 2017, S. 414 f. m.w.N. und mit Beispielen; Siehe zur ausführlichen Erläuterung von Such- und Erfahrungsgütern *Nelson*, 78(2) J. Polit. Econ. 311, 312 ff. (1970).

523 *Nelson*, 78(2) J. Polit. Econ. 311, 318 (1970).

des technischen Fortschritts werden Produkte immer komplizierter und besitzen immer mehr Eigenschaften, sodass die Anzahl an Erfahrungsgütern zunimmt.[524] Informationen aufgrund der Erfahrung mit einer Ware ergeben sich erst nach dem Kauf, durch Benutzung dieser Ware und Preis und Qualität können verglichen werden, um den Nutzen des Kaufs einzuschätzen.[525]

Bei der Haltbarkeit oder Lebensdauer im engen Sinne handelt es sich um Erfahrungseigenschaften, sodass es für den Käufer vor Vertragsschluss nicht möglich ist diese zu überprüfen.[526] Nach Vertragsschluss kann der Käufer einfach feststellen, welche Haltbarkeit sein erworbenes Produkt hat, nämlich eine solche Zeitspanne bis zum Funktionsverlust. Diese Erkenntnis bezieht sich jedoch lediglich auf die konkrete Haltbarkeit seines Produkts und lässt nicht auf die objektiv übliche Haltbarkeit der Produktart schließen. Zur Beurteilung des Vorliegens eines Mangels ist gerade die Kenntnis erforderlich, wie lange das Produkt objektiv hätte halten sollen im Vergleich zur tatsächlichen Haltbarkeit. In der Praxis ist für Käufer daher schwer feststellbar, welche Haltbarkeit bei Waren der gleichen Art üblich ist, und sie unterliegen einem Informationsdefizit.[527]

2. Market for Lemons

Wie soeben dargestellt, ist es dem Käufer nahezu unmöglich die objektiv übliche Haltbarkeit einer Produktart zu identifizieren. Er unterliegt diesbezüglich einem Informationsdefizit. Demgegenüber verfügt der Hersteller in der Regel über alle Informationen die Herstellung betreffend, da er diese selbst vornimmt, beaufsichtigt und beherrscht, und aus den Informationen der Herstellung ergeben sich solche bezüglich der Produkteigenschaften.[528] Die Information über die zu erwartende Produktlebensdauer ist für Hersteller grundsätzlich verhältnismäßig leicht zugänglich.[529]

Es kann angenommen werden, dass Hersteller schlechte wie gute Produkte zu demselben Preis verkaufen werden, um ihren individuellen Gewinn zu maximieren und weil es für den Käufer gerade nicht erkennbar ist, ob das Produkt ein gutes

---

524 *Tietzel* in: Ott/Schäfer, Allokationseffizienz in der Rechtsordnung, 1989, 52, 55.

525 *Nelson*, 78(2) J. Polit. Econ. 311, 313 (1970).

526 *Parisi*, 52(2) Am. J. Comp. Law 403, 419 (2004).

527 *Bach/Wöbbeking*, NJW 2020, 2672, 2674 Rn. 15, 17.

528 *Konferenz der Justizministerinnen und Justizminister der Länder*, Bericht der Arbeitsgruppe „Nachhaltigkeit im Zivilrecht", 2021, S. 75 f.; *Magoulas* in: Ott/Schäfer, Allokationseffizienz in der Rechtsordnung, 1989, 70, 73; *Schridde/Kreiß/Winzer*, Geplante Obsoleszenz, 2013, S. 93; *Sinn* in: Ott/Schäfer, Allokationseffizienz in der Rechtsordnung, 1989, 81, 85.

529 *Kommission der Europäischen Gemeinschaften*, Grünbuch zur integrierten Produktpolitik, KOM (2001) 68 endg., 07.02.2001, S. 22; *Schridde/Kreiß/Winzer*, Geplante Obsoleszenz, 2013, S. 93.

und der Preis gerechtfertigt ist.[530] Das führt dazu, dass vermehrt schlechte Produkte zu dem Preis eines guten Produkts bzw. zu dem durchschnittlichen Produktpreis verkauft werden und gute Produkte vielleicht gar nicht mehr und vom Markt verdrängt werden.[531] Je weiter der Produktpreis sinkt, desto geringer wird die Produktqualität und umgekehrt.[532] Zugleich werden keine ehrlichen Geschäfte zwischen Verkäufern von Produkten mit guter Qualität und Käufern, die bereit sind dafür den entsprechenden Preis zu zahlen, mehr stattfinden.[533] Wenn der Käufer nicht einschätzen kann, ob der Verkäufer tatsächlich gute Qualität verkauft, wird er diese nicht mit einem höheren Preis honorieren.[534] Der Käufer behandelt ehrliche wie unehrliche Verkäufer gleich, weil er nicht zwischen ihnen unterscheiden kann, was zum Nachteil ehrlicher Verkäufer geht.[535] Dies stellt ein Marktversagen dar, da Transaktionen entsprechend der Präferenzen unterbleiben und schließlich kein wirklicher Markt mehr existiert.[536] Es entstehen individuelle Verluste des Käufers in Höhe des Betrags, um den er betrogen wird, sowie Qualitäts- und Nutzenverluste gesamtgesellschaftlich durch die Verdrängung qualitativ hochwertiger Güter,[537] sog. adverse Selektion[538].

Auch heute bestehen Märkte für Güter mit großer Qualitätsunsicherheit.[539] Für solche Märkte müssen Lösungen entwickelt werden. Zwar kann zunächst die besser informierte Partei Vorteile aus der Vertragsbeziehung ziehen, auf lange Sicht gesehen hingegen gelingt es ihr aufgrund der Abwärtsspirale der Produktqualität und des Produktpreises nicht. Da der Preis auch weiterhin eines der wichtigsten Kaufkriterien ist, werden immer weiter sinkende Preise dazu führen, dass häufiger neue Produkte gekauft werden (müssen).[540] Die Produktqualität wird stetig abnehmen. Diese Entwicklung widerspricht den oben formulierten Zielsätzen und dem Bestreben nach nachhaltigen und vor allem langlebigen Produkten, die aufgrund ihrer Konstruktion und ihres Designs von höherer Qualität und damit

530 *Akerlof*, 84(3) Q. J. Econ. 488, 489 ff. (1970).
531 *Akerlof*, 84(3) Q. J. Econ. 488, 489 f. (1970).
532 *Akerlof*, 84(3) Q. J. Econ. 488, 490 (1970).
533 *Akerlof*, 84(3) Q. J. Econ. 488, 495 (1970).
534 *Akerlof*, 84(3) Q. J. Econ. 488, 495 (1970).
535 *Grundmann*, JZ 2000, 1133, 1137; *Tietzel* in: Ott/Schäfer, Allokationseffizienz in der Rechtsordnung, 1989, 52, 60.
536 *Akerlof*, 84(3) Q. J. Econ. 488, 490 (1970); *Sinn* in: Ott/Schäfer, Allokationseffizienz in der Rechtsordnung, 1989, 81, 83.
537 *Akerlof*, 84(3) Q. J. Econ. 488, 495 (1970).
538 *Eger* in: Schäfer/Lwowski, Konsequenzen wirtschaftlicher Normen, 2002, 183, 192 f.; *Schäfer/Ott*, Lehrbuch der ökonomischen Analyse des Zivilrechts, 5. Aufl. 2012, S. 519.
539 *Tietzel* in: Ott/Schäfer, Allokationseffizienz in der Rechtsordnung, 1989, 52, 55 f.
540 *Fischer/Moch/Prakash/Teufel/Stieß/Kresse/Birzle-Harder*, UBA Texte 11/2019, 2019, S. 47 ff., 65.

wahrscheinlich auch gegen einen höheren Kaufpreis vermarktet werden (sollten). Solange die Qualitätseigenschaft der Lebensdauer nicht erkennbar und nicht sanktionierbar ist, wird der Wettbewerb dafür sorgen, dass es auf dem Markt immer mehr Produkte mit kürzeren Lebensdauern geben wird.[541] Demgegenüber bewirkt eine steigende Anzahl an informierten Käufern, dass der Anreiz der Hersteller, langlebige Waren zu produzieren, steigt.[542] Die Spanne der Qualitäts- und Preisunterschiede auf dem Markt wird sich verringern, weil sich informierte Käufer für das qualitativ hochwertigste Produkt zu dem geringsten Preis entscheiden werden.[543] Der Markt wird funktionieren, soweit er informiert ist, ohne dass es der Information an jeden einzelnen Marktteilnehmer bedarf.[544] Nichtinformierte Käufer werden auf den Preis als Qualitätssignal vertrauen und ebenfalls langlebige Produkte zu einem ggf. höheren Preis erwerben.[545] Ein Markt für langlebige Produkte würde so bestehen.

3. Beseitigung des Informationsdefizits durch Angabe der Haltbarkeit

Das bezweckte nachhaltige Verhalten des Käufers, von seinen Gewährleistungsrechten Gebrauch zu machen und so das Sanktionssystem der §§ 434 ff. BGB auszulösen und nachhaltigkeitsfördernde Anreize an den Hersteller zu senden, wird durch die Problematik des käuferseitigen Informationsdefizits gehemmt und ohne Lösung schließlich gänzlich verhindert. Das Problem der vorzunehmenden Abgrenzung von vorzeitiger zur normalen Alterung liegt darin begründet, dass es dem Käufer zwar möglich ist, festzustellen wann sein Produkt konkret nicht mehr funktionsfähig ist (Erfahrungseigenschaft), er jedoch hinsichtlich der objektiv üblichen Haltbarkeit, die zum Vergleich herangezogen werden muss, einem Informationsdefizit unterliegt. Soweit die Kosten der Informationsgewinnung ihren Nutzen für den Einzelnen übersteigen, entsteht gesamtgesellschaftlich das Problem, dass der Informationsnutzen für sämtliche Konsumenten gebündelt sehr hoch sein kann, der Einzelne jedoch keine Informationsbeschaffungsmaßnahmen betreiben wird. Informationen wie die Mindesthaltbarkeit eines Serienprodukts können ohne Rivalität von allen Käufern dieses Serienprodukts verwertet werden, sodass es effizient wäre, diese Information einmal zu gewinnen und sodann frei zugänglich zu machen.[546] Wäre es jedem einzelnen Käufer überlassen diese In-

541 *Gawel/Bretschneider*, ZfU 1 (2016), 1, 14; *Schlacke/Alt/Tonner/Gawel/Bretschneider*, UBA Texte 72/2015, S. 54.

542 *Sinn* in: Ott/Schäfer, Allokationseffizienz in der Rechtsordnung, 1989, 81, 87.

543 *Stigler*, 69(3) J. Polit. Econ. 213, 218 (1961).

544 *Grundmann*, AcP 202 (2002), 40, 67.

545 *Sinn* in: Ott/Schäfer, Allokationseffizienz in der Rechtsordnung, 1989, 81, 87.

546 *Sinn* in: Ott/Schäfer, Allokationseffizienz in der Rechtsordnung, 1989, 81, 87.

formation zu beschaffen, ginge dies mit besonders hohen Informationsbeschaffungskosten einher, eine Koordination der Informationsaktivitäten der Käuferschaft fände nicht statt und die Information würde in vergeblicher Weise mehrfach produziert.[547] Demgegenüber würde ein Hersteller die Information der Mindestlebensdauer einmalig ermitteln und könnte sie in beliebig vielen Kaufvertragsschlüssen über dasselbe Produkt verwenden (sog. Skaleneffekt).[548] Ein solches Informationsdefizit kann durch die Bereitstellung von Informationen beseitigt werden. Informiertheit der Käuferschaft kann eine adverse Selektion verhindern. Daher ist es gesamtgesellschaftlich wünschenswert, wenn alle nötigen Informationen zur Bestimmung der Mindesthaltbarkeit von Verkäuferseite beschafft und allen Konsumenten zur Verfügung gestellt würden.[549] Mit der Informationsangabe der Lebensdauer wird überdies der Second-Hand-Markt gefördert, denn die Nachfrage an gebrauchten Produkten wird steigen, wenn für den Käufer ersichtlich ist, dass und wie lange das Produkt noch funktionieren wird.[550]

Dabei ist zunächst zu klären, wie genau Haltbarkeit konkret, für den Käufer verständlich und für das Gewährleistungsrecht fruchtbar, angegeben werden kann. Verkäufer und Hersteller könnten freiwillig oder gesetzlich verpflichtet Angaben zur Haltbarkeit der von ihnen verkauften Produkte machen. Auch ist es denkbar, dass gesetzliche Normen spezifische Haltbarkeitsinformationen in Hinblick auf bestimmte Produkte oder Produktgruppen enthalten. Zur Vermeidung von Marktversagen in Form eines Informationsdefizits ist ein staatliches Einschreiten geboten, soweit der Markt keine eigenständigen Lösungen entwickeln wird.[551] In einem ökologisch ausgerichteten Markt sollten Hersteller, Einzelhändler sowie Käufer über Informationen bzgl. der lebenszyklusbezogenen Umweltauswirkungen von Produkten und Komponenten verfügen, nutzen und weitergeben können.[552] In welcher Art und Weise und von wem diese Informationen idealiter zur Verfügung

547 *Sinn* in: Ott/Schäfer, Allokationseffizienz in der Rechtsordnung, 1989, 81, 87.

548 *Grundmann*, AcP 202 (2002), 40, 61 f.

549 Vgl. Art. 1 Nr. 2 und EG 6, 25 der Richtlinie (EU) 2024/825 des Europäischen Parlaments und des Rates vom 28. Februar 2024 zur Änderung der Richtlinien 2005/29/EG und 2011/83/EU hinsichtlich der Stärkung der Verbraucher für den ökologischen Wandel durch besseren Schutz gegen unlautere Praktiken und durch bessere Informationen.

550 *vzbv*, Stellungnahme zum Entwurf eines Gesetzes zur Regelung des Verkaufs von Sachen mit digitalen Elementen und anderer Aspekte des Kaufvertrags, 07.01.2021, S. 8.

551 *Grundmann* in: FS Canaris, 2017, 907, 926; *Grundmann/Kerber/Weatherill* in: Grundmann/Kerber/Weatherill, Party Autonomy and the Role of Information in the Internal Market, 2001, 3, 12, 13.

552 *Kommission der Europäischen Gemeinschaften*, Grünbuch zur integrierten Produktpolitik, KOM (2001) 68 endg., 07.02.2001, S. 20.

gestellt werden sollten und welche Wirkungen und Auswirkungen eine Informationsbereitstellung hat wird ebenfalls zu diskutieren sein.

Problematisch an der Bestimmung der Lebensdauer, sei es durch den Käufer oder Verkäufer, ist vor allem auch der Umstand, dass es sich bei der Lebensdauer um eine Zufallsvariable handelt mit einer (strukturell unbekannten) Wahrscheinlichkeitsverteilung und einer breiten Streuung, d. h. die Lebensdauer fällt für jede Produkteinheit unterschiedlich aus und lässt sich nicht pauschal festsetzen.[553] Man könnte die durchschnittliche Lebensdauer eines Produkts angeben. Möglich wäre es auch etwas präziser einen Wert zu bestimmen, der besagt welche Lebensdauer von wie viel Prozent der Produkte erreicht wird.[554] Bereits etablierte Kenngrößen stellen, u. a., MTTF (*Mean Time to Failure*) und MTBF (*Mean Time between Failure*) dar, die hauptsächlich für elektronische Produkte und Komponenten Anwendung finden.[555] Sie sind jedoch nicht geeignet zur Festlegung einer Mindestlebensdauer, da sie eine konstante Ausfallrate annehmen und keine Aussagekraft für die mindestens zu erreichende Lebensdauer haben.[556] Weitere Kennwerte wie die Ausfallrate $\lambda(t)$, AFR (*Annual Failure Rate*), FIT (*Failure in Time*), die die Ausfallrate betreffen, POH (*Power-On Hours*), welches die Betriebsstunden eines Produkts angibt, oder MTTR (*Mean Time to Repair*), welche die Reparaturzeit bei einem Ausfall benennt, sind für die Bestimmung der Lebensdauer zwar maßgeblich, werden jedoch nicht selbst als Mindestlebensdauerkennwert verwendet.[557] Eine Studie des Umweltbundesamts empfiehlt die Kenngrößen B-1, B-10, B-50, o. ä., die sich hauptsächlich auf mechanische Produkte und Komponenten beziehen, zur Bestimmung der Lebensdauer anzuwenden, denn diese Kenngrößen stellen eine Lebensdauerangabe hinsichtlich einer vordefinierten Ausfallrate (1 %, 10 %, 50 % usw.) während einer konkreten Zeitspanne dar, d. h. bei dem B-10-Wert handelt es sich um einen statistischen Erwartungswert, nach welchem 10 % der Produkte innerhalb eines Zeitintervalls funktionsunfähig werden.[558] Demgegen-

---

553 *Schlacke/Alt/Tonner/Gawel/Bretschneider*, UBA Texte 72/2015, S. 50; *Gawel/Bretschneider*, ZfU 1 (2016), 1, 8; *Longmuß/Dworak* in: Longmuß/Poppe, Geplante Obsoleszenz, 2019, 73, 90.

554 *Schlacke/Alt/Tonner/Gawel/Bretschneider*, UBA Texte 72/2015, S. 50; *Gawel/Bretschneider*, ZfU 1 (2016), 1, 8.

555 *Keimeyer/Gailhofer/Gsell/Graulich/Prakash/Scherf/Brönneke/Gildeggen/Schmitt/Schwarz*, UBA Texte 115/2020, 2020, S. 104, 106 ff., 129; *Oehme/Jacob*, Strategien gegen Obsoleszenz, 2017, S. 10.

556 *Keimeyer/Gailhofer/Gsell/Graulich/Prakash/Scherf/Brönneke/Gildeggen/Schmitt/Schwarz*, UBA Texte 115/2020, 2020, S. 104, 106 ff., 129; *Oehme/Jacob*, Strategien gegen Obsoleszenz, 2017, S. 10.

557 *Keimeyer/Gailhofer/Gsell/Graulich/Prakash/Scherf/Brönneke/Gildeggen/Schmitt/Schwarz*, UBA Texte 115/2020, 2020, S. 28, 104 ff., 113.

558 *Keimeyer/Gailhofer/Gsell/Graulich/Prakash/Scherf/Brönneke/Gildeggen/Schmitt/Schwarz*, UBA Texte 115/2020, 2020, S. 28, 104, 110 ff., 129 f., dort auch Ausführungen zur Berechnung des B-10.

über bedeutet dies, dass 90 % der Produkte einer Lebensdauer von B-10 entsprechen.

Bei den etablierten Kenngrößen und ebenso bei der vom Umweltbundesamt empfohlenen Kenngröße handelt es sich jedoch lediglich um Kennwerte zur Bestimmung der Lebensdauer. Eine Kenngröße, welche die Lebensdauer eines Produkts festlegt, ist aber völlig ungeeignet als Maßstab zur Abgrenzung von vorzeitiger zur normalen Alterung, weil sie stets konstante oder vordefinierte Ausfallraten beinhaltet.[559] Das Gewährleistungsrecht erfasst die Phasen der frühzeitigen Alterung und Kenngrößen einer allgemeinen Lebensdauer sind daher nicht für die Mangelbestimmung dienlich. Demnach ist es am sinnvollsten, eine Mindestlebensdauer als Kriterium zu verlangen. Hierunter wird die Zeitspanne verstanden, die von jedem Produkt ohne Reparatur bei bestimmungsgemäßer Nutzung und zumutbarer Sorgfalt und bei Abwesenheit von Mängeln mindestens erreicht werden muss, bis zum ersten Mal ein Defekt eintritt.[560]

Der Vorteil der Angabe einer Mindestlebensdauer gegenüber einer mittleren Lebensdauer besteht vorrangig darin, dass ein Verstoß gegen die Mindestlebensdauer klar zu erkennen ist, wohingegen ein Verstoß gegen die mittlere oder statistisch festgestellte Lebensdauer einer Charge eines Produkts, einer Produktart oder eines bestimmten Prozentsatzes eines Produkts nicht konkret feststellbar ist, weil Einzelfallabweichungen normal und mit einberechnet sind, und sich der Verkäufer einfach darauf berufen könnte, bei dem mangelhaften Produkt handele es sich um einen Ausreißer.[561] Darüber hinaus stellt die durchschnittliche Lebensdauer aufgrund des individuellen Nutzverhaltens keine beobachtbare oder nachprüfbare Größe dar.[562] Stellt man auf die Mindestlebensdauer ab, ist die Haftung des Verkäufers ziemlich streng ausgestaltet, denn er muss für jedes einzelne Produkt einstehen, welches die festgesetzte Mindestlebensdauer unter-

---

559 Siehe zu Verfahren und Kenngrößen zur Bestimmung der allgemeinen Lebensdauer von Produkten *Keimeyer/Gailhofer/Gsell/Graulich/Prakash/Scherf/Brönneke/Gildeggen/Schmitt/Schwarz*, UBA Texte 115/2020, 2020, S. 28, 103 ff., 129 und siehe S. 118 ff. zu vorhandenen Standards für Messverfahren.

560 *Schlacke/Alt/Tonner/Gawel/Bretschneider*, UBA Texte 72/2015, S. 50; *Tonner/Gawel/Schlacke/Alt/Bretschneider*, VuR 2017, 3, 6.

561 *Schlacke/Alt/Tonner/Gawel/Bretschneider*, UBA Texte 72/2015, S. 50, 101; *Keimeyer/Gailhofer/Gsell/Graulich/Prakash/Scherf/Brönneke/Gildeggen/Schmitt/Schwarz*, UBA Texte 115/2020, 2020, S. 29, 136.

562 *Schlacke/Alt/Tonner/Gawel/Bretschneider*, UBA Texte 72/2015, S. 51; *Gawel/Bretschneider*, ZfU 1 (2016), 1, 9.

schreitet, auch wenn die durchschnittliche Lebensdauer der gesamten Produktionsreihe eingehalten wird.[563]

Informationen über die Mindestlebensdauer lassen sich demzufolge einfach spezifizieren, auf dem Markt gut kommunizieren und Verstöße lassen sich leicht sanktionieren.[564] Diese ist für den Käufer klar erkennbar und er kann unproblematisch aufgrund dieser Information selbst beurteilen, ob sein erworbenes Produkt diese Mindesthaltbarkeit erreicht hat oder nicht und damit ein Mangel vorliegt. Vorliegend wird demnach auf die Mindestlebensdauer abgestellt. Die Mindestlebensdauer eines Produkts kann sodann als Zeitintervall als auch in Nutzungseinheiten angegeben werden.[565] Die Mindestlebensdauer begründet die objektiv übliche Haltbarkeit im Sinne des § 434 BGB und ist maßgeblich für die Erwartungshaltung des Käufers.

4. Angabe der Haltbarkeit

Das Informationsdefizit und die damit einhergehende Rechtsunsicherheit können durch ein Bestimmungsrecht oder eine Bestimmungsobliegenheit des Verkäufers hinsichtlich der Haltbarkeit beseitigt werden.[566] Nachfolgend wird erläutert, in welcher Art und Weise der Verkäufer auf freiwilliger Ebene Angaben zur Mindestlebensdauer machen kann (b.) und mittels welchen rechtlichen Normen er darüber hinaus dazu verpflichtet werden könnte (c.). Der Verkäufer kann die Mindestlebensdauer gut sichtbar auf dem Produkt oder der Produktverpackung angeben.[567] Solche Angaben sind bereits bei Lebensmitteln oder Medizinprodukten

---

563 *Keimeyer/Gailhofer/Gsell/Graulich/Prakash/Scherf/Brönneke/Gildeggen/Schmitt/Schwarz*, UBA Texte 115/2020, 2020, S. 136 ff.

564 *Schlacke/Tonner/Gawel*, JZ 2016, 1030, 1038; *Tonner/Gawel/Schlacke/Alt/Bretschneider*, VuR 2017, 3, 11 f.

565 Siehe hierzu auch *Welters*, Obsoleszenz im Zivilrecht, 2012, S. 7 ff., der die Begriffe Lebens- und Nutzungsdauer anders verwendet. Lebensdauer solle in Wochen, Monaten, Jahren angegeben werden, d. h. unabhängig vom tatsächlichen Nutzungsgrad, und Nutzungsdauer solle die Arbeit im technischen Sinne erfassen. Das Produkt ist gealtert, wenn entweder die Lebensdauer oder die Nutzungsdauer erreicht werde.

566 So auch ausdrücklich *Bach/Wöbbeking*, NJW 2020, 2672, 2676 Rn. 32 f.; *vzbv*, Stellungnahme zum Entwurf eines Gesetzes zur Regelung des Verkaufs von Sachen mit digitalen Elementen und anderer Aspekte des Kaufvertrags, 07.01.2021, S. 7.

567 *Bach/Wöbbeking*, NJW 2020, 2672, 2676 Rn. 32; Art. 7 Abs. 7 S. 2 lit. a) und b) der Verordnung (EU) 2024/1781 des Europäischen Parlaments und des Rates vom 13. Juni 2024 zur Schaffung eines Rahmens für die Festlegung von Ökodesign-Anforderungen für nachhaltige Produkte, zur Änderung der Richtlinie (EU) 2020/1828 und der Verordnung (EU) 2023/1542 und zur Aufhebung der Richtlinie 2009/125/EG; *vzbv*, Stellungnahme zum Entwurf eines Gesetzes zur Regelung des Verkaufs von Sachen mit digitalen Elementen und anderer Aspekte des Kaufvertrags, 07.01.2021, S. 7.

üblich, für sonstige Produkte und vor allem für ressourcenintensive elektronische Produkte hingegen nicht.[568] Es besteht ebenso die Möglichkeit die Angaben zur Haltbarkeit auf einem Etikett, als Produktbeschreibung in der Bedienungsanleitung oder als beigefügte Unterlage vorzunehmen oder die Informationen im Internet zur Verfügung zu stellen, welche per beigefügtem Weblink oder QR-Code aufgerufen werden können.[569] Besonders zu erwähnen ist der von der Europäischen Kommission eingeführte digitale Produktpass, der die Digitalisierung von Produktinformationen ermöglichen und vorantreiben soll und insbesondere Informationen bezüglich der Funktionsbeständigkeit des Produkts sowie der Reparaturfähigkeit enthalten soll.[570] Der Produktpass und die digitalisierten Informationen sollten durch das Scannen eines Datenträgers wie eines Wasserzeichens oder eines QR-Codes für den Konsumenten einfach aufzurufen sein.[571]

Diesen Erwägungen geht die Darstellung der dogmatischen Einordnung und Charakterisierung von Angaben hinsichtlich der Mindestlebensdauer durch den Verkäufer im Gefüge des Kaufgewährleistungsrechts voran (a.). Anknüpfend erfolgen Analyse und Bewertung freiwilliger sowie verpflichtender Angaben durch den Verkäufer in Hinblick auf ihre Wirkung und Wirksamkeit, die Beseitigung des Informationsdefizits und die Konsequenzen für Käufer und Verkäufer (d.).

a) Herstelleraussagen im System des Gewährleistungsrechts

Ein Mangel läge vor, wenn das erworbene Produkt nicht die in der öffentlichen Äußerung oder Werbung angegebene Mindestlebensdauer erreicht. Finden Werbeaussagen Eingang in die Vertragsverhandlungen zwischen Letztverkäufer und

568 *Croon Gestefeld*, NJW 2022, 497, 501 Rn. 21; *Verbraucherkommission Baden-Württemberg*, Stellungnahme Nr. 34/2014, 13.11.2014, S. 8.

569 Art. 7 Abs. 7 S. 2 lit. c), d) und e), EG 46 der Verordnung (EU) 2024/1781 des Europäischen Parlaments und des Rates vom 13. Juni 2024 zur Schaffung eines Rahmens für die Festlegung von Ökodesign-Anforderungen für nachhaltige Produkte, zur Änderung der Richtlinie (EU) 2020/1828 und der Verordnung (EU) 2023/1542 und zur Aufhebung der Richtlinie 2009/125/EG; *Europäische Kommission*, Vorschlag für eine Richtlinie des Europäischen Parlaments und des Rates über die Begründung ausdrücklicher Umweltaussagen und die diesbezügliche Kommunikation (Richtlinie über Umweltaussagen), COM(2023) 166 final, 22.03.2023, Art. 5 Abs. 6, EG 36 Richtlinienvorschlag.

570 Art. 9 bis Art. 15 i.V.m. Anhang III der Verordnung (EU) 2024/1781 des Europäischen Parlaments und des Rates vom 13. Juni 2024 zur Schaffung eines Rahmens für die Festlegung von Ökodesign-Anforderungen für nachhaltige Produkte, zur Änderung der Richtlinie (EU) 2020/1828 und der Verordnung (EU) 2023/1542 und zur Aufhebung der Richtlinie 2009/125/EG.

571 EG 37 der Verordnung (EU) 2024/1781 des Europäischen Parlaments und des Rates vom 13. Juni 2024 zur Schaffung eines Rahmens für die Festlegung von Ökodesign-Anforderungen für nachhaltige Produkte, zur Änderung der Richtlinie (EU) 2020/1828 und der Verordnung (EU) 2023/1542 und zur Aufhebung der Richtlinie 2009/125/EG.

Käufer, begründen sie bereits eine Beschaffenheitsvereinbarung.[572] Im stationären Handel wird es sich bei deutlichen Angaben der Mindestlebensdauer auf dem Produkt oder am Regal regelmäßig ebenso um eine Beschaffenheitsvereinbarung handeln, weil sich der Verkäufer diese Aussagen zurechnen lassen muss bzw. zu eigen macht und der Käufer sich hierauf konkludent beim Kauf bezieht.[573] Wenn eine Ware von den angesprochenen oder im stationären Handel auf dem Produkt angegebenen Eigenschaften abweicht, stellt dies einen Verstoß gegen die subjektiven Anforderungen nach Art. 6 lit. a) WKRL dar und begründet einen Mangel nach § 434 Abs. 2 Nr. 1 BGB.

Daneben kann ein Mangel in der Abweichung von den objektiven Anforderungen an die Ware nach Art. 7 WKRL, umgesetzt in § 434 Abs. 3 BGB, begründet liegen, wenn die Werbeaussagen nicht angesprochen werden oder für alle Fernabsatz- sowie außerhalb des Geschäftsraums abgeschlossene Verträge. Insoweit Angaben zur Mindestlebensdauer des Kaufgegenstands öffentliche Aussagen darstellen, sind sie im Rahmen des Kaufgewährleistungsrechts für die objektive Mangelbestimmung beachtlich. Der Verkäufer ist grundsätzlich an diese Angaben gebunden. Der Käufer darf sich berechtigt darauf verlassen, dass das erworbene Produkt den öffentlichen Äußerungen entspricht. Die Berücksichtigung öffentlicher Aussagen im Rahmen des objektiven Mangelbegriffs bedarf tiefergehender Ausführungen, die sogleich folgen.

Jedenfalls begründet das Unterschreiten der angegebenen Mindestlebensdauer in jedem Fall das Vorliegen eines Mangels und führt zur Anwendbarkeit des Kaufgewährleistungsrechts und dem damit einhergehenden Sanktionsmechanismen. Neben der Verfolgung der eingangs beschriebenen Nachhaltigkeitsziele ist dies auch deshalb besonders bedeutsam, weil Käufer, die bewusst nachhaltig konsumieren wollen, nur wenige bis gar keine Möglichkeiten zur Verfügung stehen, Hersteller bei Verstößen gegen Kriterien und Standards, die hinter den von ihnen verwendeten Kennzeichnungen stehen, zu sanktionieren.[574]

---

572 BT-Drs. 14/6040, 214.

573 *Keimeyer/Gailhofer/Gsell/Graulich/Prakash/Scherf/Brönneke/Gildeggen/Schmitt/Schwarz*, UBA Texte 115/2020, 2020, S. 190, 194; *Lüttringhaus*, AcP 219 (2019), 29, 53 f.; Ebenfalls dafür plädierend, dass sich der Verkäufer die beschreibenden Angaben des Herstellers auf der Verpackung zu eigen macht *Howells/Twigg-Flesner/Wilhelmsson*, Rethinking EU Consumer Law, 2018, S. 180 f.

574 Vgl. *Lüttringhaus*, AcP 219 (2019), 29, 31.

i. Konkretisierung der üblichen Beschaffenheit durch öffentliche Äußerungen

Welche Haltbarkeitsbeschaffenheit üblich ist und vom Käufer erwartet werden kann ist gem. Art. 7 Abs. 1 lit. d) WKRL, umgesetzt in § 434 Abs. 3 S. 1 Nr. 2 lit. b) BGB, auch abhängig von den öffentlichen Äußerungen durch Werbung oder Produktetikett des Verkäufers oder eines anderen Glieds der Vertragskette oder sonstiger beauftragter Personen. Soweit Werbeaussagen oder Etikettierungen vorhanden sind, sind diese der Anwendung allgemeiner Grundsätze zur Bestimmung der üblichen und zu erwartenden Beschaffenheit vorzuziehen.[575]

Vor Umsetzung der VGKRL bejahte der BGH in einer Einzelfallentscheidung, dass, unter bestimmten Anforderungen, ein Sachmangel gegeben sein kann, wenn die Sache nicht mit den Werbeaussagen des Verkäufers oder Herstellers übereinstimmte.[576] Im Grundsatz ließ sich jedoch aus §§ 459 ff. BGB a.F. keine Verantwortlichkeit des Händlers für die Werbeaussagen des Herstellers herleiten, sodass sie für das Verhältnis zwischen Käufer und Verkäufer irrelevant blieben, solange im Verkaufsgespräch nicht explizit darauf Bezug genommen wurde, was faktisch nur selten vorkam und auch dann die Anforderungen der Subsumtion unter die Norm hoch waren.[577] Auch eine Zurechnung von Herstelleraussagen über § 278 BGB wurde verneint, weil der Hersteller nicht als Erfüllungsgehilfe des Verkäufers angesehen wurde.[578] Das BGB entsprach vor der Modernisierung 2002 nicht der Arbeitsteilung der heutigen Wirtschaft, in der Werbung von Herstellern oder sonstigen Dritten geschaltet wird, die den Kaufentschluss für bestimmte Waren oder Produktmarken maßgeblich beeinflussen.[579] Waren Eigenschaften der Sache, die in der Werbung versprochen wurden, nicht vorhanden und wollte der Käufer die Behelfe des Gewährleistungsrechts geltend machen, traf ihn die Last zu beweisen, dass der Inhalt der Werbung als zugesicherte Eigenschaft Vertragsbestandteil wurde.[580] Dabei geht es bei der Bindung des Verkäufers an Werbeaussagen weniger um Verbraucherschutz, als mehr um effiziente Gestaltung des Vertragsschlusses und Berücksichtigung des Umstands, dass Kaufentschlüsse nicht

575 *Grundmann* in: Grundmann/Bianca, EU-Kaufrechts-Richtlinie Kommentar, 2002, VGKRL Art. 2 Rn. 33; Siehe zur grds. positiven Funktion von Werbung als Informationsvermittlung *Riha*, Ökonomische Analyse des Sachmängelgewährleistungsrechts des BGB, 2007, S. 60 ff.

576 BGH, Urt. v. 21.06.1967, VIII ZR 26/65, NJW 1967, 1903.

577 *Glinski/Rott*, EuZW 2003, 649, 650; *Lehmann/Dürrschmidt*, GRUR 1997, 549, Fn. 27; *Schricker*, GRUR 1979, 1, 3; *Weiler*, WM 2002, 1784, 1784; BGH, Urt. v. 18.06.1997, VIII ZR 52/96, NJW 1997, 2590, 2592.

578 BGH, Urt. v. 21.06.1967, VIII ZR 26/65, NJW 1967, 1903, 1904.

579 *Glinski/Rott*, EuZW 2003, 649, 652; *Gomez* in: Grundmann/Bianca, EU-Kaufrechts-Richtlinie Kommentar, 2002, Einl. Rn. 99; *Howells/Twigg-Flesner/Wilhelmsson*, Rethinking EU Consumer Law, 2018, S. 182; *Schricker*, GRUR 1979, 1, 3.

580 *Schricker*, GRUR 1979, 1, 3.

mehr im Geschäft getroffen werden.[581] Aus diesen Gründen war die Neufassung des Mangelbegriffs in § 434 BGB unter Berücksichtigung der Mindestharmonisierungsvorschrift des Art. 2 VGKRL im Rahmen der Schuldrechtsmodernisierungsreform 2002 von großer Bedeutung. Zur Bestimmung der üblichen Beschaffenheit gehören nun auch Eigenschaften, die der Käufer nach den öffentlichen Äußerungen des Verkäufers, des Herstellers oder seines Gehilfen insbesondere in der Werbung oder bei der Kennzeichnung der Sache erwarten kann. Eine Äußerung ist öffentlich, wenn sie sich an einen unbestimmten Personenkreis richtet.[582] Im Vergleich zur damaligen Norm enthält § 434 BGB heute keine inhaltlichen Änderungen. Statt von Äußerungen in Form der „Kennzeichnung" ist in der Fassung vom 01.01.2022 die Rede von Äußerungen auf dem „Etikett". Diese Änderung entspricht nun den Vorgaben der VGKRL sowie der WKRL, wonach Äußerungen zu den Produkteigenschaften bei der Etikettierung bzw. auf dem Etikett für die objektiv übliche und erwartbare Beschaffenheit relevant sind.[583] Den Werbeaussagen werden aber deshalb größeres Gewicht zugesprochen, weil sie zur Bestimmung der Erwartungen nicht mehr nur hilfsweise herangezogen werden.[584] Angaben auf dem Produkt oder seiner Verpackung sowie sonstige Kennzeichnungen stellen einen Unterfall der öffentlichen Äußerung dar.[585] Unterdessen ist es für die Bewertung, dass es sich um eine i.R.d. § 434 Abs. 3 BGB zu berücksichtigende öffentliche Äußerung handelt, irrelevant, ob der Unternehmer bestimmten Informations- oder Kennzeichnungspflichten unterliegt oder die Angaben freiwillig macht.

ii. Reichweite der Haftung des Verkäufers für Äußerungen Dritter

Die vorherige Fassung des § 434 BGB erweiterte die Haftung des Verkäufers über seine eigenen öffentlichen Aussagen hinaus auf die des Herstellers oder seines Gehilfen. Hersteller war, mit ausdrücklichem Verweis, nach § 4 Abs. 1 und 2 ProdHaftG wer das Endprodukt, einen Grundstoff oder ein Teilprodukt hergestellt hat sowie jeder, der sich durch das Anbringen seines Namens, seiner Marke oder eines anderen unterscheidungskräftigen Kennzeichens als Hersteller ausgibt sowie derjenige, der ein Produkt zum Vertrieb mit wirtschaftlichem Zweck im Rahmen der geschäftlichen Tätigkeit in den Europäischen Wirtschaftsraum einführt oder

---

581 *Grundmann*, AcP 202 (2002), 40, 47.

582 *Matusche-Beckmann* in: Staudinger, 2023, BGB § 434 Rn. 121; *Pammler* in: jurisPK-BGB, 10. Aufl. 26.08.2024, BGB § 434 Rn. 131; *Weiler*, WM 2002, 1784, 1786.

583 Die vorherige Fassung, bei der die Rede von „Kennzeichnung" ist, kritisierend *Riha*, Ökonomische Analyse des Sachmängelgewährleistungsrechts des BGB, 2007, S. 77.

584 *Tonner*, VuR 2019, 363, 364.

585 Vgl. Art. 7 Abs. 1 lit. d) WKRL: „insbesondere" bzw. „particularly"; *Matusche-Beckmann* in: Staudinger, 2023, BGB § 434 Rn. 127.

verbringt. Aus der jetzigen Formulierung geht die Haftung für jedes Glied der Vertragskette hervor, somit auch für etwaige Zwischenhändler.[586] Durch die Streichung des Verweises ins ProdHaftG ergibt sich die Definition des Herstellers aus Art. 4, Art. 2 Nr. 4 WKRL, wonach Hersteller den Hersteller von Waren, den Importeur sowie jede andere Person erfasst, die sich dadurch, dass sie ihren Namen, ihre Marke oder ein anderes Kennzeichen an den Waren anbringt, als Hersteller bezeichnet. Der Verkäufer haftet damit zwar weiterhin für einen großen Kreis an Personen, jedoch wurde dieser in Hinblick auf Hersteller von Grundstoffen oder Teilprodukten verkleinert. Trotz der Uneindeutigkeit des vorherigen Wortlauts der Norm war davon auszugehen, dass sich der Begriff des Gehilfen auf jeden Gehilfen der von der Norm erfassten Unternehmer bezieht.[587] Nach dem neuen Wortlaut sind Äußerungen von jedem im Auftrag des Verkäufers oder im Auftrag eines anderen Glieds der Vertragskette handelnden Dritten maßgeblich.[588] Dies entspricht dem umzusetzenden Wortlaut in Art. 7 Abs. 1 lit. d) WKRL: *„any public statement made by or on behalf of the seller, or other persons in previous links of the chain of transactions“*.

Begründet wurde die erstmals mit der SMR eingeführte erweiterte Haftung damit, dass der Käufer auf die inhaltliche Richtigkeit etwaiger öffentlicher Äußerungen in Bezug auf den Kaufgegenstand vertrauen können muss.[589] Es ist nicht entscheidend, was der Käufer im konkreten Fall tatsächlich erwartet, sondern, was er normativ erwarten kann, d.h. entscheidend ist der Erwartungshorizont eines Durchschnittskäufers.[590] Demgegenüber wird der Verkäufer in keiner unzumutbaren Weise an die Äußerungen Dritter gebunden, denn er profitiert von Werbung durch Dritte, die seinen Absatz fördern und für den Kauf entscheidungsrelevant sein können.[591] Außerdem wird er nur an Aussagen gebunden, die sich auf konkrete Eigenschaften der Kaufsache beziehen und nicht auf sonstige allgemeine,

---

586 *Faust* in: BeckOK BGB, 74. Ed. 01.05.2025, BGB § 434 Rn. 107; *Schulze/Zoll*, European Contract Law, 3. Ed. 2021, Chapter 5 Rn. 43.

587 *Büdenbender* in: NK-BGB, 4. Aufl. 2021, BGB § 434 Rn. 35; *Westermann* in: MüKo BGB, 8. Aufl. 2019, BGB § 434 Rn. 32; So auch mit Hinweis darauf, dass sich die Informationshaftung auf die gesamte Absatzkette beziehe *Riha*, Ökonomische Analyse des Sachmängelgewährleistungsrechts des BGB, 2007, S. 71, dem zufolge Gehilfe „als der Teil der Absatzkette, der nicht vom Unternehmen selbst ausgeführt wird“ zu verstehen ist.

588 Siehe Art. 7 Abs. 1 lit. d) WKRL.

589 BT-Drs. 14/6040, 214.

590 BGH, Urt. v. 07.02.2007, VIII ZR 266/06, NJW 2007, 1351, Rn. 21; *Faust* in: BeckOK BGB, 74. Ed. 01.05.2025, BGB § 434 Rn. 101, 114; *Westermann* in: MüKo BGB, 8. Aufl. 2019, BGB § 434 Rn. 29.

591 BT-Drs. 14/6040, 214; *Riha*, Ökonomische Analyse des Sachmängelgewährleistungsrechts des BGB, 2007, S. 65 f.; *Weiler*, WM 2002, 1784, 1785.

nicht nachprüfbare Anpreisungen.[592] Dieselbe Begründung findet auch heute noch umfänglich Beachtung.

Dennoch erscheint die vom Gesetzgeber gewollte Haftung für Äußerungen etwaiger Zwischenhändler gem. dem seit dem 01.01.2022 geltenden und der Umsetzung des Art. 7 Abs. 1 lit. d) WKRL dienenden § 434 BGB fehlerhaft, da zumindest Glied der Vertragskette des Verkäufers nur solche Händler sind, von denen er das Produkt bezogen hat und nicht jeder weitere Zwischenhändler, mit dem keine vertragliche Beziehung besteht.[593] Nicht die Werbeaussagen von Zwischenhändlern, sondern die Aussagen der Hersteller bestimmen in der Regel die zu erwartende Produktqualität in der Öffentlichkeit.[594] Der Vorteil, den der Verkäufer durch die Herstellerwerbung hat, soll das Risiko der Haftung für fehlerhafte Aussagen kompensieren, und von Äußerungen Dritter hat der Verkäufer nicht typischerweise, sondern nur ausnahmsweise einen Vorteil.[595] Da die Regelungen auch für Parteien gelten, die nicht Verbraucher und Unternehmer sind, und der Mangelbegriff ein einheitlicher sein soll, beschränkt sie sich nicht auf den Verbrauchsgüterkauf.[596] Aus Sicht des nicht unternehmerisch tätigen Verkäufers ist die Erweiterung seines Verantwortungsbereichs mit negativen Folgen belastet, weil er auch für Erwartungen haftet, die aus Fachausdrücken der Herstellerwerbung erwachsen, die er selbst nicht einzuschätzen vermag, oder die durch Jubel und Begeisterung professioneller Models über die Qualität der Ware entstehen.[597] Zudem fällt der Profit, der seine Ursache in der Werbung des Herstellers hat, bei privaten, nicht gewerblich handelnden Verkäufern, die nicht in der Absatzkette des Herstellers eingebunden sind, gar nicht an.[598] Die Haftungserweiterung intensiviert das Bedürfnis nach einem funktionierenden und effektiven Rückgriff des Letztverkäufers.[599] Der Schutz der durch die Werbung ausgelösten Erwartungshaltung des Käufers kann nicht vollends schützenwert sein und nicht immer sollten die Interessen des Verkäufers zurück treten müssen.[600]

---

592 BT-Drs. 14/6040, 214.

593 *Faust* in: BeckOK BGB, 74. Ed. 01.05.2025, BGB § 434 Rn. 109.

594 *Büdenbender* in: NK-BGB, 4. Aufl. 2021, BGB § 434 Rn. 36.

595 *Weiler*, WM 2002, 1784, 1789.

596 BT-Drs. 14/6040, 214; Dies begrüßend *Riha*, Ökonomische Analyse des Sachmängelgewährleistungsrechts des BGB, 2007, S. 69.

597 *Westermann*, JZ 2001, 530, 533.

598 *Weiler*, WM 2002, 1784, 1785; So auch *Riha*, Ökonomische Analyse des Sachmängelgewährleistungsrechts des BGB, 2007, S. 70, dem zufolge der private Verkäufer zudem gegenüber dem Käufer auch keine bessere Markt- und Produktkenntnis habe.

599 *Reich*, NJW 1999, 2397, 2400; *Westermann*, JZ 2001, 530, 533.

600 *Weiler*, WM 2002, 1784, 1789.

Es sollte daher überlegt werden, die Haftung des Verkäufers, insbesondere des privat tätigen Verkäufers, für Äußerungen Dritter legislativ etwas einzuschränken und ihm nur das Haftungsrisiko zu übertragen, in dessen Gegenzug er auch potenzielle Absatzgewinne verzeichnen kann und für das zumindest im Grundsatz die Möglichkeit der eigenen Kenntnisnahme und Vorhersehbarkeit besteht. Demgegenüber bestünden ohne die Einbeziehung etwaiger Zwischenhändler Lücken für den Schutz der Käufer und die Zwischenhändler würden ungerechtfertigt privilegiert.[601] Die höhere Anzahl der einzubeziehenden Angaben zur Mindestlebensdauer führen in positiver Hinsicht zu einem zunehmenden Informationsfluss an den Käufer und damit zu einer stärkeren Durchsetzung festgelegter Mindestlebensdauern.

iii. Angabe einer Mindesthaltbarkeit, die kürzer ist als bei Sachen derselben Art üblich

Wenn Unternehmer im Rahmen ihrer öffentlichen Äußerungen und Werbung eine Haltbarkeit angeben, die negativ von der üblicherweise zu erwartenden objektiven Haltbarkeit abweicht, stellt dies keine negative Abweichung im Sinne des § 476 Abs. 1 S. 2 BGB dar, mit dem Art. 7 Abs. 5 WKRL umgesetzt wurde, weil die öffentliche Äußerung keine vertragliche Abrede ist, sondern ihrerseits vielmehr zur Bestimmung der vom Käufer erwartbaren Haltbarkeit, die einer vertraglichen Abweichung vorausgehen muss, relevant ist.[602] Die vom Käufer erwartete Beschaffenheit kann dann schlechter sein als die sonst übliche Beschaffenheit.[603] Nichtsdestotrotz ist die Ware nur dann mangelfrei, wenn sie neben den Eigenschaften aus der öffentlichen Äußerung auch den sonstigen, objektiven Anforderungen und damit der objektiv üblichen Beschaffenheit genügt.[604] Eine dem Wortlaut des § 476 Abs. 1 S. 2 BGB widersprechende Anwendung desselben für negative Abweichungen von der üblichen Beschaffenheit in öffentlichen Äußerungen, um zulasten des Käufers gehende Ergebnisse zu vermeiden, ist somit nicht

601 *Riha*, Ökonomische Analyse des Sachmängelgewährleistungsrechts des BGB, 2007, S. 68 ff.
602 *Rachlitz/Kochendörfer/Gansmeier*, JZ 2022, 705, 709; *Faber* in: Stabentheiner/Wendehorst/Zöchling-Jud, Das neue europäische Gewährleistungsrecht, 2019, 63, 87 f.
603 *Faust* in: BeckOK BGB, 74. Ed. 01.05.2025, BGB § 434 Rn. 106, 82.
604 *Faust* in: BeckOK BGB, 74. Ed. 01.05.2025, BGB § 434 Rn. 106, 82; a.A. *Faber* in: Stabentheiner/Wendehorst/Zöchling-Jud, Das neue europäische Gewährleistungsrecht, 2019, 63, 87, der ein darüberhinausgehendes negatives Abweichen von objektiven Anforderungen dann nicht mehr für möglich hält.

erforderlich, da die öffentliche Äußerung gerade nicht den alleinigen Referenzrahmen zur Bestimmung eines Mangels bildet.[605]

Insoweit die objektiv übliche Mindestlebensdauer bestimmt ist, können die Parteien aufgrund ihrer Privatautonomie eine sog. negative Beschaffenheitsvereinbarung treffen. Mit einer solchen geben sich beide Parteien damit einverstanden, dass der Kaufgegenstand eine schlechtere als die objektiv am Markt übliche Qualität aufweist. Der Verkäufer eines Verbrauchsgüterkaufs kann seine Gewährleistungshaftung für negative Abweichungen von der objektiv üblichen Beschaffenheit einer Kaufsache hingegen nur unter den strengen Voraussetzungen nach Art. 7 Abs. 5 WKRL, umgesetzt in § 476 Abs. 1 S. 2 BGB, ausschließen. Hiernach kann er die Gewährleistung ausschließen für solche Abweichungen von den objektiven Anforderungen, die er dem Verbraucher vor Vertragsschluss mitgeteilt hat und über die er mit dem Verbraucher eine ausdrückliche und gesonderte Vereinbarung getroffen hat. Möchte der Verkäufer somit seiner Gewährleistungshaftung für eine Haltbarkeit seines Produkts, die der objektiv üblichen Haltbarkeit nicht entspricht, entgehen, muss er den Käufer vor Vertragsschluss über diesen Umstand ausdrücklich in Kenntnis setzen. Tut er dies nicht und das verkaufte Produkt weist in einem Zeitpunkt einen Funktionsverlust auf, zu dem Produkte derselben Art üblicherweise noch funktionieren, d.h. vor Ablauf der objektiv üblichen Mindesthaltbarkeitsdauer, liegt ein Mangel vor. Demzufolge wäre die Angabe einer Mindesthaltbarkeit in der Werbung, die kürzer ist als bei Sachen derselben Art üblich, selbst wenn sie als negative Beschaffenheitsvereinbarung eingeordnet würde, im Verbrauchsgüterkauf sowieso nach § 476 Abs. 1 S. 2 BGB unbeachtlich, weil sie den Voraussetzungen nicht genügt.

iv. Haftungsausschluss für öffentliche Äußerungen

An die öffentlichen Äußerungen ist der Verkäufer nicht gebunden, wenn er sie nicht kannte und auch nicht kennen konnte, wenn die Äußerung im Zeitpunkt des Vertragsschlusses in derselben oder gleichwertigen Weise bereits berichtigt war oder wenn die Äußerung die Kaufentscheidung gar nicht beeinflussen konnte, Art. 7 Abs. 2 WKRL, umgesetzt in § 434 Abs. 3 S. 3 BGB. Diese Ausnahme wurde bereits mit der SMR in Umsetzung von Art. 2 Abs. 4 VGKRL im BGB eingeführt.

Die Ausnahmen sind restriktiv auszulegen.[606] Die Beweislast hierfür trägt der Verkäufer.[607] Diese Beweislast- und Haftungszuweisung liegt darin begründet, dass

605 Hingegen für die Anwendung des § 476 BGB plädierend *Rachlitz/Kochendörfer/Gansmeier*, JZ 2022, 705, 710; *Segger-Piening*, ZfPW 2020, 358, 378.
606 *Michel*, Premature Obsolescence, 2022, S. 361.
607 BT-Drs. 14/6040, 214 f.

der Verkäufer durch die Werbung Profite erhält, in besonderem Maße beim Vertrieb von nur einer Marke.[608] Ihm stehen im Gegensatz zum Käufer die besseren rechtlichen und faktischen Mittel zur Verfügung, um darauf hinwirken zu können, dass letztlich der Hersteller, der für die Werbung verantwortlich ist, sämtliche durch die Werbung entstehenden externen Kosten trägt.[609] Zudem hat der Verkäufer viel eher die Möglichkeit, Kosten, die durch die Fehlerhaftigkeit der Werbung entstehen, zu vermeiden, weil er Werbefehler kostengünstig aufdecken kann.[610] Im Hinblick auf die Verbreitung von Werbung, wird sich der Letztverkäufer regelmäßig nicht auf seine Unkenntnis berufen können, sondern eher versuchen den Beweis anzustellen, dass die Aussage keinen Einfluss auf die Kaufentscheidung hatte.[611] Je schwieriger der Beweis zu erbringen ist, desto höher wird die Bedeutung des Verkäuferregresses.[612]

In der ersten Variante des Haftungsausschlusses ist der Verkäufer an öffentliche Äußerungen nicht gebunden, wenn er sie nicht kannte und auch nicht kennen konnte. Während § 434 BGB a.F. auf das „Kennen müssen" abstellte, d.h. auf die Unkenntnis infolge von Fahrlässigkeit gem. § 122 Abs. 2 BGB, wonach jede Form von Fahrlässigkeit für die Haftung ausreichte,[613] spricht die aktuelle Fassung des § 434 BGB von „Kennen konnte". Die VGKRL stellte darauf ab, ob der Verkäufer *vernünftigerweise* keine Kenntnis haben konnte.[614] Dieser dem BGB fremde Begriff sollte nicht übernommen werden, stattdessen wurde auf das Kennenmüssen abgestellt.[615] Begründet wurde dies damit, dass der Verkäufer von falschen Werbeaussagen Dritter nicht profitieren soll, sobald ihm Kenntnis oder fahrlässige Kenntnis vorgeworfen werden kann.[616] Ihn trifft also eine Obliegenheit, sich über die Werbung des Herstellers und seiner Gehilfen zu informieren, eine sog.

608 *Grundmann* in: Grundmann/Bianca, EU-Kaufrechts-Richtlinie Kommentar, 2002, VGKRL Art. 2 Rn. 38.

609 *Grundmann* in: Grundmann/Bianca, EU-Kaufrechts-Richtlinie Kommentar, 2002, VGKRL Art. 2 Rn. 38.

610 *Grundmann* in: Grundmann/Bianca, EU-Kaufrechts-Richtlinie Kommentar, 2002, VGKRL Art. 2 Rn. 38.

611 *Westermann*, JZ 2001, 530, 533; *Weiler*, WM 2002, 1784, 1791.

612 *Reich*, NJW 1999, 2397, 2400.

613 *Büdenbender* in: NK-BGB, 4. Aufl. 2021, BGB § 434 Rn. 45; *Weiler*, WM 2002, 1784, 1791.

614 Ebenso wie die VGKRL stellt auch die WKRL in Art. 7 Abs. 2 lit. a) darauf ab, dass der Verkäufer die betreffende öffentliche Erklärung nicht kannte und vernünftigerweise nicht kennen konnte.

615 BT-Drs. 14/6040, 215.

616 BT-Drs. 14/6040, 215.

Marktbeobachtungsobliegenheit.[617] Es muss zwischen sog. Vertrags- und Fachhändlern sowie normalen Einzelhändlern unterschieden werden.[618] Während sich Vertrags- und Fachhändler aus allgemein zugänglichen Quellen informieren müssen, d. h. sämtliche Werbeaussagen des Herstellers kennen müssen, wird von Einzelhändlern außerhalb des Fachhandels in der Regel nicht erwartet werden können, dass sie alle öffentlichen Äußerungen des Herstellers zur Kenntnis nehmen.[619] Dies lässt sich damit begründen, dass Vertrags- und Fachhändler durch die Einbindung in die Absatzkette zum einen von der Werbung profitieren und zum anderen über bessere Markt- und Produktkenntnisse als der Käufer verfügen.[620] Es ist davon auszugehen, dass Angaben auf der Verpackung selbst von jedem Verkäufer zur Kenntnis genommen werden.[621] Ob von Einzelhändlern außerhalb des Vertrags- und Fachhandels darüber hinaus die Kenntnis von Werbeaussagen des Herstellers erwartet werden kann, ist im Einzelfall abhängig vom Warenwert, der Bedeutung der Waren innerhalb des Sortiments, der Intensität der öffentlichen Aussage sowie der innerbetrieblichen Organisation.[622] Diese Grundsätze gelten auch weiterhin, wobei in dogmatischer Hinsicht nicht die Unkenntnis infolge von Fahrlässigkeit nach § 122 Abs. 2 BGB relevant ist, sondern ob ein optimal organisierter und informierter Verkäufer die Äußerung nicht gekannt hätte.[623]Absolute Unmöglichkeit ist zwar nicht Voraussetzung, bloße Fahrlässigkeit genügt hingegen aber auch nicht mehr.[624]

Keine Bindung an die Werbeaussagen tritt nach der zweiten Variante ein, wenn die Aussage berichtigt war, was nur dann anzunehmen ist, wenn sie keinen Einfluss mehr auf die Kaufentscheidung nehmen konnte.[625] Der Verkäufer muss die Werbeaussage nicht selbst berichtigen, dies kann auch durch einen Dritten erfolgen.[626] Hierfür muss die Berichtigung entweder ausdrücklich gegenüber dem Käufer erfolgen oder in der Weise, dass der Verkäufer oder der Dritte berechtigt

617 *Grundmann* in: Grundmann/Bianca, EU-Kaufrechts-Richtlinie Kommentar, 2002, VGKRL Art. 2 Rn. 41; *Weiler*, WM 2002, 1784, 1791.

618 *Grunewald* in: Erman BGB, 17. Aufl. 2023, BGB § 434 Rn. 30.

619 *Büdenbender* in: NK-BGB, 4. Aufl. 2021, BGB § 434 Rn. 45; *Grunewald* in: Erman BGB, 17. Aufl. 2023, BGB § 434 Rn. 30.

620 *Riha*, Ökonomische Analyse des Sachmängelgewährleistungsrechts des BGB, 2007, S. 79.

621 *Grunewald* in: Erman BGB, 17. Aufl. 2023, BGB § 434 Rn. 30.

622 *Faust* in: BeckOK BGB, 74. Ed. 01.05.2025, BGB § 434 Rn. 118; *Westermann* in: MüKo BGB, 8. Aufl. 2019, BGB § 434 Rn. 33.

623 *Faust* in: BeckOK BGB, 74. Ed. 01.05.2025, BGB § 434 Rn. 117.

624 *Faust* in: BeckOK BGB, 74. Ed. 01.05.2025, BGB § 434 Rn. 117.

625 BT-Drs. 14/6040, 215.

626 *Howells/Twigg-Flesner/Wilhelmsson*, Rethinking EU Consumer Law, 2018, S. 183.

erwarten konnte, sie werde vom Käufer zur Kenntnis genommen.[627] Eine tatsächliche Kenntnisnahme durch den Käufer ist keine Voraussetzung.[628] Sie muss in derselben oder in gleichwertiger Weise erfolgen, was der Fall ist, wenn sie mit Hilfe desselben Mediums mit der gleichen Reichweite in derselben Art und Weise vorgenommen wird, entscheidend ist die Erreichbarkeit des Käufers.[629] In der Praxis wird der Verkäufer zur Haftungsentlastung wohl nicht gegenüber dem Käufer ausdrücklich zur Kenntnis bringen, dass der Gegenstand nicht die angepriesenen Eigenschaften aufweist, da dies gegen Verhaltenspflichten aus den Vertragshändlerverträgen mit den Herstellern verstoßen würde.[630] Außerdem hat der Verkäufer regelmäßig nicht den nötigen Einfluss auf den Hersteller, um von ihm eine Berichtigung der unrichtigen Werbeaussagen verlangen zu können.[631] Ursprünglich wollte der Gesetzgeber diese Ausnahme nicht ausdrücklich ins Gesetz aufnehmen, da der Fall bereits von der letzten Ausnahme erfasst sei.[632]

In der dritten Variante ist die Haftung für öffentliche Äußerungen ausgeschlossen, wenn diese die Kaufentscheidung nicht beeinflussen konnten. Das Vertrauen des Käufers bedarf keines Schutzes, wenn die Äußerung die Kaufentscheidung nicht beeinflussen konnte, d. h. die Äußerung nicht in die Abwägung, ob der Kauf geschlossen werden soll, einbezogen wurde, was jedoch nachweislich ausgeschlossen sein muss.[633] Kaufentscheidung meint nicht den Zeitpunkt, in welchem sich der Käufer zum Kauf entschlossen hat, sondern den Zeitpunkt des Abschlusses des Vertrags.[634] Die Kaufentscheidung wurde etwa dann nicht von der Äußerung beeinflusst, wenn sie bei Vertragsschluss noch nicht vorgenommen wurde oder sie zwar ausgesprochen wurde, der Käufer aber keine Kenntnis hiervon hatte, oder wenn es dem Käufer auf die Äußerung gar nicht ankam, weil sie die für ihn wichtige Beschaffenheit oder den Verwendungszweck nicht thematisierte.[635] Informationen über Produkteigenschaften, die in der Bedienungsanleitung offenbart werden, stellen somit keine Werbung im Sinne des § 434 Abs. 3 BGB dar,

---

627 BT-Drs. 14/6040, 215.

628 *Büdenbender* in: NK-BGB, 4. Aufl. 2021, BGB § 434 Rn. 49; *Saenger* in: HK-BGB, 12. Aufl. 2024, BGB § 434 Rn. 31; Der Verkäufer muss daher nicht darlegen, dass der Käufer die Berichtigung zur Kenntnis genommen hat, vgl. *Howells/Twigg-Flesner/Wilhelmsson*, Rethinking EU Consumer Law, 2018, S. 183.

629 *Büdenbender* in: NK-BGB, 4. Aufl. 2021, BGB § 434 Rn. 48 f.; *Saenger* in: HK-BGB, 12. Aufl. 2024, BGB § 434 Rn. 31.

630 *Schmidt-Räntsch*, ZEuP 1999, 294, 296.

631 *Weiler*, WM 2002, 1784, 1792.

632 BT-Drs. 14/6040, 215.

633 BGH, Urt. v. 16.07.2021, V ZR 119/20, ZIP 2021, 2643, Rn. 11.

634 BGH, Urt. v. 16.07.2021, V ZR 119/20, ZIP 2021, 2643, Rn. 13.

635 BGH, Urt. v. 16.07.2021, V ZR 119/20, ZIP 2021, 2643, Rn. 12 m.w.N.

da der Käufer von diesen Informationen erst nach dem Erwerb des Produkts Kenntnis erlangt und sie daher keinen Einfluss auf die Kaufentscheidung nehmen konnten.[636]

v. Zusammenfassung

Angaben des Herstellers oder des Verkäufers in Hinblick auf die Mindestlebensdauer der vertriebenen Produkte können Gegenstand von Vertragsverhandlungen mit dem Käufer sein. In diesem Fall sind die Angaben Teil der Beschaffenheitsvereinbarung und wenn das Produkt diese vereinbarte Mindestlebensdauer nicht erreichen sollte, läge ein Mangel vor. Wird hingegen nicht über Werbeaussagen im Rahmen des Kaufprozesses gesprochen, sind sämtliche öffentliche Äußerungen in der Werbung oder auf dem Etikett zur Bestimmung der objektiv üblichen und vom Käufer zu erwartenden Beschaffenheit des Kaufgegenstands maßgeblich. Relevant sind alle Äußerungen des Verkäufers selbst, in seinem Auftrag oder von einer anderen Person in vorhergehenden Gliedern der Vertragskette. Der Letztverkäufer ist nur dann nicht an die Äußerungen gebunden, wenn er sie nicht kannte und auch nicht kennen konnte, wenn die Äußerung im Zeitpunkt des Vertragsschlusses in derselben oder gleichwertigen Weise bereits berichtigt war oder wenn die Äußerung die Kaufentscheidung gar nicht beeinflussen konnte. Diese Umstände muss er beweisen. Aufgrund der Privatautonomie steht es den Parteien frei, eine Haltbarkeit zu vereinbaren, die unter dem objektiv üblichen Maß liegt. Für den Verbrauchsgüterkauf sind insoweit die Anforderungen nach Art. 7 Abs. 5 WKRL zu beachten.

Das Unterschreiten einer in öffentlichen Erklärungen angegebenen Mindesthaltbarkeit einer Ware begründet somit entweder aufgrund eines Verstoßes gegen die subjektiven Anforderungen oder gegen die objektiven Anforderungen an die Vertragsmäßigkeit einen Mangel und führt zur Anwendbarkeit des Kaufgewährleistungsrechts und den damit einhergehenden Sanktionsmechanismen.

b) Freiwillige Angabe der Mindestlebensdauer

Dem Verkäufer bzw. Hersteller steht es frei Angaben zur Mindestlebensdauer zu machen. Diese Angaben helfen dem Käufer bei Funktionsverlust einschätzen zu können, ob das Produkt vorzeitig seine Funktionen nicht mehr erfüllt oder ob es sich lediglich um normalen Verschleiß handelt. Die Angabe beseitigt das käuferseitige Informationsdefizit. Erkennt dieser aufgrund der Angabe, dass das Produkt vorzeitig gealtert ist und es sich um einen Mangel handelt, kann er von seinen

---

636 *Schlacke/Alt/Tonner/Gawel/Bretschneider*, UBA Texte 72/2015, S. 146.

Gewährleistungsrechten Gebrauch machen. Entsprechend dem unter a. Ausgeführten kann ein Verstoß gegen die freiwillig angegebene Produktlebensdauer zu einem Mangel nach § 434 Abs. 2 BGB führen, weil die Angabe Inhalt des Vertrags und damit Teil der Beschaffenheitsvereinbarung wurde, oder zu einem Mangel nach § 434 Abs. 3 BGB, weil die Angabe eine Werbeaussage darstellt, die für die Beurteilung der objektiven Anforderungen an die Vertragsmäßigkeit relevant ist.

Nachfolgend werden konkrete Möglichkeiten aufgezeigt, in welcher Art und Weise der Verkäufer auf freiwilliger Ebene Angaben zur Mindestlebensdauer machen kann.

i. Nachhaltigkeitssiegel und Umweltzeichen

Bereits in der Agenda 21 von 1992 wurde vorgeschlagen, Umweltzeichen sowie sonstige umweltbezogene Produktionsformationen zu etablieren.[637] Umweltzeichen sind Nachhaltigkeitssiegel, welche ausschließlich oder überwiegend Umweltaspekte eines Produkts abdecken.[638] Nachhaltigkeitssiegel beschreibt hiernach ein freiwilliges, öffentliches oder privates Vertrauenssiegel, Gütezeichen oder Ähnliches mit dem Ziel, ein Produkt auf seine ökologischen oder sozialen Merkmale oder beides hervorzuheben oder zu fördern.[639]Auf Produkten angebrachte Gütesiegel spiegeln demnach das Vorhandensein bestimmter Merkmale des Produkts einer bestimmten Kategorie wider und werden von verschiedenen Institutionen oder Verbänden vergeben. Der Hersteller kann sich hierdurch freiwillig den Anforderungen bestimmter umweltrechtlicher Standards unterwerfen. Das Umweltzeichen könnte seinerseits bestimmte Mindestanforderungen an die Lebensdauer eines Produkts aufstellen und klar definieren, welche Haltbarkeitsvoraussetzungen ein Produkt erfüllt bzw. erfüllen sollte.[640]

---

637 *Konferenz der Vereinten Nationen für Umwelt und Entwicklung*, AGENDA 21, 1992, Kapitel 4, S. 18, 21.

638 *Europäische Kommission*, Vorschlag für eine Richtlinie des Europäischen Parlaments und des Rates über die Begründung ausdrücklicher Umweltaussagen und die diesbezügliche Kommunikation (Richtlinie über Umweltaussagen), COM(2023) 166 final, 22.03.2023, Art. 2 Nr. 8 Richtlinienvorschlag.

639 Art. 1 Nr. 1 lit. b) der Richtlinie (EU) 2024/825 des Europäischen Parlaments und des Rates vom 28. Februar 2024 zur Änderung der Richtlinien 2005/29/EG und 2011/83/EU hinsichtlich der Stärkung der Verbraucher für den ökologischen Wandel durch besseren Schutz gegen unlautere Praktiken und durch bessere Informationen.

640 *Prakash/Dehoust/Gsell/Schleicher/Stamminger*, UBA Texte 11/2016, 2016, S. 269.

(1) Begründung eines Mangels

Ein Mangel läge vor, wenn das mit dem Siegel gekennzeichnete Produkt die umweltrechtlichen Anforderungen der dahinterstehenden Organisation nicht erfüllt.[641] Die Nichteinhaltung der dem Umweltsiegel zugrundeliegenden Anforderungen führt jedoch nur dann zum Vorliegen eines Mangels, wenn ebendiese Anforderungen auch die Beschaffenheit im Sinne des § 434 BGB betreffen.[642] Bei der Haltbarkeit handelt es sich um eine Eigenschaft, die Teil der Beschaffenheit des Kaufgegenstands ist. Die Kennzeichnung mit einem Nachhaltigkeitssiegel ist zudem als Beziehung der Sache zur Umwelt für die Verkehrsauffassung wesentlich für die Wertschätzung eines Gegenstands.[643] Grundlage zur Bestimmung des Mangels kann der subjektive Mangelbegriff sein. Die Kennzeichnung des Produkts mit einem Siegel oder einem Umweltzeichen stellt eine Beschreibung der Eigenschaften dieses Produkts dar und kann damit Inhalt des Kaufvertrags sowie Teil der Beschaffenheitsvereinbarung sein.[644] Es liegt nicht fern anzunehmen, die Parteien hätten sich konkludent über die Konformität der Sache mit den Siegel-Vorgaben geeinigt und eine Nichtübereinstimmung würde daher nach den subjektiven Voraussetzungen einen Mangel begründen.[645] Eine Beschaffenheitsvereinbarung ist jedoch nur in einem eindeutigen Fall anzunehmen.[646] Grundlage kann auch der objektive Mangelbegriff sein, weil die Kennzeichnung eine Werbeaussage darstellt. Das Nachhaltigkeitssiegel oder sonstige Umweltzeichen, die auf dem Produkt angebracht sind, sind als öffentliche Äußerung des Herstellers i. S. d. § 434 Abs. 3 S. 1 Nr. 2 lit. b) BGB zu qualifizieren und zur Bestimmung der üblichen Beschaffenheit einer Ware von Bedeutung.[647] Die Vertragswidrigkeit ergibt sich sodann aufgrund der negativen Abweichung von der Lebensdauer, die der Käufer durch die Kenntlichmachung mit dem Siegel erwarten durfte, weil die Ware der üblichen Beschaffenheit gleichartiger Produkte nicht entspricht. Dabei ist entscheidend, dass

---

641 *Croon-Gestefeld*, NJW 2022, 497, 499 Rn. 15; Vgl. auch *Grunewald* in: FS Adams, 2013, 173, 176.

642 *Beck*, NJW 2022, 3313, 3316 Rn. 19.

643 *Croon-Gestefeld*, NJW 2022, 497, 499 f. Rn. 16; BGH, Urt. v. 15.06.2016, VIII ZR 134/15, NJW 2016, 2874, Rn. 10.

644 BT-Drs. 14/6040, 212; *Lüttringhaus*, AcP 219 (2019), 29, 53 f.

645 *Croon-Gestefeld*, NJW 2022, 497, 499 f. Rn. 16; *Gsell*, ZHR 2023, 392, 408 f.

646 BGH, Urt. v. 10.11.2021, VIII ZR 187/20, NJW 2022, 686, 688 Rn. 35 m.w.N.; BGH, Urt. v. 27.09.2017, VIII ZR 271/16, NJW 2018, 146, 146 Rn. 18 m.w.N.; BGH, Urt. v. 26.04.2017, VIII ZR 80/16, NJW 2017, 2817, 2818 Rn. 13 m.w.N.; *Weidenkaff* in: Grüneberg BGB, 84. Aufl. 2025, BGB § 434 Rn. 12.

647 *Berger* in: Jauernig BGB, 19. Aufl. 2023, BGB § 434 Rn. 16; *Croon-Gestefeld*, NJW 2022, 497, 499 f. Rn. 16; *Gsell*, ZHR 2023, 392, 410.

der Käufer die Einhaltung der Standards im Grundsatz erwartet, nicht jedoch, dass er die Zertifizierungskriterien im Detail kennt.[648]

In der Praxis werden Umweltzeichen auf Gegenständen angebracht, nicht jedoch die konkrete Aussage über die dahinterstehenden Kriterien, wie potenziell die Mindestlebensdauer. Zertifizierungs- und Zeichensysteme sollen transparent und unabhängig sein, damit Konsumenten klar erkennen können, welche Nachhaltigkeitsanforderungen es gibt und ob die Waren diesen Anforderungen gerecht werden.[649] Die zur Mangelbestimmung relevante Äußerung bezieht sich gerade nicht nur auf die Information, die auf dem Umweltzeichen direkt angegeben ist, sondern auch auf alle hiermit im Zusammenhang stehenden Standards, d.h. insbesondere Aussagen hierzu auf einer Webseite.[650] Dies ist insofern von besonderer Bedeutung, als dass hinter dem Zeichen stehende festgelegte Lebensdauerstandards vom Käufer leicht recherchiert werden können und können sollten, wenn das Produkt nach dem Kauf funktionsunfähig wird.[651] Wichtig ist dabei, dass die Umweltzeichen gemäß einem festgelegten Zertifizierungssystem von unabhängigen, vertrauenswürdigen Institutionen verliehen werden, wie der Staat, Verbrauchschutzorganisationen, Ökotests oder NGOs wie Greenpeace.[652] Denn eine zentrale Ursache der Uninformiertheit der Käufer liegt in der Intransparenz und Unglaubwürdigkeit von Nachhaltigkeitssiegeln, mit denen die Käufer in Massen konfrontiert werden.[653]

---

648 *Lüttringhaus*, AcP 219 (2019), 29, 52; OLG Köln, Beschl. v. 20.12.2017, 18 U 112/17, NVZ 2018, 72, Rn. 35.

649 *Die Bundesregierung*, Deutsche Nachhaltigkeitsstrategie, Weiterentwicklung 2021, 15.12.2020, S. 286, 294.

650 *Glinski/Rott*, EuZW 2003, 649, 652.

651 So ausdrücklich hinsichtlich Nachhaltigkeitslabels für Textilien *Fischer/Moch/Prakash/Teufel/Stieß/Kresse/Birzle-Harder*, UBA Texte 11/2019, 2019, S. 72.

652 *Longmuß/Dworak* in: Longmuß/Poppe, Geplante Obsoleszenz, 2019, 73, 90; So ausdrücklich hinsichtlich Nachhaltigkeitslabels für Textilien *Fischer/Moch/Prakash/Teufel/Stieß/Kresse/Birzle-Harder*, UBA Texte 11/2019, 2019, S. 72; *Croon-Gestefeld*, NJW 2022, 497, 499 Rn. 15; EG 7 der Richtlinie (EU) 2024/825 des Europäischen Parlaments und des Rates vom 28. Februar 2024 zur Änderung der Richtlinien 2005/29/EG und 2011/83/EU hinsichtlich der Stärkung der Verbraucher für den ökologischen Wandel durch besseren Schutz gegen unlautere Praktiken und durch bessere Informationen, wonach eine Geschäftspraktik, die das Anbringen eines Nachhaltigkeitssiegel umfasst, welches nicht auf einem Zertifizierungssystem beruht oder nicht von staatlicher Stelle festgesetzt wurde, als unlauter anzusehen ist.

653 EG 1 der Richtlinie (EU) 2024/825 des Europäischen Parlaments und des Rates vom 28. Februar 2024 zur Änderung der Richtlinien 2005/29/EG und 2011/83/EU hinsichtlich der Stärkung der Verbraucher für den ökologischen Wandel durch besseren Schutz gegen unlautere Praktiken und durch bessere Informationen.

Umweltzeichen, die vom Verkäufer selbst vergeben werden, wird der Käufer regelmäßig für unzuverlässig halten.[654] Um die Rechtssicherheit und Glaubwürdigkeit in Bezug auf Umweltaussagen zu vergrößern, schlägt die Europäische Kommission vor, Mindestanforderungen für die Begründung und Kommunikation bei freiwilligen Umweltaussagen zu schaffen, soweit nicht bereits konkrete Vorschriften für Umweltaussagen oder Umweltzeichensysteme bestehen.[655] So muss die Begründung einer Umweltaussage auf einer Bewertung beruhen, welche bestimmten Mindestkriterien entsprechen muss.[656] Hierbei ist der gesamte Lebenszyklus des Produkts sowie sämtliche Umweltaspekte zu berücksichtigen, sodass die Vorteile transparent und in Hinblick auf negative Auswirkungen auf andere Phasen des Lebenszyklus und andere Umweltauswirkungen dargestellt werden.[657] Im Übrigen enthält der Richtlinienvorschlag zur europaweiten Vereinheitlichung Anforderungen an Umweltzeichensysteme, nach denen bescheinigt wird, dass ein Produkt den Anforderungen an ein bestimmtes Umweltzeichen erfüllt.[658] Generell sollten Umweltaussagen auf einem Zertifizierungssystem beruhen, um eine Vereinheitlichung hinsichtlich Transparenz und Reichweite der Standards und Methoden sowie der Regelmäßigkeit von Aktualisierungen und Überprüfungen zu erreichen.[659] Es wird vorgeschlagen Nachhaltigkeitssiegel in Form einer Selbst-

654 Hierzu zählen zum Beispiel Typ-II-Umweltkennzeichnungen nach DIN EN ISO 14021, die meistens einen einzelnen Umweltaspekt erfassen, an Verbraucher gerichtet sind und eine freiwillige Selbsterklärung des Erstellers darstellen unter seiner eigenen Verantwortung und nicht von einer dritten Stelle zertifiziert werden, *BMU/BDI/UBA*, Umweltinformationen für Produkte und Dienstleistungen, 7. Aufl. 2019, S. 13, 31.

655 *Europäische Kommission*, Vorschlag für eine Richtlinie des Europäischen Parlaments und des Rates über die Begründung ausdrücklicher Umweltaussagen und die diesbezügliche Kommunikation (Richtlinie über Umweltaussagen), COM(2023) 166 final, 22.03.2023, S. 8, 71.

656 *Europäische Kommission*, Vorschlag für eine Richtlinie des Europäischen Parlaments und des Rates über die Begründung ausdrücklicher Umweltaussagen und die diesbezügliche Kommunikation (Richtlinie über Umweltaussagen), COM(2023) 166 final, 22.03.2023, S. 22, Art. 3 Richtlinienvorschlag.

657 *Europäische Kommission*, Vorschlag für eine Richtlinie des Europäischen Parlaments und des Rates über die Begründung ausdrücklicher Umweltaussagen und die diesbezügliche Kommunikation (Richtlinie über Umweltaussagen), COM(2023) 166 final, 22.03.2023, S. 24, 34, EG16 Richtlinienvorschlag.

658 *Europäische Kommission*, Vorschlag für eine Richtlinie des Europäischen Parlaments und des Rates über die Begründung ausdrücklicher Umweltaussagen und die diesbezügliche Kommunikation (Richtlinie über Umweltaussagen), COM(2023) 166 final, 22.03.2023, Art. 8 Richtlinienvorschlag.

659 *Europäische Kommission*, Vorschlag für eine Richtlinie des Europäischen Parlaments und des Rates über die Begründung ausdrücklicher Umweltaussagen und die diesbezügliche Kommunikation (Richtlinie über Umweltaussagen), COM(2023) 166 final, 22.03.2023, S. 42, EG 39 Richtlinienvorschlag.

zertifizierung im Grundsatz zu verbieten und als unlautere Geschäftspraxis zu kategorisieren, weil dort keine Überprüfung der Angaben durch Dritte erfolgt.[660]

(2) Beispiele für Nachhaltigkeitssiegel und Umweltzeichen

Zu den etabliertesten freiwilligen Umweltzeichen zählt der Blaue Engel. Er zeichnet aktuell mehr als 30.000 Produkte und Dienstleistungen aus, beispielsweise Produkte aus den Bereichen Elektrogeräte, Informations- und Kommunikationstechnik, Bauprodukte, Papier und Fahrzeuge.[661] Das Zeichen wird vom Bundesumweltministerium in Zusammenarbeit mit dem Umweltbundesamt, der Jury Umweltzeichen sowie der RAL gGmbH an bestimmte „bessere" Produkte einer Produktgruppe vergeben.[662] Hierbei handelt es sich um ein sog. Typ I-Umweltzeichen gemäß DIN EN ISO 14024, welches auf deutlich definierten, öffentlich zugänglichen, transparent entwickelten und regelmäßig überarbeiteten Umweltkriterien sowie Nachweisregelungen beruht.[663] DIN-Normen werden durch die Ausschüsse des Deutschen Instituts für Normung, die europäischen Normungsorganisationen CEN/CENELEC oder die internationalen Normungsorganisationen ISO/IEC erstellt.[664] Die Kennzeichnung mit dem Blauen Engel garantiert die Umwelt- und Klimafreundlichkeit des Produkts im Gegensatz zu Produkten, die das Zeichen nicht führen, bei entsprechender Gebrauchstauglichkeit und Qualität.[665] Das Umweltbundesamt ermittelt und verfasst produktgruppenspezifische Anforderungen mittels wissenschaftlicher Veröffentlichungen, eigenen Studien und Marktrecherchen, die den gesamten Zeitraum des Produktlebenszyklus beachten und die Grundlage der Zertifizierung sind.[666] Zu den am häufigsten verwendeten Verga-

660 *Europäische Kommission*, Vorschlag für eine Richtlinie des Europäischen Parlaments und des Rates über die Begründung ausdrücklicher Umweltaussagen und die diesbezügliche Kommunikation (Richtlinie über Umweltaussagen), COM(2023) 166 final, 22.03.2023, S. 43, EG 42 Richtlinienvorschlag.

661 *RAL gGmbH*, Unser Zeichen für die Umwelt; *RAL gGmbH*, Übersicht Vergabekriterien, 2021.

662 *RAL gGmbH*, Unser Zeichen für die Umwelt.

663 *RAL gGmbH*, Unser Zeichen für die Umwelt; *BMU/BDI/UBA*, Umweltinformationen für Produkte und Dienstleistungen, 7. Aufl. 2019, S. 13, 23: Typ-I-Umweltkennzeichnungen zeichnen sich dadurch aus, dass sie an private wie gewerbliche Verbraucher gerichtet sind, eine besondere Umweltqualität ausweisen, eine hohe Glaubwürdigkeit und Bekanntheit genießen und einer Drittzertifizierung unterliegen.

664 *Deutsches Institut für Normung e.V.*, Normungsprozess: So entsteht eine Norm.

665 *RAL gGmbH*, Wissenschaftlich erarbeitet; *BMU/BDI/UBA*, Umweltinformationen für Produkte und Dienstleistungen, 7. Aufl. 2019, S. 22 f.

666 *RAL gGmbH*, Wissenschaftlich erarbeitet.

bekriterien zählen, u. a., niedriger Energieverbrauch, geringe Emissionen in Wasser, Luft und Boden, Reparatur- und Recyclingfähigkeit.[667]

Lediglich sehr vereinzelt werden konkrete Anforderungen an die Haltbarkeit der Produktgruppen gestellt. So werden beispielsweise Stoffhandtücher mit dem Umweltzeichen zertifiziert, wenn sie eine Lebensdauer von 80–100 Umläufen haben.[668] Oder Mehrwegsysteme to-go für Lebensmittel und Getränke werden zertifiziert, wenn sie eine Lebensdauer von mind. 500 Spülzyklen für das Gefäß und von mind. 100 Spülzyklen für den Deckel aufweisen.[669] Detaillierte Anforderungen werden an die Produktgruppe der Staubsauger gestellt. Nach den Voraussetzungen des Umweltzeichens muss der Motor eines Haushaltsstaubsaugers eine Mindestlebensdauer von 600 Stunden, die aktive Bodendüse eine Mindestlebensdauer von 300 Stunden, die passive Universalbodendüse eine Schlagbeständigkeit von mind. 600 Trommelumdrehungen bzw. 1.200 Stürze aus 80 cm Höhe, der Saugschlauch eine Lebensdauer von mind. 40.000 Verformungen und das Gesamtgerät eine Stoßprüfung an Schwellen und Pfosten von mind. 500 Zyklen aufweisen.[670] Bei akkubetriebenen Staubsaugern tritt die Anforderung an die Laufzeit in Minuten hinzu, die nach 600 Zyklen noch mind. 75 % der Ausgangslaufzeit betragen muss.[671]

Daneben ist auch das EU *Ecolabel* ein etabliertes europäisches Umweltzeichen, mit dem über 95.000 Produkte und Dienstleistungen, bspw. Wasch- und Reinigungsmittel, Textilien, Lacke und Beherbergungsbetriebe, entsprechend bestimmter Vergabekriterien zertifiziert wurden, die vergleichsweise geringe Umweltauswirkungen haben.[672] Das Umweltzeichen kann von jeder beliebigen Vergabestelle eines EU Mitgliedlandes vergeben werden und gilt dann in der gesamten EU.[673] Gemäß der dem EU-Umweltzeichen zugrundeliegenden Verordnung[674] müssen für jede Produktgruppe spezifische Kriterien entwickelt werden und bei deren Fest-

---

667 *RAL gGmbH*, Wissenschaftlich erarbeitet.

668 *BMUV/UBA/Jury Umweltzeichen/RAL gGmbH*, Vergabekriterien Stoffhandtuchrollen, DE-UZ 77, 2021.

669 *BMU/UBA/Jury Umweltzeichen/RAL gGmbH*, Vergabekriterien Mehrwegsysteme to-go, DE-UZ 210, 2019.

670 *BMU/UBA/Jury Umweltzeichen/RAL gGmbH*, Vergabekriterien Staubsauger, DE-UZ 188, 2020.

671 *BMU/UBA/Jury Umweltzeichen/RAL gGmbH*, Vergabekriterien Staubsauger, DE-UZ 188, 2020.

672 *Directorate-General for Environment*, EU Ecolabel, Product groups and criteria; *Directorate-General for Environment*, EU Ecolabel facts and figures; *RAL gGmbH*, EU Ecolabel, Über das Umweltzeichen EU Ecolabel; *RAL gGmbH*, Produktwelten, Produkte und Dienstleistungen.

673 *RAL gGmbH*, Produktwelten, Produkte und Dienstleistungen.

674 Verordnung (EG) Nr. 66/2010 des Europäischen Parlaments und des Rates vom 25. November 2009 über das EU-Umweltzeichen.

legung ist insb. auch die Möglichkeit der Verringerung von Umweltauswirkungen von Produkten durch eine verbesserte Langlebigkeit zu berücksichtigen.[675] So werden im Beschluss (EU) 2016/1349 der Kommission vom 05.08.2016 Kriterien und Beurteilungs- und Prüfungsanforderungen für die Produktgruppe Schuhe festgelegt. Das Kriterium 7 enthält explizite Parameter zur Förderung der Haltbarkeit für neun verschiedenen Arten von Schuhen, wobei diese Parameter sehr detailreich und technisch ausgeführt sind. Möbel, die mit dem EU-Umweltzeichen versehen sind, entsprechen den Haltbarkeitsanforderungen von für bestimmte Arten von Möbeln geltenden EN-Normen, die in dem Beschluss (EU) 2016/1332 der Kommission vom 28.07.2016 aufgeführt sind. Im Beschluss 2014/391/EU der Kommission vom 23.06.2014 werden Vergabekriterien für Bettmatratzen festgelegt, wonach diese eine bestimmte Haltbarkeit hinsichtlich der Abnahme ihrer Höhe und Festigkeit bei einer bestimmten Anzahl an Zyklen haben müssen. Damit einem Hersteller das EU-Umweltzeichen für seine Matratze verliehen wird, muss er zudem eine Gewährleistung für die Dauer von mind. zehn Jahren erteilen. Unter den aufgrund der Verordnung (EG) Nr. 66/2010 festgelegten Merkmalen lassen sich jedoch nur sehr sporadisch solche die Lebensdauer betreffend finden. Es ist aber vorgesehen, dass die Kriterien um Merkmale der Langlebigkeit erweitert werden.[676]

In Österreich gibt es die Norm ONR 192102 für Gütezeichen für langlebige, reparaturfreundlich konstruierte elektrische und elektronische Geräte. Eine solche Norm, die sich explizit auf die Haltbarkeit und Reparaturfähigkeit und -freundlichkeit von Produkten bezieht, sollte auch in Deutschland existieren. Prototypen von Waren einer bestimmten Serie oder eines bestimmten Typs werden auf ihre Konformität mit den Anforderungen des Gütesiegels von durch das Normungsinstitut zugelassenen Prüfern untersucht und bewertet.[677] Das Gütesiegel kann in unterschiedlichen Ausgestaltungen vergeben werden, je nachdem ob alle Kriterien erfüllt sind, die Mindestpunktzahl der Pflichtkriterien oder eine Wertung dazwischen erzielt wurde.[678] Dabei muss der positive Prüfbericht an das Normungsinstitut übermittelt werden, um das Produkt mit Kennzeichnung des Gütesiegels in

675 Art. 6 Abs. 3 lit. c) der Verordnung (EG) Nr. 66/2010 des Europäischen Parlaments und des Rates vom 25. November 2009 über das EU-Umweltzeichen; Zur Entwicklung der Kriterien des EU Ecolabels siehe *Michel*, Premature Obsolescence, 2022, S. 315 ff.

676 Vgl. *Europäische Kommission*, Ein neuer Aktionsplan für die Kreislaufwirtschaft, COM(2020) 98 final, 11.03.2020, S. 6; Für ein europäisches Gütezeichen, das Angaben zur Lebensdauer, Ökodesign, Nachrüstbarkeit und Reparierbarkeit enthält, plädierend *Europäisches Parlament, Ausschuss für Binnenmarkt und Verbraucherschutz*, Bericht über das Thema „Längere Lebensdauer für Produkte: Vorteile für Verbraucher und Unternehmen" (2016/2272(INI)), 09.06.2017.

677 *Eisenriegler* in: Brönneke/Wechsler, Obsoleszenz interdisziplinär, 2015, 291, 296.

678 *Eisenriegler* in: Brönneke/Wechsler, Obsoleszenz interdisziplinär, 2015, 291, 298, dem zufolge das Gesamtergebnis als Qualitätsstufe oder als gut, sehr gut oder ausgezeichnet dargestellt wird.

den Verkehr bringen zu können.[679] Gleichzeitig verpflichtet sich der Hersteller, dass die Ware die Anforderungen des Gütezeichens weiterhin einhalten wird.[680] Zusätzlich zu dem gekennzeichneten Produkt existiert auch eine Verzeichnis, in welchem alle normkonformen Waren aufgeführt sind und anhand derer sich Käufer informieren können.[681] Eine nachträgliche Informationsermittlung, ob das funktionsunfähig gewordene Produkt zu früh gealtert ist, wird dem Käufer hiermit erheblich erleichtert.

Die Beispiele zeigen, dass es möglich ist, konkrete Mindestlebensdaueranforderungen im Zusammenhang mit Nachhaltigkeitssiegeln und Umweltzeichen festzulegen. Soweit die Mindestlebensdauer Kriterium eines Gütesiegels darstellt und ein solches nur vergeben wird, wenn das entsprechende Produkt der für diesen Produkttyp festgelegten Mindestlebensdauer entspricht, können Umweltzeichen dem Käufer helfen, die objektiv übliche Haltbarkeit zu erkennen. Dann kann er einschätzen, ob vorzeitige Alterung vorliegt und ein Mangel begründet ist. Umweltzeichen wirken dem Informationsdefizit des Käufers entgegen. Je mehr Produkte den Anforderungen von Umweltsiegeln entsprechen, desto eher wird sich ein Umweltstandards im Markt etablieren.[682] Um diese Wirkung zu verstärken, sollten Anforderungen an die Mindestlebensdauer für weitere Produkte und Produktgruppen festgelegt werden. Sie sollten nicht mehr nur vereinzelt in den Vergabekriterien zu finden sein, sondern zu einer Standardanforderung werden. Die Geltungsbereiche von Umweltzeichen sollten überdies kontinuierlich auf weitere Produktgruppen ausgedehnt werden.[683] Zugleich kann dadurch das Nachhaltigkeitsbewusstsein der Konsumenten geschärft und auch das Kaufverhalten beeinflusst werden.

ii. CSR-Berichterstattung

Ein Mangel des Kaufgegenstands i. S. d. § 434 BGB kann vorliegen, weil die tatsächliche Beschaffenheit nicht den umwelt- und produktbezogenen Angaben entspricht, die in CSR-Berichten nach § 289b HGB getroffen wurden.[684]

---

679 *Eisenriegler* in: Brönneke/Wechsler, Obsoleszenz interdisziplinär, 2015, 291, 297.

680 *Eisenriegler* in: Brönneke/Wechsler, Obsoleszenz interdisziplinär, 2015, 291, 297.

681 *Eisenriegler* in: Brönneke/Wechsler, Obsoleszenz interdisziplinär, 2015, 291, 297.

682 *Die Bundesregierung*, Deutsche Nachhaltigkeitsstrategie, Weiterentwicklung 2021, 15.12.2020, S. 294.

683 *Die Bundesregierung*, Deutsche Nachhaltigkeitsstrategie, Weiterentwicklung 2021, 15.12.2020, S. 294.

684 So auch *Asmussen*, Haftung für CSR, 2020, S. 156; *Asmussen*, NJW 2017, 118, 119 ff.; *Croon-Gestefeld*, NJW 2022, 497, 500 Rn. 17; *Schirmer*, ZEuP 2021, 35, 44 f.

CSR steht für „*Corporate Social Responsibility*“ und die Berichterstattung durch große Unternehmen soll, u.a., den Zugang von Verbrauchern zu Informationen über die Auswirkungen von Unternehmen auf die Gesellschaft, insb. unter Nachhaltigkeitsgesichtspunkten und umweltbezogenen Faktoren, erhöhen.[685] Der europäische Gesetzgeber bezweckt mit der Offenlegungspflicht die Gefahren für die Nachhaltigkeit aufzuzeigen sowie den Übergang zu einer nachhaltigen globalen Wirtschaft voranzutreiben, indem langfristige Rentabilität durch Umweltschutz bedingt wird und Marktanreize zu ressourcenschonendem Handeln geschaffen werden.[686] Ausformung des zwölften *Social Development Goals* der Agenda 2030 ist auch die Ermutigung von Unternehmen, nachhaltige Verfahren einzuführen und Nachhaltigkeitsinformationen in ihre Berichterstattung aufzunehmen.[687]

Nach den bisher geltenden deutschen Vorschriften zur Berichterstattung im HGB hatten Kapitalgesellschaften[688] einer bestimmten Größe ihren Lagebericht um eine nichtfinanzielle Erklärung zu erweitern. Inhalt dieser Erklärungen waren unter anderem Umweltbelange nach § 289c Abs. 2 Nr. 1 HGB. In Hinblick auf den Umweltaspekt sah § 289c Abs. 3 HGB vor, dass das Unternehmen Angaben zu machen hat, die für das Verständnis des Geschäftsverlaufs, des Geschäftsergebnisses,

---

685 EG 3 der Richtlinie 2014/95/EU des Europäischen Parlaments und des Rates vom 22.10.2014 zur Änderung der Richtlinie 2013/34/EU im Hinblick auf die Angaben nichtfinanzieller und die Diversität betreffender Informationen durch bestimmte große Unternehmen und Gruppen.

686 EG 3, 12 der Richtlinie 2014/95/EU des Europäischen Parlaments und des Rates vom 22.10.2014 zur Änderung der Richtlinie 2013/34/EU im Hinblick auf die Angaben nichtfinanzieller und die Diversität betreffender Informationen durch bestimmte große Unternehmen und Gruppen; Weitere Berichtspflichten, sogar konkrete Sorgfaltspflichten, im Hinblick auf negative Auswirkungen auf Menschenrechte und die Umwelt im Zusammengang mit der eigenen Geschäftstätigkeit, der Geschäftstätigkeit von Tochterunternehmen und von Geschäftspartnern, ergeben sich für Unternehmen aus der Richtlinie (EU) 2024/1760 des Europäischen Parlaments und des Rates vom 13. Juni 2024 über die Sorgfaltspflichten von Unternehmen im Hinblick auf Nachhaltigkeit und zur Änderung der Richtlinie (EU) 2019/1937 und der Verordnung (EU) 2023/2859.

687 *Generalversammlung Vereinte Nationen*, Transformation unserer Welt: die Agenda 2030 für nachhaltige Entwicklung, 2015, S. 24.

688 Für Konzerne normiert § 315b HGB die Pflicht zur nichtfinanziellen Konzernerklärung. § 315b HGB erfährt inhaltliche Änderungen in Hinblick auf die Verpflichtung einen Konzernnachhaltigkeitsbericht aufzustellen durch den Gesetzentwurf der Bundesregierung vom 24.07.2024 zur Umsetzung der Richtlinie (EU) 2022/2464 des Europäischen Parlaments und des Rates vom 14. Dezember 2022 zur Änderung der Verordnung (EU) Nr. 537/2014 und der Richtlinien 2004/109/EG, 2006/43/EG und 2013/34/EU. § 315c HGB verweist bzgl. des Inhalts des Berichts auf § 289c HGB, welcher entsprechend anzuwenden ist. Eine Kapitalgesellschaft ist ihrerseits von der Verpflichtung zur Offenlegung einer nichtfinanziellen Erklärung bzw. zukünftig des Nachhaltigkeitsberichts gem. § 289b Abs. 2 oder Abs. 3 HGB-E befreit, wenn sie bereits in den Konzernlagebericht des Mutterunternehmens einbezogen ist. Die folgenden Ausführungen gelten somit gleichermaßen für Nachhaltigkeitsberichte einer Kapitalgesellschaft sowie eines Mutterkonzerns.

der Lage der Kapitalgesellschaft sowie der Auswirkungen ihrer Tätigkeit auf den Umweltbelang erforderlich sind. Dazu zählten, unter anderem, die Beschreibung der vom Unternehmen verfolgten Konzepte und der Ergebnisse dieser sowie wesentliche Risiken der Geschäftstätigkeit und ihrer Produkte, welche sehr wahrscheinlich schwerwiegende negative Auswirkungen auf die Umwelt haben.

Zwar ist es positiv zu bewerten, dass die CSR-Berichterstattung heute zwingend ist und auch Aussagen zu Umweltbelangen verpflichtend vorgenommen werden müssen, wohingegen sie bis vor nicht allzu langer Zeit gänzlich freiwillig war.[689] Die Unternehmen waren aber bisher nicht verpflichtet, die in § 289c Abs. 2 HGB genannten Themen tatsächlich umzusetzen, denn die Beachtung, Umsetzung und die Entwicklung von Konzepten stand in ihrem freien Ermessen.[690] Das gilt grundsätzlich für alle Formen von Selbstunterwerfung unter bestimmte Standards, Verhaltenskodizes etc., denn solche Aussagen von Unternehmen lassen lediglich Rückschlüsse darauf zu, dass sie grundsätzlich gewillt sind diese Vorgaben zu beachten und stellen damit kein eindeutiges Versprechen oder eine Tatsachenaussage dar.[691] Nach § 289c Abs. 4 HGB mussten die Unternehmen, wenn sie keine Informationen zu zwingenden Themen offenbaren wollten, zumindest klar und begründet erläutern, warum sie kein Konzept verfolgen.

Insoweit Unternehmen ein Konzept verfolgten, konnten sie im Rahmen ihrer verpflichtend zu tätigenden CSR-Berichterstattung freiwillig entscheiden, welchen Standards sie sich unterwerfen, denn einen bestimmten CSR-Standard schrieb das Recht nicht vor.[692] Es gibt eine Vielfalt an Standards, die bestimmte Ziele und Leitlinien vorgeben, aber nur verlangen, dass Unternehmen darüber berichten, welche Ziele sie sich selbst setzen und mit welchen Maßnahmen sie sie erreichen wollen, und die wegen ihrer Vielfältigkeit nur schwer miteinander verglichen werden können.[693] Zudem konnte die Gesellschaft selbst entscheiden, welche In-

---

689 Die CSR-Berichtspflichten wurden mit der Richtlinie 2013/34/EU des Europäischen Parlaments und des Rates vom 26.06.2013 (Bilanz-RL) sowie der folgenden Richtlinie 2014/95/EU des Europäischen Parlaments und des Rates vom 22.10.2014 (Änderungs-RL) und dem deutschen Umsetzungsgesetz vom 11.04.2017 eingeführt; Siehe zur Rechtsentwicklung ausführlich *Kleindiek* in: BeckOGK HGB, 01.02.2025, HGB § 289b Rn. 10 ff.

690 BR-Drs. 547/16, 53; *Bachmann*, ZGR 2018, 231, 233 f.; *Kleindiek* in: BeckOGK HGB, 01.02.2025, HGB § 289c Rn. 144.

691 *Collins*, 22(5) ERPL 619, 637 (2014).

692 Siehe § 289d HGB; *Bachmann*, ZGR 2018, 231, 233; *Beck*, ZIP 2022, 1471, 1473; *Merkt* in: Hopt, 44. Aufl. 2025, HGB § 289c Rn. 1, § 289d Rn. 1, dort auch Übersicht zu unterschiedlichen Rahmenwerken; *Schrader*, ZUR 2013, 451, 454 ff.

693 Siehe zu verschiedenen CSR-Standards EG 9 Richtlinie 2014/95/EU des Europäischen Parlaments und des Rates vom 22.10.2014; *Asmussen*, Haftung für CSR, 2020, S. 9 ff.; *Merkt* in: Hopt, 44. Aufl. 2025, HGB § 289d Rn. 1; *Schrader*, ZUR 2013, 451, 453 f.

formationen sie offenbaren wollte und wie spezifisch der Bericht zum Umweltschutz ausfallen sollte, sodass sie produktbezogene Angaben auch gänzlich weglassen konnte und der Bericht zur Beurteilung des Mangels irrelevant wäre.[694] Solange die Offenbarung bestimmter Informationen im Belieben des Unternehmens steht, wird es wohl nur solche Angaben machen, die seinem Image dienen.[695]

Durch die sog. *Corporate Sustainability Reporting Directive* (CSRD) werden der Anwendungsbereich und die Gegenstände der Berichtspflichten für Unternehmen erheblich erweitert.[696] Der deutsche Gesetzgeber hat die Vorgaben der CSRD, die eigentlich bis zum 06.07.2024 in den Mitgliedstaaten umzusetzen waren, noch nicht ins deutsche Recht umgesetzt. Allerdings liegt hierzu ein Gesetzentwurf der Bundesregierung vom 24.07.2024 vor. Hiernach muss dem Lagebericht ein Abschnitt zur Nachhaltigkeitsberichterstattung gem. § 289b HGB-E beigefügt werden. Einen separaten nichtfinanziellen Bericht öffentlich zu machen ist nicht mehr möglich.[697] Unternehmen müssen Angaben machen, die für das Verständnis der Auswirkungen der Tätigkeit des Unternehmens auf Nachhaltigkeitsaspekte sowie das Verständnis der Auswirkungen von Nachhaltigkeitsaspekten auf Geschäftsverlauf, Geschäftsergebnis und Lage des Unternehmens erforderlich sind.[698] In Abs. 2 des neu eingefügten Art. 19a der Richtlinie 2013/34/EU, der mit § 289c Abs. 2 HGB-E umgesetzt werden soll, werden die zu machenden Informationen näher und ausführlich beschrieben. Art. 19a Abs. 3 der Richtlinie 2013/34/EU, der mit § 289c Abs. 4 HGB-E umgesetzt werden soll, besagt, dass diese Informationen auch Angaben zu den Produkten des Unternehmens zu erfassen haben, wenn dies für das Ver-

694 *Kleindiek* in: BeckOGK HGB, 01.02.2025, HGB § 289c Rn. 26 ff.; *Lüttringhaus*, AcP 219 (2019), 29, 56.

695 *Schrader*, ZUR 2013, 451, 453.

696 Richtlinie (EU) 2022/2464 des Europäischen Parlaments und des Rates vom 14. Dezember 2022 zur Änderung der Verordnung (EU) Nr. 537/2014 und der Richtlinien 2004/109/EG, 2006/43/EG und 2013/34/EU hinsichtlich der Nachhaltigkeitsberichterstattung von Unternehmen, Dabei werden die Mitgliedstaaten nach Art. 5 Abs. 2 der Richtlinie verpflichtet, die Vorschriften nach einem gestaffelten Zeitplan anzuwenden je nach Art der durch die Regelungen verpflichteten Adressaten; Siehe zur schrittweisen Einführung der Regelungen *Kajüter* in: MüKo HGB, 5. Aufl. 2024, HGB §§ 289b-289e Rn. 88; Siehe zur Erweiterung des Anwendungsbereichs sowie zu den Berichtsgegenständen *Kleindiek* in: BeckOGK HGB, 01.02.2025, HGB § 289b Rn. 40, 42.1.

697 Vgl. *Kajüter* in: MüKo HGB, 5. Aufl. 2024, HGB §§ 289b-289e Rn. 92; *Kleindiek* in: BeckOGK HGB, 01.02.2025, HGB § 289b Rn. 36, 42.

698 Art. 1 Nr. 4 Richtlinie (EU) 2022/2464 des Europäischen Parlaments und des Rates vom 14. Dezember 2022 zur Änderung der Verordnung (EU) Nr. 537/2014 und der Richtlinien 2004/109/EG, 2006/43/EG und 2013/34/EU hinsichtlich der Nachhaltigkeitsberichterstattung von Unternehmen: in der Richtlinie 2013/34/EU wird ein neuer Art. 19a eingefügt; Umgesetzt werden soll diese Regelung mit § 289c Abs. 1 HGB-E.

ständnis erforderlich ist.[699] Grundsätzlich könnten daher in der Nachhaltigkeitsberichterstattung Angaben zur Mindestlebensdauer der produzierten und vermarkteten Waren gemacht werden. Begrüßenswert ist, dass die Europäische Kommission Standards für die Berichterstattung festgelegt hat, über welche Informationen zu berichten ist und in welcher Struktur sie offengelegt werden müssen (*European Sustainability Reporting Standards*, ESRS).[700] Die in dem Nachhaltigkeitsbericht zu machenden Angaben müssen nach § 289c Abs. 6 HGB-E in Einklang mit den delegierten Rechtsakten zu Standards erfolgen. Unternehmen können dann nicht mehr zwischen mehreren Rahmenwerken frei wählen.[701]

(1) Begründung eines Mangels

In dogmatischer Hinsicht kann ein Mangel begründet werden, weil Informationen aus CSR-Berichten als vorvertragliche Informationen Teil der vertraglichen Vereinbarung und damit Teil einer zumindest konkludent geschlossenen Beschaffenheitsvereinbarung würden gem. § 434 Abs. 2 S. 1 Nr. 1 BGB. Ein Mangel könnte sich aber auch aus § 434 Abs. 3 S. 1 Nr. 2 BGB ergeben, indem die Informationen zur Mindestlebensdauer und grundsätzlich alle Angaben zu bestimmten Eigenschaften des vertriebenen Produkts in den CSR-Berichten als öffentliche Äußerungen des Herstellers wesentlich werden für die Beurteilung der Beschaffenheit von Produkten dieser Art und damit Grundlage der Erwartungshaltung des Käufers werden.[702] Entspricht die Haltbarkeit des Produkts nicht der Angabe in dem Bericht, liegt ein Mangel vor.

Bisher bezogen sich die CSR-Berichte üblicherweise auf unternehmensbezogene oder prozessbezogene Standards, nicht jedoch auf Angaben bzgl. der Her-

---

699 EG 33 Richtlinie (EU) 2022/2464 des Europäischen Parlaments und des Rates vom 14. Dezember 2022 zur Änderung der Verordnung (EU) Nr. 537/2014 und der Richtlinien 2004/109/EG, 2006/43/EG und 2013/34/EU hinsichtlich der Nachhaltigkeitsberichterstattung von Unternehmen führt aus, dass die Nachhaltigkeitsinformationen auch Informationen zur gesamten Wertschöpfungskette des Unternehmens enthalten sollten, einschließlich seiner Produkte, aber nur, sofern dies zweckmäßig ist. Eine Pflicht soll hiermit gerade nicht begründet werden. Die gleiche Regelung wird in Art. 29a Abs. 3 der Richtlinie 2013/34/EU für die konsolidierte Nachhaltigkeitsberichterstattung eines Mutterunternehmens normiert.

700 Art. 1 Nr. 8 Richtlinie (EU) 2022/2464 des Europäischen Parlaments und des Rates vom 14. Dezember 2022 zur Änderung der Verordnung (EU) Nr. 537/2014 und der Richtlinien 2004/109/EG, 2006/43/EG und 2013/34/EU hinsichtlich der Nachhaltigkeitsberichterstattung von Unternehmen: in der Richtlinie 2013/34/EU wird ein neuer Art. 29b und Art. 29c eingefügt; Siehe zu den ESRS ausführlich *Kleindiek* in: BeckOGK HGB, 01.02.2025, HGB § 289b Rn. 43 ff.

701 Vgl. *Kajüter* in: MüKo HGB, 5. Aufl. 2024, HGB §§ 289b-289e Rn. 90.

702 So auch *Gsell*, ZHR 2023, 392, 411; *Hellgardt/Jouannaud*, AcP 222 (2022), 163, 210 ff.; *Lüttringhaus*, AcP 219 (2019), 29, 56; *Schrader*, ZUR 2013, 451, 452.

stellung bestimmter Produkte oder Produktlinien, und enthalten verbreitet eher nur Bemühungszusagen und keine Erfolgsversprechen.[703] Mit Umsetzung der CSRD gelten für Unternehmen einheitliche Standards für die Berichterstattung. Die Standards, die für Unternehmen für die Durchführung ihrer Nachhaltigkeitsberichterstattung bindend sind, sind in den Anhängen I und II der delegierten Verordnung der Kommission vom 31.07.2023 festgelegt.[704] Der dort aufgeführte ESRS E5 bezieht sich auf die Ressourcennutzung und Kreislaufwirtschaft.[705] Nach der Angabepflicht E5–2 kann das Unternehmen angeben, ob und wie die Maßnahmen und Mittel im Zusammengang mit der Ressourcennutzung und Kreislaufwirtschaft die Anwendung eines kreislauforientierten Designs, das zu einer höheren Haltbarkeit und Optimierung der Verwendung der Produkte führt, abdecken. Korrespondierend hierzu hat das Unternehmen gem. der Angabepflicht E5–3 seine festgelegten Ziele in diesem Zusammenhang anzugeben und insbesondere, ob und wie sich die Ziele auf Produkte und Materialien sowie die Ausweitung des kreislauforientierten Produktdesigns (z. B. für Haltbarkeit, Demontage, Reparierbarkeit und Recyclingfähigkeit) beziehen. In Hinblick auf die Ressourcenabflüsse hat das Unternehmen nach Angabepflicht E5–5 eine Beschreibung der wichtigsten Produkte und Materialien vorzulegen, die aus seinem Produktionsverfahren stammen und nach kreislauforientierten Grundsätzen konzipiert sind, einschließlich der Haltbarkeit. Unternehmen, für die Abflüsse wesentlich sind, geben ferner die erwartete Haltbarkeit der von ihnen in den Verkehr gebrachten Produkte im Verhältnis zum Branchendurchschnitt für jede Produktgruppe an.

Bei der CSR-Berichterstattung, die Aussagen zu einer Mindestlebensdauer der vertriebenen Produkte enthält, müsste es sich um eine zur Bestimmung des Mangels relevante öffentliche Äußerung handeln. Der Bericht muss offengelegt werden, § 325 HGB. Die Äußerung muss sich zudem an die Öffentlichkeit richten, wobei nicht unumstritten ist, ob der Käufer Teil genau dieser Öffentlichkeit sein muss, an die sich die Äußerung richtet.

Inhalt und Verlautbarungsform der Äußerungen können hinreichend Aufschluss darüber geben, wer Adressat der Äußerung sein soll.[706] Der CSR-Bericht eines Unternehmens richtet sich nicht an den Endabnehmer der vom Unterneh-

703 *Asmussen*, Haftung für CSR, 2020, S. 243; *Schirmer*, ZEuP 2021, 35, 43.

704 Delegierten Verordnung der Kommission vom 31.07.2023 zur Ergänzung der Richtlinie 2013/34/EU des Europäischen Parlaments und des Rates durch Standards für die Nachhaltigkeitsberichterstattung, C(2023) 5303 final.

705 Anhang I der Delegierten Verordnung der Kommission vom 31.07.2023 zur Ergänzung der Richtlinie 2013/34/EU des Europäischen Parlaments und des Rates durch Standards für die Nachhaltigkeitsberichterstattung, C(2023) 5303 final, S. 164 ff.

706 *Grunewald*, NJW 2021, 1777, 1779.

men vertriebenen Produkte, sondern vielmehr an den Kapitalmarkt.[707] Würde vorausgesetzt, dass die Äußerung sich an den Käufer richten muss, könnte der CSR-Bericht nicht als öffentliche Äußerung zur Bestimmung der üblichen und vom Käufer erwartbaren Beschaffenheit herangezogen werden. Hierfür kann angeführt werden, dass von § 434 BGB lediglich die objektiv berechtigte Käufererwartung geschützt wird.[708] Objektiv könne ein Käufer aber keine Beschaffenheit erwarten, die in einer Werbung versprochen wurde, wenn sich diese beispielsweise nur an Fachleute richtet, nicht aber an ihn.[709] Dagegen spricht jedoch entscheidend, dass der Gesetzestext eine derartige Einschränkung nicht vornimmt und lediglich verlangt, dass die Äußerung öffentlich sein muss, d.h. sich an einen grundsätzlich unbestimmten Personenkreis richten muss und auch von unbeteiligten Dritten wahrnehmbar sein muss.[710] Der Hersteller bezweckt mit seiner Werbung, dem CSR-Bericht, gerade, dass sie einen möglichst großen Kreis an Personen erreicht, sodass ihm bewusst sein muss, dass die Werbung durch atypische Informationswege zu einem jeden Käufer finden kann.[711] Das bedeutet, dass auch der Käufer, der auf Umwegen von Informationen die Eigenschaften der Kaufsache betreffend erfahren hat, auf deren Richtigkeit vertrauen können muss, vor allem, weil die Beschaffenheit der Sache von der Person des Käufers und damit von der Person, die unmittelbarer Adressat der Äußerung ist, unabhängig ist.[712] Eine zu weitgehende Haftung der Hersteller wird durch die Ausschlusstatbestände vermieden (s.o. Zweiter Teil A.III.4.a)iv.).[713] Weiterhin wird durch die Norm die objektiv berechtigte Käufererwartung geschützt und nicht die tatsächliche Erwartung an die Beschaffenheit der Sache.[714] Das heißt, die Befürchtung, Hersteller müssten sich daran festhalten lassen, was Käufer fälschlicherweise aufgrund der Werbung erwarten, die sich jedoch nicht an sie, sondern an Fachleute richtet, ist unbegründet, da die abzuleitende Sollbeschaffenheit normativ bestimmt wird.[715] Demzufolge

707 *Grunewald*, NJW 2021, 1777, 1780; *Saenger* in: HK-BGB, 12. Aufl. 2024, BGB § 434 Rn. 28.
708 *Faust* in: BeckOK BGB, 74. Ed. 01.05.2025, BGB § 434 Rn. 101; *Grunewald* in: Erman BGB, 17. Aufl. 2023, BGB § 434 Rn. 26.
709 *Grunewald*, NJW 2021, 1777, 1779; *Weiler*, WM 2002, 1784, 1787.
710 *Büdenbender* in: NK-BGB, 4. Aufl. 2021, BGB § 434 Rn. 38 f.; *Faust* in: BeckOK BGB, 74. Ed. 01.05.2025, BGB § 434 Rn. 113 f.; *Matusche-Beckmann* in: Staudinger, 2023, BGB § 434 Rn. 121; *Westermann* in: MüKo BGB, 8. Aufl. 2019, BGB § 434 Rn. 28.
711 *Westermann* in: MüKo BGB, 8. Aufl. 2019, BGB § 434 Rn. 28.
712 *Matusche-Beckmann* in: Staudinger, 2023, BGB § 434 Rn. 123.
713 So auch *Faust* in: BeckOK BGB, 74. Ed. 01.05.2025, BGB § 434 Rn. 114.
714 *Faust* in: BeckOK BGB, 74. Ed. 01.05.2025, BGB § 434 Rn. 101; *Grunewald* in: Erman BGB, 17. Aufl. 2023, BGB § 434 Rn. 26.
715 *Faust* in: BeckOK BGB, 74. Ed. 01.05.2025, BGB § 434 Rn. 114; *Matusche-Beckmann* in: Staudinger, 2023, BGB § 434 Rn. 123.

werden alle Äußerungen aus CSR-Berichten, auch wenn sie nicht an den konkreten Käufer adressiert sind, für die Bestimmung des Mangels relevant.

(2) Wirtschaftliche Auswirkungen der Berichterstattung

Unternehmen können und einige müssen in ihren CSR-Berichten Aussagen zur Haltbarkeit ihrer Produkte treffen. Das Gesellschaftsrecht und Privatrecht sind in ihren rechtlichen und tatsächlichen Wirkungen dabei im Zusammenhang zu betrachten, sodass die Regelungen im HGB für Unternehmen auch im Rahmen des Kaufgewährleistungsrechts Geltung entfalten.[716] So stellen die Berichte öffentliche Äußerungen im Sinne des § 434 Abs. 3 BGB dar und werden zur Mangelbestimmung herangezogen. Wenn das Produkt den in den CSR-Berichten beschriebenen Eigenschaften nicht entspricht, liegt ein Mangel vor und der Käufer kann seine Gewährleistungsrechte geltend machen.[717] Weil die CSR-Informationen für das Gewährleistungsrecht relevant sind, erhöht sich der Marktdruck auf Unternehmen ihre CSR-Angaben einzuhalten.[718] Je mehr Unternehmen gleichförmige CSR-Aussagen treffen, desto eher wird sich ein gewisser Produkt- und Branchenstandard etablieren.[719] Dieser bestimmt die objektiv übliche Beschaffenheit im Sinne des Art. 7 Abs. 1 lit. d) WKRL, umgesetzt in § 434 Abs. 3 BGB. Dadurch sind zum einen auch Unternehmen, die selbst keine Aussagen in ihren Berichten treffen, an den etablierten Standard gebunden und zum anderen entsteht ein sog. Mitzieheffekt, wodurch sich kleinere Unternehmen an den Standards, denen sich die größeren Unternehmen unterwerfen, orientieren.[720]

Neben dem gewährleistungsrechtlichen Haftungsregime entsteht auch eine gewisse Selbstbindung der Unternehmen an ihre in den CSR-Berichten gemachten Aussagen. Die CSR-Berichterstattung ist ausschlaggebend für die Reputation und hat wirtschaftlich daher eine besondere Bedeutung für Unternehmen.[721] Durch die öffentliche Verfügbarkeit der Berichte sind sie für den Konsumenten wahrnehm-

---

716 Siehe hierzu *Grundmann* in: FS Hopt, 2010, 61, 72 ff., 88, dem zufolge privatautonome Gestaltungsmacht und ihr Ordnungsrahmen den Kern des Privatrechts bilden und das Spannungsverhältnis hierzwischen sowohl für das Gesellschaftsrecht als auch das Vertragsrecht prägend sei, zwischen Vertragsrecht und Gesellschaftsrecht bestünde eine Verbindung.

717 So auch *Asmussen*, NJW 2017, 118, 118; *Schrader*, ZUR 2013, 451, 451; Dies ist das Ergebnis eines Nexus von Vertragsrecht und Gesellschaftsrechts im Sinne der Einheit des Privatrechts, siehe grundlegend hierzu *Grundmann* in: FS Hopt, 2010, 61, 72 ff.

718 *Hellgardt/Jouannaud*, AcP 222 (2022), 163, 211.

719 *Schrader*, ZUR 2013, 451, 452.

720 *Schrader*, ZUR 2013, 451, 452, 455.

721 *Asmussen*, Haftung für CSR, 2020, S. 16 f.; *Bachmann*, ZGR 2018, 231, 235; *Collins*, 22(5) ERPL 619, 638 (2014).

bar und haben Einfluss auf die Erwartungshaltung und Zahlungsbereitschaft der Käufer und damit auch auf den Absatz des Unternehmens.[722] Unternehmen werden durch die Beendigung von Vertragsbeziehungen durch ihre Kunden, Lieferanten und sonstige Vertragspartner sanktioniert, sollten sie fehlerhafte CSR-Berichte veröffentlichen.[723] Demgegenüber können sie die Berichte als positive Werbung nutzen und das zunehmende Nachhaltigkeitsbewusstsein in der Bevölkerung adressieren.[724] Die Erwähnung und Einhaltung positiver Umweltbelange können Imagegewinn, Kundenbindung, Mitarbeitermotivation, Attraktivität für Investoren, Umsatzsteigerung sowie Kostensenkungen zur Folge haben.[725] In B2B-Verträgen in Lieferketten sind Vereinbarungen über CSR-Codes, die ökologische Belange enthalten, sogar üblich und tragen damit zur Förderung der Durchsetzung und Erhöhung von Nachhaltigkeitsstandards im globalen Handelssystem bei.[726]

Die neuen Regelungen der CSRD bewirken, dass alle Unternehmen sich an einheitlichen Standards orientieren müssen, die konkrete Vorgaben machen, welche Informationen in der Nachhaltigkeitsberichterstattung offenbart werden müssen. Wenn hiernach eine Vielzahl von Unternehmen Angaben zur Haltbarkeit ihrer Produkte machen, wird sich ein Standard etablieren und dieser wird merklich Auswirkungen auf die Umwelt haben. Dann werden durch den marktwirtschaftlichen Wettbewerb zwischen Unternehmen Produktinnovationen und eine ökologische Globalisierung gefördert.[727]

(3) Haftungsausschluss für Aussagen in CSR-Berichten

Verkäufer werden sich nicht einfach mit dem Hinweis entlasten können, sie haben die CSR-Berichte der Hersteller nicht gekannt. Der Ausschlusstatbestand nach Art. 7 Abs. 2 WKRL, umgesetzt in § 434 Abs. 3 S. 3 BGB, liegt nicht vor. Wenn der Verkäufer seinerseits das Produkt direkt beim Hersteller erwirbt, ist davon auszugehen, dass er Kenntnis von den Angaben im CSR-Bericht des Herstellers hat.[728] Zudem sind gewerbliche Verkäufer und Vertragshändler dazu verpflichtet, die öffentlichen

722 *Asmussen*, Haftung für CSR, 2020, S. 16 f.; *Bachmann*, ZGR 2018, 231, 235; Das gilt grundsätzlich für den Fall, dass sich Unternehmen gewissen Standards unterwerfen, dessen Einhaltung Einfluss auf die Erwartungshaltung der Käufer hat und somit haben Verstöße gegen die Standards Auswirkungen auf die Reputation des Unternehmens, siehe hierzu *Collins*, 22(5) ERPL 619, 638 (2014).

723 *Bachmann*, ZGR 2018, 231, 247, 258.

724 *Beck*, ZIP 2022, 1471, 1473.

725 *Asmussen*, NJW 2017, 118, 118; *Schrader*, ZUR 2013, 451, 451.

726 *Hellgardt/Jouannaud*, AcP 222 (2022), 163, 212.

727 *Die Bundesregierung*, Deutsche Nachhaltigkeitsstrategie, Weiterentwicklung 2021, 15.12.2020, S. 119.

728 *Grunewald*, NJW 2021, 1777, 1780.

Aussagen in Prospekten und in sonstigen Werbungen in ihrem Absatzgebiet zur Kenntnis zu nehmen.[729] CSR-Aussagen in Lageberichten des Herstellers müssen vor allem dann zur Kenntnis genommen werden, wenn sie als Image-Broschüren aufbereitet sind und gezielt auf der Internetseite des Herstellers und den Verkaufsstellen zur Verfügung gestellt werden, was üblich ist.[730] Im Gegensatz zu Fachhändlern kann man von sonstigen Verkäufern nicht erwarten, dass sie sämtlichen Inhalt der CSR-Berichterstattung zur Kenntnis nehmen, die außerdem nur an seltenen Stellen produktbezogene Äußerungen enthalten und überwiegend aus einem komplexen Jahresabschluss bestehen.[731]

Die Haftung wird auch nicht deshalb ausgeschossen sein, weil die Äußerung die Kaufentscheidung nicht beeinflussen konnte. Sinn dieser Norm ist, dass ein Käufer, der die Äußerung nicht kannte und durch sie nicht zum Kauf motiviert wurde, sich auf ebendiese Äußerungen zur Begründung eines Mangels nicht berufen können soll, um Gebrauch von den Gewährleistungsrechten zu machen.[732] In der Regel wird der Käufer keine Kenntnis von dem produktbezogenen Inhalt der CSR-Berichte haben, sodass die dort getroffenen Aussagen auch keinen Einfluss auf seine Kaufentscheidung haben konnten.[733]Andererseits ist es nicht erforderlich, dass der Käufer die konkrete Äußerung tatsächlich kannte, entscheidend ist ein objektiver Durchschnittskäufer.[734] Und selbst, wenn man verlangen würde, der Käufer müsse die Äußerung aus dem CSR-Bericht kennen, um hiervon beeinflusst worden zu sein, könnte der Käufer schlicht behaupten, er kenne den Inhalt des CSR-Berichts und dieser war kaufentscheidend für ihn.[735] Eine Kenntnisnahme des CSR-Berichts liegt insoweit nicht fern, als dass die Berichte zu Marketingzwecken im Internet für jeden zugänglich veröffentlicht sind.[736] Die Darlegungs- und Beweislast für das Gegenteil obliegt dem Verkäufer und da es sich bei der Kaufentscheidungsrelevanz einer Information um Gegebenheiten aus der Sphäre des Käufers handelt, wird dem Verkäufer der Beweis des Ausschlussgrundes nur selten gelingen.[737] Außerdem führen Angaben im CSR-Bericht zu einem bestimmten Image des Kaufgegenstands, das wiederum kaufentscheidend gewesen sein

729 *Faust* in: BeckOK BGB, 74. Ed. 01.05.2025, BGB § 434 Rn. 118; *Lüttringhaus*, AcP 219 (2019), 29, 57.
730 *Lüttringhaus*, AcP 219 (2019), 29, 57.
731 *Grunewald*, NJW 2021, 1777, 1780.
732 *Grunewald*, NJW 2021, 1777, 1779; *Büdenbender* in: NK-BGB, 4. Aufl. 2021, BGB § 434 Rn. 53.
733 *Grunewald*, NJW 2021, 1777, 1780; *Bachmann*, ZGR 2018, 231, 247.
734 *Grunewald*, NJW 2021, 1777, 1779; *Lüttringhaus*, AcP 219 (2019), 29, 57.
735 *Lüttringhaus*, AcP 219 (2019), 29, 57 f.
736 *Lüttringhaus*, AcP 219 (2019), 29, 58.
737 *Büdenbender* in: NK-BGB, 4. Aufl. 2021, BGB § 434 Rn. 54; *Weiler*, WM 2002, 1784, 1793.

kann.[738] Wenn Käufern Qualitätsinformationen fehlen, werden sie sich in der Regel auf andere Qualitätshinweise verlassen, wie Signale durch Werbung oder CSR-Berichte, da davon auszugehen ist, dass sich nur Verkäufer von hochwertigen Produkten solche teuren CSR-Aussagen leisten können.[739]

Folglich wird sich der Verkäufer nur selten auf einen seine Haftung ausschließenden Tatbestand des Art. 7 Abs. 2 WKRL berufen können. In CSR-Berichten können konkrete Aussagen über die Mindestlebensdauer von Produkten getroffen werden. Wenn die Produkte nicht die angegebene Mindestlebensdauer erreichen, liegt ein Mangel vor und der Käufer kann von seinen Abhilferechten nach § 437 BGB Gebrauch machen.

iii. Zusammenfassung

Verkäufer haben konkrete Möglichkeiten freiwillig Angaben zur Mindestlebensdauer ihrer Produkte zu machen. Diese Angabe würde das Informationsdefizit des Käufers beseitigen und er könnte einschätzen, ob ein auftretender Defekt des Produkts ein Fall von vorzeitiger Obsoleszenz ist und damit einen Mangel darstellt. Diese Erkenntnis ist Grundlage dafür, dass der Käufer sodann von seinen Gewährleistungsrechten Gebrauch macht.

Zum einen können Hersteller auf ihren Produkten Nachhaltigkeitssiegel und Umweltzeichen anbringen. Hierdurch würden sie sich freiwillig den Anforderungen bestimmter umweltrechtlicher Standards unterwerfen, die auch Vorgaben zur Mindesthaltbarkeit machen könnten. Eine Vertragswidrigkeit ergibt sich sodann aufgrund der negativen Abweichung von der Lebensdauer, die der Käufer durch die Kenntlichmachung mit dem Siegel erwarten durfte, weil sie der üblichen Beschaffenheit gleichartiger, gekennzeichneter Produkte nicht entspricht. Zum anderen kann ein Mangel angenommen werden, wenn die tatsächliche Beschaffenheit einer Ware nicht den umwelt- und produktbezogenen Angaben entspricht, die ein Hersteller in CSR-Berichten getroffen hat. Die im Bericht gemachten Angaben sind entweder Gegenstand einer konkludent getroffenen Beschaffenheitsvereinbarung oder stellen öffentliche Äußerungen dar, die zur Bestimmung der objektiv üblichen Beschaffenheit herangezogen werden. Dem Lagebericht muss ein Abschnitt zur Nachhaltigkeitsberichterstattung beigefügt werden, in welchem Angaben zur Mindestlebensdauer der produzierten und vermarkteten Waren gemacht werden können. Die Letztverkäufer sind grundsätzlich auch an die Äußerungen von Herstellern in den CSR-Berichten gebunden.

---

738 *Grunewald*, NJW 2021, 1777, 1780.

739 *Asmussen*, Haftung für CSR, 2020, S. 145 f.

c) Verpflichtende Angabe der Mindestlebensdauer

Sofern der Verkäufer bzw. der Hersteller keine freiwilligen Angaben zur Haltbarkeit des Produkts treffen möchte, kann überlegt werden, inwiefern er zu dieser Angabe gesetzlich verpflichtet werden könnte und sollte.

i. Anforderungen gemäß ProdSG

Eine Informationspflicht über die Lebensdauer von Produkten könnte sich aus § 6 Abs. 1 S. 1 Nr. 1 ProdSG ergeben, wonach über Risiken, die mit dem Produkt während der üblichen oder vernünftigerweise vorhersehbaren Gebrauchsdauer verbunden sind und die ohne Hinweise nicht unmittelbar erkennbar sind, zu informieren ist. Die Norm bezieht sich ausschließlich auf sog. Verbraucherprodukte, d. h. solche Produkte, die für Verbraucher bestimmt sind, § 2 Nr. 25 ProdSG. Der Maßstab bildet ein „durchschnittlicher Verbraucher aus technisch nicht bewanderter Laiensicht", welcher produktbezogene Gefahren aufgrund der gegebenen Information erkennen und sich dagegen schützen können muss.[740] Zusätzlich muss ein wahrscheinlich erscheinender (Fehl-)Gebrauch antizipiert werden und über sämtliche Risiken in diesem Zusammenhang informiert werden.[741] Sinn und Zweck dieser Informationspflicht ist die Aufklärung über potenzielle Gefahren, um den Konsumenten in seinem Verhalten entsprechend zu beeinflussen.[742]

Die Benutzung und insbesondere auch der Fehlgebrauch eines Produkts haben unmittelbare Auswirkungen auf seine Lebensdauer. Insoweit kann in einer bestimmten Verwendung des Produkts eine Gefahr für seine Lebensdauer gesehen werden. Es liegt nicht fern, dass Hersteller darüber informieren, wie ein Produkt richtig zu nutzen ist und welche (falschen) Nutzungsweisen die Lebensdauer verkürzen würden. § 6 Abs. 1 S. 1 Nr. 1 ProdSG stellt demgegenüber aber auf den Schutz des Verbrauchers während der Gebrauchsdauer ab, welcher vor Gefahren, die vom Produkt ausgehen, geschützt werden soll. Die Schutzrichtung ist damit eine andere.[743] Die Gebrauchsdauer ist bei der Beurteilung von Produktrisiken zwar rele-

---

740 *Häberle* in: Erbs/Kohlhaas, Strafrechtliche Nebengesetze, 256 EL 2025, ProdSG § 6 Rn. 2; *Kapoor* in: Klindt ProdSG, 3. Aufl. 2021, ProdSG § 6 Rn. 14.

741 *Kapoor* in: Klindt ProdSG, 3. Aufl. 2021, ProdSG § 6 Rn. 15; Gem. Art. 5 Abs. 1 lit. a), Anhang 1 Nr. 1 der Richtlinie 2006/42/EG des Europäischen Parlaments und des Rates vom 17. Mai 2006 über Maschinen und zur Änderung der Richtlinie 95/16/EG muss die bestimmungsgemäße Verwendung und vorhersehbare Fehlanwendung bei der Risikoanalyse berücksichtigt werden.

742 *Häberle* in: Erbs/Kohlhaas, Strafrechtliche Nebengesetze, 256 EL 2025, ProdSG § 6 Rn. 2.

743 Während § 6 Abs. 1 Nr. 1 ProdSG die Informationspflicht auf Risiken, die mit dem Produkt während der Gebrauchsdauer verbunden sind und für den Verbraucher entstehen können, bezieht, erfasst § 289c Abs. 3 Nr. 4 HGB hingegen, der ebenfalls von „Risiken ihrer Produkte" spricht, Risiken des Produkts, die sehr wahrscheinlich schwerwiegende Auswirkungen für bestimmte

vant, ist selbst jedoch nicht von der Informationspflicht erfasst.[744] § 6 ProdSG stellt eine Norm dar, welche andere herstellerseitigen Pflichten nach dem ProdSG in Hinblick auf die Bereitstellung sicherer Produkte ergänzt.[745] Während diese anderen Pflichten sich auf die Konstruktion, Fabrikation und Produktion beziehen, umfasst § 6 ProdSG den äußerlichen Vorgang des Bereitstellens.[746] Die Mindestlebensdauer eines Produkts als Eigenschaft, die hauptsächlich in der physischen Konstruktion begründet liegt, spielt daher eher in den anderen Regelungen des ProdSG eine Rolle, nicht jedoch im Rahmen der Informationspflicht nach § 6 Abs. 1 ProdSG.

ii. Anforderungen gemäß Ökodesign-VO und Ökodesign-Rechtsakte

Eine Informationspflicht zur Angabe der Mindesthaltbarkeit von Produkten kann sich aus delegierten Rechtsakten auf Grundlage der Ökodesign-VO ergeben. Die Ökodesign-VO stellt ein Rahmen dar für die Festlegung von Ökodesign-Anforderungen, die Produkte erfüllen müssen, um in den Verkehr gebracht oder in Betrieb genommen zu werden, damit die ökologische Nachhaltigkeit von diesen Produkten verbessert wird, nachhaltige Produkte zum Standard werden und der freie Verkehr dieser nachhaltigen Produkte im Binnenmarkt sichergestellt ist, Art. 1 Abs. 1 Ökodesign-VO. Die Regelungen gelten gem. Art. 1 Abs. 2 S. 1 Ökodesign-VO für alle physischen Waren. Die Europäische Kommission wird gem. Art. 4 Ökodesign-VO ermächtigt delegierte Rechtsakte für sämtliche Arten von physischen Waren zu erlassen, in welchen sie Ökodesign-Anforderungen festlegen kann. Eine Ökodesign-Anforderung ist gem. Art. 2 Nr. 7 Ökodesign-VO eine Leistungs- oder Informationsanforderung, die darauf abzielt, ein Produkt, einschließlich der Prozesse, die entlang der gesamten Wertschöpfungskette des Produkts stattfinden, ökologisch nachhaltiger zu gestalten. Eine Informationsanforderungen ist gem. Art. 2 Nr. 9 Ökodesign-VO die Verpflichtung, einem Produkt Informationen nach Art. 7 Abs. 2 Ökodesign-VO beizufügen. Hiernach kann verlangt werden, dem Produkt Informationen über seine Leistung in Bezug auf einen oder mehrere der in Anhang I genannten Produktparameter, einschließlich bspw. eines Funktionsbeständigkeitswerts, beizufügen. Die Informationsanforderungen auf Grundlage der in Anhang I genannten Produktparameter müssen so gestaltet sein, dass sie konkrete

---

Umweltbelange haben. Die Lebensdauer eines Produkts hat unmittelbare Auswirkungen auf die Umwelt, stellt aber keine Gefahr für den Verbraucher während der Nutzung des Produkts dar.

744 *Latzel/Sausmikat*, ZIP 2016, 1420, 1422; *Gildeggen* in: Brönneke/Wechsler, Obsoleszenz interdisziplinär, 2015, 269, 273.

745 *Kapoor* in: Klindt ProdSG, 3. Aufl. 2021, ProdSG § 6 Rn. 1.

746 *Kapoor* in: Klindt ProdSG, 3. Aufl. 2021, ProdSG § 6 Rn. 1 f.

Produktaspekte verbessern, Art. 5 Abs. 1, Art. 7 Abs. 1 Ökodesign-VO. Die Funktionsbeständigkeit und Zuverlässigkeit stellen nach Art. 5 Abs. 1 lit. a) und b) Ökodesign-VO solche Produktaspekte dar. Unter Funktionsbeständigkeit wird die Fähigkeit eines Produkts verstanden, unter bestimmten Verwendungs-, Wartungs- und Reparaturbedingungen seine Funktion und Leistung langfristig zu behalten, Art. 2 Nr. 22 Ökodesign-VO. Zuverlässigkeit ist die Wahrscheinlichkeit, dass ein Produkt unter bestimmten Bedingungen während eines bestimmten Zeitraums erwartungsgemäß funktioniert, ohne dass ein Ereignis eintritt, das dazu führt, dass eine Haupt- oder Nebenfunktion des Produkts nicht mehr erfüllt wird, Art. 2 Nr. 23 Ökodesign-VO. Zur Verbesserung dieser beiden Aspekte können Produktparameter hinsichtlich der garantierten Lebensdauer des Produkts oder seiner technischen Lebensdauer nach Anhang I lit. a) Ökodesign-VO Bestandteil einer Informationsanforderung sein. Demzufolge kann die Europäische Kommission delegierte Rechtsakte für jede Art von physischen Waren erlassen, in denen sie Informationspflichten hinsichtlich der Mindesthaltbarkeit von Produkten festlegen kann.

Vor Verabschiedung der Ökodesign-VO am 13.06.2024 stellte die Ökodesign-RL[747] den Rahmen für produktbezogene Ökodesign-Anforderungen auf. Der Anwendungsbereich bezog sich allerding lediglich auf energieverbrauchsrelevante Produkte.[748] Die Anforderungen bezogen sich auf die Produktgestaltung, die zur Verbesserung der Umweltverträglichkeit bestimmt ist, sowie auf Auskunftspflichten über Umweltaspekte der Produkte, Art. 2 Nr. 24 Ökodesign-RL, umgesetzt in § 2 Abs. 13 EVPG. Hersteller mussten gem. Art. 5 Abs. 5 der Ökodesign-RL, umgesetzt in § 5 Abs. 2 S. 1 EVPG, solche Angaben machen, die in Durchführungsvorschriften nach Anhang I Teil 2 der Ökodesign-RL festgelegt wurden. Zu den in den Durchführungsmaßnahmen verpflichtend festzusetzenden Angaben gehörten gem. Anhang I Teil 2 lit. b) und c) der Ökodesign-RL auch Informationen für Verbraucher über die wesentlichen Umweltaspekte und die Eigenschaften des Produkts sowie Informationen darüber, wie das Produkt eine möglichst hohe Lebensdauer erreicht. Die Mindestlebensdauer stellt eine Eigenschaft des Produkts dar, die ein wesentlicher Aspekt für die Umweltverträglichkeit des Produkts während seines

747 Richtlinie 2009/125/EG des Europäischen Parlaments und des Rates vom 21. Oktober 2009 zur Schaffung eines Rahmens für die Festlegung von Anforderungen an die umweltgerechte Gestaltung energieverbrauchsrelevanter Produkte, sog. „Ökodesign-RL".

748 Art. 1 Abs. 1 Ökodesign-RL; Gem. Art. 2 Nr. 1 Ökodesign-RL, umgesetzt in § 2 Abs. 1 EVPG, sind energieverbrauchsrelevante Produkte alle Gegenstände, dessen Nutzung den Verbrauch von Energie beeinflussen und die in Verkehr gebracht oder in Betrieb genommen werden. Hierzu gehören auch Produktteile, die zum Einbau in ein energieverbrauchsrelevantes Produkt bestimmt sind, als Einzelteile für Endnutzer in Verkehr gebracht oder in Betrieb genommen werden und die getrennt auf ihre Umweltverträglichkeit geprüft werden können.

gesamten Lebenszyklus ist. So enthält beispielsweise die Verordnung (EU) 2019/2020[749] die Pflicht, auf der Verpackung von Lichtquellen, die nicht als Teil eines umgebenden Produkts veräußert werden, die Information über die Lebensdauer[750] anzugeben.[751] Auch für Notebooks besteht die Pflicht über die erreichbare Mindestanzahl der Ladezyklen eines Akkus zu informieren.[752] Diese Durchführungsmaßnahmen bleiben auch nach Inkrafttreten der Ökodesign-VO weiterhin in Kraft, bis sie durch einen delegierten Rechtsakt aufgehoben werden.[753] Der Großteil bisher erlassener Durchführungsverordnungen enthält keine Informationspflichten, die sich auf die Lebensdauer eines Produkts oder Produktteils beziehen. Sie beschränken sich vorwiegend auf die Energieeffizienz, als das nach der durch die Ökodesign-VO aufgehobenen Ökodesign-RL vorrangige umweltpolitische Ziel.[754]

Die neue Ökodesign-VO ist mit Blick auf die Strategie zur Verlängerung der Lebensdauer zu begrüßen. Sie erweitert den Ökodesign-Ansatz der Ökodesign-RL auf so viele Produkte wie möglich, um deren negativen Umweltauswirkungen während des gesamten Lebenszyklus zu verringern.[755] Durch die Erweiterung des Anwendungsbereichs und den ausdrücklichen Hinweis, dass Informationspflichten die garantierte Lebensdauer erfassen können, wird die Bedeutung der Lebensdauer einer Ware hervorgehoben. Zur Verfolgung der Strategie sollte die

---

749 Verordnung (EU) 2019/2020 der Kommission vom 1. Oktober 2019 zur Festlegung von Ökodesign-Anforderungen an Lichtquellen und separate Betriebsgeräte gemäß der Richtlinie 2009/125/EG des Europäischen Parlaments und des Rates und zur Aufhebung der Verordnungen (EG) Nr. 244/2009, (EG) Nr. 245/2009 und (EU) Nr. 1194/2012 der Kommission.

750 Die Lebensdauer von LED- und OLED-Lichtquellen bezeichnet gem. Anhang I Abs. 60 der Verordnung (EU) 2019/2020 die in Stunden gemessene Zeit zwischen Beginn ihrer Nutzung und dem Zeitpunkt, zu dem für 50 % einer Population von Lichtquellen die Lichtabgab allmählich auf einen Wert unter 70 % des anfänglichen Lichtstromes gesunken sind (sog. L70B50-Lebensdauer).

751 Anhang II, Ziff. 3. lit. b) Abs. 1 lit. e) Verordnung (EU) 2019/2020 der Kommission vom 1. Oktober 2019 zur Festlegung von Ökodesign-Anforderungen an Lichtquellen und separate Betriebsgeräte gemäß der Richtlinie 2009/125/EG des Europäischen Parlaments und des Rates und zur Aufhebung der Verordnungen (EG) Nr. 244/2009, (EG) Nr. 245/2009 und (EU) Nr. 1194/2012 der Kommission.

752 Anhang II, Ziff. 7.1.1. lit. o) der Verordnung (EU) Nr. 617/2013 der Kommission vom 26. Juni 2013 zur Durchführung der Richtlinie 2009/125/EG des Europäischen Parlaments und des Rates im Hinblick auf die Festlegung von Anforderungen an die umweltgerechte Gestaltung von Computern und Computerservern.

753 Art. 79 Abs. 1, EG 121 Ökodesign-VO.

754 EG 14 der Richtlinie 2009/125/EG des Europäischen Parlaments und des Rates vom 21. Oktober 2009 zur Schaffung eines Rahmens für die Festlegung von Anforderungen an die umweltgerechte Gestaltung energieverbrauchsrelevanter Produkte.

755 EG 5, 12, 119 Ökodesign-VO.

Kommission Informationspflichten bzgl. der Mindesthaltbarkeit für eine Vielzahl von Produktgruppen flächendeckend festlegen.

iii. Anforderungen gemäß EnVKG und EnVKV

Zu den für die Bestimmung der Vertragsmäßigkeit eines Kaufgegenstands relevanten Werbeaussagen zählen auch Kennzeichnungen aufgrund von Informationspflichten nach dem Energieverbrauchskennzeichnungsgesetz (EnVKG) und der Energieverbrauchskennzeichnungsverordnung (EnVKV).[756]

Während das EVPG im Grundsatz ein ordnungsrechtliches Instrument ist, welches Mindeststandards für Produkte selbst festsetzt, ist das EnVKG ein Instrument der indirekten Verhaltenssteuerung.[757] Gem. § 3 Abs. 1 EnVKG[758] darf ein Produkt nur dann angeboten oder ausgestellt werden, wenn die nach einer Rechtsverordnung erforderlichen Mitteilungen über, u. a., „zusätzliche Angaben" dem Endverbraucher mittels Verbrauchskennzeichnung zur Kenntnis gebracht werden. Zusätzliche Angaben können Leistungen und Merkmale eines Produkts erfassen, die sich auf dessen Verbrauch an Energie, den Verbrauch an anderen wichtigen Ressourcen oder den CO2-Ausstoß beziehen oder die für die Beurteilung des Verbrauchers von Nutzen sind und auf messbaren Daten beruhen, § 2 Nr. 5 EnVKG.[759] Hierunter kann dem Grund nach die Mindestlebensdauer subsumiert werden.[760] Sie stellt ein Merkmal eines Produkts dar und hat grundlegenden Einfluss auf den Energie- und Ressourcenverbrauch für die Produktgruppe bei der Herstellung je nach herzustellender Anzahl des Produkts. Das gleiche gilt für die Phase des Lebensdauerendes. Gem. § 1 Abs. 1 S. 2 EnVKG[761] können neben Angaben des Energieverbrauchs des Produkts selbst auch Angaben über die Auswirkungen von Produkten auf den Verbrauch an Energie und auf andere wichtige Ressourcen gemacht werden. Solche Aussagen können daher auch für Gegenstände gemacht

756 *Tonner/Gawel/Schlacke/Alt/Bretschneider*, VuR 2017, 3, 5; *Konferenz der Justizministerinnen und Justizminister der Länder*, Bericht der Arbeitsgruppe „Nachhaltigkeit im Zivilrecht", 2021, S. 69.

757 *Fischerauer* in: Theobald/Kühling, Energierecht, 128. EL 2024, EVPG Einführung Rn. 4.

758 Hiermit werden die Vorgaben der Richtlinie 2010/30/EU im deutschen Recht umgesetzt. Diese wurde mit Wirkung zum 01.08.2017 aufgehoben und durch die Verordnung (EU) 2017/1369 des Europäischen Parlaments und des Rates vom 4. Juli 2017 zur Festlegung eines Rahmens für die Energieverbrauchskennzeichnung und zur Aufhebung der Richtlinie 2010/30/EU ersetzt.

759 Mit dieser Definition wurde Art. 2 lit. d) der Richtlinie 2010/30/EU, die mit Erlass der Verordnung (EU) 2017/1369 aufgehoben wurde, in deutsches Recht überführt.

760 So auch *Schridde/Kreiß/Winzer*, Geplante Obsoleszenz, 2013, S. 93 f. mit Beispiel einer Haltbarkeits-Kennzeichnung.

761 Daran anknüpfend ermächtigt § 4 Abs. 2 Nr. 1 EnVKG auch dazu dies durch die Rechtsverordnung zu bestimmen.

werden, die selbst gar keine Energie verbrauchen.[762] Zu der Kategorie der zusätzlichen Angaben zählen ebenfalls Informationen über den Verbrauch an Energie und Ressourcen im Gesamtlebenszyklus eines Produkts und nicht lediglich während des Gebrauchs.[763] Je weniger Produkte produziert werden, weil sie lange haltbar und nutzbar sind, desto weniger werden Energie und Ressourcen bei der Herstellung verbraucht. Die Mindestlebensdauer ist daher eine relevante, energiebezogene Angabe, die indirekt Verhalten der Konsumenten steuern kann. Sie kann einen Beitrag zur Minderung des Energieverbrauchs und des Ressourcenverbrauchs im Allgemeinen sowie zur Förderung der Kreislaufwirtschaft leisten.[764]

Zu den relevanten Rechtsverordnungen zählen solche nach § 4 EnVKG und Verordnungen der Europäischen Union, d. h. gem. § 2 Nr. 2 EnVKG delegierte Rechtsakte in der Rechtsform der Verordnung i. S. d. Art. 10 der Richtlinie 2010/30/EU[765] oder die Verordnung (EG) Nr. 1222/2009[766]. Gem. Art. 4 Abs. 1 der Verordnung (EG) Nr. 1222/2009 trifft die Kennzeichnungspflicht den Lieferanten direkt. Demgegenüber ist der Lieferant nach § 4 Abs. 1 bis 3 EnVKV[767] nur zur Mitlieferung der Etiketten und Datenblätter verpflichtet. Nach § 4 Abs. 4 bis 6 EnVKV[768] ist der Händler für das Anbringen des Etiketts und die Zurverfügungstellung des Datenblatts verantwortlich. Die Verbrauchskennzeichnung erfolgt schließlich mittels einheitlicher Etiketten, Aufkleber oder Hinweise, § 2 Nr. 3 EnVKG. Auch sind dem Verbraucher gem. § 3 Abs. 2 EnVKG Datenblätter oder Produktbroschüren zu übergeben, soweit in einer Rechtsverordnung Anforderungen an sonstige Produktinformationen festgelegt werden. Besondere Bestimmungen zur Produktkennzeichnung ergeben sich für einzelne Produktkategorien sowie für nicht ausgestellte Produkte aus den §§ 4a, 4b und 5 EnVKV.

---

762 *Fischerauer* in: Theobald/Kühling, Energierecht, 128. EL 2024, EnVKG § 1 Rn. 4, § 2 Rn. 3 m.w.N.

763 *Fischerauer* in: Theobald/Kühling, Energierecht, 128. EL 2024, EnVKG § 2 Rn. 8, 11.

764 Vgl. *Fischerauer* in: Theobald/Kühling, Energierecht, 128. EL 2024, EnVKG § 1 Rn. 2; Nach EG 36 der Verordnung (EU) 2017/1369 sollte die Kommission einen langfristigen Arbeitsplan zur Überarbeitung der Etiketten erstellen, bei dessen Umsetzung eine Analyse der betroffenen Produktgruppen erfolgen sollte, die dann auch berücksichtigt, den Verbrauchern Informationen über die Gesamteffizienz des Produkts bereitzustellen, wozu auch Informationen über dessen Haltbarkeit gehören.

765 Richtlinie 2010/30/EU des Europäischen Parlaments und des Rates vom 19. Mai 2010 über die Angabe des Verbrauchs an Energie und anderen Ressourcen durch energieverbrauchsrelevante Produkte mittels einheitlicher Etiketten und Produktinformationen.

766 Verordnung Nr. 1222/2009 des Europäischen Parlaments und des Rates vom 25. November 2009 über die Kennzeichnung von Reifen in Bezug auf die Kraftstoffeffizienz und andere wesentliche Parameter.

767 Dies entspricht der umzusetzenden Regelung in Art. 5 der Richtlinie 2010/30/EU.

768 Dies entspricht der umzusetzenden Regelung in Art. 6 der Richtlinie 2010/30/EU.

Die Kennzeichnungspflicht wird in § 3 Abs. 1 EnVKV näher konkretisiert. Sie besteht zum einen für Wasch-Trockenautomaten nach Anlage 1 der EnVKV und zum anderen für die in den 20 delegierten Verordnungen der Europäischen Union genannten Produkte, die in Anlage 2 der EnVKV aufgeführt sind. Derzeit bezieht sich die Produktkennzeichnung hauptsächlich auf den Energieverbrauch des jeweiligen Produkts während des Gebrauchs.[769] So bestehen zwar delegierte Verordnungen der Kommission, zum Beispiel, für Klimaanlagen, Heizkessel, Leuchtmittel, Waschmaschinen, Fernsehgeräte und Computermonitore. Diese enthalten allerdings keine Anforderungen an die Lebensdauer. Lediglich die delegierte Rechtsverordnung (EU) 2019/2015[770] enthält Bestimmungen zur Lebensdauer von Lichtquellen, die insofern im Datenblatt auch angegeben werden kann.

Diese Regelungen ergänzend sieht Art. 16 Ökodesign-VO die Möglichkeit vor, in den delegierten Rechtsakten die Informationspflicht, z. B. in Bezug auf die Mindestlebensdauer, in Form von Etiketten vorzuschreiben. Dogmatisch betrachtet können Rechtsverordnungen Informationspflichten zur Mindestlebensdauer begründen. Um die Strategie der Verlängerung der Produktlebens- und Produktnutzungsdauer erfolgreich verfolgen zu können, sollten daher in den Rechtsverordnungen i. S. d. EnVKG und EnVKV für die jeweiligen Produkte vermehrt Informationspflichten zur Mindesthaltbarkeit eingeführt werden. Des Weiteren sollte auch überlegt werden, den Anwendungsbereich über energieverbrauchsrelevante Produkte hinaus zu erweitern, wie es nun die Ökodesign-VO vorsieht.

iv. Anforderungen gemäß UWG

Der Unternehmer könnte auch gem. § 5a UWG[771] einer Pflicht zur Angabe der Information über die Lebensdauer unterliegen. Nach Abs. 1 handelt unlauter, wer einen Marktteilnehmer irreführt, indem er ihm eine wesentliche Information vorenthält, die notwendig ist, um eine informierte geschäftliche Entscheidung zu treffen, und deren Vorenthaltung dazu geeignet ist, den Marktteilnehmer zu einer

769 *Fischerauer* in: Theobald/Kühling, Energierecht, 128. EL 2024, EnVKG § 2 Rn. 11.

770 Delegierte Rechtsverordnung (EU) 2019/2015 der Kommission vom 11. März 2019 zur Ergänzung der Verordnung (EU) 2017/1369 des Europäischen Parlaments und des Rates in Bezug auf die Energieverbrauchskennzeichnung von Lichtquellen und zur Aufhebung der Delegierten Verordnung (EU) Nr. 874/2012 der Kommission.

771 Die Vorschrift beruht auf Art. 7 der Richtlinie 2005/29/EG des Europäischen Parlaments und des Rates vom 11. Mai 2005 über unlautere Geschäftspraktiken im binnenmarktinternen Geschäftsverkehr zwischen Unternehmen und Verbrauchern und zur Änderung der Richtlinie 84/450/EWG des Rates, der Richtlinien 97/7/EG, 98/27/EG und 2002/65/EG des Europäischen Parlaments und des Rates sowie der Verordnung (EG) Nr. 2006/2004 des Europäischen Parlaments und des Rates (Richtlinie über unlautere Geschäftspraktiken).

geschäftlichen Entscheidung zu veranlassen, die er anderenfalls nicht getroffen hätte. Vorenthalten meint dabei gem. § 5a Abs. 2 UWG das Verheimlichen, die Bereitstellung in unklarer, unverständlicher oder zweideutiger Weise sowie die nicht rechtzeitige Bereitstellung wesentlicher Informationen. Die Pflicht trifft allerdings nur den Unternehmer, d. h. Händler oder Hersteller,[772] gegenüber allen Arten von Marktteilnehmern nach § 2 Abs. 1 Nr. 3 UWG.[773] Die Lebensdauer könnte eine derart wesentliche Information sein, sodass das Unterlassen ihrer Angabe unlauter sein könnte. Im Umkehrschluss besteht eine Informationspflicht diesbezüglich.

Gem. § 5b Abs. 1 Nr. 1 UWG gelten Informationen über alle wesentlichen Merkmale der angebotenen Ware als wesentlich im Sinne des § 5a UWG. Wesentliche Merkmale eines Produkts sind wiederum diejenigen Eigenschaften, über die ein Durchschnittskäufer eine Information billigerweise erwarten darf und die erhebliches Gewicht für seine geschäftliche Entscheidung haben.[774] Zur näheren Konkretisierung kann die Aufzählung in § 5 Abs. 2 UWG herangezogen werden,[775] nach dessen Nr. 1 wesentliches Merkmal eines Produkts seine Beschaffenheit ist. Die Haltbarkeit bzw. die Mindestlebensdauer stellt eine Eigenschaft eines Produkts dar, welche unter den Beschaffenheitsbegriff subsumiert werden kann (s. o. Zweiter Teil A.I.). Ein Durchschnittskäufer darf eine Information über die Haltbarkeit billigerweise erwarten und sie ist notwendig, um eine informierte Entscheidung treffen zu können.[776] Die Mindestlebensdauer stellt somit eine wesentliche Information im Sinne des § 5a Abs. 1 UWG dar.[777] Obendrein sind die

---

772 *Konferenz der Justizministerinnen und Justizminister der Länder*, Bericht der Arbeitsgruppe „Nachhaltigkeit im Zivilrecht", 2021, S. 67; *Hess*, Geplante Obsoleszenz, 2018, S. 248.

773 *Ritlewski* in: BeckOK UWG, 28. Ed. 01.04.2025, UWG § 5a Rn. 17, 19; Zu den Marktteilnehmern i. S. v. § 2 Abs. 1 Nr. 3 UWG gehören Mitbewerber, Verbraucher und jede weitere Person, die als Anbieter oder Nachfrager von Waren oder Dienstleistungen tätig ist.

774 BGH, Beschl. v. 15.12.2016, I ZR 241/15, GRUR 2017, 295, Rn. 17; BGH, Urt. v. 16.05.2012, I ZR 74/11, GRUR 2012, 1275, Rn. 36.

775 BGH, Urt. v. 19.02.2014, I ZR 17/13, GRUR 2014, 584, Rn. 12.

776 So auch *Hess*, Geplante Obsoleszenz, 2018, S. 236 ff., 241 ff.; *Keimeyer/Gailhofer/Gsell/Graulich/Prakash/Scherf/Brönneke/Gildeggen/Schmitt/Schwarz*, UBA Texte 115/2020, 2020, S. 145 ff.

777 Siehe Art. 1 Nr. 2 der Richtlinie (EU) 2024/825 des Europäischen Parlaments und des Rates vom 28. Februar 2024 zur Änderung der Richtlinien 2005/29/EG und 2011/83/EU hinsichtlich der Stärkung der Verbraucher für den ökologischen Wandel durch besseren Schutz gegen unlautere Praktiken und durch bessere Informationen, wonach zu den wesentlichen Produktmerkmalen auch „ökologische und soziale Merkmale", „Haltbarkeit" und „Reparierbarkeit" gehören; So im Ergebnis auch und umfangreich ausführend *Hess*, Geplante Obsoleszenz, 2018, S. 236 ff., insb. 241 ff., welcher zudem auch die Materialwahl, die Reparaturfähigkeit und teilweise die Konstruktion von Gebrauchsgütern als wesentliche Information einstuft; *Keimeyer/Gailhofer/Gsell/Graulich/Prakash/Scherf/Brönneke/Gildeggen/Schmitt/Schwarz*, UBA Texte 115/2020, 2020, S. 145 ff.; a.A. *Latzel/Sausmikat*, ZIP 2016, 1420.

Mindestlebensdauer sowie die damit zusammenhängenden Wareneigenschaften für eine informierte Entscheidung erforderlich, damit der Käufer „das für die Zahlung des Kaufpreises erhaltene Äquivalent (...) einschätzen kann."[778] Unter der Annahme des *homo oeconomicus* ist die Lebensdauer des Kaufgegenstands elementarer Faktor der Kosten-Nutzen-Rechnung, um beurteilen zu können, ob der Kauf die eigene Wohlfahrt maximieren wird. Sobald die Lebensdauer des Produkts endet, besteht auch keine Nutzungsmöglichkeit mehr.[779] Der rational und nutzenmaximierend handelnde Käufer hätte einen Kauf, bei dem er einen Kaufpreis zahlen müsste, der außer Verhältnis zu der (objektiv zu kurzen) Mindesthaltbarkeit steht, nicht abgeschlossen.

Zur Erfüllung der Informationspflicht muss die wesentliche Information in einem angemessenen Umfang bereitgestellt werden, abhängig von der Art des Produkts und des Kommunikationsmittels.[780]

v. Anforderungen gemäß EGBGB

Die Verkäuferobliegenheit hinsichtlich der Angabe der Lebensdauer eines Produkts kann sich auch über vorvertragliche Informationspflichten für Verbraucherverträge im stationären Handel sowie für außerhalb von Geschäftsräumen geschlossene Verträge und Fernabsatzverträge nach Art. 246 und Art. 246a EGBGB ergeben. Nach Art. 5 Abs. 1 lit. a) Verbraucherrechte-RL, umgesetzt in § 312a Abs. 2 S. 1 BGB i.V.m. Art. 246 Abs. 1 Nr. 1 EGBGB, sowie nach Art. 6 Abs. 1 lit. a) Verbraucherrechte-RL, umgesetzt in § 312d Abs. 1 S. 1 BGB i.V.m. Art. 246a, § 1 Abs. 1 S. 1 Nr. 1 EGBGB, ist der Unternehmer verpflichtet, dem Verbraucher Informationen über die wesentlichen Eigenschaften der vertragsgegenständlichen Ware bereitzustellen. Die Normen finden ebenso Anwendung auf Waren mit digitalen Elementen, auch wenn diese nicht wörtlich genannt sind.[781] Die Informationspflicht trifft allerdings nur den Unternehmer als Verkäufer bzw. direkten Händler gegenüber dem Verbraucher als Käufer. Es sind solche Eigenschaften des Produkts wesentlich, die nach der Verkehrsanschauung für die Kaufentscheidung maßgeblich sind, sodass der Verbraucher das Angebot bewerten und mit anderen Angeboten vergleichen kann.[782] Eine informierte Kaufentscheidung erfordert die Möglichkeit den Wert der Sache zu bestimmen und zu den wertbildenden Faktoren gehört die

778 *Hess*, Geplante Obsoleszenz, 2018, S. 243.

779 *Hess*, Geplante Obsoleszenz, 2018, S. 243.

780 BGH, Urt. v. 19.02.2014, I ZR 17/13, GRUR 2014, 584, 585 Rn. 12.

781 *Martens* in: BeckOK BGB, 74. Ed. 01.05.2025, EGBGB Art. 246 Rn. 10.

782 BT-Drs. 17/12637, 74; *Busch* in: BeckOGK EGBGB, 15.03.2025, EGBGB Art. 246 Rn. 18; *Martens* in: BeckOK BGB, 74. Ed. 01.05.2025, EGBGB Art. 246 Rn. 11; *Wendehorst* in: MüKo BGB, 9. Aufl. 2022, BGB § 312a Rn. 18.

wesentliche Eigenschaft der Lebensdauer.[783] Zudem sollen alle erforderlichen Informationen zur Bestimmung der Mangelfreiheit bzw. des Mangels offenbart werden.[784] Hierzu zählt die Beschaffenheit in Form der Haltbarkeit.

Nach derzeitiger Rechtslage zählt zu den wesentlichen Informationen, die von den Informationspflichten erfasst sind, die Haltbarkeit, die auf verschiedene Weise angegeben werden kann (s. o. Zweiter Teil A.III.3.). Um mehr Klarheit zu schaffen, sollte die Mindestlebensdauer ausdrücklich als Kriterium im Gesetzestext aufgenommen werden, über das der Unternehmer zu informieren hat.[785] Bei Art. 246 und Art. 246a EGBG handelt es sich zwar um nach der vollharmonisierenden Verbraucherrechte-RL umgesetzte Normen, die der deutsche Gesetzgeber grds. nicht ändern darf.[786] Die Verbraucherrechte-RL beinhalt jedoch eine Öffnungsklausel in Art. 6 Abs. 8, sodass zumindest Art. 246 und Art. 246a EGBGB um Nachhaltigkeitsstandards ergänzt werden könnten. Die Normen sollten Regelbeispiele für Informationspflichten aufnehmen und die Mindestlebensdauer ausdrücklich nennen.[787]

Die Informationen werden gem. § 312d Abs. 1 S. 2 BGB Inhalt des Vertrags und damit für den subjektiven Mangelbegriff relevant. Die aufgrund dieser Informationspflicht offenbarten Angaben über die Ware stellen eine Beschaffenheitsvereinbarung dar.[788] Dies ist allerdings nur für die Informationspflicht im Zusammenhang mit außerhalb von Geschäftsräumen geschlossenen Verträgen und Fernabsatzverträgen ausdrücklich gesetzlich normiert, nicht hingegen für Verbraucherverträge im stationären Handel nach § 312a BGB. Dies entspricht auch den Vorgaben in Art. 6 Abs. 5 und Art. 7 Verbraucherrechte-RL. Zwar kann im stationären Handel ebenso eine Beschaffenheitsvereinbarung vorliegen, wenn der Verkäufer der Informationspflicht nachkommt, indem er sich die herstellerseitige Kennzeichnung auf dem Produkt zu eigen macht, und sich der Käufer hierauf

783 *Lüttringhaus*, AcP 219 (2019), 29, 52; *Verbraucherkommission Baden-Württemberg*, Stellungnahme Nr. 34/2014, 13.11.2014, S. 9; *Verbraucherkommission Baden-Württemberg* in: Brönneke/Wechsler, Obsoleszenz interdisziplinär, 2015, 309, 318 f.; Siehe Argumentation zuvor zu § 5a UWG, die für Art. 246 und Art. 246a EGBGB in gleicher Weise Geltung beansprucht.

784 *Keimeyer/Gailhofer/Gsell/Graulich/Prakash/Scherf/Brönneke/Gildeggen/Schmitt/Schwarz*, UBA Texte 115/2020, 2020, S. 140 f.

785 So auch *Tonner/Malcolm*, How an EU Lifespan Guarantee Model Could Be Implemented Across the European Union, (2017), S. 16, 27 f.

786 Vgl. Art. 4 Verbraucherrechte-RL.

787 So auch *Schlacke/Alt/Tonner/Gawel/Bretschneider*, UBA Texte 72/2015, S. 22, 118, 179, denen zufolge auch die Reparaturfreundlichkeit und Energieeffizienz als Regelbeispiele genannt werden sollten.

788 EG 26 sowie EG 32 letzter Satz WKRL; *Lüttringhaus*, AcP 219 (2019), 29, 53; *Michel*, Premature Obsolescence, 2022, S. 357 f.; *Tonner*, VuR 2012, 355, 358.

konkludent beim Kauf bezieht.[789] Erfüllt der Verkäufer die Informationspflicht hingegen auf andere Weise, d.h. kann der Käufer im stationären Handel nicht unmittelbar durch auf dem Produkt angebrachte Siegel oder sonstige Etiketten die Informationen wahrnehmen, greift keine gesetzliche Anordnung, dass die Informationen in der Produktbeschreibung oder in sonstiger Weise Vertragsbestandteil werden. Insbesondere in Hinblick auf die Obsoleszenz von Waren unterliegen Verbraucher im stationären Handel denselben Informationsasymmetrien wie im Fernabsatzhandel und bei Verträgen außerhalb von Geschäftsräumen. Der Verbraucher ist in allen Vertragsschlussszenarien gleich schützenswert. Es gelten jedoch unterschiedliche Gewährleistungsregelungen. Während für den Fernabsatzvertrag und den außerhalb von Geschäftsräumen geschlossenen Vertrag die Information über die Mindestlebensdauer kraft Gesetzes Vertragsbestandteil wird und damit im Rahmen des subjektiven Mangelbegriffs relevant wird, werden die Angaben aufgrund der Informationspflicht für den Vertrag im stationären Handel im Rahmen des objektiven Mangelbegriffs herangezogen. In jedem Fall stellt eine Abweichung von den gegebenen Informationen einen Mangel dar (s. o. Zweiter Teil A.III.4.a)). Der Käufer erhält mithin in jedem Vertragsschlussszenario die Information über die Mindestlebensdauer und erlangt gleichwertigen gewährleistungsrechtlichen Schutz, sollte das Produkt nicht den Angaben des Verkäufers entsprechen. Dennoch sollte die unterschiedliche gewährleistungsrechtliche Einordnung von Informationen in Distanzgeschäften und im stationären Handel nur erfolgen, wenn es stichhaltige Argumente für eine solche Regelungsparallelität gibt und sie eindeutig für den jeweiligen Kontext geeignet ist.[790] Es sind keine Argumente ersichtlich und es ist nicht nachvollziehbar, warum der Gesetzgeber ausschließlich für Fernabsatzverträge und außerhalb des Geschäftsraums geschlossene Verträge vorgesehen hat, dass die Informationen Teil des Vertrags werden, wo doch der Verbraucher in allen Fällen gleich schützenswert ist. Um eine einheitliche rechtliche Bewertung der Informationspflichten nach § 312a Abs. 2 S. 1 BGB i.V.m. Art. 246 Abs. 1 Nr. 1 EGBGB sowie § 312d Abs. 1 S. 1 BGB i.V.m. Art. 246a, § 1 Abs. 1 S. 1 Nr. 1 EGBGB zu erreichen, sollten sämtliche Angaben hiernach Vertragsbestandteil werden und als konkludente Beschaffenheitsvereinbarung qualifiziert werden.

---

789 Vgl. *Faust* in: BeckOK BGB, 74. Ed. 01.05.2025, BGB § 434 Rn. 112; *Lüttringhaus*, AcP 219 (2019), 29, 53 f.

790 So im Grundsatz auch *Howells/Twigg-Flesner/Wilhelmsson*, Rethinking EU Consumer Law, 2018, S. 171.

vi. Zusammenfassung

Verkäufer bzw. Hersteller unterliegen de lege lata bereits den allgemeinen Informationspflichten nach § 5a UWG sowie nach Art. 246 und Art. 246a EGBGB, die sich auf die Eigenschaft der Mindestlebensdauer beziehen, welche jedoch im Gesetzestext nicht explizit genannt wird. Sie können zudem zu der Angabe von Mindesthaltbarkeiten bestimmter Produkte de lege ferenda konkret verpflichtet werden. Solche Informationspflichten könnten implementiert werden in Form von Rechtsverordnungen i. S. d. EnVKG und EnVKV. Vereinzelt befinden sich bereits konkrete Informationspflichten hinsichtlich der Lebensdauer für bestimmte Produktarten in einigen Durchführungsrechtsvorschriften zur Ökodesign-RL. Der Ökodesign-Ansatz nach der Ökodesign-VO bietet das größte Potenzial zur Etablierung von Informationspflichten de lege ferenda. In den delegierten Rechtsakten könnten und sollten entsprechend der Ökodesign-VO Informationspflichten die Mindesthaltbarkeit betreffend für sämtliche Produktkategorien etabliert werden.

d) Wirkungsanalyse der Angabe der Mindestlebensdauer

Aussagen der Hersteller, in Form von Werbung oder sonstigen öffentlichen Äußerungen, stellen entweder bereits eine Beschaffenheitsvereinbarung dar oder werden für die objektiv zu bestimmenden Anforderungen an die Vertragsmäßigkeit eines Produkts relevant. Die Angaben des Unternehmers über die Haltbarkeit der Ware, die er aufgrund der ihn treffenden Informationspflicht vornimmt, werden, entweder nach § 312d Abs. 1 S. 2 BGB ausdrücklich oder durch Auslegung, zum Vertragsinhalt und stellen damit eine Beschaffenheitsvereinbarung nach § 434 Abs. 2 S. 1 Nr. 1 BGB dar. Für Angaben aufgrund von Informationspflichten, die sich nicht aus dem EGBGB ergeben, gilt das allgemein zu den Werbeaussagen und öffentlichen Aussagen Ausgeführte, wonach die Angaben innerhalb von § 434 Abs. 3 S. 1 Nr. 2 lit. b) BGB zur Bestimmung der üblichen Beschaffenheit relevant werden. Freiwillig geäußerte Informationen oder solche, die auf einer Informationspflicht beruhen, sind in jedem Fall ausschlaggebend zur Bestimmung der vom Verkäufer geschuldeten Leistung, mithin der geschuldeten Produktqualität (s. o. Zweiter Teil A.III.4.a)). Entspricht die Ware nicht den gemachten Haltbarkeitsangaben, so ist diese mangelhaft.

Nachfolgend werden die Auswirkungen einer Angabe der Mindestlebensdauer durch den Hersteller näher untersucht. Zuerst erfolgt eine nähere Betrachtung auf Seiten des Herstellers (i.). Sodann wird diskutiert, wie die Angabe den Käufer in seinem Verhalten beeinflussen kann (ii.).

i. Herstellerseitige Auswirkungen

Ein Verstoß des verkauften Produkts gegen die angegebene Mindestlebensdauer lässt sich vom Konsumenten feststellen und ist sowohl über den Markt durch Reputationsverlust als auch über das Gewährleistungsrecht sanktionierbar.[791] Zweck der Angabe der Mindestlebensdauer von Verkäuferseite ist die Beseitigung des käuferseitigen Informationsdefizits sowie der wirtschaftlichen Folgen eines *Market for Lemons*. Dafür ist zunächst erforderlich, dass es dem Verkäufer, Händler, Importeur oder Hersteller generell möglich ist, die Mindestlebensdauer selbst zu bestimmen ((1)). Unter welchen Bedingungen sie solche Angaben korrekt (dazu (4)) und freiwillig machen ((2)), wird noch zu klären sein. Anderenfalls ist eine Informationspflicht diesbezüglich zu diskutieren ((3)).

(1) Ermittlung der Mindestlebensdauer

Das Haltbarkeitskriterium im Rahmen des Mangelbegriffs als für den Verkäufer verpflichtende Beschaffenheit der Kaufsache kann dem Umweltproblem der vorzeitigen Obsoleszenz nur entgegenwirken, wenn es gelingt die Haltbarkeit überhaupt zu definieren und festzulegen. Nur dann ist es dem Käufer möglich den Mangel als solchen zu identifizieren und seine Mängelrechte geltend zu machen. Diese Identifizierung kann ihm ermöglicht werden, indem eine Person auf Verkäuferseite Informationen zur Haltbarkeit angibt, sei es freiwillig, aufgrund ausreichender Anreize oder per gesetzlicher Verpflichtung. Dies wiederum kann nur gelingen, wenn diese Person selbst imstande ist die Lebensdauer eines Produkts zu ermitteln.

Die konkreten Eigenschaften eines Produkts sind stets Ergebnis von Planung, d. h. auch Merkmale der Produktlebensdauer sind generell planbar.[792] Das Unternehmensmanagement sowie die prozessbegleitenden Ingenieure legen im Vorfeld der Herstellung die technisch zu erreichende Nutzungs- und Lebensdauer fest.[793] Produkte entstehen auf Grundlage dieser definierten Lebensdauer, bei dessen Berechnung und Angabe die Rahmenbedingungen genau festgelegt werden müs-

---

791 *Schlacke/Alt/Tonner/Gawel/Bretschneider*, UBA Texte 72/2015, S. 22, 192 ff.; *Segger-Piening*, ZfPW 2020, 358, 379 f.; *Schlacke/Stadermann/Grunow*, UBA Texte 24/2012, 2012, S. 23.

792 *Hess*, Geplante Obsoleszenz, 2018, S. 67 ff., 106; *Poppe/Longmuß* in: Longmuß/Poppe, Geplante Obsoleszenz, 2019, 17, 17; *Prakash/Dehoust/Gsell/Schleicher/Stamminger*, UBA Texte 11/2016, 2016, S. 22, 31, 289; *Welters*, Obsoleszenz im Zivilrecht, 2012, S. 8 f.; *Winzer*, ÖkologischesWirtschaften 2017, 9.

793 *Hess*, Geplante Obsoleszenz, 2018, S. 105; *Longmuß/Poppe/Neef* in: Longmuß/Poppe, Geplante Obsoleszenz, 2019, 39, 49, 57; *Michel*, Premature Obsolescence, 2022, S. 44; *Schridde/Kreiß/Winzer*, Geplante Obsoleszenz, 2013, S. 93; *Welters*, Obsoleszenz im Zivilrecht, 2012, S. 9 ff.

sen.[794] Dazu zählen Belastung und Nutzungszyklus des Produkts, die klar bestimmt werden müssen.[795] Diese Größen sind sodann bei der Produktentwicklung und für das Produktdesign handlungsleitend.[796] Die Festlegung der Lebensdauer als eine der wichtigsten Produkteigenschaften spielt also im Produktionsprozess eine zentrale Rolle. Demzufolge sind Hersteller allgemein in der Lage über die Lebensdauer ihrer Produkte zu informieren.

Hierzu sind präzise Lebensdauertests erforderlich. Solche lassen konkretere und sicherere Aussagen über die Lebensdauer zu, je genauer sie durchgeführt werden, d.h. je genauer die Testbedingungen den realen Nutzungsbedingungen entsprechen und je genauer die Qualitätsstandards der Zulieferketten untersucht werden.[797] Tatsächlich werden solche Tests in immer verringerten Umfang durchgeführt, was vor allem damit zusammenhängt, dass sich die Produktzyklen verkürzen, der Druck zur Kosteneinsparung und zu Innovationen steigt und Produktpreise sinken, wohingegen die Tests kosten- und zeitaufwändig sind.[798] Zumeist müssen Messvorschriften sowie Prüf- und Testbedingungen für einen Großteil der Produkte erst noch entwickelt werden.[799] Insbesondere für kleinere und mittlere Unternehmen ist es ohne allgemein gültige Messvorschriften und Prüfmethoden gar nicht möglich Lebensdauertests durchzuführen, da ihnen regelmäßig die Mittel und das nötige Sachwissen fehlen.[800] Zudem sind Lebensdauertests praktische Grenzen gesetzt, weil für besonders langlebige Produkte, die oft oder im Dauerbetrieb genutzt werden, eine Dauerprüfung mit einer größeren Gerätegruppe erforderlich wäre, die noch zeit- und kostenintensiver wäre.[801] Werden deshalb Tests mit zeitlich komprimierten Nutzungsszenarien durchgeführt, die dann auch nur besonders zu belastende Komponenten testen, lässt sich an der Aussagekraft dieser Testergebnisse zweifeln.[802] Verfahren durchzuführen,

794 *Brönneke* in: Brönneke/Wechsler, Obsoleszenz interdisziplinär, 2015, 185, 199.

795 *Brönneke* in: Brönneke/Wechsler, Obsoleszenz interdisziplinär, 2015, 185, 186, 194; *Longmuß/Poppe/Neef* in: Longmuß/Poppe, Geplante Obsoleszenz, 2019, 39, 47.

796 *Prakash/Dehoust/Gsell/Schleicher/Stamminger*, UBA Texte 11/2016, 2016, S. 22, 31, 289; So auch *Michel*, Premature Obsolescence, 2022, S. 44.

797 *Prakash/Dehoust/Gsell/Schleicher/Stamminger*, UBA Texte 11/2016, 2016, S. 33, 289.

798 *Longmuß/Poppe/Neef* in: Longmuß/Poppe, Geplante Obsoleszenz, 2019, 39, 51; *Michel*, Premature Obsolescence, 2022, S. 65 f.; *Prakash/Dehoust/Gsell/Schleicher/Stamminger*, UBA Texte 11/2016, 2016, S. 33, 289 f.

799 *Prakash/Dehoust/Gsell/Schleicher/Stamminger*, UBA Texte 11/2016, 2016, S. 271.

800 *Kommission der Europäischen Gemeinschaften*, Grünbuch zur integrierten Produktpolitik, KOM (2001) 68 endg., 07.02.2001, S. 21.

801 *Oehme/Jacob*, Strategien gegen Obsoleszenz, 2017, S. 10 f.; *Longmuß/Poppe/Neef* in: Longmuß/Poppe, Geplante Obsoleszenz, 2019, 39, 51.

802 *Longmuß/Poppe/Neef* in: Longmuß/Poppe, Geplante Obsoleszenz, 2019, 39, 51.

um präzise Angaben zur Lebensdauer eines Produkts machen zu können, lohnen sich wirtschaftlich oft nicht für den Hersteller. Ferner sind Produkte nach Beendigung langer Testverfahren oft nicht mehr aktuell.[803] Berechnungen beruhen daher zumeist auf Abschätzungen, pauschalen Annahmen oder durchschnittlichen Erfahrungswerten.[804] Auch, weil die Auswirkungen von Belastungen auf Komponenten nicht akkurat vorhersehbar sind und Belastungszyklen nutzerabhängig sind (Wie oft, wie stark und unter welchen Umweltbedingungen wird eine Ware genutzt?).[805] Die wahren Betriebsbedingungen spiegeln sich im Testverfahren deshalb nicht realistisch wider.[806] Belastungsdauer und Belastungsgröße einer durchschnittlichen Produktnutzung wird von Herstellern ex ante ohne eine gesicherte Informationsgrundlage selbst bestimmt.[807] In der Praxis lässt sich eine exakte Mindestlebensdauer demnach nur schwer berechnen. Zwar ist es den Herstellern möglich, eine Lebens- und auch Mindestlebensdauer ihrer Waren anzugeben. Die Genauigkeit dieser Information ist jedoch fragwürdig.

Um den Herstellern die Informationsgewinnung hinsichtlich der Mindesthaltbarkeit zu erleichtern oder KMU diese überhaupt erst zu ermöglichen, sind produktspezifische gesetzliche Normen von Vorteil, die einen Prüfungskatalog bereitstellen, der Prüf- und Testbedingungen definiert sowie geeignete Messverfahren beschreibt.[808] Damit auch reale Nutzungsbedingungen mit einbezogen werden können, sollten die gesetzlichen Normen sog. kritische Prüfbedingungen aufstellen, unter denen die Lebensdauerprüfungen nach annähernd realen Nutzungsbedingungen durchgeführt werden können.[809] Standardisierte Kriterien als Grundlage für Lebensdauertests hätten zudem den Vorteil, dass sie einheitlich in allen EU-Mitgliedstaaten angewendet werden könnten.[810]

---

803 *Hess*, Geplante Obsoleszenz, 2018, S. 107.

804 *Longmuß/Poppe/Neef* in: Longmuß/Poppe, Geplante Obsoleszenz, 2019, 39, 47 f.; *Welters*, Obsoleszenz im Zivilrecht, 2012, S. 11.

805 *Longmuß/Poppe/Neef* in: Longmuß/Poppe, Geplante Obsoleszenz, 2019, 39, 47 f.; *Welters*, Obsoleszenz im Zivilrecht, 2012, S. 11.

806 *Hess*, Geplante Obsoleszenz, 2018, S. 107.

807 *Longmuß/Poppe/Neef* in: Longmuß/Poppe, Geplante Obsoleszenz, 2019, 39, 48 f.

808 *Prakash/Dehoust/Gsell/Schleicher/Stamminger*, UBA Texte 11/2016, 2016, S. 271; *Keimeyer/Gallhofer/Gsell/Graulich/Prakash/Scherf/Brönneke/Gildeggen/Schmitt/Schwarz*, UBA Texte 115/2020, 2020, S. 157 ff.; *Kommission der Europäischen Gemeinschaften*, Grünbuch zur integrierten Produktpolitik, KOM (2001) 68 endg., 07.02.2001, S. 37.

809 *Prakash/Dehoust/Gsell/Schleicher/Stamminger*, UBA Texte 11/2016, 2016, S. 271.

810 *Europäisches Parlament, Ausschuss für Binnenmarkt und Verbraucherschutz*, Bericht über das Thema „Längere Lebensdauer für Produkte: Vorteile für Verbraucher und Unternehmen“ (2016/2272(INI)), 09.06.2017, S. 12; Siehe zu standardisierten Parametern und Methoden zur Bewertung der Lebensdauer auf europäischer Ebene auch *Michel*, Premature Obsolescence, 2022, S. 128 f. m.w.N.

Solche produktspezifischen Normen können als DIN-Normen etabliert werden, die Prüfungskataloge für einzelne Produktgruppen enthalten. Sie können als Hilfsmittel genutzt werden, um Umweltaspekte durch festgelegte Messwerte und Messverfahren zu ermitteln und zu bewerten. Sie werden regelmäßig nur relevant, wenn ein Unternehmen sein Produkt kennzeichnen und über Umweltauswirkungen informieren möchte.[811] Nichtsdestotrotz können die dortigen Grundsätze auch allgemein zur Lebensdauerbestimmung herangezogen werden. Die Normenreihe DIN 14020 enthält neben der Anleitung zur Umweltkennzeichnung und -deklaration auch Hinweise für die Entwicklung und Nutzung von Umweltinformationen und wirkt zudem international.[812] Zu den neun Grundsätzen der DIN EN ISO 14020 zählen, unter anderem, die wissenschaftliche Nachprüfbarkeit der angewandten Methoden, um Umweltaussagen treffen zu können, sowie die Zugänglichmachung der angewandten Verfahren, Methoden, Kriterien und Grundannahmen im Zusammenhang mit der Ermittlung und Bewertung von Umweltaspekten.[813] Hieran können sich andere Hersteller orientieren und die bereits entwickelten Verfahren und Methoden selbständig anwenden. In gleicher Weise können Anleitungen, Grundsätze und Methoden zur Erstellung von Ökobilanzen nach DIN EN ISO 14040 und DIN EN ISO 14044 genutzt werden.[814] Ökobilanzen beziehen sich auf Umweltauswirkungen eines Produkts während seines gesamten Lebenszyklus und bewerten dieses.[815] Eine Ökobilanzierung oder Lebenszyklusanalyse in diesem Sinne ist jedoch ebenfalls eine aufwändige und kostspielige Methode zur Ermittlung von Umweltaspekten eines Produkts.[816] Zu diesem Vorgehen trägt auch der Vorschlag der Europäischen Kommission für eine Richtlinie über Umweltaussagen bei. Wenn ein Gewerbetreibender freiwillig eine Umweltaussage über sein Produkt machen möchte, muss er dieser Informationen über, u. a., die der Aussage zugrundeliegenden Studien oder Berechnungen beifügen, die zur Bewertung, Messung und Überwachung der Umweltauswirkungen, -aspekte oder -leistung verwendet werden.[817] Es kann auch auf die Berechnungsmethoden, Verfahren,

---

811 *BMU/BDI/UBA*, Umweltinformationen für Produkte und Dienstleistungen, 7. Aufl. 2019, S. 9.
812 *BMU/BDI/UBA*, Umweltinformationen für Produkte und Dienstleistungen, 7. Aufl. 2019, S. 10, 13.
813 *BMU/BDI/UBA*, Umweltinformationen für Produkte und Dienstleistungen, 7. Aufl. 2019, S. 16.
814 *BMU/BDI/UBA*, Umweltinformationen für Produkte und Dienstleistungen, 7. Aufl. 2019, S. 10.
815 *BMU/BDI/UBA*, Umweltinformationen für Produkte und Dienstleistungen, 7. Aufl. 2019, S. 14.
816 *Kommission der Europäischen Gemeinschaften*, Grünbuch zur integrierten Produktpolitik, KOM (2001) 68 endg., 07.02.2001, S. 21.
817 *Europäische Kommission*, Vorschlag für eine Richtlinie des Europäischen Parlaments und des Rates über die Begründung ausdrücklicher Umweltaussagen und die diesbezügliche Kommunikation (Richtlinie über Umweltaussagen), COM(2023) 166 final, 22.03.2023, Art. 5 Abs. 6 Richtlinienvorschlag.

Indikatoren und Regeln des Umweltfußabdrucks zurückgegriffen werden, sofern für den Einzelfall keine bestimmten Methoden durch spezielle Rechtsvorschriften vorgeschrieben werden.[818] Unternehmen sollten ihre Umweltaussagen durch die Methoden zur Bestimmung des Umweltfußabdrucks belegen.[819] Darüber hinaus ist die Festlegung von Messwerten und Messverfahren durch den Gesetzgeber grundsätzlich sehr zeitintensiv, nicht für sämtliche Produktgruppen umsetzbar und bedarf noch viel Forschung.[820]

Wenn von Herstellern erwartet wird, Umweltauswirkungen der hergestellten Waren über den gesamten Lebenszyklus zu prüfen und öffentlich zu machen, sollten ihnen vorhandene allgemeinen Lebenszyklusdaten zur Verfügung gestellt werden.[821] Die Ermittlung der Mindestlebensdauer des Endprodukts kann durch gemeinsame Informationssysteme unter Einbeziehung der gesamten Lieferkette vereinfacht werden. Die Allianz der Kraftfahrzeughersteller hat die zentrale Datenbank *„International Material Data System"* (IMDS) entwickelt, welche durch die Eingabe von Produktinformationen, insb. zur Materialwahl und Zusammensetzung der Teile und des Fahrzeugs selbst, durch alle Parteien der Versorgungskette stetig wächst.[822] Dem Problem des Herstellers der fehlenden Lebenszyklusdaten begegnet das Umweltbundesamt mit dem Internetportal ProBas (Prozessorientierte Ba-

---

818 *Europäische Kommission*, Empfehlung (EU) 2021/2279 der Kommission vom 25. Dezember 2021 zur Anwendung der Methoden für die Berechnung des Umweltfußabdrucks zur Messung und Offenlegung der Umweltleistung von Produkten und Organisationen entlang ihres Lebenswegs, Nr. 1, Anhang I der Empfehlung.

819 *Europäische Kommission*, Ein neuer Aktionsplan für die Kreislaufwirtschaft, COM(2020) 98 final, 11.03.2020, S. 6; *Europäische Kommission*, Neue Verbraucheragenda, Stärkung der Resilienz der Verbraucher/innen für eine nachhaltige Erholung, COM(2020) 696 final, 13.11.2020, S. 10.

820 *Keimeyer/Gailhofer/Gsell/Graulich/Prakash/Scherf/Brönneke/Gildeggen/Schmitt/Schwarz*, UBA Texte 115/2020, 2020, S. 159 f.; *Prakash/Dehoust/Gsell/Schleicher/Stamminger*, UBA Texte 11/2016, 2016, S. 270 f.; Die Berechnung der Lebensdauer auf standardisierte Weise als nicht durchführbar ansehend *Europäische Kommission*, Vorschlag für eine Richtlinie des Europäischen Parlaments und des Rates zur Änderung der Richtlinie 2005/29/EG und 2011/83/EU hinsichtlich der Stärkung der Verbraucher für den ökologischen Wandel durch besseren Schutz gegen unlautere Praktiken und bessere Informationen, COM(2022) 143 final, 30.03.2022, S. 13.

821 *Kommission der Europäischen Gemeinschaften*, Grünbuch zur integrierten Produktpolitik, KOM (2001) 68 endg., 07.02.2001, S. 20 f.; *Europäische Kommission*, Empfehlung (EU) 2021/2279 der Kommission vom 25. Dezember 2021 zur Anwendung der Methoden für die Berechnung des Umweltfußabdrucks zur Messung und Offenlegung der Umweltleistung von Produkten und Organisationen entlang ihres Lebenswegs, Nr. 3.3. der Empfehlung.

822 https://public.mdsystem.com/, zuletzt abgerufen am 30.06.2025; *Kommission der Europäischen Gemeinschaften*, Grünbuch zur integrierten Produktpolitik, KOM (2001) 68 endg., 07.02.2001, S. 22.

sisdaten für Umweltmanagement-Instrumente).[823] Dort werden öffentliche Datensätze zu Produkten und Prozessen zugänglich gemacht, die bei der Erstellung von Ökobilanzen und betrieblicher Berichterstattung verwendet werden können.[824] In Hinblick auf energieverbrauchsrelevante Produkte sieht der Gesetzgeber eine Lösung dieses Problems in der Verpflichtung Angaben zur Materialzusammensetzung zu machen. Nach § 3 S. 4 und 5 EVPG können Hersteller, die Bauteile und Baugruppen in den Verkehr bringen oder in Betrieb nehmen, durch Rechtsverordnung verpflichtet werden dem Hersteller, der seinerseits einer Informationspflicht zur Angabe der Lebensdauer unterliegt (s. o. Zweiter Teil A.III.4.c)ii.), relevante Angaben zur Materialzusammensetzung, Verbrauch von Energie, Materialien oder Ressourcen der betreffenden Bauteile und Baugruppen zu machen. Vorhandene Lebenszyklusdaten müssten harmonisiert und miteinander verknüpft werden sowie neue Datenbanken mit einheitlichen Datenstandards geschaffen werden.[825] Informationssysteme müssten auch für Lieferketten in der Elektrobranche und weiteren Industrien entwickelt werden. So könnten Kosten und Aufwand jedes einzelnen Glieds der Lieferkette hinsichtlich der Ermittlung von Lebenszyklusdaten, insb. bei der Materialwahl und -zusammensetzung, gespart werden.

Den Herstellern von Produkten ist es generell möglich, Angaben zur Mindestlebensdauer zu machen. Es existieren bereits einige Methoden und Verfahren, an denen sich Hersteller bei der Ermittlung der Lebensdauer orientieren können. Solche sind aber weder produktgruppenspezifisch formuliert, noch können sie flächendeckend angewandt werden. Um den Herstellern eine präzise und wirtschaftlich zumutbare Lebensdauerermittlung zu ermöglichen, sollten produktgruppenspezifische und einheitliche Mess- und Prüfvorschriften etabliert werden. Zudem müssten Datenbanken mit Informationen über den Lebenszyklus ausgebaut werden.

(2) Freiwillige Angabe

Hersteller und Verkäufer können, wie eingangs beschrieben, freiwillig Angaben zur Lebensdauer machen. Sei es auf dem Produkt selbst, in der Produktbeschreibung, indirekt mittels Umweltzeichen oder im Rahmen ihrer CSR-Berichterstattung (s. o. Zweiter Teil A.III.4.b)). Je mehr Hersteller freiwillig Angaben zur Mindestlebensdauer machen oder sich diesbezüglich bereits festgelegten Standards durch

823 *UBA*, Ökobilanz, 17.10.2018.

824 *UBA*, Ökobilanz, 17.10.2018; *UBA*, Über Probas.

825 *Kommission der Europäischen Gemeinschaften*, Grünbuch zur integrierten Produktpolitik, KOM (2001) 68 endg., 07.02.2001, S. 21; *Olliges/Polania Giese/Bickel/Teubler/Hirschnitz-Garbers*, UBA Texte 138/2021, 2021, S. 38 f.

Umweltzeichen unterwerfen, desto eher werden allgemeingültige objektive Produktstandards auf dem Markt begründet.[826] Solche haben positive Auswirkungen auf die Umwelt, weil alle Produkte einer Vergleichsgruppe den objektiven Haltbarkeitsstandards genügen müssen, um objektiv vertragsmäßig zu sein. Ob und in welchem Umfang sie freiwillig Informationen über ihre Produkte preisgeben, hängt von einigen Faktoren ab.

Konsumenten werden im Alltag regelrecht von Produktinformationen überschüttet. Die vom Hersteller im großen Umfang freiwillig gegebenen Informationen beziehen sich zumeist auf die eigene Imagepflege, auf oberflächliche oder ausgewählte informative, aber ausschließlich positive Produktmerkmale.[827] Hersteller werden Informationen über die Produktlebensdauer preisgeben, soweit sie sich damit von anderen Marktteilnehmern abheben können. Insoweit die Lebensdauerinformation von den Nachfragern aufgenommen, für glaubhaft gehalten und bei der Kaufentscheidung berücksichtigt wird, wird sie zum Wettbewerbsparameter.[828] Mit Kennzeichnungen in Form von Umweltzeichen kann das Produkt in Hinblick auf seine nachhaltigen Eigenschaften beworben werden.[829] Hersteller von hochwertigen und langlebigen Produkten werden freiwillig Angaben zu der Lebensdauer machen, um Kunden zu gewinnen und ihren Absatz sowie Gewinn zu steigern.[830] Aus ihrem Gewinnerzielungsinteresse heraus werden sie freiwillig die zeit- und kostenintensiven Lebensdauertests durchführen, um präzise Angaben machen zu können. Zudem lohnen sich Produkttests, wenn zusätzlich bspw. Regelungen aus dem Produktsicherheitsrecht Tests vorschreiben, Haftungsnormen statuieren und Produktbeobachtungspflichten anordnen.[831] Im gleichen Zuge werden Erkenntnisse über die Lebensdauer gewonnen, die für die Entwicklung langlebiger Produkte genutzt werden können.[832] Je wichtiger die Lebensdauer als Wettbewerbsparameter ist, desto eine bessere Gewinnmarge verspricht der Handel langlebiger Waren und desto eher lohnen sich Investitionen in die Produkthaltbarkeit sowie die Informationsgewinnung.[833] Eine lange Lebensdauer als

---

826 *Kommission der Europäischen Gemeinschaften*, Grünbuch zur integrierten Produktpolitik, KOM (2001) 68 endg., 07.02.2001, S. 16.
827 *Sinn* in: Ott/Schäfer, Allokationseffizienz in der Rechtsordnung, 1989, 81, 85.
828 *Akerlof*, 84(3) Q. J. Econ. 488, 496 (1970); *Gawel/Bretschneider*, ZfU 1 (2016), 1, 21.
829 *Terryn*, 27(4) ERPL 851, 869 f. (2019).
830 *Akerlof*, 84(3) Q. J. Econ. 488, 496 (1970); *Gawel/Bretschneider*, ZfU 1 (2016), 1, 21; *Prakash/Dehoust/Gsell/Schleicher/Stamminger*, UBA Texte 11/2016, 2016, S. 269 f.
831 *Brönneke* in: Brönneke/Wechsler, Obsoleszenz interdisziplinär, 2015, 185, 201.
832 *Brönneke* in: Brönneke/Wechsler, Obsoleszenz interdisziplinär, 2015, 185, 201.
833 *Akerlof*, 84(3) Q. J. Econ. 488, 496 (1970); *Gawel/Bretschneider*, ZfU 1 (2016), 1, 21; *Die Bundesregierung*, Deutsche Nachhaltigkeitsstrategie, Weiterentwicklung 2021, 15.12.2020, S. 294.

Qualitätseigenschaft hochwertiger Produkte wird bereits vom Markt honoriert.[834] Demgegenüber werden Hersteller günstiger und weniger langlebiger Waren von einer freiwilligen Angabe der Lebensdauer regelmäßig absehen. Eine solche Angabe würde zu negativer Werbung und zu Umsatzeinbußen führen.

Dieser Mechanismus versagt indes bei denjenigen Käufergruppen, die Nachhaltigkeitsinformationen ihrer Entscheidung nicht zugrunde legen. Auch, wenn das Nachhaltigkeitsbewusstsein in der Bevölkerung stetig wächst,[835] sind für einen Großteil der Käuferschaft die Lebensdauer bzw. allgemeine Nachhaltigkeitsinformationen nicht kaufentscheidungsrelevant.[836] Auf sie haben die Angaben daher keinen Einfluss. Mit Kundengewinn und Profitmaximierung kann der Hersteller bei ihnen durch Werbung mit langlebigen Waren nicht rechnen. Daher lohnt sich die Herstellung von besonders langlebigen Produkten und die Ermittlung ihrer Lebensdauer wirtschaftlich betrachtet nicht unbedingt.[837] Zudem könnten Verkäufer aus Angst vor gewährleistungsrechtlicher Haftung auf die Informationsangabe verzichten.[838] Der Anreiz Informationen über Produkteigenschaften anzugeben und zu ermitteln ist außerdem umso geringer, je eher es sich um Kollektivguteigenschaften handelt.[839] D.h. bei standardisierten Produkten werden Hersteller keinen Anreiz haben Informationen über Eigenschaften kostenlos zur Verfügung zu stellen, von denen dann alle Hersteller profitieren, die Produkte mit ähnlichen Eigenschaften produzieren.[840] Während die Kosten der Informations-

834 *Schlacke/Tonner/Gawel*, JZ 2016, 1030, 1031; *Gawel/Bretschneider*, ZfU 1 (2016), 1, 18 f.

835 *Die Bundesregierung*, Deutsche Nachhaltigkeitsstrategie, Weiterentwicklung 2021, 15.12.2020, S. 287; *Schridde/Kreiß/Winzer*, Geplante Obsoleszenz, 2013, S. 75 ff.; *Terryn*, 27(4) ERPL 851, 852, 872 (2019); Siehe hierzu *Europäische Kommission*, Vorschlag für eine Richtlinie des Europäischen Parlaments und des Rates zur Änderung der Richtlinie 2005/29/EG und 2011/83/EU hinsichtlich der Stärkung der Verbraucher für den ökologischen Wandel durch besseren Schutz gegen unlautere Praktiken und bessere Informationen, COM(2022) 143 final, 30.03.2022, S. 10 f., wonach eine Online Verbraucherumfrage ergab, dass die Hälfte der Befragten bereit sind, einen höheren Kaufpreis für langlebigere Waren zu bezahlen.

836 *Konferenz der Justizministerinnen und Justizminister der Länder*, Bericht der Arbeitsgruppe „Nachhaltigkeit im Zivilrecht", 2021, S. 55; *Simon-Kucher & Partners*, Relevanz von Nachhaltigkeit als Kaufkriterium in Deutschland im Jahr 2021, Statistika, (2021), wonach hingegen Nachhaltigkeit allgemein als Kaufkriterium für Konsumgüter von 37% der Befragten als eher wichtig und von 25% der Befragten als sehr wichtig eingestuft wurde; *Fischer/Moch/Prakash/Teufel/Stieß/Kresse/Birzle-Harder*, UBA Texte 11/2019, 2019, S. 48, S. 17 bzgl. mobiler Kleingeräte und TV, S. 21, 101 bzgl. Holz-und Polstermöbel, bei denen eine längere Nutzungsdauer eher für ältere Käufergruppen mit höherem Einkommen ein relevantes Kaufkriterium darstellt.

837 *Longmuß/Dworak* in: Longmuß/Poppe, Geplante Obsoleszenz, 2019, 73, 91.

838 *van Gool/Michel*, EuCML 2021, 136, 140.

839 *Tietzel* in: Ott/Schäfer, Allokationseffizienz in der Rechtsordnung, 1989, 52, 61.

840 *Tietzel* in: Ott/Schäfer, Allokationseffizienz in der Rechtsordnung, 1989, 52, 61.

ermittlung und -weitergabe nur bei einem Hersteller anfallen, kann die Umsatzsteigerung durch die Information auch bei anderen Herstellern ähnlicher Waren eintreten.

Hersteller werden ferner einen Anreiz haben, Informationen über die Lebensdauer preiszugeben, wenn zwischen ihnen und einem Käufer eine langfristige Geschäftsbeziehung besteht oder noch entstehen kann.[841] Eine solche Beziehung lässt langfristig mehr Gewinne erwarten durch die Wiederholung von Käufen gegenüber einer einmaligen Ausbeutung der Marktgegenseite aufgrund ihrer Uninformiertheit.[842] Die besser informierte Vertragspartei kann durch angepasstes Verhalten des anderen Vertragsteils sanktioniert werden, wenn sie ihr die Information über die tatsächliche (schlechtere) Qualität vorenthält.[843] Der Nachfrager wird dann aufgrund seiner negativen Erfahrung von weiteren Geschäften absehen.[844] Die Annahme des Schrumpfens von Märkten, der Verringerung der Produktqualität und das Nichtstattfinden von Transaktionen aufgrund der Vorteilsverschaffung des besser informierten Vertragspartners (*Market for Lemons*, s. o. Zweiter Teil A.III.2.), ist deshalb bei mehreren stattfindenden gleichartigen Transaktionen fehlerhaft.[845] Ob sich für den Hersteller heutzutage hinreichende Anreize aus potenziellen Gewinnen durch langfristige Vertragsbeziehungen ergeben, kann allerdings bezweifelt werden. Produkte der gleichen Art werden heute von unzähligen Herstellern angeboten. Das Marktgeschehen wird immer anonymer und längerfristige wechselseitige und wiederkehrende Geschäftsbeziehungen zwischen Käufer und Verkäufer bilden sich nur noch selten.[846] Daher nimmt die Wahrscheinlichkeit opportunistischen Verhaltens des Verkäufers zu und der Kundenverlust wirkt sich nicht merkbar auf den Umsatz aus.[847] Die Einflussnahme der Käuferschaft auf das Verhalten von Herstellern, auch bei einmaligem Geschäftskontakt, ist nicht zu unterschätzen. Denn ein betrogener Käufer kann negativen Einfluss auf die Reputation, den guten Ruf und den Markennamen eines Herstellers ausüben, sodass es sich insgesamt wirtschaftlich nicht lohnen würde, wenn der besser informierte Hersteller qualitativ schlechte zum Preis eines

---

841 *Tietzel* in: Ott/Schäfer, Allokationseffizienz in der Rechtsordnung, 1989, 52, 59.

842 *Tietzel* in: Ott/Schäfer, Allokationseffizienz in der Rechtsordnung, 1989, 52, 59; *Klein/Leffler*, 89(4) J. Polit. Econ. 615, 616, 623 (1981).

843 *Tietzel* in: Ott/Schäfer, Allokationseffizienz in der Rechtsordnung, 1989, 52, 55 ff.; *Klein/Leffler*, 89(4) J. Polit. Econ. 615, 616 (1981).

844 *Grundmann*, JZ 2000, 1133, 1140; *Klein/Leffler*, 89(4) J. Polit. Econ. 615, 620 f. (1981).

845 *Tietzel* in: Ott/Schäfer, Allokationseffizienz in der Rechtsordnung, 1989, 52, 55 ff.

846 *Fleischer*, ZEuP 2000, 772, 775; *Grundmann*, JZ 2000, 1133, 1140.

847 *Grundmann*, JZ 2000, 1133, 1140.

hochwertigen Produkts anbieten würde.[848] Dies gilt in besonderem Maße für kleinere Unternehmen, die unabhängig von der Produktqualität nur schwierig Marken und Reputation herstellen können.[849] Dahingegen sichern ein über längere Zeit aufgebauter Markenname und eine gute Reputation größerer Unternehmen aber ihre monopolistische Stellung im Markt. Hersteller haben es dann nicht nötig Informationen über die Lebensdauer bereitzustellen, um Kunden zu gewinnen und ihre Wettbewerbsposition zu verbessern. Ferner realisiert sich das Risiko eines Rufschaden und Imageverlusts erst, wenn die Qualitätsverschlechterung tatsächlich erkennbar ist, d.h. die verkürzte Lebensdauer über der Wahrnehmungsschwelle der Konsumenten liegt.[850]

Ein Anreiz zur Informationsangabe kann bestehen, wenn die Befürchtung besteht, dass unzufriedene Kunden direkt ihre Gewährleistungsrechte geltend machen werden. Um dies abzuwenden, kann eine vorhergehende Angabe der Mindestlebensdauer hilfreich sein. Sie signalisiert die Auffassung des Herstellers, wann und ob ein Mangel vorliegen könnte. Daher kann sie unberechtigte Gewährleistungsverlangen von vornherein vermeiden, soweit der Käufer der Angabe Glauben schenkt. Unter Einbeziehung der Aufwendungen für die Informationsermittlung kann sich der Hersteller im Ergebnis zeitliche und monetäre Ressourcen sparen, die ansonsten für die Auseinandersetzung mit einzelnen Käufern aufgebracht werden müssten.

Zusammenfassend lässt sich festhalten, dass Hersteller langlebiger Produkte aus dem Gewinnerzielungsinteresse heraus Angaben zur Lebensdauer machen würden. Hersteller von günstigeren und weniger haltbaren Produkten werden von solchen Informationen hingegen absehen. Der Marktmechanismus funktioniert aber nur, wenn Nachhaltigkeitsinformationen Teil der Entscheidungsgrundlage der Käufer sind. Das trifft heute wohl erst auf weniger als die Hälfte der Käuferschaft zu. Für eine noch geringere Anzahl wird die Nachhaltigkeitsinformation auch tatsächlich ausschlaggebend für oder gegen den Kauf sein. Wenn bereits eine längere Kundenbeziehung besteht, haben Hersteller ebenfalls einen Anreiz freiwillig Informationen über die Lebensdauer zu machen, um Kunden nicht zu verlieren und Gewinne langfristig durch wiederkehrende Geschäfte zu sichern. Dies ist heute nur noch bedingt gültig, wenn gleichartige Produkte von einer Fülle von Herstellern angeboten werden und es deshalb nur zu einmaligen und kurzlebigen Beziehungen kommt. Außerdem lohnt sich dann der Aufwand nicht, der erfor-

848 *Akerlof*, 84(3) Q. J. Econ. 488, 499 f. (1970); *Klein/Leffler*, 89(4) J. Polit. Econ. 615, 616 (1981).
849 *Grundmann*, JZ 2000, 1133, 1140.
850 *Schridde/Kreiß/Winzer*, Geplante Obsoleszenz, 2013, S. 7 f.

derlich wäre, um Informationen über die Lebensdauer zu ermitteln, wenn alle Hersteller gleichartiger Waren davon profitieren würden.

Die Wirksamkeit einer freiwilligen Strategie entfaltet sich demnach nur teilweise. Für den Konsument sind die Informationsangaben umso weniger hilfreich, je weniger flächendeckend sie erfolgen. Wenn Hersteller keine Angaben zur Haltbarkeit ihrer Produkte vornehmen, gibt es keinen konkreten Richtwert zur Bestimmung der objektiv üblichen Haltbarkeit. Gerade der Mangel der Information über die Lebensdauer für geringwertige Produkte führt dazu, dass solche, sobald ein Funktionsverlust eintritt, direkt durch kostengünstige Neuanschaffungen ersetzt werden. Dies ist das Verhalten, das sich besonders negativ auf die Umwelt auswirkt und in hohem Maße Abfall produziert und die Neuproduktion samt ihrer schädlichen Umweltauswirkungen ankurbelt. Dieses Verhalten gilt es gerade zu verhindern (s. o. Erster Teil A.II.). Daher haben freiwillige Ansätze nur eine geringe Wirkung und leisten keinen nennenswerten Beitrag zur Erreichung von Nachhaltigkeitszielen.[851]

(3) Verpflichtende Angabe

Nur vereinzelt werden Unternehmer freiwillig Angaben zur Haltbarkeit ihrer Produkte machen. Dann aber auch nur in der von ihnen frei gewählten Form, sodass die Angaben nicht einheitlich und nicht vergleichbar sein werden. Die Käufer unterliegen einem Informationsdefizit, welches sie nicht selbst beseitigen können oder nur unter prohibitiv hohen Kosten. Die damit einhergehende adversen Selektion verhindert das Erreichen nachhaltigerer und höherer Produktqualität und zudem sinkt der gesamtgesellschaftliche Wohlstand.[852] Das hier beschriebene Informationsproblem stellt eine Form des sog. ökonomischen Marktversagens dar und rechtfertigt ein regulierendes Eingreifen durch den Gesetzgeber.[853] Ein solches kann in Form eines staatlich zwingenden Informationsgebots erfolgen.[854] Regulierung im Rahmen des Privatrechts ist unter diesen Um-

---

851 Vgl. auch *Europäische Kommission*, Ein neuer Aktionsplan für die Kreislaufwirtschaft, COM(2020) 98 final, 11.03.2020, S. 4.

852 *Akerlof*, 84(3) Q. J. Econ. 488, 488 (1970).

853 *Grundmann* in: Riesenhuber, Europäische Methodenlehre, 3. Aufl. 2015, 172, 178 f. Rn. 19; *Grundmann* in: FS Canaris, 2017, 907, 926; *Akerlof*, 84(3) Q. J. Econ. 488, 488 (1970).

854 *Grundmann*, JZ 2000, 1133, 1137; *Grundmann* in: Riesenhuber, Europäische Methodenlehre, 3. Aufl. 2015, 172, 178 f. Rn. 19; Für eine gesetzliche Pflicht zur Angabe der Mindestlebensdauer *Brönneke* in: Brönneke/Wechsler, Obsoleszenz interdisziplinär, 2015, 185, 199; *Europäisches Parlament, Ausschuss für Binnenmarkt und Verbraucherschutz*, Entwurf eines Berichts über das Thema „Auf dem Weg zu einem nachhaltigeren Binnenmarkt für Unternehmen und Verbraucher“ (2020/2021(INI)), 13.05.2020, S. 5; *Schlacke/Alt/Tonner/Gawel/Bretschneider*, UBA Texte 72/2015,

ständen geboten und führt zu einem Gleichlauf von Individualinteressen an dem Erhalt entscheidungsrelevanter Informationen und Allgemeininteressen an dem Handel hochwertiger und nachhaltiger Güter.

Die allgemeinen Informationspflichten im EGBGB und UWG erfassen zwar auch Produkteigenschaften wie die Mindestlebensdauer. Sie sind aber nicht zielführend. Bei Informationspflichten ist es wichtig, dass diese genau vorschreiben, worüber zu informieren ist. Eine Pflicht lediglich über „wesentliche Eigenschaften" eines Produkts zu informieren geht aufgrund der Unbestimmtheit ins Leere, weil Hersteller selbst entscheiden können, welche Eigenschaften sie für wesentlich halten.[855] Die Festschreibung, dass die Haltbarkeit eine wesentliche Eigenschaft darstellt, wäre immer noch zu ungenau. Denn die Haltbarkeit kann als durchschnittliche Lebensdauer, allgemeine Nutzungsdauer, Ausfallrate oder Mindesthaltbarkeit angegeben werden (s. o. Zweiter Teil A.III.3.). Es müsste daher gesetzlich konkret verpflichtet werden über die Mindestlebensdauer der vermarkteten Produkte zu informieren. Diese spezielle Informationspflicht müsste auch in den delegierten Rechtsakten nach der Ökodesign-VO sowie solchen, welche die Pflichten zur Produktkennzeichnung ausfüllen, erst noch ausdrücklich festgesetzt werden. Eine Pflicht zur Lebensdauerangabe, die sich konkret auf die Mindestlebensdauer bezieht, führt zu einer Vergleichbarkeit der Information durch Standardisierung.[856] Sie schafft Transparenz, die der Konsumtion von kurzlebigen Gütern entgegenwirken kann.[857] Sie gibt dem Käufer handhabbare Informationen und Kriterien zur Abgrenzung von vorzeitiger und normaler Alterung an die Hand. Dafür müsste dann aber auch Teil der Informationspflicht sein, in welcher Form und Weise die Mindestlebensdauer dargestellt werden soll (Anzahl der Nutzungsvorgänge, Betriebsstunden, Zeitspanne).[858] Zugleich müsste festgelegt werden, ob die Berechnung der Mindestlebensdauer bereits mit Ende des Produktionsprozesses beginnen soll, mit Kaufvertragsschluss oder erst bei Ingebrauchnahme durch den Käufer.[859]

S. 56; *Sinn* in: Ott/Schäfer, Allokationseffizienz in der Rechtsordnung, 1989, 81, 89; Ablehnend *Dassbach*, Informationsverantwortung im Kaufrecht, 2016, S. 296 ff., der durch Einführung immer umfangreicherer Informationspflichten eine Abkehr vom Grundsatz der informationellen Eigenverantwortung sieht.

855 *Segger-Piening*, ZfPW 2020, 358, 381.

856 *Grundmann*, JZ 2000, 1133, 1138; *Grundmann* in: Jayme, Kulturelle Identität und Internationales Privatrecht, 2003, 95, 99.

857 *Atamer/Grundmann* in: Grundmann/Atamer, European Sales Law, 2023, 1, 12; EG 28 und 30 Ökodesign-VO.

858 *Brönneke* in: Brönneke/Wechsler, Obsoleszenz interdisziplinär, 2015, 185, 200.

859 *Brönneke* in: Brönneke/Wechsler, Obsoleszenz interdisziplinär, 2015, 185, 186.

Überdies sollte einheitlich geklärt sein, wer die Mindestlebensdauer zu ermitteln und über sie zu informieren hat. Die Informationspflicht kann jeden Marktteilnehmer entlang der Lieferkette auf Seiten des Verkäufers treffen. Es ist aber zu beachten, dass der Verkäufer, der die Ware an den Endkunden vertreibt und keine besondere Verbindung zum Hersteller hat, regelmäßig keinen Zugang zu Spezialwissen für die Lebensdauerbestimmung haben wird.[860] Die Informationsbeschaffung wäre für ihn, ebenso wie für einen Käufer, mit einem hohen Aufwand verbunden und der Verkehr kann vom Händler am Ende der Lieferkette im allgemeinen Vertrieb keine Informationsermittlung über die Mindestlebensdauer erwarten. An den unmittelbaren Händler gerichtete Informationspflichten wirken sich nur mittelbar aufgrund der Beziehungen entlang der Lieferkette auf den Hersteller aus.[861]

Die bisher dargestellten Regime der Informationspflichten adressieren jeweils unterschiedliche Marktakteure. So muss gem. Art. 27 Ökodesign-VO sowie bisher gem. § 5 Abs. 2 EVPG i.V.m. den Durchführungsrechtsvorschriften aufgrund der Ökodesign-RL der Hersteller die Informationen bereitstellen und ein Konformitätsbewertungsverfahren durchführen, mit dem nachgewiesen wird, dass das Produkt den Ökodesign-Anforderungen entspricht. Als Hersteller gilt gem. Art. 2 Nr. 42 Ökodesign-VO jede natürliche oder juristische Person, die ein Produkt herstellt bzw. entwickeln oder herstellen lässt und dieses unter ihrem eigenen Namen oder ihrer eigenen Marke vermarktet. Der Importeur, d.h. jede in der Union ansässige natürliche oder juristische Person, die ein Produkt aus einem Drittstaat auf dem Unionsmarkt in Verkehr bringt, Art. 2 Nr. 44 Ökodesign-VO, muss gem. Art. 29 Abs. 1 und 2 Ökodesign-VO sicherstellen, dass der Hersteller das Konformitätsbewertungsverfahren durchgeführt hat und dem Produkt die erforderlichen Informationen beigefügt sind. Der Vertreiber, d.h. jede natürliche oder juristische Person in der Lieferkette, die ein Produkt auf dem Markt bereitstellt, mit Ausnahme des Herstellers und des Importeurs, Art. 2 Nr. 45 Ökodesign-VO, muss, bevor er ein Produkt auf dem Markt bereitstellt, gem. Art. 30 Abs. 2 lit. b) Ökodesign-VO sicherstellen, dass dem Produkt die erforderlichen Unterlagen beigefügt sind. Der Händler stellt gem. Art. 31 Abs. 1 Ökodesign-VO letztlich sicher, dass ihre Kunden Zugang zu allen einschlägigen, dem Produkt beiliegenden Informationen haben. Importeure oder Vertreiber können auch die Pflichten der Erzeuger treffen, wenn sie Produkte unter ihrem Namen oder ihrer Handelsmarke in den Verkehr bringen, Art. 34 Ökodesign-VO. Demgegenüber müssen nach § 4 Abs. 4 bis 6 EnVKV grund-

---

860 Vgl. auch *Martens* in: BeckOK BGB, 74. Ed. 01.05.2025, EGBGB Art. 246 Rn. 12.

861 *Konferenz der Justizministerinnen und Justizminister der Länder*, Bericht der Arbeitsgruppe „Nachhaltigkeit im Zivilrecht“, 2021, S. 75 f.

sätzlich die Händler die Etikette an den Produkten anbringen und die Datenblätter für den Endkunden bereithalten. Dem vorangehend sind die Lieferanten, welche die Produkte in den Verkehr bringen, verpflichtet den Händlern die Etikette und Datenblätter unentgeltlich zur Verfügung zu stellen gem. § 4 Abs. 1 bis 3 EnVKV. Lieferant ist in diesem Sinne gem. § 2 Nr. 2 EnVKV i.V.m. § 2 Nr. 8 EnVKG der Hersteller oder dessen Bevollmächtigter oder der Importeur nach § 2 Nr. 11 EnVKG, notfalls jede Person, die das Produkt in Verkehr bringt oder in Betrieb nimmt. Letztlich ähneln die Regelungen denen des EVPG. Den Händler am Ende der Lieferkette, der die Sache an den Endnutzer verkauft, werden diese Pflichten hiernach wohl nicht treffen, weil das Produkt vorher bereits von einer Person in den Verkehr gebracht wurde. Hier geht es vorrangig darum, eine lückenlose lieferantenseitige Inpflichtnahme und somit eine Kennzeichnung mit Eintritt des Produkts in die EU oder den EWR sicherzustellen.[862] Informationspflichten, die sich aus § 5a UWG ergeben, richten sich an Unternehmer i. S. d. § 2 Abs. 1 Nr. 8 UWG.[863] Verpflichtet werden demnach alle Personen, die geschäftliche Handlungen im Rahmen ihrer gewerblichen, handwerklichen oder beruflichen Tätigkeit vornehmen sowie alle Personen, die im Namen oder Auftrag einer solchen Person handeln. Dabei ist von einem breiten Begriffsverständnis auszugehen, sodass nicht lediglich Hersteller oder Lieferanten adressiert werden, sondern auch der Händler am Ende der Lieferkette.[864] Diese Informationspflicht entfaltet ihre Wirkung gegenüber einem Verbraucher oder sonstigen Marktteilnehmer, wozu Mitbewerber und alle Personen, die als Anbieter oder Nachfrager von Waren tätig sind, zählen, § 5a Abs. 1, § 2 Abs. 1 Nr. 3 und 4 UWG. Demnach können diese Informationspflichten von jedem Glied in der Vertragskette bis hin zum originären Hersteller durchgesetzt werden und die Information über die Mindestlebensdauer so erlangt werden. Noch schärfer sind die vorvertraglichen Informationspflichten beim Verbrauchervertrag nach § 312a Abs. 2 S. 1 BGB i.V.m. Art. 246 Abs. 1 Nr. 1 EGBGB sowie nach § 312d Abs. 1 S. 1 BGB i.V.m. Art. 246a, § 1 Abs. 1 S. 1 Nr. 1 EGBGB. Diese treffen ausschließlich den Unternehmer i. S. d. § 14 BGB als Letztverkäufer gegenüber dem Verbraucher als Käufer. Sie sind daher auch unter diesem Gesichtspunkt ungeeignet, das Informationsdefizit des Käufers über die Mindestlebensdauer zu beseitigen.

Die Informationspflicht sollte schließlich nur den Hersteller treffen, da er den Herstellungsprozess beherrscht und nur er in der Lage ist, Lebensdauertests

862 *Fischerauer* in: Theobald/Kühling, Energierecht, 128. EL 2024, EnVKG § 2 Rn. 16.

863 *Alexander* in: BeckOK UWG, 28. Ed. 01.04.2025, UWG § 2 Rn. 348 f.

864 *Alexander* in: BeckOK UWG, 28. Ed. 01.04.2025, UWG § 2 Rn. 351, 357 ff.; *Konferenz der Justizministerinnen und Justizminister der Länder*, Bericht der Arbeitsgruppe „Nachhaltigkeit im Zivilrecht“, 2021, S. 67; *Hess*, Geplante Obsoleszenz, 2018, S. 248.

durchzuführen und Angaben auf dem Produkt selbst zu machen.[865] Der Hersteller muss sodann alle Informationen beim Handel entlang der Lieferkette weiterreichen, sodass der Händler diese dem Konsumenten übergeben kann. Wenn kein Hersteller im EWR vorhanden ist, der zur Information verpflichtet werden kann, sollte die Pflicht einen Importeur oder eine Person, welche die Waren in den Verkehr bringt oder in Betrieb nimmt, treffen. So ist es bereits im EVPG und EnVKG vorgesehen. Damit ist Verpflichteter primär diejenige Partei, die dem Produktionsprozess am nächsten steht und am kostengünstigsten Informationen vom originären Hersteller erlangen kann.

Bei der Angabe der Mindestlebensdauer stellt sich sodann die Frage, ob von einer technisch optimalen Mindesthaltbarkeit ausgegangen wird oder lediglich von einer unter wirtschaftlichen Gesichtspunkten technisch machbaren Mindesthaltbarkeit.[866] Alleine diese Unsicherheit verringert die Vergleichbarkeit möglicher Aussagen. Die Pflicht zur Information setzt noch keine Lebensdauermindeststandards fest.[867] Es liegt schließlich am Hersteller selbst, nachhaltige und langlebige Waren zu produzieren und negative Umweltauswirkungen so weit wie möglich zu vermeiden. Informationspflichten würden aber zusätzliche anbieterseitige Marktsignale über Produkteigenschaften schaffen und den Nachhaltigkeitsaspekt zum Wettbewerbsparameter machen.[868] Durch transparente und vergleichbare Informationen entstehen öffentlicher Druck und Wettbewerb zur Produktion nachhaltiger Waren.[869] Eine Informationspflicht setzt also Anreize zur Produktion langlebiger Waren.[870] Die Regulierung des Marktes durch Privatrecht mittels Informationspflichten ist im Vergleich zu einer öffentlich-rechtlichen Regulierung das mildere Mittel.[871] Den Herstellern bleibt es weiterhin unbenommen über die Qualität ihrer Waren selbst zu entscheiden, nur müssen sie bei schlechter Qualität mit Sanktionierung durch Nachfrageeinbußen rechnen.[872] Die Verpflichtung zur Information und die Mechanismen des Wettbewerbs bewirken, dass es weniger

---

865 So auch *van Gool/Michel*, EuCML 2021, 136, 139.

866 *Brönneke* in: Brönneke/Wechsler, Obsoleszenz interdisziplinär, 2015, 185, 186.

867 *Segger-Piening*, ZfPW 2020, 358, 382 f.

868 *Tonner/Gawel/Schlacke/Alt/Bretschneider*, VuR 2017, 3, 11; *Schlacke/Tonner/Gawel*, JZ 2016, 1030, 1038.

869 *Grundmann*, JZ 2000, 1133, 1138; *Segger-Piening*, ZfPW 2020, 358, 382 f.

870 *Michel*, Premature Obsolescence, 2022, S. 127 f.

871 *Segger-Piening*, ZfPW 2020, 358, 382 f.; *Grundmann* in: FS Canaris, 2017, 907, 935 ff.; *Grundmann*, AcP 202 (2002), 40, 66.

872 *Segger-Piening*, ZfPW 2020, 358, 382 f.

unterschiedliche Qualität am Markt gibt, d.h. dass sich Qualität an ein einheitlicheres höheres Niveau angleichen wird.[873]

Die verpflichtend anzugebene Mindestlebensdauer und die damit einhergehende Pflicht Lebensdauertests durchzuführen, stellt sich zumindest aber für KMU aufgrund der hohen Kosten als schwierig heraus und schränkt ihre Wettbewerbsfähigkeit sowie den Wettbewerb als solchen ein.[874] Können sie den hohen Standards nicht gerecht werden, werden sie sich wohl vom Markt zurückziehen (müssen). Aus diesem Grund ist die Unterstützung von Staatsseite durch Festlegung produktspezifischer Messvorschriften und Prüfmethoden sowie durch Schaffung und Ausbau von Datenbanken zur Zugänglichmachung allgemeiner Lebenszyklusdaten wichtig (s.o. Zweiter Teil A.III.4.d)i.).

Die genannten Aspekte können beim Erlass delegierten Rechtsakten nach der Ökodesign-VO oder bei Rechtsverordnungen zum EnVKG berücksichtigt werden. Die hiernach und nach der Ökodesign-RL bereits erlassenen Informationspflichten haben derzeit jedoch nur einen eingeschränkten Anwendungsbereich. Würde man den Anwendungsbereich auf alle Waren und Waren mit digitalen Elementen ausdehnen, Informationspflichten zur Mindestlebensdauer produktgruppenspezifisch festsetzen und konkrete Vorgaben zur Messung und Durchführung von Lebensdauertests machen, würde dies einerseits den Wettbewerb um qualitativ hochwertige und langlebige Produkte ankurbeln. Und andererseits würden solche Informationspflichten das käuferseitige Informationsdefizit beseitigen. Der einzelne Käufer könnte im Nachhinein feststellen, ob es sich bei dem Funktionsausfall um vorzeitige Alterung handelt und damit ein Mangel vorliegt, welcher ihn zur Geltendmachung seiner Kaufgewährleistungsrechte berechtigt.

(4) Angabe der „wahren" Mindestlebensdauer

Die Angabe der Mindesthaltbarkeit durch den Hersteller ermöglicht es dem Käufer zu erkennen, ob das funktionsunfähig gewordene Produkt vorzeitig gealtert ist. Die Information wird zur Bestimmung eines Mangels herangezogen. Demnach ist sie ausschlaggebend für die Anwendbarkeit des Haftungsregimes des Gewährleistungsrechts. Dem Hersteller ist bewusst, dass er für die Zeitangabe der Mindesthaltbarkeit für die Mangelfreiheit der Ware einzustehen hat. Hieraus entsteht die Gefahr, dass Hersteller die Angaben zur Lebensdauer unrealistisch kurz machen könnten.

---

873 Vgl. *Stigler*, 69(3) J. Polit. Econ. 213, 224 (1961), demzufolge mehr Werbung und der Wettbewerb der Anbieter zu einer geringeren Preisspanne für ein Produkt führen.

874 *van den Bergh* in: Ott/Schäfer, Effiziente Verhaltenssteuerung und Kooperation im Zivilrecht, 1997, 77, 95.

Insoweit die Käuferschaft Produkteigenschaften wie die Lebensdauer nicht in ihre Kaufentscheidungen einbezieht und sich hierüber vor dem Kauf nicht informiert, wird sie nicht zum Wettbewerbsparameter.[875] Vor diesem Hintergrund wird kein Wettbewerb unter den Verkäufern entstehen, die bestmögliche Haltbarkeit anzugeben und Kunden zu gewinnen. Den Großteil der Käuferschaft kann eine herausstechende Lebensdauer nicht in der Kaufentscheidung beeinflussen und sie wird nicht zum Produktvergleich herangezogen. Für den Hersteller wäre es unter diesen Gegebenheiten nachteilig eine realistische Angabe zur Mindesthaltbarkeit zu machen und seinen Haftungszeitraum auszudehnen.[876] Wenn keine anderen Vorteile mit der Angabe der Lebensdauer einhergehen und sie lediglich relevant wird für den Gewährleistungszeitraum, besteht kein Anreiz zu einer realistischen Lebensdauerangabe. Eher im Gegenteil wird sich die Gefahr realisieren und Hersteller werden dieses Regime ausnutzen, um den eigenen Haftungszeitraum zu verkürzen. Dies hat zur Folge, dass ehrlichen Herstellern gegenüber klare Marktnachteile entstehen.[877] Während Käufer durch die zu kurze Angabe der Mindesthaltbarkeit von der Geltendmachung ihrer Mängelrechte abgehalten werden, ermöglicht ihnen eine realistisch, ggf. längere, Lebensdauerangabe die Durchsetzung ihrer Rechte nach § 437 BGB.

Es gilt jedenfalls die zwingende zweijährige Verjährungsfrist, während dessen sich der Verkäufer nicht einseitig durch Angabe einer unrealistisch kurzen Haltbarkeitsdauer seiner Haftung entziehen kann (s. o. Zweiter Teil A.III.4.a)iii.).[878] Nichtsdestotrotz liegt die Beweislast für das Vorliegen eines Mangels beim Käufer. Unwahre Angaben bzgl. der Haltbarkeit können Käufer in der Praxis so gut wie nicht nachweisen (s. o. Zweiter Teil A.III.1.). Wird eine Angabe der Lebensdauer von unter zwei Jahren gemacht und das Produkt wird funktionsunfähig nach Ablauf dieser Zeit, aber vor Ablauf der zweijährigen Frist, ist der Käufer zwar nicht daran

875 Für eine beträchtliche Vielzahl an Käufern ist die Lebensdauer keine kaufentscheidungsrelevante Information; Siehe hierzu *Konferenz der Justizministerinnen und Justizminister der Länder*, Bericht der Arbeitsgruppe „Nachhaltigkeit im Zivilrecht“, 2021, S. 55; *Simon-Kucher & Partners*, Relevanz von Nachhaltigkeit als Kaufkriterium in Deutschland im Jahr 2021, Statistika, (2021), wonach Nachhaltigkeit allgemein als Kaufkriterium für Konsumgüter zumindest von 37 % der Befragten als eher wichtig und von 25 % der Befragten als sehr wichtig eingestuft wurde; *Fischer/Moch/Prakash/Teufel/Stieß/Kresse/Birzle-Harder*, UBA Texte 11/2019, 2019, S. 48, S. 17 bzgl. mobiler Kleingeräte und TV, S. 21, 101 bzgl. Holz-und Polstermöbel, bei denen eine längere Nutzungsdauer eher für ältere Käufergruppen mit höherem Einkommen ein relevantes Kaufkriterium darstellt.

876 *Konferenz der Justizministerinnen und Justizminister der Länder*, Bericht der Arbeitsgruppe „Nachhaltigkeit im Zivilrecht“, 2021, S. 55.

877 *Prakash/Dehoust/Gsell/Schleicher/Stamminger*, UBA Texte 11/2016, 2016, S. 271.

878 Vgl. auch *Bach/Wöbbeking*, NJW 2020, 2672, 2676 Rn. 34.

gehindert von seinen Rechten Gebrauch zu machen. Das Vorliegen eines Mangels muss er jedoch weiterhin prinzipiell beweisen. Außerdem ist die vorausgehende Erkenntnis des Käufers notwendig, dass es sich überhaupt um vorzeitige Alterung handelt, die er umso weniger erlangen kann, je unrealistischer die Herstellerangabe ist. Unrealistische Lebensdauerangaben würden schließlich die bestehenden Informationsasymmetrien noch verstärken, gerade weil Käufer nicht in der Lage sind die Richtigkeit der Angaben zu überprüfen.[879] Des Weiteren bewahrt die Verjährungsfrist den Käufer nicht vor zu kurzen Lebensdauerangaben bei langlebigen Produkten, deren Lebensdauern in der Regel weit über zwei Jahre hinaus gehen.

Die Angabe einer unrealistisch kurzen und damit unwahren Lebensdauer kann als irreführende geschäftliche Handlung i. S. v. § 5 Abs. 2 Nr. 1 UWG eingestuft werden. Eine solche stellt eine unlautere Handlung dar, welche gem. § 3 Abs. 1 UWG unzulässig ist und weshalb eine Inanspruchnahme auf Beseitigung, Unterlassung und Schadensersatz nach §§ 8 und 9 UWG erfolgen kann. Die Werbung mit unwahren Angaben kann zudem gem. § 16 UWG strafbar sein. Das UWG gibt den Marktteilnehmern Instrumente an die Hand, um gegen falsche Werbung vorzugehen. In der Praxis hilft dieses System jedoch für die hiesige Konstellation nicht weiter, da es dem einzelnen Konsumenten, wie bereits ausgeführt, nicht gelingen wird, die unwahre Lebensdauer zu erkennen und nachzuweisen. Eine Lösung könnte daher in einer effektiven Marktüberwachung in Hinblick auf die Informationsangaben liegen. In den §§ 5 ff. EnVKG ist zum Beispiel die Marktüberwachung zur Überprüfung der Produktkennzeichnung festgeschrieben. Ohne hier näher auf das breite Themenfeld der Marktüberwachung eingehen zu wollen, ist wohl davon auszugehen, dass eine systematische Überprüfung der Lebensdauerangaben durch externe unabhängige Stellen aufgrund hoher Kosten und anderen Herausforderungen der Marktüberwachung nicht erfolgen wird.[880]

Demgegenüber darf nicht verkannt werden, dass das Nachhaltigkeitsbewusstsein in der Bevölkerung immer weiter wächst. Durch Informationspflichten würden nachhaltige Produkteigenschaften im täglichen Handel allgegenwärtiger. Die Anzahl der Käufer, die Umweltparameter zur Grundlage ihrer Kaufentscheidung machen, wird immer größer. Um solche Käufer zu erreichen, kann es sich wirtschaftlich lohnen eine realistische Haltbarkeitsangabe zu machen. Es wird ein Wettbewerb um am längsten und besten haltbare Produkte entstehen. Dieser wird durch die Etablierung umfassender Informationspflichten und die damit einher-

879 *van den Bergh* in: Ott/Schäfer, Effiziente Verhaltenssteuerung und Kooperation im Zivilrecht, 1997, 77, 90.

880 *Prakash/Dehoust/Gsell/Schleicher/Stamminger*, UBA Texte 11/2016, 2016, S. 271.

gehende Transparenz bzgl. der Mindestlebensdauern von Waren weiter entfacht. Je länger das Produkt nach den Angaben des Herstellers halten soll, desto eher können Kunden gewonnen und der Produktabsatz gesteigert werden. Wahrscheinlich werden in einem solchen Wettbewerb die Hersteller aber keine zu langen Haltbarkeitsangaben machen, „nur" um Kunden zu gewinnen. Dem steht weiterhin das Haftungsrisiko des Gewährleistungsrechts entgegen. Vielmehr werden Hersteller in einem solchen Wettbewerb realistische Angaben machen und für eine tatsächlich gute Haltbarkeit ihrer Produkte sorgen. Wird die Nichteinhaltung der Standards, die hinter den Umweltzeichen stehen, bzw. die Nichteinhaltung der eigens angegebenen Lebensdauer mit Hilfe des Kaufgewährleistungsrechts sanktioniert, so erhalten die Hersteller einen Anreiz, diese Standards auch tatsächlich einzuhalten, und das Vertrauen der Käufer in die Kennzeichnung wird verstärkt.[881] Soweit die Waren die Mindesthaltbarkeit einhalten, besteht keine Gefahr der Inanspruchnahme durch den Käufer.

(5) Zusammenfassung

Abschließend ist festzuhalten, dass die Ermittlung der Mindestlebensdauer durch den Hersteller generell möglich und ausführbar ist. Die Durchführung von Lebensdauertests muss jedoch praxistauglicher werden. Dafür bedarf es flächendeckendender produktgruppenspezifischer Messvorschriften und Prüfbedingungen, an denen sich Hersteller orientieren können. Solche könnten durch die Weiterentwicklung von DIN-Normen festgesetzt werden. Zudem sollten allgemein zugängliche Informationssysteme mit Lebenszyklusdaten von Produkten ausgebaut werden. Dadurch verbessern sich auch die zeitlichen und finanziellen Parameter von Lebensdauertests. Es ist anzunehmen, dass Hersteller solche Lebensdauertests und die Angabe der Mindestlebensdauer auf freiwilliger Basis aufgrund ihres Gewinnerzielungsinteresses nur verfolgen werden, wenn Nachhaltigkeitseigenschaften eines Produkts für die Marktteilnehmer für den Kauf entscheidungsrelevant sind. Eine Vielzahl von Käufern beziehen Nachhaltigkeitsinformationen zwar in ihre Entscheidung mit ein, es ist aber nicht davon auszugehen, dass für einen Großteil der Käuferschaft diese schließlich ausschlaggebend für ihre Entscheidung sind. Der Markt stellt hier derzeit keine wirksamen nachhaltigen Lösungen bereit. Aus diesem Grund ist staatliches Einschreiten geboten. Die Etablierung einer umfassenden Informationspflicht zur Angabe der Mindesthaltbarkeit von Waren verstärkt den Wettbewerb um nachhaltige Produkte. Die Informationspflicht sollte sich ganz expliziert auf die Mindestlebensdauer beziehen und den Hersteller oder eine ihm nahestehende Person treffen, um die Kosten der Informationsermittlung

881 *Glinski/Rott*, EuZW 2003, 649, 654.

so gering wie möglich zu halten. Es muss sichergestellt sein, dass die Information sodann entlang der Lieferkette weitergegeben wird und schließlich den Endverbraucher erreicht. Das Risiko, dass Hersteller unwahre Lebensdauerangaben machen, um ihre Haftung nach dem Gewährleistungsrecht zu reduzieren, ist als gering einzustufen, wenn umfassende Informationspflichten bestehen. Informationen der Mindestlebensdauer werden für den Markt transparent, immer häufiger in die Kaufentscheidung mit einbezogen und stärken den Wettbewerb um langlebige Waren. Am vielversprechendsten ist das System der Ökodesign-VO in Verbindung mit den delegierten Rechtsakten. Es sollten delegierte Rechtsakte mit Informationspflichten die Mindestlebensdauer betreffend flächendeckend für sämtliche Produktgruppen erlassen werden.

ii. Käuferseitige Auswirkungen

Augenscheinlich haben vorvertragliche Informationspflichten den Zweck, den Käufern als in der Regel schlechter informierte Vertragspartei eine informierte Kaufentscheidung zu ermöglichen.[882] So stellt § 5a UWG in seinem Tatbestand ausdrücklich darauf ab, dass über die Umstände zu informieren ist, die der Käufer für eine informierte Entscheidung benötigt und ohne die er ggf. eine Entscheidung treffen würde, die er bei Kenntnis des Umstands gerade nicht getroffen hätte. Weitreichende Informationspflichten können jedoch schnell dazu führen, dass Konsumenten mit der Fülle an Informationen vor Vertragsschluss überfordert sind, diese gar nicht mehr aufnehmen und das Ziel einer informierten Entscheidung verfehlt wird (sog. *information overload*).[883]

In der hiesigen Untersuchung soll aber nicht näher auf den Kaufvertragsschluss[884] eingegangen werden. Das Hauptaugenmerk liegt auf dem Kaufgewähr-

---

882 So für vorvertraglichen Informationspflichten aus BGB und EGBGB BT-Drs. 17/12637, 74; *Busch* in: BeckOGK EGBGB, 15.03.2025, EGBGB Art. 246 Rn. 18; *Martens* in: BeckOK BGB, 74. Ed. 01.05. 2025, EGBGB Art. 246 Rn. 11; *Michel*, Premature Obsolescence, 2022, S. 127 f.; *Wendehorst* in: MüKo BGB, 9. Aufl. 2022, BGB § 312a Rn. 18.

883 *Grundmann*, JZ 2000, 1133, 1140; *Gsell*, ZfPW 2022, 130, 131 ff. m.w.N. zur Grundsatzdiskussion; *Segger-Piening*, ZfPW 2020, 358, 363 m.w.N.; *Fleischer*, ZEuP 2000, 772, 787 f.; Siehe ausführlich zum Problem des information overload als kognitive Kapazitätsbeschränkung *Hacker*, Verhaltensökonomik und Normativität, 2017, S. 116 ff.

884 Eine Online-Verbraucherumfrage ergab, dass die Bereitstellung von Informationen über die Lebensdauer von Produkten sowie über die Klima- und Umweltbilanz während des Produktlebenszyklus die wirksamsten Optionen zur Unterstützung der Verbraucher waren, sich für den Kauf von nachhaltigen Waren zu entscheiden. Siehe hierzu *Europäische Kommission*, Vorschlag für eine Richtlinie des Europäischen Parlaments und des Rates zur Änderung der Richtlinie 2005/ 29/EG und 2011/83/EU hinsichtlich der Stärkung der Verbraucher für den ökologischen Wandel durch besseren Schutz gegen unlautere Praktiken und bessere Informationen, COM(2022) 143

leistungsrecht. Dieses bezieht sich auf den Zeitpunkt nach Kaufvertragsschluss. Sollte das erworbene Produkt nach Ingebrauchnahme durch den Käufer funktionsunfähig werden, besteht ein käuferseitiges Bedürfnis, festzustellen, ob ihm in diesem Fall Abhilferechte zustehen. Die vor Vertragsschluss gegebenen Informationen entfalten eine Wirksamkeit auch für den Zeitraum nach Vertragsschluss und sind einer ex-post Betrachtung zugänglich.[885] Nach Kaufvertragsschluss kann der Käufer vorvertraglich gegebene Produktinformationen verwerten, die er regelmäßig vor Vertragsschluss noch nicht zur Kenntnis genommen haben wird.[886] Durch die Verpflichtung des Herstellers über die Mindestlebensdauer des vom Käufer erworbenen Produkts aufzuklären, reduziert er diese komplexe Information im besten Fall auf eine einfache Zahl, die ein Durchschnittskonsument gut verarbeiten kann.[887] Es ist dem Käufer nach Vertragsschluss im Fall des Funktionsverlusts möglich, zu erkennen, ob es sich um vorzeitige oder normale Alterung handelt. Informationen des Herstellers fördern zum einen die Rechtsdurchsetzung, weil für den uninformierten Käufer nun erkennbar ist, dass und in welchem Umfang ihm Rechte zustehen.[888] Und zum anderen vermeiden sie Streit der Parteien über den konkret geschuldeten Leistungsumfang, mithin die geschuldete Mindesthaltbarkeit des vermarkteten Produkts.[889]

Dennoch kann bezweifelt werden, ob die im Allgemeinen eher kompliziert angegebenen Lebensdauerwerte wirklich zu Erkenntnisgewinnen bzgl. des Vorliegens eines Mangels führen. Weitgehend wird nicht etwa, wie bei Lebensmitteln das Mindesthaltbarkeitsdatum, eine bestimmte zeitliche Angabe gemacht, bis zu der das Produkt seine Funktionen behalten muss. Es wird auf eine Leistung in Stunden, die Benutzung nach Intensität oder zahlenmäßige Benutzungsvorgänge abgestellt. Dann ist es für den Käufer, der mehrere Geräte besitzt, schwer ersichtlich, ob er die Ware erst zum 999. oder schon zum 1001. Mal benutzt hat.[890] Noch schwieriger gestaltet sich die Situation beispielsweise beim Abstellen auf Haltbarkeitsstandards nach EN-Normen oder detaillierte Tabellen mit schwer verständlichen Abnutzungsparametern, die Teil des EU-Umweltzeichens für einige Produkt-

---

final, 30.03.2022, S. 10 f.; Siehe auch EG 28 und 30 Ökodesign-VO, wonach Produktinformationen den Konsumenten ein Vergleich von Produkten nach ökologischen Merkmalen erleichtert und sie sich für nachhaltige Produkte entscheiden werden.

885 Siehe hierzu ausführlich *Segger-Piening*, ZfPW 2020, 358, 365.

886 *Segger-Piening*, ZfPW 2020, 358, 366.

887 *Grundmann*, JZ 2000, 1133, 1140; *Grundmann/Kerber/Weatherill* in: Grundmann/Kerber/Weatherill, Party Autonomy and the Role of Information in the Internal Market, 2001, 3, 25.

888 *Segger-Piening*, ZfPW 2020, 358, 370; Zustimmend und befürwortend *Roer*, VuR 2023, 454, 460 f.

889 *Segger-Piening*, ZfPW 2020, 358, 376.

890 So auch *Schridde/Kreiß/Winzer*, Geplante Obsoleszenz, 2013, S. 16.

gruppen sind. Aus diesen Tabellen und Normen sind handhabbare Kriterien für den Konsumenten überhaupt nicht ersichtlich.

Eine erleichterte Wahrnehmung der Informationen kann zum Beispiel durch die Einführung einer Ampel-Klassifizierung erreicht werden, bei welcher der Gesetzgeber die Eckwerte der Lebensdauer einer grünen, gelben, orangen oder roten Kategorie festlegt und Hersteller ihre Produkte einer dieser Kategorien zuordnen.[891] Im Rahmen der Kennzeichnung mit Umweltzeichen könnten für sämtliche Produktgruppen unterschiedliche Lebensdauerklassen (LDK) festlegt werden, in welche Produkte dann eingeordnet werden. Entsprechendes existiert bereits für grafische Papiere und Kartons aus 100 % Altpapier, die das Umweltzeichen Blauer Engel erhalten, wenn ihre Haltbarkeit den Anforderungen der LDK 24–85 nach DIN 6738 entspricht.[892] Dabei legt DIN 6738 die Beurteilungskriterien sowie die der Beurteilung zugrundeliegenden Alterungstests fest, um das konkrete Produkt in eine von mehreren definierten Lebensdauerklassen einordnen zu können.[893] Insofern diese Lebensdauerklassen oder die Klassifizierung des Ampelsystems sich nicht ausschließlich und einseitig auf zeitliche Parameter beschränken, könnten sie einen produktübergreifenden Lösungsansatz bereitstellen. Wird die Mindestlebensdauer in Betriebsstunden oder Nutzungsvorgängen angegeben für ein Gerät, das nicht im Dauerbetrieb läuft, würde der Einbau eines Zählers oder Software, welche die Betriebsstunden oder die Anzahl der Nutzungsvorgänge zählt, die Erkenntnis über das Erreichen der angegebenen Mindestlebensdauer erleichtern.[894] Dies könnte die entsprechende Norm, die die Informationspflicht statuiert, ebenfalls anordnen.

Auf der anderen Seite kann sich die Angabe der Mindestlebensdauer negativ auf das Phänomen der psychologischen Obsoleszenz auswirken. Der Käufer könnte fälschlicherweise den Eindruck bekommen, dass sein Produkt nach Ablauf des Mindesthaltbarkeitsdatums veraltet sei. Das subjektive Bedürfnis nach einem neuen Produkt wird ausgelöst oder verstärkt sich. Dadurch kommt es zu den eingangs erläuterten negativen Umweltauswirkungen durch Neuanschaffung und Entsorgung noch funktionsfähiger Waren (s. o. Erster Teil A.II.1.). Gleichwohl ist davon auszugehen, dass durch eine entsprechende Wortwahl wie „Mindestle-

---

891 *Keimeyer/Gailhofer/Gsell/Graulich/Prakash/Scherf/Brönneke/Gildeggen/Schmitt/Schwarz*, UBA Texte 115/2020, 2020, S. 159 f.

892 *BMUV/UBA/Jury Umweltzeichen/RAL gGmbH*, Vergabekriterien Recyclingpapier und -karton, DE-UZ 14a, 2020.

893 *UBA*, Recyclingpapier, 2015, S. 3.

894 *Longmuß/Dworak* in: Longmuß/Poppe, Geplante Obsoleszenz, 2019, 73, 90; *Tonner/Malcolm*, How an EU Lifespan Guarantee Model Could Be Implemented Across the European Union, (2017), S. 32.

bensdauer“ hinreichend sichergestellt wäre, dass der Durchschnittskonsument erkennen und verstehen wird, dass die Ware über diese Mindestlebensdauer hinaus voll funktionstüchtig und nutzbar sein kann.

5. Gesetzlich festgesetzte Anforderungen an die Mindesthaltbarkeitsdauer

Sofern Hersteller nicht auf freiwilliger Basis Informationen über die Mindestlebensdauer mitteilen werden und auch keine Informationspflichten diesbezüglich für einzelne Produktgruppen bestehen, muss auf allgemeine Grundsätze zur Feststellung eines Mangels zurückgegriffen werden. Die Haltbarkeit als eine Nachhaltigkeitseigenschaft ist Teil der Beschaffenheit eines Kaufgegenstands. Ein Produkt ist nicht vertragsgemäß nach Art. 7 Abs. 1 lit. d) WKRL, umgesetzt in § 434 Abs. 3 S. 1 Nr. 2 BGB, wenn es nicht in der Art und Weise bzw. so lange haltbar ist, wie es bei Produkten derselben Art üblich ist und es vom Käufer erwartet werden kann. Konkrete Hinweise zur Bestimmung des geltenden üblichen Standards sind in der Norm selbst nicht festgelegt. Vielmehr handelt es sich bei der üblichen Haltbarkeitsbeschaffenheit um einen unbestimmten Rechtsbegriff, der durch rechtliche Normen konkretisiert werden kann. Der Käufer wird regelmäßig erwarten, dass Waren den Anforderungen in rechtlichen Normen und technischen Spezifikationen entsprechen.[895] Diese Normen legen die übliche Beschaffenheit fest, d.h. eine gesetzlich vorgeschriebene Mindestlebensdauer beeinflusst die Käufererwartung. Auf diese Weise können Bestimmungen aus BGB-fremden Normen im Rahmen der objektiven Anforderungen an die Mangelfreiheit relevant werden.

Entscheidend für die übliche Beschaffenheit eines Kaufgegenstands und damit für die Erwartungshaltung des Käufers sind die Beschaffenheiten von Gegenständen einer Vergleichsgruppe, d. h. Gegenstände der gleichen Art, des gleichen Alters, der gleichen Qualität, nach dem aktuellen Stand der Technik.[896] Die Gegenstände

---

895 *Michel*, Premature Obsolescence, 2022, S. 362; In Bezug auf die Durchführungsverordnungen zur Ökodesign-RL *Keimeyer/Gailhofer/Gsell/Graulich/Prakash/Scherf/Brönneke/Gildeggen/Schmitt/Schwarz*, UBA Texte 115/2020, 2020, S. 31, denen zufolge Käufer berechtigterweise erwarten dürfen, dass Produkte die gesetzlichen Mindestanforderungen an die Lebensdauer einhalten; So auch mit Verweis auf EG 32 WKRL *Micklitz/Mehnert/Specht-Riemenschneider/Liedtke/Kenning*, Recht auf Reparatur, 2022, S. 47 ff.

896 BGH, Urt. v. 04.03.2009, VIII ZR 160/08, NJW 2009, 2056 Rn. 11; *Matusche-Beckmann* in: Staudinger, 2023, BGB § 434 Rn. 106 m.w.N.; *Hess*, Geplante Obsoleszenz, 2018, S. 145 f.; *Westermann* in: MüKo BGB, 8. Aufl. 2019, BGB § 434 Rn. 25; Für die Relevanz von technischen Normen lässt sich auch Art. 7 Abs. 1 lit. a) WKRL anführen, wonach technische Normen für die Beurteilung der gewöhnlichen Verwendung, die kumulativ zur üblichen Beschaffenheit gegeben sein muss,

der Vergleichsgruppe setzen den Soll-Standard fest. Dabei ist der aktuelle Stand der Technik der jeweiligen Preis- und Qualitätsklasse, der das Produkt zuzuordnen ist, ausschlaggebend.[897] Zu berücksichtigen ist zudem, dass sich der Stand der Technik nicht nach einer optimalen Lösung richtet, sondern es immer mehrere technische Lösungen hinsichtlich der Produktkonstruktion und der verwendeten Materialien geben kann, an denen sich der Hersteller orientieren kann.[898] Eine Definition von „Stand der Technik" lässt sich in § 3 Abs. 6 BImSchG sowie § 3 Abs. 28 KrWG finden. Hiernach meint Stand der Technik den Entwicklungsstand fortschrittlicher Verfahren, Einrichtungen oder Betriebsweisen, der die praktische Eignung einer Maßnahme, u. a., zur Vermeidung oder Verminderung von Auswirkungen auf die Umwelt zur Erreichung eines allgemein hohen Schutzniveaus für die Umwelt insgesamt gesichert erscheinen lässt. Bezogen auf die Mangelfreiheit einer Ware oder Ware mit digitalen Elementen sollte Stand der Technik den „produkt- und herstellerübergreifenden Entwicklungsstand fortschrittlicher Verfahren zur Erreichung eines allgemein hohen Niveaus bezüglich Teile- und Materialwahl sowie Konstruktion" erfassen.[899] Der Hersteller soll das objektiv Übliche und die Käufererwartung nicht einseitig durch die Herstellung von generell schnell alternden Waren beeinflussen können, ein solches Verhalten wäre missbräuchlich.[900] Es ist deshalb eine herstellerübergreifende Betrachtung erforderlich, um die objektiv übliche Mindesthaltbarkeit einer vergleichbaren Produktgruppe feststellen zu können.

Relevant zur Bestimmung des aktuellen Stands der Technik sind v. a. öffentlich-rechtliche Produktvorschriften wie solche nach dem ProdSG, dem EVPG und den delegierten Rechtsakten zur Ökodesign-VO.[901] D. h. Verstöße gegen verbindliche Anforderungen, die in öffentlich-rechtlichen Produktvorschriften festgesetzt sind,

heranzuziehen sind; Siehe hierzu ausführlich *Heinze* in: Grundmann/Atamer, European Sales Law, 2023, 101, 110 ff.

897 *Hess*, Geplante Obsoleszenz, 2018, S. 145 f.; *Keimeyer/Gailhofer/Gsell/Graulich/Prakash/Scherf/Brönneke/Gildeggen/Schmitt/Schwarz*, UBA Texte 115/2020, 2020, S. 31, 172 ff.

898 OLG Koblenz, Urt. v. 26.06.2003, 5 U 62/03, NJW-RR 2003, 1380, 1380 f.; Zustimmend *Pammler* in: jurisPK-BGB, 10. Aufl. 26.08.2024, BGB § 434 Rn. 116.

899 *Hess*, Geplante Obsoleszenz, 2018, S. 153; Für einen herstellerübergreifenden Vergleichsmaßstab auch *Atamer/Grundmann* in: Grundmann/Atamer, European Sales Law, 2023, 1, 14; *Heinze* in: Grundmann/Atamer, European Sales Law, 2023, 101, 110; *Matusche-Beckmann* in: Staudinger, 2023, BGB § 434 Rn. 106 m.w.N.

900 *Hess*, Geplante Obsoleszenz, 2018, S. 168 f.

901 *Schlacke/Alt/Tonner/Gawel/Bretschneider*, UBA Texte 72/2015, S. 122; *Tonner/Gawel/Schlacke/Alt/Bretschneider*, VuR 2017, 3, 5; So auch *Specht-Riemenschneider/Mehnert*, ZfDR 2022, 313, 328.

begründen einen Mangel.[902] Das Produkt entspricht dann nicht dem aktuellen Stand der Technik und somit auch nicht der üblichen Beschaffenheit i. S. d. Art. 7 Abs. 1 lit. d) WKRL.

Sofern Hersteller ihre Produkte mit dem CE-Kennzeichen versehen (müssen), lässt sich ein Mangel dogmatisch auch über die Relevanz von öffentlichen Äußerungen begründen. Nach Art. 7 Abs. 1 lit. d) WKRL, umgesetzt in § 434 Abs. 3 S. 1 Nr. 2 lit. b) BGB, sind bei der Beurteilung der üblichen Beschaffenheit öffentliche Äußerungen des Verkäufers, im Auftrag des Verkäufers oder einer anderen Person in vorhergehenden Gliedern der Vertragskette zu berücksichtigen. Das CE-Kennzeichen, das physisch auf der Ware angebracht wird, stellt eine solche öffentliche Äußerung des Herstellers dar.[903] Art. 30 der Verordnung (EG) Nr. 765/2008[904] ist die zentrale Vorschrift über die CE-Kennzeichnung. Hiernach muss und darf nur die CE-Kennzeichnung vom Hersteller selbst auf seinen hergestellten Produkten angebracht werden, wenn für diese Produkte spezifische Harmonisierungsvorschriften die Anbringung vorschreiben. Mit der Anbringung des Kennzeichens übernimmt der Hersteller die Verantwortung für die Konformität des Produkts mit allen in den einschlägigen Harmonisierungsvorschriften geltenden Anforderungen für die Anbringung.[905] Stimmt das Produkt sodann nicht mit den Qualitätsanforderungen aus harmonisierten Normen überein, entspricht es nicht der öffentlichen Äußerung und nicht der üblichen Beschaffenheit und ist daher mangelhaft.[906] Eine CE-Kennzeichnungspflicht besteht, u. a., für Produkte, die dem Anwendungsbereich des ProdSG unterfallen und von einer Rechtsverordnung nach § 8 Abs. 1 ProdSG erfasst werden, welche die CE-Kennzeichnungspflicht vorschreibt, vgl. § 7 ProdSG.[907] Ebenso besteht für energieverbrauchsrelevante Produkte die Pflicht zur

902 *Hohmuth*, InTeR 2014, 74, 81; *Faust* in: BeckOK BGB, 74. Ed. 01.05.2025, BGB § 434 Rn. 92 in Bezug auf die Vorgaben nach §§ 3 f. ProdSG; *Schlacke/Alt/Tonner/Gawel/Bretschneider*, UBA Texte 72/2015, S. 134.

903 Vgl. *Matusche-Beckmann* in: Staudinger, 2023, BGB § 434 Rn. 127; *Pammler* in: jurisPK-BGB, 10. Aufl. 26.08.2024, BGB § 434 Rn. 133.

904 Verordnung (EG) Nr. 765/2008 des Europäischen Parlaments und des Rates vom 9. Juli 2008 über die Vorschriften für die Akkreditierung und Marktüberwachung im Zusammenhang mit der Vermarktung von Produkten und zur Aufhebung der Verordnung (EWG) Nr. 339/93 des Rates.

905 Vgl. Art. 2 Nr. 20, Art. 30 Abs. 3 der Verordnung (EG) Nr. 765/2008, Art. 2 Nr. 50 Ökodesign-VO; § 2 Nr. 7 ProdSG.

906 Siehe Art. 7 Abs. 1 Ökodesign-RL, wonach ein mit einer CE-Kennzeichnung versehenes Produkt, das nicht den einschlägigen Bestimmungen der jeweils geltenden Durchführungsmaßnahme entspricht, einen rechtswidrigen Zustand darstellt.

907 Eine CE-Kennzeichnungspflicht wird beispielsweise durch § 3 Abs. 2 Nr. 6 i.V.m. § 5 der Neunten Verordnung zum Produktsicherheitsgesetz (Maschinenverordnung – 9. ProdSV), § 5 Abs. 2, § 8 Abs. 2 Nr. 3, § 9 Abs. 2 Nr. 1 i.V.m. § 14 der Zehnten Verordnung zum Produktsicherheitsgesetz (Verordnung über Sportboote und Wassermotorräder – 10. ProdSV) oder § 5 Abs. 2 S. 2

CE-Kennzeichnung, wenn sie von einer Durchführungsmaßnahme zur Ökodesign-RL erfasst werden oder wenn eine andere Rechtsvorschrift dies vorsieht.[908] Unterfällt eine physische Ware einem delegierten Rechtsakt nach der neuen Ökodesign-VO, haben Hersteller nach der Durchführung des Konformitätsbewertungsverfahrens, mit dem nachgewiesen wurde, dass das Produkt den Ökodesign-Anforderungen entspricht, die CE-Kennzeichnung anzubringen.[909]

Im Folgenden werden rechtliche Normen dargestellt, die konkrete Anforderungen an die Mindestlebensdauer festlegen (können) und zur Begründung des objektiven Mangelbegriffs herangezogen werden (können).

a) Haltbarkeitsstandards gemäß Ökodesign-VO und Ökodesign-Rechtsakte

Das EVPG, womit die Ökodesign-RL[910] umgesetzt wurde, bot großes Potenzial zur Förderung nachhaltigen Konsums, als es die Grundlage dafür bereitstellte, dass sämtliche umweltrelevante Eigenschaften eines Produkts festgesetzt werden konnten.[911] Die Ökodesign-RL wurde durch die Ökodesign-VO vom 13.06.2024 aufgehoben und durch neue Vorschriften ersetzt. Gem. Art. 3 Abs. 1 Ökodesign-VO dürfen Produkte nur in den Verkehr gebracht oder in Betrieb genommen werden, wenn sie die für diese Produkte geltenden Ökodesign-Anforderungen erfüllen, die in den delegierten Rechtsakten festgelegt sind.[912] Ökodesign-Anforderungen sind gem. Art. 2 Nr. 7 Ökodesign-VO Leistungs- oder Informationsanforderungen, die darauf abzielen, ein Produkt, einschließlich der Prozesse, die entlang der gesamten Wertschöpfungskette des Produkts stattfinden, ökologisch nachhaltiger zu gestalten. Ökodesign beschreibt die Einbeziehung von Erwägungen der ökologischen Nachhaltigkeit in die Merkmale eines Produkts, Art. 2 Nr. 6 Ökodesign-VO[913], und Leistungsanforderungen sind quantitative oder nicht quantitative Anforderungen

Nr. 1, § 8 Abs. 2 Nr. 3, § 10 Abs. 2 Nr. 1 der Elften Verordnung zum Produktsicherheitsgesetz (Explosionsschutzverordnung – 11. ProdSV) begründet.

908 Vgl. § 6 EVPG, Art. 3 Abs. 1, Art. 5 Ökodesign-RL.

909 Vgl. Art. 27 Abs. 2, Art. 46 Ökodesign-VO.

910 Siehe zu allgemeinen Ausführungen zur Ökodesign-RL und warum sie sich auf Energieeffizienz spezialisiert *Tonner/Malcolm*, How an EU Lifespan Guarantee Model Could Be Implemented Across the European Union, (2017), S. 40 ff.

911 *Tonner/Gawel/Schlacke/Alt/Bretschneider*, VuR 2017, 3, 5; Potenzial in der Ökodesign-RL sehend *Hohmuth*, InTeR 2014, 74, 80 f.; *Schridde/Kreiß/Winzer*, Geplante Obsoleszenz, 2013, S. 94, 97; *Winzer*, ÖkologischesWirtschaften 2017, 9.

912 Die gleiche Regelung galt bisher ausschließlich für energieverbrauchsrelevante Produkte gem. Art. 3 Abs. 1 Ökodesign-RL, umgesetzt in § 4 Abs. 1 EVPG.

913 Gem. Art. 2 Nr. 23 Ökodesign-RL, umgesetzt in § 2 Abs. 12 EVPG, war Ökodesign als die Berücksichtigung von Umwelterfordernissen bei der Produktgestaltung mit dem Ziel, die Umweltverträglichkeit des Produkts während seines gesamten Lebenszyklus zu verbessern, definiert.

an oder in Bezug auf ein Produkt zur Erreichung eines bestimmten Leistungsniveaus in Hinblick auf einen in Anhang I genannten Produktparameter, Art. 2 Nr. 8 Ökodesign-VO. Die Leistungsanforderungen in den gem. Art. 4 Ökodesign-VO von der Europäischen Kommission zu erlassenen delegierten Rechtakten auf Grundlage der in Anhang I genannten Produktparameter müssen gem. Art. 5 Abs. 1 und Art. 7 Ökodesign-VO so gestaltet sein, dass sie Produktaspekte wie die Funktionsbeständigkeit[914] und Zuverlässigkeit[915] verbessern. Hierzu können nach Anhang I lit. a) Ökodesign-VO konkrete Anforderungen an die garantierte Lebensdauer des Produkts oder an die technische Lebensdauer festgelegt werden. Die Leistungsanforderungen können gem. Art. 7 Abs. 2 Ökodesign-VO Mindestwerte in Bezug auf die Lebensdauer umfassen. Demzufolge kann die Europäische Kommission für bestimmte Produktkategorien delegierte Rechtsakte erlassen und festlegen, welche Mindesthaltbarkeit diese Produkte zur Verbesserung der Funktionsbeständigkeit und Zuverlässigkeit erfüllen müssen, um in den Verkehr gebracht oder in Betrieb genommen werden zu können.

In Anhang I Teil 1 der bisher geltenden und anwendbaren Ökodesign-RL sind Ökodesign-Parameter beschrieben. Nach dessen Nr. 1.3 lit. i) ist die Verbesserung der in Nr. 1.2 niedergeschriebenen Umweltaspekte eines Produkts, die sich auf den gesamten Produktlebenszyklus nach Nr. 1.1 beziehen, unter anderem nach Indikatoren der Lebensdauer zu beurteilen, insb. der garantierten Mindestlebensdauer, Mindestzeitraum der Lieferbarkeit von Ersatzteilen, Modularität, Nachrüstbarkeit und Reparierbarkeit. Sinn und Zweck der Ökodesign-RL sowie des EVPG ist die Minderung von Umweltauswirkungen energieverbrauchsrelevanter Produkte.[916] Strategie und Maßstab der Beurteilung dessen kann auch die Mindesthaltbarkeit des Produkts sein. Die Produktgestaltung kann konstruktions- wie auch softwarebedingt derart vorgenommen und verändert werden, dass die Ware länger haltbar und damit auch länger genutzt werden kann. Hierdurch wäre die Ware grds. umweltverträglicher als eine mit einem kürzeren Lebenszyklus (s. o. Erster Teil A.II.). In der Richtlinie werden gem. Art. 1 Abs. 2 Ökodesign-RL die Kategorien von Anforderungen festgelegt, die für konkrete Produktarten sodann in Durchführungsmaßnahmen festgesetzt werden konnten und welche die jeweiligen Produkte

914 Funktionsbeständigkeit ist gem. Art. 2 Nr. 22 Ökodesign-VO die Fähigkeit eines Produkts, unter bestimmten Verwendungs-, Wartungs- und Reparaturbedingungen seine Funktion und Leistung langfristig zu behalten.

915 Zuverlässigkeit ist gem. Art. 2 Nr. 23 Ökodesign-VO die Wahrscheinlichkeit, dass ein Produkt unter bestimmten Bedingungen während eines bestimmten Zeitraums erwartungsgemäß funktioniert, ohne dass ein Ereignis eintritt, das dazu führt, dass eine Haupt- oder Nebenfunktion des Produkts nicht mehr erfüllt wird.

916 EG 10 Ökodesign-RL.

erfüllen müssen. Eine solche Kategorie konnte auch die Mindestlebensdauer sein. Als Durchführungsrechtsvorschrift ist gem. § 2 Abs. 3 EVPG ein von der Europäischen Kommission als unmittelbar geltendes Recht erlassener Rechtsakt[917], sog. Durchführungsmaßnahmen nach der Ökodesign-RL, sowie eine Rechtsverordnung nach § 3 EVPG gemeint. § 3 EVPG enthält die Ermächtigung zum Erlass von Rechtsverordnungen durch die Bundesregierung, die in diesem Rahmen u.a. Anforderungen an die umweltgerechte Gestaltung eines Produkts festlegen können. Auf dieser Grundlage wurde die EVPG-Verordnung (EVPGV) erlassen. Deren § 1 setzt Voraussetzungen für das Inverkehrbringen oder die Inbetriebnahme von energieverbrauchsrelevanten Produkten fest und verweist dabei auf eine Reihe von Durchführungsmaßnahmen auf Grundlage der Ökodesign-RL. Diese Durchführungsmaßnahmen bleiben auch nach Inkrafttreten der Ökodesign-VO weiterhin in Kraft, bis sie durch einen delegierten Rechtsakt aufgehoben werden.[918]

Die Verordnung (EU) Nr. 666/2013[919] enthält beispielsweise in EG 5 den allgemeinen Hinweis, dass zu den relevanten Umweltaspekten von Staubsaugern auch die Haltbarkeit gehört. In Anhang I Nr. 1 lit. b) i.V.m. Anhang II Nr. 7 und 8 der Verordnung werden Ökodesign-Anforderungen an die Haltbarkeit eines Staubsaugers gestellt. So muss der Schlauch noch nach 40.000 Schwenkungen unter Belastung verwendbar sein und darf nicht sichtbar beschädigt sein. Der Staubsauger muss zudem eine Motorlebensdauer von mindestens 500 Stunden haben. Unter den 29 genannten Verordnungen in § 1 EVPGV ist das die einzige Verordnung, welche konkrete Anforderungen an die Lebensdauer eines Produkts festsetzt.

Der Großteil der Ökodesign-Anforderungen für energieverbrauchsrelevante Produkte in den Durchführungsmaßnahmen zur Ökodesign-RL bezieht sich auf den Energieverbrauch in der Benutzung. Ein solcher erfasst nur einen Teil des Lebenszyklus und nicht die Herstellung und Entsorgung, dabei wollen die Gesetzgeber das Ziel der Umweltverträglichkeit des Produkts während des gesamten

---

917 Hierunter fallen die Rechtsakte im Sinne des Art. 15 der Richtlinie 2009/125/EG des Europäischen Parlaments und des Rates vom 21. Oktober 2009 zur Schaffung eines Rahmens für die Festlegung von Anforderungen an die umweltgerechte Gestaltung energieverbrauchsrelevanter Produkte oder des Art. 15 der Richtlinie 2005/32/EG des Europäischen Parlaments und des Rates vom 6. Juli 2005 zur Schaffung eines Rahmens für die Festlegung von Anforderungen an die umweltgerechte Gestaltung energiebetriebener Produkte und zur Änderung der Richtlinie 92/42/EWG des Rates sowie der Richtlinien 96/57/EG und 2000/55/EG des Europäischen Parlaments und des Rates.

918 Art. 79 Abs. 1, EG 121 Ökodesign-VO.

919 Verordnung (EU) Nr. 666/2013 der Kommission vom 8. Juli 2013 zur Durchführung der Richtlinie 2009/125/EG des Europäischen Parlaments und des Rates im Hinblick auf die Festlegung von Anforderungen an die umweltgerechte Gestaltung von Staubsaugern.

Lebenszyklus verfolgen.[920] Es sollten auch nicht energiebezogene, aber umweltrelevante Aspekte einbezogen werden, die für eine funktionierende Kreislaufwirtschaft relevant sind.[921] Notwendig ist daher, dass durch die Ausweitung von Ökodesign-Anforderungen vermehrt Standards für eine Mindestlebensdauer eingeführt werden.[922] Denn auch ein energieeffizientes Produkt hat erhebliche negative Auswirkungen auf die Umwelt, wenn es nur kurz haltbar ist.[923] Mit der zunehmenden Neuherstellung und dem steigenden Abfallaufkommen geht ebenfalls ein Energieverbrauch einher, der umso größer ist, je kürzer die Lebensdauer ist und desto öfter Neuanschaffungen getätigt werden.

Das EVPG sowie die Ökodesign-RL fanden nur Anwendung auf energieverbrauchsrelevante Produkte gem. § 1 Abs. 1 S. 1 EVPG und Art. 1 Abs. 1 Ökodesign-RL. Ein energieverbrauchsrelevantes Produkt ist gem. Art. 2 Nr. 1 Ökodesign-RL, umgesetzt in § 2 Abs. 1 S. 1 EVPG, ein Gegenstand, dessen Nutzung den Verbrauch von Energie beeinflusst. Das hier diskutierte umweltrelevante Problem der frühzeitigen Alterung bezieht sich hingegen auf alle Arten von Waren, nicht unbedingt abhängig von seinem Energieverbrauch in der Verwendung.[924] Das EVPG und die Ökodesign-RL waren aufgrund ihres eingeschränkten Anwendungsbereichs nicht geeignet, allgemeingültige nachhaltigkeitsbezogene Standards einzuführen. Mit der Ökodesign-VO wird der Anwendungsbereich auf alle physischen Waren sowie die Arten der Ökodesign-Anforderungen erweitert, um die ökologische Nachhaltigkeit von

920 *Hess*, Geplante Obsoleszenz, 2018, S. 180.

921 So auch EG 8 der Verordnung (EU) 2019/424 der Kommission vom 15. März 2019 zur Festlegung von Ökodesign-Anforderungen an Server und Datenspeicherprodukte gemäß der Richtlinie 2009/125/EG des Europäischen Parlaments und des Rates zur Änderung der Verordnung (EU) Nr. 617/2013 der Kommission, in welchem explizit auf das Ökodesign-Kriterium der Haltbarkeit Bezug genommen wird; Laut EG 14 der Richtlinie 2009/125/EG des Europäischen Parlaments und des Rates vom 21. Oktober 2009 zur Schaffung eines Rahmens für die Festlegung von Anforderungen an die umweltgerechte Gestaltung energieverbrauchsrelevanter Produkte wäre ein umfassender Ansatz bei der Umweltverträglichkeit grds. wünschenswert, die Senkung von Treibhausgasemissionen durch Steigerung der Energieeffizienz ist allerdings das vorrangige umweltpolitische Ziel.

922 Ebenfalls dafür plädierend *Hohmuth*, InTeR 2014, 74, 81; *Oehme/Jacob*, Strategien gegen Obsoleszenz, 2017, S. 3 f.; *Oehme/Unnerstall/Krause/Golde* in: Longmuß/Poppe, Geplante Obsoleszenz, 2019, 143, 147; *Tonner/Malcolm*, How an EU Lifespan Guarantee Model Could Be Implemented Across the European Union, (2017), S. 49 f.; Siehe zu den Prinzipien, die bei der Erweiterung von Ökodesign-Anforderungen berücksichtigt werden sollten (sog. SMERC-Prinzip) *Longmuß/Dworak* in: Longmuß/Poppe, Geplante Obsoleszenz, 2019, 73, 85 f., welche eine Anforderung an die Mindestlebensdauer eines Produkts wohl erfüllen wird.

923 *Hess*, Geplante Obsoleszenz, 2018, S. 180.

924 So auch *Michel*, Premature Obsolescence, 2022, S. 99 f.

Produkten zu verbessern.[925] Unter Nachhaltigkeitsgesichtspunkten ist der Erlass der Ökodesign-VO zu begrüßen. Er bietet großes Potenzial zur Etablierung einheitlicher, nachhaltiger Produktstandards.

b) Haltbarkeitsstandards gemäß Rechtsverordnungen zur Produktsicherheit

Das ProdSG ist gem. § 1 Abs. 1 ProdSG anwendbar, wenn Produkte im Rahmen einer Geschäftstätigkeit auf dem Markt bereitgestellt, ausgestellt oder erstmals verwendet werden. Die Wirtschaftsakteure i. S. d. § 2 Nr. 28 ProdSG, d. h. insbesondere Hersteller und Händler, die auch Adressaten des Gewährleistungsrechts sind, müssen die Verpflichtungen für die Bereitstellung von Produkten auf dem Markt nach Abschnitt 2 des ProdSG beachten. Erfasst werden alle Arten von Waren, die durch einen Fertigungsprozess hergestellt wurden, § 2 Nr. 21 ProdSG.

Nach § 3 Abs. 1 Nr. 1 ProdSG darf ein Produkt nur auf dem Markt bereitgestellt werden, wenn es die in einer für dieses Produkt geltenden Rechtsvorschrift nach § 8 Abs. 1 ProdSG vorgesehenen Anforderungen erfüllt. Bereitstellen erfasst hierbei gem. § 2 Nr. 4 ProdSG jede entgeltliche oder unentgeltliche Abgabe eines Produkts zum Vertrieb, zum Verbrauch oder zur Verwendung auf dem Unionsmarkt im Rahmen einer Geschäftstätigkeit. Durch § 8 Abs. 1 ProdSG wird, u. a., das Bundesministerium für Umwelt, Naturschutz, nukleare Sicherheit und Verbraucherschutz zum Erlass von Rechtverordnungen für Produkte in ihrem Zuständigkeitsbereich ermächtigt. Der Erlass von Rechtsverordnungen erfordert ein Einvernehmen mit den anderen Bundesministerien, eine Anhörung des Ausschusses für Produktsicherheit und der Zustimmung des Bundesrates. Ziel und Zweck einer solchen Rechtsverordnung kann, u. a., der Schutz der Umwelt sein vor Risiken, die von Produkten ausgehen. Inhalt der Rechtsverordnungen können nach § 8 Abs. 1 S. 4 Nr. 1 lit. a) ProdSG Anforderungen an die Beschaffenheit von Produkten sein. Teil der Beschaffenheit eines Produkts ist seine Haltbarkeit, § 434 Abs. 3 S. 2 BGB. Demnach könnten im Wege des Erlasses derartiger Rechtsverordnungen produktspezifische Standards eingeführt werden hinsichtlich der Mindestlebensdauer. Dem Verordnungsgeber stünde es frei, in der Rechtsverordnung auch auf Normen privater Normungsinstitute zu verweisen, die bereits konkrete Standards für die Mindestlebensdauer bestimmter Produktgruppen festlegen und den Stand der Technik flexibel beachten können.[926] So könnten auf schnellerem Wege produktspezifische Anforderungen etabliert und auf das Fachwissen der Normungsorga-

925 Vgl. Art. 1 Ökodesign-VO.

926 *Oehme/Jacob*, Strategien gegen Obsoleszenz, 2017, S. 13 f.; *Schlacke/Alt/Tonner/Gawel/Bretschneider*, UBA Texte 72/2015, S. 143.

nisationen zurückgegriffen werden.[927] Auch, wenn sich Hersteller nicht freiwillig den Standards von Umweltzeichen unterwerfen, müssten sie bei Bestimmung durch entsprechende Rechtsverordnungen die Standards zwangsweise beachten. Sie würden so zu einer nachhaltigeren Produktkonstruktion angewiesen.

Kaum eine der derzeit bestehenden Rechtsverordnungen auf Grundlage des § 8 Abs. 1 S. 4 Nr. 1 ProdSG enthält Anforderungen an die Lebensdauer oder Haltbarkeit im Allgemeinen. Lediglich die dem Anwendungsbereich der Zehnten Verordnung zum Produktsicherheitsgesetz (Verordnung über Sportboote und Wassermotorräder – 10. ProdSV) unterfallenden Produkte dürfen gem. § 3 der 10. ProdSV nur dann auf dem Markt bereitgestellt oder erstmals verwendet werden, wenn sie, u. a., die Anforderungen des Anhangs I der Richtlinie 2013/53/EU erfüllen. Dort ist die übliche Lebensdauer eines Motors, aufgegliedert nach unterschiedlichen Motorentypen, festgelegt. Sie wird als bestimmte Anzahl an Betriebsstunden oder Zeitangabe in Jahren (je nachdem, was zuerst eintritt) festgelegt.[928] Die dort aufgestellten Lebensdaueranforderungen muss der Hersteller gem. § 5 Abs. 1 der 10. ProdSV auch bei der Produktentwicklung und -herstellung berücksichtigen. Zudem dürfen der Einführer gem. § 8 Abs. 3 der 10. ProdSV Produkte erst in den Verkehr bringen und Händler gem. § 9 Abs. 3 der 10. ProdSV Produkte erst auf dem Markt bereitstellen, wenn die Konformität mit diesen Lebensdaueranforderungen hergestellt ist. Zwar werden über dieses eine Beispiel hinaus einige Anforderungen für Produkte festgelegt, die „während der voraussichtlichen Lebensdauer“ einzuhalten sind.[929] Ein Standard für die voraussichtliche Lebensdauer selbst wird allerdings nicht aufgestellt. Zur Etablierung höherer Lebensdauerstandards auf dem Markt für eine ganze Bandbreite an Produkten wäre ein Handeln der Ministerien erforderlich. Rechtlich betrachtet wäre es für die Ministerien möglich Mindestlebensdaueranforderungen in Rechtsverordnungen für alle Arten von Produktgruppen festzusetzen.

---

927 *Oehme/Jacob*, Strategien gegen Obsoleszenz, 2017, S. 14.

928 Anhang I B. Ziff. 3 der Richtlinie 2013/53/EU des Europäischen Parlaments und des Rates vom 20. November 2013 über Sportboote und Wassermotorräder und zur Aufhebung der Richtlinie 94/25/EG.

929 Zum Beispiel § 3 Abs. 2 Nr. 1 Neunte Verordnung zum Produktsicherheitsgesetz (Maschinenverordnung – 9. ProdSV) i.V.m. Anhang I Ziff. 1.1.2. lit. a) sowie Ziff. 4.1.2.5. der Richtlinie 2006/42/EG des Europäischen Parlaments und des Rates vom 17. Mai 2006 über Maschinen und zur Änderung der Richtlinie 95/16/EG (Neufassung); § 5 Abs. 1, § 8 Abs. 3, § 10 Abs. 3 Elfte Verordnung zum Produktsicherheitsgesetz (Explosionsschutzproduktverordnung – 11. ProdSV) i.V.m. Anhang II Ziff. 1.2.1. der Richtlinie 2014/34/EU des Europäischen Parlaments und des Rates vom 26. Februar 2014 zur Harmonisierung der Rechtsvorschriften der Mitgliedstaaten für Geräte und Schutzsysteme zur bestimmungsgemäßen Verwendung in explosionsgefährdeten Bereichen (Neufassung).

c) Haltbarkeitsstandards gemäß harmonisierten Normen und technischen Spezifikationen zur Produktsicherheit

Sofern ein Produkt nicht § 3 Abs. 1 ProdSG unterliegt, weil es von keiner Rechtsverordnung erfasst wird, darf es gem. § 3 Abs. 2 S. 1 ProdSG nur auf dem Markt bereitgestellt werden, wenn es bei bestimmungsgemäßer oder vorhersehbarer Verwendung die Sicherheit und Gesundheit von Personen nicht gefährdet. § 4 Abs. 2 und § 5 Abs. 2 ProdSG zufolge wird vermutet, dass Produkte die Sicherheit und Gesundheit von Personen nicht gefährden, wenn sie harmonisierten Normen[930] oder Normen und anderen technischen Spezifikationen[931] entsprechen, soweit diese Normen den Anforderungen, die § 3 Abs. 2 ProdSG aufstellt, genügen. Hierbei handelt es sich um eine Richtigkeitsvermutung, nicht hingegen um eine Vollständigkeitsvermutung.[932] Der Hersteller muss nur nachweisen, dass sein Produkt die in den Normen und Spezifikationen genannten Anforderungen erfüllt, wobei auf die Risikobeurteilung zur Gefährdung der Sicherheit und Gesundheit von Personen i. S. d. § 3 Abs. 2 ProdSG nicht generell verzichtet werden kann.[933] Die Regelung begründet demgegenüber keine umgekehrte Vermutung dahingehend, dass bei Nichtkonformität mit einer Norm zugleich ein Gesetzesverstoß vorliegt.[934] Sowohl die harmonisierten Normen als auch technische Spezifikationen sind rechtlich nicht verbindlich, auf freiwillige Anwendung ausgerichtet und dienen lediglich als Auslegungshilfe für § 3 Abs. 2 ProdSG.[935] Sie definieren den aktuellen Stand der Technik,[936] der sodann zur Beurteilung, ob ein Mangel vorliegt, zugrunde gelegt wird.

Zweck der Regelung ist der Schutz der Gesundheit und Sicherheit von Verwendern und Dritten bei der bestimmungsgemäßen sowie vorhersehbaren Ver-

---

930 Harmonisierte Normen sind gem. § 2 Nr. 14 ProdSG Normen im Sinne des Art. 2 Nr. 1 lit. c) der Verordnung (EU) Nr. 1025/2012 des Europäischen Parlaments und des Rates vom 25. Oktober 2012 zur europäischen Normung, zur Änderung der Richtlinien 89/686/EWG und 93/15/EWG des Rates sowie der Richtlinien 94/9/EG, 94/25/EG, 95/16/EG, 97/23/EG, 98/34/EG, 2004/22/EG, 2007/23/EG, 2009/23/EG und 2009/105/EG des Europäischen Parlaments und des Rates und zur Aufhebung des Beschlusses 87/95/EWG des Rates und des Beschlusses Nr. 1673/2006/EG des Europäischen Parlaments und des Rates, die durch die Richtlinie (EU) 2015/1535 geändert worden ist.

931 Technischen Spezifikationen sind gem. § 5 Abs. 2 ProdSG solche, die vom Ausschuss für Produktsicherheit ermittelt und deren Fundstellen von der Bundesanstalt für Arbeitsschutz und Arbeitsmedizin im Gemeinsamen Ministerialblatt bekannt gegeben worden sind.

932 *Wilrich*, NJW 2023, 1400, 1402 Rn. 17, 1403 Rn. 20.

933 *Wilrich*, NJW 2023, 1400, 1401 Rn. 10 m.w.N.

934 *Wilrich*, NJW 2023, 1400, 1404 Rn. 27 f. m.w.N.; *Klindt* in: Klindt ProdSG, 3. Aufl. 2021, ProdSG § 4 Rn. 18, § 5 Rn. 13.

935 *Klindt* in: Klindt ProdSG, 3. Aufl. 2021, ProdSG § 4 Rn. 7, § 5 Rn. 7; *Wilrich*, NJW 2023, 1400, 1400 Rn. 1 m.w.N.

936 *Wilrich*, NJW 2023, 1400, 1401 Rn. 7; *Klindt* in: Klindt ProdSG, 3. Aufl. 2021, ProdSG § 4 Rn. 2.

wendung des Produkts.[937] Gesundheitsschutz erfasst dabei die körperliche Unversehrtheit im Sinne von Abwesenheit von Erkrankungen und körperlichen Mängeln sowie das allgemeine körperliche, seelische und soziale Wohlbefinden.[938] Nach § 3 Abs. 2 S. 2 Nr. 1 ProdSG sind bei der Beurteilung des Risikos für die Gesundheit und Sicherheit die Eigenschaften des Produkts zu berücksichtigen, einschließlich der Gebrauchsdauer. Die Eigenschaften eines Produkts müssen so beschaffen sein, dass von ihnen keine sicherheitsrelevanten oder gesundheitsrelevanten Gefahren für den Verwender oder Dritte ausgehen. Unter Beachtung dieser Zielrichtung der Norm lässt sich aber bezweifeln, ob eine im Vergleich zur objektiv üblichen verkürzten Lebensdauer die Gesundheit oder Sicherheit einer Person gefährden kann. Im Grundsatz ist es den europäischen Normungsgremien sowie dem Ausschuss für Produktsicherheit möglich, in harmonisierten Normen sowie Normen und technischen Spezifikationen auch Anforderungen an die Mindestlebensdauer als Produkteigenschaft festzulegen. Unter dem Gesichtspunkt des Schutzes der Sicherheit und Gesundheit der Anwender und Dritter werden diese sich aber wahrscheinlich nicht darauf konzentrieren, konkrete Anforderungen an die Lebensdauer einzelner Produktgruppen aufzustellen. Das System von § 3 Abs. 2 ProdSG i.V.m. §§ 4 und 5 ProdSG ist daher kein allgemeingültiges und zielführendes Instrument zur Etablierung konkreter Standards der Mindestlebensdauer.

d) Haltbarkeitsstandards gemäß KrWG

§ 23 Abs. 1 S. 1 KrWG statuiert eine Produktverantwortung[939] zur Erfüllung der Ziele der Kreislaufwirtschaft für jeden, der Erzeugnisse entwickelt, herstellt, be- oder verarbeitet oder vertreibt. Der Begriff des Erzeugnisses im Sinne des KrWG ist gleichzusetzen mit dem eines Produkts i. S. v. § 2 Satz 1 ProdHaftG, sodass das Gesetz Anwendung findet auf alle beweglichen Sachen.[940] Nach § 3 Abs. 19 KrWG

---

937 *Klindt* in: Klindt ProdSG, 3. Aufl. 2021, ProdSG § 3 Rn. 29; *Häberle* in: Erbs/Kohlhaas, Strafrechtliche Nebengesetze, 256 EL 2025, ProdSG § 3 Rn. 3.

938 *Klindt* in: Klindt ProdSG, 3. Aufl. 2021, ProdSG § 3 Rn. 31; a.A. *Häberle* in: Erbs/Kohlhaas, Strafrechtliche Nebengesetze, 256 EL 2025, ProdSG § 3 Rn. 2, wonach eine Verminderung des körperlichen, seelischen oder sozialen Wohlbefindens nicht ausreichend sei.

939 Europäische Grundlage einer Produktverantwortung stellt die Abfallrahmenrichtlinie dar, Richtlinie 2008/98/EG des Europäischen Parlaments und des Rates vom 19. November 2008 über Abfälle und zur Aufhebung bestimmter Richtlinien; Siehe allgemein zum System der Produktverantwortung im deutschen und europäischen Kreislaufwirtschaftsrecht *Petersen*, NVwZ 2022, 921.

940 *Beckmann* in: Landmann/Rohmer, Umweltrecht, 106. EL 2025, KrWG § 23 Rn. 17; *Konzak* in: BeckOK Umweltrecht, 71. Ed. 01.04.2019, KrWG § 23 Rn. 8.

bedeutet Kreislaufwirtschaft die Vermeidung und Verwertung von Abfällen. Hierbei hat die Abfallvermeidung gem. § 6 Abs. 1 KrWG grds. Vorrang vor der Verwertung. Abfälle können durch jede Maßnahme vermieden werden, die ergriffen wird, bevor ein Erzeugnis zu Abfall wird, und dazu dient die Abfallmenge zu verringern, § 3 Abs. 20 S. 1 KrWG. Nach dessen S. 2 stellt die Verlängerung der Lebensdauer eines Erzeugnisses eine solche Maßnahme dar. Daran anknüpfend umfasst die Produktverantwortung gem. § 23 Abs. 2 Nr. 1 KrWG explizit die Entwicklung, die Herstellung und das Inverkehrbringen von Erzeugnissen, die technisch langlebig und reparierbar sind. Je länger die Lebensdauer eines Erzeugnisses ist, desto geringer ist die Abfallmenge, die durch Neuherstellung und Außerbetriebsetzung eines noch funktionsfähigen Geräts entsteht. Durch die Verwendung langlebiger Materialien, einer höheren Qualität von Verschleißteilen, einer Materialverarbeitung, die zu einer möglichst lang bestehenden Funktionsfähigkeit beiträgt, sowie die Möglichkeit eines einfachen Austauschs von Produktteilen und Reparatur wird die technische Langlebigkeit gefördert.[941]

Zur näheren Ausgestaltung der Produktverantwortung wird die Bundesregierung durch § 24 KrWG zum Erlass von Rechtsverordnungen ermächtigt, denen der Bundesrat zustimmen muss. Erst durch den Erlass von Rechtsverordnungen mit konkreten Anforderungen manifestiert sich die Produktverantwortung in einer rechtlichen Verbindlichkeit und kann durchgesetzt werden.[942] Nach § 23 Abs. 4 KrWG legen diese Rechtsverordnungen fest, welche Verpflichteten die Produktverantwortung wahrzunehmen haben und für welche Erzeugnisse und in welcher Art und Weise sie zu erfolgen hat. § 24 Nr. 1 KrWG führt aus, dass in den Rechtsverordnungen festgelegt werden kann, dass bestimmte Erzeugnisse nur ressourceneffizient, insb. in einer Form in den Verkehr gebracht werden dürfen, welche die technische Langlebigkeit und Reparierbarkeit erleichtert. Die Produktverantwortung nach dem KrWG bezieht sich bereits auf die Produktionsphase.[943] Die Rechtsverordnungen könnten somit konkrete Anforderungen an die Mindesthaltbarkeit für Produkte aufstellen. Denn Ziel der Anforderungen in den Rechtsverordnungen soll sein, dass die Entsorgung eines Produkts als Abfall verhindert bzw. hinausgezögert wird.[944] Die derzeit existierenden Verordnungen stellen bisher keine Anforderungen an eine konkrete Mindestlebensdauer auf. Sofern nicht bereits andere Rechtsvorschriften für eine bestimmte Produktgruppe Mindestanfor-

941 *Beckmann* in: Landmann/Rohmer, Umweltrecht, 106. EL 2025, KrWG § 23 Rn. 44; *Konzak* in: BeckOK Umweltrecht, 71. Ed. 01.04.2019, KrWG § 23 Rn. 19 m.w.N.

942 *Beckmann* in: Landmann/Rohmer, Umweltrecht, 106. EL 2025, KrWG § 23 Rn. 41, 94; *Konzak* in: BeckOK Umweltrecht, 71. Ed. 01.04.2019, KrWG § 23 Rn. 7.

943 *Petersen*, NVwZ 2022, 921, 922.

944 Vgl. *Beckmann* in: Landmann/Rohmer, Umweltrecht, 106. EL 2025, KrWG § 24 Rn. 27.

derungen für die Lebensdauer festlegen, kann und sollte die Bundesregierung solche mittels Rechtsvorschriften auf Grundlage von § 24 KrWG verbindlich festlegen.

e) Wirkungsanalyse gesetzlich festgesetzter Mindesthaltbarkeitsdauern

Eine gesetzlich festgesetzte Mindestlebensdauer kann dem Käufer als Orientierung dienen, um festzustellen, ob sein funktionsunfähig gewordenes Produkt verfrüht oder normal gealtert ist. In Hinblick auf die objektiv übliche Haltbarkeit werden Informationsasymmetrien durch rechtlich bindende Standards abgebaut. Der Käufer kann einfacher erkennen, ob ihm Gewährleistungsrechte nach § 437 BGB zustehen oder nicht, indem er sich bei Funktionsverlust über gesetzlich festgelegte Mindestlebensdauern informiert.

Die Einführung technischer und gesetzlicher Standards sind Voraussetzung dafür, dass unspezifische Kriterien wie die Lebensdauer, die Reparaturfähigkeit und Energieeffizienz überhaupt für die Mangelbestimmung fruchtbar gemacht werden können.[945] Denn ohne derartige Parameter können Nachhaltigkeitskriterien, die Eigenschaften des Produkts sein können, nicht näher bestimmt werden und würden leerlaufen. Herstellerübergreifende und verbindliche Lebensdauerstandards sowie damit im Zusammenhang stehende Entwicklungs- und Produktionsstandards können nur mittels allgemein gültigen und durch das Rechtssystem durchsetzbaren Instrumenten etabliert werden. Für die Festlegung der Mindesthaltbarkeit durch den Gesetzgeber spricht zudem, dass die vom Hersteller durchzuführenden Lebensdauertests als Grundlage zur Bestimmung der Mindesthaltbarkeit ihrer Produkte zu viel Zeit und zu viel Geld in Anspruch nehmen.[946] Wenn der Wettbewerb nicht derart funktioniert, dass Hersteller aus ihrem Gewinnerzielungsinteresse die Produktqualität und -langlebigkeit steigern, sind hierzu eingreifende und zwingende gesetzliche Vorschriften erforderlich, die einen besseren Standard festschreiben.

Demgegenüber bedarf es für eine gesetzliche Normierung der Mindesthaltbarkeit ebensolcher Lebensdauertests. Auch der deutsche wie europäische Gesetzgeber sowie die staatlichen und europäischen Gremien, auf die die Rechtsetzung delegiert wird, müssen Kosten für die Informationsbeschaffung aufwenden, um hinreichend spezifische Vorgaben für die Produktion machen zu können.[947] Anfänglich unterliegt der Gesetzgeber dem gleichen Informationsdefizit wie der Käufer. Sinnvoll ist eine gesetzliche Qualitätsfestsetzung nur dann, wenn der Ge-

945 *Tonner/Gawel/Schlacke/Alt/Bretschneider*, VuR 2017, 3, 5 f.
946 *Prakash/Dehoust/Gsell/Schleicher/Stamminger*, UBA Texte 11/2016, 2016, S. 270.
947 *Gawel/Bretschneider*, ZfU 1 (2016), 1, 22 f.

setzgeber bessere Informationskapazitäten bzw. strukturelle Informationsvorteile gegenüber den Konsumenten und den ihnen verfügbaren oder durch sie mit angemessenem Aufwand zu ermittelnden Informationen hat.[948] Der Gesetzgeber ist im Gegensatz zum Hersteller nicht in den Entwicklungs- und Produktionsprozess eingebunden. Er wird in der Regel nicht die Expertise haben, die erforderlich ist, um einschätzen zu können in welcher Art und Weise ein Produkt langlebiger entworfen, konstruiert und produziert werden kann. Wie soll ihm dann die Beurteilung gelingen, wie lange ein Produkt nach dem aktuellen Stand der Technik mindestens funktionsfähig bleiben kann und muss? Er kann sich jedoch gegenüber der Käuferschaft Experten bedienen und ihre Meinungen, Erkenntnisse und Studienergebnisse zur Grundlage rechtlicher Normen machen. So sieht § 27 ProdSG beispielsweise die Bildung eines Ausschusses für Produktsicherheit vor, der gem. § 8 Abs. 1 S. 2 ProdSG vor Erlass einer produktgruppenspezifischen Rechtsverordnung anzuhören ist. Dem Ausschuss gehören Personen aus unterschiedlichen Bereichen mit individueller Expertise auf ihrem Gebiet an. So sollen zum Beispiel sachverständige Personen aus dem Kreis der Marktüberwachungsbehörden, der Konformitätsbewertungsstellen, des Deutschen Instituts für Normung e.V. und aus dem Kreis der Hersteller Teil des Ausschusses sein. Die Ermittlung des aktuellen Stands der Technik und des technisch und wirtschaftlich Möglichen wäre ihm mit Unterstützung durch Spezialisten in diesem Bereich möglich. Wie genau das Produkt sodann entworfen und konstruiert wird, um dem aktuellen Stand der Technik zu entsprechen, obliegt dem Hersteller. Die mangelnde Expertise des Gesetzgebers diesbezüglich ist daher unbeachtlich. Bei der Heranziehung von Sachverstand aus dem Unternehmenssektor ist aber zu berücksichtigen, dass die Gefahr der Beeinflussung der Normspezifizierung durch subjektive Interessen der Produkthersteller besteht.[949] Unter bestimmten Marktbedingungen haben diese nämlich einen Anreiz die Produktlebensdauer unrealistisch kurz anzugeben (s. o. Zweiter Teil A.III.4.d)i.(4)).

Gegen gesetzlich festzusetzende produktgruppenspezifische Mindestlebensdauern sprechen ferner prozedurale Spezifizierungsprobleme und praktische Umsetzungshürden, weil das Kriterium der Mindestlebensdauer komplexen Wertungen unterliegt und es eine objektiv eindeutig, allgemeingültig, politisch bestimmbare Haltbarkeit für eindeutig abgrenzbare Produktgruppen nicht gibt.[950] Bereits die Festlegung einzelner und exakt abgrenzbarer Produktkategorien stellt

948 *Magoulas* in: Ott/Schäfer, Allokationseffizienz in der Rechtsordnung, 1989, 70, 73.

949 *Schlacke/Alt/Tonner/Gawel/Bretschneider*, UBA Texte 72/2015, S. 199.

950 *Schlacke/Alt/Tonner/Gawel/Bretschneider*, UBA Texte 72/2015, S. 27, 198 f.; *Oehme/Jacob*, Strategien gegen Obsoleszenz, 2017, S. 12.

eine Herausforderung dar.[951] Die Konkretisierung der Lebensdauer eines Produkts durch einzelne Durchführungsverordnung erscheint als ein sehr zeitintensiver, punktueller Weg und könnte sich als ineffizient herausstellen.[952] Aufgrund des schnellen technologischen Wandels entspricht die im Gesetz angegebene Mindestlebensdauer bei Inkrafttreten des Gesetzes ggf. schon gar nicht mehr dem aktuellen Stand der Technik. Gesetzgebungsverfahren sind sehr langwierig und eine kurzfristige Überarbeitung der festgesetzten Standards unwahrscheinlich. Gleichwohl bietet das System eines Gesetzes, dem zufolge Anforderungen, die für bestimmte Produktkategorien in Rechtsverordnungen festgelegt werden sollen, bei der Entwicklung und Produktion von Waren verbindlich sind, großes Potenzial zur Etablierung einheitlicher und flächendeckender Mindestlebensdauerstandards.[953] Dem Gesetzgeber steht es außerdem frei in öffentlich-rechtlichen Normen bspw. auf DIN-Normen zu verweisen, die wiederum konkrete Anforderungen an die Mindestlebensdauer festlegen. Damit kann der Erlass von Produktstandards vom Gesetzgeber auf Normungsinstitute oder andere staatliche Einrichtungen delegiert werden, die im Gegensatz zum Gesetzgeber die nötige Expertise und die erforderlichen Kapazitäten haben und daher in der Lage sind, schnell komplexe Anforderungen aufzustellen.

Tatsächlich werden aktuell in delegierten Rechtsakten nur sehr vereinzelt Vorgaben für die Mindestlebensdauer von Produktgruppen gemacht. Es existieren aber bereits eine Reihe von gesetzlichen Regelwerken, in denen der Erlass konkreter Produktanforderungen wie die Lebensdauer angelegt ist. Eine Umsetzung müsste von entsprechenden Stellen nun in umfänglicher Weise vorgenommen werden.[954]

6. Informationspflicht versus gesetzlich festgesetzter Mindesthaltbarkeitsdauern

Zusammenfassend lässt sich festhalten, dass der Gesetzgeber ähnlich wie die Käuferschaft im ersten Schritt keine Kenntnis über den Entwicklungs- und Herstellungsprozess hat. Im Gegensatz zur Käuferschaft ist es dem Gesetzgeber jedoch möglich auf Expertenwissen zuzugreifen und dieses zur Grundlage produktspezi-

951 *Gawel/Bretschneider*, ZfU 1 (2016), 1, 25.

952 *Schlacke/Alt/Tonner/Gawel/Bretschneider*, UBA Texte 72/2015, S. 24; *Schlacke/Tonner/Gawel*, JZ 2016, 1030, 1034; So auch *Mehnert*, ZRP 2023, 9, 9; *Petersen*, NVwZ 2022, 921, 929.

953 *Oehme/Jacob*, Strategien gegen Obsoleszenz, 2017, S. 3 f., welche die Festlegung von Produktstandards zur Mindestlebensdauer mit § 8 ProdSG als Kernempfehlung aussprechen.

954 Anforderungen an die Lebensdauer ebenso als wichtiges Instrument zur Vermeidung vorzeitiger Obsoleszenz ansehend *Michel*, Premature Obsolescence, 2022, S. 129 ff.

fischer Normen zu machen. Das Gesetz kann ebenso auf technische Normen, die durch spezialisierte Gremien erlassen wurden, verweisen und für rechtlich verbindlich erklären. Eine solche Vorgehensweise hat den Vorteil, dass der Stand der Technik tatsächlich immer in seiner Aktualität rechtlich bindend ist und es keiner regelmäßigen und in kurzen Zeitabständen erfolgenden Gesetzesänderungen bedarf. Solche wären aufgrund der Langwidrigkeit des Gesetzgebungsprozesses auch praxisfern. Dieses Vorgehen gewährleistet eine flexible, aber rechtssichere Anwendung des objektiven Mangelbegriffs und garantiert, dass die aktuellen Produktanforderungen im Rahmen des Gewährleistungsrechts stets verbindlich sind.[955]

Eine inhaltlich zwingende Regel ist zur Behebung der Informationsasymmetrie aber aufgrund des stärkeren Eingriffs in die Privatautonomie der Vertragsparteien nur zu wählen, wenn (zwingende) Informationsregeln das Marktversagen nicht zu beseitigen vermögen.[956] Denn eine freie Vertragsgestaltung entsprechend heterogener Präferenzen der Nachfrager ist bei einer inhaltlich zwingenden Regelung nicht mehr möglich.[957] Vorliegend ist eine nicht zur Disposition der Parteien gestellte Pflicht zur Aufklärung über die Mindestlebensdauer des vertriebenen Produkts durch den Hersteller zur Beseitigung des käuferseitigen Informationsdefizits geeignet und wirksam (s. o. Zweiter Teil A.III.4.d)i.(3)). Zudem wird der Wettbewerb um qualitativ hochwertige und langlebige Produkte angekurbelt. Eine solche Lösung zusätzlich zur Sicherstellung der Privatautonomie ist praktisch zu realisieren, weil Hersteller im Vergleich zum Gesetzgeber viel eher in der Lage sind die Mindestlebensdauer ihrer Produkte überhaupt festzustellen. Hersteller und herstellernahe Personen in der Lieferkette wirken eng am Entwicklungs- und Produktionsprozess mit. Aufgrund dieser Nähe sind sie am besten geeignet, Lebensdauertests durchzuführen, die Entwicklung langlebiger Produkte voranzutreiben und Informationen zu beschaffen und bereitzustellen.[958] Im Zusammenspiel mit gesetzlichen Normen, die den Rahmen für Messwerte und Prüfverfahren

---

955 *Hess*, Geplante Obsoleszenz, 2018, S. 152; *Gawel/Bretschneider*, ZfU 1 (2016), 1, 29, welche die Festlegung konkreter Produkteigenschaften in technischen Normen ebenfalls bevorzugen.

956 *Grundmann*, JZ 2000, 1133, 1137 f.; *Grundmann*, AcP 202 (2002), 40, 66; *Grundmann* in: Jayme, Kulturelle Identität und Internationales Privatrecht, 2003, 95, 99; *Grundmann/Kerber/Weatherill* in: Grundmann/Kerber/Weatherill, Party Autonomy and the Role of Information in the Internal Market, 2001, 3, 7, 18, 24; *Segger-Piening*, ZfPW 2020, 358, 382 f.; *Schlacke/Tonner/Gawel*, JZ 2016, 1030, 1036.

957 *Grundmann/Kerber/Weatherill* in: Grundmann/Kerber/Weatherill, Party Autonomy and the Role of Information in the Internal Market, 2001, 3, 7; *Grundmann*, AcP 202 (2002), 40, 66; *Grundmann* in: Riesenhuber, Europäische Methodenlehre, 3. Aufl. 2015, 172, 176 Rn. 10.

958 So auch *van den Bergh* in: Ott/Schäfer, Effiziente Verhaltenssteuerung und Kooperation im Zivilrecht, 1997, 77, 85.

festlegen, erhöht sich auch die praktische Durchführbarkeit und wirtschaftliche Attraktivität solcher Tests. Dies rührt nicht zuletzt daher, um Haftungsrisiken zu vermeiden, die sich aus Gesetzen wie dem Produkthaftungsrecht ergeben.

Nichtsdestotrotz entfaltet dieser Mechanismus auf dem Markt keine vollumfängliche Wirkung. In den Konstellationen, in welchen die Käuferschaft Eigenschaften wie die Mindestlebensdauer gar nicht in ihrer Kaufentscheidung berücksichtigt, hat der Hersteller keinen Anreiz der Pflicht zur Information wahrheitsgemäß nachzukommen (s. o. Zweiter Teil A.III.4.d)i.(4)). Der Mechanismus über Informationspflichten führt zwar zu einem einheitlicheren höheren Schutzniveau, setzt aber keine verbindlichen Haltbarkeitsstandards fest (s. o. Zweiter Teil A.III.4.d)i.(3)). Sollen konkrete Haltbarkeitsstandards durchgesetzt werden, die sich an dem technisch Möglichen orientieren, sind gesetzliche Vorgaben erforderlich, die Hersteller bei der Produktion zu berücksichtigen haben.[959] EG 32 WKRL plädiert ebenfalls für die Einführung produktspezifischer Rechtsvorschriften, die als Instrument zur Festlegung von Anforderungen an die Haltbarkeit und andere Produkteigenschaften für bestimmte Arten oder Gruppen von Produkten dienen können.

Eine wirksame Strategie, um das Informationsdefizit des Käufers zu vermeiden und ihm das Erkennen eines Mangels bei Funktionsverlust nach dem Kauf zu ermöglichen, stellt ein Nebeneinander von zwingenden Informationspflichten und gesetzlich festgesetzten Mindestlebensdauerstandards dar. Die Lösung liegt daher nicht in einem „entweder oder", sondern in einem kumulativen Zusammenwirken beider Mechanismen.[960] Das Ziel der Befreiung des Binnenmarktes von kurzlebigen und nicht nachhaltigen Produkten, welches der Gesetzgeber in EG 32 WKRL aufstellt, kann so am effektivsten verfolgt werden. Ein Kritikpunkt an der derzeitigen Rechtslage bleibt jedoch bestehen. Sie stellt kein einheitliches System dar, sondern ein Nebeneinander von Durchführungsmaßnahmen, DIN-Normen, europäischen und deutschen Rechtsverordnungen sowie den Umweltzeichen zugrundeliegenden Regelungen. Für Hersteller ist nicht leicht ersichtlich an welchen Mess- und Prüfstandards man sich orientieren muss oder in welchem Rechtsakt für das konkrete Produkt Mindestanforderungen an die Haltbarkeit getroffen wurden. Bei gleichzeitiger Geltung unterschiedlicher Regelungsregime ist es auch für den Konsumenten nicht einfach zu erkennen, wie er an die Information zur Mindestlebensdauer gelangt. Auch unter diesen Gesichtspunkten ist daher ein einheitliches Regelungsregime, welches grds. alle Produktkategorien mit einbezieht und für die

959 *Grundmann/Kerber/Weatherill* in: Grundmann/Kerber/Weatherill, Party Autonomy and the Role of Information in the Internal Market, 2001, 3, 15.

960 Siehe zu Anforderungen an die Lebensdauer sowie zu Informationspflichten auch *Michel*, Premature Obsolescence, 2022, S. 129 ff.

jeweils konkrete Rechtsverordnungen oder Durchführungsmaßnahmen erlassen werden sollen, welche sodann Informationspflichten ebenso wie Mindestanforderungen an Nachhaltigkeitseigenschaften festlegen, die überlegene und effektivste Strategie.

IV. Verkäufer als Sekundäradressat der Strategie zur Vermeidung werkstofflicher Obsoleszenz

Sekundäradressat des Kaufgewährleistungsrechts und damit der Strategie zur Vermeidung werkstofflicher Obsoleszenz ist der Verkäufer. Um die eingangs ausgeführten Nachhaltigkeitsziele verfolgen und erreichen zu können, soll das Kaufgewährleistungsrecht als Instrument dienen. Seine Mechanismen können derart auf den Verkäufer einwirken, dass er einen Anreiz erhält besonders nachhaltige und vor allem langlebige Waren zu produzieren. In der Phase der Produktentwicklung kann der Hersteller ein langlebiges Produktdesign entwerfen und in der Herstellungsphase eine langlebige Produktkonstruktion erzeugen. Dies gilt zumindest so lange, wie der Verkäufer zugleich auch Hersteller des Produkts ist. Anderenfalls wird der Anreiz entlang der bestehenden Lieferkette vom Verkäufer über den Lieferanten und Importeur an den Hersteller „weitergereicht". Auf die Rechtsbeziehungen zwischen den einzelnen Parteien einer Lieferkette soll vorliegend nicht näher eingegangen werden. Im heutigen wirtschaftlichen Gefüge sind Verkäufer und Hersteller derart miteinander verbunden, dass davon auszugehen ist, dass die Anreize des Kaufgewährleistungsrechts auch den Hersteller erreichen.[961]

1. Präventive Anreize zur Herstellung langlebiger Produkte

Hersteller werden nachhaltigere, umweltverträglichere und vor allem langlebigere Waren produzieren, wenn das unternehmerische Kalkül dafürspricht, d.h. wenn der Gewinn die (Mehr-)Kosten des nachhaltigkeitsbegünstigenden Handelns übersteigt.[962]

961 *Bridge* in: Grundmann/Bianca, EU-Kaufrechts-Richtlinie Kommentar, 2002, VGKRL Art. 4 Rn. 8, dem zufolge der Unterschied zwischen Vertriebskette und Direktvertrieb durch den Hersteller in der ökonomischen Auswirkung nicht nennenswert ist.

962 *Kommission der Europäischen Gemeinschaften*, Grünbuch zur integrierten Produktpolitik, KOM (2001) 68 endg., 07.02.2001, S. 11 f., 15; *Schlacke/Alt/Tonner/Gawel/Bretschneider*, UBA Texte 72/2015, S. 80; *Longmuß/Poppe/Neef* in: Longmuß/Poppe, Geplante Obsoleszenz, 2019, 39, 56.

Die auf dem Markt vorherrschende Strategie zur Gewinnmaximierung ist der Verkauf von so vielen Produkten wie möglich, die umso eher Früchte trägt, je kürzer die Lebensdauer ist und je schneller Produkte ersetzt werden.[963] Grundsätzlich können Hersteller auch von Preiserhöhungen profitieren, wenn die der Preiserhöhung zugrundeliegende Qualitätssteigerung den Präferenzen der Käufer entspricht und die Qualitätsunterschiede auf dem Markt wahrnehmbar sind.

In der Regel hat der Hersteller ein eigenes Interesse an der Produktion langlebiger Güter, wenn diese Eigenschaft öffentlich bekannt ist oder vom Hersteller am Markt glaubhaft versichert werden kann und sie den Präferenzen der Käufer entspricht, sodass er einen angemessenen Preisaufschlag, sog. Qualitätsprämie, erhalten wird.[964] Je mehr Käufer Produkteigenschaften wie die Lebensdauer zur Grundlage ihrer Entscheidungen machen, desto größer wird die Nachfrage und die Zahlungsbereitschaft wird zunehmen. Je weiter demzufolge das Nachhaltigkeitsbewusstsein in der Bevölkerung wächst, desto eher werden Hersteller eine Qualitätsprämie erhalten und nachhaltige Güter produzieren. Hieraus würde ein Wettbewerbsdruck entstehen, der weitere Anreize zur Herstellung langlebiger Güter setzt.[965] Die Aussicht auf neue Märkte und die Vergrößerung des eigenen Marktanteils sowie die positive Steigerung des Images des Unternehmens macht die Produktion nachhaltiger Waren attraktiv.[966] In der Folge würden die Umsätze des Unternehmens steigen und sie würden mehr Waren verkaufen. Insoweit würden ökologische und ökonomische Belange synchron laufen. Entgegen der Annahme, es würde weniger konsumiert, wenn Waren länger haltbar wären, gilt vielmehr, dass Konsumenten durch regelmäßige und auf einen längeren Zeitraum gestreckte Mittelzuflüsse mehr frei verfügbares Kapital zur Verfügung stünde, welches neuen Märkten zum Wachstum verhelfen könnte.[967] Deutschen Unternehmen kommt

---

963 *Michel*, Premature Obsolescence, 2022, S. 64 f.

964 *Emons*, 46 J. Econ. Theory 16, 20 (1988); *Gawel/Bretschneider*, ZfU 1 (2016), 1, 25; *Micklitz/Mehnert/Specht-Riemenschneider/Liedtke/Kenning*, Recht auf Reparatur, 2022, S. 14; *Schlacke/Alt/Tonner/Gawel/Bretschneider*, UBA Texte 72/2015, S. 200; *Tonner/Gawel/Schlacke/Alt/Bretschneider*, VuR 2017, 3, 9; Vgl. auch *Longmuß/Dworak* in: Longmuß/Poppe, Geplante Obsoleszenz, 2019, 73, 89, denen zufolge in besonderem Maße Label, die mit einer Zertifizierung verbunden sind, dem Käufer die höhere Qualität glaubhaft versichern können, für die viele Kunden dann auch bereit wären einen höheren Kaufpreis zu zahlen.

965 *Bulow*, 101(4) Q. J. Econ. 729, 730 (1986), der darüber hinaus Ausführungen zu dem gegenteiligen Anreiz macht, soweit Oligopolisten Absprachen zur geringeren Qualität und geringeren Haltbarkeit treffen.

966 *Kommission der Europäischen Gemeinschaften*, Grünbuch zur integrierten Produktpolitik, KOM (2001) 68 endg., 07.02.2001, S. 11 f.; *Bulow*, 101(4) Q. J. Econ. 729, 746 f. (1986).

967 *Schridde/Kreiß/Winzer*, Geplante Obsoleszenz, 2013, S. 20 f., 81, denen zufolge gleichzeitig auch materielle Ressourcen für den Aufbau neuer Märkte verfügbar gemacht würden.

bereits weltweit der Ruf hoher Produktqualität zu und sie bieten Waren aus dem Premiumsegment an.[968] Aus diesem Grund können sie einen höheren Produktpreis verlangen, der in Nachhaltigkeitsmaßnahmen investiert werden kann, jedoch müssen sie im Gegenzug zur Erhaltung des guten Images auch tatsächlich gute Qualität bieten.[969] Die Aufrechterhaltung von Reputation und eines guten Markennamens sowie eines hohen (zukünftigen) Umsatzes stellt die Vertragserfüllung sicher und setzt Anreize die vom Markt erwartete Qualität tatsächlich bereitzustellen.[970]

Die Kosten für langlebigere Güter werden jedoch regelmäßig überproportional steigen, wohingegen die Zahlungsbereitschaft aufgrund des abnehmenden Grenznutzens einer höheren Qualität nur unterproportional zunehmen wird.[971] Die Grenzkostenkurve wird somit steiler sein als die Nachfrage- und Grenzerlöskurve, sodass sich der Hersteller für eine geringere Qualität und geringere Haltbarkeit seiner Waren entscheiden wird.[972] Die Produkteigenschaft der Lebensdauer müsste Teil der Präferenzen der Käufer sein und eine erhöhte Nachfrage sowie eine erhöhte Zahlungsbereitschaft auslösen.[973] Tatsächlich sind Eigenschaften wie eine längere Haltbarkeit und eine bessere Reparierbarkeit eher Kaufkriterien von untergeordneter Bedeutung.[974] Lediglich für bestimmte Produktkategorien, wie Outdoorbekleidung oder Polstermöbel, die nur selten angeschafft werden und bei denen ein besonderes Interesse an einer langen Nutzung besteht, werden Konsumenten bereit sein einen höheren Kaufpreis für bessere und länger haltbare

---

968 *Longmuß/Poppe/Neef* in: Longmuß/Poppe, Geplante Obsoleszenz, 2019, 39, 42.

969 *Longmuß/Poppe/Neef* in: Longmuß/Poppe, Geplante Obsoleszenz, 2019, 39, 42.

970 *Klein/Leffler*, 89(4) J. Polit. Econ. 615, 616, 626 f. (1981); Siehe ausführlich zum Reputationsmechanismus *Fritsch*, Marktversagen und Wirtschaftspolitik, 10. Aufl. 2018, S. 266 ff.

971 *Kurz* in: Brönneke/Wechsler, Obsoleszenz interdisziplinär, 2015, 59, 61.

972 *Bulow*, 101(4) Q. J. Econ. 729, 734 f., 737 f. (1986); *Kurz* in: Brönneke/Wechsler, Obsoleszenz interdisziplinär, 2015, 59, 62.

973 *Kommission der Europäischen Gemeinschaften*, Grünbuch zur integrierten Produktpolitik, KOM (2001) 68 endg., 07.02.2001, S. 15; *Schlacke/Alt/Tonner/Gawel/Bretschneider*, UBA Texte 72/2015, S. 80; *Kurz* in: Brönneke/Wechsler, Obsoleszenz interdisziplinär, 2015, 59, 62.

974 *Fischer/Moch/Prakash/Teufel/Stieß/Kresse/Birzle-Harder*, UBA Texte 11/2019, 2019, S. 48, S. 17 bzgl. mobiler Kleingeräte und TV, S. 21, 101 bzgl. Holz-und Polstermöbel, bei denen eine längere Nutzungsdauer eher für ältere Käufergruppen mit höherem Einkommen ein relevantes Kaufkriterium darstelle; *Micklitz/Mehnert/Specht-Riemenschneider/Liedtke/Kenning*, Recht auf Reparatur, 2022, S. 19 f., wonach die Reparierbarkeit nur für 32% der Befragten ein wichtiges Kaufkriterium sei; *Simon-Kucher & Partners*, Relevanz von Nachhaltigkeit als Kaufkriterium in Deutschland im Jahr 2021, Statistika, (2021), wonach hingegen Nachhaltigkeit allgemein als Kaufkriterium für Konsumgüter von 37% der Befragten als eher wichtig und von 25% der Befragten als sehr wichtig eingestuft werde.

Qualität zu zahlen.[975] Das Nachhaltigkeitsbewusstsein in der Bevölkerung wächst indes stetig und nachhaltige Produkteigenschaften wie eine lange Lebensdauer werden in der Öffentlichkeit breit diskutiert.[976] Ein gesamtgesellschaftlich effizienter Zustand besteht in einem optimalen Qualitätsniveau, das der Zahlungsbereitschaft entspricht, jedoch derzeit noch nicht das höchste und technisch mögliche Level erreicht hat.[977] Ein solches Qualitätsniveau ist unter Umweltgesichtspunkten nicht ausreichend, um den negativen Umweltauswirkungen begegnen zu können.

Des Weiteren wirkt sich bei der Kosten-Nutzen-Rechnung durch das Unternehmen die üblicherweise vorhandene Matrixorganisation nachteilig in Hinblick auf nachhaltigkeitsfördernde Entscheidungen hin zur Produktion langlebiger Güter aus.[978] Hierunter ist horizontal betrachtet die Zusammenarbeit mehrerer Bereiche des Unternehmens und vertikal betrachtet die in den Bereichen tätigen Personen aus der Produktentwicklung sowie der Vertriebs- und Marktseite zu verstehen.[979] Währenddessen der Nutzen-Kosten-Vergleich auf Seiten des Vertriebs auf kurzfristig zu erzielende Gewinne und Umsätze ausgerichtet ist und zulasten von Nachhaltigkeitsinvestitionen ausfällt, wird der Vergleich von der Produktentwicklung für einen längeren Zeithorizont angestellt.[980] Dort werden langfristige Konzepte entworfen, die mit einem hohen Forschungsaufwand einhergehen und bei denen sich Investitionen in die Nachhaltigkeit amortisieren werden.[981] In der Regel orientieren sich alle ingenieurtechnischen Maßnahmen in Hinblick auf die Lebensdauer des Produkts an der durchschnittlichen käuferseitigen Erstnutzungsdauer, die wiederum von der Vertriebsseite bestimmt wird.[982] Diese wird eine relativ kurze Erstnutzungsdauer ermitteln, weil sich ihr Blick auf einen häufigen Verkauf und damit kurzfristigen, aber stetig wiederholenden Umsatz beschränkt. Das heißt, wenn sich Hersteller an einer solchen durchschnittlichen Nutzungsdauer orientieren, um zu entscheiden welches Design und welche Konstruktion erforderlich ist, damit die Lebensdauer des Produkts dieser Nutzungsdauer entspricht, werden sie keine darüberhinausgehende bessere Lebensdauer erreichen wollen.

---

975 *Fischer/Moch/Prakash/Teufel/Stieß/Kresse/Birzle-Harder*, UBA Texte 11/2019, 2019, S. 105.

976 *Die Bundesregierung*, Deutsche Nachhaltigkeitsstrategie, Weiterentwicklung 2021, 15.12.2020, S. 287; Einen gesellschaftlichen Wandel beobachtend *Mak/Lujinovic*, EuCML 2019, 4, 6, denen zufolge sich die Durchsetzung eines sog. Lebensdauermodells als Geschäftspraktik beobachten lässt, bei dem die Haltbarkeit und die Verlängerung der Nutzungsdauer im Mittelpunkt steht.

977 *Kurz* in: Brönneke/Wechsler, Obsoleszenz interdisziplinär, 2015, 59, 62.

978 *Longmuß/Dworak* in: Longmuß/Poppe, Geplante Obsoleszenz, 2019, 73, 93.

979 *Longmuß/Dworak* in: Longmuß/Poppe, Geplante Obsoleszenz, 2019, 73, 93.

980 *Longmuß/Dworak* in: Longmuß/Poppe, Geplante Obsoleszenz, 2019, 73, 93.

981 *Longmuß/Dworak* in: Longmuß/Poppe, Geplante Obsoleszenz, 2019, 73, 93.

982 *Longmuß/Poppe/Neef* in: Longmuß/Poppe, Geplante Obsoleszenz, 2019, 39, 49, 57.

Einer staatlichen Regulierung bedarf es daher in den Fällen, in denen sich die nachhaltigkeitsorientierte Entscheidung gewinnschmälernd auswirken würde.[983] Das ist derzeit überwiegend der Fall aufgrund unzureichender Nachfrage und fehlender Zahlungsbereitschaft. Der Marktmechanismus, wie soeben beschrieben, funktioniert nicht. Das Gewährleistungsrecht kann Anreize an den Verkäufer senden, auf eine Qualitätssteigerung sowie Langlebigkeit der vermarkteten Produkte hinzuwirken und grds. in die Risikominimierung von Mängeln zu investieren, indem es die Haftung des Verkäufers bei Vorliegen eines Mangels begründet.[984] Das Gewährleistungsrecht kann als Sanktionssystem für die Nichteinhaltung von Haltbarkeitsstandards dienen. Die Nichteinhaltung des aktuellen Stands der Technik, d.h. der Verstoß gegen konkrete Mindestlebensdauervorgaben in Rechtsverordnungen, führt zur Anwendbarkeit des Haftungsregimes nach §§ 434 ff. BGB. Diesem Haftungsregime kann der Verkäufer entgehen, indem er Einfluss auf die Wahrscheinlichkeit und das Ausmaß eintretender Mängel nimmt, beispielsweise in Form des Produktdesigns, der Produktkonstruktion, der Verlässlichkeit und Haltbarkeit.[985] Grundsätzlich gilt, je weitreichender die Gewährleistungspflicht, desto größer und intensiver ist der Anreiz qualitativ hochwertige Güter zu produzieren.[986]

Das unternehmerische Kalkül bemisst sich sodann nach dem Umfang der Zusatzkosten, die durch die Einhaltung der gesetzlichen Norm entstehen, der Entdeckungswahrscheinlichkeit der Nichteinhaltung der Anforderungen, die mit der Schadenshöhe multipliziert wird sowie die Stützung der Norm durch Akzeptanz der Konsumenten.[987] Je besser und stärker Normabweichungen beobachtbar sind, entdeckt und sanktioniert werden, desto eher werden Normen eingehalten.[988] Hersteller haben ein grundsätzliches Interesse an der Vermeidung von Kosten für Gewährleistungsfälle.[989] In der Regel wird der Verkäufer Güter mit hoher Qualität produzieren und im Rahmen dessen in das Design und in Qualitätskontrollen in-

---

983 *Schlacke/Alt/Tonner/Gawel/Bretschneider*, UBA Texte 72/2015, S. 80.

984 *Croon-Gestefeld*, NJW 2022, 497, 500 f. Rn. 20; *Gomez* in: Grundmann/Bianca, EU-Kaufrechts-Richtlinie Kommentar, 2002, Einl. Rn. 78; *Hellgardt/Jouannaud*, AcP 222 (2022), 163, 193 f.; *Riha*, Ökonomische Analyse des Sachmängelgewährleistungsrechts des BGB, 2007, S. 41 f.; *Schäfer/Ott*, Lehrbuch der ökonomischen Analyse des Zivilrechts, 5. Aufl. 2012, S. 518, 521; *Schirmer*, ZEuP 2021, 35, 43.

985 *Priest*, 90(6) Yale Law J. 1297, 1309 (1981); *Gomez* in: Grundmann/Bianca, EU-Kaufrechts-Richtlinie Kommentar, 2002, Einl. Rn. 78.

986 *Emons*, 46 J. Econ. Theory 16, 17 (1988); *Gomez* in: Grundmann/Bianca, EU-Kaufrechts-Richtlinie Kommentar, 2002, Einl. Rn. 81.

987 *Schlacke/Alt/Tonner/Gawel/Bretschneider*, UBA Texte 72/2015, S. 80, 207.

988 *Schlacke/Alt/Tonner/Gawel/Bretschneider*, UBA Texte 72/2015, S. 80.

989 *Mak/Lujinovic*, EuCML 2019, 4, 6.

vestieren, wenn die Kosten der drohenden Gewährleistungspflicht die Produktionskosten übersteigen.[990] Insofern sind all diejenigen Vorsorgemaßnahmen und solche zur Erhöhung der Produktqualität und Verlängerung der Produktlebensdauer ökonomisch effizient, deren zusätzliche Kosten (Grenzkosten) nicht höher sind als die hierdurch zu erwartenden Gewinne und Reduzierungen des Ausfallrisikos und der Mängelbeseitigungskosten (Grenzerlöse).[991] Das hat zur Auswirkung, dass der Hersteller auf gute Qualität seiner Waren achtet, den Käufer nicht betrügen (können) wird und der Käufer bereit sein wird einen höheren Kaufpreis zu zahlen.[992] Wenn die Grenzkosten die Grenzerlöse übersteigen, haben Hersteller einen Anreiz in Innovationen zu investieren. Innovationen führen zu einem Rückgang der Kosten, die für eine höhere Produktqualität zur Vermeidung der Haftung aufgewendet werden müssten, bei gleichbleibender hoher Qualität. Qualitätssteigerung kann durch eine alternative Konstruktion in kostenneutraler Weise erreicht werden, ohne teurere Produktteile und -materialien verwenden zu müssen.[993] Innovationen leisten einen großen Beitrag zur Erreichung von Nachhaltigkeitszielen und zur Vermeidung negativer Umweltauswirkungen.

Die durch das Gewährleistungsrecht in Aussicht gestellte Haftung für objektiv zu früh gealterte Waren setzt Anreize zur Herstellung langlebiger und nachhaltiger Waren. Die präventiven Anreize treffen den Hersteller nur dann nicht, wenn der Käufer nicht aktiviert werden kann und seine Gewährleistungsrechte nicht geltend macht, denn dann hat der Hersteller keine Marktsanktionen zu befürchten.[994]

2. Unvollständige Informationen nach Vertragsschluss

Für die Berechnung der Mindestlebensdauer durch Hersteller sowie bei der Festlegung von Mindestlebensdauerstandards in öffentlich-rechtlichen Normen oder technischen Regelwerken werden zuvor Rahmenbedingungen definiert. Diese enthalten Angaben zur angenommenen durchschnittlichen Nutzungsdauer und Nutzungsintensität. Darauf aufbauend wird die Mindestlebensdauer kalkuliert. An

990 *Emons*, 46 J. Econ. Theory 16, 22 (1988); *Priest*, 90(6) Yale Law J. 1297, 1309 (1981); *Riha*, Ökonomische Analyse des Sachmängelgewährleistungsrechts des BGB, 2007, S. 42, dem zufolge die Kosten für die (schlechte) Ware und die Gewährleistungskosten regelmäßig höher sein werden als die Kosten für eine qualitativ hochwertige Ware.

991 *Eger* in: Schäfer/Lwowski, Konsequenzen wirtschaftlicher Normen, 2002, 183, 194; *Gomez* in: Grundmann/Bianca, EU-Kaufrechts-Richtlinie Kommentar, 2002, Einl. Rn. 78; So auch *Bizer/Führ/Proeger*, Die ökonomischen Auswirkungen einer Verbesserung des deutschen Gewährleistungsrechts, 20.09.2016, S. 6.

992 *Akerlof*, 84(3) Q. J. Econ. 488, 499 (1970).

993 *Hess*, Geplante Obsoleszenz, 2018, S. 68.

994 *Schlacke/Alt/Tonner/Gawel/Bretschneider*, UBA Texte 72/2015, S. 207 f.

ihr orientieren sich Hersteller bei der Produktentwicklung und -herstellung. Das tatsächliche Nutzverhalten der Konsumenten und die reale Belastung der Produkte können jedoch in erheblichem Maße von den Durchschnittswerten, die den Lebensdauertests zugrunde liegen, abweichen. Legt der Hersteller bei der Ermittlung der Mindesthaltbarkeit eine durchschnittlich intensive Nutzung seiner Ware zugrunde, besteht das Risiko, dass das Produkt bei übermäßiger Nutzung vor Ablauf der ermittelten Mindestlebensdauer funktionsunfähig wird. Wenn das Produkt in diesem Szenario als nicht vertragsgemäß und somit mangelhaft eingestuft wird, wird die Haftung des Verkäufers ausgelöst, obwohl Hauptursache der Funktionsunfähigkeit das Verhalten des Käufers ist.

Einer Gewährleistung(sabrede) kommt die Funktion zu, die Verantwortlichkeit für einen Mangel zwischen den Parteien aufzuteilen entsprechend der relativen Kosten für Investitionen zur Verhinderung des Eintritts eines Defekts sowie zur Versicherung gegen Produktschäden.[995] Investitionen in beides verlängern die Produktlebensdauer. Die Verantwortlichkeit sollte beim Käufer liegen, wenn die Grenzkosten seiner Investitionen zur Verringerung der Mangeleintrittswahrscheinlichkeit oder für Reparaturen geringer sind als die Grenzkosten des Verkäufers hierfür.[996] Zu den Investitionen zur Verringerung der Mangeleintrittswahrscheinlichkeit zählen eine erhöhte Sorgfalt bei der Nutzung durch den Käufer sowie Änderungen im Produktdesign und sonstige Maßnahmen im Rahmen des Herstellungsprozesses zur Verbesserung der Produktqualität durch den Hersteller.[997]

a) Faktische Haltbarkeitsgarantie

Das deutsche Gewährleistungsrecht begründet und bezweckt grds. keine volle Zuweisung des Ausfallrisikos zu dem Verkäufer. Vielmehr soll dieser nur für alle aus seiner Sphäre stammenden Ausfallrisiken verantwortlich sein. Hierunter fallen insb. die Risiken, die aus einer mangelhaften Konstruktion, dem Produktdesign, der Materialauswahl, den Mangelvorsorgemaßnahmen oder aus unzureichenden Qualitätstests herrühren. Die Vermeidung und Verringerung dieser Risiken sowie die Beseitigung eines Mangels, der auf diese Risiken zurückzuführen ist, wird der Verkäufer regelmäßig kostengünstiger als der Käufer vornehmen können.[998] Das Risiko des Funktionsverlustes während der Nutzungsphase, das in der Nutzungshäufigkeit und der Nutzungsintensität begründet liegt, soll hingegen der Käufer

995 *Priest*, 90(6) Yale Law J. 1297, 1311 ff., 1349 (1981).
996 *Priest*, 90(6) Yale Law J. 1297, 1311 ff., 1349 (1981).
997 *Priest*, 90(6) Yale Law J. 1297, 1310 (1981).
998 *Priest*, 90(6) Yale Law J. 1297, 1311 (1981).

selbst tragen.[999] Denn dieser kann das Risiko des Mangeleintritts aufgrund seines Nutzverhaltens am besten und kostengünstigsten beeinflussen. Dieser Grundsatz ist gesetzlich in Art. 3 Abs. 1 VGKRL, Art. 10 Abs. 1 WKRL sowie § 446 BGB festgeschrieben. Hiernach haftet der Verkäufer nur für Mängel, die im Zeitpunkt des Gefahrübergangs bereits bestanden und damit nicht auf einem unsachgemäßen oder übermäßigen Gebrauch durch den Käufer beruhen können.

Die Definition der Haltbarkeit bereitet in diesem Kontext Verständnisprobleme. Man könnte annehmen, mit Erwähnung des Kriteriums werde eine faktische Haltbarkeitsgarantie begründet. Der Verkäufer hat dafür einzustehen, dass die Ware ihre Funktionen und Leistungen beibehält. Der Definition zufolge könnte ein Mangel zu bejahen sein, wenn die Ware nach Gefahrübergang und auch nach Ablauf der Beweislastumkehr, aber vor Ablauf der Haltbarkeitsdauer, in ihrer Funktion beeinträchtigt wäre.[1000] Kritisch wäre dabei, dass der Kaufvertrag hierdurch tendenziell zu einem Dauerschuldverhältnis umgeformt würde.[1001] Der Gesetzgeber wollte aber bewusst keine gesetzliche Haltbarkeitsgarantie begründen.[1002] Der Verkäufer soll gerade nicht dafür einstehen, dass der Gegenstand tatsächlich seine erforderlichen Funktionen und Leistungen bei normaler Verwendung behält.[1003] Art. 10 Abs. 1 WKRL sowie § 434 Abs. 1, § 446 BGB stellen für die Haftung des Verkäufers explizit auf den Zeitpunkt des Gefahrübergangs ab, d.h. grundsätzlich auf den Zeitpunkt der Übergabe des Kaufgegenstands. Die Haltbarkeit ist als eine Eigenschaft der Ware zu verstehen, die zum Zeitpunkt des Gefahrübergangs gegeben sein muss.[1004] Im Zeitpunkt des Gefahrübergangs wird demnach eine Prognose getroffen, ob die Sache so konstruiert und verarbeitet ist, dass sie bei normaler Verwendung innerhalb einer angemessenen Zeit keinen Qualitäts- und Funktionsverlust erleidet.[1005] Sollte das Produkt seine Fähigkeiten und Leistungen nach Gefahrübergang verlieren, stellt dies also nur einen Mangel dar, wenn die Gründe hierfür bereits bei Gefahrübergang angelegt waren.[1006] Nicht

---

999 *Gomez* in: Grundmann/Bianca, EU-Kaufrechts-Richtlinie Kommentar, 2002, Einl. Rn. 85; *Priest*, 90(6) Yale Law J. 1297, 1330 f. (1981).

1000 *Kupfer/Weiß*, VuR 2020, 95, 97.

1001 *Tonner*, VuR 2019, 363, 363.

1002 BT-Drs. 19/27424, 24.

1003 BT-Drs. 19/27424, 24.

1004 BT-Drs. 19/27424, 24; *Lorenz*, NJW 2021, 2065, 2066; *Zöchling-Jud*, GPR 2019, 115, 122 f.; *Zöchling-Jud* in: Stabentheiner/Wendehorst/Zöchling-Jud, Das neue europäische Gewährleistungsrecht, 2019, 197, 205 f.; *Gawel/Bretschneider*, ZfU 1 (2016), 1, 8.

1005 *Faust* in: BeckOK BGB, 74. Ed. 01.05.2025, BGB § 434 Rn. 88; *Gawel/Bretschneider*, ZfU 1 (2016), 1, 8.

1006 *Matusche-Beckmann* in: Staudinger, 2023, BGB § 434 Rn. 104; *Westermann* in: MüKo BGB, 8. Aufl. 2019, BGB § 434 Rn. 50.

der Funktionsverlust, sondern die Umstände, die zum Funktionsverlust führen, begründen die Vertragswidrigkeit.[1007] Dabei wird nicht vorausgesetzt, dass die Umstände bei Gefahrübergang bereits erkennbar waren.[1008] Bei Haltbarkeitsfehlern handelt es sich mithin um sog. versteckte Mängel, die erst nach Gefahrübergang offenbar werden und bei welchen der Mangel rückwärtsschauend bestimmt wird.[1009] Eine faktische Haltbarkeitsgarantie wurde somit nicht begründet.

b) Moral Hazard des Käufers

In der Praxis ergeben sich Probleme für die Fälle des Verbrauchsgüterkaufs. Wenn der Mangel nicht aus der Sphäre des Verkäufers, sondern aus derjenigen des Käufers stammt, kann der Verkäufer aufgrund der Regelung der Beweislastumkehr dennoch der Gewährleistungspflicht unterliegen. Gem. Art. 11 Abs. 1 WKRL, umgesetzt in § 477 Abs. 1 S. 1 BGB, wird nämlich vermutet, dass die Ware bereits bei Gefahrübergang mangelhaft war (und der Verkäufer haftet), wenn sich innerhalb eines Jahres seit Gefahrübergang ein von den Anforderungen an die Vertragsmäßigkeit abweichender Zustand zeigt. Angenommen der Verkäufer kann hier nicht den Gegenbeweis erbringen, haftet er für ein Ausfallrisiko, dass eigentlich dem Käufer zugeschrieben ist. In vielen Fällen ist es im Nachhinein nur sehr schwer möglich festzustellen, ob ein Funktionsverlust auf einen Mangel der Sache oder auf den Gebrauch durch den Käufer zurückzuführen ist.[1010] Die Wahrscheinlichkeit des Funktionsverlusts wird durch Maßnahmen und Entscheidungen des Verkäufers hinsichtlich der Produktqualität beeinflusst, aber ebenso durch die Sorgfalt und Intensität des jeweiligen Käufers bei der Nutzung, sodass die Produktrisiken größtenteils endogen und beidseitig beeinflussbar sind.[1011] Obwohl die Produktrisiken von beiden Parteien beeinflussbar sind, haftet nach dem deutschen Gewährleistungsrecht nahezu ausschließlich der Unternehmer. Dieser trägt sodann vollumfänglich sämtliche Kosten der Mangelbeseitigung durch die Ausweitung des Haftungsregimes des Gewährleistungsrechts im Verbrauchsgüterkauf. Die mit dem Gewährleistungsrecht bezweckte Anreizwirkung, vor dem Verkauf in Maßnahmen zu investieren, um bereits den Eintritt eines Defekts zu verhindern, geht folglich bei nutzungsbedingten Mängeln fehl. Denn solche Maßnahmen haben keinen Einfluss

---

1007 *Bach/Wöbbeking*, NJW 2020, 2672, 2674 f. Rn. 22.

1008 *Faust* in: BeckOK BGB, 74. Ed. 01.05.2025, BGB § 434 Rn. 26.

1009 *Grunewald* in: MüKo HGB, 6. Aufl. 2025, HGB § 377 Rn. 77 m.w.N.

1010 *Rühl*, AcP 207 (2007), 614, 625 ff.

1011 *Eger* in: Schäfer/Lwowski, Konsequenzen wirtschaftlicher Normen, 2002, 183, 189, 194; *Emons*, 46 J. Econ. Theory 16, 18 (1988); *Parisi*, 52(2) Am. J. Comp. Law 403, 413 (2004); So auch *Cooper*, 27 J. Consum. Policy 421, 447 (2004).

auf Umstände aus der Sphäre des Käufers. Mögliche Maßnahmen des Verkäufers sind freilich nicht immer kostengünstiger als solche des Käufers, was in der Gesamtbetrachtung zu einem Anstieg der Kosten von Investments und Reparaturen zur Lebensdauerverlängerung führt.[1012]

Wenn das Gewährleistungsrecht das Risiko des Mangeleintritts aber vollständig dem Verkäufer zuweist und die Gewährleistungsansprüche sämtliche Produktmängel in vollem Umfang abdecken, wird der Käufer nicht besonders sorgsam mit der Ware umgehen (wollen und auch nicht müssen). Ein sorgsamer Produktumgang, im Gegensatz zur Inanspruchnahme des Verkäufers, würde Kosten verursachen und den Nutzen bei Gebrauch verringern, weshalb dem Käufer der Anreiz fehlt, das Risiko des Mangeleintritts durch sorgsamen Produktumgang zu minimieren, sog. Problem des *moral hazard.*[1013] Im Gegensatz hierzu würde der Käufer eine besonders hohe Sorgfalt bei der Nutzung des Produkts walten lassen, wenn ihm keine Gewährleistungsrechte zustünden, weil der Schaden des Funktionsausfalls direkt beim ihm entstünde und wenn dieser Schaden höher wäre als die ihm entstehenden Kosten einer erhöhten Sorgfalt.[1014] Insofern spielt auch der Kaufpreis eine Rolle, denn je höher der Preis und je geringer der Gewährleistungsumfang ist, desto größer ist der Anreiz des Käufers mit der Sache sorgfältig umzugehen.[1015]

Je weitreichender die Gewährleistungspflicht des Verkäufers ist, desto größer ist der verkäuferseitige Anreiz qualitativ hochwertige Güter zu produzieren (s. o. Zweiter Teil A.IV.1.) und desto geringer ist der konsumentenseitige Anreiz zum sorgsamen Gebrauch des Guts.[1016] In der Regel kann der Verkäufer das Verhalten des Käufers nach Übergabe der Kaufsache nicht erkennen, er unterliegt einem Informationsdefizit in Hinblick auf die Intensität sowie die angewandte Sorgfalt der Nutzung, sog. *„hidden actions"*.[1017] Es gibt Käufer mit unterschiedlich intensivem Nutzverhalten und hiermit zusammenhängend ist bei einigen das Risiko des

---

1012 *Priest*, 90(6) Yale Law J. 1297, 1349 (1981).

1013 *Emons*, 46 J. Econ. Theory 16, 17, 21 (1988); *Gomez* in: Grundmann/Bianca, EU-Kaufrechts-Richtlinie Kommentar, 2002, Einl. Rn. 82; *Parisi*, 52(2) Am. J. Comp. Law 403, 414 (2004); *Rühl*, AcP 207 (2007), 614, 625; *Schäfer/Ott*, Lehrbuch der ökonomischen Analyse des Zivilrechts, 5. Aufl. 2012, S. 521.

1014 *Emons*, 46 J. Econ. Theory 16, 19 ff. (1988); *Parisi*, 52(2) Am. J. Comp. Law 403, 427 f. (2004).

1015 *Emons*, 46 J. Econ. Theory 16, 24 f. (1988).

1016 *Emons*, 46 J. Econ. Theory 16, 17 (1988); *Parisi*, 52(2) Am. J. Comp. Law 403, 427 f. (2004).

1017 *Rühl*, AcP 207 (2007), 614, 625, 631 f.; *Schäfer/Ott*, Lehrbuch der ökonomischen Analyse des Zivilrechts, 5. Aufl. 2012, S. 426; *Schmolke* in: Towfigh/Petersen, Ökonomische Methoden im Recht, 2. Aufl. 2017, 131, 151 Rn. 303.

Mangeleintritts viel höher als bei anderen.[1018] Mangels Kenntnis kann der Verkäufer das Risiko des Produktausfalls nicht individuell zuordnen und im Kaufpreis berücksichtigen.[1019] Würde er die Produkte mit unterschiedlichen Preisaufschlägen je nach Nutzungsintensität anbieten, würden sich alle Käufergruppen für die günstigere Variante entscheiden und die Käufer mit hohem Nutzverhalten würden dennoch ihre Gewährleistungsrechte geltend machen und durch ihre Unehrlichkeit Kosten einsparen und sich opportunistisch verhalten.[1020] Daher wird der Verkäufer einen einheitlichen Produktpreis (*pooling equilibrium*) für eine einheitliche Gewährleistung aufgrund eines durchschnittlichen Mangeleintrittsrisikos und den durchschnittlich zu erwartenden Kosten für die Gesamtheit der Käuferschaft festlegen.[1021] Es erfolgt eine Quersubventionierung von Käufern mit besonders intensivem Nutzverhalten durch diejenigen Käufer mit besonders schonendem Nutzverhalten.[1022] Zusätzlich wird der Verkäufer die höheren Kosten für Investments zur Reduzierung des Mangeleintrittsrisikos und Steigerung der Produktqualität in den Kaufpreis mit einberechnen. Mit steigenden Investitions- und Reparaturkosten aufgrund der ausgedehnten Verkäuferhaftung wird der Kaufpreis für das qualitativ hochwertige Produkt insgesamt steigen.[1023] Daraus folgt, dass sogfältig nutzende Käufer zu viel und intensiver nutzende Käufer mit einem höheren Risikopotenzial zu wenig für das Produkt mit einheitlichem Gewährleistungsschutz zahlen.[1024] Käufer mit geringem Risikopotenzial werden sodann vom

---

1018 *Gomez* in: Grundmann/Bianca, EU-Kaufrechts-Richtlinie Kommentar, 2002, Einl. Rn. 86; *Priest*, 90(6) Yale Law J. 1297, 1314 f. (1981).

1019 *Gomez* in: Grundmann/Bianca, EU-Kaufrechts-Richtlinie Kommentar, 2002, Einl. Rn. 86; *Schäfer/Ott*, Lehrbuch der ökonomischen Analyse des Zivilrechts, 5. Aufl. 2012, S. 520; *Schlacke/Alt/Tonner/Gawel/Bretschneider*, UBA Texte 72/2015, S. 219; *Tonner/Gawel/Schlacke/Alt/Bretschneider*, VuR 2017, 3, 8.

1020 *Schäfer/Ott*, Lehrbuch der ökonomischen Analyse des Zivilrechts, 5. Aufl. 2012, S. 520; *Rühl*, AcP 207 (2007), 614, 627 Fn. 52.

1021 *Priest*, 90(6) Yale Law J. 1297, 1314 f., 1348 (1981); *Schäfer/Ott*, Lehrbuch der ökonomischen Analyse des Zivilrechts, 5. Aufl. 2012, S. 520; *van den Bergh* in: Ott/Schäfer, Effiziente Verhaltenssteuerung und Kooperation im Zivilrecht, 1997, 77, 81; *Eger* in: Schäfer/Lwowski, Konsequenzen wirtschaftlicher Normen, 2002, 183, 202 ff.

1022 *Priest*, 90(6) Yale Law J. 1297, 1314 f., 1348 (1981); *Schäfer/Ott*, Lehrbuch der ökonomischen Analyse des Zivilrechts, 5. Aufl. 2012, S. 520; *Eger* in: Schäfer/Lwowski, Konsequenzen wirtschaftlicher Normen, 2002, 183, 202 ff.; *van den Bergh* in: Ott/Schäfer, Effiziente Verhaltenssteuerung und Kooperation im Zivilrecht, 1997, 77, 81.

1023 *Sinn* in: Ott/Schäfer, Allokationseffizienz in der Rechtsordnung, 1989, 81, 84; *Priest*, 90(6) Yale Law J. 1297, 1349, 1351 (1981); *Eger* in: Schäfer/Lwowski, Konsequenzen wirtschaftlicher Normen, 2002, 183, 202 ff.

1024 *Rühl*, AcP 207 (2007), 614, 627; *Priest*, 90(6) Yale Law J. 1297, 1315, 1351 (1981); *Schmolke* in: Towfigh/Petersen, Ökonomische Methoden im Recht, 2. Aufl. 2017, 131, 146 Rn. 290.

Kauf des Produkts Abstand nehmen, um nicht die Gewährleistung anderer Käufer finanzieren zu müssen.[1025] Die Nachfrage nach qualitativ hochwertigen Produkten mit einer umfassenden einheitlichen Gewährleistung wird abnehmen.[1026] Es kommt zur negativen Käuferauslese.[1027] Soweit dann nur potentielle Käufer mit einem hohen Risikopotenzial verbleiben, wird der Verkäufer den Produktpreis im Gegenzug zum steigenden Haftungsrisiko für Gewährleistungsansprüche weiter erhöhen.[1028] Dies kann wiederum zur Folge haben, dass ganze Marktsegmente verschwinden und Verkäufer ein Produkt gar nicht mehr auf dem Markt anbieten, weil die potentiellen Gewährleistungskosten die Zahlungsbereitschaft der Käufer übersteigen.[1029] Denn wenn sich die steigenden Kosten nicht amortisieren durch einen höheren Kaufpreis, wird der Verkäufer weniger in die Verringerung des Mangeleintrittsrisikos durch höhere Produktqualität investieren.[1030] Dadurch verkürzt sich die Lebensdauer eines Produkts und es treten häufiger Defekte auf. Für diese muss der Verkäufer aufgrund der umfassenden Gewährleistungshaftung, insb. im Verbrauchsgüterkauf, einstehen. Die Kosten des Verkäufers sind in diesen Fällen sowohl für Maßnahmen zur Verringerung der Mangeleintrittswahrscheinlichkeit als auch für die Mangelbeseitigung prohibitiv hoch im Vergleich zur Zahlungsbereitschaft der Konsumenten. Deshalb rentiert es sich nicht für den Verkäufer das Produkt überhaupt auf dem Markt anzubieten.

Im Ergebnis entspricht das standardisierte Gewährleistungsrecht weder den Präferenzen eines Käufers mit geringem noch den Präferenzen eines Käufers mit hohem Risikopotenzial eines Mangeleintritts.[1031]

c) Gleichlauf von verkäufer- und käuferseitigem Anreiz

Zum einen soll die Strategie verfolgt werden, das Gewährleistungsrecht streng auszugestalten, um hinreichend Anreize für den Verkäufer zu schaffen in Produktqualität und damit in eine längere Lebensdauer zu investieren. Zum anderen

---

1025 *Schäfer/Ott*, Lehrbuch der ökonomischen Analyse des Zivilrechts, 5. Aufl. 2012, S. 520; *Schlacke/Alt/Tonner/Gawel/Bretschneider*, UBA Texte 72/2015, S. 219; *Tonner/Gawel/Schlacke/Alt/Bretschneider*, VuR 2017, 3, 8; *Schmolke* in: Towfigh/Petersen, Ökonomische Methoden im Recht, 2. Aufl. 2017, 131, 146 Rn. 290, 162 Rn. 327.

1026 *Priest*, 90(6) Yale Law J. 1297, 1349, 1351 (1981).

1027 *Rühl*, AcP 207 (2007), 614, 627.

1028 *Rühl*, AcP 207 (2007), 614, 627 f.

1029 *Tonner/Gawel/Schlacke/Alt/Bretschneider*, VuR 2017, 3, 8; *Schlacke/Alt/Tonner/Gawel/Bretschneider*, UBA Texte 72/2015, S. 219, die diese Folgen nicht als Erfolg einer Nachhaltigkeitspolitik sehen, sondern als staatlich verantwortetes Marktversagen beklagen.

1030 *Priest*, 90(6) Yale Law J. 1297, 1349, 1351 (1981).

1031 *Priest*, 90(6) Yale Law J. 1297, 1348 (1981).

soll dem Problem des *moral hazard* entgegengewirkt werden, um auch den Käufer dazu anzuhalten besonders sorgsam mit seinem Produkt umzugehen, damit es lange haltbar bleibt und genutzt werden kann.

Ein Gleichlauf von verkäuferseitigem Anreiz, Güter mit hoher Qualität zu produzieren, und käuferseitigem Anreiz, hohe Sorgfalt bei der Nutzung des Produkts aufzuwenden, kann erreicht werden, wenn der Gewährleistungsumfang größer oder gleich gegenüber den Produktionskosten und gleich mit dem Kaufpreis ist.[1032] Sofern eine potenzielle Gewährleistung teurer wäre als die Produktionskosten, besteht der Anreiz in die Produktion zu investieren, um Produkte haltbarer, qualitativ hochwertiger und weniger mangelanfällig zu machen. Dieser Anreiz besteht so lange, bis die Höhe der Investitionskosten in die Produktentwicklung und -herstellung die potenziellen Gewährleistungskosten erreichen. In dem Moment, wo die Investitionskosten die Gewährleistungskosten übersteigen, würde es sich wirtschaftlich für den Verkäufer nicht mehr lohnen in die Produktqualität und Verringerung des Mangeleintrittsrisikos zu investieren. Denn dann ist es wirtschaftlich günstiger die Mängelbeseitigungskosten zu tragen und qualitativ minderwertigere Waren zu vertreiben. Im Gegenzug besteht für den Käufer ein Anreiz zum sorgsamen Umgang mit dem Produkt, wenn der Kaufpreis höher ist als der Gewährleistungsumfang. Und sofern dem Käufer ein umfassendes Gewährleistungsrecht zusteht, besteht kein hinreichender Anreiz zur Sorgfalt, weil potenziell auftretende Mängel sowieso beseitigt würden.

Das Verhalten des Käufers kann beeinflusst werden durch zusätzliche Angaben in der durch Hersteller verpflichtend vorzunehmenden Umweltaussagen in Hinblick auf die positiven wie negativen Auswirkungen bestimmten Nutzverhaltens einer Ware auf die Lebensdauer derselben.[1033] Solche Informationen würden aber lediglich Hinweise für den Käufer darstellen. Ein Gleichlauf von verkäuferseitigem und käuferseitigem Anreiz könnte erreicht werden, indem die Anweisungen für ein Nutzverhalten, das sich positiv auf die Lebensdauer auswirkt, im Rahmen des Gewährleistungsschutzes rechtlich verbindlich würden. Wenn der Käufer das Produkt nicht angemessen und sorgsam entsprechend den Hinweisen nutzen würde, sind seine Gewährleistungsrechte wegen seines Mitverschuldens an dem Mangeleintritt entsprechend eingeschränkt.[1034] Für den Verkäufer ist das

1032 *Emons*, 46 J. Econ. Theory 16, 22, 25 (1988).

1033 *Europäische Kommission*, Vorschlag für eine Richtlinie des Europäischen Parlaments und des Rates über die Begründung ausdrücklicher Umweltaussagen und die diesbezügliche Kommunikation (Richtlinie über Umweltaussagen), COM(2023) 166 final, 22.03.2023, Art. 5 Abs. 3, EG 34 Richtlinienvorschlag.

1034 *Gomez* in: Grundmann/Bianca, EU-Kaufrechts-Richtlinie Kommentar, 2002, Einl. Rn. 83; *Schäfer/Ott*, Lehrbuch der ökonomischen Analyse des Zivilrechts, 5. Aufl. 2012, S. 521.

nachvertragliche Nutzverhalten des Käufers jedoch nicht erkennbar. Der Nachweis des konkreten Produktumgangs des Käufers ist praktisch daher sehr schwer führbar, sodass eine Mitverschuldensregelung keine wirksame Problemlösung darstellt.[1035] Eine andere Einschätzung ergibt sich eventuell für Wartungsvorgaben des Herstellers.[1036] Ob der Käufer sein Produkt regelmäßig bei offizieller Stelle warten lässt, kann zumindest leichter kontrolliert werden. Konkrete Hinweise auf das Nutzverhalten lassen sich hieraus jedoch ebenso wenig ableiten. Schlussendlich handelt es sich bei diesem Lösungsvorschlag um keine andere Reglung als diejenige, die ohnehin bereits für das Kaufgewährleistungsrecht gilt. Im Falle des Verbrauchsgüterkaufs wird die Mangelhaftigkeit zum Zeitpunkt des Gefahrübergangs gem. § 477 BGB vermutet und der Verkäufer muss den Gegenbeweis erbringen. Der Beweis, dass der Mangel auf das Verhalten des Käufers zurückzuführen ist, gelingt ihm aufgrund der *hidden actions* des Käufers regelmäßig nicht.

Eine Lösung des Problems des *moral hazard* etwa durch Überwachung, sog. *monitoring*, oder durch Interessenangleichung, sog. *alignment of interests*, funktioniert in dieser Situation zwischen Käufer und Verkäufer nicht.[1037]

Die Lösung könnte in einem individuellen statt standardisiertem Gewährleistungsrecht liegen. Der Verkäufer könnte verschiedene Gewährleistungsstufen für verschiedene Risikogruppen anbieten und die Käuferschaft entsprechend ihrer Nutzungsintensität und -häufigkeit untergliedern.[1038] Das Gewährleistungsrecht wird in unterschiedlichem Umfang zu einem entsprechenden Preis angeboten, d. h. ein umfassendes Gewährleistungsrecht zu einem höheren Preis oder ein Basisgewährleistungsrecht mit Selbstbehalt des Käufers zu einem niedrigeren Preis.[1039] Die Käufer müssen sich für eine Ausgestaltung entscheiden, indem sie sich selbst einer Risikogruppe zuordnen, und würden somit ihr Nutzverhalten offenbaren.[1040] Die Entscheidung erfolgt danach, inwieweit der Nutzen einer unsorgfältigen Benutzung und des Unterlassens einer Selbstreparatur für den Käufer höher ist als die zusätzlichen Kosten einer Gewährleistung.[1041] Ein dispositives Gewährleistungsrecht bringt generell Vorteile in Hinblick auf Privatautonomie, Selbstbe-

---

1035 *Gomez* in: Grundmann/Bianca, EU-Kaufrechts-Richtlinie Kommentar, 2002, Einl. Rn. 84.

1036 Siehe hierzu *Atamer/Grundmann* in: Grundmann/Atamer, European Sales Law, 2023, 1, 19 f.

1037 Siehe zu diesen Lösungsstrategien *Schmolke* in: Towfigh/Petersen, Ökonomische Methoden im Recht, 2. Aufl. 2017, 131, 153 f. Rn. 307 ff.

1038 *Priest*, 90(6) Yale Law J. 1297, 1315 f. (1981).

1039 *Priest*, 90(6) Yale Law J. 1297, 1317 (1981); *Schäfer/Ott*, Lehrbuch der ökonomischen Analyse des Zivilrechts, 5. Aufl. 2012, S. 520 f.

1040 *Priest*, 90(6) Yale Law J. 1297, 1317 (1981); *Schäfer/Ott*, Lehrbuch der ökonomischen Analyse des Zivilrechts, 5. Aufl. 2012, S. 520 f.

1041 *Priest*, 90(6) Yale Law J. 1297, 1318 (1981).

stimmung, Befriedigung verschiedener Präferenzen sowie Flexibilität zur Verringerung des Problems des *moral hazard*.[1042]

Käufer haben regelmäßig jedoch keinerlei Einfluss auf die Ausgestaltung von Gewährleistungsrechten.[1043] Außerdem gibt es eine Vielzahl von Verbrauchern, die regelmäßig das Risiko eines Mangeleintritts unterschätzen und die sich nicht für den für sie angemessenen Gewährleistungsschutz entscheiden würden.[1044] Zudem muss jedenfalls die Haftung des Verkäufers für aus seiner Sphäre stammende Risiken gesetzlich zwingend sein. Daher ist es notwendig, dass der Gesetzgeber einen gewissen Gewährleistungsinhalt zwingend vorschreibt. So können Verbraucher vor in Hinblick auf Verhandlungsmacht und Informiertheit überlegenen Herstellern geschützt werden. Eine zwingende Gewährleistungsnorm, dessen Inhalt dem entspricht, was die überwiegende Anzahl der Parteien ohnehin vereinbart hätten, erspart den Vertragsparteien Transaktionskosten für die Vertragserstellung und -verhandlung.[1045] So stellt § 434 Abs. 3 BGB auf die objektiv übliche Beschaffenheit und die gewöhnliche Verwendung ab. Für den Verkäufer ist ein einheitliches Gewährleistungsrecht daher auch insofern von Vorteil, als dass alle Transaktionen standardisiert durchgeführt werden können und Kosten durch Skalengewinne gespart werden können. Nur für eine spezielle Verwendung oder individuell wichtige Produkteigenschaften müssten die Parteien separate Vereinbarungen treffen.[1046]

Nach geltendem Recht ist eine individuelle Vereinbarung über den Umfang der Gewährleistungsrechte zwischen Verbraucher und Unternehmer, die von dem gesetzlich vorgesehenen Gewährleistungsumfang zum Nachteil des Verbrauchers abweicht, gem. Art. 21 Abs. 1 WKRL, umgesetzt in § 476 Abs. 1 S. 1 BGB[1047], unzulässig. Die gesetzlich vorgesehene Gewährleistung ist hiernach unabdingbar und der Privatautonomie der Parteien aufgrund des Verbraucherschutzes entzogen.[1048] Eine Schlechterstellung ist in jedem Ausschluss, jeder Einschränkung und jeder Erschwerung der Durchsetzung der gesetzlich zwingend vorgesehenen Vorschrif-

1042 *Gomez* in: Grundmann/Bianca, EU-Kaufrechts-Richtlinie Kommentar, 2002, Einl. Rn. 118.

1043 *Priest*, 90(6) Yale Law J. 1297, 1346 (1981).

1044 *Gomez* in: Grundmann/Bianca, EU-Kaufrechts-Richtlinie Kommentar, 2002, Einl. Rn. 119, 121 ff., der darauf hinweist, dass eine systematische Unterschätzung von Produktrisiken durch Verbraucher jedenfalls nicht empirisch nachgewiesen ist und dieser Grund alleine kein zwingendes Gewährleistungsrecht begründen kann.

1045 *Gomez* in: Grundmann/Bianca, EU-Kaufrechts-Richtlinie Kommentar, 2002, Einl. Rn. 100.

1046 *Gomez* in: Grundmann/Bianca, EU-Kaufrechts-Richtlinie Kommentar, 2002, Einl. Rn. 101.

1047 § 475 Abs. 1 BGB a.F. v. 01.01.2002; Vorgängervorschrift von Art. 21 Abs. 1 WKRL ist Art. 7 Abs. 1 UAbs. 1 VGKRL.

1048 *Augenhofer* in: BeckOGK BGB, 01.06.2025, BGB § 476 Rn. 2, 5; *Berger* in: Jauernig BGB, 19. Aufl. 2023, BGB § 476 Rn. 1; *Saenger* in: HK-BGB, 12. Aufl. 2024, BGB § 476 Rn. 1.

ten zu sehen.[1049] Hierbei darf keine Abwägung von Vorteilen, wie eines günstigeren Kaufpreises, und Nachteilen, die in der Verkürzung des Gewährleistungsumfangs bestehen, vorgenommen werden.[1050] Demzufolge müsste das Modell eines abgestuften individuellen Gewährleistungsregimes das derzeit gesetzlich geltende Gewährleistungsrecht als Basisvariante enthalten. Damit wäre das Niveau des Basisschutzes ein sehr hohes. Dieser als Mindestschutz ausgestaltete Gewährleistungsumfang weist jedoch, wie zuvor beschrieben, die Haftung ausführlich dem Verkäufer zu und begünstigt das Problem des *moral hazard*. Ferner ist nicht davon auszugehen, dass Hersteller ein noch weitreichenderes Gewährleistungsrecht, welches über das zwingende Basisgewährleistungsrecht hinausgeht, anbieten würden. Selbst den besonders sorgfältigen und risikoaversen Käufern würde der Basisschutz genügen. Aus diesen Gründen könnte auch ein individuelles Gewährleistungsrecht für unterschiedliche Risikogruppen an Käufern (nach aktuellem Recht) keine Lösung für das Problem des *moral hazard* bereitstellen.

Bei der Debatte um die Risikozuordnung ist im Auge zu behalten, dass das Risiko eines Mangels Verkäufer und Käufer nicht gänzlich zufällig trifft.[1051] Der Verkäufer kann entweder in seiner Funktion als Hersteller Einfluss auf die Produktgestaltung, den Produktionsprozess und damit auf die Qualität des Produkts durch Auswahl an Materialien und Produktkonstruktion nehmen oder in seiner Funktion als Händler die von ihm vertriebenen Produkte und Zulieferer sorgfältig auswählen und kontrollieren.[1052] Der Verkäufer kann das Risiko abstrakt beherrschen, der Käufer hingegen nicht. [1053] Der Verkäufer kann zudem mit einem wirtschaftlich vertretbaren Aufwand Qualitätssicherung betreiben.[1054] Er kann das Risiko des Funktionsverlustes seiner Waren viel leichter lenken, indem es ihm

1049 *Augenhofer* in: BeckOGK BGB, 01.06.2025, BGB § 476 Rn. 20; *Lorenz* in: MüKo BGB, 8. Aufl. 2019, BGB § 476 Rn. 8; *Matusche-Beckmann* in: Staudinger, 2013, BGB § 475 Rn. 16.

1050 *Augenhofer* in: BeckOGK BGB, 01.06.2025, BGB § 476 Rn. 22; *Faust* in: BeckOK BGB, 74. Ed. 01.05.2025, BGB § 476 Rn. 15; *Lorenz* in: MüKo BGB, 8. Aufl. 2019, BGB § 476 Rn. 12; *Matusche-Beckmann* in: Staudinger, 2013, BGB § 475 Rn. 19.

1051 *Eger* in: Schäfer/Lwowski, Konsequenzen wirtschaftlicher Normen, 2002, 183, 194; *Keimeyer/Gailhofer/Gsell/Graulich/Prakash/Scherf/Brönneke/Gildeggen/Schmitt/Schwarz*, UBA Texte 115/2020, 2020, S. 260 f.; *Klöhn*, NJW 2007, 2811, 2813; *Rühl*, AcP 207 (2007), 614, 620.

1052 *Eger* in: Schäfer/Lwowski, Konsequenzen wirtschaftlicher Normen, 2002, 183, 194; *Keimeyer/Gailhofer/Gsell/Graulich/Prakash/Scherf/Brönneke/Gildeggen/Schmitt/Schwarz*, UBA Texte 115/2020, 2020, S. 260 f.; *Klöhn*, NJW 2007, 2811, 2813; *Rühl*, AcP 207 (2007), 614, 620.

1053 *Eger* in: Schäfer/Lwowski, Konsequenzen wirtschaftlicher Normen, 2002, 183, 194; *Keimeyer/Gailhofer/Gsell/Graulich/Prakash/Scherf/Brönneke/Gildeggen/Schmitt/Schwarz*, UBA Texte 115/2020, 2020, S. 260 f.; *Klöhn*, NJW 2007, 2811, 2813; *Rühl*, AcP 207 (2007), 614, 620.

1054 *Eger* in: Schäfer/Lwowski, Konsequenzen wirtschaftlicher Normen, 2002, 183, 194; *Keimeyer/Gailhofer/Gsell/Graulich/Prakash/Scherf/Brönneke/Gildeggen/Schmitt/Schwarz*, UBA Texte 115/2020, 2020, S. 260 f.; *Klöhn*, NJW 2007, 2811, 2813.

möglich ist Konstruktions-, Produktions- und Transportrisiken aufzuklären und Gegenmaßnahmen zu ergreifen, da diese in seiner Sphäre liegen.[1055] Außerdem kann er sein Gewährleistungsrisiko mittels Regressansprüchen gegen den Lieferanten oder Hersteller, durch Verteilung der Vermögenseinbußen über den Kaufpreis auf sämtliche Käufer und Geschäfte sowie durch Versicherung der Mängel senken.[1056] Risikoneutrale Käufer würden solange höhere Kaufpreise zahlen, wie die Verringerung der Wahrscheinlichkeit eintretender Mängel mit den Preisaufschlägen im Verhältnis steht (*Learned Hand*-Kriterium).[1057] Ferner relativiert sich die strenge Risikozuordnung durch die Beweislastumkehr auch deshalb, weil sie nicht uneingeschränkt gilt, sondern Ausnahmetatbestände enthält, und weil sich der Verkäufer dem Grundsatz der sekundären Beweislast bedienen kann. Danach muss der Verbraucher als Prozessgegner der primär darlegungsbelasteten Partei substanziiert Vortrag zu seinem Umgang mit dem Produkt halten, wenn diese Angaben zur Sachverhaltsaufklärung erforderlich sind und der Unternehmer von diesen Tatsachen keine Kenntnis hat, § 138 Abs. 2 ZPO.[1058]

Der Konflikt zwischen Käufer und Verkäufer hinsichtlich der Risikozuordnung des Mangels wird schließlich mit Ablauf der Verjährungsfrist gelöst, weil dann das gesamte Risiko beim Käufer liegt.[1059] Je länger die Beweislastumkehr ist und je länger die Verjährungsfristen ausgestaltet sind, desto stärker tritt das Problem des *moral hazard* hervor. Dementsprechend kommt es auch verstärkt zur negativen Käuferauslese.[1060] Die Befristungs- und Beweislastregelungen haben den Zweck, die Verantwortung zwischen Käufer und Verkäufer aufzuteilen. Für die Fälle, in denen die Verantwortung nicht eindeutig zugeordnet werden kann, insb. bei versteckten Mängeln, fällt die gesetzgeberische Entscheidung zulasten des Verkäufers aus. Über die genannten Aspekte hinaus ist zu berücksichtigen, dass der Verkäufer nicht für den Zeitraum der durchschnittlichen Lebensdauer haftet, sondern lediglich für den konkreteren Zeitraum der Mindesthaltbarkeitsdauer. Die Wahrscheinlichkeit, dass ein Defekt aus der Sphäre des Herstellers stammt, ist in diesem Zeitraum größer als die Wahrscheinlich, dass ein Funktionsverlust auf das Verhalten des Konsumenten zurückzuführen ist.

1055 *Keimeyer/Gailhofer/Gsell/Graulich/Prakash/Scherf/Brönneke/Gildeggen/Schmitt/Schwarz*, UBA Texte 115/2020, 2020, S. 262.

1056 *Keimeyer/Gailhofer/Gsell/Graulich/Prakash/Scherf/Brönneke/Gildeggen/Schmitt/Schwarz*, UBA Texte 115/2020, 2020, S. 262; *Klöhn*, NJW 2007, 2811, 2813.

1057 *Schäfer/Ott*, Lehrbuch der ökonomischen Analyse des Zivilrechts, 5. Aufl. 2012, S. 518.

1058 BGH, Urt. v. 25.05.2020, VI ZR 252/19, NJW 2020, 1962, 1966 Rn. 37, stRspr. m.w.N.; *Maultzsch*, NJW 2006, 3091, 3094; BGH, Urt. v. 12.10.2016, VIII ZR 103/15, NJW 2017, 1093, 1100 Rn. 63.

1059 *Leenen*, JZ 2001, 552, 558.

1060 *Rühl*, AcP 207 (2007), 614, 627.

d) Zusammenfassung

Grundsätzlich soll diejenige Vertragspartei das Ausfallrisiko tragen, das in seiner Sphäre begründet liegt. Dies spiegelt sich in den gesetzlichen Regelungen nach Art. 3 Abs. 1 VGKRL, Art. 10 Abs. 1 WKRL sowie § 446 BGB wider.

Eine faktische Haltbarkeitsgarantie, wonach der Verkäufer umfänglich dafür einstehen muss, dass die Ware ihre Funktionen und Leistungen während der Nutzung durch den Käufer beibehält wird nicht begründet. Entscheidend ist weiterhin vielmehr die Vertragsmäßigkeit im Zeitpunkt des Gefahrübergangs. Ein Mangel wäre anzunehmen, wenn das Produkt seine Fähigkeiten und Leistungen nach Gefahrübergang verliert und die Gründe hierfür bereits bei Übergabe angelegt waren. Dies ist letztlich eine Frage des Beweises.

Problematisch ist in diesem Zusammenhang die Regelung der Beweislastumkehr im Verbrauchsgüterkauf. Aufgrund derer können Situationen entstehen, in denen das Vorliegen eines Mangels bei Gefahrübergang vermutet wird und der Verkäufer haftet, obwohl der Defekt tatsächlich durch ein übermäßiges Nutzverhalten des Käufers begründet wurde. Das käuferseitige Verhalten bleibt dem Verkäufer verborgen und der Beweis, dass der Mangel durch das Nutzverhalten entstand, ist nur schwer möglich. Durch diesen umfänglichen Schutz verringert sich zudem die Bereitschaft des Verbrauchers mit dem Produkt sorgsam umzugehen und das Risiko eines nutzungsbedingten Defekts steigt. Aus unterschiedlichen Gründen stellt die Etablierung eines individuellen Gewährleistungsumfangs je nach Käufer und Kaufgegenstand keine angemessene Lösung dar.

Eine Strategie, welche die Normen des Gewährleistungsrechts strenger ausgestaltet, um intensive Anreize an den Verkäufer senden zu können, ist angemessen in Hinblick auf das Erreichen von Nachhaltigkeitszielen. Die damit einhergehende Problematik des *moral harzard* kann durch unterschiedliche gesetzliche Mechanismen zumindest abgeschwächt werden. Sie muss schließlich zugunsten von Umweltbelangen hingenommen werden. Dies ist auch deshalb vertretbar, weil das Risiko eines Mangeleintritts verstärkt in der Sphäre des Verkäufers liegt und dieser viel eher Einfluss auf dieses Risiko nehmen kann.

3. Möglichkeiten der Haftungsentlastung

Der Verkäufer könnte die Möglichkeit der Angabe der Mindestlebensdauer auf dem Produkt, durch Umweltzeichen, in CSR-Berichten oder auf sonstige Weise dafür nutzen, um sich von der Haftung nach § 434 Abs. 3 BGB zu befreien. Insoweit es etablierte Mindesthaltbarkeitsstandards gibt und das konkrete Produkt diesen nicht entspricht, könnte der Hersteller eine geringere Mindestlebensdauer angeben und sich sodann bei Inanspruchnahme auf § 442 Abs. 1 BGB berufen. Wenn der Käufer die von der objektiv üblichen Haltbarkeit abweichende Haltbarkeit kennt, stehen ihm keine Gewährleistungsrechte zu. Die Kenntnis ist bei einem Aufdruck auf dem Produkt oder der Produktverpackung wohl anzunehmen. Für den Verbrauchsgüterkauf findet die Regelung hingegen keine Anwendung, vgl. § 475 Abs. 3 S. 2, § 475a Abs. 1 S. 1 und Abs. 2 S. 1 Nr. 2 BGB aufgrund der Umsetzung von Art. 7 Abs. 5 WKRL.[1061]

Darüber hinaus begründet natürlicher Verschleiß keinen Mangel, sodass sich der Hersteller von der Haftung entlasten kann, indem er im Vorfeld bestimmte Teile oder Komponenten des Produkts als Verschleißteile, Energieträger oder Verbrauchsstoffe kennzeichnet, die typischerweise im Laufe der Lebensdauer mehrmals ausgetauscht werden müssen. [1062] Im Grundsatz sollte dem Hersteller diese Möglichkeit auch offenstehen.[1063] Im Gegenzug sollte er aber außerhalb seiner Gewährleistungshaftung dazu verpflichtet werden, eben diese Teile nachliefern zu müssen, denn anderenfalls könnte er unzählig viele Komponenten der Ware als Verschleißteile deklarieren und faktisch gar nicht für die angegebene Mindestlebensdauer einstehen müssen.[1064] Eine Deklaration in solch einem Ausmaß ist jedoch nicht zu erwarten, da der Hersteller in diesem Fall gem. § 5 UWG wegen wettbewerbsrechtlicher Irreführung sanktioniert werden könnte.[1065]

Wirklich effektive Möglichkeiten der Haftungsentlastung stellen zum einen der Rückgriff des Letztverkäufers auf seinen Lieferanten (a.) und zum anderen Vereinbarungen über eine negative Beschaffenheit (b.) dar.

a) Rückgriff des Verkäufers

Die bezweckten Anreize durch das Gewährleistungsrecht können entlang der Handelskette an den Hersteller durch die Regelungen des Herstellerregresses

---

1061 § 475 Abs. 3 S. 2 BGB schließt die Anwendbarkeit des § 442 BGB auf den Verbrauchsgüterkauf erst seit der Gesetzesänderung mit Wirkung zum 01.01.2022 aus.

1062 *Brönneke/Freischlag* in: Boos/Brönneke/Wechsler, Konsum und nachhaltige Entwicklung, 2019, 155, 163; *Hess*, Geplante Obsoleszenz, 2018, S. 154 ff.; *Keimeyer/Gailhofer/Gsell/Graulich/Prakash/Scherf/Brönneke/Gildeggen/Schmitt/Schwarz*, UBA Texte 115/2020, 2020, S. 308; *Welters*, Obsoleszenz im Zivilrecht, 2012, S. 13 f.

1063 So auch *Brönneke/Freischlag* in: Boos/Brönneke/Wechsler, Konsum und nachhaltige Entwicklung, 2019, 155, 163; *Keimeyer/Gailhofer/Gsell/Graulich/Prakash/Scherf/Brönneke/Gildeggen/Schmitt/Schwarz*, UBA Texte 115/2020, 2020, S. 308; *Welters*, Obsoleszenz im Zivilrecht, 2012, S. 13 f.

1064 *Brönneke/Freischlag* in: Boos/Brönneke/Wechsler, Konsum und nachhaltige Entwicklung, 2019, 155, 163; *Keimeyer/Gailhofer/Gsell/Graulich/Prakash/Scherf/Brönneke/Gildeggen/Schmitt/Schwarz*, UBA Texte 115/2020, 2020, S. 308; *Welters*, Obsoleszenz im Zivilrecht, 2012, S. 28 ff., der in diesem Fall eine konkludent vereinbarte Ersatzteillieferpflicht annimmt.

1065 *Brönneke/Freischlag* in: Boos/Brönneke/Wechsler, Konsum und nachhaltige Entwicklung, 2019, 155, 163 f.; *Keimeyer/Gailhofer/Gsell/Graulich/Prakash/Scherf/Brönneke/Gildeggen/Schmitt/Schwarz*, UBA Texte 115/2020, 2020, S. 308 f.

verstärkt werden, vgl. Art. 4 VGKRL und Art. 18 WKRL. Die mit dem Gewährleistungsrecht einhergehende Drohung soll Anreize für Hersteller schaffen, nachhaltige Waren zu produzieren, weil die Käufer über ihre Mängelrechte nachhaltiges Verhalten vom Verkäufer verlangen können und dieser seinerseits ein solches von seinem Lieferanten und dieser vom Hersteller verlangen kann.[1066] Gem. § 445a Abs. 1 BGB kann der Verkäufer einer neu hergestellten Ware von seinem Lieferanten Ersatz der Aufwendungen verlangen, die er aufgrund des Mangels des Kaufgegenstands gegenüber dem Käufer nach § 439 Abs. 2, 3, 6 S. 2 und § 475 Abs. 4 BGB zu tragen hatte, wenn der Mangel bereits bei Gefahrübergang auf den Verkäufer vorlag. Dem Verkäufer stehen daneben gem. § 445a Abs. 2 BGB auch die in § 437 BGB bezeichneten Rechte zu, unter der Besonderheit, dass er die sonst erforderliche Frist nicht setzen muss, wenn der Verkäufer die verkaufte neu hergestellte Sache als Folge ihrer Mangelhaftigkeit zurücknehmen musste oder der Käufer den Kaufpreis gemindert hat. Hierbei handelt es sich im Vergleich zu Abs. 1 um einen unselbständigen Regress, bei dem abgesehen vom Fristsetzungserfordernis alle übrigen Anspruchsvoraussetzungen der jeweiligen Gewährleistungsrechte vorliegen müssen.[1067] Diese Regressansprüche gelten gem. § 445a Abs. 3 BGB in der gesamten Lieferkette, sodass jeder Lieferant gegenüber seinem Verkäufer Rückgriff nehmen kann, wenn die Schuldner Unternehmer sind.[1068] Die Regressansprüche verjähren in zwei Jahren ab Ablieferung der Sache, wobei die Verjährung nach § 445b Abs. 2 BGB frühestens zwei Monate nach dem Zeitpunkt eintritt, in dem der Verkäufer die Ansprüche seines Käufers erfüllt hat. Bis zur Neuregelung mit Wirkung zum 01.01.2022 endete diese Ablaufhemmung spätestens fünf Jahre nach dem Zeitpunkt, in dem der Lieferant die Sache dem Verkäufer abgeliefert hat. Von nun an kann der Verkäufer gegenüber dem Lieferanten seine Ansprüche jederzeit geltend machen, unabhängig davon, wann dieser dem Verkäufer seinerseits die Sache abgeliefert hat. Für Regressansprüche des Lieferanten und der übrigen Käufer in der Lieferkette gilt dasselbe, § 445b Abs. 3 BGB.

Die Möglichkeit des Regresses nach § 445a Abs. 1 und 2 BGB des Letztverkäufers bei seinem Verkäufer, unabhängig davon, ob der Endabnehmer Verbraucher ist,[1069] wurde erst mit Wirkung zum 01.01.2018 eingeführt. Bis 2018 bestand die Regressmöglichkeit nur für den Unternehmer als Verkäufer eines Verbrauchsgüterkaufvertrags, § 478 Abs. 1 und 2 BGB a.F. Beweggrund des Gesetzgebers war die Neuregelung des § 439 Abs. 3 BGB, wodurch Verkäufer vermehrt Ersatzansprüchen

1066 *Schirmer*, ZEuP 2021, 35, 43; *Hellgardt/Jouannaud*, AcP 222 (2022), 163, 193 f.

1067 BT-Drs. 18/8486, 42.

1068 § 478 Abs. 5 BGB a.F. v. 01.01.2002.

1069 *Saenger* in: HK-BGB, 12. Aufl. 2024, BGB § 445a Rn. 2, 4; BT-Drs. 18/8486, 41.

ausgesetzt sein würden und die Ausweitung der Regressvorschriften sollen daher einen Ausgleich hierzu darstellen.[1070]

Sonderbestimmungen gelten gleichwohl für den Rückgriff des Unternehmers eines Verbrauchsgüterkaufs. Nach § 478 Abs. 1 BGB[1071] findet die Beweislastumkehr gem. § 477 BGB zugunsten des Unternehmers gegenüber seinem Verkäufer mit der Maßgabe Anwendung, dass die Frist mit dem Übergang der Gefahr auf den Verbraucher beginnt. Die Regelungen zum Rückgriff des Verkäufers können nach § 478 Abs. 2 BGB außerdem nicht zum Nachteil des Unternehmers abbedungen werden, jedenfalls so lange nicht wie kein gleichwertiger Ausgleich eingeräumt wird. Dies gilt jedoch nicht für den Ausschluss oder die Beschränkung des Anspruchs auf Schadensersatz. Soweit der letzte Vertrag in der Lieferkette also ein Verbrauchsgüterkauf ist, gelten diese Sonderbestimmungen in der gesamten Lieferkette zwischen jedem Käufer und seinem Lieferanten, § 478 Abs. 3 BGB.

Durch den Regressmechanismus relativiert sich das Haftungsrisiko des an den Verbraucher leistenden unmittelbaren Verkäufers. Der Regelung des Herstellerregresses kommt die Funktion zu, die Verantwortung für den Mangel in der Lieferkette effizient zu verteilen mit der Folge, dass denjenigen die Gewährleistungshaftung trifft und derjenige die Kosten zu internalisieren hat, in dessen Einfluss- und Verantwortungsbereich der Mangel begründet liegt.[1072] Denn auch in seinem Verantwortungsbereich liegen die Entscheidungen über Produktdesign und -konstruktion. Hierdurch soll den für den Mangel und die Herstellung Verantwortlichen der Anreiz zur Herstellung qualitativ besserer Produkte erreichen.[1073] Zweifel an der Wirkungsweise des Herstellerregresses lassen sich anhand von Marktmacht des Herstellers begründen, der trotzdem in der Lage sein kann, die ihn treffenden Haftungsrisiken zum Teil auf die Händler abzuwälzen.[1074] Daneben gibt es eine Reihe weiterer Faktoren, welche die Funktion des Herstellerregresses behindern können.[1075] Schließlich entsprechen die Regelungen aber im Grundsatz den Bedürfnissen des Letztverkäufers sein Haftungsrisiko zu mindern. Sie sind

1070 BT-Drs. 18/8486, 41.

1071 § 478 Abs. 3 BGB a.F. v. 01.01.2002.

1072 BT-Drs. 18/8486, 41 f.; *Bridge* in: Grundmann/Bianca, EU-Kaufrechts-Richtlinie Kommentar, 2002, VGKRL Art. 4 Rn. 7; *Riha*, Ökonomische Analyse des Sachmängelgewährleistungsrechts des BGB, 2007, S. 80.

1073 *Bridge* in: Grundmann/Bianca, EU-Kaufrechts-Richtlinie Kommentar, 2002, VGKRL Art. 4 Rn. 7; *Parisi*, 52(2) Am. J. Comp. Law 403, 422 (2004).

1074 *Schlacke/Alt/Tonner/Gawel/Bretschneider*, UBA Texte 72/2015, S. 163.

1075 Siehe hierzu ausführlich *Bridge* in: Grundmann/Bianca, EU-Kaufrechts-Richtlinie Kommentar, 2002, VGKRL Art. 4 Rn. 13–24, 32–35; *Augenhofer/Küter*, VuR 2023, 243, 247 f.

zudem elementar zur Verfolgung der Strategie gegen Obsoleszenz, um die Haftung an den Verantwortlichen weiterleiten zu können.

b) Negative Beschaffenheitsvereinbarung

Den Vertragsparteien steht es aufgrund ihrer Privatautonomie grundsätzlich frei vertraglich zu vereinbaren, was sie wollen. So können sie autonom die Beschaffenheit des Kaufgegenstands vereinbaren. Aufgrund der Neufassung des § 434 BGB ist die individuelle Beschaffenheitsvereinbarung jedoch nicht allein ausschlaggebend für die Beurteilung, ob die Sache mangelfrei ist oder nicht. Die objektiven Voraussetzungen der Mangelfreiheit müssen ebenso gegeben sein (s. o. Zweiter Teil A.I.3.). Wollen die Parteien eine von den objektiven Anforderungen an die Vertragsmäßigkeit abweichende Beschaffenheit des Kaufgegenstands, müssen sie eine solche ausdrücklich vereinbaren. Dem Unternehmer ist es nicht ohne weiteres möglich, im Rahmen seiner Leistungsbeschreibung die Haltbarkeit der Ware unter das durchschnittliche Maß zu kürzen, ohne hierfür gewährleistungsrechtlich haften zu müssen. Durch die Festlegung einer niedrigen Qualität durch den Unternehmer sollen dem Käufer seine Rechte nicht genommen werden können. Für den Verbrauchsgüterkauf sieht Art. 7 Abs. 5 WKRL, umgesetzt in § 476 Abs. 1 S. 2 BGB, für eine negative Beschaffenheitsvereinbarung explizite Anforderungen vor (s. o. Zweiter Teil A.I.4.).

Die Regelung zur negativen Beschaffenheitsvereinbarung kann selbst einen Beitrag zur Strategie gegen werkstoffliche Obsoleszenz leisten. Die verpflichtende Offenlegung der negativen Abweichung von der üblichen Beschaffenheit schafft negative Erwerbsanreize, indem für den Käufer leicht ersichtlich ist, welche Produkte derselben Art länger und kürzer haltbar sind.[1076] Kurzlebige Produkte werden vom Markt verdrängt. Begünstigt wird darüber hinaus ein Qualitätswettbewerb zwischen den Verkäufern und es werden Anreize zur Herstellung haltbarer Waren gesetzt. Die Regelungen zur negativen Beschaffenheitsvereinbarung haben insofern die gleichen Auswirkungen wie eine den Hersteller treffende Informationspflicht (s. o. Zweiter Teil A.III.4.d)i.(3)). Folglich beansprucht der objektive Standard bezüglich der Haltbarkeit eines Produkts durch die durch § 476 Abs. 1 S. 2 BGB begründeten und im Massenverkehr nur sehr schwer zu überwindenden prozeduralen Hürden unmittelbare und fast zwingende Geltung.[1077]

1076 *Rachlitz/Kochendörfer/Gansmeier*, JZ 2022, 705, 711.
1077 *Gsell*, ZfPW 2022, 130, 145.

V. Gesamtbetrachtung: das Kriterium „Haltbarkeit" zur Vermeidung werkstofflicher Obsoleszenz

Das Kaufgewährleistungsrecht leistet einen Beitrag zur Bekämpfung werkstofflicher Obsoleszenz, indem es Mechanismen bereitstellt, die auf eine Verlängerung der Produktlebensdauer hinwirken und vorzeitige Alterung vermeiden. Wenn ein Produkt aufgrund eines werkstofflich bedingten Funktionsausfalls nicht so lange genutzt werden kann, wie es sollte, liegt ein Mangel vor, welcher das Sanktionssystem nach §§ 434 ff. BGB aktiviert. Dieses System wirkt bei Geltendmachung durch den Käufer darauf hin, dass Produkte mit langlebigem Design und höherer Qualität hergestellt werden.

Das Kriterium der Haltbarkeit galt bereits vor der ausdrücklichen Nennung in der WKRL als Produkteigenschaft und damit als ein Teil der Beschaffenheit. Der vorzeitige Funktionsausfall, welcher auf eine Schwachstelle des Produkts zurückzuführen war, die bereits im Zeitpunkt des Gefahrübergangs vorhanden war, stellte schon eine Vertragswidrigkeit nach Art. 2 VGKRL bzw. einen Mangel nach § 434 BGB a.F. dar. Auch vor der SMR 2002 war die Haltbarkeit vom Mangelbegriff erfasst. Insofern stempeln viele die nun ausdrückliche Normierung der Haltbarkeit als von der Beschaffenheit umfasste Eigenschaft als bloße Symbolik ab, von der Signalwirkung ausgehe und im Ergebnis lediglich ein bescheidener Versuch darstelle, Nachhaltigkeit zu fördern.[1078] Positiv anzumerken ist dabei jedoch, dass die Haltbarkeit, auch wenn sie bereits vor der SMR vom Mangelbegriff erfasst war, nun ausdrücklich normiert ist und der Gesetzgeber sich deutlich zur Bedeutung der Haltbarkeit als Nachhaltigkeitsaspekt positionierte. Die Nennung von Haltbarkeit ist als innovativer Ansatz zu begrüßen und trägt zur Förderung nachhaltigen Konsums sowie der Kreislaufwirtschaft bei.[1079] Zudem schafft sie Rechtssicherheit und Klarheit für den Käufer, dass ihm Gewährleistungsrechte bei vorzeitiger Alterung zustehen.[1080] Die den Mangelbegriff auslegende Rechtsprechung ist dem Käufer nämlich zumeist unbekannt. Die Nennung der Haltbarkeit in Art. 7 WKRL und § 434 BGB seit der Umsetzung der WKRL ist außerdem im Zusammenhang mit anderen (noch zu etablierenden) rechtlichen Mechanismen zu betrachten, welche

---

1078 So zum Beispiel *Bach/Wöbbeking*, NJW 2020, 2672, 2675 Rn. 25; *Tonner*, VuR 2019, 363, 363; *Croon-Gestefeld*, NJW 2022, 497, 499 Rn. 11; *van Gool/Michel*, EuCML 2021, 136, 138.

1079 Vgl. *Schulze/Zoll*, European Contract Law, 3. Ed. 2021, Chapter 5 Rn. 45.

1080 So auch *Michel*, Premature Obsolescence, 2022, S. 360 f.; Demgegenüber meint *Bach*, NJW 2019, 1705, 1707, dass bereits der Mangelbegriff der VGKRL unnötig detailliert wäre und der Mangelbegriff durch die WKRL noch weiter ausdifferenziert würde, sodass ein Wildwuchs an Detailbeschreibung herrsche.

gemeinsam eine nachhaltige Entwicklung fördern können und damit über eine bloße Nachhaltigkeitsbekundung des Gesetzgebers weit hinausgehen.

Ein frühzeitiger Funktionsverlust einer Ware bei normaler Verwendung stellt einen Mangel dar. Ob ein Funktionsverlust frühzeitig ist, bestimmt sich entweder anhand einer zwischen den Parteien getroffenen Vereinbarung bezüglich der Haltbarkeit oder anhand der üblichen Beschaffenheit von Gegenständen derselben Art und der Erwartungshaltung des Käufers. Das Vorliegen eines Mangels ist Grundlage der Strategie gegen Obsoleszenz. Ohne das Vorliegen eines Mangels gelangt das Gewährleistungssystem nicht zur Anwendung und stellt auch kein Drohpotenzial der Verkäuferhaftung dar. Die Rechtsfolgen, die sich daraus ergeben, dass die Haltbarkeit relevant für die Vertragsmäßigkeit der Ware ist, können aus Käufer- und Verkäufersicht betrachtet werden.

Aus Käufersicht ist von Bedeutung, den Unterschied zwischen vorzeitiger und normaler Alterung erkennen zu können, um einschätzen zu können, ob ein Mangel vorliegt und wann von den Gewährleistungsrechten Gebrauch gemacht werden kann. Bzgl. einer objektiv üblichen Haltbarkeit unterliegt der Käufer regelmäßig einem Informationsdefizit. Ein solches kann beseitigt werden durch die Angabe der Haltbarkeit des konkreten Produkts bzw. der Produktgruppe durch den Verkäufer oder durch gesetzlich vorgeschriebene Haltbarkeitsstandards, die Produkte aus dieser Kategorie einhalten müssen. Haltbarkeit ist als Mindestlebensdauer zu verstehen, die konkret angegeben werden kann und rechtssichere Referenzwerte bereitstellt, um vorzeitige von normaler Alterung abzugrenzen. Verkäuferseitige Angaben oder gesetzliche Zielgrößen konkretisieren somit die unbestimmten Rechtsbegriffe in § 434 Abs. 3 BGB. Die übliche und vom Käufer erwartbare Beschaffenheit erhält so Konturen. Soweit das Produkt vor Ablauf der freiwillig oder verpflichtend angegebenen Mindesthaltbarkeit oder der gesetzlich festgesetzten Mindesthaltbarkeit funktionsunfähig wird, liegt ein Mangel vor. Daneben dient die Information über die Mindestlebensdauer dazu, einen *Market for Lemons* zu umgehen. Im Gegenteil bewirkt eine Informationspflicht oder die Festsetzung einer verpflichtend einzuhaltenden Mindestlebensdauer, dass kurzlebige Produkte von langlebigen Waren vom Markt verdrängt werden. Sowohl die den Hersteller treffende Informationspflicht als auch gesetzlich festgelegte Mindesthaltbarkeitsanforderungen etablieren einen einheitlichen und höheren Haltbarkeitsstandard auf dem Markt.

Der höhere Haltbarkeitsstandard wird effektiv vor allem durch gesetzlich festgesetzte Anforderungen für die Herstellung und das Inverkehrbringen von Produkten eingeführt. Aus Verkäufersicht wird der Anreiz langlebige Waren zu produzieren, neben dem allgemeinen Gewinnerzielungsinteresse, umso intensiver sein, je umfangreicher das ihn belastende Gewährleistungsrecht ist. Der Verkäufer wird zusätzliche Kosten aufwenden, die erforderlich sind zur Erhöhung der Produktqualität und zur Verlängerung der Produktlebensdauer, solange diese nicht höher sind als die durch bessere Produktqualität zu erwartenden Gewinne zuzüglich der zu erwartenden Reduzierung des Ausfallrisikos und potenzieller Mängelbeseitigungskosten im Falle einer den objektiven Standard unterschreitenden Produktqualität. Insoweit moniert wird, die Haftung treffe den Letztverkäufer zu hart, eröffnet das Gewährleistungsrecht diesem die Möglichkeit von seinem Verkäufer Regress zu nehmen und seine Haftungsbelastung zu mindern. Ein solcher Regress entlang der Handelskette ist überdies auch notwendig, um sicherzustellen, dass der Anreiz zur Produktion nachhaltiger und langlebiger Waren den Hersteller trifft. Schließlich sollen zudem die Gewährleistungskosten bei derjenigen Partei in der Lieferkette anfallen, die für den Mangel verantwortlich ist. Liegt ein Haltbarkeitsmangel vor, der im Produktdesign, in der Produktkonstruktion oder in der Materialauswahl begründet liegt, ist der Hersteller verantwortlich. Mangels Direktanspruch des Käufers ist der Unternehmerrückgriff elementar für das Funktionieren der Strategie gegen werkstoffliche Obsoleszenz.

Je weitreichender die Gewährleistungspflicht des Verkäufers ist, desto größer ist der verkäuferseitige Anreiz qualitativ hochwertige Güter zu produzieren und desto geringer ist der konsumentenseitige Anreiz zum sorgsamen Umgang mit der Ware. Es entsteht somit ein Konflikt zwischen dem Käufer und dem Verkäufer. Grundsätzlich stellt die Regelung in § 446 BGB sicher, dass der Verkäufer die Risiken trägt, die aus seiner Sphäre stammen, und der Käufer diejenigen, die aus seiner Nutzungsintensität und Nutzungshäufigkeit herrühren. Eine faktische Haltbarkeitsgarantie wollte der Gesetzgeber nämlich nicht einführen. Im B2C-Bereich verwässert sich diese Risikozuordnung. Aufgrund der Beweislastumkehr ist es nicht unwahrscheinlich, dass der Unternehmer für viele Fälle das Mangelrisiko übernimmt, welches eigentlich aus dem Bereich des Käufers stammt und auf welches er keinen Einfluss hat. Das Problem des *moral hazard* des Käufers verstärkt sich. Andere rechtliche Mechanismen wie die Grundsätze zur sekundären Beweislast sowie die vom Verkäufer dem Produkt beigelegten Informationen zum Produktumgang können das Problem zumindest eindämmen. Letztlich muss es aus Verbraucherschutzgesichtspunkten sowie zur Erreichung von Nachhaltigkeitszielen hingenommen werden. Außerdem trifft den Verkäufer das Mangelrisiko nicht gänzlich zufällig. Maßnahmen im Entwicklungs- und Herstellungsprozess der Ware haben weitaus größeren Einfluss auf die Lebensdauer als die Nutzungsweise des Käufers. Primär geht es darum, mit Hilfe der durch das Kaufgewährleistungsrecht drohenden Haftung für den Verkäufer hinreichend intensive Anreize zu setzen zur Produktion langlebiger Güter. So kann werkstofflicher Obsoleszenz effektiv begegnet werden.

Die Anreizwirkung entsteht nicht bereits durch die Aufnahme der Haltbarkeit in den Katalog der Beschaffenheitsmerkmale eines Kaufgegenstands. Sie rührt aus der drohenden Inanspruchnahme der Abhilferechte des Käufers, die diesem aufgrund des Offenbarwerden des Haltbarkeitsmangels zustehen. Liegt gem. § 434 BGB sowie § 475b BGB ein Haltbarkeitsmangel vor, weil die Ware oder Ware mit digitalen Elementen nicht so lange funktionstüchtig war, wie sie aufgrund einer Vereinbarung oder im Vergleich zu einer Ware derselben Art hätte sein sollen, stehen dem Käufer die Rechte nach § 437 BGB zu. Er kann zum einen gem. § 437 Nr. 1, § 439 BGB Nacherfüllung verlangen. Bei erfolglosem Ablauf der vom Käufer gesetzten Frist für die Nacherfüllung, Entbehrlichkeit der Nachfristsetzung, Verweigerung beider Arten der Nacherfüllung durch den Verkäufer, Fehlschlag oder Unzumutbarkeit der Nacherfüllung kann der Käufer gem. § 437 Nr. 2, §§ 440, 323 und 326 Abs. 5 BGB vom Vertrag zurücktreten oder gem. § 437 Nr. 2, § 441 BGB den Kaufpreis mindern. Zudem kann der Käufer nach § 437 Nr. 3, §§ 440, 280, 281, 283 und 311a Schadensersatz oder nach § 284 BGB Ersatz vergeblicher Aufwendungen verlangen.

B. Reparatur statt Neukauf zur Vermeidung werkstofflicher und ökonomischer Obsoleszenz

Negative Umweltauswirkungen entstehen durch die zu kurze Nutzungsdauer von Waren sowie der wachsenden Produktion von neuen Waren. Kurze Nutzungsdauern und die Herstellung neuer Produkte bedingen sich dabei gegenseitig. Die Nutzung wird unter anderem aufgrund der sog. werkstofflichen Obsoleszenz zwangsweise aufgegeben. Hierbei wird die Ware unbrauchbar, weil ihre Komponenten und Materialien mangelhaft sind. Theoretisch hätte ein Produkt aus derselben Produktgruppe noch länger gehalten. Eine Strategie zur Vermeidung einer zu kurzen Lebensdauer aufgrund werkstofflicher Mängel des Produkts verfolgt das Gewährleistungsrecht, indem die vorzeitige Alterung einer Ware einen Haltbarkeitsmangel begründet. Enthält die verkaufte Ware mangelhafte Komponenten, die zu einer zu kurzen Haltbarkeit des Produkts führen, liegt ein Mangel vor, der zur Haftung des Verkäufers führt. In diesem Zusammenhang bestehen Qualitätsanforderungen an die Produkte, die auf eine längere Lebensdauer abzielen. Das Gewährleistungsrecht entsendet hier einen Anreiz an den Verkäufer, Produkte mit haltbaren Materialien und Komponenten herzustellen sowie ein nachhaltiges Produktdesign zu entwerfen, sodass er nicht der Gewährleistungshaftung unterliegt. Die dem Verkäufer drohende Haftung erfasst die Nacherfüllung, die Minderung, den Rücktritt oder das Schadensersatzbegehren des Käufers. Insofern sind Strategie 1 und Strategie 2 unmittelbar miteinander verknüpft. Denn ohne die tatsächlich mögliche Geltendmachung von Gewährleistungsrechten durch den Käufer, wie seines Nacherfüllungsanspruchs (dazu sogleich), würde die Anreizwirkung fehlgehen. Allein die Aufnahme der Haltbarkeit in den Katalog der Beschaffenheitsmerkmale hat noch keinen Einfluss auf das Verhalten von Verkäufer, erst die damit einhergehenden (drohenden) Verpflichtungen wirken auf den Verkäufer ein. Der im Kaufgewährleistungsrecht statuierte Nacherfüllungsanspruch verfolgt in Kombination mit der Haltbarkeit, als für die Bestimmung der Beschaffenheit i.S.d. § 434 BGB relevante Eigenschaft, die Strategie zur Vermeidung werkstofflicher Obsoleszenz und zur Verlängerung der Produktlebensdauer.

An die Strategie anknüpfend stellt die Reparatur[1081] eine Lösung für Fälle dar, in denen die Ware mangelhafte Komponenten enthält, die zu einem Haltbarkeitsmangel im Sinne des Gewährleistungsrechts führten. Wenn Hersteller keinen hinreichenden Anreiz zur Herstellung langlebiger Waren haben, aus sonstigen wirtschaftlichen Gründen nicht genügend in die Haltbarkeit und Qualität ihrer Produkte investieren oder es trotz nachhaltigem Design und qualitativ hochwertiger Komponenten dennoch zum frühzeitigen Funktionsausfall kommt, sollte ein erstmals auftretender Defekt repariert werden. Durch Reparatur soll die Lebens- und Nutzungsdauer dieser Produkte verlängert werden und ein Neukauf vermieden werden, um negative Umweltauswirkungen zu verhindern. Eine vorzeitige Entsorgung reparierbarer Produkte anstelle der Durchführung einer Reparatur führt zu einem erhöhten Abfallaufkommen, Treibhausgasemissionen und lässt die Nachfrage nach wertvollen Ressourcen für die Herstellung steigen.[1082] Insbesondere bei langlebigen Produkten, dessen Herstellung mit einem hohen Energie- und Ressourcenverbrauch einherging, ist es grundsätzlich umweltschonender, sie zu reparieren.[1083] Durch eine Reparatur verringert sich die Ressourceninanspruchnahme pro Nutzeinheit und die bereits bei der Herstellung aufgewendeten Ressourcen können intensiver genutzt werden.[1084] Die Neulieferung im Rahmen des Nacherfüllungsanspruchs würde dazu führen, dass Hersteller mehr Waren produzieren, als Bedarf am Markt besteht und sich Produkt- und Stoffströme erhö-

1081 Siehe überblicksartig zu Reparaturregelungen anderer Rechtsordnungen sowie Anreize durch Mehrwertsteuersenkungen und Reparaturboni *Specht-Riemenschneider/Mehnert*, ZfDR 2022, 313, 318 ff.

1082 EG 3 der Richtlinie (EU) 2024/1799 des Europäischen Parlaments und des Rates vom 13. Juni 2024 über gemeinsame Vorschriften zur Förderung der Reparatur von Waren und zur Änderung der Verordnung (EU) 2017/2394 und der Richtlinie (EU) 2019/771 und (EU) 2020/1828; *Longmuß/Dworak* in: Longmuß/Poppe, Geplante Obsoleszenz, 2019, 73, 78; *Michel*, Premature Obsolescence, 2022, S. 337 f.; *Terryn*, 27(4) ERPL 851, 853 f. (2019).

1083 *Michel*, Premature Obsolescence, 2022, S. 337; *vzbv*, Stellungnahme zum Entwurf eines Gesetzes zur Regelung des Verkaufs von Sachen mit digitalen Elementen und anderer Aspekte des Kaufvertrags, 07.01.2021, S. 8.

1084 *Oehme/Unnerstall/Krause/Golde* in: Longmuß/Poppe, Geplante Obsoleszenz, 2019, 143, 150; Siehe auch *Michel*, Premature Obsolescence, 2022, S. 337 f.

hen.[1085] Indem der vorübergehende Defekt durch die Reparatur behoben werden kann und ein endgültiger Defekt erst später eintritt, verlängert sich die Lebens- sowie Nutzungsdauer. Auch gegenüber dem Recycling stellt die Reparatur und Weiternutzung die effizientere Strategie dar, weil mit ihr weniger Energie verbraucht wird und die Qualität der Materialien erhalten bleibt.[1086] Die Reparatur ist somit die ökologisch nachhaltigste Lösung.

Rechtliche Verankerung findet die Reparatur zur Verlängerung der Produktlebensdauer im Institut der Nacherfüllung. Grundlagen der deutschen Regelungen zur Nacherfüllung sind Art. 13 Abs. 1–3 und Art. 14 WKRL, zuvor Art. 3 VGKRL. Nach § 439 Abs. 1 BGB kann der Käufer als Nacherfüllung nach seiner Wahl Beseitigung des Mangels oder Lieferung einer mangelfreien Ware verlangen. Um die Lebensdauer eines Produkts zu erhöhen, muss der Käufer sich für die Nachbesserung entscheiden (I.). An dieser Stelle geht es um die Anknüpfung gesetzlicher Mechanismen an die Käuferentscheidung nach Kaufvertragsschluss im Zeitpunkt des Mangeleintritts. Die Nachbesserung setzt voraus, dass die jeweilige Ware reparierbar ist, d. h. reparaturfähig und reparaturfreundlich (II.). An zweiter Stelle wird an die Produktionsphase und Entscheidungen auf der Angebotsseite angesetzt.[1087]

I. Nacherfüllung: Nachbesserung statt Nachlieferung zur Verlängerung der Produktlebensdauer

Zur Vermeidung negativer Umweltauswirkungen und zur Förderung der eingangs ausgeführten Nachhaltigkeitsziele muss eine Strategie verfolgt werden, wonach funktionsunfähig werdende Produkte, die als mangelhaft i. S. d. § 434 BGB angesehen werden, nicht durch neue Produkte ersetzt, sondern repariert werden. Derzeit werden viele defekte Produkte gar nicht repariert.[1088] Entsprechend den Absichten des EU-Gesetzgebers, die in EG 32 WKRL zum Ausdruck kommen, haben die Regelungen zur Nacherfüllung Potenzial nachhaltige Verbrauchergewohnhei-

1085 *Schlacke/Stadermann/Grunow*, UBA Texte 24/2012, 2012, S. 27.

1086 *Terryn*, 27(4) ERPL 851, 853 f. (2019); *van Gool/Michel*, EuCML 2021, 136, 144.

1087 Siehe zur dreidimensionalen Strategie hinsichtlich der Förderung von Reparaturen, welche an die Produktionsphase, die Kaufentscheidungsphase sowie die Kundendienstphase anknüpft *Vertretung in Deutschland*, Pressemitteilung: Kampf gegen Wegwerfgesellschaft: Kommission will Recht auf Reparatur, 22. 03. 2023.

1088 *Europäisches Parlament, Ausschuss für Binnenmarkt und Verbraucherschutz*, Bericht über das Thema „Längere Lebensdauer für Produkte: Vorteile für Verbraucher und Unternehmen“ (2016/2272(INI)), 09. 06. 2017, S. 17, wonach sich der Anteil nicht reparierter defekter Elektrik- und Elektronikprodukte auf 44 % beläuft.

ten zu fördern, soweit sie geeignet sind darauf hinzuwirken, dass die Käufer von ihren Gewährleistungsrechten Gebrauch machen und sich für die Reparatur statt Nachlieferung entscheiden.

Um die Strategie „Reparatur statt Neukauf" erfolgreich verfolgen zu können, ist es zuvörderst erforderlich, dass sich der Käufer entscheidet seine Gewährleistungsrechte in Anspruch zu nehmen, statt eigenständig einen Neukauf zu tätigen (1.). Wendet er sich sodann mangelbedingt an den Verkäufer, sollte er primär sein Recht auf Nacherfüllung geltend machen, statt Minderung, Schadensersatz oder Rücktritt (2.). Wenn der Käufer schließlich sein Nacherfüllungsbegehren ausübt, ist es aus Nachhaltigkeitsgesichtspunkten notwendig, dass eine Nachbesserung statt Nachlieferung erfolgt (3.).

1. Rationale Apathie des Käufers als Ursache ökonomischer Obsoleszenz

Das zivilrechtliche Normenregime entfaltet seine Wirksamkeit erst, wenn die Vertragspartner bzw. Normadressaten die ihnen zustehenden Rechte durchsetzen. Eine solche Durchsetzung kann außergerichtlich durch Kontaktaufnahme zum Verkäufer durch den Käufer und Geltendmachung der Gewährleistungsrechte erfolgen. Die Klage vor Gericht als Mittel der Rechtsdurchsetzung ist abhängig von der Initiative und den Anreizen des einzelnen Rechtssubjekts und wird gewöhnlich nur angestrebt, wenn eine Lösung zwischen den Parteien nicht erreicht werden kann.

Regelmäßig wird der Käufer bei geringwertigen Produkten lieber vom getätigten Kauf Abstand nehmen wollen und sich anderweitig ein neues Produkt kaufen als seine Gewährleistungsrechte durchzusetzen, weil vor allem bei diesen Gütern die Verfahrenskosten, das Prozesskostenrisiko sowie der Aufwand an Zeit und Nerven den Sachwert des Kaufgegenstands übersteigen werden und in ihrer Höhe kaum abschätzbar sind.[1089] Hinzu kommen potentielle Wartekosten, bis der Verkäufer den Abhilferechten nachgekommen ist, weitere Abwicklungsschwierigkeiten, gegebenenfalls entstehende Kosten für ein Ersatzprodukt, sonstige abgewälzte Kosten und Beweisschwierigkeiten.[1090] Diese Situation wird als rationale Apathie bezeichnet, in welcher die zu erwartenden Kosten eines (gerichtlich oder außergerichtlichen) Verfahrens den Nutzen der Rechtsdurchsetzung für den Einzelnen

---

1089 *Rudloff*, VuR 2018, 323, 328; *vzbv*, Stellungnahme zum Entwurf eines Gesetzes zur Regelung des Verkaufs von Sachen mit digitalen Elementen und anderer Aspekte des Kaufvertrags, 07.01.2021, S. 8; *Ekardt*, ZUR 2016, 463, 464; *Brönneke*, Anpassung von Gewährleistungsfristen im Kaufrecht, 2019/20, S. 17 f.; *Schlacke/Tonner/Gawel*, JZ 2016, 1030, 1035; *Weber*, VuR 2013, 323, 327; *Ritter/Schwichtenberg*, VuR 2017, 51, 54; *Grundmann*, AcP 202 (2002), 40, 64.

1090 *Terryn*, 27(4) ERPL 851, 854 (2019); *Verbraucherzentrale Baden-Württemberg e.V.*, Gewährleistung und Garantie, 19.12.2017, S. 14.

übersteigen.[1091] Der Aufwand individueller Rechtsverfolgung wäre unverhältnismäßig hoch gegenüber der zu erwartenden Abhilfe nach § 437 BGB bei geringwertigen Waren, die einen Mangel aufweisen.[1092] Je geringer der individuelle Schaden ist, desto kleiner ist der Anreiz Rechte durchzusetzen.[1093] Im Sinne der Nachhaltigkeit ist dies besonders problematisch, wenn und weil der hingenommene Schaden für den einzelnen Käufer überschaubar gering ausfallen kann, wohingegen der Schaden für die Umwelt, der sich aus den kurzlebigen Produkten und der wachsenden Warenproduktion insgesamt ergibt, ein beträchtliches Ausmaß annimmt (s. o. Erster Teil A.II.1.). Etwas anderes gilt für hochwertige Waren oder solche, für die der Marktpreis gestiegen ist oder die nur noch in geringer Menge auf dem Markt vorhanden sind, und bei denen sich eine selbständige Neuanschaffung daher nicht mehr lohnt für den Käufer.[1094] Umweltschonende und zugleich effiziente Ergebnisse lassen sich erreichen, wenn die Vorteile einer Rechtsdurchsetzung und damit einer Reparatur der Ware gleichwertig oder höher als die Vorteile eines Neukaufs sind.[1095]

Vorliegend sollen keine alternativen Rechtsdurchsetzungsmöglichkeiten außerhalb des Gewährleistungsrechts oder Finanzierungsmodelle diskutiert werden.[1096] Es soll vielmehr erläutert werden, inwieweit das Kaufgewährleistungsrecht bereits Mechanismen bereitstellt, um dem Problem der rationalen Apathie zu begegnen oder inwiefern Gesetzesänderungen hierzu erforderlich und nützlich wären. Je weniger Käufer ihre Abhilferechte, die ihnen nach dem Gewährleistungsrecht zustehen, geltend machen, desto weniger Verkäufer werden zur Verfolgung von Nachhaltigkeitszielen angehalten.[1097] Dies würde dazu führen, dass die letztlich willkürlich nicht in Anspruch genommenen Konkurrenzunternehmen nicht zur Einhaltung von Umweltbelangen verpflichtet wären und ggf. sogar davon profitieren würden, dass die beanspruchten Verkäufer zu umweltschonendem

1091 *Weber*, VuR 2013, 323, 325; *Metzger* in: MüKo BGB, 9. Aufl. 2022, BGB Vor § 327 Rn. 37; *Rudloff*, VuR 2018, 323, 325; *Rentsch*, RabelsZ 85 (2021), 544, 569; *Gsell*, BKR 2021, 521, 522 f.

1092 Die Nichtverfolgung von Ansprüchen bei geringen Nachteilen aufgrund unverhältnismäßigen Aufwands als „rationales Desinteresse" bezeichnend BT-Drs. 19/2507, 1, 13.

1093 *Weber*, VuR 2013, 323, 328.

1094 *Lorenz*, NJW 2006, 1175, 1175.

1095 EG 3 der Richtlinie (EU) 2024/1799 des Europäischen Parlaments und des Rates vom 13. Juni 2024 über gemeinsame Vorschriften zur Förderung der Reparatur von Waren und zur Änderung der Verordnung (EU) 2017/2394 und der Richtlinie (EU) 2019/771 und (EU) 2020/1828.

1096 Hinsichtlich der Möglichkeiten des effektiven Rechtsschutzes bei geringwerten Streitwerten siehe *Meller-Hannich*, NZM 2022, 353; Siehe zum kollektiven Rechtsschutz durch Verbandsklagen zur Überwindung rationaler Apathie in der Rechtsdurchsetzung beispielsweise aus der umfangreichen Literatur hierzu *Rentsch*, RabelsZ 85 (2021), 544; *Gsell*, BKR 2021, 521.

1097 *Hellgardt/Jouannaud*, AcP 222 (2022), 163, 185.

Handeln aufgerufen sind und sie sich selbst noch umweltschädlicher verhalten könnten.[1098] Die bezweckte Anreizwirkung des Kaufgewährleistungsrechts (s. o. Zweiter Teil A.IV.1.) entfaltet ihre volle Wirkung nur, wenn das Drohpotenzial einer Inanspruchnahme groß genug ist und Verkäufer es ernst nehmen. Dies wäre nicht der Fall, wenn Käufer systematisch ihre Rechte gar nicht wahrnehmen und eine Inanspruchnahme des Verkäufers eher unwahrscheinlich wäre. Mechanismen zur Überwindung der rationalen Apathie sollen ferner präventiv auf den Verkäufer einwirken und die Beachtung von Haltbarkeitsstandards sicherstellen.[1099] Neben der Verfolgung von Nachhaltigkeitszielen besteht auch ein grundsätzlich gesamtgesellschaftliches Interesse an der Durchsetzung der Rechtsordnung und Gewährung von Rechtsschutz, sodass hierauf mit unterschiedlichen Mitteln hingewirkt werden sollte.[1100]

a) Beweislast und Beweislastumkehr

Der Käufer kann gem. § 437 Nr. 1, § 439 BGB Nacherfüllung verlangen, wenn die Sache bereits im Zeitpunkt des Gefahrübergangs einen Mangel hatte. Eine besonders hohe Hürde der Geltendmachung von Gewährleistungsrechten stellt die Beweislast des Käufers hinsichtlich des Bestehens des Mangels im Zeitpunkt des Gefahrübergangs dar (i.). Dies gilt insbesondere für versteckte Mängel (ii.). Die nach geltendem Recht bestehende Beweislastumkehr im Verbrauchsgüterkauf (iii.) stellt bereits eine Erleichterung der Rechtsdurchsetzung dar (iv.). Es sollte diskutiert werden, inwieweit gesetzliche Änderungen erforderlich sind, um den Käufer als Primäradressaten wirkungsvoll zu erreichen und eine Rechtsdurchsetzung zu gewährleisten (v.).

i. Beweis der Mangelhaftigkeit zum Zeitpunkt des Gefahrübergangs

Gem. § 363 BGB, der bereits vor der SMR galt, trifft den Käufer ab Abnahme des Kaufgegenstands als Erfüllung und den Verkäufer bis zu diesem Zeitpunkt die Beweislast für Sachmängel bzw. für den vertragsgemäßen Zustand des Kaufgegenstands.[1101] Es kann angenommen werden, dass die Regelung des Art. 2 Abs. 2 VGKRL eine widerlegbare Vermutung der Vertragsmäßigkeit beinhaltete, wonach

1098 *Hellgardt/Jouannaud*, AcP 222 (2022), 163, 185; BT-Drs. 19/2507, 1, 13, wo von einem Wettbewerbsvorteil gegenüber rechtstreuen Wettbewerbern die Rede ist.

1099 So auch *Gsell*, BKR 2021, 521, 523 in Bezug auf die Funktion eines kollektiven Rechtsschutzes.

1100 *Keimeyer/Gailhofer/Gsell/Graulich/Prakash/Scherf/Brönneke/Gildeggen/Schmitt/Schwarz*, UBA Texte 115/2020, 2020, S. 257.

1101 BT-Drs. 14/6040, 217; BGH, Urt. v. 13.02.1985, VIII ZR 154/84, NJW 1985, 2328; BGH, Urt. v. 23.11.2005, VIII ZR 43/05, NJW 2006, 434, Rn. 20.

von der Vertragsmäßigkeit der Sache auszugehen war und der Käufer die Konformitätsvermutung zu widerlegen und die Vertragswidrigkeit zu beweisen hatte.[1102] Die Regelung sollte der Erleichterung der Darlegungslast des Verkäufers dienen.[1103] Der deutsche Gesetzgeber war der Ansicht, dass sich die Vermutungsregel nur schwer in das deutsche Recht einfügen ließe und sie ohnehin eine eher unbedeutende, nur technische Erleichterung für den Verkäufer bringende Norm sei.[1104] Der Einführung einer entsprechenden Vermutungsregel in das Regelungsregime des Gewährleistungsrechts bedurfte es nicht, weil § 363 BGB ebenso die Beweislast dem Käufer zuschreibt, der Verzicht käufergünstig war und daher gem. Art. 8 Abs. 2 VGKRL zulässig. Das Regime der Art. 5 ff. WKRL sieht nun keine derartige Vermutung mehr vor.

Bewiesen werden muss vom Käufer, dass die Kaufsache bereits zum Zeitpunkt des Gefahrübergangs mangelhaft war.[1105] Gem. § 446 BGB geht mit der Übergabe der verkauften Sache die Gefahr des zufälligen Untergangs und der zufälligen Verschlechterung auf den Käufer über. Übergabe meint dabei die unmittelbare Besitzverschaffung i. S. v. § 854 Abs. 1 BGB.[1106] Demnach findet das Gewährleistungsrecht nur Anwendung, wenn der Mangel bereits bei Gefahrübergang vorlag und damit in den Verantwortungsbereich des Verkäufers fällt. Der europäische Gesetzgeber stellt nach Art. 3 Abs. 1 VGKRL, Art. 10 Abs. 1 WKRL auf den Zeitpunkt der Lieferung ab, definiert Lieferung jedoch in der VGKRL und WKRL nicht. Die Mitgliedstaaten sollen weiterhin eigene Regelungen hinsichtlich der Lieferung treffen, vgl. EG 14 VGKRL, EG 38 WKRL. Das Verständnis des deutschen Gesetzgebers von Gefahrübergang entspricht dabei dem Verständnis des europäischen Gesetzgebers von Lieferung, welcher zumindest in Art 18 Abs. 1 Verbraucherrechte-RL Lieferung als physische Besitzübertragung beschreibt. Die Regelung des Gefahrübergangs nach § 446 BGB gilt bereits seit dem 01.01.1900 und konnte aufgrund seiner Europarechtskonformität beibehalten werden.

1102 Dafür spräche EG 8 VGKRL; *Flessner* in: Grundmann/Medicus/Rolland, Europäisches Kaufgewährleistungsrecht, 2000, 233, 238; *Howells/Twigg-Flesner/Wilhelmsson*, Rethinking EU Consumer Law, 2018, S. 180, 185; *Staudenmayer* in: Grundmann/Medicus/Rolland, Europäisches Kaufgewährleistungsrecht, 2000, 27, 34; Dagegen *Grundmann* in: Grundmann/Bianca, EU-Kaufrechts-Richtlinie Kommentar, 2002, VGKRL Art. 2 Rn. 17.

1103 *Staudenmayer* in: Grundmann/Medicus/Rolland, Europäisches Kaufgewährleistungsrecht, 2000, 27, 34; *Staudenmayer*, NJW 1999, 2393, 2394.

1104 BT-Drs. 14/6040, 212.

1105 Siehe § 434 Abs. 1 BGB; Ebenso stellte § 459 BGB a.F. v. 01.01.1900 auf den Gefahrübergang ab.

1106 *Berger* in: Jauernig BGB, 19. Aufl. 2023, BGB § 446 Rn. 6; *Saenger* in: HK-BGB, 12. Aufl. 2024, BGB § 446 Rn. 4; *Westermann* in: MüKo BGB, 8. Aufl. 2019, BGB § 446 Rn. 7.

Für Waren mit digitalen Elementen stellt § 475b Abs. 2 BGB ebenfalls auf den Zeitpunkt des Gefahrübergangs ab. Entsprechend EG 39 WKRL kommt es hierbei jedoch neben der Übergabe der physischen Waren ebenso darauf an, dass die Bereitstellung der digitalen Inhalte oder Dienstleistungen bereits erfolgt ist oder bei dauerhafter Bereitstellung bereits begonnen hat. Die digitalen Inhalte oder Dienstleistungen müssen bereits in der Sphäre des Verbrauchers sein und ihm verfügbar und zugänglich sein, ohne dass es weiterer Handlungen des Verkäufers bedarf. Art. 5 Abs. 2 lit. a) DIDRL, umgesetzt in § 327b Abs. 3 BGB, führt insofern näher aus, dass digitale Inhalte als bereitgestellt anzusehen sind, sobald der digitale Inhalt oder die geeigneten Mittel für den Zugang zu diesem oder das Herunterladen des digitalen Inhalts dem Verbraucher unmittelbar oder mittels einer von ihm hierzu bestimmten Einrichtung zur Verfügung gestellt oder zugänglich gemacht worden ist. Eine digitale Dienstleistung ist nach Art. 5 Abs. 2 lit. b) DIDRL, umgesetzt in § 327b Abs. 4 BGB, bereitgestellt, sobald sie dem Verbraucher unmittelbar oder mittels einer von ihm hierzu bestimmten Einrichtung zugänglich gemacht worden ist.[1107] Es ist davon auszugehen, dass auch erst in diesem Moment Mängel der körperlichen Bestandteile für den Verbraucher erkennbar sind.[1108] Der Zeitpunkt der Haftung für körperliche Bestandteile und für die digitalen Elemente soll laut dem Europäischen Gesetzgeber ein einheitlicher sein, sodass im Falle der vorzeitigen Lieferung des physischen Produkts, der Zeitpunkt der Bereitstellung der digitalen Inhalte oder Dienstleistungen entscheidend ist.[1109]

Für den Fall des Versendungskaufs muss die spezielle Gefahrverteilung nach § 447 Abs. 1 BGB beachtet werden, wonach die Gefahr auf den Käufer übergeht, sobald der Verkäufer die Sache der zur Versendung bestimmten Person übergeben hat, wenn der Verkäufer die Sache auf Verlangen des Käufers nach einem anderen Ort als dem Erfüllungsort versendet.[1110] Unter Berücksichtigung der Grundsätze des § 447 Abs. 1 BGB sowie § 363 BGB trägt der Verkäufer beim Versendungskauf die Beweislast für die Vertragsmäßigkeit des Kaufgegenstands bei Übergabe an die Transportperson zur Versendung sowie die Erfüllung seiner Pflicht zur ordnungsgemäßen Versendung.[1111] Ab Annahme der Ware als Erfüllung kehrt sich die

1107 Allerdings wird der Begriff „Bereitstellung“ in der Richtlinie nicht definiert und er soll so weit wie möglich ausgelegt werden können, um alle Formen der Übertragung und Zurverfügungstellung abzudecken, damit die Richtlinie für neue Technologien zukunftssicher zugänglich ist, vgl. *Schulze/Zoll*, European Contract Law, 3. Ed. 2021, Chapter 5 Rn. 12.

1108 Vgl. EG 39 WKRL.

1109 Vgl. EG 39 WKRL.

1110 Die Regelung des § 447 BGB besteht bereits seit dem 01.01.1900.

1111 *Westermann* in: MüKo BGB, 8. Aufl. 2019, BGB § 447 Rn. 27; *Grunewald* in: Erman BGB, 17. Aufl. 2023, BGB § 447 Rn. 21.

Beweislast nach § 363 BGB für die Vertragswidrigkeit des Kaufgegenstands und es obliegt dem Käufer einen Versendungsfehler des Verkäufers zu beweisen.[1112] Eine Vermutung dahingehend, dass die bei der Auslieferung an den Käufer mangelhafte Sache bereits bei Gefahrübergang, d.h. bei Übergabe an die Transportperson, mangelhaft war, kann nicht ohne weiteres, jedenfalls nicht ohne nachgewiesene objektive Pflichtverletzung und vermutetes Vertretenmüssen des Verkäufers, angenommen werden.[1113] Für den Verbrauchsgüterkauf gilt diese Regelung einschränkend dahingehend, dass die Gefahr des zufälligen Untergangs und der zufälligen Verschlechterung nur dann mit Übergabe an die Transportperson auf den Käufer übergeht, wenn der Käufer die zur Ausführung der Versendung bestimmte Person oder Anstalt mit der Ausführung beauftragt hat und der Unternehmer dem Käufer diese Person oder Anstalt nicht zuvor benannt hat, § 475 Abs. 2 BGB.[1114] Der Verbraucher wird hiernach gegenüber dem normalen Käufer bessergestellt, weil der Unternehmer die Beweislast für die Vertragsmäßigkeit beim Verbrauchsgüterkauf bis zur Übergabe an den Verbraucher und nicht nur bis zur Übergabe an die Transportperson trägt.[1115]

ii. Hohe Kosten der Beweislast und versteckte Mängel

Den Käufer trifft die Beweislast für das Vorliegen eines Mangels und auf ihn kommen die Kosten der Beweisführung zu. Dies stellt einen zusätzlichen und erheblichen Kostenfaktor dar, dessen Erbringung den Nutzen der Geltendmachung seines Abhilferechts gegebenenfalls nicht wert ist. In Fällen, in denen die Vertragswidrigkeit erst nach der Lieferung sichtbar wird (sog. versteckte Mängel), sind die Beweismöglichkeiten des Käufers, dass der Mangel bereits im Zeitpunkt des Gefahrübergangs vorlag als die Ware eigentlich noch funktionierte, um ein Vielfaches schlechter als ohnehin schon, wohingegen die Erkenntnismöglichkeiten des Unternehmers diesbezüglich ungleich besser sind.[1116] Der versteckte Mangel offenbart sich für beide Parteien erst nach der Übergabe. Er kann nur darin be-

---

1112 *Westermann* in: MüKo BGB, 8. Aufl. 2019, BGB § 447 Rn. 27; *Grunewald* in: Erman BGB, 17. Aufl. 2023, BGB § 447 Rn. 21.

1113 *Tröger* in: BeckOGK BGB, 01.03.2025, BGB § 447 Rn. 81; *Westermann* in: MüKo BGB, 8. Aufl. 2019, BGB § 447 Rn. 27.

1114 Die VGKRL enthält zum besonderen Fall des Versendungskaufs keine verbraucherspezifischen Regelungen. Der europäische Gesetzgeber hat jedoch mit Art. 20 VGKRL eine ähnliche Regelung erlassen, wie sie der deutsche Gesetzgeber bereits zum 01.01.2002 eingeführt hat.

1115 *Ehmann/Rust*, JZ 1999, 853, 857.

1116 BT-Drs. 14/6040, 245; So auch *Atamer/Grundmann* in: Grundmann/Atamer, European Sales Law, 2023, 1, 35 f.; *Keimeyer/Gailhofer/Gsell/Graulich/Prakash/Scherf/Brönneke/Gildeggen/Schmitt/Schwarz*, UBA Texte 115/2020, 2020, S. 249; *Tonner/Gawel/Schlacke/Alt/Bretschneider*, VuR 2017, 3, 7.

gründet liegen, dass die Funktionsstörung ihrerseits auf einem Grundmangel beruht, welcher bereits im Zeitpunkt des Gefahrübergangs vorhanden war. Dass der Funktionsverlust auf einer minderen Produktqualität beruht und nicht auf äußeren Umständen oder einer unsachgemäßen Benutzung, muss vom Käufer bewiesen werden.[1117] Für den Verkäufer ist es in einem solchen Fall leicht zu behaupten, es handele sich lediglich um natürliche Alterung, welche keinen Sachmangel darstellt, und es sei kein Grundmangel vorhanden.[1118] Die Suche nach und der Beweis dieses Grundmangels in Abgrenzung zur natürlichen Alterung durch den Käufer geht oft mit unverhältnismäßig hohen Kosten einher.[1119] Dies gilt in besonderem Maße für die durch Technologisierung immer komplexer werdenden (Alltags-)Waren, in deren technische Abläufe sich der Verbraucher nicht hineindenken kann und welche sich oft nicht mehr öffnen lassen, sodass dessen Mangelursachen schwer zu ermitteln sind.[1120] Viele Produkte sind so konstruiert, dass sie zerstört werden, wenn sie zur Untersuchung der Mangelursache geöffnet werden müssen.[1121] Von der Beauftragung eines Gutachters zur Feststellung des Bestehens eines Mangels sowie hinsichtlich des Beweises des Vorliegens bei Gefahrübergang sieht der Käufer häufig aus Kostengründen ab und verzichtet lieber auf seine Rechte.[1122]

Die Kosten für die Ermittlung der Ursache einer Mangelerscheinung, auch durch einen Gutachter, kann der Käufer zwar grundsätzlich gem. § 439 Abs. 2 BGB ersetzt verlangen, weil hierunter alle Kosten fallen, die notwendigerweise zum Zwecke der Nacherfüllung nach dem Nacherfüllungsbegehren aufgewendet wurden.[1123] Dieser Anspruch steht ihm aber nur zu, wenn es sich tatsächlich um einen Mangel im Zeitpunkt des Gefahrübergangs handelt. Anderenfalls bleibt er auf den Kosten sitzen. Die verkäuferseitige Kostentragungspflicht stellt somit zwar eine

---

1117 *Bach/Wöbbeking*, NJW 2020, 2672, 2674 f. Rn. 22; *Bach*, NJW 2019, 1705, 1707.

1118 *Verbraucherzentrale Baden-Württemberg e.V.*, Gewährleistung und Garantie, 19.12.2017, S. 10, wonach 50 % der Befragten ihre Gewährleistungsrechte nur sehr schwer oder gar nicht geltend machen konnten und 20 % der Befragten ihre Rechte innerhalb der Gewährleistungsfrist durch Verkäufer gänzlich verwehrt wurden; Für weitere Beispiele auf Grundlage von Erfahrungsberichten zur Abwehr von Ansprüchen durch Verkäufer siehe *Schridde/Kreiß/Winzer*, Geplante Obsoleszenz, 2013, S. 50 ff.

1119 *Bach/Wöbbeking*, NJW 2020, 2672, 2673 Rn. 8; *van Gool/Michel*, EuCML 2021, 136, 142.

1120 *Ritter/Schwichtenberg*, VuR 2017, 51, 53 f.

1121 *Konferenz der Justizministerinnen und Justizminister der Länder*, Bericht der Arbeitsgruppe „Nachhaltigkeit im Zivilrecht", 2021, S. 100.

1122 *Verbraucherzentrale Baden-Württemberg e.V.*, Gewährleistung und Garantie, 19.12.2017, S. 5.

1123 BGH, Urt. v. 30.01.1991, VIII ZR 122/90, NJW 1991, 1604, 1607; BGH, Urt. v. 30.04.2014, VIII ZR 275/13, NJW 2014, 2351, 2352 Rn. 14 ff.; *Bach* in: Staudinger, 2023, BGB § 439 Rn. 160 ff.; *Höpfner* in: BeckOGK BGB, 01.06.2025, BGB § 439 Rn. 50; a.A., wonach Aufwendungen zur Ursachenfindung nur unter den Voraussetzungen des § 280 Abs. 1 BGB ersatzfähig sind *Westermann* in: MüKo BGB, 8. Aufl. 2019, BGB § 439 Rn. 22.

Erleichterung dar, ob sie das Problem der rationalen Apathie des Käufers aber ausreichend verhindern kann, muss bezweifelt werden.

In Hinblick auf Haltbarkeitsmängel wurde bereits ausführlich diskutiert, ob und unter welchen Bedingungen Hersteller freiwillig Mindestlebensdauerangaben machen. Die Einführung von Informationspflichten und/oder die Normierung von Mindesthaltbarkeitsstandards für einzelne Produktkategorien ist zur wirksamen Verfolgung der Strategie zur Verlängerung der Produktlebensdauer erforderlich. Die Information über die Mindestlebensdauer eines erworbenen Produkts beseitigt das Informationsdefizit des Käufers und erleichtert ihm zugleich den Beweis eines Mangels. Wenn eine Funktionsstörung innerhalb der angegebenen Mindesthaltbarkeit auftritt, spricht dies für das Vorhandensein eines Grundmangels. Eine Rechtsdurchsetzung durch erleichterte Beweisführung ist möglich, weil sich der Käufer auf gegebene Informationen berufen kann und der Unternehmer seinerseits eine hiervon abweichende individuelle Vereinbarung beweisen müsste.[1124]

iii. Beweislastumkehr

Aus den erläuterten Gründen der besonders schwer durchzuführenden Beweisführung durch den Käufer und der besonderen Sachnähe des Verkäufers, enthielt Art. 5 Abs. 3 VGKRL und nun Art. 11 Abs. 1 WKRL für den Verbrauchsgüterkauf eine Beweislastumkehr. Nach ihr wird vermutet, dass Vertragswidrigkeiten, die innerhalb eines Jahres nach der Lieferung des Guts offenbar werden, bereits zum Zeitpunkt der Lieferung bestanden, es sei denn, diese Vermutung ist mit der Art des Gutes oder der Art der Vertragswidrigkeit unvereinbar. Diese Beweislastumkehr wurde fast wortgetreu mit § 477 BGB[1125] umgesetzt. Der Unternehmer trägt hiernach die Beweislast dafür, dass der Mangel nicht zum Zeitpunkt der Lieferung bestand. Nach § 292 ZPO kann eine solche Vermutung durch Beweis des Gegenteils widerlegt werden, wobei leichte Erschütterungen nicht ausreichend sind. Vor der SMR kannte das deutsche Recht eine solche Beweislastumkehr nicht.[1126] Man könnte aber annehmen, dass eine ähnliche Regelungswirkung bereits vor der Umsetzung der VGKRL im deutschen Recht galt. Für Fälle, in denen der Käufer einen später offenbar werdenden Mangel beweist, aber nicht dessen Ursache,

1124 *Segger-Piening*, ZfPW 2020, 358, 380; Siehe auch *Michel*, Premature Obsolescence, 2022, S. 372 ff.

1125 § 476 BGB a.F. v. 01.01.2002.

1126 BT-Drs. 14/6040, 81.

griffen die Rechtsgrundsätze des Anscheinsbeweises und der Verkäufer musste beweisen, dass der Mangel nicht schon im Zeitpunkt der Lieferung vorlag.[1127]

Der Anwendungsbereich des § 477 BGB wurde mit Wirkung zum 01.01.2022 erweitert und weiter differenziert. Die Beweislastumkehr gilt nun auch für Vertragswidrigkeiten bei Waren mit digitalen Elementen. Bemerkenswert ist, dass die Vermutungsregelung von sechs Monaten auf ein Jahr ausgedehnt wurde. Dies entspricht den Anforderungen des europäischen Gesetzgebers nach Art. 11 Abs. 1 WKRL. Der Begriff „Sachmangel" wurde durch die Formulierung eines von den Anforderungen nach § 434 oder § 475b BGB „abweichender Zustand" ersetzt. Es soll klargestellt sein, dass der Verbraucher einen negativen Zustand beweisen muss, nicht jedoch den Grund der Vertragswidrigkeit oder die Zurechnung des Ursprungs zum Verkäufer, da in diesem Fall die Vermutungsregelung in ihr Gegenteil verkehrt würde.[1128] Besonderheiten gelten darüber hinaus für Waren mit digitalen Elementen, deren dauerhafte Bereitstellung im Vertrag vereinbart wurde. In diesem Fall wird gem. § 477 Abs. 2 BGB[1129] auch vermutet, dass die digitalen Elemente während der bisherigen Dauer der Bereitstellung mangelhaft waren, wenn sich ein von den Anforderungen der § 434 oder § 475b BGB abweichender Zustand während der Dauer der Bereitstellung oder innerhalb eines Zeitraums von zwei Jahren seit Gefahrübergang zeigt. Diese Mindestfrist soll verhindern, dass eine Vereinbarung über den Bereitstellungszeitraum die Dauer der Beweislastumkehr verkürzt.[1130] Für Vertragswidrigkeiten des digitalen Elements während eines über die zwei Jahre hinausgehenden Zeitraums der vertraglich vereinbarten dauerhaften Bereitstellung haftet der Verkäufer ebenso.

Der BGH verstand unter der Regelung der Beweislastumkehr, dass den Käufer eines Verbrauchsgüterkaufs weiterhin in vollem Umfang die Darlegungs- und Beweislast für den Mangel träfe.[1131] Nur, wenn der Beweis des Sachmangels gelang, stelle § 477 BGB die in zeitlicher Hinsicht wirkende Vermutung auf, dass dieser

---

1127 *Schmidt-Räntsch*, ZEuP 1999, 294, 296; *Keimeyer/Gailhofer/Gsell/Graulich/Prakash/Scherf/Brönneke/Gildeggen/Schmitt/Schwarz*, UBA Texte 115/2020, 2020, S. 249 f.

1128 BT-Drs. 19/27424, 44; EuGH, Urt. v. 04.06.2015, C-497/13, NJW 2015, 2237 – Faber/Autobedrijf Hazet Ochten BV; BGH, Urt. v. 12.10.2016, VIII ZR 103/15, NJW 2017, 1093.

1129 Die Regelung entspricht Art. 11 Abs. 3 und Art. 10 Abs. 2 WKRL.

1130 BT-Drs. 19/27424, 44; Dem widersprechend *Zöchling-Jud* in: Stabentheiner/Wendehorst/Zöchling-Jud, Das neue europäische Gewährleistungsrecht, 2019, 197, 204, der zufolge nur der tatsächliche Bereitstellungszeitraum für die Beweislastumkehr und die Haftung relevant sein kann.

1131 BGH, Urt. v. 02.06.2004, VIII ZR 329/03, NJW 2004, 2299; BGH, Urt. v. 14.09.2005, VIII ZR 363/04, NJW 2005, 3490; BGH, Urt. v. 23.11.2005, VIII ZR 43/05, NJW 2006, 434, Rn. 20; BGH, Urt. v. 15.01.2014, VIII ZR 70/13, NJW 2014, 1086.

Mangel bereits im Zeitpunkt des Gefahrübergangs vorlag.[1132] Auch unter die Beweislastumkehr und damit zu einer Erleichterung der Geltendmachung der Gewährleistungsrechte für den Käufer fallen die Fälle, in denen unstreitig oder bewiesen ist, dass der nach Gefahrübergang sichtbar gewordene Mangel erst nach Gefahrübergang aufgetreten ist, wenn der Käufer darlegt und beweist, dass der zutage getreten Mangel auf einem latenten Mangel bzw. einer Ursache beruht, die ihrerseits einen Mangel darstellt und innerhalb der Frist nach Gefahrübergang auftrat, sodass vermutet wird, dass dieser latente Mangel bereits bei Gefahrübergang bestand.[1133] Nach Ansicht des EuGH kommt der Verbraucher hingegen auch dann in den Genuss der Beweislastumkehr, wenn er das Vorliegen der Vertragswidrigkeit sowie das Offenbarwerden der Vertragswidrigkeit binnen eines Jahres beweist, nicht hingegen das Vorliegen der Voraussetzungen des § 434 BGB.[1134] Der Verbraucher soll lediglich nachweisen müssen, dass ein mangelhafter Zustand, eine sog. Mangelerscheinung, besteht.[1135] Ein Nachweis des Grundes der Vertragswidrigkeit und dessen Ursprungs beim Verkäufer ist nicht erforderlich.[1136] Gelingen dem Verbraucher diese Nachweise, wird vermutet, dass die Vertragswidrigkeit zumindest im Ansatz bereits im Zeitpunkt der Lieferung des Guts bestanden hat.[1137] Sodann obliegt es dem Verkäufer den Gegenbeweis zu erbringen, dass die Vertragswidrigkeit doch nicht im Zeitpunkt des Gefahrübergangs vorlag, weil der Ursprung der Vertragswidrigkeit im Handeln oder Unterlassen des Käufers nach der Lieferung liegt.[1138] Der Verbraucher konnte unter der alten Rechtsauffassung des BGH faktisch nicht von der Beweiserleichterung profitieren, wenn er doch den Grundmangel beweisen müsste.[1139] Die Regelung der Beweislastumkehr würde so zu einem kaum hilfreichen Zirkelschluss führen.[1140] Darüber hinaus

---

1132 BGH, Urt. v. 02.06.2004, VIII ZR 329/03, NJW 2004, 2299; BGH, Urt. v. 14.09.2005, VIII ZR 363/04, NJW 2005, 3490; BGH, Urt. v. 23.11.2005, VIII ZR 43/05, NJW 2006, 434, Rn. 21; BGH, Urt. v. 15.01.2014, VIII ZR 70/13, NJW 2014, 1086.

1133 BGH, Urt. v. 15.01.2014, VIII ZR 70/13, NJW 2014, 1086, Rn. 18 ff.

1134 EuGH, Urt. v. 04.06.2015, C-497/13, NJW 2015, 2237 – Faber/Autobedrijf Hazet Ochten BV, Rn. 70 f.

1135 BGH, Urt. v. 12.10.2016, VIII ZR 103/15, NJW 2017, 1093, Rn. 35; BGH, Urt. v. 10.11.2021, VIII ZR 187/20, NJW 2022, 686, 692 Rn. 72.

1136 EuGH, Urt. v. 04.06.2015, C-497/13, NJW 2015, 2237 – Faber/Autobedrijf Hazet Ochten BV, Rn. 70.

1137 EuGH, Urt. v. 04.06.2015, C-497/13, NJW 2015, 2237 – Faber/Autobedrijf Hazet Ochten BV, Rn. 72.

1138 EuGH, Urt. v. 04.06.2015, C-497/13, NJW 2015, 2237 – Faber/Autobedrijf Hazet Ochten BV, Rn. 73.

1139 *Lorenz* in: MüKo BGB, 8. Aufl. 2019, BGB § 477 Rn. 5; *Brönneke* in: Brönneke/Wechsler, Obsoleszenz interdisziplinär, 2015, 185, 192.

1140 *Meller-Hannich*, DAR 2021, 493, 496.

ist die Suche des Grundmangels oft mit unverhältnismäßigen Kosten verbunden.[1141] Dann würde der Käufer aus verhaltensökonomischen Gründen seine Gewährleistungsrechte umso weniger wahrnehmen, je geringer der Wert des Kaufgegenstands ist.[1142] Das Problem der rationalen Apathie des Käufers würde dann auch durch die Beweislastumkehr nicht überwunden.

Die Ansicht des EuGH hinsichtlich der Reichweite der Vermutung hat der BGH sodann übernommen.[1143] Neben dem hinter der Regelung stehenden Sinn und Intention des Gesetzgebers spricht auch der Wortlaut der Norm für ein solches weites Verständnis. Nach § 477 BGB wird auch vermutet, dass die Sache bereits bei Gefahrübergang mangelhaft war, wenn ein mangelhafter Zustand auftrat, und nicht nur, dass der eindeutig auftretende Sachmangel bereits vorlag.[1144] Noch deutlicher wird das Verständnis anhand der Neufassung des § 477 BGB, wonach die Vermutung greift, wenn der Verbraucher ein von den Anforderungen nach §§ 434, 475b BGB abweichenden Zustand beweist (vgl. Art. 11 Abs. 1 S. 1 WKRL: *„lack of conformity which becomes apparent"*).[1145] Insoweit dient die Neufassung lediglich der Klarstellung, dass die Vermutung des Mangels keine Voraussetzung, sondern Rechtsfolge der Regelung ist.[1146] Schließlich hat der Verbraucher nur die Vermutungsbasis darzulegen und zu beweisen, demnach das Vorliegen eines Verbrauchsgüterkaufs und einen Funktionsverlust, der sich innerhalb von einem Jahr ab Gefahrübergang offenbarte. Für die Fristwahrung kommt es nicht darauf an, dass sich der Verbraucher bereits innerhalb des einen Jahres der Beweislastumkehr beim Unternehmer meldet, sondern dass er den Mangel innerhalb der Verjährungsfrist rügt.[1147] Entscheidend ist, dass sich der Funktionsverlust innerhalb eines Jahres nach Übergabe zeigt. Damit ist das objektive Auftreten bzw. objektive Erkennbarkeit des Mangels gemeint und nicht die subjektive Kenntnis des Verbrauchers.[1148]

1141 *Bach/Wöbbeking*, NJW 2020, 2672, 2673 Rn. 8.

1142 *Bach/Wöbbeking*, NJW 2020, 2672, 2673 Rn. 8.

1143 BGH, Urt. v. 12.10.2016, VIII ZR 103/15, NJW 2017, 1093; BGH, Urt. v. 10.11.2021, VIII ZR 187/20, NJW 2022, 686, 692 Rn. 72.

1144 *Lorenz* in: MüKo BGB, 8. Aufl. 2019, BGB § 477 Rn. 5; BGH, Urt. v. 12.10.2016, VIII ZR 103/15, NJW 2017, 1093, Rn. 40.

1145 Mit § 477 BGB wurde Art. 11 Abs. 1 WKRL umgesetzt. In EG 45 WKRL spiegelt sich die Faber-Entscheidung des EuGH v. 04.06.2015 wider.

1146 *Meller-Hannich*, DAR 2021, 493, 496.

1147 *Keimeyer/Gailhofer/Gsell/Graulich/Prakash/Scherf/Brönneke/Gildeggen/Schmitt/Schwarz*, UBA Texte 115/2020, 2020, S. 251 f.

1148 *Zöchling-Jud* in: Stabentheiner/Wendehorst/Zöchling-Jud, Das neue europäische Gewährleistungsrecht, 2019, 197, 209.

iv. Auswirkungen der Beweislastumkehr

Die Regelung der Beweislastumkehr, verstärkt durch die 2022 eingeführte Fristverlängerung, führt zu einem höheren Verbraucherschutzniveau, die Bereitschaft der Durchsetzung von Gewährleistungsrechten steigt und der Verbraucher hat eine vorteilhafte Prozessposition inne.[1149] Der Verbraucher profitiert jedenfalls im ersten Jahr nach Gefahrübergang davon, dass dem Verkäufer die Beweislast obliegt und ihn die Schwierigkeit der Abgrenzung von vorzeitiger zur normalen Alterung trifft.[1150] Entgegen dem Verständnis von § 477 BGB der alten BGH-Rechtsprechung kann der Verkäufer nicht lediglich behaupten, es liege natürlicher Verschleiß vor und ein Grundmangel sei nicht vorhanden. Würde dieser Einwand gelten, wäre der Nachweis einer vertragswidrig zu kurzen Lebensdauer bzw. der Nachweis des Grundmangels für den Käufer praktisch ausgeschlossen.[1151] Vielmehr muss der Verkäufer konkret beweisen, dass es sich bei dem auftretenden Defekt um natürlichen Verschleiß handelt oder die Ursache nicht im Produkt wurzelt und noch nicht bei Übergabe vorhanden war. Somit wirkt die Regelung der rationalen Apathie entgegen, weil sich der Aufwand der Rechtsdurchsetzung und insbesondere die Kosten der Ermittlung der Mangelursachen derart verringern, dass der Nutzen der Geltendmachung von Abhilferechten überwiegt, auch bei geringwertigen Gütern.[1152] Dies führt zudem zu mehr Rechtssicherheit für den Verbraucher und bestärkt diesen in seinem nachhaltigen Produktumgang.[1153] Der Anreiz des Käufers seine Abhilferechte geltend zu machen steigt. Das Kriterium der Haltbarkeit im Rahmen des Mangelbegriffs würde aufgrund seiner ohne die Beweislastumkehr nicht möglichen Beweisführung leerlaufen.

Demgegenüber wird dem Verkäufer für die ersten zwölf Monate der Gegenbeweis, dass der Mangel auf einem nachträglichen Umstand beruht und nicht im Zeitpunkt des Gefahrübergangs vorlag, auch nicht ohne Weiteres gelingen und

---

1149 *Bianca* in: Grundmann/Bianca, EU-Kaufrechts-Richtlinie Kommentar, 2002, VGKRL Art. 3 Rn. 19; *Staudenmayer*, ZEuP 2019, 663, 693; *vzbv*, Stellungnahme zum Entwurf eines Gesetzes zur Regelung des Verkaufs von Sachen mit digitalen Elementen und anderer Aspekte des Kaufvertrags, 07.01.2021, S. 9.

1150 *Gsell*, JZ 2008, 29, 30, 33; *Michel*, Premature Obsolescence, 2022, S. 392; *Rudloff*, VuR 2018, 323, 325.

1151 *Brönneke* in: Brönneke/Wechsler, Obsoleszenz interdisziplinär, 2015, 185, 192; *Lorenz* in: MüKo BGB, 8. Aufl. 2019, BGB § 477 Rn. 5; *Meller-Hannich*, DAR 2021, 493, 496; *Tonner*, VuR 2019, 363, 370.

1152 *Keimeyer/Gailhofer/Gsell/Graulich/Prakash/Scherf/Brönneke/Gildeggen/Schmitt/Schwarz*, UBA Texte 115/2020, 2020, S. 257; *Rudloff*, VuR 2018, 323, 325.

1153 *Rudloff*, VuR 2018, 323, 325.

ebenfalls mit Kosten verbunden sein.[1154] Dies beruht vor allem auf dem Umstand, dass sich die Sache nach Kaufvertragsschluss und Übergabe im Herrschaftsbereich des Käufers befindet. Der Verkäufer hat keinen Einblick in den käuferseitigen Produktumgang, sog. „*hidden actions*".[1155] Entsprechend der Regelung trägt allein der Verkäufer das Risiko der Ursachenklärung, der Prozesskosten und bei Unaufklärbarkeit geht die Vermutung zu seinen Lasten.[1156] Das Risiko ist vor allem für kleine Händler von Massenprodukten groß, weil sie keine Kenntnis vom Herstellungsprozess haben und über keine ausreichenden Ressourcen zur Mangelaufklärung verfügen.[1157] Dennoch ist der Verkäufer derjenige, der eine größere Nähe zur und Einfluss auf die Funktionsweise, die Eigenschaften und die Herstellung des Produkts hat.[1158] Ihm wird daher eine Abgrenzung von vorzeitiger und normaler Alterung besser gelingen und seine Erkenntnismöglichkeit ist ungleich besser im Vergleich zu derjenigen des Verbrauchers.[1159] Sollte der Verkäufer nicht über hinreichend Expertise verfügen, ist davon auszugehen, dass er sich die nötigen Informationen über die Konstruktion und zur Ausfallwahrscheinlichkeit des Produkts vom Hersteller mit geringem Kostenaufwand besorgen kann, da seine Nähe zu ihm größer ist.[1160] Die Dokumentationsmöglichkeiten über den Herstellungsprozess werden immer besser, sodass Gegenbeweise leichter erhoben werden können.[1161] Daneben kann der Unternehmer typische Ausfallrisiken durch Rückmeldungen aus dem Markt sowie durch Online-Datenübertragung bei modernen technischen Produkten durch den Einbau von Fehlerspeichern erkennen.[1162] Nicht vergessen werden darf bei dieser Diskussion, dass die Beweislastumkehr lediglich den Verkäufer trifft, der zugleich Unternehmer ist, d.h. gewerblich oder selbständig beruflich tätig wird. Gegenüber privaten und einmal tätig werdenden

1154 *Bach/Wöbbeking*, NJW 2020, 2672, 2673 Rn. 11; *Gomez* in: Grundmann/Bianca, EU-Kaufrechts-Richtlinie Kommentar, 2002, Einl. Rn. 104.

1155 *Rühl*, AcP 207 (2007), 614, 625, 631 f.; *Schäfer/Ott*, Lehrbuch der ökonomischen Analyse des Zivilrechts, 5. Aufl. 2012, S. 426; *Schmolke* in: Towfigh/Petersen, Ökonomische Methoden im Recht, 2. Aufl. 2017, 131, 151 Rn. 303.

1156 *Keimeyer/Gailhofer/Gsell/Graulich/Prakash/Scherf/Brönneke/Gildeggen/Schmitt/Schwarz*, UBA Texte 115/2020, 2020, S. 257.

1157 *Gsell*, JZ 2008, 29, 33; *Stiradeff*, MMR 2016, 715, 717.

1158 BT-Drs. 14/6040, 245; *Rudloff*, VuR 2018, 323, 325; *Gildeggen*, VuR 2017, 203, 205; *Klöhn*, NJW 2007, 2811, 2813 f.; *Staudenmayer*, NJW 1999, 2393, 2396.

1159 BT-Drs. 14/6040, 245; *Rudloff*, VuR 2018, 323, 325; *Gildeggen*, VuR 2017, 203, 205; *Klöhn*, NJW 2007, 2811, 2813 f.

1160 *Staudenmayer*, NJW 1999, 2393, 2396; *Keimeyer/Gailhofer/Gsell/Graulich/Prakash/Scherf/Brönneke/Gildeggen/Schmitt/Schwarz*, UBA Texte 115/2020, 2020, S. 260 f.

1161 *Tonner/Gawel/Schlacke/Alt/Bretschneider*, VuR 2017, 3, 7; *Gildeggen*, VuR 2017, 203, 205.

1162 *Keimeyer/Gailhofer/Gsell/Graulich/Prakash/Scherf/Brönneke/Gildeggen/Schmitt/Schwarz*, UBA Texte 115/2020, 2020, S. 260 f.

Verkäufern, für die sich die Situation ähnlich wie für den Verbraucher gestaltet, findet sie demnach keine Anwendung.

Die Unabdingbarkeit der Beweislastumkehr und die Reichweite der Vermutung begründen faktisch eine Haltbarkeitsgarantie des Verkäufers eines Verbrauchsgüterkaufs für ein Jahr.[1163] Eine Ausnahme von der Beweislastumkehr gilt aber, wenn die Vermutung mit der Art des Guts oder der Art der Vertragswidrigkeit unvereinbar ist, § 477 Abs. 1 S. 1 BGB. Dies hat jedoch ebenso der Unternehmer zu beweisen.[1164] Bei normaler Alterung würde es an dem nicht vertragsgemäßen Zustand als Vermutungsbasis fehlen, weil die nachträgliche, übliche Verschlechterung der Vorstellung der Parteien bei Vertragsschluss entspräche.[1165] Dies verhindert zumindest eine ungerechtfertigt strenge Haftung des Verkäufers von gebrauchten Waren oder neuen Waren mit einer beschränkten Lebensdauer.[1166] Für die Ausnahme ist entscheidend, ob der Mangel nach allgemeiner Lebenserfahrung typischerweise erst nach Gefahrübergang entstanden sein kann und damit im Zeitpunkt des Gefahrübergangs allem Anschein nach fehlte, wobei der Verbraucher den Anschein nachträglicher Verursachung mit Hilfe des Nachweises der ernsthaften Möglichkeit des Bestehens des Mangels bei Gefahrübergang erschüttern kann und es bei der Vermutungswirkung bleibt.[1167] Soweit die Mindestlebensdauer mehr als ein Jahr beträgt und eine produktexogene Ursache des Funktionsverlusts nicht glaubhaft gemacht werden kann, ist es überwiegend wahrscheinlich, dass der Grundmangel bereits bei Gefahrübergang vorhanden war.[1168] Der Verbraucher kann den Anschein der nachträglichen Verursachung des Mangels aufgrund natürlichen Verschleißes relativ einfach erschüttern. Es bleibt letztlich dabei, dass der Unternehmer zu beweisen hat, dass es sich bei der

1163 *Bach/Wöbbeking*, NJW 2020, 2672, 2673 Rn. 11; *Faust* in: BeckOK BGB, 74. Ed. 01.05.2025, BGB § 477 Rn. 2; *Gomez* in: Grundmann/Bianca, EU-Kaufrechts-Richtlinie Kommentar, 2002, Einl. Rn. 104; *Lorenz* in: MüKo BGB, 8. Aufl. 2019, BGB § 477 Rn. 5.

1164 *Augenhofer* in: BeckOGK BGB, 01.06.2025, BGB § 477 Rn. 25, 30.1; *Faust* in: BeckOK BGB, 74. Ed. 01.05.2025, BGB § 477 Rn. 14; *Matusche-Beckmann* in: Staudinger, 2013, BGB § 476 Rn. 34.

1165 *Augenhofer* in: BeckOGK BGB, 01.06.2025, BGB § 477 Rn. 29; *Berger* in: Jauernig BGB, 19. Aufl. 2023, BGB § 477 Rn. 6; *Gsell*, JZ 2008, 29, 33; *Klöhn*, NJW 2007, 2811, 2814; *Lorenz* in: MüKo BGB, 8. Aufl. 2019, BGB § 477 Rn. 20.

1166 *Ehmann/Rust*, JZ 1999, 853, 857; *Klöhn*, NJW 2007, 2811, 2814.

1167 *Faust* in: BeckOK BGB, 74. Ed. 01.05.2025, BGB § 477 Rn. 15 f.; *Gsell*, JZ 2008, 29, 30; *Lorenz* in: MüKo BGB, 8. Aufl. 2019, BGB § 477 Rn. 17; *Matusche-Beckmann* in: Staudinger, 2013, BGB § 476 Rn. 37; a.A. *Maultzsch*, NJW 2006, 3091, 3095 f., der die Ausschlussklausel als funktionslos ansieht, wenn der Verkäufer die Beweislastumkehr nur durch nicht erschütterten Anscheinsbeweis verhindern kann, der dem Beweis des Gegenteils gem. § 292 ZPO entspreche, welchen der Verkäufer jedoch erst bei Anwendbarkeit der Beweislastumkehr erbringen muss.

1168 *Grundmann* in: Grundmann/Medicus/Rolland, Europäisches Kaufgewährleistungsrecht, 2000, 281, 317.

Funktionsstörung um normale Alterung handelt oder dass der Funktionsverlust auf dem Produktumgang durch den Käufer und nicht auf einem Grundmangel beruht.

Ferner kann die Belastung des beweispflichtigen Unternehmers durch prozessuale Regelungen geschmälert werden. Ihm kommen die Grundsätze der sekundären Beweislast zugute, wonach der Verbraucher als Prozessgegner der primär darlegungsbelasteten Partei substanziiert Vortrag zu seinem Umgang mit dem Produkt halten muss, wenn diese Angaben zur Sachverhaltsaufklärung erforderlich sind und der Unternehmer von diesen Tatsachen keine Kenntnis hat, § 138 Abs. 2 ZPO.[1169] In der Regel wird ein Haltbarkeitsmangel anzunehmen sein, soweit der Käufer darlegt, dass er das Produkt ordnungsgemäß genutzt und gepflegt hat.[1170] Dabei sollten die Anforderungen hieran, gerade mit Blick auf die Ziele der WKRL und aufgrund des *effet utile*, nicht zu streng sein, sodass ein Nachweis des Käufers, dass er grundsätzlich umsichtig und pfleglich mit seinem Eigentum umgeht, ausreichend sein sollte.[1171] Daraus ergibt sich quasi eine Vermutungsregelung dahingehend, dass vom tatsächlich vorliegende Funktionsverlust auf den Haltbarkeitsmangel geschlossen wird, sobald der Käufer andere Ursachen für den Funktionsverlust glaubhaft ausschließen kann.[1172]

Schließlich fördert die Regelung der Beweislastumkehr den schnellen Warenabsatz im Interesse beider Vertragsparteien. Bei Gültigkeit der regulären Beweisregel nach § 363 BGB würde der Käufer vor Gefahrübergang wohl eine intensive, mit Aufwand und Kosten verbundene Untersuchung der Ware durchführen, um versteckte Mängel rechtzeitig aufzudecken, was sowohl beim Fernabsatz als auch beim direkten Warenabsatz an praktische Grenzen stoßen würde.[1173] Zudem hat der Käufer, der kein Kaufmann ist, keine hinreichende Expertise für die Untersuchung der Kaufsache.[1174] Dem beiderseitigen Interesse entspräche es viel eher, die Notwendigkeit der Überprüfung des Kaufgegenstands zugunsten der Leichtigkeit und Effizienz von Verbrauchsgüterkäufen zu vermeiden und Massegeschäfte durch standardisierte und schnelle Absatzformen zu fördern.[1175] Die Vorteile des schnellen Warenabsatzes mindern die Nachteile der Beweislastumkehr für den Verkäufer.[1176]

1169 BGH, Urt. v. 25.05.2020, VI ZR 252/19, NJW 2020, 1962, 1966 Rn. 37, stRspr m.w.N.; *Maultzsch*, NJW 2006, 3091, 3094; BGH, Urt. v. 12.10.2016, VIII ZR 103/15, NJW 2017, 1093, 1100 Rn. 63.
1170 *Bach/Wöbbeking*, NJW 2020, 2672, 2675 Rn. 27.
1171 *Bach/Wöbbeking*, NJW 2020, 2672, 2675 Rn. 27 f.
1172 *Bach/Wöbbeking*, NJW 2020, 2672, 2675 Rn. 28.
1173 *Maultzsch*, NJW 2006, 3091, 3092 f.
1174 *Grunewald* in: MüKo HGB, 6. Aufl. 2025, HGB § 377 Rn. 3; *Maultzsch*, NJW 2006, 3091, 3093.
1175 *Maultzsch*, NJW 2006, 3091, 3092.

Die Beweislastumkehr ist im Verbrauchsgüterkauf die Regel. Zum Schutz des Verbrauchers ist ihre umfassende Wirksamkeit auch erforderlich. Unter der Prämisse, dass Kaufgewährleistungsrecht als Instrument zur Verfolgung von Nachhaltigkeitszielen eingesetzt wird, ist die Beweislastumkehr ein Mechanismus, welcher der Bestrebung nach mehr Nachhaltigkeit zugutekommt. Ohne eine tatsächlich erfolgende Rechtsdurchsetzung seitens des Käufers würde das Anreizsystem der Gewährleistungshaftung nicht funktionieren. Hersteller hätten keine Inanspruchnahme zu befürchten und würden keinen Anlass zur Verringerung des Mangeleintrittsrisikos und damit zur langlebigeren Produktgestaltung und -produktion sehen.

v. Verlängerung der Beweislastumkehr

Ziel dieser Untersuchung ist es, die bestehenden Mechanismen des Kaufgewährleistungsrechts in Hinblick auf die Erreichung von Nachhaltigkeitszielen zu untersuchen und ggf. Regelungsoptionen herauszuarbeiten, die Umweltbelange zugunsten der Allgemeinheit weitreichender zu schützen vermögen (s. o. Erster Teil B.IV.). Auch wenn sich einige Mängel bereits kurz nach Gefahrübergang zeigen, besteht eine beträchtliche Anzahl an versteckten Mängeln, die erst viel später sichtbar werden.[1177] Vor allem Mängel langlebiger Produkte, insb. solche aus der Elektrobranche und Automobilbranche, zeigen sich meistens erst nach Ablauf von zwei Jahren und während ihrer gesamten Lebensdauer, die weit über zwei Jahre hinaus gehen kann.[1178] Nach geltendem Recht trifft den Käufer nach Ablauf eines Jahres die volle Beweislast für die Ursache des Funktionsverlusts. Je länger der Gefahrübergang zurück liegt, desto einfacher wird es für den Verkäufer, zu behaupten, ein auftretender Defekt wurde durch produktexterne Faktoren verursacht.[1179] Die zu erbringenden Beweise für das Vorliegen eines Mangels können mit Verstreichen der Zeit immer schwieriger und nur mit immer höherem Kostenaufwand betrieben werden, sodass Verbraucher nach Ablauf der Beweislastum-

---

1176 *Maultzsch*, NJW 2006, 3091, 3093.

1177 *Keimeyer/Gailhofer/Gsell/Graulich/Prakash/Scherf/Brönneke/Gildeggen/Schmitt/Schwarz*, UBA Texte 115/2020, 2020, S. 34, 265.

1178 *Gildeggen*, VuR 2016, 83, 89; *Gildeggen*, VuR 2017, 203, 205; *Keimeyer/Gailhofer/Gsell/Graulich/Prakash/Scherf/Brönneke/Gildeggen/Schmitt/Schwarz*, UBA Texte 115/2020, 2020, S. 34, 231 ff., 263 m.w.N. *Verbraucherzentrale Baden-Württemberg e.V.*, Gewährleistung und Garantie, 19.12.2017, S. 7 f., wonach 75 % der Befragten angaben, dass es sich um Defekte von Elektronikprodukten handelt und wonach 25 % aller Befragten angaben, dass der Mangel erst nach 24 Monaten zutage trat.

1179 *Michel*, Premature Obsolescence, 2022, S. 392.

kehr ihre Rechte faktisch gar nicht mehr durchsetzen können.[1180] Die zweijährige Verjährungsfrist würde zudem leerlaufen, wenn Verbraucher nur im ersten Jahr ihre Rechte wirksam durchsetzen könnten und danach auf die Kulanzbereitschaft der Verkäufer hoffen müssten.[1181] Greift die Beweislastumkehr nicht mehr zugunsten des Verbrauchers, müsste er auf seine Kosten Gutachten in Bezug auf die Untersuchung von zumeist technisch komplexen Produkten einholen.[1182] Die Kosten und der Aufwand der Geltendmachung von Gewährleistungsrechten für langlebige Produkte, die frühzeitig einen Funktionsausfall erleiden, sind aus Sicht des Käufers völlig unverhältnismäßig und übersteigen seine Kapazitäten. Daraus folgt, dass das Problem der rationalen Apathie, welches § 477 BGB zu lösen versucht, nach Ablauf der Frist weiterbesteht und für Verträge, die keine Verbrauchsgüterkäufe sind, von vornherein ungelöst existiert. Ohne, dass Käufer ihre Gewährleistungsrechte effektiv wahrnehmen können, geht vom Haftungsregime der §§ 434 ff. BGB keinerlei Anreizwirkung für den Hersteller aus. Die Aktivierung des Gewährleistungsrechts ist aber essenziell, um Ziele wie die Verlängerung der Produktlebensdauer und Produktnutzungsdauer sowie umweltschonende Verhaltensweisen auf Verkäufer- und Käuferseite erreichen zu können.

Die Stärkung und Erweiterung von Käuferrechten führt generell zur Verringerung von Durchsetzungshürden.[1183] Je weitreichender die Beweislastumkehr ist, vor allem in zeitlicher Hinsicht, desto besser gelingt die Rechtsdurchsetzung.[1184] Und desto weniger hindert rationale Apathie den Käufer an der Geltendmachung seiner Rechte. Durch eine weitere Ausdehnung der Beweislastumkehr könnte dem Käufer die Durchsetzung seiner Gewährleistungsrechte erleichtert werden. Die Aufwand- und Kostenerleichterung, die mit einer Ausdehnung einhergehen würde, wären für die Käuferschaft enorm und der Nutzen der Rechtsdurchsetzung würde sich erhöhen. Der primär verfolgte Zweck der Beweislastumkehr, nämlich den Käufer aus seiner Beweisnot zu befreien, würde erreicht. Die Notwendigkeit

---

1180 *Keimeyer/Gailhofer/Gsell/Graulich/Prakash/Scherf/Brönneke/Gildeggen/Schmitt/Schwarz*, UBA Texte 115/2020, 2020, S. 250; *Ritter/Schwichtenberg*, VuR 2017, 51, 54; *vzbv*, Stellungnahme zum Entwurf eines Gesetzes zur Regelung des Verkaufs von Sachen mit digitalen Elementen und anderer Aspekte des Kaufvertrags, 07.01.2021, S. 9.

1181 *Ritter/Schwichtenberg*, VuR 2017, 51, 54.

1182 *vzbv*, Stellungnahme zum Entwurf eines Gesetzes zur Regelung des Verkaufs von Sachen mit digitalen Elementen und anderer Aspekte des Kaufvertrags, 07.01.2021, S. 9.

1183 *Schlacke/Alt/Tonner/Gawel/Bretschneider*, UBA Texte 72/2015, S. 207.

1184 *Keimeyer/Gailhofer/Gsell/Graulich/Prakash/Scherf/Brönneke/Gildeggen/Schmitt/Schwarz*, UBA Texte 115/2020, 2020, S. 263; *Staudenmayer*, ZEuP 2019, 663, 693; *Verbraucherzentrale Baden-Württemberg e.V.*, Gewährleistung und Garantie, 19.12.2017, S. 4; *vzbv*, Stellungnahme zum Entwurf eines Gesetzes zur Regelung des Verkaufs von Sachen mit digitalen Elementen und anderer Aspekte des Kaufvertrags, 07.01.2021, S. 9.

hierfür besteht in besonderem Maße für langlebige Waren, deren Handel durch die Mechanismen des Kaufgewährleistungsrechts gefördert werden soll und welche kurzlebige Produkte vom Markt verdrängen sollen. Von der Möglichkeit, die Art. 11 Abs. 2 WKRL eröffnet, die Beweislastumkehr auf zwei Jahre auszudehnen, machte der deutsche Gesetzgeber allerdings keinen Gebrauch. Aus verbraucherschützenden sowie nachhaltigkeitsfördernden Erwägungen sollte die Beweislastumkehr jedoch zeitlich ausgedehnt werden. Der Zeitraum, für den die Vermutung zugunsten des Käufers gilt, sollte grundsätzlich auf zwei Jahre ausgedehnt werden bzw. auf drei Jahre für Waren mit einer Mindestlebensdauer, die zwei Jahre überschreitet.[1185]

Bei der Diskussion einer Gesetzesänderung und Ausdehnung der Beweislastumkehr dürfen Verkäuferbelange nicht vernachlässigt werden. Zum einen ist die Vermutung mit fortschreitender Zeit umso weniger nachvollziehbar, je wahrscheinlicher der Funktionsverlust auch auf anderen Ursachen als einem Grundmangel beruhen kann, wie normale Abnutzung, äußere Einwirkungen oder nichtbestimmungsgemäßer Gebrauch.[1186] Der Einfluss des Käufers auf den Zustand der Ware nach Übergabe durch seine individuelle Verwendung, Lagerung, Belastung und Nutzungsintensität wächst mit fortschreitender Zeit.[1187] Und damit korrespondierend verringert sich der Informationsvorsprung des Verkäufers hinsichtlich des Zustands der Ware mit Zeitablauf.[1188] Die Belastung des Verkäufers relativiert sich allerdings aufgrund der sekundären Beweislast des Käufers (s. o. Zweiter Teil B.I.1.a)iv.). Zum anderen trägt der Verkäufer das Risiko der Unaufklärbarkeit der Mangelursache und ihm werden die Kosten der Sachverhaltsaufklärung aufgebürdet. Sein Einblick in den Herstellungsprozess, die Nähe zum

---

1185 *Tonner/Malcolm*, How an EU Lifespan Guarantee Model Could Be Implemented Across the European Union, (2017), S. 16, 27; Für eine Verlängerung der Beweislastumkehr auf die Dauer der Gewährleistungspflicht, mithin nach geltendem Recht zwei Jahre *Verbraucherkommission Baden-Württemberg*, Stellungnahme Nr. 34/2014, 13.11.2014, S. 2; *Michel*, Premature Obsolescence, 2022, S. 393; *van Gool/Michel*, EuCML 2021, 136, 142; Für eine Verlängerung der Beweislastumkehr entsprechend der vereinbarten oder objektiv üblichen und erwartbaren Mindestlebensdauer *Keimeyer/Gailhofer/Gsell/Graulich/Prakash/Scherf/Brönneke/Gildeggen/Schmitt/Schwarz*, UBA Texte 115/2020, 2020, S. 265 f., 268; *Stariradeff*, MMR 2016, 715, 717, die eine interessengerechte Lösung in einer vollständigen Beweislastumkehr in den ersten sechs Monaten sowie eine nur in zeitlicher Hinsicht wirkenden Beweislastumkehr für die darauffolgenden 18 Monate sieht.

1186 *Keimeyer/Gailhofer/Gsell/Graulich/Prakash/Scherf/Brönneke/Gildeggen/Schmitt/Schwarz*, UBA Texte 115/2020, 2020, S. 265; *Klöhn*, NJW 2007, 2811, 2814; *Konferenz der Justizministerinnen und Justizminister der Länder*, Bericht der Arbeitsgruppe „Nachhaltigkeit im Zivilrecht“, 2021, S. 104 f.

1187 BT-Drs. 19/27424, 44; *Klöhn*, NJW 2007, 2811, 2813.

1188 BT-Drs. 19/27424, 44; *Klöhn*, NJW 2007, 2811, 2813.

Hersteller, die Sachkunde und Erkenntnismöglichkeit sind indes viel größer als diejenigen des Käufers. Die Informationsbeschaffung kann der Verkäufer viel einfacher und kostengünstiger vornehmen und die Feststellung, ob es sich um normale oder vorzeitige Alterung handelt, kann er leichter treffen. Dabei sind der Wissensvorsprung, die bessere Sachkunde und Erkenntnismöglichkeit in der Vergangenheit liegende Umstände, welche sich durch Zeitablauf nicht verändern und auf die Dokumentation des Herstellungsprozesses und der Produkteigenschaften kann zu jeder Zeit durch den Verkäufer unverändert zugegriffen werden.[1189] Eine Beschränkung der Beweislastumkehr auf ein Jahr statt auf zwei Jahre lässt sich jedenfalls nicht hinreichend mit den Interessen des Verkäufers rechtfertigen. Die Ausdehnung der Beweislastumkehr stellt keine unangemessene Benachteiligung des Verkäufers dar. Seine Interessen werden berücksichtigt, sie müssen jedoch hinter Verbraucherschutzbelangen zurücktreten, um Nachhaltigkeitsziele wirksam verfolgen zu können.

Ziel der hiesigen Diskussion ist das Erreichen von Nachhaltigkeitszielen und die Verhinderung weitreichender negativer Umweltauswirkungen. Das Risiko der Unaufklärbarkeit der Ursache des Funktionsmangels schafft und erhöht den Anreiz das Produktdesign und den Herstellungsprozess zur Erreichung einer besseren Produktqualität zu optimieren sowie in die Entwicklung langlebiger und reparierbarer Produkte zu investieren.[1190] Zudem wird das Risiko, den Gegenbeweis nicht führen zu können, den Nutzen eines Rechtsstreits überwiegen und dazu führen, dass der Verkäufer eher einlenken wird zugunsten der Rechte des Käufers.[1191] Insoweit sich die Mangelursachenfindung auch für den Hersteller aus Gründen der Produktkonstruktion als schwierig herausstellt, wird er einen Anreiz haben Produkte künftig so herzustellen, dass sie in ihre Einzelteile zerlegt werden können, ohne dass sie zerstört werden. Dies fördert darüber hinaus die Möglichkeit zur Reparatur. Letztlich bewirken die aus Verkäufersicht negativen Auswirkungen einer zeitlichen Ausdehnung der Beweislastumkehr solche Verhaltensweisen, die zur Verfolgung von Nachhaltigkeitsstrategien erforderlich sind. Die Begrenzung der Vermutung auf drei Jahre, ausgestaltet als feste zeitliche Grenze, die mit Übergabe beginnt, schützt die Verkäuferinteressen hinreichend. Die Vermutung

---

1189 *Keimeyer/Gailhofer/Gsell/Graulich/Prakash/Scherf/Brönneke/Gildeggen/Schmitt/Schwarz*, UBA Texte 115/2020, 2020, S. 34, 264.

1190 *Keimeyer/Gailhofer/Gsell/Graulich/Prakash/Scherf/Brönneke/Gildeggen/Schmitt/Schwarz*, UBA Texte 115/2020, 2020, S. 263; *vzbv*, Stellungnahme zum Entwurf eines Gesetzes zur Regelung des Verkaufs von Sachen mit digitalen Elementen und anderer Aspekte des Kaufvertrags, 07.01. 2021, S. 4.

1191 *Keimeyer/Gailhofer/Gsell/Graulich/Prakash/Scherf/Brönneke/Gildeggen/Schmitt/Schwarz*, UBA Texte 115/2020, 2020, S. 263.

gilt dann nicht mehr und ist auch nicht mehr gerechtfertigt, wenn die Mindestlebensdauer eines langlebigen Produkts abgelaufen ist. Der danach eintretende Funktionsverlust beruht mit höherer Wahrscheinlichkeit auf anderen Ursachen oder normaler Alterung. Werden Produkte mit einer Mindestlebensdauer von unter zwei Jahren verkauft, kann sich der Verkäufer auf die angegebene oder gesetzlich festgelegte Mindestlebensdauer von unter zwei Jahren berufen. Insofern liegt es in seinem eigenen Interesse Mindestlebensdauertests und -angaben zu machen. Vor Ablauf der Mindestlebensdauer trägt der Verkäufer das Risiko der Unaufklärbarkeit der Mangelursache und nach Ablauf der Mindestlebensdauer trägt das Beweisrisiko der Käufer. Dies stellt zusammenfassend deshalb einen gerechten Interessenausgleich dar, weil die Mangelursache bis zum Ablauf der Mindestlebensdauer vom Verkäufer leichter erkennbar, leichter beherrschbar, leichter versicherbar ist und ihm daher das Beweisrisiko zukommen sollte. Nach Ablauf der Mindestlebensdauer treffen diese Aspekte eher auf den Käufer zu. Und nur unter diesen Bedingungen geht vom Kaufgewährleistungsrecht ein hinreichend intensiver Anreiz für den Hersteller aus, in ein langlebiges Produktdesign zu investieren und nachhaltige Produktkonstruktionen zu entwickeln.

b) Unentgeltlichkeit der Nacherfüllung

Eine besondere Hürde für den Käufer, die ihn von der Reparatur seines mangelhaften Produkts abhalten kann, stellen finanzielle Aufwendungen dar. Fehlende Reparaturangebote und Ersatzteile sowie zu hohe Reparaturkosten im Vergleich zu den Alternativkosten eines neuen Produkts (wie höherer Neuwert, erweiterte Funktionalität und verbesserte Energieeffizienz) lassen die käuferseitige Entscheidung regelmäßig zulasten einer Reparatur ausfallen.[1192] Der mit Abstand meistgenannte Grund für das Absehen von einer Reparatur sind zu hohe Reparaturkosten.[1193] Diese entstehen bei unabhängigen Reparaturwerkstätten insbesondere, weil ihnen wenig Informationen über das betroffene Produkt zur Verfügung stehen, sie mit viel Aufwand und zumeist zu überzogenen Kosten Ersatzteile beschaffen müssen und sie keine geeignete Software zur Fehleridentifikation und -behebung haben.[1194]

1192 *Gawel/Bretschneider*, ZfU 1 (2016), 1, 4; *Kieninger*, ZEuP 2020, 264, 266; *Schridde/Kreiß/Winzer*, Geplante Obsoleszenz, 2013, S. 52 f.; EG 4 der Richtlinie (EU) 2024/1799 des Europäischen Parlaments und des Rates vom 13. Juni 2024 über gemeinsame Vorschriften zur Förderung der Reparatur von Waren und zur Änderung der Verordnung (EU) 2017/2394 und der Richtlinie (EU) 2019/771 und (EU) 2020/1828.

1193 *vzbv*, Haltbarkeit und Reparierbarkeit von Produkten, Berichtsgrafiken, 2017, S. 3.

1194 *Keimeyer/Gailhofer/Gsell/Graulich/Prakash/Scherf/Brönneke/Gildeggen/Schmitt/Schwarz*, UBA Texte 115/2020, 2020, S. 70, 52 ff.; *Kieninger*, ZEuP 2020, 264, 267; *Michel*, Premature Obsole-

Dem wirkt die Existenz des zwingenden gewährleistungsrechtlichen Nacherfüllungsanspruchs entgegen. Dieser verpflichtet den Verkäufer zur Nacherfüllung und erspart dem Käufer Such- und Informationskosten hinsichtlich des Reparaturservices. Ein großer Teil der Käufer eines mangelhaften Produkts lassen dieses auch bei dem Händler, bei dem sie das Produkt gekauft haben, reparieren.[1195] Schon vor der Schuldrechtsmodernisierung 2002 galt, dass im Falle einer Nachbesserungsabrede nach § 476a BGB a.F., der Verkäufer verpflichtet war, alle zum Zwecke der Nachbesserung erforderlichen Aufwendungen, insb. Transport-, Wege-, Arbeits- und Materialkosten selbst zu tragen, d.h. kostenlos nachzubessern.[1196] Dieselbe Pflicht gilt seitdem gem. § 439 Abs. 2 BGB für beide Arten der Nacherfüllung. Damit wird die Unentgeltlichkeit der Herstellung des vertragsgemäßen Zustands verdeutlich, die in den überschießend umgesetzten Normen des Art. 3 Abs. 3 S. 1 und Abs. 4 VGKRL sowie Art. 14 Abs. 1 lit. a) i.V.m. Art. 2 Nr. 14 WKRL vorgeschrieben ist. Der Käufer soll vor jeder finanziellen Belastung im Zusammenhang mit der Mangelbeseitigung geschützt werden, damit er nicht von der Geltendmachung seiner Ansprüche abgehalten wird.[1197] Zum einen ergibt sich daraus die grundsätzliche Kostentragungspflicht des Verkäufers hinsichtlich der Mangelbeseitigung und zum anderen muss der Verkäufer sämtliche weitere Kosten im Zusammenhang mit der Mangelbeseitigung tragen.[1198] Der Käufer hat demnach einen verschuldensunabhängigen Anspruch auf Erstattung sämtlicher erforderlicher Kosten, die ihm im Zusammenhang mit der Nacherfüllung entstanden sind, d.h. die mit ihr einhergehen, sie ermöglichen oder aus ihr unmittelbar resultieren, solange sie erst nach dem käuferseitigen Nacherfüllungsbegehren aufgewendet werden.[1199] Für den speziellen Fall des Verbrauchsgüterkaufs steht dem Verbraucher

---

scence, 2022, S. 60; *Schridde/Kreiß/Winzer*, Geplante Obsoleszenz, 2013, S. 52 f.; Siehe zum Vorschlag eines „Rechts auf Reparatur“ als Lösung außerhalb des Gewährleistungsrechts und die damit einhergehenden immaterialgüterrechtlichen sowie datenschutzrechtlichen Problemfelder *Croon-Gestefeld*, ZEuP 2024, 379, 398 ff.

1195 *vzbv*, Haltbarkeit und Reparierbarkeit von Produkten, Berichtsgrafiken, 2017, S. 6, hiernach gaben 34 % der Befragten, die in den letzten Jahren ein Elektrogerät reparieren lassen haben, an, dass die letzte Reparatur ihr Händler durchgeführt hat.

1196 *Vollkommer* in: Jauernig BGB, 3. Aufl. 1984, BGB § 476a Anm. 2 b. aa.

1197 EuGH, Urt. v. 23.05.2019, C-52/18, NJW 2019, 2007, 2009 Rn. 34; EuGH, Urt. v. 16.06.2011, C-65/09, C-87/09, NJW 2011, 2269, 2271 Rn. 46; *Schulze/Zoll*, European Contract Law, 3. Ed. 2021, Chapter 6 Rn. 68.

1198 *Bach* in: Staudinger, 2023, BGB § 439 Rn. 152, 159; *Schulze/Zoll*, European Contract Law, 3. Ed. 2021, Chapter 6 Rn. 68; *Westermann* in: MüKo BGB, 8. Aufl. 2019, BGB § 439 Rn. 11.

1199 BGH, Urt. v. 30.04.2014, VIII ZR 275/13, NJW 2014, 2351, 2352 Rn. 14 ff.; *Bach* in: Staudinger, 2023, BGB § 439 Rn. 153 ff.; *Westermann* in: MüKo BGB, 8. Aufl. 2019, BGB § 439 Rn. 22.

gem. § 475 Abs. 4 BGB[1200] das Recht zu, Vorschuss für die Aufwendungen, die vom Unternehmer zu tragen sind, zu verlangen. In allen anderen Fällen kann der Käufer vom Verkäufer Freistellung bei Beauftragung eines Dritten verlangen gem. § 257 BGB.

c) Angemessener Zeitraum und keine Unannehmlichkeiten

Auch die mit einer Reparatur einhergehenden Unannehmlichkeiten stellen ein Hindernis für den Käufer dar, sich für die Reparatur zu entscheiden und führen schließlich zu einer verkürzten Produktlebensdauer.[1201] § 475 Abs. 5 BGB setzt Art. 14 Abs. 1 lit. b) und c) WKRL um und bestimmt, dass der Unternehmer die Nacherfüllung innerhalb einer angemessenen Frist ab dem Zeitpunkt, zu dem der Verbraucher ihn über den Mangel unterrichtet hat, und ohne erhebliche Unannehmlichkeiten für den Verbraucher durchzuführen hat, wobei die Art der Ware sowie der Zweck, für den der Verbraucher die Ware benötigt, zu berücksichtigen sind. Das Merkmal der erheblichen Unannehmlichkeiten bezieht sich dabei auf mehr als nur finanzielle Aspekte.[1202] EG 55 WKRL führt hierzu näher aus, dass der Verbraucher vor erheblichen Verzögerungen zu schützen ist und die Frist objektiv so kurz wie möglich zu bemessen ist anhand der Art und der Komplexität der Ware, der Art und Schwere der Vertragswidrigkeit und des Aufwands der Nachbesserung. In der Praxis bedeutet dies, dass der Käufer Nacherfüllungsmaßnahmen und damit im Zusammenhang stehende Handlungen, die für ihn mit erheblichen Unannehmlichkeiten einhergehen, nicht selbst vornehmen muss und auch vom Verkäufer nicht dulden muss.[1203] Ein gewisses Maß an Unannehmlichkeiten, wie z. B. die Hinnahme der erforderlichen Zeit der Nacherfüllung, ist dem Käufer jedoch zumutbar, solange diese keinen Grad an Belastung erreichen, die den Käufer von der Geltendmachung seiner Gewährleistungsansprüche abhalten könnten.[1204] Wird der Verkäufer die Nacherfüllung nicht innerhalb einer angemessenen Frist oder mit erheblichen Unannehmlichkeiten erbringen, stehen dem Käufer gem. Art. 13 Abs. 4 lit. d) WKRL die Rechtsbehelfe der zweiten Ebene offen.[1205] Auch

1200 § 475 Abs. 6 BGB a.F. v. 01.01.2018.

1201 EG 4 der Richtlinie (EU) 2024/1799 des Europäischen Parlaments und des Rates vom 13. Juni 2024 über gemeinsame Vorschriften zur Förderung der Reparatur von Waren und zur Änderung der Verordnung (EU) 2017/2394 und der Richtlinie (EU) 2019/771 und (EU) 2020/1828.

1202 BGH, Urt. v. 13.04.2011, VIII ZR 220/10, NJW 2011, 2278, 2282 Rn. 41.

1203 BGH, Urt. v. 13.04.2011, VIII ZR 220/10, NJW 2011, 2278, 2282 Rn. 41.

1204 EuGH, Urt. v. 23.05.2019, C-52/18, NJW 2019, 2007, 2009 Rn. 40; BGH, Urt. v. 13.04.2011, VIII ZR 220/10, NJW 2011, 2278, 2282 Rn. 43.

1205 Unklar war, ob der Käufer auch nach Art. 3 Abs. 5 VGKRL bereits in Antizipation, dass der Verkäufer nicht innerhalb einer angemessenen Frist oder mit erheblichen Unannehmlichkeiten

wenn dies ausdrücklich nur für Verbrauchgüterkaufverträge geregelt ist, gelten diese Grundsätze ebenso für Nacherfüllungen außerhalb des Verbrauchsgüterkaufs.[1206]

d) Zusammenfassung

Nachhaltigkeitsziele können mit Hilfe des Kaufrechts verfolgt werden, wenn Käufer in ihrem individuellen Nachhaltigkeitsinteresse erreicht werden und dieses gegenüber den Herstellern durchsetzen.[1207] Der Käufer wird insbesondere dann das Gewährleistungsregime aktivieren, wenn er in seinen individuellen nachhaltigkeitsbezogenen Beschaffenheitserwartungen enttäuscht wurde.[1208] Soweit der Käufer kein Nachhaltigkeitsinteresse aufweist oder er Umweltgesichtspunkten gleichgültig gegenübersteht, wird er sich für die Geltendmachung seiner Gewährleistungsrechte entscheiden, solange das Kosten-Nutzen-Kalkül dafürspricht und der Käufer sich rational verhält. Die Entscheidung wird unter Abwägung der Kosten einer Neubeschaffung mit den Kosten der Geltendmachung von Abhilferechten getroffen. Die Kosten für die Geltendmachung der käuferseitigen Rechte sind umso geringer, je einfacher sich die Rechtsdurchsetzung für den Käufer darstellt.

Eine Verlängerung der Beweislastumkehr bewirkt die Überwindung des Problems der rationalen Apathie des Käufers. Die Rechtsdurchsetzung würde für ihn einfacher und günstiger. Ebenso wird die Beanspruchung der Abhilferechte durch die Förderung von Informationen für die Käuferschaft über das Vorliegen eines Mangels sowie die Regelung des Nacherfüllungsanspruchs vergünstigt, indem die Nacherfüllung unentgeltlich, in einem angemessenen Zeitraum und ohne Unannehmlichkeiten zu erfolgen hat.[1209] Dadurch wird der Nutzen der Geltendmachung

---

nacherfüllen wird, die Rechtsbehelfe der zweiten Ebene geltend machen kann oder ob er diesbezüglich abwarten muss; Für eine sofortige Geltendmachung der sekundären Rechtsbehelfe bereits nach alter Rechtslage, wenn keine Zweifel bestehen, dass der Verkäufer die Anforderungen nicht erfüllt *Howells/Twigg-Flesner/Wilhelmsson*, Rethinking EU Consumer Law, 2018, S. 193.

1206 BT-Drs. 19/27424, 29.

1207 *Tonner/Gawel/Schlacke/Alt/Bretschneider*, VuR 2017, 3, 6; *Schlacke/Alt/Tonner/Gawel/Bretschneider*, UBA Texte 72/2015, S. 24; *Gawel/Bretschneider*, ZfU 1 (2016), 1, 18.

1208 *Schlacke/Alt/Tonner/Gawel/Bretschneider*, UBA Texte 72/2015, S. 206.

1209 *Michel*, Premature Obsolescence, 2022, S. 405 ff.; Vorliegend wird nicht auf die Verbandsklagebefugnis als eine Lösungsstrategie für das Problem der rationalen Apathie eingegangen, auch wenn es sich hierbei um eine vielversprechende Lösungsstrategie handelt, weil es sich dabei um kein kaufgewährleistungsrechtliches Instrument handelt, auf welche sich die Untersuchung beschränkt. Siehe zudem zu verschiedenen Möglichkeiten eines effektiven Rechtsschutzes (z. B.: gerichtlich, außergerichtlich, Sammelklage, Verbandsklagebefugnis, Mediation) bei geringen

von Gewährleistungsrechten ihre Kosten und ebenso den Nutzengewinn eines Neukaufs überwiegen. Der Anreiz zur Wahrnehmung von Gewährleistungsrechten trifft den Käufer als Primäradressaten der Regelungen. Der ökonomischen Obsoleszenz aus Käufersicht wird aktiv begegnet. Die Inanspruchnahme des Verkäufers durch den Käufer aktiviert das Gewährleistungssystem und damit die intendierte Anreizwirkung zur Herstellung langlebiger und reparaturfähiger Waren (s. o. Zweiter Teil A.IV.1.). Die Mechanismen des Gewährleistungsrechts können bei Aktivierung als Sanktionssystem für die Nichteinhaltung von Nachhaltigkeitsstandards dienen und so einen Beitrag zum Schutz der Umwelt leisten.

2. Anspruch auf Nacherfüllung

Minderung, Schadensersatz und Rücktritt sind Rechtsbehelfe, die das Äquivalenzinteresse des Käufers wiederherstellen.[1210] Bei einem Ausfall von relevanten Funktionen mögen sie daher zwar den Interessen des Käufers gerecht werdende Abhilferechte darstellen, sie verlängern aber nicht die Lebensdauer. Stattdessen wird sich der Käufer eine neue und funktionstüchtige Ware besorgen, ohne dass dies für ihn ein Verlustgeschäft darstellen würde. Der umweltfreundlichste Rechtsbehelf ist der Nacherfüllungsanspruch in Form der Nachbesserung. Durch die Reparatur wird die Nutzungs- und Lebensdauer des Produkts verlängert. Wachsendes Abfallaufkommen durch frühzeitige Entsorgung defekter Waren sowie der Herstellungsaufwand und Ressourcenaufwand für neue Waren würde vermieden und verringert. Wenn der Käufer von seinen Gewährleistungsrechten Gebrauch macht, sollte er sich aus Umweltschutzgesichtspunkten und damit der Verkäufer die funktionsunfähige Ware repariert daher zunächst für den Nacherfüllungsanspruch entscheiden.

a) Vorrang des Nacherfüllungsanspruchs

Vor der Modernisierung des Schuldrechts 2002 kannte das deutsche Recht einen Nacherfüllungsanspruch, der auf Reparatur oder Ersatz der Sache gerichtet ist, wie er heute im BGB zu finden ist, nicht.[1211] Käufer konnten lediglich für Gattungssachen Nacherfüllung verlangen und diese auch nur in Form der Nachlieferung gem. § 480 Abs. 1 BGB a.F. Für Stücksachen hingegen war aufgrund des Gesetzes-

---

Streitwerten *Meller-Hannich*, NZM 2022, 353; Siehe zum kollektiven Rechtsschutz durch grenzüberschreitende Verbandsklagen *Rentsch*, RabelsZ 85 (2021), 544; *Gsell*, BKR 2021, 521.

1210 Siehe ausführlich zu den Rechtsbehelfen des Rücktritts und der Minderung *Schulze/Zoll*, European Contract Law, 3. Ed. 2021, Chapter 6 Rn. 82 ff., 100 ff., 127.

1211 *Grundmann*, AcP 202 (2002), 40, 50; *Grundmann* in: Jayme, Kulturelle Identität und Internationales Privatrecht, 2003, 95, 104.

wortlauts umstritten, ob den Verkäufer eine Pflicht zur mangelfreien Lieferung traf oder schlicht eine Verschaffungspflicht.[1212] Folgte man der zweiten Auffassung und hielt sich strikt an den Wortlaut, ließ sich für den Stückkauf kein Mängelbeseitigungsanspruch herleiten.[1213] Im Übrigen bestand die Möglichkeit ein Recht auf Nachbesserung zu vereinbaren, was sich aus § 476a BGB a.F. herleiten ließ. Nachbesserung konnte der Käufer nur gemäß einer Individualabrede oder einer Herstellergarantie verlangen, nicht hingegen von Gesetzes wegen.[1214]

Das Nichtvorhandensein eines Nacherfüllungsanspruchs entsprach nicht mehr den Gegebenheiten und Bedürfnissen des Markts, auf dem sich der Handel mit industriellen Massengütern immer weiterentwickelte und ausbreitete.[1215] Ein Nacherfüllungsrecht entsprach bereits dem allgemeinen Rechtsbewusstsein und ist sowohl im Interesse des Käufers, der eine mangelfreie Sache mit den vereinbarten und erwarteten Eigenschaften zu dem vereinbarten Kaufpreis erhalten will, sowie im Interesse des Verkäufers, der ebenfalls nicht primär den Kauf rückabwickeln oder den Preis gemindert haben will, und korrespondierte damit mit ihren wirtschaftlichen Bedürfnissen.[1216] Diesen Gegebenheiten zufolge entwickelte sich eine Vertragspraxis, nach der ein Nachbesserungsrecht oder ein Recht auf Ersatzlieferung in der Regel durch AGB vereinbart wurde und das Rücktrittsrecht oder die Minderung ersetzten sollte.[1217] Dies schlug sich sodann auch in § 11 Nr. 10 lit. b) und c) AGBG nieder. Darüber hinaus entwickelte sich eine Rechtsprechung, der zufolge dem Verkäufer ein Nachbesserungsrecht auch nach Übergabe zustand, sofern eine Ablehnung der Nachbesserung durch den Käufer gegen Treu und Glauben verstieß.[1218]

Diese Gründe sowie das Bedürfnis eines Nacherfüllungsanspruchs auch in Fällen, in denen AGB's nicht vereinbart wurden, bspw. bei Bargeschäften des täglichen Lebens, machten es erforderlich ein Nachbesserungsanspruch des Käufers und ein sog. Recht zur zweiten Andienung des Verkäufers als primäre Abhilferechte des Gewährleistungsrechts gesetzlich zu statuieren.[1219] Das sog. Recht zur

---

1212 *Honsell* in: Staudinger, 1995, BGB Vor. §§ 459 ff. Rn. 7; BT-Drs. 14/6040, 208; *Larenz*, Lehrbuch des Schuldrechts, Bd. 2 Besonderer Teil, 1. Halbband, 3. Aufl. 1986, § 41.

1213 *Vollkommer* in: Jauernig BGB, 3. Aufl. 1984, BGB § 462 Anm. 1 a.

1214 *Vollkommer* in: Jauernig BGB, 3. Aufl. 1984, BGB § 476a Anm. 1 b.

1215 BT-Drs. 14/6040, 89; *Schmidt-Räntsch*, ZEuP 1999, 294, 295.

1216 BT-Drs. 14/6040, 89, 230; *Zimmer* in: Ernst/Zimmermann, Zivilrechtswissenschaft und Schuldrechtsreform, 2001, 191, 199; *Eger* in: Schäfer/Lwowski, Konsequenzen wirtschaftlicher Normen, 2002, 183, 207.

1217 BT-Drs. 14/6040, 89; *Eger* in: Schäfer/Lwowski, Konsequenzen wirtschaftlicher Normen, 2002, 183, 186, 207.

1218 BGH, Urt. v. 17.09.1971, V ZR 143/68, BeckRS 1971, 128.

1219 BT-Drs. 14/6040, 86, 89.

zweiten Andienung, bzw. eher die Obliegenheit des Käufers, dem Verkäufer die Nacherfüllung zu ermöglichen, ist Ausdruck des Grundsatzes der Vertragserhaltung und soll die Durchführung und Erfüllung des Vertrags fördern.[1220] Mit der Umsetzung von Art. 3 VGKRL, nun Art. 13 Abs. 1–3 und Art. 14 WKRL, ins BGB im Rahmen der Schuldrechtsmodernisierung wurde § 439 BGB eingeführt, der die Nacherfüllung nun sowohl für Stück- als auch für Gattungssachen regelt. Nach dessen Abs. 1 kann der Käufer nach seiner Wahl als Nacherfüllung die Beseitigung des Mangels oder die Lieferung einer mangelfreien Sache verlangen. Die Nacherfüllung im Wege der Nachbesserung oder Ersatzlieferung stellt dabei das primäre Abhilferecht bei Auftreten eines Mangels dar.[1221] Die Voraussetzungen anderer Abhilferechte verdeutlichen dies. So kann erst dann der Kaufpreis gemindert, vom Vertrag zurückgetreten oder Schadensersatz statt der Leistung geltend gemacht werden, wenn ergebnislos eine Frist zur Nacherfüllung gesetzt wurde und abgelaufen ist, § 437 Nr. 2 i.V.m. §§ 323, 441 BGB sowie § 437 Nr. 3 i.V.m. § 281 BGB. Das primäre Recht zur zweiten Andienung darf nur in den Fällen vom Käufer verweigert werden, in welchen das Fristsetzungserfordernis für Schadensersatz und Rücktritt entfallen würde, § 281 Abs. 2, § 323 Abs. 2 sowie § 440 S. 1 BGB. In diesen Fällen hat das Interesse des Käufers an der sofortigen Geltendmachung der sekundären Rechtsbehelfe Vorrang vor den Interessen des Verkäufers.[1222]

Durch die Regelung, dass die Nacherfüllung unentgeltlich, in einem angemessenen Zeitraum sowie ohne Unannehmlichkeiten zu erfolgen hat, steigert sich das Interesse des Käufers an der Geltendmachung des Nacherfüllungsanspruchs. Der Nacherfüllungsanspruch wird insofern vergünstigt. Selbst wenn er eine Präferenz für den Schadensersatzanspruch hätte oder vom Vertrag lieber zurücktreten wollte, wäre deren Geltendmachung an gesetzlich festgeschriebene Hürden geknüpft. Die Möglichkeit, sich einfach und schnell vom Vertrag zu lösen, weil ein Mangel aufgetreten ist, besteht somit nicht.

b) Totalverweigerungsrecht des Verkäufers beider Arten der Nacherfüllung

Gem. Art. 13 Abs. 3 WKRL, umgesetzt in § 439 Abs. 4 S. 3 HS. 2 BGB, hat der Verkäufer das Recht sowohl die Nachlieferung als auch die Nachbesserung zu verweigern,

---

1220 BT-Drs. 14/6040, 86, 89, 220; *Lorenz*, NJW 2006, 1175, 1175 f.; *Bianca* in: Grundmann/Bianca, EU-Kaufrechts-Richtlinie Kommentar, 2002, VGKRL Art. 3 Rn. 55.

1221 So ausdrücklich normiert in Art. 3 Abs. 5 VGKRL, EG 50 ff. WKRL; Siehe auch *Grundmann/Hoerning* in: Eger/Schäfer, Ökonomische Analyse der europäischen Zivilrechtsentwicklung, 2007, 420, 447, denen zufolge die Rangfolge der Abhilferechte der Vermeidung des sog. Hold-up-Risikos diene; Siehe auch *Howells/Twigg-Flesner/Wilhelmsson*, Rethinking EU Consumer Law, 2018, S. 186 f.; *Michel*, Premature Obsolescence, 2022, S. 395 f.

1222 *Lorenz*, NJW 2006, 1175, 1176.

wenn beide Arten der Nacherfüllung grob unverhältnismäßigen Aufwand erfordern nach § 275 Abs. 2 BGB oder Hindernisse bei persönlich zu erbringenden Leistungen bestehen nach § 275 Abs. 3 BGB oder nur mit unverhältnismäßigen Kosten möglich sind nach § 439 Abs. 4 S. 1 und 2 BGB. Vor Umsetzung der WKRL war ein vollständiger Ausschluss des Nacherfüllungsanspruchs beim Verbrauchsgüterkauf nicht möglich.[1223] Die Verweigerung beider Arten der Nacherfüllung hat zur Folge, dass der Käufer die anderen zur Auswahl stehenden Rechtsbehelfe geltend machen kann. Wie eingangs ausgeführt, konterkarieren die anderen Abhilferechte indes die Nachhaltigkeitsziele.

Wenn beide Arten der Nacherfüllung zwar möglich sind, jedoch jeweils nur mit unverhältnismäßigen Kosten, und auch wenn sich zwischen ihnen keine Unverhältnismäßigkeit feststellen lässt, kann der Verkäufer sie beide rechtmäßig verweigern.[1224] Ist nur eine Art der Nacherfüllung möglich, kann der Verkäufer auch diese Art verweigern. Dabei sind das käuferseitige Nacherfüllungsinteresse und der verkäuferseitige Aufwand diesbezüglich gegeneinander abzuwägen.[1225] Der Wert der Sache im mangelfreien Zustand sowie die Bedeutung des Mangels sind bei der Abwägung neben weiteren Umständen, insb. dem käuferseitigen Leistungsinteresse, welches über den Wert der Sache und den Wert des Mangels hinausgeht, zu berücksichtigen.[1226] Dass der Verkäufer den Mangel nicht selbständig beheben kann, begründet noch keine Unmöglichkeit der Nacherfüllung, da sie keine höchstpersönliche Pflicht des Verkäufers ist.[1227] Die drei Ausnahmetatbestände sind derart weit und unbestimmt gefasst, dass kein eindeutiges Regel-Ausnahme-Verhältnis zugunsten der Nacherfüllung erkennbar ist.[1228] Zur ersten Einschätzung der Situation können prozentuale Grenzwerte herangezogen werden, sodass die Nacherfüllung absolut unverhältnismäßig wäre, wenn ihre Kosten 150 % des Werts der Sache im mangelfreien Zustand oder 200 % des mangelbedingten Minderwerts übersteigen und der Verkäufer den Mangel nicht zu vertreten hat, wobei die Umstände des Einzelfalls stets entscheidend bleiben.[1229] Hat der Verkäufer die Mangelhaftigkeit des Kaufgegenstands zu vertreten, so muss dies in die

1223 EuGH, Urt. v. 16.06.2011, C-65/09, C-87/09, NJW 2011, 2269, Rn. 68, 71 sowie § 475 Abs. 4 S. 1 a.F.
1224 *Höpfner* in: BeckOGK BGB, 01.06.2025, BGB § 439 Rn. 159; *Schulze/Zoll*, European Contract Law, 3. Ed. 2021, Chapter 6 Rn. 61.
1225 *Westermann* in: MüKo BGB, 8. Aufl. 2019, BGB § 439 Rn. 28.
1226 BGH, Beschl. v. 14.01.2009, VIII ZR 70/08, NJW 2009, 1660, 1661 Rn. 14; BGH, Urt. v. 04.04.2014, V ZR 275/12, NJW 2015, 468, 472 Rn. 39; *Bach* in: Staudinger, 2023, BGB § 439 Rn. 252, 259 ff.
1227 *Bach* in: Staudinger, 2023, BGB § 439 Rn. 237.
1228 *Ehmann/Rust*, JZ 1999, 853, 858.
1229 BGH, Beschl. v. 14.01.2009, VIII ZR 70/08, NJW 2009, 1660, 1661 Rn. 15, m.w.N. in Bezug auf einen Grundstückskaufvertrag; BGH, Urt. v. 04.04.2014, V ZR 275/12, NJW 2015, 468, 472 Rn. 41, 45.

Abwägung mit einbezogen werden und dem Verkäufer ist eine gewisse Unverhältnismäßigkeit zuzumuten.[1230]

c) Zusammenfassung

Zu Erreichung der Nachhaltigkeitsziele, muss das Gewährleistungsregime durch den Käufer aktiviert werden und Abhilfe durch Nacherfüllung verlangt werden. Es müssen daher Strategien entwickelt werden, welche die Totalverweigerungsmöglichkeit des Verkäufers unterbindet. § 439 Abs. 4 S. 3 HS. 2 BGB gesetzlich schlicht abzuändern und dem Verkäufer die Möglichkeit der Leistungsverweigerung zu nehmen wäre nicht zielführend. Zwar wäre der Verkäufer sodann zur Nacherfüllung unumgänglich verpflichtet. An der Tatsache, dass die Nacherfüllung in bestimmten Fällen ökonomisch untragbar sein kann, würde ein solches Gesetz nichts ändern. Auch würde eine steife Verpflichtung zur Nacherfüllung den Verkäufer übermäßig belasten und seine Interessen völlig unbeachtet lassen. Vielmehr müssen Mechanismen etabliert werden, um die Nacherfüllung, d. h. vorrangig die Nachbesserung, praktisch durchführbar und wirtschaftlich attraktiv zu machen. Hierzu sollten Waren reparaturfähig und reparaturfreundlich sein. Die Senkung der tatsächlichen Kosten für die Reparatur und des Aufwands lassen die Voraussetzungen der absoluten Unverhältnismäßigkeit entfallen und wirken dem Problem der ökonomischen Obsoleszenz entgegen (dazu sogleich).

3. Nachbesserung statt Nachlieferung im Rahmen des Nacherfüllungsanspruchs zur Verlängerung der Produktlebensdauer

Zur Verfolgung der Strategie, Anreize für Hersteller zur Produktion langlebiger und vor allem auch reparaturfähiger Produkte zu setzen, muss der Käufer nicht nur von seinen Gewährleistungsrechten Gebrauch machen, sondern sich bei der Auswahl zwischen Nacherfüllung, Minderung, Schadensersatz und Rücktritt für den Nacherfüllungsanspruch entscheiden. Um auf eine Verlängerung der Produktlebensdauer hinzuwirken, muss das Produkt im Falle des Funktionsausfalls repariert werden statt ausgetauscht (s. o. Erster Teil A.II.). Ein Austausch erfordert die Neuproduktion von Waren, die mit einem erheblichen Ressourcenverbrauch einher geht, die Umwelt schädigt und damit die Verfolgung von Nachhaltigkeitszielen hemmt. Art. 3 Abs. 3 VGKRL, nun Art. 13 Abs. 2 WKRL, umgesetzt in § 439 Abs. 1 BGB, begründet das Wahlrecht des Käufers, Beseitigung des Mangels oder Lieferung einer mangelfreien Sache zu verlangen. Wenn der Käufer in seiner Wahl zugunsten

1230 BGH, Urt. v. 04.04.2014, V ZR 275/12, NJW 2015, 468, 472 Rn. 36, 45.

der Nachbesserung nicht hinreichend beeinflusst werden kann, müssen andere Strategien, die eine Reparatur begünstigen, diskutiert werden.

a) Wahlrecht des Käufers

Es ist davon auszugehen, dass eine ganze Bandbreite der Käuferschaft sich für die Lieferung eines neuen Produkts entscheiden würden, vor allem wenn erhebliche Mängel vorliegen.[1231] Tatsächlich wird die Wahl oft zulasten der Reparatur und zugunsten der Neulieferung ausfallen, wenn und weil eine Neuanschaffung schneller und günstiger wäre.[1232] Die Wahl zugunsten der Nachbesserung wird vergünstigt, je mehr kleinere Reparaturbetriebe es in der Nähe der Käufer gibt und je intensiver durch persönlichen Kontakt eine Kundenbindung aufgebaut werden kann.[1233] Für viele Verbraucher ist aber ein Recht auf Reparatur sowie die Repariermöglichkeit einer Ware grundsätzlich wichtig.[1234] Sie weisen eine gewisse Präferenz hinsichtlich einer Nachbesserung zur Verlängerung der Nutzungsdauer auf.[1235] Umweltbewusste und ökologisch orientiere Käufer können durch das ihnen

---

1231 *Bach/Kieninger*, JZ 2021, 1088, 1094; *Konferenz der Justizministerinnen und Justizminister der Länder*, Bericht der Arbeitsgruppe „Nachhaltigkeit im Zivilrecht", 2021, S. 93.

1232 *Micklitz/Mehnert/Specht-Riemenschneider/Liedtke/Kenning*, Recht auf Reparatur, 2022, S. 19 f., wonach sich nur 22 % der Befragten für eine Reparatur entscheiden würden, wenn eine Neuanschaffung schneller ginge (gegenüber 44 % der Befragten, die sich für die schnellere Neuanschaffung entscheiden würden) und nur 11 % der Befragten die Reparatur einer Neulieferung vorziehen würden, wenn die Neuanschaffung zum gleichen Preis möglich wäre (gegenüber 65 % der Befragten, die hierzu nicht bereit wären).

1233 *Longmuß/Dworak* in: Longmuß/Poppe, Geplante Obsoleszenz, 2019, 73, 79.

1234 *vzbv*, Haltbarkeit und Reparierbarkeit von Produkten, Berichtsgrafiken, 2017, S. 4, hierbei gaben 31 % von 1.000 Befragten an, ein Recht auf Reparatur sei ihnen sehr wichtig, und weitere 39 % von 1.000 Befragten gaben an, ein Recht auf Reparatur sei ihnen eher wichtig; *vzbv*, Verbraucherbefragung zum Thema Reparaturindex, Ergebnisse einer repräsentativen Bevölkerungsbefragung, 2021, S. 3, hierbei gaben 44 % der Befragten an, dass sie sehr wahrscheinlich, und 28 % der Befragten, dass sie eher wahrscheinlich einen Reparaturindex beim Kauf eines neuen Produkts berücksichtigen würden; *Micklitz/Mehnert/Specht-Riemenschneider/Liedtke/Kenning*, Recht auf Reparatur, 2022, S. 19 f., hiernach ist zumindest für 32 % der Befragten die Möglichkeit zur Reparatur ein wichtiges Kaufkriterium (gegenüber 43 %, für die die Reparierbarkeit keinen Einfluss auf die Kaufentscheidung hat), jedoch gaben 38 % der Befragten an, nicht dazu bereit zu sein, zugunsten der Reparierbarkeit auf andere Produkt- und Qualitätsmerkmale zu verzichten (gegenüber 31 %, die dazu bereit wären).

1235 *Fischer/Moch/Prakash/Teufel/Stieß/Kresse/Birzle-Harder*, UBA Texte 11/2019, 2019, S. 47, 50 ff. bzgl. mobiler Kleingeräte und TV-Geräte; *Europäisches Parlament, Ausschuss für Binnenmarkt und Verbraucherschutz*, Bericht über das Thema „Längere Lebensdauer für Produkte: Vorteile für Verbraucher und Unternehmen" (2016/2272(INI)), 09.06.2017, S. 6, 17, wonach 77 % der Verbraucher in der EU laut einer Eurobarometer-Umfrage angaben, dass sie lieber ein defektes Produkt reparieren würden.

zustehende Wahlrecht bei einem auftretenden Defekt vom Verkäufer Reparatur verlangen.

Der Strategie zuwider läuft die Praxis, vor allem im Onlinehandel, wonach das Wahlrecht des Käufers ausgehebelt wird, weil der Verkäufer bei einem Nacherfüllungsbegehren den Kaufpreis automatisch zurückerstattet oder eine andere Abhilfe als die Neulieferung auf seiner Webseite nicht vorsieht.[1236] Um diesem verkäuferseitigen Verhalten entgegenzuwirken und den Käufer in seiner Wahl und Rechtsdurchsetzung zu stärken, wäre eine Information über das Wahlrecht und die Mängelrechte geboten, welche ihre Wirkung ex-post (s. o. Zweiter Teil A.III.4.d)ii.) nach Vertragsschluss entfaltet.[1237] Eine solche Informationspflicht soll mit Umsetzung der Richtlinie 2024/1799 bis zum 31. Juli 2026 gesetzlich eingeführt werden.[1238]

i. Nutzungsersatz des Käufers bei Nachlieferung zur Vermeidung ökonomischer Obsoleszenz

Für den Käufer wäre die Neulieferung der Reparatur insbesondere deshalb vorzuziehen, weil er das Produkt unentgeltlich für eine bestimmte Zeit nutzen könnte und bei Funktionsverlust trotzdem ein neues Produkt geliefert bekäme, dass dann auch noch länger hält.[1239] Diesem Anreiz entgegen statuiert § 439 Abs. 6 S. 1, § 346 Abs. 1 und Abs. 2 S. 1 Nr. 1 BGB die Pflicht des Käufers, Wertersatz für die bisherige Nutzung der funktionsunfähig gewordenen Ware zu zahlen. Die Entscheidung für eine Neulieferung verteuert sich und eine kostenlose Reparatur wird attraktiver. Um an diesem Ergebnis festzuhalten, wäre demgegenüber ein Nutzungsersatzanspruch (analog) im Rahmen der Nachbesserung in Bezug auf die ausgetauschten Produktteile abzulehnen.[1240] Die Wertersatzpflicht gilt allerdings gem. § 475 Abs. 3 S. 1 BGB nicht für den Verbraucher eines Verbrauchsgüterkaufs. Für ihn wird der Nutzen einer Neulieferung den einer Reparatur übersteigen. Dies gilt jedenfalls,

1236 *Roer*, VuR 2023, 454, 455 ff., der das Verhalten von Verkäufern als eine „Im-System-nicht-vorgesehen-Taktik“ bezeichnet, 458 ff. zu Handlungsmöglichkeiten gegen dieses Verkäuferverhalten nach geltendem Recht.

1237 *Segger-Piening*, ZfPW 2020, 358, 370; Zustimmend *Roer*, VuR 2023, 454, 460 f.

1238 Art. 16 Nr. 3 der Richtlinie (EU) 2024/1799 des Europäischen Parlaments und des Rates vom 13. Juni 2024 über gemeinsame Vorschriften zur Förderung der Reparatur von Waren und zur Änderung der Verordnung (EU) 2017/2394 und der Richtlinie (EU) 2019/771 und (EU) 2020/1828.

1239 *Bach/Kieninger*, JZ 2021, 1088, 1094; *Michel*, Premature Obsolescence, 2022, S. 415 f.; *Roer*, VuR 2023, 454, 455 f.; *van Gool/Michel*, EuCML 2021, 136, 144.

1240 Für eine analoge Anwendung im Rahmen der Nachbesserung aber *Höpfner* in: BeckOGK BGB, 01.06.2025, BGB § 439 Rn. 125.

soweit Verbraucher kein Nachhaltigkeitsbewusstsein aufweisen und nicht nach einem solchen handeln.

Die Regelung für den Verbrauchsgüterkauf dient der Umsetzung der „Quelle"-Entscheidung des EuGH. Dieser urteilte, dass eine Wertersatzpflicht für die Nutzung eines vertragswidrigen Verbrauchsguts dem Grundsatz der Unentgeltlichkeit der Nacherfüllung widerspreche.[1241] In Art. 14 Abs. 4 WKRL ist nun ausdrücklich normiert, dass der Verbraucher nicht verpflichtet ist für die normale Verwendung der ersetzten Ware in der Zeit vor ihrer Ersetzung zu zahlen. Diese Rechtsauffassung mag damals unter Verbraucherschutzgesichtspunkten nachvollziehbar gewesen sein, lässt sich heute vor allem unter Nachhaltigkeitsgesichtspunkten jedoch nicht länger vertreten.

Insoweit Käufer keine Präferenz für eine Reparatur haben, würde die Streichung des Art. 14 Abs. 4 WKRL bzw. § 475 Abs. 3 S. 1 BGB die Entscheidung für die Neulieferung hinreichend verteuern.[1242] Der Verbraucher würde sich für die Nachbesserung entscheiden, um die Wertersatzpflicht zu vermeiden. Zur Verfolgung der Strategie, dass Nachbesserung der Nachlieferung vorgehen soll, wäre dieser gesetzgeberische Schritt notwendig. Lediglich die Möglichkeit an das Nachhaltigkeitsbewusstsein der Käuferschaft zu appellieren, stellt keine hinreichend wirkungsvolle Strategie dar. Die private Autonomie einiger Marktteilnehmer beschränkt die öffentliche Autonomie hinsichtlich einer Rechtsetzung, die Allgemeinwohlbelange verfolgt, nicht. Ferner sprechen auch keine zwingenden Gründe des Verbraucherschutzes dafür, den Verbraucher von der Wertersatzpflicht zu befreien. Die Begründung der Wertersatzpflicht, dass der Käufer keine Vorteile aus der Mangelhaftigkeit ziehen können soll und die Sache für den Zeitraum bis sich der Mangel offenbart nicht kostenlos nutzen können soll,[1243] gilt für Verbraucher ebenso wie für jeden anderen Käufer. Hätte der Kaufgegenstand keinen Mangel, hätte der Käufer die Sache auch nicht kostenlos nutzen können und sämtliche Verschlechterungen und Abnutzen hätte er selbst tragen müssen.[1244] Außerdem wird der Verbraucher zum einen ausreichend geschützt, wenn zumindest eine Art der Nacherfüllung, nämlich die Nachbesserung, unentgeltlich erfolgt. Wobei zu beachten ist, dass die Nachlieferung als solche abseits des Nutzungsersatzes weiterhin unentgeltlich stattfinden würde. Zum anderen wiegen in diesem Fall Nachhaltigkeitserwägungen schwerer als Verbraucherschutzerwägungen. Die

1241 EuGH, Urt. v. 17.04.2008, C-404/06, NJW 2008, 1433 – Quelle AG/Bundesverband Verbraucherzentralen und Verbraucherverbände.

1242 Auch für eine Streichung des Art. 14 Abs. 4 WKRL plädierend *Michel*, Premature Obsolescence, 2022, S. 415 f.; *van Gool/Michel*, EuCML 2021, 136, 145.

1243 BT-Drs. 14/6040, 232 f.

1244 BT-Drs. 14/6040, 233.

Nachbesserung muss vom Käufer der Nachlieferung vorzuziehen sein, um Anreize zur Vermeidung werkstofflicher Obsoleszenz entsenden und die Lebensdauer durch Reparaturen verlängern zu können. Ein Nacherfüllungsanspruch, bei dem die Nachbesserung unentgeltlich zu erfolgen hätte und mit der Nachlieferung ein Wertersatzanspruch einhergehen würde, würde den Verbraucher ausreichend schützen und würde den Verbraucherschutz mit Umweltschutz in Einklang bringen. Eine solche Regelung ist daher zur Erreichung von Nachhaltigkeitszielen vorzugswürdig.

ii. Nutzungsausfallersatz des Verkäufers bei Nachbesserung zur Vermeidung ökonomischer Obsoleszenz

Zu den Unannehmlichkeiten, die den Käufer vordergründig davon abhalten, den Nachbesserungsanspruch einzufordern, zählen der Zeitaufwand, insb. die Wartekosten, bis die Nachbesserung erfolgt ist, sowie der Nutzungsfall des mangelhaft gewordenen Produkts während der Nachbesserungszeit. Die Nachbesserung wird regelmäßig mehr Zeit in Anspruch nehmen als die Neulieferung aufgrund der Meldung des Mangels, den Terminverhandlungen, der Vor-Ort-Sichtung oder des Verschickens der Ware sowie der reinen Reparaturdauer.[1245] Wenn der Nutzungsausfall und der Zeitaufwand einer Reparatur vermieden werden kann durch die Wahl der Nachlieferung, wird der Käufer sich für die Nachlieferung entscheiden. Insofern wären seine Interessen eigentlich hinreichend geschützt, weil er es selbst in der Hand hätte den Nutzungsausfall durch seine Wahl zu vermeiden.[1246] Unter dem Gesichtspunkt der Nachhaltigkeit und der bezweckten Priorisierung der Nachbesserung müssten hingegen Mechanismen etabliert werden, die den Käufer hinsichtlich des Nutzungsausfalls während der Nachbesserung entlasten. Die Wahl der Nachlieferung sollte nicht die einzige Möglichkeit der Vermeidung des Nutzungsausfallschadens sein. Denn dann würde der Käufer sich stets für die Neulieferung entscheiden. Nachbesserung sollte genauso attraktiv für den Käufer sein wie die Neulieferung.

Eine Lösung könnte darin bestehen, dem Käufer für die Zeit der Reparatur ein Ersatzprodukt zur Verfügung zu stellen.[1247] Zusätzlich könnten gesetzliche Repa-

---

1245 *Schlacke/Alt/Tonner/Gawel/Bretschneider*, UBA Texte 72/2015, S. 211; *Kieninger*, ZEuP 2020, 264, 267.

1246 *Projektgruppe VSMK und JuMiKo*, Gewährleistung und Garantie, 03.02.2016, S. 48, die zudem keine bestimmte Produktgruppe oder Preiskategorie ausmachen können, bei denen sie einen Nutzungsausfall grundsätzlich als unbillig ansehen würden; *Lorenz*, NJW 2006, 1175, 1175 f.

1247 Vgl. *Micklitz/Mehnert/Specht-Riemenschneider/Liedtke/Kenning*, Recht auf Reparatur, 2022, S. 21 f., wonach eine Mehrheit von 71 % der Befragten das Angebot eines kostenlosen Ersatzgeräts während der Reparatur für wichtig oder sehr wichtig halten; Siehe auch Art. 16 Nr. 4 und EG 42

raturstandards festgelegt werden, insbesondere die Zeitspanne, die eine „angemessene Frist" i.S.d. Art. 14 Abs. 1 lit. b) WKRL, umgesetzt in § 475 Abs. 5 BGB, darstellen würde, in welcher die Reparatur abhängig vom Produkttyp zu erfolgen hätte.[1248] Darauf könnte sich der Käufer dann einstellen und auch verlassen. Sein Vertrauen in die Reparatur würde gestärkt. Bei Überschreiten der vorgegebenen Reparaturzeit müsste dem Käufer aber auf jeden Fall ein Ersatzprodukt zur Verfügung gestellt werden, welches er dann nutzen kann, bis das Produkt repariert ist.[1249] Gegen den Lösungsvorschlag der Bereitstellung eines Ersatzprodukts spricht die hohe finanzielle Belastung des Verkäufers, insb. die Zusatzkosten für Verwaltung, Herausgabe und Rücknahme der Ersatzsache, sowie die mangelnde Praktikabilität und schwere Kalkulierbarkeit.[1250] Auch würde sich eine solche Pflicht nicht in die Logik des § 439 Abs. 2 BGB einfügen, denn ein Ersatzgerät ist nicht erforderlich für die Reparatur und der Verkäufer ist nicht dazu verpflichtet, einen hypothetischen Zustand herzustellen, der bestünde, wenn von vornherein ordnungsgemäß erfüllt worden wäre.[1251]

Eine Lösung kann die Zubilligung eines finanziellen Ausgleichs für Verzögerungen und Unannehmlichkeiten der Reparatur bringen. Dem Käufer könnte neben dem originären Recht auf Nachbesserung ein Minderungsrecht zur Seite gestellt werden.[1252] Nach geltendem Recht steht dem Käufer kein Minderungsrecht für die Fälle zu, in denen der Verkäufer nicht unentgeltlich, nicht innerhalb einer angemessenen Frist oder nicht ohne erhebliche Unannehmlichkeiten nacherfüllt hat, weil Art. 13 Abs. 4 lit. a) WKRL, der die Voraussetzungen des Minderungsanspruchs regelt, nicht auf Art. 14 Abs. 1 WKRL verweist.[1253] Nach Art. 3 Abs. 5 VGKRL war eine Minderung auch bei erfolgreicher, aber verzögerter oder mit Unannehmlichkeiten erfolgter Nacherfüllung noch zulässig. Dies wurde jedoch nicht in das deutsche Recht umgesetzt und Minderung war und ist ausschließlich bei nicht

---

der Richtlinie (EU) 2024/1799 des Europäischen Parlaments und des Rates vom 13. Juni 2024 über gemeinsame Vorschriften zur Förderung der Reparatur von Waren und zur Änderung der Verordnung (EU) 2017/2394 und der Richtlinie (EU) 2019/771 und (EU) 2020/1828, wonach zumindest klargestellt wird, dass der Verkäufer während der Nachbesserung eine Ersatzware zur Verfügung stellen kann.

1248 *Augenhofer/Küter*, VuR 2023, 243, 247.

1249 *Augenhofer/Küter*, VuR 2023, 243, 247.

1250 *Projektgruppe VSMK und JuMiKo*, Gewährleistung und Garantie, 03.02.2016, S. 49 f., 58.

1251 *Micklitz/Mehnert/Specht-Riemenschneider/Liedtke/Kenning*, Recht auf Reparatur, 2022, S. 52.

1252 *Konferenz der Justizministerinnen und Justizminister der Länder*, Bericht der Arbeitsgruppe „Nachhaltigkeit im Zivilrecht", 2021, S. 98.

1253 So auch *Faust* in: BeckOK BGB, 74. Ed. 01.05.2025, BGB § 437 Rn. 28; *Konferenz der Justizministerinnen und Justizminister der Länder*, Bericht der Arbeitsgruppe „Nachhaltigkeit im Zivilrecht", 2021, S. 99.

erfolgter Nacherfüllung möglich.[1254] Eine Behebung dieses Richtlinienverstoßes ist aufgrund der nun geltenden Regelungen in der WKRL nicht mehr erforderlich. Hinzu kommt, dass nicht jede Unannehmlichkeit einen finanziellen Ausgleichanspruch rechtfertigt, sondern der Käufer ein gewisses Maß an Unannehmlichkeiten, insbesondere eine die Nacherfüllung beanspruchende Zeit, eigentlich hinnehmen muss.[1255] Die Möglichkeit der Minderung, um einen etwaigen Nutzungsausfall ausgleichen zu können, steht dem Käufer daher nicht zu.

EG 61 WKRL sieht vor, dass die Mitgliedstaaten Entschädigungsansprüche regeln können, soweit die Nacherfüllung erhebliche Unannehmlichkeiten verursacht hat oder zu spät kam. Der Käufer sollte für sämtliche Schäden einen Ausgleich erhalten, die im Zusammenhang mit der mangelhaften Lieferung einer Ware entstanden sind und einen Verstoß gegen Verkäuferpflichten darstellt, wie diejenige nach § 475 Abs. 5 BGB. Auch der Vorschlag für ein Gemeinsames Europäisches Kaufrecht sieht vor, dass die Rechte des Käufers ungeachtet der Heilung der Nichterfüllung durch den Verkäufer bestehen bleiben.[1256] Solche Entschädigungsansprüche lassen sich nach geltender Rechtslage aus dem deutschen Schadensersatzrecht herleiten. Wenn der Verkäufer die Nacherfüllung nicht innerhalb einer angemessenen Frist erbringt, kann der Käufer einen Schadensersatzanspruch wegen Verzugs der Nacherfüllung gem. § 437 Nr. 3 Alt. 1, § 280 Abs. 1 und 2, § 286 BGB unter den dort genannten Voraussetzungen geltend machen in Hinblick auf die Schäden, die ihren Grund in der Verzögerung haben.[1257] Dabei ist in dem Nacherfüllungsverlangen des Käufers regelmäßig auch eine Mahnung zu sehen, sodass der Verkäufer in Verzug gerät, wenn er nicht auf die Geltendmachung hin leistet.[1258] Eine hinreichend realistische Chance zur Erbringung der Nacherfüllung stellt eine Zeitspanne dar, in der ein optimal organisierter Verkäufer, für den die Nacherfüllung die höchste Priorität hat, nacherfüllen könnte.[1259] Zu verschulden haben muss der Verkäufer in diesem Fall lediglich den Verzug, nicht den Mangel als solchen.[1260] Neben einem Verzugsschaden kann der Käufer gem. § 437 Nr. 3, § 280 Abs. 1 BGB einen Schadensersatzanspruch geltend machen bei Verletzung der

---

1254 *Faust* in: BeckOK BGB, 74. Ed. 01.05.2025, BGB § 441 Rn. 30; *Lorenz* in: MüKo BGB, 8. Aufl. 2019, Vor § 474 Rn. 26.

1255 EuGH, Urt. v. 23.05.2019, C-52/18, NJW 2019, 2007, 2009 Rn. 40; BGH, Urt. v. 13.04.2011, VIII ZR 220/10, NJW 2011, 2278, 2282 Rn. 43.

1256 Art. 106 Nr. 3 lit. a) des Vorschlags für eine Verordnung des Europäischen Parlaments und des Rates über ein Gemeinsames Europäisches Kaufrecht vom 11.10.2011, KOM(2011) 635 endgültig.

1257 *Faust* in: BeckOK BGB, 74. Ed. 01.05.2025, BGB § 475 Rn. 44, § 437 Rn. 155.

1258 *Faust* in: BeckOK BGB, 74. Ed. 01.05.2025, BGB § 437 Rn. 153.

1259 *Faust* in: BeckOK BGB, 74. Ed. 01.05.2025, BGB § 437 Rn. 153.

1260 *Westermann* in: MüKo BGB, 8. Aufl. 2019, BGB § 437 Rn. 34.

verkäuferseitigen Pflicht aus § 475 Abs. 5 BGB, insb. bei der Verursachung erheblicher Unannehmlichkeiten.[1261] Ersetzt verlangen kann der Käufer alle Vermögensnachteile, die durch die Mangelhaftigkeit der Kaufsache entstanden sind, vor allem auch Nutzungsausfall- und Betriebsausfallschäden.[1262] Der Schadensersatz könnte in einer Nutzungsausfallpauschale pro Kalendertag bei länger als dreitägigem mangelbedingtem Produktausfall bestehen, die sich am Wert der Kaufsache orientiert.[1263] Damit der Käufer Schadensersatz erhält, muss der Verkäufer den Mangel zu vertreten haben, was nach § 280 Abs. 1 S. 2 BGB vermutet wird.

Insoweit gegen die Einführung eines Minderungs- oder Schadensersatzrechts angeführt wird, der Verkäufer könne dann die Kosten der Reparatur nicht mehr hinreichend kalkulieren,[1264] überwiegen die, insbesondere umweltschützenden, Vorteile dahingehend, dass es für den Käufer attraktiver wird sich für die Nachbesserung zu entscheiden. Zudem liegt es am Verkäufer selbst, die Nachbesserung in angemessener Zeit und ohne Unannehmlichkeiten für den Käufer vorzunehmen oder eine Ersatzsache bereitzustellen. Die Einführung eines gänzlich verschuldensunabhängigen Schadensersatzanspruchs für Nutzungsausfallschäden und sonstige Schäden aufgrund von Unannehmlichkeiten ist jedoch abzulehnen. Dies würde eine Abkehr vom grundsätzlichen Verständnis des deutschen Zivilrechts bedeuten.

b) Leistungsverweigerungsrecht des Verkäufers einer Art der Nacherfüllung

Vor Einführung des Wahlrechts im Rahmen der Schuldrechtsmodernisierungsreform entsprach es der deutschen Vertragspraxis, dass Nachlieferung bei mangelhaften hochwertigen Produkten ausgeschlossen war und Rücktritt und Minderung erst nach erfolgloser Nachbesserung geltend gemacht werden konnten sowie, dass Nachbesserung bei mangelhaften Massenprodukten ausgeschlossen war bzw. lediglich ein Recht auf Nachlieferung gewährt wurde und erst, wenn eine solche nicht erfolgreich war, konnte der Käufer zurücktreten oder mindern.[1265] Die gesetzliche Normierung des käuferseitigen Wahlrechts zwischen Nachbesserung und Nachlieferung gilt für Massenprodukte wie solche aus dem Hochpreissegment

---

1261 So auch BT-Drs. 19/27424, 37; *Berger* in: Jauernig BGB, 19. Aufl. 2023, BGB §§ 474, 475 Rn. 13; *Faust* in: BeckOK BGB, 74. Ed. 01.05.2025, BGB § 475 Rn. 44; *Lorenz* in: MüKo BGB, 8. Aufl. 2019, Vor § 474 Rn. 26.

1262 BGH, Urt. v. 19.06.2009, V ZR 93/08, NJW 2009, 2674, 2675 Rn. 12; *Saenger* in: HK-BGB, 12. Aufl. 2024, BGB § 437 Rn. 9 ff.

1263 *Projektgruppe VSMK und JuMiKo*, Gewährleistung und Garantie, 03.02.2016, S. 49.

1264 So jedenfalls *Konferenz der Justizministerinnen und Justizminister der Länder*, Bericht der Arbeitsgruppe „Nachhaltigkeit im Zivilrecht", 2021, S. 99.

1265 *Schmidt-Räntsch*, ZIP 1998, 849, 851.

gleichermaßen. Das Wahlrecht besteht aber nur theoretisch. Seit Einführung des § 439 Abs. 4 BGB[1266] i.R.d. SMR, womit Art. 3 Abs. 3 VGKRL, nun Art. 13 Abs. 2 WKRL, umgesetzt wurde, kann der Verkäufer die vom Käufer gewählte Art der Nacherfüllung unbeschadet des § 275 Abs. 2 wegen grob unverhältnismäßigem Aufwand und des § 275 Abs. 3 BGB wegen Hindernissen bei persönlich zu erbringenden Leistungen verweigern, wenn sie nur mit unverhältnismäßigen Kosten möglich ist. Der Anspruch des Käufers beschränkt sich bei Berufung auf diese sog. relative Unverhältnismäßigkeit auf die andere Art der Nacherfüllung.[1267] Das relative Leistungsverweigerungsrecht kann vorwiegend damit begründet werden, dass der Verkäufer unabhängig von seinem Verschulden hinsichtlich des Mangeleintritts das Risiko unwirtschaftlicher Nacherfüllungsaufwendungen trägt und diese daher beeinflussen können sollte.[1268] Im Zusammenspiel mit dem Wahlrecht des Käufers soll das Erfüllungsinteresse des Käufers ohne Belästigung für den Käufer und mit geringen Kosten für den Verkäufer befriedigt werden können.[1269]

Wann die Kosten unverhältnismäßig sind, hängt nach Art. 13 Abs. 2 WKRL, umgesetzt in § 439 Abs. 4 S. 2 BGB, insb. vom Wert der Sache in mangelfreiem Zustand, von der Bedeutung des Mangels und der Frage ab, ob auf die andere Art der Nacherfüllung ohne erhebliche Nachteile für den Käufer zurückgegriffen werden könnte. Die Abwägung berücksichtigt den Marktwert der Sache im mangelfreien Zustand, nicht den Kaufpreis, sowie die Bedeutung des Mangels in erster Linie für die Gebrauchsfähigkeit.[1270] Die relative Unverhältnismäßigkeit ergibt sich sodann durch einen Vergleich der beiden Arten der Nacherfüllung, wonach eine Art der Nacherfüllung gegenüber der anderen Art unverhältnismäßig ist, wenn sie deutlich höhere Kosten des Verkäufers mit sich bringt.[1271] Dabei sind alle zum Zwecke der Nacherfüllung anfallenden Kosten mit einzubeziehen, d.h. solche die dem Verkäufer unmittelbar entstehen sowie Kosten des Käufers, die dieser vom Verkäufer nach § 439 Abs. 2 BGB ersetzt verlangen kann.[1272] Um das Wahlrecht des Käufers nicht zu unterlaufen, ist nicht bereits jeder finanzieller Unterschied aus-

---

1266 § 439 Abs. 3 BGB a.F. v. 01.01.2002.

1267 Vgl. *Schulze/Zoll*, European Contract Law, 3. Ed. 2021, Chapter 6 Rn. 61.

1268 *Lorenz*, NJW 2006, 1175, 1176.

1269 *Grundmann* in: Grundmann/Medicus/Rolland, Europäisches Kaufgewährleistungsrecht, 2000, 281, 304.

1270 *Bianca* in: Grundmann/Bianca, EU-Kaufrechts-Richtlinie Kommentar, 2002, VGKRL Art. 3 Rn. 33; *Weidenkaff* in: Grüneberg BGB, 84. Aufl. 2025, BGB § 439 Rn. 16a.

1271 Vgl. EG 11 VGKRL; *Faust* in: BeckOK BGB, 74. Ed. 01.05.2025, BGB § 439 Rn. 69; *Howells/Twigg-Flesner/Wilhelmsson*, Rethinking EU Consumer Law, 2018, S. 189 f.; *Westermann* in: MüKo BGB, 8. Aufl. 2019, BGB § 439 Rn. 28; *Weidenkaff* in: Grüneberg BGB, 84. Aufl. 2025, BGB § 439 Rn. 16a.

1272 *Bach* in: Staudinger, 2023, BGB § 439 Rn. 61; *Weidenkaff* in: Grüneberg BGB, 84. Aufl. 2025, BGB § 439 Rn. 16a.

reichend, vielmehr hat sodann eine Abwägung zwischen dem verkäuferseitigen Interesse an der Kostenminimierung der Nacherfüllung und dem käuferseitigen Wahlinteresse zu erfolgen.[1273] Lediglich, wenn beide Nacherfüllungsarten das käuferseitige Interesse nicht minder befriedigen und gleichermaßen belasten, kann auf die finanzielle Abwägung der Arten abgestellt werden.[1274]

In der Praxis erfolgt die Nacherfüllung bei einem mangelhaften Massenprodukt des Niedrigpreissegments meistens durch Nachlieferung und bei einem mangelhaften hochwertigen Produkt durch Nachbesserung, weil dies jeweils für den Verkäufer wirtschaftlich günstiger sein wird.[1275] Für einen Großteil der Produkte ist die Ersatzlieferung gewöhnlich ökonomisch günstiger.[1276] Dieses Ergebnis lässt sich durch das Verweigerungsrecht des Verkäufers realisieren und wird regelmäßig das Resultat der Berücksichtigung „des Werts, den die Waren hätten, wenn sie vertragsgemäß wären", Art. 13 Abs. 2 lit. a) WKRL, bzw. eines Vergleichs mit dem „Wert der Sache im mangelfreien Zustand" sein, § 439 Abs. 4 S. 2 BGB.[1277] Die Kosten für Arbeit und Ersatzteile sind oft sehr hoch.[1278] Die Lohnkosten für Reparaturbetriebe fallen zumeist im Inland an und werden damit viel höher sein als die Kosten der Produktion, die in Niedriglohnländern mit geringeren Standards stattfindet.[1279] Nicht nur stehen dem Letztverkäufer häufig keine Ersatzteile zur Verfügung, auch fehlen ihm oft die zur Reparatur notwendige Infrastruktur und sonstige Ressourcen.[1280] Wenn der Verkäufer nicht in der Lage ist die Reparatur selbst vorzunehmen, muss er das Produkt an den Hersteller oder externe Reparaturbetriebe übersenden, die ihren Sitz auch im Ausland haben können, wodurch

1273 *Faust* in: BeckOK BGB, 74. Ed. 01.05.2025, BGB § 439 Rn. 71, 76; *Höpfner* in: BeckOGK BGB, 01.06.2025, BGB § 439 Rn. 143; *Müller/Seitz*, NJW 2020, 3201, 3201 f. Rn. 1, 3, 3204 Rn. 15.

1274 *Faust* in: BeckOK BGB, 74. Ed. 01.05.2025, BGB § 439 Rn. 76.

1275 BT-Drs. 14/6040, 232; *Europäisches Parlament, Ausschuss für Binnenmarkt und Verbraucherschutz*, Bericht über das Thema „Längere Lebensdauer für Produkte: Vorteile für Verbraucher und Unternehmen" (2016/2272(INI)), 09.06.2017, S. 16; *Schmidt-Räntsch*, ZIP 1998, 849, 851 f.; *Schmidt-Räntsch*, ZEuP 1999, 294, 295.

1276 *Bach/Kieninger*, JZ 2021, 1088, 1094; *Bach* in: Staudinger, 2023, BGB § 439 Rn. 51; *Michel*, Premature Obsolescence, 2022, S. 402.

1277 *Westermann* in: MüKo BGB, 8. Aufl. 2019, BGB § 439 Rn. 29; So auch *Howells/Twigg-Flesner/Wilhelmsson*, Rethinking EU Consumer Law, 2018, S. 190.

1278 *Howells/Twigg-Flesner/Wilhelmsson*, Rethinking EU Consumer Law, 2018, S. 190; *Michel*, Premature Obsolescence, 2022, S. 402.

1279 *Kieninger*, ZEuP 2020, 264, 266; *Michel*, Premature Obsolescence, 2022, S. 402; *Tonner*, VuR 2023, 241, 242; *van Gool/Michel*, EuCML 2021, 136, 144.

1280 *Micklitz/Mehnert/Specht-Riemenschneider/Liedtke/Kenning*, Recht auf Reparatur, 2022, S. 51; *Michel*, Premature Obsolescence, 2022, S. 402.

hohe Kosten, auch für die Umwelt, entstehen.[1281] Wenn die Reparaturkosten die Produktionskosten des Serienprodukts übersteigen, ist die Nachbesserung regelmäßig unverhältnismäßig und kann nicht vom Käufer verlangt werden.[1282] In die Abwägung sind nach dem Gesetzeswortlaut mithin Erwägungen in Hinblick auf die Umweltauswirkungen der jeweiligen Variante nicht mit einzustellen.[1283] Diese Wirklichkeit läuft den eingangs definierten Nachhaltigkeitszielen entgegen. Denn gerade solche Produkte aus der Massenherstellung und dem Niedrigpreissegment sind solche, die qualitativ geringwertig hergestellt wurden, keine lange Lebens- und Nutzungsdauer haben und bei Auftreten eines Mangels noch häufiger durch ein neues Produkt ersetzt werden, als ohnehin schon vom Nutzer beabsichtigt. Bei der Abwägung im Rahmen der relativen Unverhältnismäßigkeit ist jedoch das Nachhaltigkeitsgebot gemäß Art. 20a GG in der Weise zu berücksichtigen (s. o. Erster Teil A.III.1.), dass die Voraussetzungen für die Verweigerung der Nachbesserung strenger auszulegen sind als diejenigen für die Verweigerung der Nachlieferung.[1284] Bei der Beurteilung der relativen Unverhältnismäßigkeit sollten daher zwingend ökologische Gesichtspunkte berücksichtigt werden müssen.[1285] Der Gesetzgeber des Kaufgewährleistungsrechts sowie die Rechtsprechung müssen sich nicht ausschließlich an individuellen Interessen orientieren, sondern können im Rahmen der öffentlichen Autonomie Allgemeinwohlbelangen besondere und auch mehr Bedeutung zusprechen (s. o. Erster Teil A.III.2.). Insbesondere ist es sodann nachhaltigkeitsorientierten Käufern möglich vom Verkäufer Reparatur zu verlangen, auch wenn diese teurer als die Neulieferung wäre.

Diese Gegebenheiten lassen sich unter dem Problem der ökonomischen Obsoleszenz zusammenfassen (s. o. Erster Teil A.II.2.c)). Damit die Nachbesserung günstiger als die Nachlieferung ist und dieser vorzuziehen bzw. diese zu verweigern ist, müssen Strukturen etabliert werden, die die Kosten der Reparatur senken und die Abwägung zu ihren Gunsten fördert. Ökonomische Obsoleszenz kann vermieden werden, indem die Herstellung von Produkten mit reparaturfähigem Design begünstigt wird, Reparaturkosten gesenkt werden und Ersatzteile vermehrt zur Verfügung stehen.

1281 *Augenhofer/Küter*, VuR 2023, 243, 245; *Micklitz/Mehnert/Specht-Riemenschneider/Liedtke/Kenning*, Recht auf Reparatur, 2022, S. 51.

1282 *Bianca* in: Grundmann/Bianca, EU-Kaufrechts-Richtlinie Kommentar, 2002, VGKRL Art. 3 Rn. 33.

1283 *Terryn*, 27(4) ERPL 851, 855 f. (2019).

1284 *Bach* in: Staudinger, 2023, BGB § 439 Rn. 84.

1285 So auch *van Gool/Michel*, EuCML 2021, 136, 145; Siehe zur Änderung von Art. 13 Abs. 2 WKRL dahingehend ausführlich *Michel*, Premature Obsolescence, 2022, S. 402 f., 404.

Wird ein Produkt von vornherein mit einem besonders reparaturfähigen Design hergestellt, verringert dies die Reparaturaufwendungen. So wird die Nachbesserung kostengünstiger sein, soweit ein defektes Teil eines technischen Produkts aufgrund des reparaturfähigen Designs leicht ausgetauscht werden kann.[1286] Insbesondere bei zunehmender Komplexität neuer Produkte ist deren Herstellung mit hohem, auch wirtschaftlichem Aufwand in Entwicklung und Fertigung verbunden und die Möglichkeit des einfachen und schnellen Austauschs defekter Komponenten auch für den Hersteller umso wichtiger.[1287] Hersteller können zudem von Skaleneffekten bei der Reparatur profitieren und so Kosten der Nachbesserung einsparen. Solche Skalenerträge können durch Investitionen in kostenintensive Reparaturausrüstungen, geschultes und spezialisiertes Personal sowie große Ersatzteillager entstehen.[1288] Ohne etabliertes Reparatursystem müsste der Verkäufer das mangelhafte Produkt in einer Zentralwerkstatt reparieren lassen, wodurch für ihn die Nachlieferung kostengünstiger wäre.[1289] Dabei ist die unzureichende Betriebsstruktur grds. nicht als Kostenfaktor in die Abwägung mit einzubeziehen, jedenfalls solange der Verkäufer als Hersteller auftritt, wohingegen vom bloßen Händler nicht erwartet wird, dass er eigene Reparaturmöglichkeiten hat.[1290]

Der Argumentationsstruktur den Nutzungsersatz des Verbrauchers betreffend (s. o. Zweiter Teil B.I.3.a)i.) widersprechend, könnte die Beibehaltung der aktuellen Regelung des Art. 14 Abs. 4 WKRL sowie dementsprechend des § 475 Abs. 3 S. 1 BGB die Nachbesserung von Seiten des Verkäufers begünstigen. Für den finanziellen Vergleich des Verkäufers ist auch relevant, dass er im Rahmen eines Verbrauchsgüterkaufs im Gegenzug für die Lieferung einer neuen Sache keinen Ersatz für die bisherige Nutzung des mangelhaften Produkts durch den Käufer erhält. Insofern kann die Reparatur attraktiver erscheinen. Die Neulieferung geht ebenfalls mit hohen Kosten für die zweifache Produktion eines Guts, für die der Verkäufer nur einmalig den Kaufpreis erhält, einher. Könnte der Verkäufer die kostenlose Nutzung des defekten Produkts durch den Käufer in die Abwägung der relativen Unverhältnismäßigkeit einstellen, wäre es im Ergebnis gleichgültig, ob nun der Käufer sein Wahlrecht zugunsten der Nachbesserung ausübt, weil er anderenfalls Nutzungsersatz leisten muss, oder der Verkäufer die Nachlieferung wegen relativer Unverhältnismäßigkeit verweigert, weil er keinen Nutzungsersatz vom Käufer erhält. Da primär das Wahlrecht dem Käufer zusteht und ein fehlender Nutzungsersatzanspruch des Verkäufers eines Verbrauchsgüterkaufs für den Ver-

1286 *Schäfer/Ott*, Lehrbuch der ökonomischen Analyse des Zivilrechts, 5. Aufl. 2012, S. 522.
1287 *Longmuß/Dworak* in: Longmuß/Poppe, Geplante Obsoleszenz, 2019, 73, 77 f.
1288 *Gomez* in: Grundmann/Bianca, EU-Kaufrechts-Richtlinie Kommentar, 2002, Einl. Rn. 107.
1289 *Schäfer/Ott*, Lehrbuch der ökonomischen Analyse des Zivilrechts, 5. Aufl. 2012, S. 522.
1290 *Faust* in: BeckOK BGB, 74. Ed. 01.05.2025, BGB § 439 Rn. 72 m.w.N.

gleich der Kosten der Nachbesserung und Nachlieferung jedenfalls nicht unmittelbar relevant sind, wird an dem Ergebnis, dass Art. 14 Abs. 4 WKRL und § 475 Abs. 3 S. 1 BGB aufgehoben werden sollten, festgehalten.

Insoweit der Verkäufer eine neue Sache liefert, statt die defekte Sache zu reparieren, und der Käufer zudem das defekte Produkt gar nicht zurückschicken muss, sondern ggf. selbst entsorgen soll,[1291] wird die Umwelt noch tiefgehender beeinträchtigt. Die oben beschriebenen Umweltprobleme der zunehmenden Neuproduktion von Waren bei kürzerer Nutzungsdauer sowie fehlender Kreislaufwirtschaft und Recyclingbemühungen würden zunehmen. Dasselbe gilt, wenn der Verkäufer auf der mangelhaften Ware sitzenbleiben würde. Er könnte sie höchsten für einen Bruchteil des ursprünglichen Kaufpreises als gebrauchte Ware weiterverkaufen.[1292] Bereits die Zurücknahme der (nun gebrauchten) Ware durch den Verkäufer führt zu einem erheblichen Wertverlust derselben.[1293] Das verkäuferseitige Interesse an einer Reparatur bzw. zur grundsätzlichen Vermeidung des Risikos eines Mangeleintritts steigt aus diesen Gründen.[1294] Gegen das Verlangen des Käufers auf Nachlieferung könnte sich der Verkäufer in diesen Situationen auf die Unverhältnismäßigkeit gegenüber der Nachbesserung berufen.[1295]

Auch wenn der Verkäufer die gewünschte Neulieferung des Käufers verweigern kann, und die nachhaltigere Reparatur bevorzugt, könnte der Käufer diese legitim ablehnen. Der Verkäufer ist nämlich verpflichtet den Mangel vollständig, nachhaltig und fachgerecht zu beseitigen, sodass keine Folgemängel eintreten.[1296] Ein nach erfolgreicher Reparatur verbleibender merkantiler Minderwert kann als verbleibender Mangel angesehen werden.[1297] Wobei den Käufer in diesem Zusammenhang eine sekundäre Beweislast trifft und er wiederum konkret vortragen muss, warum eine Reparatur keinen Zustand frei von Mängeln und Folgeschäden

---

1291 Siehe hierzu *Business Insider Deutschland*, Rückgabe nicht nötig: Studie zeigt, warum Kunden von Amazon und Co. ungewünschte Ware häufig behalten dürfen, 10.11.2020.

1292 *Mak/Lujinovic*, EuCML 2019, 4, 6.

1293 *Grundmann*, AcP 202 (2002), 40, 51; *Grundmann/Hoerning* in: Eger/Schäfer, Ökonomische Analyse der europäischen Zivilrechtsentwicklung, 2007, 420, 444 f.; Vgl. *Grunewald* in: FS Adams, 2013, 173, 180, der zufolge der Verkäufer die zurückgenommene Ware wahrscheinlich nicht erneut absetzen können wird und daher entsorgen wird.

1294 So auch *Grundmann*, AcP 202 (2002), 40, 51; *Mak/Lujinovic*, EuCML 2019, 4, 6.

1295 *Grundmann*, AcP 202 (2002), 40, 51; *Grundmann/Hoerning* in: Eger/Schäfer, Ökonomische Analyse der europäischen Zivilrechtsentwicklung, 2007, 420, 445.

1296 BGH, Urt. v. 08.12.2021, VIII ZR 190/19, NJW 2022, 1238, 1244 Rn. 59, 63, m.w.N.

1297 BGH, Urt. v. 08.12.2021, VIII ZR 190/19, NJW 2022, 1238, 1244 Rn. 98 ff., m.w.N., wonach dies für Unfallfahrzeuge bereits als anerkannt gilt.

herbeiführt.[1298] Nichtsdestotrotz bleibt die Nacherfüllung auch bei Bestehen eines solchen Minderwerts weiterhin möglich.[1299] Andernfalls könnte der Käufer sich immer hierauf berufen und die Neulieferung wäre faktisch immer die einzig noch mögliche Art der Nacherfüllung, obwohl es in der Natur einer Reparatur liegt, dass das reparierte Produkt minderwertiger ist als die Neuware.[1300] Die vollständige, nachhaltige und fachgerechte Reparatur, bei der dennoch ein Schönheitsfehler oder ein Minderwert zurückbleibt, stellt viel eher nur eine Teilunmöglichkeit dar und § 439 Abs. 1 BGB kann weiterhin als sog. Ausbesserungsanspruch fungieren.[1301] Hinsichtlich des verbleibenden Minderwerts hat der Käufer dann das Recht Schadensersatz oder Kaufpreisminderung zu verlangen.[1302] In diesem Zusammenhang sind gleichermaßen die gesetzlichen Wertungen aus § 323 Abs. 5 S. 2, § 281 Abs. 1 S. 3 BGB zu berücksichtigen, wonach dem Käufer bei einem nur unerheblichen Mangel kein Rücktritt oder Schadensersatz zusteht, sodass dies auch im Rahmen der Nacherfüllung gelten muss und der Käufer die Nachbesserung eines unerheblichen Mangels akzeptieren muss.[1303]

c) Wahlrecht des Verkäufers

Zur Begünstigung des Vorrangs von Nachbesserung vor Nachlieferung kann diskutiert werden, ob die Zuweisung des Wahlrechts im Rahmen des Nacherfüllungsanspruchs statt dem Käufer dem Verkäufer zustehen sollte.[1304] Im Gegensatz zum Kaufrecht weist § 635 Abs. 1 BGB im Werkvertragsrecht das Wahlrecht dem Unternehmer zu. Er kann selbst entscheiden, ob er den Mangel beseitigen will oder ein neues Werk herstellen möchte. Einen Wertungswiderspruch sieht der Gesetzgeber hierin freilich nicht. Die Interessenlage sei eine andere, weil der Kaufvertrag die Lieferung eines bereits bestehenden Leistungsgegenstands erfasse und der

1298 BGH, Urt. v. 08.12.2021, VIII ZR 190/19, NJW 2022, 1238, 1244 Rn. 64; Der Käufer kann daher entgegen *Eger* in: Schäfer/Lwowski, Konsequenzen wirtschaftlicher Normen, 2002, 183, 208 die Verweigerung der Ersatzlieferung durch den Verkäufer nicht einfach durch die Behauptung, die reparierte Sache sei für ihn weniger wert, zunichte machen.

1299 *Bach* in: Staudinger, 2023, BGB § 439 Rn. 84; *Müller/Seitz*, NJW 2020, 3201, 3202 f. Rn. 6 f.

1300 *Müller/Seitz*, NJW 2020, 3201, 3203 Rn. 7 f.

1301 *Höpfner* in: BeckOGK BGB, 01.06.2025, BGB § 439 Rn. 135 ff.; *Müller/Seitz*, NJW 2020, 3201, 3202 f. Rn. 6.

1302 *Höpfner* in: BeckOGK BGB, 01.06.2025, BGB § 439 Rn. 138 ff.; *Müller/Seitz*, NJW 2020, 3201, 3202 f. Rn. 6 f.

1303 *Müller/Seitz*, NJW 2020, 3201, 3205 Rn. 18.

1304 Hierfür im Grundsatz plädierend *Eger* in: Schäfer/Lwowski, Konsequenzen wirtschaftlicher Normen, 2002, 183, 207 f.; *Ehmann/Rust*, JZ 1999, 853, 858; *Grunewald* in: FS Adams, 2013, 173, 181; *Honsell*, JZ 2001, 278, 281; *Medicus*, ZIP 1996, 1925, 1927; *Riha*, Ökonomische Analyse des Sachmängelgewährleistungsrechts des BGB, 2007, S. 197 ff.; *Westermann*, JZ 2001, 530, 536.

Werkvertrag die Herstellung des Werks, wodurch der Werkunternehmer weitaus enger in den Produktionsprozess eingebunden sei und eine größere Sachkunde aufweise als der Verkäufer und ihm daher das Wahlrecht zustehen sollte.[1305] Das Wahlrecht steht dem Unternehmer insbesondere auch deshalb zu, weil er schließlich das Risiko des Fehlschlags der Nacherfüllung trägt.[1306] Gegen das Wahlrecht des Käufers und eher für ein Wahlrecht des Verkäufers spricht, dass ebenso wie der Werkunternehmer nur der Verkäufer einschätzen kann, welche Art der Nacherfüllung ihm leichter fällt und für ihn kostengünstiger ist, und er die Verantwortung und das Risiko des Fehlschlags trägt, wohingegen es den Käufer wohl nicht tangieren mag, ob nachgebessert oder nachgeliefert wird, solange mit der gewählten Variante keine Unannehmlichkeiten für ihn einhergehen und sein Äquivalenzinteresse geschützt bleibt.[1307] Der Schutzumfang des Käufers ist nahezu identisch, unabhängig davon, ob ihm das Wahlrecht zusteht und der Verkäufer Verweigerungsrechte hat oder ob dem Verkäufer das Wahlrecht zustünde.[1308] Würde die Wahl dem Verkäufer zustehen, stünden seine Interessen mit den Interessen des Käufers an einer vollständigen Mangelbeseitigung im gerechten Ausgleich.[1309] Die Entscheidung des Verkäufers für die günstigere Art der Nacherfüllung entspräche dem Interesse des Käufers, denn für ihn ist diejenige Variante der Nacherfüllung die günstigste, die er beim Kauf mit dem geringsten Preisaufschlag erwirbt.[1310] Dem Käufer müsste dann wiederum das Recht zur Verweigerung wegen Unzumutbarkeit der gewählten Art der Nacherfüllung zustehen.[1311] Aber auch ohne gesetzliche Normierung, könnte der Käufer nach dem Grundsatz von Treu und Glauben die vom Verkäufer gewählte Art der Nacherfüllung ablehnen, wenn sie für ihn unzumutbar wäre.[1312] Auch für den Nacherfüllungsanspruch

1305 BT-Drs. 14/6040, 265.

1306 *Busche* in: MüKo BGB, 9. Aufl. 2023, BGB § 635 Rn. 10; *Höpfner* in: BeckOGK BGB, 01.06.2025, BGB § 439 Rn. 20.2.

1307 *Eger* in: Schäfer/Lwowski, Konsequenzen wirtschaftlicher Normen, 2002, 183, 207 f.; *Höpfner* in: BeckOGK BGB, 01.06.2025, BGB § 439 Rn. 20.2; *Medicus*, ZIP 1996, 1925, 1927; *Riha*, Ökonomische Analyse des Sachmängelgewährleistungsrechts des BGB, 2007, S. 197; *Schulze/Zoll*, European Contract Law, 3. Ed. 2021, Chapter 6 Rn. 66; *Westermann*, JZ 2001, 530, 536.

1308 *Grunewald* in: FS Adams, 2013, 173, 181; *Staudenmayer*, ZEuP 2019, 663, 685.

1309 Vgl. *Faust* in: BeckOK BGB, 74. Ed. 01.05.2025, BGB § 439 Rn. 16.1; *Zimmer* in: Ernst/Zimmermann, Zivilrechtswissenschaft und Schuldrechtsreform, 2001, 191, 199.

1310 *Schäfer/Ott*, Lehrbuch der ökonomischen Analyse des Zivilrechts, 5. Aufl. 2012, S. 522; *Grundmann*, AcP 202 (2002), 40, 50, dem zufolge die Gewährleistungskosten auf den Kaufpreis aufgeschlagen werden; *Riha*, Ökonomische Analyse des Sachmängelgewährleistungsrechts des BGB, 2007, S. 197 f., dem zufolge sich der Käufer die „Wahlmöglichkeit durch höhere Preise erkaufen" müsse.

1311 *Eger* in: Schäfer/Lwowski, Konsequenzen wirtschaftlicher Normen, 2002, 183, 208.

1312 Vgl. Wahlrecht des Unternehmers im Werkvertragsrecht BT-Drs. 14/6040, 265.

gem. § 327 l Abs. 1 BGB für digitale Produkte erläutert EG 63 DIDRL, dass der Unternehmer anhand der technischen Merkmale der digitalen Inhalte oder digitalen Dienstleistungen selbst entscheiden sollte, auf welche Art er den vertragsmäßigen Zustand herstellt.

Zwar spricht ein Gleichlauf innerhalb des BGB mit den Regelungen zum Werkvertrag sowie den Regelungen für digitale Inhalte und Dienstleistungen für eine Anpassung des Wahlrechts. Die Argumente dieser Diskussion zeigen jedoch, dass es weder für den Käufer noch für den Verkäufer einen nennenswerten Unterschied machen würde, wem das Wahlrecht und wem das Verweigerungsrecht zustünde. In jedem Fall hätte jede Partei hinreichende Mechanismen an der Hand, um ihre Interessen durchzusetzen und ihre Belange wahren zu können. Das zu erreichende Ergebnis, den Vorrang der Nachbesserung vor der Nachlieferung, hänge so oder so davon ab, dass die Reparatur nicht unverhältnismäßig teuer und aufwändig gegenüber der Neulieferung wäre. Ob der Verkäufer sich nun zuerst für die günstige Nachbesserung entscheidet oder die vom Käufer geforderte Nachlieferung aufgrund unverhältnismäßiger Kosten gegenüber der Nachbesserung verweigert, führt zu demselben Ergebnis. Ein gesetzlicher Änderungsbedarf besteht somit nicht. Die Gesetzesbegründung behält ihre Gültigkeit. Der Verkäufer hat seine Pflicht aus dem Kaufvertrag zur Verschaffung einer mangelfreien Sache verletzt, weshalb es sachgerecht ist den Käufer entscheiden zu lassen, wie das Vertragsziel noch erreicht werden soll.[1313] Überdies ist der Verkäufer hinreichend vor missbräuchlichem Käuferverhalten geschützt durch sein Leistungsverweigerungsrecht nach § 439 Abs. 4 BGB.[1314]

d) Zusammenfassung

Unter der Nachhaltigkeitsprämisse sollten die Mechanismen des Kaufgewährleistungsrechts so ausgestaltet sein, dass im Falle der Mangelhaftigkeit die Ware repariert wird, um ihre Lebensdauer zu verlängern. Im Rahmen des primären Nacherfüllungsanspruchs steht die Wahl zwischen Nachbesserung und Nachlieferung grundsätzlich dem Käufer zu. Dieser wird sich in einem überwiegenden Teil der Fälle für die Nachlieferung eines neuen Produkts entscheiden. Zum einen wird die Nachlieferung mit weniger Aufwand für den Käufer verbunden sein und im Vergleich zur Reparatur schneller erfolgen, sodass sie dem Käufer Unannehmlichkeiten erspart. Zum anderen erhält er eine neue Sache, die in der Regel werthaltiger ist als die reparierte Sache, und die zudem länger haltbar wäre. Er konnte die mangelhaft gewordene Sache kostenlos bis zum Offenbarwerden des Mangels

1313 BT-Drs. 14/6040, 231.
1314 BT-Drs. 14/6040, 231.

nutzen. Der letztgenannten Begründung, die die Entscheidung für die Nachlieferung für den Käufer erstrebenswert erscheinen lässt, lässt sich durch die Verpflichtung zur Herausgabe bzw. zum Wertersatz für Nutzungen der Ware, die der Käufer bis zur Neulieferung gezogen hat, begegnen. Eine solche Verpflichtung sollte, *de lege ferenda*, auch für den Verbraucher eines Verbrauchsgüterkaufs gelten. Es sollte eine Abkehr von der bisherigen Rechtsprechung des EuGH[1315], die in diesem Zusammenhang als überholt anzusehen ist, erfolgen. Die Nachbesserung müsste weiterhin zugunsten des Käufers unentgeltlich erbracht werden. Der Wertersatzanspruch des Verkäufers verteuert die Entscheidung für die Nachlieferung und gibt daher genügend Anlass, die Nachbesserung zu wählen, auch für Käufer, die keine Präferenzen für Nachhaltigkeit aufweisen. Um der Wahl des Käufers noch einen Impuls in Richtung Nachbesserung zu geben und der erstgenannten Begründung, dass Käufer sich regelmäßig für die Nachlieferung aufgrund von Unannehmlichkeiten und zeitlichen Aspekten entscheiden, entgegenzuwirken, sollten Schäden im Zusammenhang mit dem Nutzungsausfall ersetzt werden. Nutzungsausfallschäden kann der Käufer nach deutschem Schadensersatzrecht bereits gegenüber dem Verkäufer aufgrund einer Verletzung der Pflichten aus § 475 Abs. 5 BGB geltend machen. Die negativen Aspekte einer Nachbesserung relativierten sich, wohingegen sich die Nachteile einer Nachlieferung aufgrund des zu leistenden Wertersatzes verstärken. Diese Regelungen wirken somit positiv auf den Käufer in Richtung der Wahl von Nachbesserung ein.

Insoweit sich der Käufer in seiner Wahl jedoch nicht beeinflussen lässt, keine Präferenz für das nachhaltige Reparieren aufweist und sich daher für die Nachlieferung entscheidet, können andere Lösungsstrategien diskutiert werden. Angeführt wird, das Wahlrecht auf den Verkäufer zu übertragen. Dieser würde sich aus für ihn leitenden ökonomischen Erwägungen nur dann für die Nachbesserung entscheiden, wenn diese günstiger als die Lieferung eines neuen Guts wäre. Bei Produkten der Massenherstellung und aus dem Niedrigpreissegment wird es in der Regel für den Verkäufer günstiger sein ein neues Produkt herzustellen und zu liefern, statt das günstige Produkt mit viel Aufwand zu reparieren (sog. ökonomische Obsoleszenz). Ob sich der Verkäufer aufgrund seines Wahlrechts für die Nachlieferung entscheidet oder er von seinem relativen Verweigerungsrecht Gebrauch macht und das Nachbesserungsverlangen des Käufers verweigert, macht im Ergebnis keinen Unterschied. Der Nacherfüllungsanspruch wird stets in der Form ausgeführt, die am kostengünstigsten ist. Bei der Auslegung der Tatbestandsmerkmale der relativen Unverhältnismäßigkeit ist das Nachhaltigkeitsgebot zu

1315 Vgl. EuGH, Urt. v. 17.04.2008, C-404/06, NJW 2008, 1433 – Quelle AG/Bundesverband Verbraucherzentralen und Verbraucherverbände.

beachten (s. o. Erster Teil A.III.1.). Der Verkäufer wird leicht die Nachlieferung verweigern können, die Verweigerung der Nachbesserung bedarf hingegen besonderen Begründungsaufwand. Sollte sich der Käufer für die Nachlieferung entscheiden oder der Verkäufer ein Nachbesserungsverlangen berechtigt verweigern, sollte gesetzlich zumindest fixiert werden, dass als „Lieferung einer mangelfreien Sache“ i. S. d. § 439 Abs. 1 BGB auch die Lieferung eines überholten Produkts gilt.[1316] Wobei vorausgesetzt wird, dass der Europäische Gesetzgeber regulierende Maßnahmen erlässt und Standards für das Überholen von Waren etabliert, damit die Qualität der überholten Produkte einheitlich und hoch ist.[1317]

Entscheidend ist schließlich, dass die Nachbesserung günstiger als die Nachlieferung ist bzw. sein muss. Die Reparatur wird günstiger als die Neuproduktion sein, wenn bereits im Herstellungsprozess auf ein reparaturfähiges Design gesetzt wurde und Ersatzteile beiseitegelegt wurden. Einmalige Investitionen in die Etablierung eines Reparaturservices, Werkstätten, Ersatzteillager und Reparaturanleitungen können sich vielfach für einen Hersteller auszahlen, sollte das Produkt nicht die angenommene und angegebene oder festgelegte Mindestlebensdauer erreichen. Ein gegebenenfalls verbleibender, unbedeutender merkantiler Minderwert einer reparierten Ware hat der Käufer hinzunehmen.

4. Gesetzliche Pflicht zur primären Nachbesserung

Um die Wahl der Nachbesserung nicht dem freien Ermessen der Kaufvertragsparteien zu überlassen, kann eine gesetzliche Pflicht zur primären Nachbesserung hilfreich sein.[1318] Eine solche würde das Entscheidungsergebnis in nachhaltigkeitsbegünstigender Weise vorwegnehmen. Sie würde zudem zu einer Berücksichtigung von Externalitäten führen, welche die Vertragsparteien in ihre Entscheidung sonst nicht mit einbeziehen würden.[1319] Art. 13 Abs. 2 WKRL, der sodann in § 439 Abs. 1 BGB umzusetzen wäre, könnte dahingehend abgeändert werden, dass die Nachbesserung zu priorisieren ist, d. h. dass der Verkäufer abweichend vom Wahlrecht des Käufers nach S. 1 die Nachbesserung vorzunehmen hat, um den

---

1316 *Augenhofer/Küter*, VuR 2023, 243, 246; „Überholung“ i. S. v. *Europäische Kommission*, Vorschlag für eine Verordnung des Europäischen Parlaments und des Rates zur Schaffung eines Rahmens für die Festlegung von Ökodesign-Anforderungen für nachhaltige Produkte und zur Aufhebung der Richtlinie 2009/125/EG, COM(2022) 142 final/2, 30.03.2022, Art. 2 Nr. 18 Verordnungsvorschlag.

1317 *Mak/Lujinovic*, EuCML 2019, 4, 9.

1318 Ebenfalls für die Aufhebung des Wahlrechts zugunsten einer priorisierten Nachbesserung *Michel*, Premature Obsolescence, 2022, S. 398; *Schlacke/Alt/Tonner/Gawel/Bretschneider*, UBA Texte 72/2015, S. 124; *Terryn*, 27(4) ERPL 851, 858 (2019); *Tonner*, VuR 2012, 355, 358.

1319 *Terryn*, 27(4) ERPL 851, 858 (2019).

vertragsgemäßen Zustand der Ware wiederherzustellen, wenn die Kosten für die Ersatzlieferung mindestens den Nachbesserungskosten entsprechen.[1320] Insofern kann der Vorschlag als „Ausschluss jenes Wahlrechts"[1321] oder eine „Pflicht des Verkäufers zur Reparatur"[1322] bzw. eine „Pflicht des Käufers, eine Reparatur zur akzeptieren"[1323] verstanden werden. Eine Ersatzlieferung wäre hiernach nur möglich, wenn sie günstiger als die Reparatur wäre oder die Reparatur unmöglich oder nur mit unverhältnismäßig hohen Kosten möglich wäre.[1324] An die Begutachtung der Unverhältnismäßigkeit gegenüber der Nachlieferung müssten sodann, auch zur Berücksichtigung des Nachhaltigkeitsprinzips nach Art. 20a GG, hohe Anforderungen gestellt werden.

Eine über die derzeitige Rechtslage hinausgehenden Wirkung einer solchen Priorisierung kann bezweifelt werden. Zum einen bleibt es den Parteien weiterhin unbenommen, diejenige Art der Nacherfüllung vertraglich zu vereinbaren, die für beide am kostengünstigsten und mit dem geringsten Aufwand verbunden ist.[1325] Insofern sich die Parteien nicht von Nachhaltigkeitszielen leiten lassen, kann die Entscheidung zugunsten der Neulieferung ausfallen. Zum anderen erfolgt bei diesem Regelungsvorschlag ähnlich wie im Rahmen der relativen Unverhältnis-

---

1320 Eine solche Gesetzesänderung wurde vorgeschlagen von der *Europäische Kommission*, Vorschlag für eine Richtlinie des Europäischen Parlaments und des Rates über gemeinsame Vorschriften zur Förderung der Reparatur von Waren und zur Änderung der Verordnung (EU) 2017/2394 und der Richtlinie (EU) 2019/771 und (EU) 2020/1828, COM(2023) 155 final, 22.03.2023, Art. 12 Richtlinienvorschlag; Dieser Vorschlag wurde nicht Teil der Richtlinie (EU) 2024/1799 des Europäischen Parlaments und des Rates vom 13. Juni 2024 über gemeinsame Vorschriften zur Förderung der Reparatur von Waren und zur Änderung der Verordnung (EU) 2017/2394 und der Richtlinie (EU) 2019/771 und (EU) 2020/1828; Diesen Vorschlag als „eine grundsätzliche Neuausrichtung der Schutzgüter des Europäischen Verbrauchervertragsrechts" betrachtend *Hülskötter*, VuR 2024, 130, 130, 132 ff.

1321 So *Croon-Gestefeld*, ZEuP 2024, 379, 386.

1322 So *Hülskötter*, VuR 2024, 130, 131.

1323 So *Augenhofer/Küter*, VuR 2023, 243, 253.

1324 *Europäische Kommission*, Vorschlag für eine Richtlinie des Europäischen Parlaments und des Rates über gemeinsame Vorschriften zur Förderung der Reparatur von Waren und zur Änderung der Verordnung (EU) 2017/2394 und der Richtlinie (EU) 2019/771 und (EU) 2020/1828, COM(2023) 155 final, 22.03.2023, EG 28 Richtlinienvorschlag; Der Vorschlag wurde nicht Teil der Richtlinie (EU) 2024/1799 des Europäischen Parlaments und des Rates vom 13. Juni 2024 über gemeinsame Vorschriften zur Förderung der Reparatur von Waren und zur Änderung der Verordnung (EU) 2017/2394 und der Richtlinie (EU) 2019/771 und (EU) 2020/1828.

1325 So auch *Bach* in: Staudinger, 2023, BGB § 439 Rn. 51, dem zufolge die Lenkungswirkung des Zivilrechts daher beschränkt ist; Ebenso *Bach/Kieninger*, JZ 2021, 1088, 1094; *Hülskötter*, VuR 2024, 130, 134, dem zu folge „das eigentlich betroffene Umweltschutzniveau einem Umgehungsgeschäft jedenfalls praktisch nicht entgegensteht".

mäßigkeit eine Abwägung zwischen Nachbesserung und Nachlieferung.[1326] Der Mechanismus ist schließlich derselbe. Es würde keinen Unterschied machen, ob der Verkäufer die vom Käufer gewählte oder die gesetzlich vorgeschriebene Nachbesserung aufgrund von Unverhältnismäßigkeit verweigert. Das Problem, dass die Reparatur teurer als die Neulieferung ist, wird vom Vorschlag einer gesetzlichen Pflicht zur primären Nachbesserung nicht aufgegriffen.[1327]

Vorteile würde eine gesetzliche Priorisierung der Nachbesserung gegenüber der Nachlieferung dahingehend bringen, dass sich der Gesetzgeber zur Berücksichtigung von Umweltbelangen positionieren würde. Umweltschutz würde hier nicht (wie bislang in der europäischen Rechtsetzungspraxis üblich) ergänzend zum Verbraucherschutz verfolgt, sondern explizit und unter Hinnahme der Verringerung des Verbraucherschutzniveaus.[1328]

Das nachhaltigkeitsfördernde Entscheidungsergebnis würde im Rahmen des Nacherfüllungsanspruchs vorgegeben. § 437 BGB stellt dem Käufer mehrere Rechtsbehelfe zur Auswahl, wobei die Nacherfüllung das primäre Abhilferecht darstellt. Art. 13 WKRL gibt die Geltendmachung der Nacherfüllung als vorrangigen Anspruch vor. Der Käufer wird sich bei Mangeleintritt zuerst für die Nacherfüllung entscheiden. In gleicher Weise kann die Einführung einer Norm, nach der Nachbesserung vor Nachlieferung zu verlangen ist, wirken. Nach einer solchen gesetzlichen Festschreibung muss der Käufer zuerst Nachbesserung geltend machen. Grundsätzlich bleibt es dabei, dass das Kaufgewährleistungsrecht dispositiv ausgestaltet ist. Die Parteien könnten von den Vorrangregelungen der Nacherfüllung, sodann der Nachbesserung, abweichende Vereinbarungen jederzeit treffen.

Art. 13 WKRL, umgesetzt in § 437 BGB, kann daher als sog. *Default-Rule* bezeichnet werden. „*Defaults*" sind Entscheidungs-Voreinstellungen, durch welche das menschliche Verhalten gelenkt wird.[1329] Hierbei handelt es sich um eine dispositive Regelung, die eine Entscheidung vorgibt, von der jedoch zur Wahrung der Privatautonomie und Wahl- und Gestaltungsfreiheit abgewichen werden kann („*opt out*").[1330] Die vorgegebene, aber verzichtbare Entscheidung verringert grds.

1326 Ähnlich *Augenhofer/Küter*, VuR 2023, 243, 245, denen zufolge das Verweigerungsrecht durch die gesetzliche Priorisierung der Nachbesserung ausgehöhlt und redundant würde.

1327 *Arnold*, Recht auf Reparatur, 2024, S. 108 f.

1328 *Hülskötter*, VuR 2024, 130, 133.

1329 *Gawel/Bretschneider*, ZfU 1 (2016), 1, 18; *Hacker*, Verhaltensökonomik und Normativität, 2017, S. 222, 223 ff., 565; *Hellgardt*, Regulierung und Privatrecht, 2016, S. 87 ff.; Näher hierzu *Sunstein/Thaler*, 70(4) Univ. Chic. Law Rev. 1159, (2003).

1330 *Hacker*, Verhaltensökonomik und Normativität, 2017, S. 217, 222, 223 ff., der Default-Rules als libertär paternalistische Strategie beschreibt; Zur Idee des Libertären Paternalismus siehe insbesondere *Sunstein/Thaler*, 70(4) Univ. Chic. Law Rev. 1159, (2003); *Grundmann* in: FS Canaris, 2017,

Kosten der Parteien, die Vertragsverhandlungen mit sich bringen würden.[1331] Individuelles Entscheidungsverhalten kann durch solche Regelungen beeinflusst und in eine bestimmte Richtung zur Erreichung eines konkreten Ziels gesteuert werden, wenn und weil sich ohne die *Default-Rule* anders entschieden würde.[1332] Währenddessen die vorrangige Geltendmachung des Nacherfüllungsanspruchs zur Vertragserhaltung und -durchsetzung regelmäßig dem Interesse der Vertragsparteien entspricht (s. o. Zweiter Teil B.I.2.), ist davon auszugehen, dass Käufer sich eher für die Nachlieferung statt für die Nachbesserung entscheiden werden. Dies begünstigt negative Umweltauswirkungen und entspricht nicht dem bezweckten nachhaltigkeitsfördernden Verhalten. Art. 13 WKRL sowie § 437 BGB spiegeln demnach die vorhandenen (homogenen) Präferenzen von Käufer und Verkäufer wider (sog. *deskriptive defaults*), und eine Regelung, die zur originären Geltendmachung der Nachbesserung verpflichtet, hat verhaltenssteuernde Wirkung (sog. *policy defaults*).[1333] Ziele einer dispositiven Norm, welche durch Steuerung des Verhaltens verfolgt werden sollen, können die Förderung von Gemeinwohl, Fairness oder Umweltschutz (sog. *green defaults*) sein.[1334] Die Vorgabe für den Käufer, Nachbesserung vor Nachlieferung zu verlangen, sollte umweltschützendes Verhalten sowohl des Käufers als auch des Verkäufers fördern und so Nachhaltigkeitsziele erreichen.[1335]

Voraussetzung für diesen Regelungsvorschlag wäre aber, dass Waren grundsätzlich auch reparierbar und reparaturfreundlich sind. Die gesetzliche Pflicht, primär nachzubessern, löst den Anreiz auf Herstellerseite aus, das Produkt besonders reparaturfähig herzustellen, Reparaturservices einzurichten und Ersatzteile vorzuhalten, um die Reparaturkosten so gering wie möglich zu halten. Für ein Funktionieren der Strategie ist unablässig, dass sich neben dem gesetzlichen Rahmen eines Rechts auf Reparatur bzw. einer Pflicht zur Duldung der Reparatur tatsächlich auch eine „Kultur des Reparierens“ entwickelt.[1336]

907, 935 ff., wonach es sich um eine mildere, parteidispositive Form von Regulierung zur Erreichung von Allgemeinwohlzielen handelt; So auch *Grunewald* in: FS Adams, 2013, 173, 173.

1331 *Parisi*, 52(2) Am. J. Comp. Law 403, 428 (2004).

1332 *Hacker*, Verhaltensökonomik und Normativität, 2017, S. 223.

1333 *Hacker*, Verhaltensökonomik und Normativität, 2017, S. 567, 568 ff.

1334 *Hacker*, Verhaltensökonomik und Normativität, 2017, S. 368 ff., 573, 10 f.; *Hellgardt*, Regulierung und Privatrecht, 2016, S. 53 ff.

1335 Siehe zur vom Gesetzgeber ursprünglich intendierten regulierenden Funktion des Vorrangs der Nacherfüllung gem. § 437 BGB *Hellgardt*, Regulierung und Privatrecht, 2016, S. 100 ff.

1336 Vgl. *Tonner*, VuR 2023, 241, 241.

5. Zusammenfassung

Käufer werden sich für die Geltendmachung ihrer Gewährleistungsrechte entscheiden, wenn die Kosten einer Neuanschaffung nicht geringer wären als die Kosten der Rechtsdurchsetzung. Diese fallen umso geringer aus, je einfacher die Rechtsdurchsetzung für den Käufer ist. Eine Verlängerung der Beweislastumkehr überwindet das Problem der rationalen Apathie des Käufers. Die Regelungen zur Unentgeltlichkeit der Nacherfüllung, die zudem in einem angemessenen Zeitraum und ohne Unannehmlichkeiten zu erfolgen hat, erhöht den Nutzen der Geltendmachung von Gewährleistungsrechten und somit den Anreiz zur Rechtewahrnehmung. Der ökonomischen Obsoleszenz wird hierdurch entgegengewirkt.

Gesetzlich ist vorgesehen, dass die Nacherfüllung der primäre Rechtsbehelf bei Vorliegen einer Vertragswidrigkeit der Kaufsache ist. Die Wahl zwischen Nachbesserung und Nachlieferung im Rahmen des Nacherfüllungsanspruchs steht dem Käufer zu. Dieser wird sich überwiegend wohl für die Nachlieferung eines neuen Produkts entscheiden. Mechanismen, um den Käufer zur Wahl der Nachbesserung anzuhalten, sind die Verpflichtung zum Wertersatz für Nutzungen, die der Käufer aus der Sache bis zur Neulieferung ziehen konnte, die Unentgeltlichkeit der Nachbesserung sowie der Ersatz von Nutzungsausfallschäden durch den Verkäufer während der Reparaturzeit der mangelhaften Sache.

Art. 13 WKRL, umgesetzt in § 437 BGB, ist eine sog. *Default-Rule* und sollte gesetzlich so ausgestaltet sein, dass grundsätzlich primär der Anspruch auf Nachbesserung geltend zu machen ist. Entscheidend ist jedoch, dass die Nachbesserung günstiger als die Nachlieferung ist. Wenn bereits im Herstellungsprozess auf ein reparaturfähiges Design geachtet wurde und Ersatzteile vorgehalten werden, wird eine Reparatur günstiger als eine Neuproduktion sein. Der Hersteller hätte sodann keinen Grund, die Nachbesserung zu verweigern.

II. Reparaturfähigkeit und Reparaturfreundlichkeit zur Vermeidung ökonomischer Obsoleszenz

Die Strategie lautet, ökonomische Obsoleszenz zu vermeiden. Das heißt die Nichtvornahme der Reparatur eines funktionsunfähigen Produkts aufgrund der günstigeren Alternative einer Neuanschaffung soll nicht die Regel, sondern die Ausnahme sein, und daher muss eine Methode zur Begünstigung der Reparaturfähigkeit und Reparaturfreundlichkeit entwickelt und angewendet werden.[1337] Ein reparaturfreundliches Design von Waren sowie die Verfügbarkeit

1337 *Europäisches Parlament, Ausschuss für Binnenmarkt und Verbraucherschutz*, Bericht über

von Ersatzteilen sind Voraussetzungen für eine Reparatur. Nur, wenn diese Voraussetzungen gegeben sind, können Entscheidungen überhaupt erst zugunsten der Reparatur ausfallen. Die Vergünstigung der Reparatur soll dem Verkäufer die Möglichkeit nehmen sich auf sein Verweigerungsrecht wegen relativer Unverhältnismäßigkeit zu berufen und nachzuliefern. Die generelle Verbesserung der Reparaturfähigkeit soll ihm zudem das Recht auf Verweigerung beider Arten der Nacherfüllung wegen absoluter Unverhältnismäßigkeit nehmen. Die Strategie lautet somit, Reparaturfähigkeit und Reparaturfreundlichkeit von Waren zu verbessern und einheitliche nachhaltigkeitsfördernde Standards zu etablieren.

Reparaturfähigkeit soll hier als Begriff dienen, der die technische Möglichkeit der Reparatur umschreibt.[1338] Sie ist Voraussetzung für die Nachbesserung eines Produkts. Von der Reparaturfähigkeit abzugrenzen ist der weiter gefasste Begriff der Reparaturfreundlichkeit, der die Verfügbarkeit von Reparaturdiensten und den Vorrat an genügend passenden Ersatzteilen erfasst.[1339] Ersatzteile sind hierbei solche funktionsgleichen oder kompatiblen und in ihrer Funktion verbesserten Komponenten oder Baugruppen, die im Laufe der Nutzungsphase eines Produkts bei der Reparatur als Ersatz für defekte Teile eingewechselt werden können.[1340] Jedes Produkt sollte generell und leicht reparaturfähig und reparaturfreundlich sein, um die Lebensdauer bei Auftreten eines Defekts verlängern zu können.

Wie eingangs ausgeführt (s. o. Erster Teil A.III.2.) sollten Regulierung und Privatrecht miteinander verknüpft sein zur Verfolgung von Nachhaltigkeitszielen. Die durch EU-Rechtsakte immer weiter ausdifferenzierte Regulierung muss zugleich auch mit einer Weiterentwicklung des Privatrechts einhergehen.[1341] Wenn die EU viele regulatorische Maßnahmen zur Verlängerung der Produktlebensdauer, zur

---

das Thema „Längere Lebensdauer für Produkte: Vorteile für Verbraucher und Unternehmen" (2016/2272(INI)), 09.06.2017, S. 9; *Kommission der Europäischen Gemeinschaften*, Grünbuch zur integrierten Produktpolitik, KOM (2001) 68 endg., 07.02.2001, S. 23; Siehe auch *Croon-Gestefeld*, ZEuP 2024, 379, 383, der zufolge „de lege lata kein übergreifendes Konzept im Verbraucherrecht erkennbar [ist], gemäß dem Reparaturfähigkeiten und -möglichkeiten einer Ware mitgedacht werden".

1338 Vgl. *Schlacke/Alt/Tonner/Gawel/Bretschneider*, UBA Texte 72/2015, S. 52; So auch *Gawel/Bretschneider*, ZfU 1 (2016), 1, 11; Vgl. auch *Prakash/Dehoust/Gsell/Schleicher/Stamminger*, UBA Texte 11/2016, 2016, S. 22, welche die technische Möglichkeit der Reparatur allerdings unter den allgemeineren Begriff der „Reparierbarkeit" fassen; Dies ebenfalls als „Reparierbarkeit" beschreibend *Croon-Gestefeld*, NJW 2022, 497, 501 Rn. 25.

1339 *Gawel/Bretschneider*, ZfU 1 (2016), 1, 11; *Schlacke/Alt/Tonner/Gawel/Bretschneider*, UBA Texte 72/2015, S. 52 f.; *Tonner/Gawel/Schlacke/Alt/Bretschneider*, VuR 2017, 3, 6.

1340 *BMU/UBA/Jury Umweltzeichen/RAL gGmbH*, Vergabekriterien Computer und Tastaturen, DE-UZ 78, 2017, S. 10.

1341 *Grundmann* in: FS Canaris, 2017, 907, 932 ff.

Reparierbarkeit von Produkten sowie zum Vorhalten von Ersatzteilen erlässt, muss gleichermaßen auch das Privatrecht mitwachsen und Rechtsfolgen bereitstellen, um diesen regulatorischen Maßnahmen Wirkung zu verleihen.

1. Reparaturfähigkeit als Teil des Beschaffenheitsbegriffs

Damit die Möglichkeit der Nachbesserung immer besteht und Hersteller einen Anreiz haben, Produkte mit einem reparaturfähigen Design zu produzieren, sollte die Reparaturfähigkeit eines Kaufgegenstands Teil der für die Bestimmung des Vorliegens eines Mangels relevanten Beschaffenheit sein. Die Möglichkeit zur Reparatur stellt eine Eigenschaft des Kaufgegenstands dar, Funktionsdefekte durch Reparaturdienste beheben zu können, und haftet dem Produkt physisch an.[1342] Sie unterfällt damit dem Beschaffenheitsbegriff.[1343] Um ein deutliches Signal in Richtung Nachhaltigkeit zu senden, wäre es begrüßenswert in Art. 6 lit. a) sowie Art. 7 Abs. 1 lit. d) WKRL, sodann umzusetzen in § 434 Abs. 2 S. 2 sowie § 434 Abs. 3 S. 2 BGB, ausdrücklich auch die Reparaturfähigkeit als Merkmal der Beschaffenheit einer Sache zu normieren.[1344]

Neben der individuellen Vereinbarung einer Beschaffenheit ist zur Beurteilung der Mangelhaftigkeit der Sache entscheidend, was die Käufer als übliche Beschaffenheit im Vergleich zu Sachen derselben Art erwarten können und was nicht. Nach Art. 7 Abs. 1 lit. d) WKRL, umgesetzt in § 434 Abs. 3 S. 1 Nr. 2 lit. b) BGB, beeinflussen insbesondere öffentliche Äußerungen in der Werbung oder bei der Kennzeichnung der Ware des Verkäufers oder eines sonstigen Glieds der Vertragskette die übliche Beschaffenheit und die Käufererwartung diesbezüglich (s. o. Zweiter Teil A.III.4.a)i.). Die objektiv übliche und erwartbare Beschaffenheit richtet sich insbesondere nach dem aktuellen Stand der Technik einer Vergleichsgruppe, welcher wiederum durch Produktvorschriften bestimmt wird (s. o. Zweiter Teil

---

1342 *Croon-Gestefeld*, NJW 2022, 497, 501 Rn. 25; *Micklitz/Mehnert/Specht-Riemenschneider/Liedtke/Kenning*, Recht auf Reparatur, 2022, S. 49 f.; *Tonner/Gawel/Schlacke/Alt/Bretschneider*, VuR 2017, 3, 6.

1343 Anders hingegen *Atamer/Grundmann* in: Grundmann/Atamer, European Sales Law, 2023, 1, 14; *van Gool/Michel*, EuCML 2021, 136, 138, denen zufolge die Reparatur unmittelbar die Lebensdauer betreffe und damit Teil der „normalen Verwendung" im Sinne der Haltbarkeitsdefinition nach Art. 2 Nr. 13 WKRL sei, sodass die mangelnde Fähigkeit der Ware zur Reparatur als Verstoß gegen das Haltbarkeitserfordernis anzusehen sei.

1344 Die „Reparierbarkeit" ist nun ausdrücklich als relevantes Merkmal für die objektiven Anforderungen an die Vertragsmäßigkeit in Art. 7 Abs. 1 lit. d) WKRL normiert, vgl. Art. 16 Nr. 1 der Richtlinie (EU) 2024/1799 des Europäischen Parlaments und des Rates vom 13. Juni 2024 über gemeinsame Vorschriften zur Förderung der Reparatur von Waren und zur Änderung der Verordnung (EU) 2017/2394 und der Richtlinie (EU) 2019/771 und (EU) 2020/1828.

A.III.5.). Rechtliche Vorschriften können klare Vorgaben für die objektiv übliche Reparaturfähigkeit machen, Grenzwerte festlegen und in der Weise wirken, dass sie Nachhaltigkeitsstandards statuieren und in der Bevölkerung etablieren, sodass sie vom Käufer bei jedem Produkt erwartet werden können.[1345] Zudem können die durch öffentliches Recht statuierten Produktkennzeichnungspflichten Eigenschaften wie die Reparaturfähigkeit erfassen, sodass das Produkt die entsprechend der Kennzeichnung angegebenen Eigenschaften auch besitzen muss, um mangelfrei zu sein.[1346]

2. Reparaturfreundlichkeit als Teil des Beschaffenheitsbegriffs

Für die Beurteilung, ob eine Ware reparaturfreundlich ist, müssen zukünftige Umstände mit einbezogen werden, nämlich die künftige Verfügbarkeit von Ersatzteilen und Dienstleistungen, sodass dies unstimmig zur eigentlichen Dogmatik des Mangelbegriffs ist, wonach es auf die bereits im Zeitpunkt des Gefahrübergangs vorliegenden Umstände ankommt.[1347] Demgegenüber stellt die Reparaturfreundlichkeit ein Umweltfaktor dar, der zwar nicht an die physische Beschaffenheit anknüpft,[1348] aber die Wertschätzung der Ware beeinflusst, weil das Vorhalten von Ersatzteilen mit Kosten verbunden ist, die sich regelmäßig in einem erhöhten Kaufpreis niederschlagen.[1349] Zudem folgt aus der fehlenden Verfügbarkeit von Ersatzteilen die Nicht-Reparaturfähigkeit,[1350] die unstreitig zur Beschaffenheit zählt. Ökologische Standards wie die Reparaturfreundlichkeit können beliebig im Rahmen der Beschaffenheitsvereinbarung von den Parteien festgelegt werden und mit den Sanktionen des Gewährleistungsrechts freiwillig sanktioniert werden.[1351] Eine konkludent übernommene Pflicht zur Ersatzteilversorgung ist nur schwer zu

---

1345 *Schlacke/Alt/Tonner/Gawel/Bretschneider*, UBA Texte 72/2015, S. 124, 128, 131; So auch *Arnold*, Recht auf Reparatur, 2024, S. 62 ff.; *Croon-Gestefeld*, ZEuP 2024, 379, 397.

1346 *Schlacke/Alt/Tonner/Gawel/Bretschneider*, UBA Texte 72/2015, S. 145 f.

1347 So jedenfalls *Konferenz der Justizministerinnen und Justizminister der Länder*, Bericht der Arbeitsgruppe „Nachhaltigkeit im Zivilrecht", 2021, S. 87; *Welters*, Obsoleszenz im Zivilrecht, 2012, S. 6; Siehe auch *Grunewald* in: Erman BGB, 17. Aufl. 2023, BGB § 434 Rn. 66: die Sache sei im entscheidenden Zeitpunkt des Gefahrübergangs vertragsgemäß, weshalb das Fehlen von Ersatzteilen keinen Mangel begründen könne; So auch *Westermann* in: MüKo BGB, 8. Aufl. 2019, BGB § 434 Rn. 74.

1348 *Grunewald* in: FS Adams, 2013, 173, 175; *Welters*, Obsoleszenz im Zivilrecht, 2012, S. 6.

1349 *Croon-Gestefeld*, NJW 2022, 497, 501 Rn. 25; *Tonner/Gawel/Schlacke/Alt/Bretschneider*, VuR 2017, 3, 6; Zustimmend *Micklitz/Mehnert/Specht-Riemenschneider/Liedtke/Kenning*, Recht auf Reparatur, 2022, S. 49 f.

1350 *Micklitz/Mehnert/Specht-Riemenschneider/Liedtke/Kenning*, Recht auf Reparatur, 2022, S. 49 f.

1351 *Schlacke/Alt/Tonner/Gawel/Bretschneider*, UBA Texte 72/2015, S. 123.

begründen und scheidet grundsätzlich aus.[1352] Wurde eine Vereinbarung nicht getroffen, was der Standardfall sein dürfte,[1353] können Nachhaltigkeitsanforderungen im Rahmen von Art. 7 WKRL, umgesetzt in § 434 Abs. 3 BGB, relevant werden. Gewisse Standards können von den Käufern erwartet werden, weil sie bei Sachen derselben Art üblich sind, oder wenn das Fehlen der Standards die gewöhnliche Verwendung beeinträchtigt. Die erwartbare übliche Beschaffenheit wird maßgeblich durch den aktuellen Stand der Technik beeinflusst, der wiederum öffentlich-rechtlichen Normen zu entnehmen ist. Die Vertragswidrigkeit eines Produkts könnte sich daher aus Verstößen gegen umweltrechtliche Standards ergeben, die das Vorhalten von Ersatzteilen vorschreiben.[1354]

Art. 6 lit. a) sowie Art. 7 Abs. 1 lit. d) WKRL, sodann umzusetzen in § 434 Abs. 2 S. 2 sowie Abs. 3 S. 2 BGB, sollten die Reparaturfreundlichkeit ausdrücklich als Teil der Merkmale bzw. des Beschaffenheitsbegriffs erwähnen.[1355] Mit einer solchen Gesetzesänderung würde Rechtssicherheit geschaffen, dass die Reparaturfreundlichkeit als eine Eigenschaft der Ware Teil der Beschaffenheitsvereinbarung sein kann und die objektiv übliche Beschaffenheit bestimmt. Die konkreten Anforderungen an die Reparaturfreundlichkeit ergeben sich dann entweder aus anderweitigen Rechtsvorschriften. Sollten keine rechtlichen Normierungen für bestimmte Produktgruppen bestehen, orientiert sich die Reparaturfreundlichkeit an der Mindestlebensdauer. D. h. Ersatzteile und Reparaturservices müssen für die gesamte Dauer der Mindesthaltbarkeit zur Verfügung gestellt werden.[1356] Ist die gewährleistungsrechtliche Verjährungsfrist länger als die Mindesthaltbarkeitsdauer, müssen die Ersatzteile für die gesamte Dauer der Verjährungsfrist bereitgestellt werden.

1352 *Welters*, Obsoleszenz im Zivilrecht, 2012, S. 27 f.; *Westermann* in: MüKo BGB, 8. Aufl. 2019, BGB § 434 Rn. 74.

1353 Vgl. *Micklitz/Mehnert/Specht-Riemenschneider/Liedtke/Kenning*, Recht auf Reparatur, 2022, S. 47.

1354 So auch *Croon-Gestefeld*, NJW 2022, 497, 501 Rn. 27.

1355 Die „Reparierbarkeit“ ist nun ausdrücklich als relevantes Merkmal für die objektiven Anforderungen an die Vertragsmäßigkeit in Art. 7 Abs. 1 lit. d) WKRL normiert, vgl. Art. 16 Nr. 1 der Richtlinie (EU) 2024/1799 des Europäischen Parlaments und des Rates vom 13. Juni 2024 über gemeinsame Vorschriften zur Förderung der Reparatur von Waren und zur Änderung der Verordnung (EU) 2017/2394 und der Richtlinie (EU) 2019/771 und (EU) 2020/1828.

1356 So auch *Michel*, Premature Obsolescence, 2022, S. 148.

3. Konkrete Anforderungen an die Reparaturfähigkeit und Reparaturfreundlichkeit

Anforderungen an die Reparaturfähigkeit einer Ware sind die schnelle, gefahrlose und einfache Zugänglichkeit zu einzelnen Komponenten, die einfache und zügige Demontage von Modulen mit gängigem Werkzeug, die Zerlegung in so viele austauschbare Einzelteile wie möglich sowie die Möglichkeit, Fehler schnell mittels Warnzeichen oder Fehlercodes erkennen zu können.[1357] Demnach sollten Produkte eher verschraubt statt verschweißt, vernietet oder verklebt werden.[1358] Zur Förderung der Reparaturfreundlichkeit sollten Hersteller verpflichtet werden für einen bestimmten Zeitraum Ersatzteile sowie Reparaturanleitungen bereitzustellen.[1359] EG 33 WKRL zufolge möchte der europäische Gesetzgeber ausdrücklich nicht die Freiheit der Gesetzgebungsorgane der Mitgliedstaaten beschränken, Regelungen einzuführen, die die Pflicht der Verkäufer oder Hersteller statuiert, Ersatzteile verfügbar zu halten, um mangelhafte Produkte nachzubessern.

Ähnlich wie zur Etablierung von Mindesthaltbarkeitsstandards können auch für die Reparaturfähigkeit und -freundlichkeit von Produkten konkrete Anforderungen je nach Produkttyp normiert werden. Diese Anforderungen sollten für jeden Produkttyp genau festlegen, welche Ersatzteile ausgetauscht werden können müssen und vorgehalten werden müssen, damit die Ware als reparaturfähig und -freundlich gilt.[1360] Diesen Anforderungen müssen die Waren des Herstellers genügen, bevor er sie in den Verkehr bringen darf oder in Betrieb nehmen kann. Der Hersteller kann sich beispielsweise freiwillig den Qualitätsanforderungen bestimmter Umweltzeichen und -siegel unterwerfen (s. o. Zweiter Teil A.III.4.b)i.), nicht zuletzt, um Qualitätssignale an den Markt zu senden und seinen Umsatz zu steigern (s. o. Zweiter Teil A.III.4.d)i.(2)). Überdies können öffentlich-rechtliche Vorschriften für bestimmte Produktgruppen verpflichtend einzuhaltende Anforderungen an die Reparaturfähigkeit aufstellen. Nachfolgend werden Regelungsregime und -mechanismen dargestellt, in denen (verpflichtend einzuhaltende) Reparaturstandards festgelegt werden können.

1357 *Longmuß/Dworak* in: Longmuß/Poppe, Geplante Obsoleszenz, 2019, 73, 79 f.; *Michel*, Premature Obsolescence, 2022, S. 147, 339; *Prakash/Dehoust/Gsell/Schleicher/Stamminger*, UBA Texte 11/2016, 2016, S. 277.

1358 *Croon-Gestefeld*, NJW 2022, 497, 501 Rn. 24; *Longmuß/Dworak* in: Longmuß/Poppe, Geplante Obsoleszenz, 2019, 73, 86; *Michel*, Premature Obsolescence, 2022, S. 147.

1359 *Michel*, Premature Obsolescence, 2022, S. 339 f.

1360 Vgl. *Gawel/Bretschneider*, ZfU 1 (2016), 1, 26 f.; Für umfassende gesetzliche Vorgaben hinsichtlich der Reparierbarkeit und Ersatzteilverfügbarkeit plädierend *Michel*, Premature Obsolescence, 2022, S. 146 ff.; *Schridde/Kreiß/Winzer*, Geplante Obsoleszenz, 2013, S. 81 f., 85.

a) Anforderungen gemäß Umweltzeichen

Die Vergabekriterien für den Blauen Engel enthalten beispielsweise bereits für Computer und Tastaturen die Anforderungen, dass die Reparatur dieser Geräte möglich sein muss, Komponenten austauschbar und leicht zugänglich sein müssen und für mindestens fünf Jahre ab Produktionseinstellung die Ersatzteilversorgung sichergestellt sein muss.[1361] Auch die Vergabekriterien des EU-Umweltzeichens für elektronische Displays enthalten Anforderungen an die Reparierbarkeit durch die Gestaltung des Produkts und der Verfügbarkeit von Ersatzteilen, Reparaturanleitungen und -informationen.[1362] Ferner enthalten die Vergabekriterien des Umweltzeichens Blauer Engel Anforderungen für Staubsauger, wonach für diese die Ersatzteilversorgung für mindestens acht Jahre ab Produktionseinstellung sichergestellt sein muss und Informationen bereitgestellt werden müssen hinsichtlich technischer Unterlagen und Reparaturunterlagen.[1363] Für Telefonanlagen und schnurgebundene *Voice-over-IP*-Telefone sind Vergabeanforderungen ebenfalls das Vorhalten von Ersatzteilen sowie die Bereitstellung von Software-Updates für einen Zeitraum von sechs Jahren ab Produktabkündigung.[1364]

In Deutschland oder europaweit könnte eine Norm wie ONR 192102 in Österreich etabliert werden. Die Norm gilt für langlebige, reparaturfreundlich konstruierte elektrische und elektronische Geräte. Sie stellt Mindestanforderungen für ihre Reparierbarkeit sowie Bewertungskriterien auf, wonach die jeweiligen Produkte mit „gut", „sehr gut" oder „ausgezeichnet" gekennzeichnet werden können.[1365] Kriterien zur Vergabe des Gütesiegels sind die Standardisierung und Normung der Komponenten, die Verfügbarkeit von Einzelteilen über mind. 10 Jahre, der einfache Zugang zu Bauplänen und Servicedokumentationen sowie das Vorhandensein von Steck-, Schraub- und Schnapp-Verbindungen statt Klebe- und Schweißverbindungen.[1366]

Entsprechend des österreichischen Vorbilds könnte in der EU ebenfalls eine allgemeingültige Umweltnorm eingeführt werden, nach der Produkte mit repara-

---

1361 *BMU/UBA/Jury Umweltzeichen/RAL gGmbH*, Vergabekriterien Computer und Tastaturen, DE-UZ 78, 2017, S. 10.

1362 *Europäische Kommission*, Beschluss (EU) 2020/1804 der Kommission vom 27. November 2020 zur Festlegung der Kriterien für die Vergabe des EU-Umweltzeichens für elektronische Displays, Kriterium 3; Siehe zu weiteren Beispielen in Bezug auf Anforderungen des EU Ecolabels an die Reparaturfähigkeit und Reparaturfreundlichkeit *Michel*, Premature Obsolescence, 2022, S. 319 ff.

1363 *BMU/UBA/Jury Umweltzeichen/RAL gGmbH*, Vergabekriterien Staubsauger, DE-UZ 188, 2020, S. 10.

1364 *BMU/UBA/Jury Umweltzeichen/RAL gGmbH*, Vergabekriterien Telefonanlagen und schnurgebundene Voice over IP Telefone, DE-UZ 220, 2021, S. 16 f.

1365 *Oehme/Jacob*, Strategien gegen Obsoleszenz, 2017, S. 15.

1366 *Eisenriegler* in: Brönneke/Wechsler, Obsoleszenz interdisziplinär, 2015, 291, 292.

turfähigem Design hergestellt werden müssen, Ersatzteile bereitgestellt werden müssen und ein geeigneter Reparaturservice eingerichtet werden muss, um ein Produkt mit einem Umweltsiegel kennzeichnen zu dürfen. Hersteller werden sich allerdings nur freiwillig dem Maßstab einer solchen Umweltnorm unterwerfen, wenn das Umweltzeichen ein Qualitätssignal am Markt darstellt, sie über den Kaufpreis eine Qualitätsprämie erhalten können und der Kundenzuwachs sowie Absatz, Umsatz und folglich Gewinn zunimmt (s. o. Zweiter Teil A.III.4.d)i.(2)). Zur effektiven und umfänglichen Erreichung der Nachhaltigkeitsziele können Strategien zur Verlängerung der Produktlebensdauer und Vermeidung ökonomischer Obsoleszenz nicht ausschließlich auf freiwillige Methoden setzen. Es sollten vielmehr gesetzlich verpflichtend einzuhaltende und umzusetzende Anforderungen an die Reparaturfähigkeit und -freundlichkeit geschaffen werden.

b) Anforderungen gemäß Ökodesign-VO und Ökodesign-Rechtsakte

Für physische Waren können konkrete Anforderungen für die Reparaturfähigkeit und Reparaturfreundlichkeit in verpflichtender Weise in den delegierten Rechtsakten nach der Ökodesign-VO vorgesehen werden. Bei dem Ökodesign von Produkten müssen Erwägungen der ökologischen Nachhaltigkeit in die Merkmale eines Produkts und die Prozesse, die entlang der gesamten Wertschöpfungskette des Produkts stattfinden, einbezogen werden, Art. 2 Nr. 6 Ökodesign-VO (siehe hierzu ausführlich S. 176 ff.). Produkte dürfen gem. Art. 3 Abs. 1 Ökodesign-VO erst in den Verkehr gebracht oder in Betrieb genommen werden, wenn sie die für diese Produkte geltenden Ökodesign-Anforderungen erfüllen, die in den delegierten Rechtsakten festgelegt sind. Zu den relevanten Ökodesign-Parametern, welche auf eine Verbesserung der Produktaspekte wie der Funktionsbeständigkeit und Reparierbarkeit der Ware hinwirken, zählen, unter anderem, Merkmale, Verfügbarkeit, Lieferzeit und Erschwinglichkeit von Ersatzteilen, Modularität, Kompatibilität mit allgemein verfügbaren Werkzeugen und Ersatzteilen, Verfügbarkeit von Reparatur- und Wartungsanleitungen, Verwendung von Standardbauteilen, einfache zerstörungsfreie Zerlegung und Wiedermontage sowie die Vermeidung technischer Lösungen, die der Reparatur abträglich sind.[1367] Auch unter der bisherigen Ökodesign-RL gehörten zu den relevanten Parametern, unter anderem, die Reparierbarkeit, Nachrüstbarkeit, Modularität sowie Lieferbarkeit von Ersatzteilen.[1368] In Bezug auf diese Parameter können daher individuelle Anforderungen für Pro-

1367 Vgl. Art. 5 Abs. 1 lit a) und e) i.V.m. Anhang I lit. b) und e) Ökodesign-VO.

1368 Anhang I Teil 1 Nr. 1.3 lit i) Richtlinie 2009/125/EG des Europäischen Parlaments und des Rates vom 21. Oktober 2009 zur Schaffung eines Rahmens für die Festlegung von Anforderungen an die umweltgerechte Gestaltung energieverbrauchsrelevanter Produkte.

duktgruppen in den delegierten Rechtsakten festgelegt werden. Die bisher erlassenen Durchführungsmaßnahmen auf Grundlage der Ökodesign-RL bleiben auch nach Inkrafttreten der Ökodesign-VO weiterhin in Kraft, bis sie durch einen delegierten Rechtsakt aufgehoben werden.[1369]

So enthält beispielsweise die in § 1 EVPGV aufgeführte Verordnung (EU) 2019/2021 für elektronische Displays[1370] in Anhang II D. Nr. 5 bereits konkrete Ökodesign-Anforderungen für die Reparatur und Wiederverwendung. Dort wird festgelegt, welche Ersatzteile Reparateuren und welche Endnutzern von den Herstellern und Importeuren zur Verfügung gestellt werden müssen,[1371] dass sie für einen Zeitraum von mindestens sieben Jahren nach dem Inverkehrbringen des letzten Exemplars des Modells bereitgestellt werden müssen und dass sie innerhalb von 15 Arbeitstagen nach Bestellungseingang geliefert werden müssen. Die zeitliche Beschränkung der Pflicht zur Ersatzteilvorsorge ist zugunsten eines innovativen und rentablen Wirtschaftens des Herstellers erforderlich, da der logistische Aufwand anderenfalls zu groß wäre und die Handlungsfreiheit durch gebundene Finanzmittel zu sehr eingeschränkt wäre.[1372] Die Ersatzteile müssen zudem mit allgemein verfügbaren Werkzeugen[1373] ohne dauerhafte Beschädigung des Geräts ausgewechselt werden können. Die Liste der verfügbar zu stellenden Ersatzteile, der Verfahren für ihre Bestellung sowie die Reparaturanleitungen müssen auf der Webseite des Herstellers oder Importeurs öffentlich zugänglich sein. Für fachlich kompetente Reparateure wird außerdem festgelegt, dass ihnen Zugang zu Reparatur- und Wartungsinformationen unter bestimmten Bedingungen zu gewähren ist. In gleicher Weise enthält auch die Verordnung (EU) 2019/2024 für Kühlgeräte mit Direktverkaufsfunktion[1374]Anforderungen an die Verfügbarkeit von in An-

---

1369 Art. 79 Abs. 1, EG 121 Ökodesign-VO.

1370 Verordnung (EU) 2019/2021 der Kommission vom 1. Oktober 2019 zur Festlegung von Ökodesign-Anforderungen an elektronische Displays gemäß der Richtlinie 2009/125/EG des Europäischen Parlaments und des Rates, zur Änderung der Verordnung (EG) Nr. 1275/2008 der Kommission und zur Aufhebung der Verordnung (EG) Nr. 642/2009 der Kommission.

1371 Für eine Ersatzteillieferpflicht stets auch gegenüber Endnutzern zur Förderung der Selbstreparatur plädierend *Micklitz/Mehnert/Specht-Riemenschneider/Liedtke/Kenning*, Recht auf Reparatur, 2022, S. 59.

1372 *Welters*, Obsoleszenz im Zivilrecht, 2012, S. 3, 27 f.

1373 Siehe hierzu *Micklitz/Mehnert/Specht-Riemenschneider/Liedtke/Kenning*, Recht auf Reparatur, 2022, S. 38, die zurecht darauf hinweisen, dass Hersteller dazu angehalten werden könnten, „Produkte zu entwerfen, die nicht mit typischem Werkzeug (z. B. Kreuzschlitz-Schraubendrehern) repariert werden können, und zeitgleich das entsprechende, extra entwickelte Werkzeug als eigene Produktlinie auf den Markt zu bringen und es damit ‚allgemein verfügbar' zu machen".

1374 Verordnung (EU) 2019/2024 der Kommission vom 1. Oktober 2019 zur Festlegung von Ökodesign-Anforderungen an Kühlgeräte mit Direktverkaufsfunktion gemäß der Richtlinie 2009/125/EG des Europäischen Parlaments und des Rates.

hang II Nr. 2 genannten Ersatzteilen für Reparateure sowie für Endnutzer für einen Zeitraum von acht Jahren nach dem Inverkehrbringen des letzten Exemplars des Modells. Ebenso müssen die Ersatzteile leicht austauschbar sein und innerhalb von 15 Arbeitstagen geliefert werden, Reparaturanleitungen müssen auf der Webseite aufrufbar sein und unter bestimmten Bedingungen erhalten fachlich kompetente Reparateure Zugang zu Reparatur- und Wartungsinformationen. Fast identische Regelungen finden sich in der Verordnung (EU) 2019/2019 für Kühlgeräte[1375], nach dessen Anhang II Nr. 3 die dort genannten Ersatzteile für einen Zeitraum von sieben Jahren nach Inverkehrbringen des letzten Exemplars zur Verfügung stehen müssen und die Waren reparaturfähig und demontierbar mit allgemein verfügbaren Werkzeugen sein müssen. Weitere Beispiele mit gleichartigen Ökodesign-Anforderungen an die Verfügbarkeit von Ersatzteilen für einen bestimmten Zeitraum, die Reparaturfähigkeit von Waren sowie den Zugang zu Reparatur- und Wartungsinformationen sind in Anhang II Nr. 5 der Verordnung (EU) 2019/2022 für Haushaltsgeschirrspüler[1376], in Anhang II Nr. 8 der Verordnung (EU) 2019/2023 für Haushaltswaschmaschinen und Haushaltswaschtrockner[1377], in Anhang II Nr. 2 der Verordnung (EU) 2019/1784 für Schweißgeräte[1378] und in Anhang II für Mobiltelefone unter A. Nr. 1.1., für Smartphones unter B. Nr. 1.1., für schnurlose Telefone unter C. Nr. 2.1. und für *Slate-Tablets* unter D. Nr. 1.1. der Verordnung (EU) 2023/1670[1379] zu finden.

1375 Verordnung (EU) 2019/2019 der Kommission vom 1. Oktober 2019 zur Festlegung von Ökodesign-Anforderungen an Kühlgeräte gemäß der Richtlinie 2009/125/EG des Europäischen Parlaments und des Rates und zur Aufhebung der Verordnung (EU) 643/2009 der Kommission.

1376 Verordnung (EU) 2019/2022 der Kommission vom 1. Oktober 2019 zur Festlegung von Ökodesign-Anforderungen an Haushaltsgeschirrspüler gemäß der Richtlinie 2009/125/EG des Europäischen Parlaments und des Rates, zur Änderung der Verordnung (EG) Nr. 1275/2008 der Kommission und zur Aufhebung der Verordnung (EU) Nr. 1016/2010 der Kommission.

1377 Verordnung (EU) 2019/2023 der Kommission vom 1. Oktober 2019 zur Festlegung von Ökodesign-Anforderungen an Haushaltswaschmaschinen und Haushaltswaschtrockner gemäß der Richtlinie 2009/125/EG des Europäischen Parlaments und des Rates, zur Änderung der Verordnung (EG) Nr. 1275/2008 der Kommission und zur Aufhebung der Verordnung (EU) Nr. 1015/2010 der Kommission.

1378 Verordnung (EU) 2019/1784 der Kommission vom 1. Oktober 2019 zur Festlegung von Anforderungen an die umweltgerechte Gestaltung von Schweißgeräten gemäß der Richtlinie 2009/125/EG des Europäischen Parlaments und des Rates.

1379 Verordnung (EU) 2023/1670 der Kommission vom 16. Juni 2023 zur Festlegung von Ökodesign-Anforderungen an Smartphones, Mobiltelefone, die keine Smartphones sind, schnurlose Telefone und Slate-Tablets gemäß der Richtlinie 2009/125/EG des Europäischen Parlaments und des Rates und zur Änderung der Verordnung (EU) 2023/826 der Kommission.

c) Anforderungen gemäß ProdSG

Ein Produkt, das einer Rechtsverordnung nach § 8 ProdSG unterliegt, darf gem. § 3 Abs. 1 Nr. 1 ProdSG nur auf dem Markt bereitgestellt werden, wenn es den dort vorgesehenen Anforderungen entspricht (siehe hierzu ausführlich S. 180 ff.). Gem. § 8 Abs. 1 S. 4 Nr. 1 lit. a) ProdSG können durch die Rechtsverordnungen Anforderungen an die Beschaffenheit von Produkten geregelt werden. Zur Beschaffenheit eines Produkts gehört seine Reparaturfähigkeit und seine Reparaturfreundlichkeit. Derzeit enthalten keine der Produktsicherheitsverordnungen Maßstäbe zur Reparaturfähigkeit und -freundlichkeit. Nach den Beispielen der Durchführungsverordnungen zum Ökodesign könnten aber auch auf dieser Grundlage Anforderungen an die Reparaturfähigkeit und Reparaturfreundlichkeit normiert werden.

d) Anforderungen gemäß ElektroG

Hersteller haben nach § 4 Abs. 1 S. 1 ElektroG ihre Elektro- und Elektronikgeräte möglichst so zu gestalten, dass die Wiederverwendung, die Demontage und die Verwertung von Altgeräten, Bauteilen und Werkstoffen berücksichtigt und erleichtert werden. Nach S. 2 sind Elektro- und Elektronikgeräte, die vollständig oder teilweise mit Batterien oder Akkumulatoren betrieben werden können, möglichst so zu gestalten, dass Altbatterien und Akkumulatoren durch Endnutzer problemlos und zerstörungsfrei entnommen werden können. Ist dies nicht möglich, so müssen sie jedenfalls problemlos, zerstörungsfrei und mit handelsüblichem Werkzeug durch vom Hersteller unabhängiges Fachpersonal entnommen werden können, S. 3. Ausnahmen sind in § 4 Abs. 2 und 3 ElektroG vorgesehen, wonach die Möglichkeit zur Wiederverwendung eingeschränkt sein kann, wenn Konstruktionsmerkmale rechtlich vorgeschrieben sind oder die Vorteile dieser besonderen Konstruktionsmerkmale oder des Herstellungsprozesses überwiegen. Zudem gelten die Anforderungen an die Entnahmemöglichkeit von Batterien und Akkumulatoren nicht für Elektro- und Elektronikgeräte, in denen aus Gründen der Sicherheit, der Leistung, aus medizinischen Gründen oder aus Gründen der Vollständigkeit von Daten eine ununterbrochene Stromversorgung notwendig und eine ständige Verbindung zwischen dem Gerät und der Batterie oder dem Akkumulator erforderlich sind.

Die in § 4 ElektroG normierten Gestaltungsanforderungen für das Inverkehrbringen von Elektro- und Elektronikprodukten sind nicht bzw. nur teilweise verbindlich („möglichst so zu gestalten“) und stellen auch keine bußgeldbewährte Pflicht dar.[1380]

1380 *Häberle* in: Erbs/Kohlhaas, Strafrechtliche Nebengesetze, 256 EL 2025, ElektroG § 4 Rn. 2; *Hohmuth*, InTeR 2014, 74, 81; Anders in Bezug auf § 4 Abs. 1 S. 2 ElektroG aufgrund des Wortlauts

e) Anforderungen gemäß KrWG

Zur Erfüllung der Ziele der Kreislaufwirtschaft tragen Hersteller die Produktverantwortung[1381], welche die Entwicklung, die Herstellung und das Inverkehrbringen von Erzeugnissen umfasst, die, unter anderem, reparierbar sein müssen, § 23 Abs. 1, Abs. 2 Nr. 1 KrWG (siehe hierzu ausführlich S. 183 ff.). Kreislaufwirtschaft umschreibt die Vermeidung und die Verwertung von Abfällen, wobei Maßnahmen zur Vermeidung ansetzen, bevor ein Stoff, Material oder Erzeugnis zu Abfall geworden ist mit dem Ziel die Abfallmenge zu verringern, § 3 Abs. 19 und 20 KrWG. Gesetzliche Regelungen zur Sicherstellung der Reparaturfähigkeit von Waren und die darauf bezogenen herstellerseitigen Verpflichtungen für die Entwicklung und Produktion von Waren stellen solche Vermeidungsmaßnahmen dar. Ebenso trägt die Bereitstellung von Ersatzteilen und die Einrichtung von Reparaturservices zur Reduzierung von Abfall und zur Verlängerung der Produktlebensdauer bei. Demzufolge können in Rechtsverordnungen auf der Grundlage von § 23 Abs. 4, § 24 Nr. 1 KrWG Anforderungen an die Reparaturfähigkeit und Reparaturfreundlichkeit für bestimmte Produktgruppen aufgestellt werden. Die Norm ermächtigt ausdrücklich zur Festlegung von Anforderungen für das Inverkehrbringen von Erzeugnissen, welche die technische Langlebigkeit und Reparierbarkeit erleichtern sollen. Folglich kann auch das KrWG als Grundlage dienen, um konkrete Anforderungen an die Reparaturfähigkeit und Reparaturfreundlichkeit zu etablieren.

f) Zusammenfassung

Konkrete Anforderungen an die Reparaturfähigkeit und Reparaturfreundlichkeit können durch die Mechanismen von Umweltsiegeln etabliert werden. Die dort festgelegten Umweltstandards sind zwar zu begrüßen, als dass sie Maßstäbe einer umweltgerechten Produktion aufzeigen und nachhaltige Waren durch Umweltzeichen für den Konsumenten klar hervorheben. Da es sich hierbei jedoch um eine freiwillige Methode handelt und es der Entscheidung des Herstellers obliegt auf die Produktkennzeichnung mit einem Umweltsiegel und der Einhaltung der Umweltanforderungen zu verzichten, erfordert die Umsetzung einer umfänglichen Strategie zur Förderung von Reparaturen (auch) zwingende Regulierung.

(„sind") *Hess*, Geplante Obsoleszenz, 2018, S. 175 ff., weshalb ein Verstoß hiergegen auch einen Mangel begründet.

1381 Europäische Grundlage einer Produktverantwortung stellt die Abfallrahmenrichtlinie dar, Richtlinie 2008/98/EG des Europäischen Parlaments und des Rates vom 19. November 2008 über Abfälle und zur Aufhebung bestimmter Richtlinien; Siehe allgemein zum System der Produktverantwortung im deutschen und europäischen Kreislaufwirtschaftsrecht *Petersen*, NVwZ 2022, 921.

Für Elektro- und Elektronikgeräte sind bereits im ElektroG Anforderungen in Hinblick auf die Reparierbarkeit normiert. Allerdings sind diese allgemein gefasst und konkrete Maßstäbe je nach Produkttyp, an denen sich Hersteller bei der Produktentwicklung und -herstellung orientieren können, wären begrüßenswert. Batterien und Akkumulatoren sind nicht die einzigen Komponenten eines Elektro- oder Elektronikgeräts, die in Hinblick auf die Reparaturfähigkeit und -freundlichkeit adressiert werden sollten. Rechtsgrundlagen zur Schaffung von regulierenden Normen, die konkrete produktgruppenspezifische Anforderungen an die Reparierbarkeit aufstellen, lassen sich sowohl in der Ökodesign-VO, im EVPG, ProdSG sowie im KrWG finden. Die delegierten Rechtsakte, welche Ökodesign-Anforderungen festlegen, sind hierbei am besten geeignet festzulegen, wann ein Produkt reparaturfähig und reparaturfreundlich ist. Bei diesen Eigenschaften handelt es sich um umweltgerechte Gestaltungen, wohingegen das ProdSG und das KrWG nur am Rande auf die Reparierbarkeit Bezug nehmen. Ferner würde sich ein einheitliches Regelwerk etablieren, indem sämtliche Anforderungen an die Produktgestaltung und -herstellung, auch solche die Haltbarkeit betreffend (s. o. Zweiter Teil A.III.5.a)), in den delegierten Rechtsakten festgelegt wären. Insofern die Vorschriften die Möglichkeit vorsehen würden, mit einer technischen Begründung eine abweichende Bauweise zu rechtfertigen, wie z. B. nach § 4 Abs. 2 ElektroG, können Hersteller von den Nachhaltigkeitsstandards abweichen und sie unterlaufen.[1382] Zur Gewährleistung der Funktionalität und technischen Effizienz eines komplexen Produkts kann eine solche Ausnahme jedoch erforderlich sein.[1383]

Die Beispiele bisher erlassener Rechtsakte im Zusammenhang mit der Ökodesign-RL (s. o. Zweiter Teil B.II.3.b)) sollten daher als Vorbild dienen für die Etablierung von Ökodesign-Anforderungen in delegierten Rechtsakten, die für sämtliche Produktkategorien konkrete Anforderungen an ihre Reparaturfähigkeit und Reparaturfreundlichkeit festlegen. Die Umsetzung der Strategie zur Förderung von Reparaturen erfordert sodann flächendeckende, für sämtliche Produktkategorien bestehende Ökodesign-Anforderungen.[1384] Diese müssen in engen Zeitintervallen aktualisiert werden, um immer dem aktuellen Stand der Technik zu entsprechen.[1385] Um darüber hinaus Transparenz für Konsumenten zu schaffen, wurde der digitale Produktpasses eingeführt, der die Digitalisierung von Produktinfor-

1382 *Gawel/Bretschneider*, ZfU 1 (2016), 1, 27.

1383 Vgl. *Gawel/Bretschneider*, ZfU 1 (2016), 1, 27; *Schlacke/Alt/Tonner/Gawel/Bretschneider*, UBA Texte 72/2015, S. 201.

1384 So auch *Arnold*, Recht auf Reparatur, 2024, S. 149 ff.; *Tonner*, VuR 2023, 241, 242.

1385 *Schlacke/Alt/Tonner/Gawel/Bretschneider*, UBA Texte 72/2015, S. 131.

mationen ermöglichen und vorantreiben soll und insbesondere Informationen bezüglich der Reparaturfähigkeit enthalten soll.[1386]

Anstatt in Art. 6 und 7 WKRL sowie § 434 BGB lediglich zu normieren, dass auch die Reparierbarkeit ein Merkmal der Beschaffenheit des Kaufgegenstands ist, sollte ein Verweis eingefügt werden, wonach sich die Mangelfreiheit in Hinblick auf die Möglichkeit der Reparatur, insbesondere oder unter anderem, nach den Anforderungen an die Reparierbarkeit richtet, die in den Durchführungsverordnungen bzw. delegierten Rechtsakten zum Ökodesign festgelegt sind, die die Reparatur einer Ware ermöglichen, einschließlich der Anforderungen zur Erleichterung der Demontage, des Zugangs zu Einzelteilen und reparaturbezogenen Informationen und Werkzeugen, die für Waren oder spezifische Bestandteile von Waren gelten.[1387]

4. Wirkungsanalyse der Strategie zur Vermeidung ökonomischer Obsoleszenz

Umweltrechtliche Standards, die verpflichtend in Rechtsnormen außerhalb des BGB festgelegt wurden, finden Beachtung bei der Beurteilung des Vorliegens eines Mangels i. S. d. § 434 BGB. Die Nichtbeachtung von Vorgaben bzgl. der Reparaturfähigkeit und Reparaturfreundlichkeit begründet einen Mangel und führt zur Anwendung des Gewährleistungsrechts, welches als zusätzlicher Sanktionsmechanismus[1388] fungiert. Der Hersteller soll so einen weiteren Anreiz zur Beachtung der Qualitätsstandards und Produktion reparaturfähiger und -freundlicher Waren erhalten (a).

Darüber hinaus sollen die regulierenden Normen, die den Hersteller zur Reparaturfähigkeit und Reparaturfreundlichkeit verpflichten, zur Minderung ökonomischer Obsoleszenz führen, indem die Nachbesserung günstiger und die Neulieferung verteuert wird (b).

1386 Art. 9 bis Art. 15 i.V.m. Anhang III Ökodesign-VO.

1387 Vgl. Art. 2 Nr. 11 der Richtlinie (EU) 2024/1799 des Europäischen Parlaments und des Rates vom 13. Juni 2024 über gemeinsame Vorschriften zur Förderung der Reparatur von Waren und zur Änderung der Verordnung (EU) 2017/2394 und der Richtlinie (EU) 2019/771 und (EU) 2020/1828; Für die Verknüpfung des Kaufrechts mit der Ökodesign-RL plädierend *Micklitz/Mehnert/Specht-Riemenschneider/Liedtke/Kenning*, Recht auf Reparatur, 2022, S. 34, 36 ff.

1388 Grundsätzlich sind Behörden für die Durchsetzung von öffentlich-rechtlichen Anforderungen, wie solche die auf Grundlage der Ökodesign-RL festgelegt wurden, verantwortlich. Die Durchsetzung und Marktüberwachung sind aktuell noch defizitär. Siehe hierzu *Specht-Riemenschneider/Mehnert*, ZfDR 2022, 313, 325 f.; So auch *Mehnert*, ZRP 2023, 9, 9; *Micklitz/Mehnert/Specht-Riemenschneider/Liedtke/Kenning*, Recht auf Reparatur, 2022, S. 44 ff.

a) Anreiz zur Herstellung reparaturfähiger und -freundlicher Waren

In welchem Ausmaß Hersteller für die reparaturfähige Konstruktion ihrer Waren sorgen und Ersatzteile vorhalten, hängt von den damit im Zusammenhang stehenden Kosten und Nutzen ab. Je nachhaltiger das Produkt, desto teurer die Herstellungskosten, die sich unter wirtschaftlichen Gesichtspunkten erst lohnen, wenn die nachhaltige Qualität am Markt glaubhaft versichert werden kann und Käufer bereit sind ein höheres Entgelt für nachhaltige Waren zu zahlen. In der Regel lohnen sich Herstellungskosten einer reparaturfähigen kostengünstigen Ware nicht, weil mit der kostenlosen Reparatur im Gegensatz zum wiederholten Neukauf kein Absatz, Umsatz und Gewinn erzielt werden kann.[1389] Aus diesem Grund wird zumeist auch die Produktion von Ersatzteilen nicht rentabel genug sein und die Materialien, Fertigungsanlagen sowie die Arbeitskraft könnten stattdessen für die Herstellung neuer Waren eingesetzt werden.[1390] Führen die Marktstrukturen zu keinem nachhaltigen Ergebnis, fungiert die potenzielle Gewährleistungshaftung als zusätzlicher Kostenfaktor. In die Entscheidungskalkulation des Herstellers fließen die Kosten einer möglichen Gewährleistungshaftung gegenüber den Herstellungskosten eines reparaturfähigen und -freundlichen Produkts ein.

Wenn ein Defekt einer Ware aufgrund der Konstruktion und des Designs nicht beseitigt werden kann, ist eine Nachbesserung unmöglich. Die ungenügende Reparaturfähigkeit der Ware begründet für sich bereits einen Mangel. Diese in Aussicht gestellte Gewährleistungshaftung für eine unzureichende Reparaturfähigkeit soll dem Verkäufer Anreiz geben, von vornherein Produkte mit reparaturfähigem Design herzustellen. Liegt eine Ware vor, die nicht reparierbar ist, kann der Mangel an Reparierbarkeit selbst auch nicht per Nachbesserung behoben werden. Insofern besteht ein zweifacher Mangel an der Ware und Nacherfüllung kann für beide nur in Form der Nachlieferung erfolgen.

Einerseits stellt sich die praktische Frage, wie die in Aussicht gestellte und den Anreiz begründende Haftung für ungenügende Reparaturfähigkeit erkannt und vollzogen werden soll. Bei der Reparaturfähigkeit und Reparaturfreundlichkeit handelt es sich um Produkteigenschaften, die sog. Erfahrungseigenschaften darstellen und die vor oder im Zeitpunkt des Kaufs für den Käufer nicht erkennbar sind.[1391] Für gewöhnlich wird die mangelnde Reparaturfähigkeit oder das Fehlen von Ersatzteilen erst zu Tage treten, wenn das Produkt anderweitig einen Mangel aufweist und sodann festgestellt wird, dass es sich nicht reparieren lässt. In diesem Fall trifft den Verkäufer die Gewährleistungshaftung bereits aufgrund des auftre-

1389 *Longmuß/Poppe/Neef* in: Longmuß/Poppe, Geplante Obsoleszenz, 2019, 39, 57.
1390 *Welters*, Obsoleszenz im Zivilrecht, 2012, S. 2 f.
1391 *Nelson*, 78(2) J. Polit. Econ. 311, 318 (1970).

tenden Funktionsverlusts. Der Verkäufer unterliegt sowieso der Haftung aufgrund des Funktionsverlusts und der Mangel der Reparaturunfähigkeit hat keine darüberhinausgehende Wirkung.[1392] Nacherfüllung bei einer defekten und nicht reparierbaren Ware kann nur durch Nachlieferung erfolgen. Die Lieferung einer Ware aus derselben Produktionsreihe wäre aber ebenfalls mangelhaft. Zwar wäre die Ware voll funktionsfähig und der Mangel des Funktionsausfalls wäre behoben, die Sache wäre jedoch weiterhin nicht reparaturfähig. Die Lieferung einer mangelhaften neuen Ware führt nicht zu einer erfolgreichen Nacherfüllung. Das neue Produkt müsste bis zum Zeitpunkt der Nacherfüllung bereits fortentwickelt und seinerseits reparaturfähig sein, um nicht ebenso als mangelhaft angesehen zu werden.[1393] Dieser rechtliche Mechanismus setzt Anreize, Produkte von vornherein mit reparaturfähigem Design zu konstruieren. Anderenfalls träfe den Verkäufer die Gewährleistungshaftung und er müsste zum einen kostenlos ein neues Produkt liefern, welches zum anderen dann zwangsweise weiterentwickelt sein müsste hinsichtlich der Eigenschaft der Reparaturfähigkeit, damit er seine Nacherfüllungspflicht erfüllen kann. Damit der Verkäufer sich dem nicht entziehen kann, müssen die Maßstäbe für die absolute Unverhältnismäßigkeit streng sein. Minderung, Schadensersatz oder Rücktritt könnte für den Verkäufer günstiger sein als Nachlieferung eines neuen und nun reparaturfähigen Produkts. Der Vorrang der Nacherfüllung darf nicht bereits aufgrund einer geringen, aber die anderen Rechtsbehelfe übersteigenden, finanziellen Belastung unterlaufen werden. Zur Abwendung der teuren Gewährleistungshaftung werden Hersteller daher in die Entwicklung von reparaturfähigen Designs investieren, Ersatzteile vorhalten und effektive Reparaturstrukturen errichten. Das Gewährleistungsrecht kann mithin als zusätzlicher Sanktionsmechanismus fungieren und zur Erfüllung öffentlichrechtlicher Standards beitragen.

Dasselbe würde gelten, sollte der Käufer den Mangel der Reparaturfähigkeit isoliert erkennen und geltend machen. Dass der Käufer den Mangel der Reparaturfähigkeit oder das Fehlen von Ersatzteilen bereits vor Auftreten eines etwaigen anderen Mangels erkennt, ist unwahrscheinlich. Ist dies dennoch der Fall, ist wohl davon auszugehen, dass der Käufer bereits bei Vertragsschluss Kenntnis hiervon hatte. Es wird aufgrund des äußerlichen Anscheins des Produkts erkennbar gewesen sein, dass es verschweißt und nicht verschraubt ist und ein Austausch durch Ersatzteile nicht möglich sein wird. Dann sind die Gewährleistungsrechte des

1392 So auch *Konferenz der Justizministerinnen und Justizminister der Länder*, Bericht der Arbeitsgruppe „Nachhaltigkeit im Zivilrecht“, 2021, S. 87.

1393 So auch *Konferenz der Justizministerinnen und Justizminister der Länder*, Bericht der Arbeitsgruppe „Nachhaltigkeit im Zivilrecht“, 2021, S. 92.

Käufers jedoch gem. § 442 Abs. 1 S. 1 BGB ausgeschlossen. Der Anreizmechanismus, wie oben beschrieben, käme hier nicht zum Tragen.

Dieser Anreizmechanismus wird verstärkt in Situationen, in denen der Käufer einen späteren Mangel durch übermäßige, fehlerhafte oder unvorsichtige Nutzung verursacht hat, das Gewährleistungsregime für diesen Mangel keine Anwendung findet (jedenfalls nicht finden sollte, s. o. Zweiter Teil A.IV.2.b)), der Verkäufer aber dennoch nacherfüllen muss, weil sich der Käufer auf den separaten Mangel der Reparaturfähigkeit berufen kann.[1394] Um diese, aus Sicht des Verkäufers unfaire, Haftung zu vermeiden, kann es zukünftig attraktiver sein, reparierbare Waren herzustellen und sicherzustellen, dass nur für Risiken gehaftet wird, die aus der Sphäre des Verkäufers stammen.

Die Haftung für ein nicht reparaturfähiges Produkt ist weitreichend und die Kosten werden höher sein als diejenigen einer nachhaltigen Produktherstellung. Der Anreiz in reparaturfähige Produkteigenschaften zu investieren wird dominieren. Hinzu kommt der Kostenfaktor einer Regelung, die zur primären Nachbesserung verpflichtet. Intensiviert wird der Anreiz zudem durch die Pflicht des Herstellers zur Reparatur abseits des Regimes des Kaufgewährleistungsrechts.[1395] Eine solche ist umso günstiger für den Verkäufer, je reparaturfähiger die Produktkonstruktion ist und je einfacher Teile ausgetauscht werden können. Wäre eine Reparatur teurer als die Neuherstellung und der Hersteller dennoch zur Reparatur verpflichtet, entsteht ein Anreiz zur Herstellung reparierbarer Waren, um spätere Reparaturkosten zu senken. Der Nutzen einer reparaturfähigen und reparaturfreundlichen Produktentwicklung und -herstellung wird demzufolge größer sein als die damit einhergehenden Kosten, vor allem weil Kosten der Gewährleistungshaftung vermieden werden. Somit werden schließlich reparaturunfähige Produkte vom Markt verschwinden und reparaturfähige Produkte stattdessen hergestellt.

b) Vergünstigung der Nachbesserung

Die rechtliche Verpflichtung zur Herstellung reparaturfähiger und reparaturfreundlicher Waren vergünstigt zum einen die Nachbesserung bei Auftreten eines Funktionsverlusts und verteuert zum anderen die Nachlieferung im Rahmen des

1394 *Kieninger*, ZEuP 2020, 264, 274.

1395 Art. 5 der Richtlinie (EU) 2024/1799 des Europäischen Parlaments und des Rates vom 13. Juni 2024 über gemeinsame Vorschriften zur Förderung der Reparatur von Waren und zur Änderung der Verordnung (EU) 2017/2394 und der Richtlinie (EU) 2019/771 und (EU) 2020/1828, die bis zum 31.07.2026 ins nationale Recht umzusetzen ist.

Nacherfüllungsanspruchs. Sie trägt so zur Lösung der ökonomischen Obsoleszenz bei.

Die Herstellungskosten für Waren nehmen zu, wenn die öffentlich-rechtlichen Anforderungen an die Reparaturfähigkeit und Reparaturfreundlichkeit erfüllt werden. Reparaturfähige Produkteigenschaften erfordern einen größeren Konstruktionsaufwand, einen aufwändigen Fertigungsprozess sowie höhere Materialkosten.[1396] Aus den oben beschriebenen Gründen hat der Hersteller einen Anreiz reparierbare Waren herzustellen. Diese Kostenposten einer Neuherstellung wird der Verkäufer im Rahmen der Nacherfüllung berücksichtigen, sodass er entweder der Geltendmachung der Nachbesserung nachkommt oder sein relatives Verweigerungsrecht zugunsten der Nachbesserung ausüben wird. Die Reparatur eines reparaturfähigen Produkts, für welches Ersatzteile zur Verfügung stehen, wird für den Verkäufer günstiger sein als die Lieferung einer neuen Ware, dessen Herstellungskosten aufgrund der Einhaltung der rechtlichen Standards zugenommen haben. Die Reparatur ist nämlich im Vergleich zur teurer werdenden Neuproduktion umso einfacher, kostengünstiger und schneller durchführbar, je reparaturfähiger und -freundlicher die Ware ist. Die gesetzliche Normierung, dass die Nachbesserung grundsätzlich primär vor Neulieferung zu erfolgen hat, entspräche diesen Gegebenheiten. Zur Lösung des Problems der ökonomischen Obsoleszenz, das einer Reparatur im Wege stünde, würde beigetragen. Die Lebens- und Nutzungsdauer der Ware würde verlängert, Ressourcenaufwand einer Neuproduktion würde vermieden, die Abfallmenge würde verringert und die Kreislaufwirtschaft würde gefördert.[1397]

Darüber hinaus wirkt sich die Verpflichtung zur Vorhaltung von Ersatzteilen positiv auf das Problem der psychologischen Obsoleszenz aus (s. o. Erster Teil A.II.2.d)), wenn und weil Hersteller auf schnell aufeinanderfolgende Produktneuerungen verzichten, um nicht für jede Neuerung separate Ersatzeile vorhalten zu müssen.[1398] Neben der Vermeidung negativer Umweltauswirkungen durch die Verlängerung der Produktlebens- und -nutzungsdauer gehen mit der Förderung der Reparaturbranche auch weitere positive Effekte einher, weil Arbeitsplätze geschaffen werden, die Kaufkraft der Käufer erhöht wird und sich neue Geschäftschancen für Unternehmen ergeben.[1399]

1396 *Longmuß/Dworak* in: Longmuß/Poppe, Geplante Obsoleszenz, 2019, 73, 86.

1397 So auch *Falke*, ZUR 2020, 115, 116.

1398 *Kieninger*, ZEuP 2020, 264, 279; *Michel*, Premature Obsolescence, 2022, S. 147.

1399 *Europäisches Parlament, Ausschuss für Binnenmarkt und Verbraucherschutz*, Bericht über das Thema „Längere Lebensdauer für Produkte: Vorteile für Verbraucher und Unternehmen“ (2016/2272(INI)), 09.06.2017, S. 17.

5. Zusammenfassung

Zur Vermeidung ökonomischer Obsoleszenz muss eine Strategie verfolgt werden, wonach die Reparaturfähigkeit und -freundlichkeit von Waren verbessert und einheitliche nachhaltigkeitsfördernde Standards etabliert werden. Die Reparaturfähigkeit und Reparaturfreundlichkeit sind Voraussetzung dafür, dass defekte Produkte repariert werden können und ihre Lebensdauer verlängert werden kann.

Sowohl die Reparaturfähigkeit als auch die Reparaturfreundlichkeit sind Eigenschaften einer Ware und damit Teil des Beschaffenheitsbegriffs. Sie sind zur Bestimmung eines Mangels, der das Gewährleistungssystem aktiviert, relevant. Es sollten konkrete Anforderungen an diese Eigenschaften in öffentlich-rechtlichen und für die Hersteller verbindlichen Normen festgelegt werden. Für jeden Produkttyp sollte genau bestimmt sein, welche Ersatzteile ausgetauscht werden können müssen und vorgehalten werden müssen. Soweit eine Ware diesen Standards nicht genügt, gilt sie als vertragswidrig und mangelhaft, weil sie nicht der objektiv üblichen und vom Käufer erwartbaren Beschaffenheit entspricht. Am besten geeignet zur Etablierung solcher Standards in Form von Ökodesign-Anforderungen sind die delegierten Rechtsakte. Einige erlassene Rechtakte im Zusammenhang mit der Ökodesign-RL enthalten bereits konkrete Anforderungen an die Reparaturfähigkeit und Reparaturfreundlichkeit für bestimmte Produktgruppen. Sie sollten als Vorbild dienen für die Festlegung weiterer Anforderungen in delegierten Rechtsakten für sämtliche, auch nicht energieverbrauchsrelevante Produktkategorien. So kann ein einheitliches Rahmenwerk geschaffen werden. Für einzelne Produkttypen können delegierte Rechtsakte erlassen werden, die sowohl Anforderungen an die Mindesthaltbarkeit als auch an die Reparaturfähigkeit und -freundlichkeit aufstellen, die bei der Produktion von Waren beachtet werden müssen und Voraussetzung für das Inverkehrbringen und die Inbetriebnahme sind. Der Mangelbegriff des Kaufgewährleistungsrechts sollte sodann einen Verweis enthalten, wonach sich die Vertragsmäßigkeit der Ware in Hinblick auf die Reparaturfähigkeit und -freundlichkeit insbesondere nach den Anforderungen an die Reparierbarkeit richtet, die in den delegierten Rechtsakten zum Ökodesign festgelegt sind.

Die Festlegung von konkreten Anforderungen an die Reparaturfähigkeit und Reparaturfreundlichkeit in Verbindung mit dem Sanktionssystem des Kaufgewährleistungsrechts setzt Anreize für Hersteller zur Beachtung der Qualitätsstandards und zur Produktion reparaturfähiger und -freundlicher Waren. Dadurch wird der ökonomischen Obsoleszenz begegnet. Die Nachbesserung wird günstiger, weil Waren reparaturfähig sind und Ersatzteile zur Verfügung stehen, und die Nachlieferung wird teurer, weil die Kosten der Herstellung neuer Waren, bei der Anforderungen an die Reparierbarkeit umzusetzen sind, zunehmen.

III. Selbstreparatur des Käufers

Die zur Verlängerung der Produktlebens- und -nutzungsdauer erforderliche Reparatur bei Auftreten eines Defekts kann auch vom Käufer selbst durchgeführt werden. Insbesondere bei kleineren Mängeln und bei eher kostengünstigeren Produkten kann es aus Käufersicht günstiger und mit weniger Aufwand verbunden sein, sich des Mangels selbst anzunehmen.[1400] Hierfür wäre es hilfreich, Produkte mit Reparaturanleitungen zu liefern sowie Werkzeuge, Diagnose-tools und Ersatzteile, nicht nur für Vertragswerkstätten des Herstellers, leicht zur Verfügung zu stellen.[1401] Nach Art. 6 lit. c) WKRL, umgesetzt in § 434 Abs. 2 S. 1 Nr. 3 BGB, entspricht die Sache nur dann den subjektiven Anforderungen, wenn sie mit dem vereinbarten Zubehör und den vereinbarten Anleitungen übergeben wird. Wenn keine Vereinbarung getroffen wurde, statuiert Art. 7 Abs. 1 lit. c) WKRL, umgesetzt in § 434 Abs. 3 S. 1 Nr. 4 BGB, sogar die objektive Einstandspflicht des Verkäufers dafür, die Sache mit Zubehör und Anleitungen zu übergeben, deren Erhalt der Käufer erwarten kann. Das gilt für Waren, ebenso wie für Waren mit digitalen Elementen. Der Käufer erwartet üblicherweise, aufgrund eines Vergleichs mit Sachen derselben Art oder den öffentlichen Äußerungen des Verkäufers oder anderer Glieder der Vertragskette, dass solche Anleitungen mitgeliefert werden, die zum Zusammenbau, der Inbetriebnahme sowie zum Gebrauch und zur Bedienung der Ware erforderlich sind.[1402] Zu den relevanten Anleitungen, die für den fortlaufenden Gebrauch und die Bedienung der Ware notwendig sind, gehören auch Reparaturanleitungen.[1403] Sie sollten zwischenzeitlich auftretende „typische" Defekte adressieren. Um nicht der Haftung des Gewährleistungsrechts zu unterliegen, ist der Verkäufer mithin verpflichtet, Reparaturanleitungen bei Verkauf des Pro-

---

1400 Vgl. *Micklitz/Mehnert/Specht-Riemenschneider/Liedtke/Kenning*, Recht auf Reparatur, 2022, S. 20, 23, wonach etwa 36 % der Befragten angaben, dass sie sich selbst kleinere Reparaturen zutrauen und für etwa 48 % der Befragten die Möglichkeit der Selbstreparatur wichtig oder sehr wichtig ist; *Priest*, 90(6) Yale Law J. 1297, 1328 (1981), dem zufolge die Parteien das Gewährleistungsrecht ausschließen können sollten, wenn die Mangelbeseitigung durch den Käufer einfacher und kostengünstiger möglich ist.

1401 So auch *Keimeyer/Gailhofer/Gsell/Graulich/Prakash/Scherf/Brönneke/Gildeggen/Schmitt/Schwarz*, UBA Texte 115/2020, 2020, S. 54 ff.; *Kieninger*, ZEuP 2020, 264, 272; *Longmuß/Dworak* in: Longmuß/Poppe, Geplante Obsoleszenz, 2019, 73, 80; *Michel*, Premature Obsolescence, 2022, S. 150, 339 f.; *Oehme/Jacob*, Strategien gegen Obsoleszenz, 2017, S. 15; *Prakash/Dehoust/Gsell/Schleicher/Stamminger*, UBA Texte 11/2016, 2016, S. 276.

1402 *Matusche-Beckmann* in: Staudinger, 2023, BGB § 434 Rn. 149; *Saenger* in: HK-BGB, 12. Aufl. 2024, BGB § 434 Rn. 33, 21.

1403 So jedenfalls ausdrücklich bzgl. digitaler Produkte *Fries* in: BeckOGK BGB, 01.05.2025, BGB § 327e Rn. 19.

dukts ebenfalls bereitzustellen. Überdies werden Hersteller auch öffentlich-rechtlich verpflichtet, insbesondere und beispielsweise durch die Anforderungen in den Durchführungsverordnungen zum Ökodesign (s. o. Zweiter Teil B.II.3.b)), Reparaturanleitungen auf ihrer öffentlich zugänglichen Webseite bereitzustellen. Zu den Voraussetzungen, unter denen eine Ware als reparaturfähig anzusehen ist, gehört auch, dass die Ware einfach und mit handelsüblichem Werkzeug in ihre Einzelteile zerlegt werden kann.

Ferner kann erwogen werden die vorvertraglichen Informationspflichten, anknüpfend an die Ausführungen zur Information über die Mindestlebensdauer (s. o. Zweiter Teil A.III.4.c)), hinsichtlich der Reparaturfähigkeit und Reparaturfreundlichkeit zu erweitern. Bereitzustellen wären vor allem Informationen hinsichtlich der Verfügbarkeit von Ersatzteilen und Reparaturanleitungen.[1404]

Diese Verpflichtungen begünstigen eine außerhalb des Gewährleistungsregimes durchzuführende Selbstreparatur durch den Käufer.[1405] Zu beachten ist hierbei jedoch, dass der Käufer zur Selbstvornahme der Reparatur im Gewährleistungsgefüge nach aktueller Rechtsprechung grds. nicht berechtigt ist bzw. jedenfalls so lange nicht, bis der Verkäufer mit seiner Nacherfüllungsverpflichtung in Verzug gerät.[1406] Die Kosten für eine eigenständige Reparatur kann der Käufer gegenüber dem Verkäufer ausschließlich im Rahmen eines Schadensersatzverlangens und auch nur geltend machen, wenn er eine Nachfrist zur Nachbesserung gesetzt hat, die abgelaufen ist, oder eine solche entbehrlich wäre.[1407] Anderenfalls ist der Käufer für die Reparatur allein verantwortlich und hat sämtliche Kosten

---

1404 Vgl. Art. 2 Nr. 2 lit. c) und Nr. 3 lit. d) der Richtlinie (EU) 2024/825 des Europäischen Parlaments und des Rates vom 28. Februar 2024 zur Änderung der Richtlinien 2005/29/EG und 2011/83/EU hinsichtlich der Stärkung der Verbraucher für den ökologischen Wandel durch besseren Schutz gegen unlautere Praktiken und durch bessere Informationen; *Europäisches Parlament, Ausschuss für Binnenmarkt und Verbraucherschutz*, Entwurf eines Berichts über das Thema „Auf dem Weg zu einem nachhaltigeren Binnenmarkt für Unternehmen und Verbraucher“ (2020/2021(INI)), 13.05.2020, S. 5 f.; *Oehme/Jacob*, Strategien gegen Obsoleszenz, 2017, S. 3 ff.

1405 Die Selbstreparatur und eine umfassende Etablierung von Anforderungen an die Reparaturfähigkeit und Reparaturfreundlichkeit zur Vermeidung ökonomischer Obsoleszenz begrüßend *Michel*, Premature Obsolescence, 2022, S. 147.

1406 BT-Drs. 14/6040, 229; BGH, Urt. v. 23.02.2005, VIII ZR 100/04, NJW 2005, 1348, 1349; BGH, Urt. v. 07.12.2005, VIII ZR 126/05, NJW 2006, 988, 989; *Saenger* in: HK-BGB, 12. Aufl. 2024, BGB § 437 Rn. 16, § 439 Rn. 16; *Westermann* in: MüKo BGB, 8. Aufl. 2019, BGB § 439 Rn. 13, 23.

1407 BGH, Urt. v. 23.02.2005, VIII ZR 100/04, NJW 2005, 1348, 1348 f.; *Höpfner* in: BeckOGK BGB, 01.06.2025, BGB § 437 Rn. 101; *Saenger* in: HK-BGB, 12. Aufl. 2024, BGB § 437 Rn. 16, § 439 Rn. 16; *Westermann* in: MüKo BGB, 8. Aufl. 2019, BGB § 439 Rn. 13, 23; Differenzierter hingegen *Bach* in: Staudinger, 2023, BGB § 437 Rn. 295 ff., wonach entgegen der h.M. vertreten wird, dass dem Käufer jedenfalls ein Schadensersatzanspruch nach § 283 BGB wegen Unmöglichkeit der Nacherfüllung zustünde, auch wenn der Käufer die Unmöglichkeit herbeigeführt habe.

und Aufwendungen selbst zu tragen. Ein Bereicherungsanspruch oder ein Anspruch auf Herausgabe ersparter Aufwendungen nach § 326 Abs. 2 S. 2 BGB, unmittelbar oder in analoger Anwendung, sollen dem Käufer aufgrund des Vorrangs der Nacherfüllung, der abschließend aufgezählten Käuferrechte in § 437 BGB und des Schutzes der Verkäuferinteressen nicht zustehen.[1408] Dieser Sichtweise muss jedoch insbesondere unter Nachhaltigkeitsgesichtspunkten, nach denen Reparaturen grundsätzlich begünstigt behandelt werden sollten, eine Absage erteilt werden. Der Verkäufer ist zudem in seinen Interessen nicht verletzt, solange der Ersatz von Aufwendungen zur vollständigen Selbstvornahme der Nachbesserung sich auf die Abschöpfung der tatsächlich vom Verkäufer ersparten Aufwendungen und sonstigen Gewinnen beschränkt.[1409] Der gesetzgeberische Vorrang der Nacherfüllung durch den Verkäufer würde nicht umgangen und schützt diesen auch nur vor höheren Kosten einer vom Käufer selbst vorgenommenen Nacherfüllung, nicht hingegen davor, die bei ihm unvermeidbar anfallenden Kosten zu tragen.[1410] Ein Interesse des Verkäufers, Aufwendungen für die Nachbesserung selbst vorzunehmen und nicht in Geld herauszugeben, ist nicht schützenswert.[1411] Ein Anspruch des Käufers kann sich daher aus § 439 Abs. 2 BGB ergeben, wonach diejenigen käuferseitigen Aufwendungen als erforderlich im Sinne der Norm anzusehen und zu ersetzen sind, die ihrer Höhe und ihrem Umfang nach auch beim Verkäufer angefallen wären.[1412] Vertretbar ist auch die Herleitung eines Anspruchs auf Ersatz der ersparten Aufwendungen des Verkäufers aufgrund der Selbstvornahme des Käufers aus § 684 S. 1 BGB, die eine unberechtigte Geschäftsführung ohne Auftrag darstellen würde.[1413] Entgegen der Ansicht des BGH kann sich der Aufwendungsersatzanspruch auch aus § 326 Abs. 2 S. 2 BGB analog ergeben.[1414]

1408 BGH, Urt. v. 23.02.2005, VIII ZR 100/04, NJW 2005, 1348, 1349 ff.; BGH, Urt. v. 07.12.2005, VIII ZR 126/05, NJW 2006, 988, 989 f. Rn. 13 ff.; a.A. *Faust* in: BeckOK BGB, 74. Ed. 01.05.2025, BGB § 437 Rn. 46; *Höpfner* in: BeckOGK BGB, 01.06.2025, BGB § 437 Rn. 100 ff. m.w.N., wo den Argumenten des BGH ausführlich begegnet wird.

1409 *Bach* in: Staudinger, 2023, BGB § 437 Rn. 300, 305, § 439 Rn. 180; *Höpfner* in: BeckOGK BGB, 01.06.2025, BGB § 437 Rn. 105.

1410 *Höpfner* in: BeckOGK BGB, 01.06.2025, BGB § 437 Rn. 105.

1411 *Bach* in: Staudinger, 2023, BGB § 437 Rn. 300 m.w.N., § 439 Rn. 180.

1412 So jedenfalls *Bach* in: Staudinger, 2023, BGB § 437 Rn. 303, 305, § 439 Rn. 180.

1413 So jedenfalls mit ausführlicher Begründung *Höpfner* in: BeckOGK BGB, 01.06.2025, BGB § 437 Rn. 104 ff.

1414 So jedenfalls *Faust* in: BeckOK BGB, 74. Ed. 01.05.2025, BGB § 437 Rn. 46; Vgl. auch *Bach* in: Staudinger, 2023, BGB § 437 Rn. 302.

IV. Gesamtbetrachtung: Nachbesserungsanspruch zur Vermeidung werkstofflicher und ökonomischer Obsoleszenz

Der vom Kaufgewährleistungsrecht bereitgestellte und dispositiv normierte Nacherfüllungsanspruch, bei dem primär nachzubessern sein sollte, in Verbindung mit öffentlich-rechtlichen Anforderungen an die Reparaturfähigkeit und Reparaturfreundlichkeit stellen eine geeignete und erfolgreiche Strategie zur Vermeidung werkstofflicher und ökonomischer Obsoleszenz dar.

Zum einen erhält der Hersteller einen Anreiz zur Herstellung langlebiger und qualitativ hochwertiger Waren (s.o. Zweiter Teil A.IV.1.). Die Kosten der Inanspruchnahme auf Nacherfüllung werden höher sein als die Kosten einer Produktion und Konstruktion langlebiger Waren. Investitionen in die Haltbarkeit und in die Verringerung des Mangeleintrittsrisikos lohnen sich im Vergleich zu den potenziell drohenden Gewährleistungskosten. Dieses Anreizsystem entfaltet nur seine Wirksamkeit, wenn der Käufer tatsächlich von seinen Gewährleistungsrechten Gebrauch macht. Insbesondere die Mechanismen der Beweislastumkehr, der Unentgeltlichkeit der Nacherfüllung sowie der Möglichkeit den Nutzungsausfall ersetzt zu bekommen, machen die Geltendmachung der Abhilferechte für den Käufer attraktiv und wirken der rationalen Apathie entgegen. Somit trägt das Kaufgewährleistungsrecht zur Lösung des Problems der werkstofflichen Obsoleszenz bei.

Wenn eine, auch langlebige, Ware einen Defekt aufweist, sollte dieser durch Reparatur behoben werden. Zur Vermeidung ökonomischer Obsoleszenz muss die Reparatur günstiger sein als die Neuherstellung bzw. der Neukauf eines Produkts. Das Gewährleistungsrecht kann dabei als zusätzlicher Kostenfaktor wirken und Anreize oder Restriktionen bereitstellen, die zu einer Vergünstigung der Reparatur und Verteuerung der Neuherstellung führen. Ist die Reparatur teurer als die Herstellung einer neuen Sache, kann eine gesetzliche Norm, die primär zur Nachbesserung verpflichtet, einen Anreiz setzen in ein reparaturfähiges Produktdesign zu investieren, um die Kosten einer potenziell verpflichtend später vorzunehmenden Reparatur zu senken. Dieser Mechanismus wird effektiv funktionieren, wenn die Kosten für die Herstellung von reparaturfähigen Waren, abzüglich der Kosteneinsparungen aufgrund einer schnellen und einfach durchführbaren Reparatur im Falle des Funktionsverlusts, geringer sind als die Herstellungskosten eines nicht reparaturfähigen Produkts, zuzüglich der Kosten einer Inanspruchnahme aufgrund des Gewährleistungsrechts. Diese Kosten umfassen neben der kostenlosen Lieferung eines neuen Produkts, das dann aber reparierbar sein muss, d.h. die Kosten einer aufwändigeren Herstellung müssen zusätzlich vom Verkäufer getragen werden, auch die Kosten des Nutzungsausfalls beim Käufer.

Die Verpflichtung zur Einhaltung von rechtlichen Anforderungen an die Reparaturfreundlichkeit und Reparaturfähigkeit wird zusätzlich auch abseits des

Gewährleistungsrechts durchgesetzt und von Marktaufsichtsbehörden kontrolliert. Wenn die Waren die Anforderungen erfüllen, wird die Nachbesserung für den Verkäufer günstiger als die unter Berücksichtigung dieser Anforderungen aufwändigere Herstellung einer (zweiten) neuen Ware. Die Pflicht zur primären Nachbesserung im Rahmen des Nacherfüllungsanspruchs entspräche den Interessen des Verkäufers. Sollte dem Käufer weiterhin das Wahlrecht zustehen, könnte und würde der Verkäufer sein relatives Verweigerungsrecht zugunsten der Nachbesserung ausüben. Aus diesen Gründen sowie zur Konkretisierung des Beschaffenheitsbegriffs i. S. d. § 434 BGB ist es umso bedeutsamer, dass die öffentlich-rechtlichen Anforderungen an die Reparaturfähigkeit und Reparaturfreundlichkeit flächendeckend für sämtliche Produktkategorien festgelegt werden.

Das Zusammenwirken von Strategie 1 und Strategie 2 begünstigt die Herstellung langlebiger Waren sowie die Verlängerung der Produktlebensdauer durch Reparatur, erreicht Nachhaltigkeitsziele und vermeidet negative Umweltauswirkungen.

C. Aktualisierungspflicht zur Vermeidung funktionaler Obsoleszenz

Starke Umweltbelastungen durch eine zunehmende Neuproduktion, Außerdienststellung und Entsorgung eigentlich noch nutzbarer Hardware, ebenso wie schneller Verlust der Funktionalität rühren nicht zuletzt daher, dass digitale Inhalte und digitale Dienstleistungen (zusammen digitale Produkte, vgl. § 327 Abs. 1 S. 1 BGB) einer Ware nach gewisser Zeit nicht mehr wie im Zeitpunkt des Kaufs genutzt werden können. Wenn digitale Elemente nicht mehr wie vorgesehen gebraucht werden können und Funktionen wegfallen, wird die physische Ware als zu alt angesehen, weggeschmissen und durch eine neue Ware mit aktuellen digitalen Elementen ersetzt (sog. funktionale Obsoleszenz, s. o. Erster Teil A.II.2.b)). Dies gilt in besonderem Maße für Kaufgegenstände, die in einer Weise digitale Produkte enthalten oder mit ihnen verbunden sind, dass die Kaufgegenstände ihre Funktionen ohne die digitalen Produkte nicht erfüllen können, sog. Waren mit digitalen Elementen i. S. d. Art. 2 Nr. 5 lit. b) WKRL, Art. 2 Nr. 3 DIDRL, § 327a Abs. 3 S. 1 BGB.[1415] Mit voranschreitender Digitalisierung und Änderung technischer Anforderungen kann die Software nicht mehr ihrem Zweck entsprechend benutzt werden. Die

1415 Siehe ausführlich zu den Voraussetzungen der Einordnung einer Ware als „Ware mit digitalen Elementen" *Heinze* in: Grundmann/Atamer, European Sales Law, 2023, 101, 103 ff.; *Manhardt*, Die Aktualisierungspflicht, 2023, S. 38 ff.

physische Ware kann gar nicht mehr verwendet werden, weil ohne ihre Software ihre Funktionen ausfallen, und deshalb wird sie als veraltet und erneuerungsbedürftig angesehen. Die Arten und Anzahl von Waren mit digitalen Elementen wachsen kontinuierlich. Hierzu zählen etwa Saugroboter, Spielekonsolen, Alarmanlagen, Fußbodenheizungen, E-Bikes, Autos, Navigationssysteme, Waschmaschinen und Kühlschränke.[1416] Beispielsweise gehören Smartphones mit standardisierten Anwendungen wie einer Alarm- oder Kameraanwendung oder Smartwatches, die ihre Funktionen nur mittels Anwendungen erfüllen können, zu den Waren mit digitalen Elementen.[1417] Unerheblich ist, ob die Anwendung bereits vorinstalliert ist oder auf einem anderen Gerät heruntergeladen und mit der Ware verbunden werden muss.[1418]

Um ressourcenintensive Neuherstellung und Warenersatz aufgrund nicht mehr einwandfrei funktionierender Software in Verbindung mit der Hardware zu vermeiden, sollten digitale Elemente den aktuellen technischen und funktionalen Anforderungen genügen. Weil sich diese stets ändern, sollten sich auch die digitalen Elemente fortlaufend anpassen können und weiterentwickelt werden. Hierzu können Aktualisierungen durchgeführt werden. Dadurch könnte die Funktionalität eines Geräts für einen langen Zeitraum sichergestellt werden und auf eine längere Nutzungsdauer hingewirkt werden.[1419] Dem Problem der funktionalen Obsoleszenz kann und muss somit durch Aktualisierungen begegnet werden.[1420] Verfolgt werden kann diese Strategie mit Hilfe des Kaufgewährleistungsrechts. Nachfolgend erfolgt eine Untersuchung, inwiefern mit Mitteln des Kaufgewährleistungsrechts Aktualisierungen gefördert werden können und zur Erhaltung der Funktionalität und Verlängerung der Produktnutzungsdauer beitragen können.

I. Dogmatische Grundlagen: Aktualisierungspflicht

Aktualisierungen der digitalen Inhalte und Dienstleistungen können zu einer Verbesserung der Ware mit digitalen Elementen, einer Erweiterung der Funktionen, einer Anpassung an die technischen Entwicklungen sowie zu einem Schutz gegen neue Sicherheitsbedrohungen führen, aber auch anderen Zwecken die-

1416 BT-Drs. 19/27424, 20 f.

1417 Vgl. EG 15 WKRL.

1418 EG 15 WKRL.

1419 Vgl. *Atamer/Grundmann* in: Grundmann/Atamer, European Sales Law, 2023, 1, 15; *Fischer/Moch/Prakash/Teufel/Stieß/Kresse/Birzle-Harder*, UBA Texte 11/2019, 2019, S. 48; *Micklitz/Mehnert/Specht-Riemenschneider/Liedtke/Kenning*, Recht auf Reparatur, 2022, S. 42 f.

1420 So auch *Michel*, Premature Obsolescence, 2022, S. 136 ff., 356 f.

nen.[1421] Dabei versteht man unter digitalen Inhalten Daten, die in digitaler Form erstellt und bereitgestellt werden, Art. 2 Nr. 6 WKRL, Art. 2 Nr. 1 DIDRL, umgesetzt in § 327 Abs. 2 S. 1 BGB. Digitale Dienstleistungen erfassen gem. Art. 2 Nr. 7 WKRL, Art. 2 Nr. 2 DIDRL, umgesetzt in § 327 Abs. 2 S. 2 BGB, alle Dienstleistungen, welche dem Verbraucher die Erstellung, Verarbeitung oder Speicherung von Daten in digitaler Form oder den Zugang zu solchen Daten ermöglichen, oder die gemeinsame Nutzung der vom Verbraucher oder von anderen Nutzern der entsprechenden Dienstleistung in digitaler Form hochgeladenen oder erstellten Daten oder sonstige Interaktionen mit diesen Daten ermöglichen.[1422] Insofern von der Sicherstellung, der Erhaltung oder vom zu schnellen Verlust der Funktionalität einer Ware die Rede ist, ist Funktionalität als die Fähigkeit einer Ware zu verstehen, ihre Funktionen ihrem Zweck entsprechend zu erfüllen, Art. 2 Nr. 9 WKRL, Art. 2 Nr. 11 DIDRL, umgesetzt in § 327e Abs. 2 S. 2 BGB. Bereits der Verlust einiger Funktionen führt zur Anwendung des Gewährleistungsregimes, ein Totalausfall der Ware aufgrund von Mängeln der digitalen Elemente wird nicht vorausgesetzt.[1423]

Vor der Umsetzung der WKRL und der DIDRL enthielt das Kaufrecht keine Verpflichtung zur Bereitstellung von Aktualisierungen.[1424] Natürlich blieb es den Marktteilnehmern unbenommen vertragliche Aktualisierungsverpflichtungen zu vereinbaren.[1425] Demnach begründete eine unterlassene Aktualisierung auch keinen Mangel und führte nicht zur Anwendbarkeit des Gewährleistungsregimes, insb. auch deshalb nicht, weil hierfür der Zeitpunkt des Gefahrübergangs maßgeblich ist und Aktualisierungen erst zeitlich später erforderlich werden.[1426]

1. Fehlende Aktualisierung als Mangel

Bei dem Verkauf von Waren mit digitalen Elementen ist der Verkäufer verpflichtet, für die digitalen Elemente Aktualisierungen bereitzustellen, damit die Waren vertragsmäßig sind. Solch ein primärer Anspruch auf Bereitstellung von Aktualisierungen ist dem Gesetzestext nicht eindeutig zu entnehmen, er ergibt sich viel-

1421 Vgl. EG 28 WKRL.

1422 Siehe zur näheren Erläuterung und Abgrenzung von digitalen Inhalten und Dienstleistungen *Sattler*, CR 2020, 145, 146 ff.

1423 *Atamer/Grundmann* in: Grundmann/Atamer, European Sales Law, 2023, 1, 11.

1424 Siehe zusammenfassend zu den Ökodesign-Anforderungen an die Bereitstellung von Aktualisierungen *Michel*, Premature Obsolescence, 2022, S. 136 f.

1425 Vgl. BT-Drs. 19/27424, 31.

1426 Vgl. BT-Drs. 19/27424, 31.

mehr aus Parteiabrede oder aus dem Umkehrschluss aus § 475b Abs. 4 Nr. 2 BGB.[1427] Die primäre Aktualisierungspflicht ist Teil der allgemeinen Pflicht zur mangelfreien Leistung nach § 433 Abs. 1 S. 2 BGB, welche durch § 434 BGB konkretisiert und von § 475 Abs. 4 Nr. 2 BGB ergänzt wird.[1428]

Die Verpflichtung zur Bereitstellung von Aktualisierungen ergibt sich aus vertraglicher Abrede nach Art. 6 lit. d) WKRL, umgesetzt in § 475b Abs. 3 Nr. 2, § 475c Abs. 2 BGB, wonach der Unternehmer die vertraglich vereinbarten Aktualisierungen während des vertraglich maßgeblichen Zeitraums bereitzustellen hat oder bei einer dauerhaften Bereitstellung während des gesamten Bereitstellungszeitraums, mindestens jedoch für zwei Jahre. Der Bereitstellungszeitraum der digitalen Elemente umfasst den gesamten vereinbarten Zeitraum der dauerhaften, d. h. der fortlaufenden, Bereitstellung, vgl. § 327e Abs. 1 S. 3 BGB. Ohne Vereinbarung gilt nach Art. 7 Abs. 3 WKRL, umgesetzt in § 475b Abs. 4 Nr. 2 BGB, dass die Aktualisierungen während eines Zeitraums bereitgestellt werden müssen, den der Verbraucher aufgrund der Art und des Zwecks der Ware und ihrer digitalen Elemente sowie unter Berücksichtigung der Umstände und der Art des Vertrags erwarten kann. Hinsichtlich der Beurteilung der Art und des Zwecks der Ware sowie der Erwartungshaltung des Käufers gelten im Grundsatz die gleichen Maßstäbe wie nach Art. 7 Abs. 1 lit. d) WKRL bzw. § 434 BGB (s. o. Zweiter Teil A.I.2.b) sowie Zweiter Teil A.III.5.). Die Bereitstellungspflicht bezieht sich auf solche Aktualisierungen, die für den Erhalt der Vertragsmäßigkeit der Ware erforderlich sind und erfasst auch eine diesbezügliche Informationspflicht. Die Aktualisierungspflicht des Unternehmers, der eine Ware mit digitalen Elementen verkauft, ist lediglich ausdrücklich für den Verbraucherkaufvertrag gegenüber einem Verbraucher als Käufer normiert. Sie soll allerdings in analoger Anwendung alle Glieder in der Lieferkette treffen, soweit abschließend ein Verbrauchsgüterkauf geschlossen wird.[1429] Im unternehmerischen Bereich besteht eine ungeschriebene Aktualisierungspflicht als nachvertragliche Leistungstreuepflicht, die sich hinsichtlich ihrer

1427 *Hoffmann/Löffler*, ZfPW 2023, 1, 4 ff; *Pfeiffer*, GPR 2021, 120, 126, dem zufolge es vorzugswüdrig wäre, diesen Anspruch ausdrücklich ins Gesetz zu schreiben, weil eine ausschließliche Regelung von Sachmangelansprüchen systemwidrig und irreführend sei.

1428 *Manhardt*, JZ 2024, 394, 395 ff.; *Manhardt*, Die Aktualisierungspflicht, 2023, S. 120 ff.; a.A. *Felsch/Kremer/Wagener*, MMR 2022, 18, 21 denen zufolge sich die primäre und eigenständige Pflicht zur Aktualisierung für Waren mit digitalen Elementen aus § 327f Abs. 1 S. 1 BGB, jedenfalls analog, ergibt.

1429 *Hoffmann/Löffler*, ZfPW 2023, 1, 15 f., denen zufolge der Gesetzgeber die Aktualisierungspflicht von Hersteller und Zwischenhändler voraussetze, was insbesondere anhand von § 478 Abs. 2 und § 445a BGB deutlich werde, und die die fehlende Erwähnung im Gesetzestext als ein Versäumnis einstufen.

Voraussetzungen, ihres Umfangs und ihrer Dauer an der Rechtslage nach § 475b Abs. 4 Nr. 2 BGB orientiert.[1430]

Der Unternehmer ist der Verpflichtung nachgekommen, wenn er selbst oder ein Dritter nach § 278 BGB oder § 267 BGB dem Verbraucher die Aktualisierungen oder geeignete Mittel für den Zugang zu ihnen oder das Herunterladen dieser unmittelbar oder mittels einer von ihm hierzu bestimmten Einrichtung zur Verfügung gestellt hat oder zugänglich gemacht hat.[1431] Die Aktualisierungspflicht gilt bei einer eigenständigen Zugriffsmöglichkeit als zur Verfügung gestellt und bei der Möglichkeit der Nutzung unter fremder Kontrolle als zugänglich gemacht.[1432] Zum einen führt die Nichtbereitstellung von Aktualisierungen zu einen Mangel der Ware mit digitalen Elementen insgesamt und dem Käufer stehen die gesetzlich normierten Gewährleistungsrechte zu.[1433] Daneben liegt ein Mangel auch bei fehlerhafter oder unvollständiger Aktualisierung vor.[1434]

2. Umfang der Aktualisierungspflicht

Der Begriff der Aktualisierung erfasst sowohl Updates als auch Upgrades, die beide vom Gewährleistungsrecht umfasst sein können.[1435] Es ist daher irrelevant, ob der Unternehmer seine Aktualisierung als Update, Upgrade oder in sonstiger Weise benennt.[1436] Dabei unterfallen technisch beeinflusste Nachbesserungen (sog. *patches*), Fehlerbehebungen von Programmen (sog. *bugfixes*) sowie neue Versionen von digitalen Produkten dem Begriff des Updates.[1437] Als Upgrade kann der Versionswechsel des digitalen Elements bezeichnet werden,[1438] sowie die Ergänzung

---

1430 *Hoffmann/Löffler*, ZfPW 2023, 1, 17 ff.

1431 BT-Drs. 19/27424, 32, mit Verweis auf § 327b Abs. 3 BGB; *Kryla-Cudna* in: Grundmann/Atamer, European Sales Law, 2023, 115, 123.

1432 BT-Drs. 19/27424, 32.

1433 *Manhardt*, JZ 2024, 394, 396, 398; *Manhardt*, Die Aktualisierungspflicht, 2023, S. 116 ff.; *Micklitz/Mohnert/Specht-Riemenschneider/Liedtke/Kenning*, Recht auf Reparatur, 2022, S. 55; a.A. *Felsch/Kremer/Wagener*, MMR 2022, 18, 21, denen zufolge das allgemeine Leistungsstörungsrecht zur Anwendung komme; *Hoffmann/Löffler*, ZfPW 2023, 1, 6 f., denen zufolge ein Nacherfüllungsverlangen nur bei einem mangelhaften Update notwendig sei und bei der Nichtbereitstellung der eigenständige primäre Anspruch auf Aktualisierung geltend gemacht werden könne, der ihnen zufolge aber auch erst bei Funktionsverlust fällig werde.

1434 EG 28 WKRL; BT-Drs. 19/27424, 32.

1435 BT-Drs. 19/27424, 31; BT-Drs. 19/27653, 58.

1436 BT-Drs. 19/27653, 58; *Metzger* in: MüKo BGB, 9. Aufl. 2022, BGB § 327f Rn. 3.

1437 *Metzger* in: MüKo BGB, 9. Aufl. 2022, BGB § 327f Rn. 3 m.w.N.

1438 BT-Drs. 19/27424, 31.

zusätzlicher Funktionen und Aufwertung des digitalen Elements.[1439] Insbesondere Sicherheitsupdates sind von der Aktualisierungspflicht erfasst.[1440]

Welche Aktualisierungen letztlich geschuldet sind, bestimmt sich danach, was für den Erhalt der Vertragsmäßigkeit, also der subjektiven und objektiven Anforderungen i. S. d. Art. 6 und 7 WKRL, umgesetzt in § 434 BGB, notwendig ist, soweit vertraglich nichts anderes vereinbart wurde.[1441] D. h. es muss die Vertragsmäßigkeit der gesamten Ware erhalten werden durch Aktualisierung der digitalen Elemente.[1442] Der Unternehmer ist deshalb nicht verpflichtet, verbesserte Versionen der digitalen Elemente bereitzustellen oder für eine Verbesserung und Ausweitung der Funktionen zu sorgen, sondern lediglich zu funktionserhaltenden Aktualisierungen.[1443] Zu den funktionserhaltenden Aktualisierungen gehören fraglos Sicherheitsaktualisierungen. Solche sind notwendig zum Schutz vor Viren und anderen Schadprogrammen sowie für die Verfügbarkeit, Unversehrtheit und Vertraulichkeit des digitalen Elements selbst und der Umgebung des Verbrauchers.[1444] Den Unternehmer trifft somit die Pflicht, alle Schutzmaßnahmen zu ergreifen, die nach dem Stand der Technik geeignet und erforderlich sind, um die digitalen Elemente vor unberechtigten Zugriffen Dritter auf Daten oder Funktionen zu schützen sowie grundsätzlich Sicherheitsmängel zu beheben, auch wenn diese nicht zum Funktionsverlust des Gegenstands führen würden.[1445] Können Eigenschaften der Ware wie die Haltbarkeit, Funktionalität oder Interoperabilität durch Aktualisierungen erhalten bleiben, ist der Unternehmer zu deren Bereitstellung verpflichtet.

1439 *Fries* in: BeckOGK BGB, 01.05.2025, BGB § 327f Rn. 11; *Spindler/Sein*, MMR 2019, 488, 489, die das Upgrade als neues Produkt ansehen, welches nicht nach den Gewährleistungsregelungen geschuldet ist.

1440 Siehe § 327f Abs. 1 S. 2 BGB ausdrücklich für digitale Produkte und BT-Drs. 19/27424, 33 für Waren mit digitalen Elementen.

1441 Vgl. § 475b Abs. 4 Nr. 2 BGB; So auch vorgesehen nach § 327f Abs. 1 S. 1 BGB; BT-Drs. 19/27424, 33; BT-Drs. 19/27653, 59; EG 30 WKRL.

1442 *Manhardt*, Die Aktualisierungspflicht, 2023, S. 70.

1443 EG 30 WKRL; BT-Drs. 19/27424, 33; So auch *Fries* in: BeckOGK BGB, 01.05.2025, BGB § 327f Rn. 11 f.; *Hoffmann/Löffler*, ZfPW 2023, 1, 7; *Spindler/Sein*, MMR 2019, 488, 489; Vertraglich können die Parteien freilich vereinbaren, dass solche Aktualisierungen bereitgestellt werden sollen, die die digitalen Elemente verbessern und ihre Funktionen erweitern, vgl. EG 28 WKRL; BT-Drs. 19/27424, 32.

1444 *Metzger* in: MüKo BGB, 9. Aufl. 2022, BGB § 327f Rn. 4; Siehe ausführlich zum Begriff der Sicherheitsaktualisierung *Manhardt*, Die Aktualisierungspflicht, 2023, S. 72 ff.

1445 BT-Drs. 19/27424, 33; BT-Drs. 19/27653, 59.

3. Dauer der Aktualisierungspflicht

Der Unternehmer muss die Aktualisierungen für den vertraglich vereinbarten Zeitraum bereitstellen, Art. 6 lit. d) WKRL, § 475b Abs. 3 Nr. 2 BGB. Ist eine dauerhafte Bereitstellung der digitalen Elemente vereinbart, muss der Unternehmer gem. Art. 7 Abs. 3 lit. b) WKRL, umgesetzt in § 475c Abs. 2 BGB, während des vereinbarten Bereitstellungszeitraums oder mindestens für zwei Jahre ab Ablieferung der Ware Aktualisierungen bereitstellen. Soweit keine vertragliche Abrede getroffen wurde, ist der Unternehmer gem. Art. 7 Abs. 3 lit. a) WKRL, umgesetzt in § 475b Abs. 4 Nr. 2 BGB, verpflichtet Aktualisierungen für einen Zeitraum bereitzustellen, den der Verbraucher aufgrund der Art und des Zwecks der Ware und ihrer digitalen Elemente sowie unter Berücksichtigung der Umstände und der Art des Vertrags erwarten kann. Der Zeitraum der Bereitstellungspflicht muss hiernach für den Einzelfall ermittelt werden. Dabei sind die gesetzlichen Bestimmungen recht vage formuliert und liefern keine konkrete Orientierung.[1446] Eine pauschale und für alle digitalen Elemente einheitliche Festlegung der Zeitspanne widerspräche der Notwendigkeit der Bereitstellung von Aktualisierungen aufgrund des schnellen digitalen und technologischen Fortschritts und der stetigen Weiterentwicklung digitaler Elemente und ist daher richtigerweise abzulehnen.[1447] Die Unbestimmtheit des Zeitraums dient gerade dem Interessenausgleich zwischen Unternehmer und Verbraucher und berücksichtigt, dass sich für viele neue Waren mit digitalen Elementen noch keine Verbrauchererwartung gebildet hat.[1448]

Für die Einschätzung des Verbrauchers, wie lange er die Bereitstellung von Aktualisierungen erwarten kann, sollen unter anderem Werbeaussagen, die zur Herstellung verwendeten Materialien, der Preis, ob die Ware weiterhin am Markt vertrieben wird, die Erkenntnisse über die übliche Nutzungs- und Verwendungsdauer sowie das drohende Risiko einer Weiternutzung ohne Aktualisierung maßgeblich sein.[1449] Der Verbraucher kann Aktualisierungen für einen Zeitraum erwarten, der viel kürzer oder viel länger als der gesetzliche Gewährleistungszeitraum von zwei Jahren sein kann.[1450] Grundsätzlich würde der

---

1446 So auch *Riehm/Abold*, CR 2021, 530, 535; *Ehle/Kreß*, CR 2019, 723, 728; *Kühner/Piltz*, CR 2021, 1, 6 Rn. 40.

1447 Vgl. *vzbv*, Stellungnahme zum Entwurf eines Gesetzes zur Regelung des Verkaufs von Sachen mit digitalen Elementen und anderer Aspekte des Kaufvertrags, 07.01.2021, S. 11; *vzbv*, Stellungnahme zum Entwurf eines Gesetzes zur Umsetzung der Richtlinie über bestimmte vertragsrechtliche Aspekte der Bereitstellung digitaler Inhalte und digitaler Dienstleistungen, 30.11.2020, S. 6; *Metzger* in: MüKo BGB, 9. Aufl. 2022, BGB § 327f Rn. 10.

1448 *Felsch/Kremer/Wagener*, MMR 2022, 18, 22.

1449 BT-Drs. 19/27424, 33; BT-Drs. 19/27653, 59.

1450 EG 47 DIDRL; *Kryla-Cudna* in: Grundmann/Atamer, European Sales Law, 2023, 115, 120 f.; *Metzger* in: MüKo BGB, 9. Aufl. 2022, BGB § 327f Rn. 11; *Zinner*, VuR 2019, 241, 242.

Durchschnittsverbraucher erwarten, Aktualisierungen zumindest für den Zeitraum zu erhalten, in welchem der Unternehmer gesetzlich für etwaige Mängel einstehen muss, da er erwartet in diesem Zeitraum das Produkt vertragsmäßig nutzen zu können.[1451] Pauschalisiert kann daher im ersten Schritt davon ausgegangen werden, dass Aktualisierungen für zwei Jahre (§ 438 Abs. 1 Nr. 3 BGB) ermöglicht werden müssen. Der Verbraucher wird regelmäßig vor allem für Sicherheitsaktualisierungen eine Bereitstellung über die normale Gewährleistungsdauer hinaus erwarten,[1452] die spätestens immer dann erfolgen muss, wenn Sicherheitslücken offenbar werden.[1453] Gerade das wachsende Risiko, über Waren mit digitalen Elementen einem Cyberangriff auf die digitale Umgebung des Verbrauchers ausgesetzt zu sein, begründet die Erwartung, dass der Verkäufer auch nach Ablauf der Gewährleistungsfirst für die Cybersicherheit zu sorgen hat.[1454] Ist der Zweck eines digitalen Produkts oder einer Ware mit digitalen Elementen zeitlich begrenzt, sollte auch die Bereitstellungspflicht mit Ende dieses Zeitraums enden.[1455] In diesem Zusammenhang wird daher vorgeschlagen, dass die Pflicht zur Bereitstellung von Aktualisierungen, die für den Erhalt der Vertragsmäßigkeit erforderlich sind, generell nur bis zum Ende der Verjährung gelten sollten und der Unternehmer nur zur Bereitstellung von Sicherheitsaktualisierungen über die Gewährleistungsfrist hinaus verpflichtet werden können sollte.[1456]

Trotz dieser Anhaltspunkte, nach denen die Dauer der bereitzustellenden Aktualisierung bestimmt werden soll, verbleibt große Rechtsunsicherheit,[1457] die sich negativ auf den Rechtsdurchsetzungswillen des Verbrauchers auswirken kann.[1458] Der Unternehmer ist nach Art. 7 Abs. 3 WKRL, umgesetzt in § 475b Abs. 4 Nr. 2 BGB, verpflichtet, den Verbraucher über die Aktualisierungen zu informieren. Hierunter sollte auch die Information über den Zeitraum fallen, in welchem Ak-

---

1451 EG 31 WKRL; EG 47 DIDRL; So auch *Kumkar*, ZfPW 2020, 306, 316; *Staudenmayer*, NJW 2019, 2889, 2891.

1452 EG 31 WKRL; EG 47 DIDRL; BT-Drs. 19/27424, 33.

1453 *vzbv*, Stellungnahme zum Entwurf eines Gesetzes zur Regelung des Verkaufs von Sachen mit digitalen Elementen und anderer Aspekte des Kaufvertrags, 07.01.2021, S. 10; *vzbv*, Stellungnahme zum Entwurf eines Gesetzes zur Umsetzung der Richtlinie über bestimmte vertragsrechtliche Aspekte der Bereitstellung digitaler Inhalte und digitaler Dienstleistungen, 30.11.2020, S. 4.

1454 *Staudenmayer*, NJW 2019, 2889, 2891.

1455 EG 31 WKRL; EG 47 DIDRL.

1456 So jedenfalls *Metzger* in: MüKo BGB, 9. Aufl. 2022, BGB § 327f Rn. 14.

1457 So auch *Kühner/Piltz*, CR 2021, 1, 5 f. Rn. 33, 40; *Metzger* in: MüKo BGB, 9. Aufl. 2022, BGB § 327f Rn. 10; *Schrader*, NZV 2021, 67, 69.

1458 *Schrader*, NZV 2021, 67, 69.

tualisierungen bereitgestellt werden.[1459] Der Unternehmer kann jedoch seinerseits nicht sicher abschätzen auf welchen Zeitraum sich seine Pflicht erstreckt und der Verbraucher wird weiterhin keine Kenntnis über die genaue Reichweite seiner Rechte haben. Darüber hinaus sollten Informationen mitgeteilt werden bzgl. der Art der Aktualisierung und was sie bezweckt (funktionserhaltend, funktionsändernd, Sicherheit, Content) und was durch sie verändert wird.[1460] Es wird auch gefordert, dass der Unternehmer darüber informieren sollte, dass Updates die Verwendung oder einzelne Eigenschaften des Produkts negativ beeinflussen, auch wenn damit gleichzeitig eine Verbesserung anderer Produktmerkmale einhergeht.[1461]

Um der Rechtsunsicherheit entgegenzuwirken, könnte die zeitliche Reichweite der Aktualisierungspflicht des Unternehmers, jedenfalls für Waren mit digitalen Elementen, an dessen Produktlebensdauer gekoppelt werden.[1462] Konkret sollte an

---

1459 Siehe auch Art. 2 Nr. 2 lit. b) und Nr. 3 lit. c) der Richtlinie (EU) 2024/825 des Europäischen Parlaments und des Rates vom 28. Februar 2024 zur Änderung der Richtlinien 2005/29/EG und 2011/83/EU hinsichtlich der Stärkung der Verbraucher für den ökologischen Wandel durch besseren Schutz gegen unlautere Praktiken und durch bessere Informationen, wonach Art. 5 Abs. 1 und Art. 6 Abs. 1 der Verbraucherrechte-RL erweitert werden und die Pflichten enthalten, über den Mindestzeitraum zu informieren, in dem der Hersteller oder Anbieter Softwareaktualisierungen bereitstellt.

1460 *Michel*, Premature Obsolescence, 2022, S. 139; *vzbv*, Stellungnahme zum Entwurf eines Gesetzes zur Regelung des Verkaufs von Sachen mit digitalen Elementen und anderer Aspekte des Kaufvertrags, 07.01.2021, S. 13; *vzbv*, Stellungnahme zum Entwurf eines Gesetzes zur Umsetzung der Richtlinie über bestimmte vertragsrechtliche Aspekte der Bereitstellung digitaler Inhalte und digitaler Dienstleistungen, 30.11.2020, S. 6.

1461 Das Unterlassen dieser Information sollte als unlautere Geschäftspraktik angesehen werden, vgl. *Europäische Kommission*, Vorschlag für eine Richtlinie des Europäischen Parlaments und des Rates zur Änderung der Richtlinie 2005/29/EG und 2011/83/EU hinsichtlich der Stärkung der Verbraucher für den ökologischen Wandel durch besseren Schutz gegen unlautere Praktiken und bessere Informationen, COM(2022) 143 final, 30.03.2022, S. 17.

1462 Vgl. *Riehm/Abold*, CR 2021, 530, 535; *Tonner*, VuR 2019, 363, 368; *vzbv*, Stellungnahme zum Entwurf eines Gesetzes zur Regelung des Verkaufs von Sachen mit digitalen Elementen und anderer Aspekte des Kaufvertrags, 07.01.2021, S. 12; *Wendehorst* in: Stabentheiner/Wendehorst/Zöchling-Jud, Das neue europäische Gewährleistungsrecht, 2019, 111, 130; Zustimmend *Felsch/Kremer/Wagener*, MMR 2022, 18, 23; *Manhardt*, Die Aktualisierungspflicht, 2023, S. 93 ff.; *Michel*, Premature Obsolescence, 2022, S. 138; Der Gesetzgeber sieht die Nutzungs- und Verwendungsdauer als wesentliches Auslegungskriterium an, vgl. BT-Drs. 19/27424, 33; BT-Drs. 19/27653, 59; *Specht-Riemenschneider/Mehnert*, ZfDR 2022, 313, 332 ff., 336 f., die begründen, dass für die Bestimmung der Dauer der Aktualisierungsbereitstellung, die der Käufer erwarten kann, auf öffentlich-rechtliche Produktstandards (insb. Ökodesign-Anforderungen) zurückgegriffen werden könne, weil der Käufer in Bezug auf die Dauer der Aktualisierungsbereitstellung die Einhaltung dieser Standards regelmäßig erwarte. Demzufolge dürfe der Käufer für einen Zeitraum Aktualisierungen erwarten, der für das Produkt in einer Durchführungsverordnung festgelegt ist.

die Mindesthaltbarkeitsdauer angeknüpft werden. Zum einen würden sowohl Verkäufer als auch Käufer über die Information der Haftungsdauer für Aktualisierungen verfügen, indem für jedes Produkt durch bestehende Informationspflichten oder gesetzliche Normierungen eine Mindesthaltbarkeit öffentlich zugänglich festgelegt ist (s. o. Zweiter Teil A.III.4.c) sowie Zweiter Teil A.III.5.). Der Pflicht zur Information über die Aktualisierungen könnte der Unternehmer mit wenig Aufwand und rechtssicher nachkommen, weil er sowieso die Mindesthaltbarkeit ermitteln und mitteilen muss. Zum anderen wären durch bereitgestellte Aktualisierungen die Funktionalität und der Erhalt sonstiger Produkteigenschaften während des Mindesthaltbarkeitszeitraums sichergestellt. Die Erwartungshaltung des Käufers in Hinblick auf den Mindestzeitraum, in welchem er das Produkt einwandfrei nutzen kann, laufen parallel zu seiner Erwartung bzgl. der Bereitstellung von Aktualisierungen. So würde auch für jede Ware mit digitalen Elementen eine individuelle Lösung gefunden und keine dem Zweck widersprechende pauschale Zeitspanne festgelegt.

II. Ökologische, ökonomische und rechtliche Auswirkungen

Die Aktualisierungsverpflichtung hat Auswirkungen in ökologischer, ökonomischer und rechtlicher Hinsicht. Die aus der Pflicht erwachsenen Zielkonflikte müssen in Einklang gebracht werden und bei Zugrundelegung des übergeordneten Ziels der Erreichung von mehr Nachhaltigkeit beleuchtet werden. Bei den Diskussionen um die wirtschaftlichen Folgen einer Aktualisierungspflicht für den Unternehmer, der Berücksichtigung von Verbraucherschutzbelangen und der unbedingten Verfolgung ökologischer Programmatik darf aber die rechtlich einwandfreie und systemkonforme Umsetzung von Regelungsvorschlägen in das BGB nicht übergangen werden.

1. Vermeidung funktionaler Obsoleszenz durch Aktualisierungen

Eine Strategie zur Verlängerung der Produktlebensdauer und Produktnutzungsdauer muss, um wirksam zu sein, das Problem der funktionalen Obsoleszenz eindämmen. Damit Waren mit digitalen Elementen während ihrer Lebensdauer über den Zeitpunkt der Übergabe hinaus einwandfrei funktionieren und benutzt werden können, ist es unerlässlich für sie Aktualisierungen bereitzustellen.[1463]

1463 Vgl. EG 31 WKRL; BT-Drs. 19/27424, 32; So auch *Kryla-Cudna* in: Grundmann/Atamer, European Sales Law, 2023, 115, 115; *Metzger* in: MüKo BGB, 9. Aufl. 2022, BGB § 327f Rn. 1; *Michel*, Premature Obsolescence, 2022, S. 136 ff.; *Specht-Riemenschneider/Mehnert*, ZfDR 2022, 313, 330, 336.

Denn die digitale Umwelt dieser Waren ändert sich schnell und entwickelt sich stetig.[1464] Zur digitalen Umgebung zählen die Hardware, die Software sowie Netzverbindungen aller Art, die für den Zugang zu oder die Nutzung von den digitalen Inhalten und digitalen Dienstleistungen verwendet werden.[1465] Aus diesem Grund müssen sich die digitalen Elemente an die veränderten Rahmenbedingungen anpassen können. Anderenfalls kann die Kompatibilität oder Interoperabilität der Ware mit digitalen Elementen bei einer abgewandelten digitalen Umgebung nicht mehr gegeben sein. Kompatibilität erfasst hierbei die Fähigkeit von digitalen Inhalten und digitalen Dienstleistungen mit Hard- oder Software zu funktionieren, mit der digitale Inhalte und digitale Dienstleistungen derselben Art in der Regel genutzt werden, ohne dass sie konvertiert werden müssen.[1466] Interoperabilität geht hierüber hinaus und beinhaltet die Fähigkeit der digitalen Inhalte und digitalen Dienstleistungen auch mit Hard- oder Software zu funktionieren, mit der sie üblicherweise nicht genutzt werden.[1467] In der Folge würde die Ware mit digitalen Elementen ihre Funktionen nicht mehr ihrem Zweck entsprechend erfüllen können, sog. Funktionalität.[1468] Zur Sicherung der Vertragsmäßigkeit der Ware mit digitalen Elementen, insb. der Sicherheit, Kompatibilität, Interoperabilität sowie Funktionalität, über einen längeren Zeitraum können Aktualisierungen durchgeführt werden.[1469] Die explizite Nennung von Funktionalität, Kompatibilität und Interoperabilität als für die vereinbarte oder erwartbare Beschaffenheit relevante Eigenschaften,[1470] ist Teil der Strategie und hebt ihre Bedeutung hervor. Die Sicherheit, Kompatibilität und Interoperabilität sind insofern Voraussetzungen für die Funktionalität der Ware mit digitalen Elementen. Der Erhalt dieser Eigenschaften ermöglicht die längere Nutzung der Ware mit digitalen Elementen ihrem Zweck entsprechend. Unter Nachhaltigkeitsgesichtspunkten hat dies den positiven Effekt, dass die unbeschädigte Hardware weiterhin genutzt werden kann, weil die digitalen Elemente per Update an neue Anforderungen an die Hardware, Software und Netzverbindungen angepasst werden. Ferner könnten ohne die erforderlichen

1464 Vgl. EG 31 WKRL; So auch *Metzger* in: MüKo BGB, 9. Aufl. 2022, BGB § 327f Rn. 1.

1465 Art. 2 Nr. 9 DIDRL, § 327e Abs. 4 S. 3 BGB.

1466 Art. 2 Nr. 10 DIDRL, Art. 2 Nr. 8 WKRL, § 327e Abs. 2 S. 3 BGB.

1467 Art. 2 Nr. 12 DIDRL, Art. 2 Nr. 10 WKRL, § 327e Abs. 2 S. 4 BGB.

1468 Art. 2 Nr. 11 DIDRL, Art. 2 Nr. 9 WKRL, § 327e Abs. 2 S. 2 BGB.

1469 Vgl. *Wendehorst* in: Stabentheiner/Wendehorst/Zöchling-Jud, Das neue europäische Gewährleistungsrecht, 2019, 111, 122; *Riehm/Abold*, CR 2021, 530, 538 Rn. 49.

1470 Vgl. Art. 6 lit. a) und Art. 7 Abs. 1 lit. d) WKRL, § 475b Abs. 3 Nr. 1, Abs. 4 Nr. 1 i.V.m. § 434 Abs. 2 S. 2, Abs. 3 S. 2 BGB.

Sicherheitsaktualisierungen neben dem völligen Funktionsverlust auch Schäden an sonstigen Rechtsgütern des Verbrauchers oder der Allgemeinheit eintreten.[1471]

Aktualisierungen verlängern und verbessern demzufolge die Haltbarkeit von Waren mit digitalen Elementen. Haltbarkeit, als die Fähigkeit von Waren, ihre erforderlichen Funktionen und ihre Leistung bei normaler Verwendung zu behalten,[1472] bezieht sich nicht lediglich auf die physische Konstruktion der Ware, sondern auch auf die digitalen Inhalte und Dienstleistungen. Sind diese nämlich funktional, sicher und kompatibel, werden die Funktionen und Leistung der Ware aufrechterhalten. Die Bereitstellung von Aktualisierungen, die dem Erhalt dieser Produkteigenschaften dienen, stellen somit eine Strategie zur Verlängerung der Haltbarkeit und damit auch zur Verlängerung der Produktnutzungsdauer und -lebensdauer dar. Dies wirkt sich vorteilhaft auf die Umwelt aus, weil es in besonderem Maße Waren mit digitalen Elementen sind, die bei ihrer Außerdienststellung umweltschädlichen Elektroschrott fabrizieren, dessen Einzelbestandteile nicht vollständig recycelt werden können und bei denen mit der Neuherstellung ein hoher und intensiver Verbrauch an wertvollen und seltenen Stoffen einhergeht. Dies alles wird durch die längere Nutzungsmöglichkeit dieser Waren verhindert, die ermöglicht wird durch eine regelmäßig wiederkehrende Anpassung der digitalen Inhalte und Dienstleistungen an die digitale Umgebung durch Aktualisierungen.

2. Rationale Apathie des Käufers

Die Regelung, dass die fehlende Bereitstellung einer Aktualisierung einen Mangel begründet, beschreibt im Ergebnis eine Aktualisierungsverpflichtung des Unternehmers. Damit sie zur Geltung gelangt und funktionaler Obsoleszenz entgegenwirken kann, muss der Käufer seine Abhilferechte wahrnehmen und das Gewährleistungsrecht aktivieren. Das bereits ausführlich erläuterte Problem der rationalen Apathie des Käufers (s.o. Zweiter Teil B.I.1.) kommt auch hier wieder zum Tragen. Der Verbraucher wird umso eher von der Geltendmachung seiner Abhilferechte absehen, je teurer, schwieriger und zeitaufwändiger die Durchsetzung seiner Rechte ist. Besonderen Einfluss hierauf hat die Verteilung der Beweislast für das Vorliegen eines Mangels. In Hinblick auf die Aktualisierung digitaler Elemente muss nachgewiesen werden, dass eine Aktualisierung für den Erhalt der Vertragsmäßigkeit erforderlich ist. Zudem muss die Nichtbereitstellung, die

---

1471 *vzbv*, Stellungnahme zum Entwurf eines Gesetzes zur Umsetzung der Richtlinie über bestimmte vertragsrechtliche Aspekte der Bereitstellung digitaler Inhalte und digitaler Dienstleistungen, 30.11.2020, S. 5.

1472 Vgl. Art. 2 Nr. 13 WKRL.

Fehlerhaftigkeit oder Unvollständigkeit der bereitgestellten Aktualisierung bewiesen werden.

Bezüglich der einmaligen Bereitstellung von Aktualisierungen wurden vom Gesetzgeber keine eindeutigen Regelungen für die Beweislast getroffen. Die Beweislastumkehr nach § 477 Abs. 1 BGB bezieht sich ihrem Wortlaut nach auf „ein von den Anforderungen nach § 434 oder § 475b abweichender Zustand der Ware“. Liegt die Betonung auf dem Zustand der Ware, so würde die Beweislastumkehr nicht für die Nichtbereitstellung der Aktualisierung gelten. Das Vorhandensein von Aktualisierungen ist kein Zustand der Ware selbst. Demnach würde es bei der allgemeinen Verteilung der Beweislast bleiben. Der Verbraucher hätte zum einen zu beweisen, dass die Aktualisierung zum Erhalt der Vertragsmäßigkeit geeignet und notwendig wäre,[1473] und zum anderen, dass sie nicht bereitgestellt wurde.[1474] Demgegenüber kann das Hauptaugenmerk der Beweislastumkehr auf der Abweichung von den Anforderungen nach § 434 oder § 475b BGB liegen. Dann würden auch Anforderungen an die Aktualisierungspflicht erfasst.[1475] Für die letztgenannte Auslegung spricht auch der Wortlaut der Richtlinie. Die Vermutung des Art. 11 Abs. 1 WKRL bezieht sich auf „Vertragswidrigkeiten, die innerhalb eines Jahres nach dem Zeitpunkt der Lieferung der Waren offenbar werden“ bzw. *„Any lack of conformity which becomes apparent“*. Vertragswidrig ist eine Ware nach Art. 6 lit. d) und Art. 7 Abs. 3 lit. a) WKRL, wenn der Käufer nicht die vereinbarten oder die zu erwartenden Aktualisierungen erhält.

Für die Situation, in welcher eine Aktualisierung nach Gefahrübergang zwar bereitgestellt wird, jedoch fehlerhaft oder unvollständig ist und daher nicht zur Beseitigung des Software- oder Sicherheitsproblems führt, ist § 477 Abs. 1 BGB nicht anwendbar. Die Vermutung nach Art. 11 Abs. 1 WKRL, § 477 Abs. 1 BGB bezieht sich auf den Zeitpunkt der Lieferung bzw. des Gefahrübergangs. Eine nach Übergabe erfolgende Aktualisierung kann noch nicht bei Gefahrübergang fehlerhaft oder unvollständig gewesen sein. Vermutet werden könnte nur, dass die Aktualisierung im Zeitpunkt ihrer Bereitstellung fehlerhaft war, diese erfolgte aber unzweifelhaft nach der Übergabe. Die Fehlerhaftigkeit oder Unvollständigkeit eines nach Gefahrübergang erfolgenden Updates muss bei einmaliger Bereitstellung der digitalen Elemente daher der Verbraucher beweisen.[1476] Anders gestaltet sich die Rechtslage

---

1473 So jedenfalls *Fries* in: BeckOGK BGB, 01.05.2025, BGB § 327k Rn. 8.1.

1474 So jedenfalls *Metzger* in: MüKo BGB, 9. Aufl. 2022, BGB § 327f Rn. 22.

1475 So jedenfalls *Grunewald* in: Erman BGB, 17. Aufl. 2023, BGB § 477 Rn. 3; *Kern* in: Jauernig BGB, 19. Aufl. 2023, BGB § 327k Rn. 3.

1476 So im Ergebnis auch *Zöchling-Jud* in: Stabentheiner/Wendehorst/Zöchling-Jud, Das neue europäische Gewährleistungsrecht, 2019, 197, 205; *Zöchling-Jud*, GPR 2019, 115, 126; *Metzger* in: MüKo BGB, 9. Aufl. 2022, BGB § 327f Rn. 22.

bei der dauerhaften Bereitstellung der digitalen Elemente. Denn nach Art. 11 Abs. 3 WKRL, umgesetzt in § 477 Abs. 2 BGB, erstreckt sich die Vermutung auf die bisherige Dauer der Bereitstellung. Für eine während des Bereitstellungszeitraums fehlerhaft oder unvollständig bereitgestellte Aktualisierung wird vermutet, dass diese während der bisherigen Dauer der Bereitstellung fehlerhaft oder unvollständig war. Die Beweiserleichterung kommt dem Verbraucher somit jedenfalls bei einer dauerhaften Bereitstellung zugute.

Der Wortlaut der Regelung der Beweislastumkehr ist nicht eindeutig und führt zu Rechtsunsicherheiten bzgl. der Aktualisierungsverpflichtung. Aus Gründen des Verbraucherschutzes und insbesondere aus solchen des Umweltschutzes muss der rationalen Apathie des Käufers begegnet werden, der Käufer zur Geltendmachung seiner Abhilferechte angehalten werden und die Strategie zur Vermeidung funktionaler Obsoleszenz effektiv verfolgt werden. Es ist daher notwendig, die Beweislast des Käufers zu schmälern. Dies kann durch das Institut der Beweislastumkehr gelingen. Art. 11 WKRL und § 477 BGB sollten daher in Bezug auf die Aktualisierungsverpflichtung des Unternehmers verbraucherfreundlich ausgelegt bzw. analog angewandt werden. Für den Beweis, dass eine Aktualisierung erforderlich ist, um den Eintritt einer potenziell bevorstehenden oder bereits eingetretenen Vertragswidrigkeit zu verhindern oder zu beseitigen, sollte die Darlegung eines plausiblen Zusammenhangs zwischen einem Update und der Vertragswidrigkeit genügen. Sodann würde vermutet, dass die Aktualisierung zum Erhalt der Vertragsmäßigkeit erforderlich ist. Zudem müsste der Unternehmer beweisen, dass er die Aktualisierung bereitgestellt hat. Dieser Beweis sollte auch einfacher zu erbringen sein als der Beweis einer nicht eingetretenen Tatsache. Für den Nachweis einer fehlerhaften oder unvollständigen Aktualisierung sollte es ausreichen, wenn der Verbraucher Symptome einer fehlerhaften Funktion, nicht hinreichenden Kompatibilität oder Ähnlichem glaubhaft machen kann. Es würde dann vermutet, dass die Aktualisierung im Zeitpunkt der Bereitstellung fehlerhaft oder unvollständig war. Der Beweis, dass die Aktualisierung tatsächlich fehlerfrei und vollständig die Vertragsmäßigkeit sicherstellt, sollte dem Unternehmer obliegen.

3. Verkäuferseitige Betrachtung

Der Verkäufer hat naturgemäß ein Interesse daran, seine Haftung so gering, kurz und günstig wie möglich zu halten. Durch die objektive Verpflichtung, Aktualisierungen bereitzustellen für einen Zeitraum, den der Käufer erwarten kann, ist die Aktualisierungsverpflichtung des Unternehmers weitreichend ausgestaltet. Allerdings gilt sie nach aktueller Rechtslage nur für den Verbrauchsgüterkauf. Die weitreichende Haftung des Unternehmers relativiert sich außerdem dadurch, dass Waren mit digitalen Elementen im Unterschied zu herkömmlichen analogen

Kaufgegenständen aus der Ferne, meistens über das Internet, aktualisiert werden können und sich nicht vollständig außerhalb der Sphäre des Unternehmers befinden.[1477] In welcher Art und Weise die Aktualisierung zu erfolgen hat liegt im Ermessen des Unternehmers. Dieser kann die technologisch und wirtschaftlich günstigste Lösung wählen und beispielsweise statt eines Updates eine neue Version der Software bereitstellen, solange die Funktionsfähigkeit des Produkts erhalten bleibt.[1478] Im Grundsatz wird der Unternehmer zudem ein eigenes Interesse an der Bereitstellung von Aktualisierungen haben. Waren mit digitalen Elementen werden nur dann auf dem Markt wettbewerbsfähig bleiben, wenn sie sich an neue technische Rahmenbedingungen anpassen und die Software stets aktuell ist.[1479]

a) Entstehung eines dauerschuldähnlichen Verhältnisses

Das Verhältnis zwischen Unternehmer und Verbraucher hinsichtlich der Aktualisierungspflicht kann als dauerschuldähnliches Verhältnis interpretiert werden, welches die Haftung des Unternehmers einseitig zu seinen Lasten intensiviert. Entgegen dem Grundsatz im Kaufgewährleistungsrecht, wonach der Verkäufer für Vertragswidrigkeiten einzustehen hat, die im Zeitpunkt des Gefahrübergangs vorhanden waren, muss er Aktualisierungen zu einem Zeitpunkt bereitstellen, in welchem sich die Ware nicht mehr in seiner Sphäre befindet.[1480] Indem sich die Dauer der objektiven Aktualisierungspflicht an der Erwartungshaltung des Käufers orientiert, gibt es faktisch keine zeitliche Begrenzung der unternehmerseitigen Haftung. Diese unbegrenzte Aktualisierungspflicht steht im Widerspruch zu den gewährleistungsrechtlichen Grundsätzen, wonach ein Mangel, der im Zeitpunkt des Gefahrübergangs bereits vorhanden war, innerhalb der Gewährleistungsfrist geltend gemacht werden kann, wenn der Verbraucher auch nach Ablauf der Frist noch Rechte durchsetzen könnte.[1481] Sie gleicht einer entsprechenden Pflicht in

---

1477 EG 31 WKRL.

1478 Vgl. hierzu *Schulze*, ZEuP 2019, 695, 715, der auf das Änderungsrecht für digitale Produkte nach § 327r BGB eingeht und es als Möglichkeit sieht, den Aktualisierungsaufwand zu verringern durch Schaffung einer neuen Version. Zu beachten ist, dass das Änderungsrecht für digitale Produkte nicht für Waren mit digitalen Elementen in das Gewährleistungsrecht aufgenommen wurde.

1479 *Europäisches Parlament, Ausschuss für Binnenmarkt und Verbraucherschutz*, Bericht über das Thema „Längere Lebensdauer für Produkte: Vorteile für Verbraucher und Unternehmen" (2016/2272(INI)), 09.06.2017, S. 7.

1480 *Kryla-Cudna* in: Grundmann/Atamer, European Sales Law, 2023, 115, 119.

1481 *Kumkar*, ZfPW 2020, 306, 317; *Spindler/Sein*, MMR 2019, 488, 493, denen zufolge dieser Widerspruch zugunsten der zeitlichen Begrenzung der Aktualisierungspflicht aufgelöst werden sollte; Siehe auch *Felsch/Kremer/Wagener*, MMR 2022, 18, 20, denen zufolge sich die dauerhafte

mietähnlichen Dauerschuldverhältnissen bzw. stellt ein Dauerschuldverhältnis mit Werk- und Dienstvertragselementen dar, obwohl es sich um eine klassische Kaufkonstellation handelt, die sich typischerweise in einem einmaligen Güteraustausch erschöpft.[1482] Der unentgeltlichen Pflicht des Unternehmers Aktualisierungen für einen gewissen Zeitraum bereitzustellen steht die einmalige Zahlung eines Kaufpreises gegenüber, sodass auch von einem asymmetrischen dauerschuldähnlichen Verhältnis gesprochen werden kann.[1483] Aus Unternehmersicht wäre es rentabler, mit einzelnen Kunden Wartungs- und Supportverträge gegen ein Entgelt abzuschließen.[1484]

Auch die Folgen dieses asymmetrischen Dauerschuldverhältnisses, insb. auf Rechtsfolgenseite einer einmaligen Bereitstellung, wurden vom Gesetzgeber im Gesetzestext nicht hinreichend berücksichtigt.[1485] Es erscheint unbillig, dem Verbraucher auch nach mehreren Jahren der Produktnutzung das Abhilferecht des Rücktritts zur Verfügung zu stellen, sobald der Unternehmer ein erforderliches Sicherheitsupdate nicht bereitstellt.[1486] Für die Minderung fehlt ein Bezugspunkt, weil künftige unentgeltliche Aktualisierungen keinen Einfluss auf den aktuellen Wert der Ware haben.[1487] Auch wird für eine Minderung nicht eindeutig feststellbar sein, welcher Anteil eines pauschalen Kaufpreises auf das digitale Element entfällt, für das nicht oder nicht fehlerfrei eine Aktualisierung bereitgestellt wurde.[1488] Dagegen wäre ein Ersatzanspruch angemessen für Schäden, die der Verbraucher aufgrund ausbleibender Updates erleidet.[1489] Überdies wird die Folge der Missachtung der Informationspflichten durch den Unternehmer im Gesetzestext nicht weiter ausgeführt.[1490]

Dass die Aktualisierungsverpflichtung kaufgewährleistungsrechtliche Grundsätze durchbricht, kann nicht geleugnet werden. Bei rein physischen Waren schuldet der Verkäufer lediglich die Vertragsmäßigkeit im Zeitpunkt des Gefahrübergangs, danach trägt der Käufer das Risiko der Verschlechterung. Bei der Ak-

Aktualisierungspflicht nicht in das Grundsystem aus Erfüllungspflicht, Sachmangel und Nacherfüllungspflicht eingliedern lasse.

1482 *Bach*, NJW 2019, 1705, 1707; *Zinner*, VuR 2019, 241, 242; *Riehm/Abold*, ZUM 2018, 82, 87; *Specht-Riemenschneider/Mehnert*, ZfDR 2022, 313, 331; *Firsching*, ZUM 2021, 210, 211.

1483 *Ehle/Kreß*, CR 2019, 723, 728.

1484 *Ehle/Kreß*, CR 2019, 723, 728.

1485 *Riehm/Abold*, CR 2021, 530, 538; *Riehm/Abold*, ZUM 2018, 82, 87; *Schulze*, ZEuP 2019, 695, 716.

1486 *Kumkar*, ZfPW 2020, 306, 317; *Riehm/Abold*, ZUM 2018, 82, 87.

1487 *Riehm/Abold*, ZUM 2018, 82, 87.

1488 *Wendehorst* in: Stabentheiner/Wendehorst/Zöchling-Jud, Das neue europäische Gewährleistungsrecht, 2019, 111, 132.

1489 *Riehm/Abold*, ZUM 2018, 82, 87.

1490 Vgl. *Schulze*, ZEuP 2019, 695, 716.

tualisierungspflicht hingegen wird die Vertragsmäßigkeit während des gesamten Zeitraums der Aktualisierungsverpflichtung geschuldet. Da der Bereitstellungszeitraum von Aktualisierungen über den Gewährleistungszeitraum von zwei Jahren hinausgehen kann, kann dies zur Folge haben, dass der Unternehmer für die Vertragswidrigkeit der Ware und der digitalen Elemente auch nach Ablauf der Verjährungsfrist haftet.[1491] Zu beachten ist in diesem Zusammenhang jedoch, dass auch für physische Waren der Grundsatz umgangen werden kann, umgangen wird und zur Erreichung von Nachhaltigkeitszielen auch umgangen werden muss. Haltbarkeit ist Teil der Beschaffenheit des Kaufgegenstands und demnach relevant zur Bestimmung eines Mangels und Anwendung des Kaufgewährleistungsrechts. Ein nachträglich eintretender Funktionsverlust kann ein Haltbarkeitsmangel darstellen, weil vermutet wird oder außerhalb des B2C bewiesen wurde, dass die Ursache hierfür in der Konstruktion und im Design des Produkts liegt und damit bereits bei Gefahrübergang vorhanden bzw. angelegt war. Schließlich muss der Verkäufer nach dieser Doktrin gleichermaßen für die Funktionsfähigkeit während der gesamten Mindestlebensdauer einstehen. Der Richtliniengeber akzeptiert außerdem, dass die gewährleistungsrechtlichen Grundsätze nicht strikt angewandt werden. Auch wenn prinzipiell nur für Vertragswidrigkeiten im Zeitpunkt des Gefahrübergangs gehaftet werden soll, muss für Waren mit digitalen Elementen eine Ausnahme gemacht werden, weil sich das digitale Umfeld stetig verändert und Aktualisierungen erforderlich sind, um sicherzustellen, dass die Waren auch nach dem Zeitpunkt der Übergabe noch funktionieren.[1492] Insoweit die Dauer der Aktualisierungspflicht an die Mindesthaltbarkeit des jeweiligen Produkttyps anknüpft, ist die Dauer der Aktualisierungsverpflichtung auch zeitlich begrenzt und die Haftung ist für den Unternehmer vorhersehbar und kalkulierbar. Wenn der Hersteller für die Dauer der Mindesthaltbarkeit Ersatzteile für eine potenziell notwendig werdende Reparatur der physischen Ware vorhalten muss, ist es nachvollziehbar und notwendig, dass er als Pendant auch Aktualisierungen für die digitalen Elemente bereitstellen muss, damit diese bei sich ändernden Rahmenbedingungen weiterhin nutzbar sind.

1491 *Wendehorst* in: Stabentheiner/Wendehorst/Zöchling-Jud, Das neue europäische Gewährleistungsrecht, 2019, 111, 122, 129.

1492 EG 31 WKRL; der deutsche Gesetzgeber stimmt dem zu: BT-Drs. 19/27424, 31 f.; Zustimmend *Kühner/Piltz*, CR 2021, 1, 6 Rn. 39; Zustimmend auch *Specht-Riemenschneider/Mehnert*, ZfDR 2022, 313, 331, welche die Loslösung vom Zeitpunkt des Gefahrübergangs als „dynamisierende Wirkung der Aktualisierungspflicht" bezeichnen.

b) Mängel infolge der Aktualisierung

Der Unternehmer ist dazu verpflichtet Aktualisierungen bereitzustellen, die für den Erhalt der Vertragsmäßigkeit erforderlich sind. Sollte die unterbliebene oder fehlerhafte Aktualisierung selbst (erstmalig) eine Vertragswidrigkeit der Ware verursachen, stellt dies ein Sachmangel dar und der Unternehmer hat grundsätzlich auch für dessen Beseitigung bzw. Wiederherstellung der Mangelfreiheit einzustehen.[1493] Bei der dauerhaften Bereitstellung ist dies dogmatisch nachzuvollziehen, denn der Unternehmer hat während der gesamten Bereitstellungsdauer für die Vertragsmäßigkeit der digitalen Elemente einzustehen (Art. 10 Abs. 2 WKRL, § 475c Abs. 2 BGB), somit auch für Mängel an den digitalen Elementen, die durch eine Aktualisierung entstehen.[1494] Anders ist jedoch der Fall der einmaligen Bereitstellung der digitalen Elemente, bei dem es für die Beurteilung der Mangelfreiheit auf den Zeitpunkt der Bereitstellung ankommt, sodass eine Vertragswidrigkeit, ausgelöst durch eine später erfolgte Aktualisierung, eigentlich nicht vom Gewährleistungsregime erfasst sein sollte.[1495] Diese Annahme ist nur teilweise richtig. So ist eine Ware mit digitalen Elementen nach § 475b Abs. 2 BGB nur frei von Sachmängeln, wenn sie bei Gefahrübergang den subjektiven Anforderungen, den objektiven Anforderungen, den Montageanforderungen und den Installationsanforderung entspricht. § 475b Abs. 2 BGB normiert aber darüber hinaus, dass die Ware ebenso in Bezug auf die Aktualisierungspflicht während des vereinbarten oder vom Käufer erwartbaren Zeitraums, in welchem Aktualisierungen bereitzustellen sind, den subjektiven Anforderungen, den objektiven Anforderungen, den Montageanforderungen und den Installationsanforderung entsprechen muss. Prinzipiell kommt es daher für die Beurteilung der Mangelfreiheit auf den Zeitpunkt des Gefahrübergangs an. Und nur in Bezug auf die Aktualisierungsverpflichtung muss die Ware mit digitalen Elementen auch während des Aktualisierungszeitraums vertragsgemäß sein.[1496] Das bedeutet, dass nicht sämtliche später auftretende Mängel noch vom Käufer gerügt werden können, wenn sie nicht bereits bei Gefahrübergang vorlagen oder angelegt waren. Mängel, die jedoch infolge und

---

1493 EG 30 WKRL; BT-Drs. 19/27424, 34; So auch *Berger* in: Jauernig BGB, 19. Aufl. 2023, BGB § 475b Rn. 5; *Kryla-Cudna* in: Grundmann/Atamer, European Sales Law, 2023, 115, 121 f.; *Wendehorst* in: Stabentheiner/Wendehorst/Zöchling-Jud, Das neue europäische Gewährleistungsrecht, 2019, 111, 127 f.

1494 So ausdrücklich für digitale Produkte *Riehm/Abold*, ZUM 2018, 82, 87; *Kumkar*, ZfPW 2020, 306, 317.

1495 So ausdrücklich für digitale Produkte *Riehm/Abold*, ZUM 2018, 82, 87; *Kumkar*, ZfPW 2020, 306, 317 f., die dem Verbraucher in diesem Fall Abhilfe durch das Konstrukt einer nachvertraglichen Schutzpflichtverletzung zukommen lassen wollen.

1496 So auch *Saenger* in: HK-BGB, 12. Aufl. 2023, BGB § 475b Rn. 6.

im Zusammenhang mit der Aktualisierungspflicht entstehen, kann der Käufer während des Bereitstellungszeitraums für Aktualisierungen geltend machen.

Mitunter wird gefordert, dass der Unternehmer von seinen weitreichenden Pflichten entlastet werden muss. Beispielswiese könnte seine Haftung im Falle der fehlerhaften Aktualisierung entsprechend (bzw. analog) der Schenkung und Leihe auf Vorsatz und grobe Fahrlässigkeit beschränkt werden, §§ 521, 599 BGB.[1497] Gegen diesen Vorschlag spricht einerseits, dass der Gesetzestext eine Haftungsbeschränkung in dieser Hinsicht nicht vorsieht. Und andererseits sind diese Grundsätze nicht auf die hiesige Konstellation übertragbar. Auch unter Hervorhebung des asymmetrischen Dauerschuldverhältnisses leistet der Unternehmer nicht ohne Gegenleistung, er erhält einen Kaufpreis für die Ware. Zudem ist die Gewährleistungshaftung grundlegend verschuldensunabhängig ausgestaltet und um hinreichend Anreize für den Hersteller vermitteln zu können, ist eine strenge Gewährleistungshaftung auch erforderlich (s. o. Zweiter Teil A.IV.1.). Vielmehr ist die Ausdehnung des Gewährleistungszeitraums für unmittelbar aus der Aktualisierung hervorgehende Mängel auf den Bereitstellungszeitraum für Aktualisierungen zu begrüßen. Anderenfalls könnte der Unternehmer Aktualisierungen bereitstellen, die einen Mangel verursachen, würde seine Aktualisierungspflicht erfüllen und der Verbraucher trägt das alleinige Mangelrisiko. Dieses Ergebnis kann aus Verbraucherschutzgesichtspunkten sowie aus Nachhaltigkeitserwägungen nicht hingenommen werden. Der durch die Aktualisierung hervorgerufene Mangel muss vom Unternehmer beseitigt werden, damit die Ware mit digitalen Elementen weiterhin genutzt werden kann.

In diesem Zusammenhang stellt sich sodann die Frage, ob die Frist der Beweislastumkehr für Vertragswidrigkeiten, die Folge einer unterbliebenen oder fehlerhaften Aktualisierung sind, im Zeitpunkt der Aktualisierung erneut zu laufen beginnt. Diese Frage stellt sich besonders für Aktualisierungen, die zu einem Zeitpunkt geschuldet werden, in welchem die Frist der Beweislastumkehr schon längst abgelaufen ist. Insoweit die Aktualisierung in diesem späten Zeitpunkt Mängel an der Ware begründet, würden dem Verbraucher nicht mehr die Vorzüge der Beweislastumkehr zugute kommen, wenn sich die Frist der Beweislastumkehr im Grundsatz auch bei einer sie überschreitenden Aktualisierungspflicht nicht verlängern würde.[1498] Für eine Verlängerung oder einen Neubeginn der Beweislastumkehr spricht, dass die Beweislastumkehr bei der Lieferung eines neuen Produkts oder der Nachbesserung für den nachgebesserten Teil ebenso erneut zur Geltung gelangt und dass die Vermutung der Ursache einer kurz nach der Aktua-

---

1497 *Ehle/Kreß*, CR 2019, 723, 728.

1498 So jedenfalls *Metzger* in: MüKo BGB, 9. Aufl. 2022, BGB § 327k Rn. 5.

lisierung auftretenden Vertragswidrigkeit in der Aktualisierung naheliegt.[1499] Um schließlich dem Käufer die Durchsetzung seiner Gewährleistungsrechte zu erleichtern, ist die Geltung der Beweislastumkehr notwendig. Ansonsten würde eine Vielzahl der Käuferschaft den durch die Aktualisierung verursachten Mangel nicht beim Unternehmer rügen, keine Abhilfe erhalten, vorrangig in Form der Mangelbeseitigung durch Nachbesserung bzw. erneuter Aktualisierung, und sich einfach eine neue Ware mit digitalen Elementen aus dem Niedrigpreissegment anschaffen (s. o. Zweiter Teil B.I.1.). Diese nicht nachhaltigen Konsumgewohnheiten müssen zur Erreichung von Umweltschutz und Nachhaltigkeit durchbrochen werden. Anstatt des Austauschs des mangelhaften Produkts durch ein neues, sollte der Unternehmer den Mangel zugunsten der Weiterbenutzung beseitigen müssen.

c) Verpflichtete Person

Die Aktualisierungspflicht nach Art. 6 lit. d) und Art. 7 Abs. 3 WKRL, § 475b Abs. 3 Nr. 2 und Abs. 4 Nr. 2 BGB trifft den unmittelbaren Verkäufer des Verbrauchers. Der am Ende der Lieferkette stehende Verkäufer wird aber zumeist gar nicht selbst in der Lage sein, diese Aktualisierungen zu entwickeln und bereitzustellen.[1500] Er ist daher abhängig von der Zurverfügungstellung durch den nicht am Vertrag beteiligten Hersteller,[1501] wird aber selbst keinen Einfluss auf den Hersteller haben, dass dieser Aktualisierungen programmiert und bereitstellt.[1502] Einen Direktanspruch des Verbrauchers gegen den Hersteller gibt es nicht.

Aus diesem Grund ist es dem Letztverkäufer möglich seiner Verpflichtung auch nachzukommen, indem ein Dritter nach § 278 BGB oder § 267 BGB, wie der Hersteller, dem Verbraucher die Aktualisierungen zur Verfügung stellt oder zu-

1499 *Wendehorst* in: Stabentheiner/Wendehorst/Zöchling-Jud, Das neue europäische Gewährleistungsrecht, 2019, 111, 128.

1500 *Atamer/Grundmann* in: Grundmann/Atamer, European Sales Law, 2023, 1, 17 f.; *Hoffmann/Löffler*, ZfPW 2023, 1, 9 f., denen zufolge die Erfüllung der Aktualisierungspflicht für den Letztverkäufer sowohl urheberrechtlich unmöglich ist als auch mit hohem technischem Aufwand und Kosten verbunden ist; *Kryla-Cudna* in: Grundmann/Atamer, European Sales Law, 2023, 115, 117, 123 f.

1501 *Biermann*, DAR 2022, 134, 135; *Kryla-Cudna* in: Grundmann/Atamer, European Sales Law, 2023, 115, 117.

1502 *Atamer/Grundmann* in: Grundmann/Atamer, European Sales Law, 2023, 1, 18; *Firsching*, ZUM 2021, 210, 212 f.; *Kryla-Cudna* in: Grundmann/Atamer, European Sales Law, 2023, 115, 123 ff.; *Kumkar*, ZfPW 2020, 306, 321 f.; *vzbv*, Stellungnahme zum Entwurf eines Gesetzes zur Regelung des Verkaufs von Sachen mit digitalen Elementen und anderer Aspekte des Kaufvertrags, 07.01.2021, S. 4 f., 10; *vzbv*, Stellungnahme zum Entwurf eines Gesetzes zur Umsetzung der Richtlinie über bestimmte vertragsrechtliche Aspekte der Bereitstellung digitaler Inhalte und digitaler Dienstleistungen, 30.11.2020, S. 4; *Zöchling-Jud*, GPR 2019, 115, 123.

gänglich macht.[1503] Es sollte demnach auch genügen, wenn ein freier Händler auf einen Vertragshändler verweist, welcher die Aktualisierung sodann bereitstellt.[1504] Diese Sichtweite entspricht auch der zugrundeliegenden Richtlinie, denn nach dem Wortlaut des Art. 7 Abs. 3 WKRL „sorgt der Verkäufer dafür, dass der Verbraucher" die Aktualisierungen erhält bzw. *„the seller shall ensure that the consumer is* (...) *supplied with updates"*.

Sollte der Hersteller dem Letztverkäufer jedoch keine Aktualisierungen bereitstellen oder sie generell nicht weiterentwickeln und programmieren, so kann der Verkäufer zumindest seinen Verkäufer in Regress nehmen (s. o. Zweiter Teil A.IV.3.a)). Diese umfangreiche Haftung des Letztverkäufers für Aktualisierungen relativiert sich hierdurch. Nach § 445a Abs. 1 BGB kann der Letztverkäufer einer neu hergestellten Sache von dem Verkäufer, der ihm die Sache verkauf hat, Ersatz der Nacherfüllungsaufwendungen verlangen, die er im Verhältnis zum Verbraucher zu tragen hatte, wenn der Mangel auf einer Verletzung der Aktualisierungspflicht beruht. Dem Verkäufer stehen daneben gem. § 445a Abs. 2 BGB auch die in § 437 BGB bezeichneten Rechte zu, unter der Besonderheit, dass er die sonst erforderliche Frist nicht setzen muss, wenn der Verkäufer die verkaufte neu hergestellte Sache als Folge ihrer Mangelhaftigkeit zurücknehmen musste oder der Käufer den Kaufpreis gemindert hat. Diese Regressregelungen finden in der gesamten Lieferkette Anwendung, sodass jeder Käufer gegen seinen Lieferanten einen Regressanspruch hat, wenn die Schuldner Unternehmer sind, § 445a Abs. 3 BGB.[1505]

Diese Mechanismen bewirken, dass der Hersteller einen Anreiz zur Entwicklung und Bereitstellung von Aktualisierungen erhält, damit seine produzierten Waren über einen längeren Zeitraum mit Updates beliefert werden können und

1503 BT-Drs. 19/27424, 32, wo auf § 267 BGB verwiesen wird; *Berger* in: Jauernig BGB, 19. Aufl. 2023, BGB § 475b Rn. 6, denen zufolge ein Hersteller, der die Aktualisierungspflicht des Unternehmers erfüllt, Erfüllungsgehilfe nach § 278 BGB und nicht Dritter nach § 267 BGB ist; So auch *Faust* in: BeckOK BGB, 74. Ed. 01.05.2025, BGB § 475b Rn. 5; *Metzger* in: MüKo BGB, 9. Aufl. 2022, BGB § 327f Rn. 7; Siehe auch *Hoffmann/Löffler*, ZfPW 2023, 1, 8 f., denen zufolge der Hersteller wohl i. d. R. Aktualisierungen bereitstellen wird, jedoch ausschließlich im Eigeninteresse, ohne dabei eine Rechtspflicht des Händlers erfüllen zu wollen.

1504 *Giebler*, DAR 2021, 673, 675.

1505 Siehe zum Problem des sog. „pflichtlosen Regresses" *Hoffmann/Löffler*, ZfPW 2023, 1, 10 ff., 20 f., denen zufolge § 445a BGB (ggf. analog) in der gesamten Lieferkette anzuwenden ist, d. h. sowohl wenn der Letztverkauf gegenüber einem Verbraucher als auch gegenüber einem Unternehmer erfolgt, weil die Aktualisierungspflicht entgegen des ausdrücklichen Gesetzeswortlauts nicht ausschließlich den Letztverkäufer eines Verbrauchsgüterkaufs trifft, sondern in analoger Anwendung alle Glieder der Lieferkette und als nachvertragliche Leistungstreuepflicht auch im unternehmerischen Bereich besteht.

funktionsfähig bleiben.[1506] Der Hersteller ist derjenige, der Aktualisierungen zudem am effizientesten entwickeln und bereitstellen kann, weil er über sämtliche Informationen über das Produkt, seine digitalen Elemente und den Herstellungsprozess verfügt. Es dürfte in seinem Interesse liegen Regressansprüche entlang der Lieferkette zu vermeiden. Solche gehen mit hohen Kosten einher, die den Aufwand der Programmierung und Bereitstellung von Aktualisierungen weit übersteigen. Zumal Updates in aller Regelmäßigkeit einmalig für eine gesamte Produktcharge entwickelt werden und aus der Ferne über das Internet schnell und einfach bereitgestellt und durchgeführt werden können. Wohingegen die „Weiterreichung" des Minderungsanspruchs oder des Schadensersatzanspruchs oder sogar die Rückabwicklung sämtlicher Verträge in der Vertragskette viel Aufwand und hohe Kosten mit sich bringen. Aus diesen Gründen verwundert es auch, dass der Gesetzgeber die vorherige Gelegenheit zur Bereitstellung von Aktualisierungen durch den Lieferanten oder Hersteller nicht zur Voraussetzung des Regresses machte.[1507]

Für den Verbraucher hat diese Regelung Vorzüge. Nach bisheriger Rechtslage trug er nämlich das Risiko, dass die Ware mit digitalen Elementen zu einem bestimmten Zeitpunkt nicht mehr nutzbar ist, wenn die digitalen Dienste eingestellt werden, weil die Vertragsverhältnisse zwischen ihm und dem Verkäufer sowie zwischen ihm und dem Erbringer digitaler Dienste voneinander unabhängig sind.[1508] Nunmehr muss er sich nur an seinen unmittelbaren Verkäufer wenden und dieser hat für die Bereitstellung erforderlicher Aktualisierungen einzustehen und trägt seinerseits das Risiko, dass der Hersteller entsprechende Updates nicht weiter entwickelt.

d) Negative Beschaffenheitsvereinbarung

Trotz der Möglichkeit auf einen Vertragshändler oder direkt auf den Hersteller zu verweisen und dem Recht Regress zu nehmen, wird es Unternehmer geben, die ihre Haftung begrenzen und diesbezüglich Rechtssicherheit haben wollen. Insbesondere freie Händler, die nicht an die Marke oder den Hersteller gebunden sind, werden ein Interesse daran haben, sich von der Aktualisierungsverpflichtung zu lösen und ihre Haftung zu begrenzen.[1509] Wahrscheinlich werden alle Händler, die

---

1506 Anders hingegen *Kryla-Cudna* in: Grundmann/Atamer, European Sales Law, 2023, 115, 129 f., wonach die Aktualisierungsverpflichtung dem Ziel der Verlängerung der Produktlebensdauer zuwiderlaufe und der nicht unmittelbar verpflichtete Hersteller keinen hinreichenden Anreiz zur Entwicklung und Bereitstellung von Aktualisierungen erhalte.

1507 Vgl. auch *Hoffmann/Löffler*, ZfPW 2023, 1, 12, 21.

1508 *Schrader*, NZV 2021, 67, 67.

1509 *Giebler*, DAR 2021, 673, 675.

keinen Einfluss auf den Hersteller haben, ein Interesse an ihrer Haftungsbegrenzung haben.[1510] Eine generelle Haftungsbegrenzung wäre gegenüber der Geltendmachung von Regressansprüchen entlang der Lieferkette wohl auch der sicherere Weg.

Der Unternehmer ist nicht vollständig und uneingeschränkt an die objektive Aktualisierungspflicht gebunden. Den Parteien steht es weiterhin frei Verträge individuell zu gestalten und die grundsätzlich als dispositives Recht ausgestaltete Aktualisierungspflicht zeitlich zu verkürzen oder abzubedingen.[1511] Abweichende Vereinbarungen im Rahmen eines Verbrauchsgüterkaufs sind allerding nur unter den strengen Voraussetzungen des Art. 7 Abs. 5 WKRL, umgesetzt in § 476 Abs. 1 BGB, möglich, um den Verbraucher ausreichend zu schützen. Nach § 476 Abs. 1 S. 2 BGB kann von der objektiven Aktualisierungspflicht vor Mitteilung des Mangels an den Unternehmer durch Vertrag abgewichen werden, wenn der Verbraucher vor Abgabe seiner Vertragserklärung eigens davon in Kenntnis gesetzt wurde, dass von der objektiven Aktualisierungspflicht abgewichen wird, und die Abweichung im Vertrag ausdrücklich und gesondert vereinbart wurde (s. o. Zweiter Teil A.I.4.). Nach dem Wortlaut der Vorschrift ist indessen unklar, ob der Unternehmer seine Verpflichtung zur Bereitstellung von Aktualisierungen generell und prinzipiell ausschließen kann oder ob ein gesonderter Ausschluss für jedes erwartbare Update erforderlich ist.[1512] Der Gesetzesbegründung zufolge, wonach „eine Einschränkung oder ein Ausschluss der Aktualisierungsverpflichtung zulässig“[1513] ist, deutet darauf hin, dass der Unternehmer seine Haftung pauschal ausschließen können wird.[1514] Die Regelung soll für ausreichende Flexibilität und Rechtssicherheit sorgen,[1515] und führt darüber hinaus zu einem angemessenen Schutz der Interessen beider Vertragsparteien.

4. Unterlassene Aktualisierung durch den Verbraucher

Der Unternehmer haftet gem. Art. 7 Abs. 4 WKRL, umgesetzt in § 475b Abs. 5 BGB jedoch dann nicht für Mängel infolge einer fehlenden Aktualisierung, wenn der Verbraucher es unterlässt, eine vom Unternehmer bereitgestellte Aktualisierung innerhalb einer angemessenen Frist zu installieren und der Mangel allein auf das Fehlen der Aktualisierung zurückzuführen ist. Die Haftungsentlastung kommt dem

---

1510 *Biermann*, DAR 2022, 134, 135.
1511 Vgl. BT-Drs. 19/27424, 43.
1512 *Giebler*, DAR 2021, 673, 676.
1513 BT-Drs. 19/27424, 43.
1514 So auch *Giebler*, DAR 2021, 673, 676.
1515 BT-Drs. 19/27424, 42.

Unternehmer aber nur zugute, wenn er den Verbraucher über die Verfügbarkeit der Aktualisierung und die Folgen einer unterlassenen Installation informiert hat und die Tatsache, dass der Verbraucher die Aktualisierung nicht oder unsachgemäß installiert hat, nicht auf eine dem Verbraucher bereitgestellte mangelhafte Installationsanleitung zurückzuführen ist.

Die Regelung dient vor allem der Entlastung des Unternehmers von seiner durch die Einführung der Aktualisierungspflicht weitreichenden Haftung, auch über den aktuell geltenden Gewährleistungszeitraum hinaus.[1516] Sie stellt einen angemessenen Ausgleich zwischen den Interessen des Unternehmers an einer Haftungsbegrenzung und den Interessen des Verbrauchers an einer umfassenden Gewährleistung sicher. Die generelle Verantwortlichkeit für die Durchführung der Aktualisierung liegt beim Verbraucher.[1517] Auch die unsachgemäße und damit wirkungslose Installation ist Sache des Verbrauchers.[1518] Indem die Information sowie Installationsanleitung zu Bedingungen der Haftungsbegrenzung gemacht werden, wird einerseits sichergestellt, dass der Unternehmer für alle aus seiner Sphäre stammenden Risiken zur Verantwortung gezogen wird.[1519] Andererseits erhält der Unternehmer einen Anreiz die Installationsanleitung leicht verständlich und mit ausführlichen Erläuterungen bereitzustellen,[1520] was aus Verbrauchersicht generell wünschenswert ist. Er hat zudem einen Anreiz, den Verbraucher umfassend zu informieren. Je gravierender die Folgen einer unterbleibenden Installation sind, desto eindringlicher muss der Verbraucher gewarnt werden.[1521] Denn viele Konsumenten, vor allem technisch wenig affine Verbraucher, verweigern (grundsätzlich) die Durchführung von Aktualisierungen oder akzeptieren die Aktualisierungsbedingungen aus berechtigten Datenschutzgründen nicht.[1522] Bei Sicherheitsaktualisierungen sollten die Sicherheitslücken und die sich hieraus ergebenen Folgen erläutert werden. [1523] Anderenfalls ist es dem Verbraucher aufgrund seines fehlenden technischen Sachverstands und seinem fehlenden Einblick in die Systemarchitektur in der Regel gar nicht möglich die technische Notwen-

---

1516 BT-Drs. 19/27653, 60.

1517 *Fries* in: BeckOGK BGB, 01.05.2025, BGB § 327f Rn. 25.

1518 *Faust* in: BeckOK BGB, 74. Ed. 01.05.2025, BGB § 475b Rn. 35.

1519 Vgl. *Fries* in: BeckOGK BGB, 01.05.2025, BGB § 327f Rn. 25.

1520 *Kühner/Piltz*, CR 2021, 1, 5 Rn. 32.

1521 BT-Drs. 19/27653, 60.

1522 *Prakash/Dehoust/Gsell/Schleicher/Stamminger*, UBA Texte 11/2016, 2016, S. 275.

1523 *vzbv*, Stellungnahme zum Entwurf eines Gesetzes zur Regelung des Verkaufs von Sachen mit digitalen Elementen und anderer Aspekte des Kaufvertrags, 07.01.2021, S. 13; *vzbv*, Stellungnahme zum Entwurf eines Gesetzes zur Umsetzung der Richtlinie über bestimmte vertragsrechtliche Aspekte der Bereitstellung digitaler Inhalte und digitaler Dienstleistungen, 30.11.2020, S. 7.

digkeit einer Aktualisierung zu erkennen und eine diesbezügliche Entscheidung zu treffen.[1524] Dann wäre die Rechtsfolge des Haftungsausschlusses des Unternehmers und des Rechtsverlusts des Verbrauchers ungerechtfertigt.[1525] Es verbleiben jedoch Unklarheiten in Bezug auf den Umfang sowie der Art und Weise der Informationsbereitstellung an den Verbraucher, welche unter anderem hohe Belastungen für KMU und praktische Umsetzungshürden zur Folge haben.[1526]

5. Nachbesserung durch Aktualisierung zur Verlängerung der Lebensdauer

Die Aktualisierung von digitalen Elementen kann im Rahmen des Kaufgewährleistungsrechts unter drei Gesichtspunkten betrachtet werden. Zum einen entspricht eine Ware mit digitalen Elementen nicht den subjektiven oder objektiven Anforderungen an die Vertragsmäßigkeit, wenn nicht die vereinbarten oder erwartbaren Aktualisierungen bereitgestellt werden, die zum Erhalt der Vertragsmäßigkeit erforderlich sind. Das Nichtbereitstellen begründet somit einen Mangel, wenn infolgedessen eine Vertragswidrigkeit entsteht.[1527] Die primäre Aktualisierungspflicht des Unternehmers setzt an bevor eine sonstige Vertragswidrigkeit entsprechend § 434 Abs. 2 und 3 BGB zu Tage tritt. Das bedeutet, dass Aktualisierungen innerhalb eines angemessenen Zeitraums bereitgestellt werden müssen, sobald erkennbar wird, dass eine Vertragswidrigkeit ohne Aktualisierung eintreten wird, d. h. bevor es tatsächlich zu einem Funktionsverlust, fehlender Kompatibilität oder Ähnlichem kommt.[1528] Faktisch steht dem Käufer jedoch zu keinem Zeitpunkt ein einklagbarer Primäranspruch auf Bereitstellung der Aktualisierung zu.[1529] Ein

---

1524 *vzbv*, Stellungnahme zum Entwurf eines Gesetzes zur Regelung des Verkaufs von Sachen mit digitalen Elementen und anderer Aspekte des Kaufvertrags, 07.01.2021, S. 13; *vzbv*, Stellungnahme zum Entwurf eines Gesetzes zur Umsetzung der Richtlinie über bestimmte vertragsrechtliche Aspekte der Bereitstellung digitaler Inhalte und digitaler Dienstleistungen, 30.11.2020, S. 6 f.

1525 *vzbv*, Stellungnahme zum Entwurf eines Gesetzes zur Regelung des Verkaufs von Sachen mit digitalen Elementen und anderer Aspekte des Kaufvertrags, 07.01.2021, S. 13; *vzbv*, Stellungnahme zum Entwurf eines Gesetzes zur Umsetzung der Richtlinie über bestimmte vertragsrechtliche Aspekte der Bereitstellung digitaler Inhalte und digitaler Dienstleistungen, 30.11.2020, S. 7.

1526 Vgl. *Wendehorst* in: Stabentheiner/Wendehorst/Zöchling-Jud, Das neue europäische Gewährleistungsrecht, 2019, 111, 133 f.

1527 So auch *Manhardt*, JZ 2024, 394, 398 ff.

1528 So auch *Faust* in: BeckOK BGB, 74. Ed. 01.05.2025, BGB § 475b Rn. 21; *Manhardt*, Die Aktualisierungspflicht, 2023, S. 68; a.A. *Hoffmann/Löffler*, ZfPW 2023, 1, 5 f., denen zufolge die Aktualisierungspflicht erst im Zeitpunkt des Funktionsverlusts entstehe und daher mit Fälligkeit der Aktualisierungspflicht zugleich eine Vertragswidrigkeit eintrete.

1529 *Manhardt*, JZ 2024, 394, 399 f.; *Manhardt*, Die Aktualisierungspflicht, 2023, S. 134.

solcher ist lediglich rechtstechnische Voraussetzung für den Sekundäranspruch der Nacherfüllung, mit dem der Käufer mittelbar Aktualisierung für den Zeitraum nach Gefahrübergang verlangen kann.[1530] Er dient der Erhaltung der Vertragsmäßigkeit, bevor es tatsächlich zu einem Mangel kommt.[1531] Zum anderen können bereits bei Gefahrübergang vorliegende Vertragswidrigkeiten i. S. v. § 434 BGB, bspw. weil die Software von vornherein fehlerbehaftet war, mittels Aktualisierungen in Form von sog. *bugfixes* oder *patches* beseitigt werden.[1532] Die Aktualisierung stellt dann (unabhängig von der originären Aktualisierungspflicht) eine Variante der Nachbesserung im Rahmen des Nacherfüllungsanspruchs dar und führt zur Wiederherstellung der Vertragsmäßigkeit.[1533] Auch bei Vertragswidrigkeiten, die sich erst nach Gefahrübergang offenbaren, bspw. in Form eines Funktionsverlusts, weil die Software nicht mehr wie ursprünglich vorgesehen genutzt werden kann, bei denen aber aufgrund der Beweislastumkehr vermutet wird, dass sie bereits zum Zeitpunkt der Übergabe vorlagen, kann die Aktualisierung i.R.d. Nacherfüllung erfolgen. Treten Mängel nach Gefahrübergang auf und die Regelungen der Beweislastumkehr finden keine Anwendung, sodass für diesen später auftretenden Mangel eigentlich keine Gewährleistung mehr gilt, kann aber wiederum die originäre Aktualisierungspflicht zum Einsatz kommen.[1534] Die Vertragsmäßigkeit wird auch bei einem eintretenden Defekt durch Wiederherstellung derselben erhalten. Die unterlassene Bereitstellung der Aktualisierung, aus der ein Mangel resultiert, führt zur Anwendbarkeit der Gewährleistungsrechte.[1535] Dasselbe gilt für die fehlerhafte Aktualisierung, infolge derer eine Vertragswidrigkeit entsteht.[1536] Insoweit hat der Käufer bei sich nach Gefahrübergang zeigenden Mängeln die Wahl, ob er sich auf den nachträglich offenbar werdenden Mangel und die Beweislastumkehr beruft oder auf die fehlende Aktualisierung, die Ursache des offenbarwerdenden Mangels ist und einen danebenstehenden separaten

---

1530 *Manhardt*, JZ 2024, 394, 398 ff.; *Manhardt*, Die Aktualisierungspflicht, 2023, S. 136 f.
1531 *Manhardt*, JZ 2024, 394, 400.
1532 *Hoffmann/Löffler*, ZfPW 2023, 1, 7.
1533 *Manhardt*, JZ 2024, 394, 398 ff.; *Manhardt*, Die Aktualisierungspflicht, 2023, S. 132 f.; Bevor die Aktualisierungspflicht durch die Regelungen des Mangelbegriffs in deutsche Gewährleistungsrecht explizit eingeführt wurde, konnte sich eine solche höchstens aus der Nacherfüllungspflicht des Verkäufers ergeben für die Fälle, in denen bereits bei Gefahrübergang ein Mangel vorhanden war, der mit Hilfe einer Aktualisierung beseitigt werden konnte. Vgl. *Ehle/Kreß*, CR 2019, 723, 727.
1534 *Metzger* in: MüKo BGB, 9. Aufl. 2022, BGB § 327f Rn. 6, § 327k Rn. 10.
1535 *Metzger* in: MüKo BGB, 9. Aufl. 2022, BGB § 327f Rn. 6, § 327k Rn. 10.
1536 *Manhardt*, JZ 2024, 394, 400.

Mangel darstellt; eine Aktualisierung erfolgt bei beiden Mängeln im Rahmen des Nacherfüllungsanspruchs.[1537]

Die Möglichkeit, die Haltbarkeit von Waren mit digitalen Elementen bei Bevorstehen oder Auftreten eines Funktionsverlusts mittels Durchführung von Aktualisierungen zu verlängern, trägt einerseits zur Vermeidung funktionaler Obsoleszenz bei (s. o. Zweiter Teil C.II.1.) und andererseits kann sie zur Verminderung des Problems der ökonomischen Obsoleszenz beisteuern. Updates müssen einmalig für jeden Gerätetyp entwickelt und programmiert werden und können sodann auf sämtlichen Endgeräten durchgeführt werden. Nicht jeder Anbieter muss Updates selbst entwickelt, vielmehr liegt es in der Verantwortung der Hersteller für jedes ihrer Produkttypen Aktualisierungen zu ermöglichen. Sie erweisen sich als kostengünstige und einfache Lösungen, um softwarebezogene Mängel zu beseitigen. Das Hin- und Herschicken der Ware kann vermieden werden, Verbraucher können die bereitgestellte Aktualisierung selbständig in Gang setzen oder sie können online vom Hersteller durchgeführt werden,[1538] der Zeitaufwand je nacherfüllungsbedürftiger Ware nimmt ab. Ferner haben Hersteller ohnehin die nötigen Programmierbausteine für Aktualisierungen entwickelt, sich das erforderliche Know-how angeschafft und Strukturen zur Anpassung digitaler Elemente an die sich stets verändernde technische Umwelt etabliert, weil sie bereits nach § 475b Abs. 4 Nr. 2 BGB zur Bereitstellung von Aktualisierungen verpflichtet sind. Solche auf konkrete Fälle der Vertragswidrigkeit umzumünzen und anzuwenden sollte mit wenig Aufwand einhergehen und daher für softwarebezogene Mängel um ein Vielfaches günstiger sein als der Herstellungsaufwand einer neuen Ware mit digitalen Elementen. Nachbesserung wäre der Nachlieferung vorzuziehen.

6. Vermeidung psychologischer Obsoleszenz durch Aktualisierungen

Die eingeführte Aktualisierungspflicht kann auch einen Beitrag zur Lösung des Problems der psychologischen Obsoleszenz leisten, indem dem Wunsch und dem Trend nach dem technologisch neusten Produkt durch Software-Updates entsprochen werden kann.[1539] Aktualisierungen können auch in der Form erfolgen, dass sie bestehende Funktionen der Ware mit digitalen Elementen verbessern, erwei-

1537 *Metzger* in: MüKo BGB, 9. Aufl. 2022, BGB § 327k Rn. 10; Der Nacherfüllungsanspruch, welcher durch Aktualisierung der digitalen Elemente erfüllt wird, ergibt sich im ersten Fall aus § 437 Nr. 1, § 439, § 475b Abs. 2, Abs. 3 Nr. 1, Abs. 4 Nr. 1, § 434 Abs. 1, Abs. 2, Abs. 3 BGB und im zweiten Fall aus § 437 Nr. 1, § 439, § 475b Abs. 2, Abs. 3 Nr. 2, Abs. 4 Nr. 2 BGB.

1538 Der Verkäufer kann seine Waren aus der Entfernung über das Internet aktualisieren, vgl. EG 31 WKRL.

1539 Diese Möglichkeit anerkennend *Fischer/Moch/Prakash/Teufel/Stieß/Kresse/Birzle-Harder*, UBA Texte 11/2019, 2019, S. 48.

tern oder neue Funktionen erstmalig ermöglichen.[1540] Konsumenten würden so vom technischen Fortschritt, neuen Innovationen sowie von saisonalen Trends profitieren, solange diese in den digitalen Inhalten und Dienstleistungen begründet liegen und nicht in der Hardware. Bei Erweiterung der Software kann die bereits eingesetzte Hardware auch weiterhin genutzt werden. Es sind Präferenzen von Käufergruppen erkennbar, welche die Nutzungsdauer mittels Updates auch verlängern möchten.[1541] Insofern Konsumenten sich mit den softwarebedingten neuen Nutzungsmöglichkeiten der Ware mit digitalen Elementen begnügen, lässt sich psychologische Obsoleszenz vermeiden. Zugunsten von Nachhaltigkeitszielen ist dieser Effekt von Aktualisierungen zu begrüßen. Ob funktionserweiternde Aktualisierungen von Unternehmen bereitgestellt werden, liegt jedoch in ihrem Ermessen und wird von den hierdurch zu erwartenden persönlichen Vorteilen abhängen. Jedenfalls gewährleistungsrechtlich sind sie hierzu nicht verpflichtet.

III. Gesamtbetrachtung: Aktualisierungspflicht zur Vermeidung funktionaler Obsoleszenz

Die Vermeidung funktionaler Obsoleszenz ist essenzieller Teil der Strategie zur Verlängerung der Haltbarkeit von Waren und damit zur längeren Produktlebensdauer und Produktnutzungsdauer. Aktualisierungen werden als Mittel zur Erhaltung der Funktionalität einer Ware mit digitalen Elementen eingesetzt, indem digitale Inhalte und Dienstleistungen an Änderungen technischer Anforderungen an die Hardware, Software und Netzverbindungen angepasst werden. Eine mit einer bestehenden Hardware funktionierenden Software ermöglicht eine längere Nutzung derselben, vermeidet eine ressourcenintensive Neuherstellung der Hardware und verringert Abfallmengen.

Die Nichtbereitstellung sowie die fehlerhafte oder unvollständige Aktualisierung stellen einen Mangel dar und führen zur Anwendbarkeit des Kaufgewährleistungsrechts. Der Unternehmer wird nach den Maßstäben des Gewährleistungsrechts dazu verpflichtet, Aktualisierungen bereitzustellen, die für den Erhalt der Vertragsmäßigkeit erforderlich sind. Allen voran fallen hierunter Sicherheitsaktualisierungen. Der Unternehmer schuldet aber auch solche Aktualisierungen, die die Haltbarkeit, Funktionalität oder Interoperabilität erhalten. Ohne vertragliche Vereinbarung hat er die Aktualisierungen für einen vom Käufer erwartbaren Zeitraum bereitzustellen, der sich an der Mindestlebensdauer orien-

1540 Vgl. EG 28 WKRL.

1541 *Fischer/Moch/Prakash/Teufel/Stieß/Kresse/Birzle-Harder*, UBA Texte 11/2019, 2019, S. 52.

tieren sollte. Somit gelten produktspezifische Bereitstellungszeiträume, die zudem für den Unternehmer wie auch den Verbraucher rechtssicher zu ermitteln sind, weil die Angabe der Mindestlebensdauer Teil der Informationspflicht des Herstellers ist oder sie sich aus gesetzlichen Normen ergibt. Damit besteht diesbezüglich kein Informationsdefizit, welches den Käufer von der Geltendmachung seiner Rechte abhalten könnte. Um darüber hinaus der rationalen Apathie des Käufers entgegenzuwirken, sollte die Beweislastumkehr nach Art. 11 WKRL und § 477 BGB in Bezug auf die Aktualisierungsverpflichtung des Unternehmers verbraucherfreundlich ausgelegt werden. Ohne die Aktivierung des Käufers zur Geltendmachung seiner Abhilferechte, wird das Gewährleistungsregime nicht in Gang gebracht und Anreize werden nicht gesetzt. Es sollte daher genügen, dass der Käufer einen plausiblen Zusammenhang zwischen einem Update und der Vertragswidrigkeit darlegt. Die Beweise, dass das Update tatsächlich nicht notwendig ist für die Aufrechterhaltung der Vertragsmäßigkeit, dass das Update dem Verbraucher bereitgestellt wurde sowie dass es auch fehlerfrei und vollständig bereitgestellt wurde, sollten dem Unternehmer obliegen. Auch wenn moniert wird, dass die Aktualisierungsverpflichtung des Unternehmers zeitlich nicht hinreichend begrenzt wird und durch sie schließlich ein asymmetrisches dauerschuldähnliches Verhältnis zwischen Unternehmer und Verbraucher begründet wird, so muss ein solches akzeptiert werden, um dem übergeordneten Ziel der Nachhaltigkeit zu entsprechen. Ohne Aktualisierungen wäre die Funktionsfähigkeit von Waren mit digitalen Elementen aufgrund der sich stetig ändernden digitalen Umgebung nicht sichergestellt bzw. abhängig vom Bereitstellungswillen des Unternehmers und der zusätzlichen Zahlungsbereitschaft des Käufers. Die strenge Haftung wird relativiert durch die Möglichkeit des Letztverkäufers auf seinen Vertragshändler oder direkt auf den Hersteller zu verweisen, welche die Aktualisierungsverpflichtung für ihn erfüllen können. Aufgrund des Systems der Regressansprüche werden Anreize für Hersteller gesetzt, Aktualisierungen zu entwickeln und bereitzustellen oder zur Verfügung zu stellen, um Regressansprüche entlang der Lieferkette zu vermeiden. Zusätzlich besteht die Option, die zeitliche Reichweite der Aktualisierungsverpflichtung unter den Voraussetzungen des Art. 7 Abs. 5 WKRL, § 476 Abs. 1 S. 2 BGB individuell vertraglich zu beschränken oder die Pflicht auch gänzlich abzubedingen. Zu einer Haftungsentlastung des Unternehmers für Mängel infolge fehlender oder unsachgemäßer Installation der Aktualisierungen trägt auch die Regelung bei, wonach der Unternehmer nicht dafür einzustehen hat, dass der Verbraucher die Installation der Aktualisierungen unterlässt oder unsachgemäß vornimmt unter den Bedingungen der ausreichenden Informationen an den Verbraucher über die Verfügbarkeit der Aktualisierung und den Folgen ihrer Unterlassung sowie der fehlerfreien Installationsanleitung. Bei Berücksichtigung der Regelungen im Zusammenhang mit der Aktualisierungspflicht wird der Unternehmer jedenfalls nicht vollends einseitig belastet. Die Haftung für Aktualisierungen ist zwar in zeitlicher wie auch inhaltlicher Dimension umfangreich, es existieren aber mehrere Regelungen, die den Unternehmer in seiner Aktualisierungsverpflichtung ausreichend entlasten. Insofern die Haftung auch dann noch als zu weitreichend und zu intensiv empfunden wird, ist sie aus ihrer Notwendigkeit zur Vermeidung funktionaler Obsoleszenz und zur Erreichung von Nachhaltigkeitszielen geboten und notwendig.

An dieser Stelle soll klargestellt werden, dass die hier aufgestellten Grundsätze in Bezug auf die Aktualisierungsverpflichtung nicht lediglich für Waren mit digitalen Elementen gelten sollten, sondern ebenso für Waren, die ein digitales Produkt enthalten oder mit ihnen verbunden sind, auch wenn die Waren ihre Funktionen ohne diese digitalen Produkte erfüllen können. Für diese finden zwar gem. § 327a Abs. 2 BGB die Vorschriften nach §§ 327 ff. BGB Anwendung und somit die in § 327f BGB normierte Aktualisierungspflicht. Die dogmatischen Ausführungen ebenso wie solche zu den ökologischen, ökonomischen und rechtlichen Auswirkungen lassen sich aber entsprechend übertragen. Denn in Hinblick auf das Problem der funktionalen Obsoleszenz und der vorzeitigen Außerdienststellung der Ware, weil Aktualisierungen ausbleiben, ist es für den Konsumenten irrelevant, ob das digitale Produkt erforderlich ist für die Funktionsfähigkeit der Ware oder lediglich förderlich.[1542] Bei einer Ware, die ihre Funktion ohne die digitalen Produkte gar nicht erfüllen kann, wirkt sich das Fehlen einer Aktualisierung nur schwerwiegender aus. Aus Konsumentensicht wären aber wohl beide Arten von Waren ohne Updates unbrauchbar.

Zusammengefasst gibt es mehrere Varianten, nach denen der Unternehmer haftet und verpflichtet ist Aktualisierungen bereitzustellen. Die fehlende Aktualisierung selbst stellt ein Mangel der Ware mit digitalen Elementen dar, der im Wege der Nachbesserung beseitigt werden kann durch die Vornahme der Aktualisierung, die zur Erhaltung der Vertragsmäßigkeit erforderlich ist. Der infolge der fehlenden oder unsachgemäßen Aktualisierung auftretende Mangel muss ebenso vom Unternehmer beseitigt werden. Dies erfolgt in der Regel durch die Installation einer, dann sachgemäßen, Aktualisierung. Offenbart sich ein Mangel der Ware mit digitalen Elementen, bevor jemals eine Aktualisierung vorgenommen wurde oder unabhängig von einer vorhergehenden Aktualisierung, kann die aufgrund des Mangels durchgeführte Nacherfüllung in Form der Nachbesserung mittels Aktualisierung erfolgen. Letztlich ist die Aktualisierung immer eine Form der Nachbesserung, um es im Jargon des Kaufgewährleistungsrechts zu formulieren. Die Herleitung des Nacherfüllungsanspruchs unterscheidet sich danach, welchen Mangel

1542 *Specht-Riemenschneider/Mehnert*, ZfDR 2022, 313, 334 f.

der Käufer zur Grundlage seines Abhilferechts macht: die fehlende Aktualisierung, der durch die Aktualisierung hervorgerufene Mangel oder die nach den subjektiven und objektiven Maßstäben entstandene Vertragswidrigkeit. Insofern Aktualisierungen kostengünstiger sind als die Neuherstellung und der Austausch der gesamten Ware mit digitalen Elementen, und dies wird in der Regel der Fall sein, stellen Aktualisierungen nicht nur eine Strategie gegen funktionale Obsoleszenz, sondern auch eine gegen ökonomische Obsoleszenz dar.

Dritter Teil: Weitere Maßnahmen zur Sicherstellung der Wirksamkeit der Strategien zur Vermeidung von Obsoleszenz

Den anreizauslösenden rechtlichen Mechanismen, welche die Verlängerung der Produktlebensdauer und Produktnutzungsdauer, die Vermeidung des Herstellungsaufwands neuer Waren sowie die Verringerung des Abfallaufkommens zum Ziel haben, stehen in ihrer Wirksamkeit rechtliche Hemmnisse entgegen. Die dargestellten und sich gegenseitig beeinflussenden Strategien des Kaufgewährleistungsrechts zum Vollzug der Nachhaltigkeitstransformation sind allesamt davon abhängig, dass die Verjährung kaufgewährleistungsrechtlicher Ansprüche nicht bereits eingetreten ist. Genauso wichtig wie die Geltendmachung der Abhilferechte durch den Käufer, um das Gewährleistungssystem überhaupt erst zu aktivieren, ist die Anwendbarkeit desselben, bevor die Abhilferechte verjährt sind. Bei Verjährung der Ansprüche gehen von den rechtlichen Mechanismen keinerlei Anreize mehr aus (A.). Strategieübergreifend kann das Konzept einer Herstellergarantieaussagepflicht Konflikte lösen, die an unterschiedlicher Stelle zulasten von Nachhaltigkeit mehrmals zutage treten. Das bezweckte Anreizsystem des Kaufgewährleistungsrechts könnte durch diesen strategieübergreifenden Mechanismus zur Wirksamkeit verholfen werden (B.). Nachhaltigkeitsziele können somit durch wirksame Beeinflussung des Verhaltens der Marktakteure effektiv erreicht werden.

A. Zweijährige Verjährungsfrist als Hemmnis der Strategien zur Vermeidung werkstofflicher und ökonomischer Obsoleszenz

Vereitelt wird das Ziel der Nachhaltigkeit durch die geltenden Verjährungsregelungen. Nach § 438 Abs. 1 Nr. 3 BGB verjähren Mängelgewährleistungsansprüche grundsätzlich in zwei Jahren.[1543] Die Verjährung beginnt gem. § 438 Abs. 2 BGB mit der Ablieferung der Sache. Kaufgewährleistungsansprüche können, wenn der Mangel des Kaufgegenstands sich erst nach Ablauf der Gewährleistungsfrist zeigt,

1543 Die zweijährige Verjährungsfrist entspricht den Mindestanforderungen des Art. 5 Abs. 1 VGKRL und stimmt weiterhin mit den Vorgaben des Art. 10 WKRL überein.

https://doi.org/10.1515/9783112224526-005

gem. § 214 Abs. 1 BGB nicht mehr durchgesetzt werden. Dass die Lebensdauer des Produkts nicht der vom Verkäufer angegebenen Mindestlebensdauer entspricht, kann bei Offenbarwerden nach Ablauf der Verjährungsfrist dann nicht mehr gegenüber dem Verkäufer geltend gemacht werden.

Das ist insbesondere für langlebige Waren problematisch, für deren Haltbarkeit der Verkäufer nach Ablauf der Verjährungsfrist nicht mehr einstehen muss und für die damit faktisch gar keine Anforderungen an ihre Haltbarkeit bestehen bzw. solche nicht geltend gemacht werden können, wenn hierfür nicht ausdrücklich eine Garantie oder eine Verlängerung der Verjährungsfrist vereinbart wurde.[1544] Folge ist, dass Käufer einen vollständigen Rechtsverlust erleiden. Die legitimen Erwartungen an eine lange Lebensdauer werden vom aktuell geltenden Gewährleistungsrecht nicht geschützt.[1545] Außerdem erleiden diejenigen Käufer einen Nachteil, die zufällig ein nach zwei Jahren funktionsunfähig werdendes Produkt erwerben.[1546] Ohne jedes rechtliche Risiko ist es dem Hersteller möglich, die Funktionsfähigkeit auf zwei Jahre zu begrenzen, obwohl dieser eine längere Haltbarkeit angegeben hat oder die Ware auch langlebiger produziert werden könnte.[1547] Nach Ablauf der Verjährungsfrist können keine Gewährleistungsansprüche mehr durchgesetzt werden und der nötige Anreiz zur Produktion langlebiger und reparaturfähiger Produkte fehlt dem Verkäufer. Dies wird noch verstärkt durch die wirtschaftlich reizvolle Möglichkeit, Reparaturen bei Auftreten eines Mangels nach Ablauf der zweijährigen Frist kostenpflichtig anzubieten.[1548] Die Aktivierung des Gewährleistungsregimes ist aber Voraussetzung der Strategien zur Vermeidung werkstofflicher sowie ökonomischer Obsoleszenz.

Vor allem die Lebensdauer von Haushaltsgroßgeräten liegt sehr weit über zwei Jahren.[1549] Alleine die durchschnittliche Erstnutzungsdauer von Haushaltskleingeräten, Unterhaltenselektronik sowie Informations- und Kommunikationstechnik liegt über zwei Jahre.[1550] Auch moderne Produkte der Massenherstellung aus der Elektrobranche und der Automobilbranche weisen eine weitaus längere Lebens-

---

1544 *Bach/Wöbbeking*, NJW 2020, 2672, 2675 Rn. 25; *Michel*, Premature Obsolescence, 2022, S. 367, 379; *Tonner/Gawel/Schlacke/Alt/Bretschneider*, VuR 2017, 3, 6; Die kurze Verjährungsfrist schneidet Gewährleistungsrechte für langlebige Produkte wie Möbel, Elektrogeräte, Maschinen und Kraftfahrzeuge ab, siehe hierzu *Gildeggen*, VuR 2016, 83, 84 f.

1545 *Atamer/Grundmann* in: Grundmann/Atamer, European Sales Law, 2023, 1, 14 f.

1546 BT-Drs. 19/28174, 4.

1547 *Gildeggen* in: Brönneke/Wechsler, Obsoleszenz interdisziplinär, 2015, 269, 273; *Micklitz/Mehnert/Specht-Riemenschneider/Liedtke/Kenning*, Recht auf Reparatur, 2022, S. 53.

1548 *Augenhofer/Küter*, VuR 2023, 243, 249.

1549 *Prakash/Dehoust/Gsell/Schleicher/Stamminger*, UBA Texte 10/2015, 2015, S. 51 ff.; *Prakash/Dehoust/Gsell/Schleicher/Stamminger*, UBA Texte 11/2016, 2016, S. 92.

1550 *Prakash/Dehoust/Gsell/Schleicher/Stamminger*, UBA Texte 10/2015, 2015, S. 74, 76 ff.

dauer als zwei Jahre auf und werden in großem Umfang vertrieben, sodass es eine beträchtliche Anzahl an Ansprüchen gibt, die aufgrund ihrer Verjährung nicht durchgesetzt werden können.[1551] Die Frist ist daher für langlebige Güter unverhältnismäßig kurz angesetzt.[1552] Es wird damit im Ergebnis eine Höchsthaltbarkeitsdauer der Kaufsache begründet.[1553]

Vor der Schuldrechtsmodernisierungsreform 2002 verjährten Gewährleistungsansprüche[1554] sogar in noch kürzerer Zeit. Nach § 477 BGB a.F. verjährten die Ansprüche bereits nach sechs Monaten[1555] von der Ablieferung an. Im Vergleich hierzu ist die vierfache Verjährungsfrist von zwei Jahren unter Nachhaltigkeitsgesichtspunkten zu begrüßen. In dieser Hinsicht positiv anzumerken ist, dass für Verbraucherverträge die zweijährige Verjährungsfrist nach § 476 Abs. 2 BGB[1556] zumindest grundsätzlich zwingend ist und vertraglich nur verkürzt werden kann unter den dort genannten strengen Voraussetzungen. Für Verträge zwischen Verbrauchern oder zwischen Unternehmen gilt dies hingegen nicht. Dort kann eine noch kürzere Verjährungsfrist individuell vereinbart werden. Dem Verkäufer ist es außerhalb des Verbrauchsgüterkaufs möglich durch transaktionskostensparende AGB kürzere Fristen vorzusehen.[1557] Für gebrauchte Güter gilt grundsätzlich auch die zweijährige Verjährungsfrist. Diese ist jedoch nicht zwingend. Vertraglich kann eine kürzere Frist vereinbart werden, die aber nicht weniger als ein Jahr betragen darf.[1558] D.h. insofern ist eine Verjährungsfrist von einem Jahr für gebrauchte

---

1551 *Keimeyer/Gailhofer/Gsell/Graulich/Prakash/Scherf/Brönneke/Gildeggen/Schmitt/Schwarz*, UBA Texte 115/2020, 2020, S. 231 ff. m.w.N. *Gildeggen*, VuR 2016, 83, 89; *Gildeggen*, VuR 2017, 203, 205; *Verbraucherzentrale Baden-Württemberg e.V.*, Gewährleistung und Garantie, 19.12.2017, S. 7 f., wonach 75 % der Befragten angaben, dass es sich um Defekte von Elektronikprodukten handelt und wonach 25 % aller Befragten angaben, dass der Mangel erst nach 24 Monaten zutage trat; Vgl. auch *Atamer/Grundmann* in: Grundmann/Atamer, European Sales Law, 2023, 1, 14 f.

1552 *Michel*, Premature Obsolescence, 2022, S. 367, 379; *vzbv*, Stellungnahme zum Entwurf eines Gesetzes zur Regelung des Verkaufs von Sachen mit digitalen Elementen und anderer Aspekte des Kaufvertrags, 07.01.2021, S. 5.

1553 *Bach/Wöbbeking*, NJW 2020, 2672, 2675 Rn. 24; Zustimmend *Micklitz/Mehnert/Specht-Riemenschneider/Liedtke/Kenning*, Recht auf Reparatur, 2022, S. 53.

1554 Zu den einzelnen von der Verjährungsfrist erfassten Ansprüchen siehe *Vollkommer* in: Jauernig BGB, 3. Aufl. 1984, BGB § 477 Anm. 2.

1555 *Leenen*, § 477 BGB: Verjährung oder Risikoverlagerung?, 1997, S. 8 sah insofern damals bereits die Problematik darin, dass für Gebrauchsgüter mit einer mittleren Nutzungsdauer von 10 Jahren eine Frist von 6 Monaten lediglich 5 % der Lebensdauer entsprach.

1556 § 476 Abs. 2 BGB entspricht den zwingenden und vollharmonisierenden Vorgaben des Art. 10 Abs. 5 und Art. 21 Abs. 1 WKRL.

1557 *Schäfer/Ott*, Lehrbuch der ökonomischen Analyse des Zivilrechts, 5. Aufl. 2012, S. 533.

1558 Insofern entspricht § 476 Abs. 2 BGB für gebrauchte Waren den zwingenden und vollharmonisierenden Vorgaben des Art. 10 Abs. 6 und Art. 21 Abs. 1 WKRL.

Güter zwingend und eine vertragliche Abweichung nach unten kann nur unter den in § 476 Abs. 2 BGB genannten Voraussetzungen erfolgen. Vor der Umsetzung der WKRL eröffnete Art. 7 Abs. 1 UAbs. 2 VGKRL lediglich die Möglichkeit die Haftungsdauer bei gebrauchten Gütern auf ein Jahr zu beschränken, nicht jedoch eine Verjährungsfrist von unter 2 Jahren vorzusehen,[1559] sodass die bis zum 31.12.2021 geltende Regelung des § 476 Abs. 2 BGB a.F. nicht richtlinienkonform war, aber dennoch angewendet wurde.[1560] Vor der Schuldrechtsmodernisierungsreform 2002 war es sogar möglich die Rechte beim Kauf einer gebrauchten Ware komplett auszuschließen,[1561] was der damaligen Praxis entsprach.[1562] Eine Parteivereinbarung, welche eine Verlängerung der Verjährungsfrist vorsieht, ist hingegen immer möglich, sowohl im B2C als auch im C2C und B2B. Eine solche darf gem. § 202 Abs. 2 BGB aber die Verjährungsfrist von 30 Jahren ab dem gesetzlichen Verjährungsbeginn nicht überschreiten.

I. Verlängerung der Verjährungsfrist

Die Verjährungsfrist könnte zur Lösung des Problems allgemein verlängert werden, um der längeren Produktnutzungs- und -lebensdauer zu entsprechen.[1563] Je länger die Frist ist, desto länger muss die Ware mangelfrei sein. Eine solche längere Frist wäre auch konform mit den vollharmonisierenden Vorgaben der WKRL, denn diese erlaubt ausdrücklich, dass die Mitgliedstaaten längere Fristen einführen können, Art. 10 Abs. 5 und 3 WKRL. Eine solche kann zugunsten eines höheren Verbraucherschutzniveaus gem. EG 41 WKRL vorgesehen werden.

Das Problem der versteckten Mängel, die, je kürzer die Verjährungsfrist ist, umso seltener gerügt werden können, beschäftigte die Rechtsprechung, Literatur und Gesetzgebung bereits vor der SMR 2002. Im Wege der Schuldrechtsmoderni-

1559 EuGH, Urt. v. 13.07.2017, C-133/16, BeckRS 2017, 116664, Rn. 47.

1560 BGH, Urt. v. 18.11.2020, VIII ZR 78/20, DAR 2021, 142.

1561 BGH, Urt. v. 11.06.1979, VIII ZR 224/78, NJW 1979, 1886.

1562 *Eger* in: Schäfer/Lwowski, Konsequenzen wirtschaftlicher Normen, 2002, 183, 205.

1563 Vorgeschlagen wird beispielsweise eine Verlängerung der Verjährungsfrist grundsätzlich auf 3 Jahre und auf 5 Jahre bei Produkten, die eine Mindestlebensdauer von mehr als 3 Jahren haben, vgl. *Tonner/Malcolm*, How an EU Lifespan Guarantee Model Could Be Implemented Across the European Union, (2017), S. 16, 26 f.; Für eine Gewährleistungsfrist von 5 Jahren plädierend *Verbraucherzentrale Baden-Württemberg e.V.*, Gewährleistung und Garantie, 19.12.2017, S. 14; Siehe zur grundrechtlichen Begründung für längere Gewährleistungsfristen sowie zur Verfassungswidrigkeit kurzer Gewährleistungsfristen für langlebige Produkte *Gildeggen*, VuR 2017, 203, 206 ff.; *Keimeyer/Gailhofer/Gsell/Graulich/Prakash/Scherf/Brönneke/Gildeggen/Schmitt/Schwarz*, UBA Texte 115/2020, 2020, S. 242 ff.

sierung und der Umsetzung der VGKRL wurde die Verjährungsfrist von sechs Monaten auf zwei Jahre ausgedehnt angesichts der immer komplexer werdenden und langlebig ausgestalteten Produkte.[1564] Somit wurde jedenfalls das Problem der versteckten Mängel zahlenmäßig reduziert.[1565] Im Laufe der seitdem verstrichenen 20 Jahre ist das Produktdesign immer komplexer geworden und Produkte können noch viel langlebiger ausgestaltet werden. Aus diesem Grund ist es fragwürdig, warum die Verjährungsfrist weiterhin nur zwei Jahre beträgt und nicht erneut mit Umsetzung der WKRL ausgeweitet wurde. Mit der zum 31.07.2026 ins nationale Recht umzusetzenden Richtlinie (EU) 2024/1799 soll sich der Haftungszeitraum des Verkäufers um zwölf Monate verlängern, wenn die Nacherfüllung in Form der Nachbesserung erfolgt, sodass die Verjährungsfrist in diesem Fall mindestens drei Jahre betragen wird.[1566] Über diese Verjährungsfristverlängerung, wenn sich der Käufer für die Nachbesserung entscheidet, soll der Verkäufer zudem informieren müssen.[1567]

1. Zuordnung des Mangelrisikos

Eine Verlängerung der Verjährungsfrist hat generalpräventiven Charakter und schafft Anreize für Hersteller, langlebige und reparierbare Produkte zu entwickeln sowie zu vertreiben und kommt damit den Zielen der Verbesserung der Haltbarkeit von Waren und der Verlängerung der Lebensdauer näher.[1568] Die zeitliche Ausdehnung der Gewährleistungspflicht und die damit einhergehenden Kosten der Inanspruchnahme des Verkäufers können und sollen Anreize zur Verminderung des Mangeleintrittsrisikos durch Anhebung der Produktqualität mittels Investitio-

---

1564 BT-Drs. 14/6040, 88; *Eger* in: Schäfer/Lwowski, Konsequenzen wirtschaftlicher Normen, 2002, 183, 205, 210, welcher die Verlängerung der Verjährungsfrist kritisch beurteilte.

1565 *Ehmann/Rust*, JZ 1999, 853, 861 f.

1566 Art. 16 Nr. 2 der Richtlinie (EU) 2024/1799 des Europäischen Parlaments und des Rates vom 13. Juni 2024 über gemeinsame Vorschriften zur Förderung der Reparatur von Waren und zur Änderung der Verordnung (EU) 2017/2394 und der Richtlinie (EU) 2019/771 und (EU) 2020/1828.

1567 Art. 16 Nr. 3 der Richtlinie (EU) 2024/1799 des Europäischen Parlaments und des Rates vom 13. Juni 2024 über gemeinsame Vorschriften zur Förderung der Reparatur von Waren und zur Änderung der Verordnung (EU) 2017/2394 und der Richtlinie (EU) 2019/771 und (EU) 2020/1828.

1568 *Arnold* in: BeckOGK BGB, 01.05.2025, BGB § 438 Rn. 6, 6.1, 9, 57, 57.1; *Konferenz der Justizministerinnen und Justizminister der Länder*, Bericht der Arbeitsgruppe „Nachhaltigkeit im Zivilrecht“, 2021, S. 7, 47; *Michel*, Premature Obsolescence, 2022, S. 367 f., 379 f.; *van Gool/Michel*, EuCML 2021, 136, 141; *vzbv*, Stellungnahme zum Entwurf eines Gesetzes zur Regelung des Verkaufs von Sachen mit digitalen Elementen und anderer Aspekte des Kaufvertrags, 07.01.2021, S. 4; *Wendland*, EuZW 2016, 126, 130.

nen in die Leistungsfähigkeit der Sache setzen.[1569] Die Anreize für den Verkäufer, die durch die Gewährleistungshaftung gesetzt werden (s. o. Zweiter Teil A.IV.1.), verstärken sich je länger die Verjährungsfrist ist.[1570] Verjährungsfristen verhindern somit, je länger sie sind, den *Market for Lemons* (s. o. Zweiter Teil A.III.2.).[1571] Zudem verstärken längere Haftungszeiten in Kombination mit der Pflicht zur primären Nachbesserung den Anreiz in die Reparaturfähigkeit und -freundlichkeit von Waren zu investieren, um die Kosten einer Inanspruchnahme so gering wie möglich zu halten.

Grundlegend ist festzuhalten, dass bei Geltung kurzer Verjährungsfristen und dem Offenbarwerden von Mängeln nach Ablauf der Fristen der Käufer für die Mängelbeseitigung verantwortlich ist und die Kosten tragen muss. Hingegen muss bei Geltung langer Verjährungsfristen und dem Auftreten eines Mangels vor Fristablauf der Verkäufer für die Mängelbeseitigung aufkommen. Demzufolge trägt der Käufer das volle Risiko eines Mangels nach geltender Rechtslage, wenn sich dieser erst nach der zweijährigen Verjährungsfrist zeigt und der Verkäufer für Mängel, die ab Gefahrübergang innerhalb von zwei Jahren bekannt werden. Das wirtschaftliche Risiko der Parteien spiegelt sich in der Wertdifferenz zwischen mangelfreier und mangelhafter Ware wider, welches bei frühzeitig auftretendem Mangel hoch ist und immer mehr abnimmt, je länger die Ware genutzt wird.[1572] Denn je länger der Käufer die Ware nutzt, desto mehr hat er bereits von ihrem Gebrauch profitiert und umso weniger fällt der spät auftretenden Mangel im Vergleich zum Restwert der Ware ins Gewicht. Insofern hat der Verkäufer das zeitlich kürzere, aber sachlich intensivere Risiko, und der Käufer das längere Restrisiko zu tragen, welches jedoch sachlich abnimmt.[1573] Eine Risikoaufteilung dahingehend, dass der Verkäufer für eine kurze Anfangsphase und der Käufer für eine längere Endphase das Risiko der Mangelfreiheit trägt, erscheint unter dem Gesichtspunkt des Nutzungsvorteils des Käufers nachvollziehbar und fair. Eine Anfangsphase von zwei Jahren ist unter Berücksichtigung der Nachhaltigkeitsziele allerdings zu kurz. Gewährleistungsrecht soll die Funktion erfüllen, das Risiko zwischen den Parteien optimal zu verteilen und zu einem angemessenen Interes-

---

1569 *Bizer/Führ/Proeger*, Die ökonomischen Auswirkungen einer Verbesserung des deutschen Gewährleistungsrechts, 20.09.2016, S. 4; *Gildeggen* in: Brönneke/Wechsler, Obsoleszenz interdisziplinär, 2015, 269, 274; *Michel*, Premature Obsolescence, 2022, S. 367 f., 379 f.; *Rühl*, AcP 207 (2007), 614, 620 ff.

1570 *Mak/Lujinovic*, EuCML 2019, 4, 12.

1571 *Schäfer/Ott*, Lehrbuch der ökonomischen Analyse des Zivilrechts, 5. Aufl. 2012, S. 532.

1572 *Leenen*, § 477 BGB: Verjährung oder Risikoverlagerung?, 1997, S. 19.

1573 *Leenen*, § 477 BGB: Verjährung oder Risikoverlagerung?, 1997, S. 16.

senausgleich zu gelangen.[1574] Das Risiko des Auftretens eines versteckten Mangels würde, sollten die Parteien eine Vereinbarung darüber abschließen und gäbe es keine gesetzliche Regelung, von den Parteien ex ante begutachtet und keine Partei würde das Risiko alleine übernehmen wollen.[1575] Dies sollte i.R.d. Gesetzgebung berücksichtigt werden.

Zusätzlich zur Mängelhaftung entstehen Nachteile für den Verkäufer aus dem Umstand, dass dieser gem. § 475 Abs. 3 S. 1, § 439 Abs. 6 BGB keinen Nutzungsersatz vom Käufer eines Verbrauchsgüterkaufs verlangen kann für die Zeit der Nutzung des mangelhaften Produkts. Eine derartige „Gratisnutzung" des Verbrauchers ist bisher durch § 438 BGB auf zwei Jahre beschränkt. Die Beschränkung würde aufgehoben, wenn der Verkäufer für die gesamte Mindesthaltbarkeitsdauer eines Produkts haften müsste, die zwei Jahre übersteigt.[1576] Wollte man an der längeren Verjährungsfrist festhalten, so könnte man als Ausgleich zugunsten der Interessen des Verkäufers den Ersatzlieferungsanspruch des Käufers beschränken oder die Pflicht zur Zahlung eines Nutzungsersatzes auch beim Verbrauchsgüterkauf bestehen lassen (s. o. Zweiter Teil B.I.3.a)i.).[1577] Für eine Änderung des Gesetzes dahingehend, dass Nachbesserung primär gegenüber Nachlieferung zu erfolgen hat, sprechen bereits die oben ausgeführten Nachhaltigkeitserwägungen. Außerdem relativieren sich die verkäuferseitigen Nachteile einer Inanspruchnahme, wenn die mangelhafte Ware repariert werden kann. Denn dann steht dem Verkäufer die Einrede der relativen Unverhältnismäßigkeit zu, er darf das Ersatzlieferungsverlangen des Käufers verweigern und es kommt zu keiner Gratisnutzung.[1578] Kann er die Einrede der relativen Unverhältnismäßigkeit nicht geltend machen, weil das Produkt sich nicht reparieren lässt, kann die Gefahr einer Gratisnutzung zu einem die Nachhaltigkeit begünstigenden Anreiz führen, reparaturfähige Produkte herzustellen.[1579] Zugunsten des Verkäufers und zulasten des hier skizzierten Mechanismus kann sich der Verkäufer seit der Reform von 2022 wieder auf die absolute Unverhältnismäßigkeit berufen. Diese Einrede wird ihm in der Regel dann zustehen, wenn die tatsächliche Haltbarkeit nicht bedeutsam hinter der geschuldeten Haltbarkeit zurückbleibt, d. h. je unbedeutender der Haltbarkeitsmangel ist, desto

---

1574 *Leenen*, JZ 2001, 552, 559, der jedoch eine zweijährige Verjährungsfrist als eine optimale Risikoverteilung und einen angemessenen Interessenausgleich ansieht; *Priest*, 90(6) Yale Law J. 1297, 1311 ff., 1349 (1981).

1575 *Leenen*, § 477 BGB: Verjährung oder Risikoverlagerung?, 1997, S. 17; *Eidenmüller*, JZ 2001, 283, 285.

1576 *Bach/Wöbbeking*, NJW 2020, 2672, 2677 Rn. 42.

1577 *Bach/Wöbbeking*, NJW 2020, 2672, 2677 Rn. 43.

1578 So auch *Bach/Wöbbeking*, NJW 2020, 2672, 2677 Rn. 43.

1579 *Bach/Wöbbeking*, NJW 2020, 2672, 2677 Rn. 44.

eher darf der Verkäufer auch die Nachlieferung verweigern.[1580] Dann erreicht den Verkäufer weder ein Anreiz zur Herstellung reparaturfähiger noch langlebiger Waren.

Bei dem Vergleich der Vor- und Nachteile einer kurzen zu einer längeren Verjährungsfrist ist jedenfalls für den B2B-Bereich darüber hinaus zu berücksichtigen, dass die Vorteile einer kurzen Verjährung bereits durch die Regelungen zur Untersuchungs- und Rügeobliegenheit verwirklicht werden können.[1581] Bei Offenbarwerden eines versteckten Mangels muss der Unternehmer den Mangel gem. § 377 Abs. 3 HGB unverzüglich nach der Entdeckung anzeigen, anderenfalls gilt die Ware als genehmigt und ihm stehen keine Gewährleistungsrechte zu. Im Grundsatz muss der Unternehmer die Ware sofort nach Ablieferung durch den Verkäufer untersuchen und, wenn sich ein Mangel zeigt, diesem dem Verkäufer unverzüglich anzeigen, damit die Ware nicht als genehmigt gilt. Diese Regelung stellt die Risikozuordnung zum Verkäufer für aus seiner Sphäre stammende Mängel und zum Käufer für aus dem Produktumgang herrührende Mängel sicher. Jede Partei erhält den Verhaltensanreiz auf die Langlebigkeit der Ware hinzuwirken. Die Regelung vermindert zudem Beweisschwierigkeiten, ob die Funktionsunfähigkeit auf einen Mangel oder auf den Gebrauch zurückzuführen ist.[1582] Dementsprechend wird den Nachteilen einer langen Verjährungsfrist im Handelsgeschäft bereits ausreichend begegnet. Sobald die Ware als genehmigt gilt, können keine Gewährleistungsrechte mehr geltend gemacht werden. Zum Schutz der Verkäuferinteressen könnte erwogen werden, im Kaufrecht eine Rügepflicht für Käufer generell einzuführen.[1583] Einer Ausdehnung dieser Regelung auf alle Arten von Kaufvertragsschlüssen steht indes entgegen, dass einem Käufer, der kein Kaufmann ist, die erforderliche Sachkunde und Erfahrung für eine Untersuchung der Kaufsache fehlt.[1584] Vor allem im Verbrauchsgüterkauf sind Leichtigkeit und Schnelligkeit von Massengeschäften bedeutsam.[1585]

Im Fall einer Verlängerung der Verjährungsfrist verstärkt sich das Problem des *moral hazard*. Die Begrenzung der Einstandspflicht des Verkäufers durch Regelungen der Verjährung hat die Funktion, Anreize für den Käufer zu setzen, das

1580 *Bach/Wöbbeking*, NJW 2020, 2672, 2677 Rn. 44.
1581 *Grundmann* in: Grundmann/Medicus/Rolland, Europäisches Kaufgewährleistungsrecht, 2000, 281, 309.
1582 *Grunewald* in: MüKo HGB, 6. Aufl. 2025, HGB § 377 Rn. 3; *Leyens* in: Hopt, 44. Aufl. 2025, HGB § 377 Rn. 1; *Schwartze* in: BeckOK HGB, 46. Ed. 01.04.2025, HGB § 377 Rn. 3.
1583 *Bach/Wöbbeking*, NJW 2020, 2672, 2677 Rn. 39 f.
1584 *Grunewald* in: MüKo HGB, 6. Aufl. 2025, HGB § 377 Rn. 3; *Maultzsch*, NJW 2006, 3091, 3093.
1585 *Maultzsch*, NJW 2006, 3091, 3092.

Produkt sorgsam zu benutzen.[1586] Gewährleistungspflichten und -rechte müssen daher in einem angemessenen Verhältnis zueinanderstehen. Keine Partei sollte privilegiert oder besonders belastet werden, da anderenfalls der Anreiz für die jeweilige Seite fehlt. Je länger die Verjährungsfrist ist, desto mehr gerät der Verkäufer in Beweisnot und desto schwieriger fällt ihm seine Verteidigung, weil sich das Produkt außerhalb seines Einflussbereichs befindet und er keine Informationen über dessen Verwendung hat.[1587] Dies gilt insbesondere für die Fälle des Verbrauchsgüterkaufs, wenn die Voraussetzungen des Anspruchs des Käufers vermutet werden und der Verkäufer den Gegenbeweis erbringen muss. Für alle anderen Fälle des Kaufvertrags bleibt es bei der Regelung nach § 446 BGB, wonach der Käufer weiterhin selbst zu beweisen hat, dass der Mangel bereist im Zeitpunkt des Gefahrübergangs vorlag. Die Gefahr des *moral hazard* relativiert sich hierdurch. Eine zeitliche Ausdehnung der Gewährleistungshaftung weist das Risiko nicht gänzlich dem Verkäufer zu und es wird auch keine Vollversicherung des Käufers begründet. Die Beweisnot des Verkäufers relativiert sich außerdem, weil er aufgrund des Produktsicherheits- und des Produkthaftungsrechts ohnehin sämtliche Produktdaten während der Produktlebenszeit ermitteln und speichern muss und diese einem unberechtigten Gewährleistungsbegehr entgegenhalten kann.[1588] Zu beachten ist insofern auch, dass Folge der Verjährungsregelung ist, dass der Käufer berechtigte Gewährleistungsansprüche nach Ablauf von zwei Jahren nicht mehr durchsetzen kann, obwohl Mängel, insb. bei technischen und langlebigen Produkten, häufig aus der Sphäre des Verkäufers stammen.[1589] Indessen erscheint eine zunehmende Geltendmachung unberechtigter Ansprüche durch den Käufer bei Verlängerung der Verjährungsfrist unwahrscheinlich.[1590] Dies liegt vor allem auch darin begründet, dass der Käufer ein erhebliches Prozesskosten- und Aufwandsrisiko trägt, nicht zuletzt weil ihm grundsätzlich die Beweislast zukommt.[1591]

Gesamtwirtschaftlich und gesamtgesellschaftlich betrachtet würden längere Gewährleistungsfristen die Kosten insgesamt verringern, wenn das Kostenrisiko für Mängel den Verkäufer trifft, weil ihm die Mängelbeseitigung und Mängelvor-

---

1586 *Bizer/Führ/Proeger*, Die ökonomischen Auswirkungen einer Verbesserung des deutschen Gewährleistungsrechts, 20.09.2016, S. 4 f.; *Rühl*, AcP 207 (2007), 614, 623 ff.; *Schäfer/Ott*, Lehrbuch der ökonomischen Analyse des Zivilrechts, 5. Aufl. 2012, S. 532.

1587 BT-Drs. 14/6040, 96; *Mansel* in: Ernst/Zimmermann, Zivilrechtswissenschaft und Schuldrechtsreform, 2001, 333, 343; *Gildeggen* in: Brönneke/Wechsler, Obsoleszenz interdisziplinär, 2015, 269, 277, wonach diese Argumentation jedoch erst bei einer Verjährungsfrist von zehn Jahren und mehr zu überzeugen vermag.

1588 *Gildeggen* in: Brönneke/Wechsler, Obsoleszenz interdisziplinär, 2015, 269, 277.

1589 *Gildeggen*, VuR 2017, 203, 207.

1590 *Gildeggen*, VuR 2017, 203, 207.

1591 *Brönneke*, Anpassung von Gewährleistungsfristen im Kaufrecht, 2019/20, S. 11.

sorge effektiver und gewöhnlich zu geringeren Kosten möglich ist.[1592] Der Hersteller hat auf das Mangeleintrittsrisiko viel größeren Einfluss als der Käufer (s. o. Zweiter Teil A.IV.2.c)). Das bedeutet, dass Hersteller zumeist die *cheapest cost avoider* bzw. *cheapest risk avoider* sind.[1593] Bei versteckten Mängeln ist eine eindeutige Risikozuordnung nicht möglich und die gesetzgeberische Wertung fällt zulasten des Verkäufers aus. Obendrein würden kurze Verjährungsfristen das Entwicklungsrisiko neuer Produkte willkürlich den Käufern zuweisen, die zufällig das mangelhafte Produkt erwerben, und Hersteller hätten einen Anreiz, Produkte frühzeitig ohne abgeschlossene Entwicklung am Markt zu verkaufen.[1594] Aus wirtschaftlicher Sicht würde im Übrigen eine Wohlfahrtssteigerung eintreten, weil die Verlängerung der Fristen den Wettbewerb um die qualitativ besten Produkte stärkt, das Vertrauen der Verbraucher in das Produkt und das herstellende Unternehmen sowie ihre Wahlfreiheit erhöht.[1595]

2. Gleichwertigkeit von Leistung und Gegenleistung

Zum Zweck eines angemessenen Interessenausgleichs zwischen den Kaufvertragsparteien will das Gewährleistungsrecht überdies das Gleichgewicht zwischen Leistung und Gegenleistung sicherstellen. Die Äquivalenz zwischen Leistung und Gegenleistung ist nicht gegeben, wenn der Käufer eine mangelhafte Ware erhält, für die der von ihm gezahlte Kaufpreis unangemessen ist.[1596] In einem realistischen, nicht perfekten Markt kennen Käufer die Qualität des Kaufgegenstands im Zeitpunkt des Kaufs regelmäßig nicht und sind daher nicht in der Lage, sich mit dem Verkäufer auf einen angemessenen Preis zu verständigen (s. o. Zweiter Teil A.III.1. und Zweiter Teil A.III.2.).[1597] Offenbart sich nach Gefahrübergang ein versteckter Mangel, müsste der Käufer die Kosten der Mängelbeseitigung allein tragen,

---

1592 *Augenhofer/Küter*, VuR 2023, 243, 249; *Keimeyer/Gailhofer/Gsell/Graulich/Prakash/Scherf/Brönneke/Gildeggen/Schmitt/Schwarz*, UBA Texte 115/2020, 2020, S. 237 f.; *Konferenz der Justizministerinnen und Justizminister der Länder*, Bericht der Arbeitsgruppe „Nachhaltigkeit im Zivilrecht“, 2021, S. 7, 47; *Gildeggen*, VuR 2017, 203, 209; *Schäfer/Ott*, Lehrbuch der ökonomischen Analyse des Zivilrechts, 5. Aufl. 2012, S. 431 f.

1593 *Augenhofer/Küter*, VuR 2023, 243, 249; *Gildeggen*, VuR 2017, 203, 209; *Grundmann/Hoerning* in: Eger/Schäfer, Ökonomische Analyse der europäischen Zivilrechtsentwicklung, 2007, 420, 427; *Mehnert*, ZRP 2023, 9, 10; *Parisi*, 52(2) Am. J. Comp. Law 403, 413 (2004); *Riha*, Ökonomische Analyse des Sachmängelgewährleistungsrechts des BGB, 2007, S. 31; *Schäfer/Ott*, Lehrbuch der ökonomischen Analyse des Zivilrechts, 5. Aufl. 2012, S. 436; *van Gool/Michel*, EuCML 2021, 136, 139, 143.

1594 *Gildeggen* in: Brönneke/Wechsler, Obsoleszenz interdisziplinär, 2015, 269, 278.

1595 *vzbv*, Stellungnahme zum Entwurf eines Gesetzes zur Regelung des Verkaufs von Sachen mit digitalen Elementen und anderer Aspekte des Kaufvertrags, 07.01.2021, S. 4.

1596 *Leenen*, § 477 BGB: Verjährung oder Risikoverlagerung?, 1997, S. 17.

1597 *Gildeggen*, VuR 2016, 83, 88.

obwohl er bewusst einen höheren Kaufpreis für ein langlebiges Produkt gezahlt hat, das diesen Preis dann aber nicht wert war.[1598]

Ohne die gesetzliche Gewährleistung würden Leistung und Gegenleistung in keinem angemessenen Verhältnis zueinanderstehen. Das Gewährleistungsrecht trägt dem Ungleichgewicht Rechnung, indem es dem Verkäufer Pflichten zur Mangelbeseitigung oder zum Mangelausgleich auferlegt.[1599] Auch wenn sich der Mangel erst nach Ablauf von zwei Jahren zeigt und der Verkäufer dann nicht mehr dem Haftungsregime der Gewährleistung unterliegt, ist der Kaufpreis nicht angemessen für die Produktqualität. Das Verhältnis von Leistung und Gegenleistung ist dann immer noch gestört.[1600] Die bestehende Informationsasymmetrie zum Zeitpunkt des Kaufvertragsschlusses und die Interessen der Parteien werden nicht hinreichend ausgeglichen.[1601] Hinzu kommt, dass auf der anderen Seite der Anspruch des Verkäufers auf Zahlung des Kaufpreises nach der regelmäßigen Verjährungsfrist verjährt, nämlich erst nach drei Jahren. Für die Fälle, dass sich der versteckte Mangel einer langlebigen Ware erst nach zwei Jahren zeigt, steht dem Käufer auch nicht das Zurückbehaltungsrecht nach § 215 BGB zu.[1602] Der Käufer kann sich in diesem Szenario nicht gegen den Kaufpreiszahlungsanspruch wehren, was zu einer noch tieferen Störung des vertraglichen Äquivalenzverhältnisses führt.[1603] Eine optimale Sicherstellung der Angemessenheit des Kaufpreises läge vor, wenn der Verkäufer für die Funktionstüchtigkeit der Ware während ihrer Lebenszeit einstehen müsste.[1604] Demzufolge sollte die Verjährungsfrist entsprechend verlängert werden.

3. Rechtssicherheit und Rechtsfrieden

Bergründet wurde die kurze Verjährungsfrist vor der Schuldrechtsmodernisierungsreform vor allem mit der raschen Abwicklung von Gewährleistungsansprüchen, die der Rechtssicherheit, dem Rechtsfrieden und dem Verkehrs- und Ver-

---

1598 *Gildeggen*, VuR 2016, 83, 88; *Gildeggen*, VuR 2017, 203, 204; *Keimeyer/Gailhofer/Gsell/Graulich/Prakash/Scherf/Brönneke/Gildeggen/Schmitt/Schwarz*, UBA Texte 115/2020, 2020, S. 33.

1599 *Keimeyer/Gailhofer/Gsell/Graulich/Prakash/Scherf/Brönneke/Gildeggen/Schmitt/Schwarz*, UBA Texte 115/2020, 2020, S. 222; *Leenen*, § 477 BGB: Verjährung oder Risikoverlagerung?, 1997, S. 17.

1600 *Gildeggen*, VuR 2017, 203, 204; *Keimeyer/Gailhofer/Gsell/Graulich/Prakash/Scherf/Brönneke/Gildeggen/Schmitt/Schwarz*, UBA Texte 115/2020, 2020, S. 33.

1601 *Gildeggen*, VuR 2016, 83, 88.

1602 BGH, Urt. v. 05.11.2015, VII ZR 144/14, NJW 2016, 52 Rn. 10 f.

1603 *Kleinschmidt*, AcP 213 (2013), 538, 557.

1604 *Gildeggen*, VuR 2017, 203, 204.

käuferschutz zugutekommen sollte.[1605] Insbesondere müsse der Verkäufer sein Haftungsrisiko klar einschätzen können, indem für ihn erkennbar sein müsse, dass er nach Ablauf einer feststehenden Frist mit keiner Inanspruchnahme mehr rechnen muss.[1606] Die Argumente der Rechtssicherheit und des Rechtsfriedens können auch heutzutage gegen eine Ausdehnung der zweijährigen Verjährungsfrist angeführt werden. Sie sind jedoch insofern nicht gänzlich überzeugend, als dass Hersteller weiterhin Ansprüchen aus der Produkthaftung und Produktsicherheit ausgeliefert sind, welche weitaus längeren Verjährungsfristen unterliegen.[1607] Darüber hinaus ist davon auszugehen, dass Verkäufer ihr Haftungsrisiko bei längeren Verjährungsfristen durchaus kalkulieren können, da bereits ein Markt für Versicherungen für den Produktausfall entstanden ist und Versicherungen nur dann angeboten werden können, wenn das Risiko für den Versicherer prognostizierbar ist.[1608] Für die Kalkulierbarkeit spricht zudem, dass ein Produktvertrieb immer mit Unterstützung von Datensystemen und Statistikmethoden zur Feststellung von Ausfallquoten, Produktlebensdauer und zu erwartenden Gewährleistungsansprüchen betrieben wird.[1609] Darüber hinaus soll aber eine unangemessene Behandlung des Verkäufers vermieden werden, die darin bestünde, von ihm über einen langen Zeitraum ggf. Erfüllung zu verlangen, wodurch er in seiner Dispositionsfreiheit eingeschränkt würde.[1610] Im Grundsatz muss die Haftung und das Risiko des Verkäufers durch Verjährungsfristen daher zeitlich begrenzt werden.[1611] Dass diese Haftungsbegrenzung aber genau zwei Jahre betragen muss, lässt sich den genannten Argumenten nicht entnehmen.

Für den Gesetzgeber war neben den Zielen der Rechtssicherheit und des Rechtsfriedens ebenso von Bedeutung, dass die Dauer der Verjährungsfristen

---

1605 BGH, Urt. v. 02.06.1980, VIII ZR 78/79, NJW 1980, 1950, 1951 f.; *Vollkommer* in: Jauernig BGB, 3. Aufl. 1984, BGB § 477 Anm. 1 a.

1606 BGH, Urt. v. 02.06.1980, VIII ZR 78/79, NJW 1980, 1950, 1952.

1607 Siehe zum Beispiel §§ 12 und 13 ProdHaftG, § 199 BGB; *Gildeggen* in: Brönneke/Wechsler, Obsoleszenz interdisziplinär, 2015, 269, 273; *Gildeggen*, VuR 2017, 203, 205 f.; *Keimeyer/Gailhofer/Gsell/Graulich/Prakash/Scherf/Brönneke/Gildeggen/Schmitt/Schwarz*, UBA Texte 115/2020, 2020, S. 233.

1608 *Arnold* in: BeckOGK BGB, 01.05.2025, BGB § 438 Rn. 6.1; *Gildeggen*, VuR 2017, 203, 205; *Keimeyer/Gailhofer/Gsell/Graulich/Prakash/Scherf/Brönneke/Gildeggen/Schmitt/Schwarz*, UBA Texte 115/2020, 2020, S. 234 m.w.N. *Konferenz der Justizministerinnen und Justizminister der Länder*, Bericht der Arbeitsgruppe „Nachhaltigkeit im Zivilrecht", 2021, S. 42.

1609 *Gildeggen*, VuR 2017, 203, 205; *Gildeggen*, VuR 2016, 83, 90.

1610 BT-Drs. 14/6040, 96; *Mansel* in: Ernst/Zimmermann, Zivilrechtswissenschaft und Schuldrechtsreform, 2001, 333, 347 ff.

1611 *Leenen*, JZ 2001, 552, 558.

möglich einheitlich und klar ausgestaltet sind.[1612] Dies ist auch aus prozessökonomischen Erwägungen zu fordern, damit sich zusätzlich zum Rechtsstreit nicht auch noch ein Streit über die Anwendung der Verjährungsregelungen entfacht.[1613] Denn je länger der Rechtsprozess andauert, desto kostspieliger wird er und desto schwieriger gestaltet sich die Beweislage beider Parteien.[1614] Bei einer regelmäßigen Verjährungsfrist von drei Jahren und einer daneben geltenden Verjährungsfrist für Gewährleistungsansprüche von zwei Jahren ist eine Einheitlichkeit jedoch nicht gegeben. Währenddessen der Kaufpreiszahlungsanspruch des Verkäufers erst nach drei Jähren verjährt, verjähren die Gewährleistungsansprüche des Käufers bereits nach zwei Jahren. Bestärkt wird diese Uneinheitlichkeit der Verjährungsfristen dadurch, dass für Ansprüche aus wirksam erklärtem Rücktritt oder Minderung die regelmäßige Verjährungsfrist von drei Jahren gilt, solange die Rechtsbehelfe innerhalb von zwei Jahren nach Übergabe des Kaufgegenstands ausgeübt wurden.[1615]

Das Verjährungsrecht dient übergeordnet einem angemessenen Ausgleich der Interessen beider Vertragsparteien. Die Argumentation der Rechtssicherheit berücksichtigt hingegen ausschließlich Verkäuferbelange und die Förderung des Wirtschaftsverkehrs begünstigt letztlich solche Unternehmen, die oft mangelhafte Sachen herstellen, währenddessen die Kosten hierfür willkürlich und unangemessen zufälligen Käufern auferlegt werden.[1616] Die ersparten Kosten des Verkäufers aufgrund abgeschnittener Mangelansprüche sind signifikant.[1617] Das Interesse der Gläubiger, das Entstehen von Ansprüchen innerhalb der Frist zu erkennen, ihre Berechtigung zu prüfen, Beweismittel zusammenzutragen und schließlich gerichtlich geltend machen zu können, muss ebenso sichergestellt sein.[1618] Eine sechsmonatige Frist erwies sich insbesondere für die immer komplexer und langlebiger werdenden Güter als viel zu kurz, da sie regelmäßig bereits abgelaufen war, bevor der Käufer überhaupt vom Mangel Kenntnis erlangen konnte.[1619] Daher wurde die Verjährungsfrist auf zwei Jahre angehoben. Trotz

---

1612 BT-Drs. 14/6040, 100.

1613 *Mansel* in: Ernst/Zimmermann, Zivilrechtswissenschaft und Schuldrechtsreform, 2001, 333, 343.

1614 *Mansel* in: Ernst/Zimmermann, Zivilrechtswissenschaft und Schuldrechtsreform, 2001, 333, 343 ff.

1615 BGH, Urt. v. 15.11.2006, VIII ZR 3/06, NJW 2007, 674, 677 Rn. 35 ff. m.w.N.

1616 *Gildeggen*, VuR 2017, 203, 206 ff.; *Keimeyer/Gailhofer/Gsell/Graulich/Prakash/Scherf/Brönneke/Gildeggen/Schmitt/Schwarz*, UBA Texte 115/2020, 2020, S. 32, 224, 235 f.

1617 *Gildeggen*, VuR 2017, 203, 208.

1618 BT-Drs. 14/6040, 95.

1619 BT-Drs. 14/6040, 88, 228; *Eger* in: Schäfer/Lwowski, Konsequenzen wirtschaftlicher Normen, 2002, 183, 205.

dieser Erkenntnis ist es für den Gesetzgeber hinnehmbar, dass der Käufer seine Rechte ggf. dennoch nicht geltend machen können wird, weil er vor Ablauf der zweijährigen Verjährung nicht erkennen konnte, dass die Sache mangelhaft war und ihm daher ein Anspruch zustand.[1620] Die aktuell geltende zweijährige Verjährungsfrist ist insofern zu kurz angesetzt, als dass moderne Produkte eine Lebensdauer von weit über zwei Jahren haben. Haltbarkeitsdefizite, die sich als versteckte Mängel erst nach Gefahrübergang und nach Ablauf der Verjährungsfrist zeigen, können vom Käufer nicht mehr beanstandet werden. Der Zweck der Verjährungsregelungen hinsichtlich des Schutzes von Gläubigerinteressen wird nicht erreicht und der Rechtsschutz wird ihm faktisch verwehrt. Es ist daher nicht nachvollziehbar, warum der Gesetzgeber die Verjährungsfrist seit der SMR 2002 nicht erneut angehoben hat. Um sowohl die verkäuferseitigen wie auch die käuferseitigen Interessen hinreichend zu berücksichtigen und zur Verfolgung von Nachhaltigkeitszielen, sollte die Verjährungsfrist verlängert werden und zugleich eine klare zeitliche Begrenzung erfahren.

II. Einführung produktgruppenspezifischer Verjährungsfristen

Um dem Problem einer Höchsthaltbarkeitsdauer entgegenzuwirken, hätte es vorteilhaft sein können, wenn auch Deutschland von der Öffnungsklausel nach Art. 10 Abs. 3 WKRL Gebrauch gemacht hätte bzw. von dieser Möglichkeit zukünftig Gebrauch machen würde.[1621] Statt die Verjährungsfrist pauschal zu verlängern, könnten produktspezifische Fristen eingeführt werden. Die Verjährungsfristen könnten sich an der jeweiligen (Mindest-)Lebensdauer einer Produktgruppe orientieren.[1622] Die verlängerte und für jede Produktgruppe individuell festgelegte Gewährleistungsfrist sollte sich an der Mindestlebensdauer orientieren, nicht hingegen an der Lebensdauer als einem durchschnittlich statistischem Wert (s. o. Zweiter Teil A.III.3.).[1623] Damit wäre sichergestellt, dass die Gewährleistungsansprüche nicht schon vor Ablauf der Mindestlebensdauer verjährt wären.[1624]

1620 BT-Drs. 14/6040, 95 f.

1621 So auch vorgeschlagen vom Bundesrat, siehe BT-Drs. 19/28174, 3, wonach zum Beispiel für Elektro- und Elektronikgeräte und für durch Maschinenkraft bewegte Fahrzeuge eine dreijährige Verjährungsfrist gelten sollte; Siehe zu von der WKRL abweichenden Verjährungsfristen in unterschiedlichen Mitgliedstaaten *Atamer/Grundmann* in: Grundmann/Atamer, European Sales Law, 2023, 1, 32 ff.; *Michel*, Premature Obsolescence, 2022, S. 366 f.

1622 So auch BT-Drs. 19/28174, 7.

1623 So auch *Tonner/Gawel/Schlacke/Alt/Bretschneider*, VuR 2017, 3, 6; Anknüpfend an die übliche Haltbarkeit *Bach/Wöbbeking*, NJW 2020, 2672, 2675 f. Rn. 30; Für eine Verlängerung der Verjäh-

Die Verjährungsfrist bemisst sich sodann entweder nach der freiwillig oder gesetzlich verpflichtend vom Verkäufer angegebenen Mindesthaltbarkeit seiner vertriebenen Produkte[1625] oder nach der vom Gesetzgeber in Normen vorgeschriebenen Mindesthaltbarkeit.[1626] Wenn sich die Verjährungsfrist an der durch den Verkäufer gemachten Angabe der Haltbarkeit orientiert, besteht jedoch die Gefahr, dass der Verkäufer die Haltbarkeit vorsichtig angeben wird, um seine eigene Haftung nicht zu sehr auszudehnen (s. o. Zweiter Teil A.III.4.d)i.(4)). Die vorsichtig angegebene Mindesthaltbarkeitsdauer würde sich negativ auf die bezweckte nachhaltigkeitsorientierte Lenkungswirkung auswirken.[1627] Für die Fälle, in denen der Anreiz zur freiwilligen Angabe der Mindestlebensdauer nicht groß genug ist oder die Informationspflichten nicht flächendeckend für sämtliche Produktkategorien gelten, können produktgruppenspezifische Fristen durch den Gesetzgeber normiert werden. In § 438 BGB könnte eine weitere Nummer aufgenommen werden, wonach Ansprüche in Bezug auf Produkte, für welche Mindesthaltbarkeitsanforderungen in spezifischen Rechtsakten getroffen wurden (s. o. Zweiter Teil A.III.5.), erst mit Ablauf dieser festgelegten Mindesthaltbarkeit verjähren. Soweit keine normierten Lebensdauerangaben existieren, könnte in § 438 BGB eine allgemeine Regelung getroffen werden. Die Verjährung sollte erst nach Ablauf der nach Art der Sache bei üblicher Verwendung zu erwartenden Lebensdauer der Kaufsache eintreten und hinsichtlich der üblicherweise zu erwartenden Lebensdauer wird auf das EGBGB verwiesen.[1628] Im EGBGB könnte sodann die erwartete Produktlebensdauer, wonach Kaufgegenstände eine kurze (2 Jahre), mittlere

rungsfrist nur für langlebige Produkte, die sich an der jeweiligen Nutzungs- oder Lebensdauer orientiert *vzbv*, Stellungnahme zum Entwurf eines Gesetzes zur Regelung des Verkaufs von Sachen mit digitalen Elementen und anderer Aspekte des Kaufvertrags, 07. 01. 2021, S. 6 ff.; Vorschlag für eine Orientierung der Verjährungsfrist an der Lebensdauer i. S. e. Halbwertzeit, die i. d. R. weit über zwei Jahren liegen wird *Schäfer/Ott*, Lehrbuch der ökonomischen Analyse des Zivilrechts, 5. Aufl. 2012, S. 533.

1624 *Verbraucherkommission Baden-Württemberg*, Stellungnahme Nr. 34/2014, 13.11.2014, S. 9.

1625 Dafür *Europäisches Parlament, Ausschuss für Binnenmarkt und Verbraucherschutz*, Entwurf eines Berichts über das Thema „Auf dem Weg zu einem nachhaltigeren Binnenmarkt für Unternehmen und Verbraucher“ (2020/2021(INI)), 13. 05. 2020, S. 5; Dafür, soweit keine gesetzlichen Mindestlebensdauervorgaben für das Produkt existieren, *Michel*, Premature Obsolescence, 2022, S. 369 f., 381.

1626 Dafür *Tonner/Malcolm*, How an EU Lifespan Guarantee Model Could Be Implemented Across the European Union, (2017), S. 27; So auch unter Bezugnahme auf Lebensdauervorgaben in den Durchführungsverordnungen zur Ökodesign-RL *Michel*, Premature Obsolescence, 2022, S. 368 f., 381; *Micklitz/Mehnert/Specht-Riemenschneider/Liedtke/Kenning*, Recht auf Reparatur, 2022, S. 54; *Terryn*, 27(4) ERPL 851, 859 f. (2019); *van Gool/Michel*, EuCML 2021, 136, 142.

1627 *Bach/Wöbbeking*, NJW 2020, 2672, 2677 Rn. 39.

1628 *Brönneke*, Anpassung von Gewährleistungsfristen im Kaufrecht, 2019/20, S. 21.

(5 Jahre) oder eine lange (15 Jahre) Lebensdauer haben können, und damit die Verjährungsfrist festgelegt werden.[1629] Darauffolgend könnte ein Katalog eingeführt werden, welche Arten von Produkten der kurzen, mittleren oder langen Lebensdauer zugeordnet werden, beispielsweise sollten Elektronikprodukte der mittleren Lebensdauer zugeordnet werden und Fahrzeuge, Haushaltsgroßgeräte sowie Maschinen und Anlagen der langen Lebensdauer.[1630] Zusätzlich kann die Norm im EGBGB eine Ermächtigung für Bundesministerien vorsehen durch Verordnung die Zuordnung von Produkten zu den Kategorien vorzunehmen oder zu ändern.[1631] Schließlich muss in allen Regelungen vorgesehen werden, dass die Verjährungsfrist nicht zeitgleich an demselben Tag endet, an dem die Mindesthaltbarkeit endet. Praktisch muss dem Käufer auch die Geltendmachung seiner Ansprüche ermöglicht werden. Die Verjährung sollte damit nach einer festgesetzten Zeitspanne nach dem Tag des Mindestlebensdauerendes eintreten.

Unter der Annahme, dass der Gesetzgeber die Strategie zur Vermeidung werkstofflicher Obsoleszenz aktiv verfolgen wird, wird er flächendeckend produktspezifische Haltbarkeitsanforderungen festlegen. Auf diese Festsetzungen kann die Verjährungsregelung im Gewährleistungsrecht sodann verweisen. Demzufolge würden für alle Produktkategorien individuelle Verjährungsfristen entsprechend ihrer Mindesthaltbarkeit gelten und dem Einzelfall gerecht werden. Diese Regelung ist einer pauschalen Fristverlängerung vorzuziehen. Die vorgeschlagene dreigliedrige Verjährungsregelung im EGBGB könnte sodann unterbleiben. Sie sollte nur für die Fälle zur Anwendung gelangen, in denen der Gesetzgeber noch keine Produktanforderungen normiert hat. Sie sollen somit eine temporäre Regelung darstellen auf dem Weg zu lückenlosen Haltbarkeitsstandards für sämtliche Produktgruppen.

III. Verjährungsfristbeginn mit Mangelkenntnis des Käufers

Dem dargestellten Problem des Abschneidens von Gewährleistungsansprüchen, wenn sich versteckte Mängel erst nach Ablauf der zweijährigen Verjährungsfrist offenbaren, könnte eine Änderung des Verjährungsfristbeginns entgegenwirken. Denn in dieser Hinsicht problematischer als die schlicht zu kurzen Fristen ist, dass die Verjährung nach § 438 Abs. 2 BGB bereits mit der Übergabe der Ware be-

---

1629 *Brönneke*, Anpassung von Gewährleistungsfristen im Kaufrecht, 2019/20, S. 21.
1630 *Brönneke*, Anpassung von Gewährleistungsfristen im Kaufrecht, 2019/20, S. 21 f.
1631 *Brönneke*, Anpassung von Gewährleistungsfristen im Kaufrecht, 2019/20, S. 22.

ginnt.[1632] Ein anderer, wohl zielführender Lösungsvorschlag wäre daher, den Beginn der Frist an die Kenntniserlangung des Käufers vom Mangel zu knüpfen.[1633] Dies kann erreicht werden, indem Gewährleistungsrechte, entsprechend dem Fall in § 438 Abs. 3 BGB, der regelmäßigen Verjährungsfrist unterliegen.[1634] Nach § 199 Abs. 1 BGB beginnt die Verjährungsfrist im Unterschied zu § 438 Abs. 2 BGB erst mit dem Schluss des Jahres, in dem der Anspruch entstanden ist und der Käufer als Gläubiger Kenntnis von den anspruchsbegründenden Umständen und der Person des Schuldners hat. Korrespondierend mit dem Beginn der Frist bei Kenntniserlangung sollte eine kenntnisunabhängige, objektive Ausschlussfrist von bspw. zehn Jahren eingeführt werden.[1635] Ein Verweis auf § 199 Abs. 4 BGB würde dafür genügen. Hiernach verjähren die Ansprüche jedenfalls ohne Rücksicht auf die Kenntnis oder grob fahrlässige Unkenntnis in zehn Jahren von ihrer Entstehung an.

Unter Beachtung von Verkäuferbelangen könnte gegen einen Fristbeginn mit Kenntniserlangung angeführt werden, dass nur durch objektiv bestimmbare Verjährungsfristen der Haftungsumfang des Verkäufers rechtssicher festgelegt und Risiken sachgerecht zugeordnet und abgeschätzt werden können.[1636] Diesem Aspekt wird jedoch die zwingende Ausschlussfrist gerecht. Eine solche erreicht einen angemessenen Interessenausgleich zwischen Käufer und Verkäufer. Die Haftung und das Mangelrisiko des Verkäufers werden hierdurch zeitlich ausreichend begrenzt. Nach oben hin ist die Grenze auch angemessen, weil der Großteil der Waren entweder eine kürzere Mindestlebensdauer hat oder die Vermutung nahe liegt, dass sie bei zehnjähriger Funktionsfähigkeit mangelfrei hergestellt wurden und auch weiterhin haltbar sind.[1637]Darüber hinaus würde durch die zeitliche Ausdehnung der Verjährungsregelungen, wie bereits in dem Abschnitt zur Verlängerung der Verjährungsfrist beschrieben, das Problem des *moral hazard* verstärkt. Der Käufer hätte die Möglichkeit seinen Anspruch jederzeit durchzusetzen, er wäre

1632 So auch *Tonner/Gawel/Schlacke/Alt/Bretschneider*, VuR 2017, 3, 6; *Brönneke*, Anpassung von Gewährleistungsfristen im Kaufrecht, 2019/20, S. 6, 11; *Verbraucherkommission Baden-Württemberg*, Stellungnahme Nr. 34/2014, 13.11.2014, S. 3.

1633 Gem. EG 42 WKRL wird durch die WKRL nicht der Zeitpunkt des Beginns der nationalen Verjährungsfrist harmonisiert; Für die Anknüpfung an die Kenntniserlangung BT-Drs. 19/28174, 5; *Gildeggen* in: Brönneke/Wechsler, Obsoleszenz interdisziplinär, 2015, 269, 278; *Latzel/Sausmikat*, ZIP 2016, 1420, 1427; *Rudloff*, VuR 2018, 323, 326.

1634 *Latzel/Sausmikat*, ZIP 2016, 1420, 1427; *Gildeggen*, VuR 2016, 83, 89.

1635 *Keimeyer/Gailhofer/Gsell/Graulich/Prakash/Scherf/Brönneke/Gildeggen/Schmitt/Schwarz*, UBA Texte 115/2020, 2020, S. 247; *Rudloff*, VuR 2018, 323, 326.

1636 *Eidenmüller*, JZ 2001, 283, 285; *Leenen*, JZ 2001, 552, 558 f.; *Kleinschmidt*, AcP 213 (2013), 538, 544; BGH, Urt. v. 02.06.1980, VIII ZR 78/79, NJW 1980, 1950, 1951 f.

1637 *Gildeggen* in: Brönneke/Wechsler, Obsoleszenz interdisziplinär, 2015, 269, 279; Zehn Jahre als zu lang erachtend *Leenen*, JZ 2001, 552.

gegen jeden eintretenden Mangel vollversichert, vorausgesetzt der Mangel war bereits bei Gefahrübergang vorhanden und unabhängig davon, ob der Verkäufer ihn zu vertreten hat.[1638] Der Käufer würde dazu verleitet das Produkt übermäßig zu nutzen und es unsorgfältig zu behandeln.[1639] Daher wird teilweise gefordert, dass der Verjährungsfristbeginn bei Mängeln, die durch den Produktgebrauch ausgelöst werden können, objektiv an die Ablieferung der Ware anknüpfen sollte.[1640] Zum einen muss der Käufer jedoch außerhalb des Verbrauchsgüterkaufs das Vorliegen des Mangels im Zeitpunkt des Gefahrübergangs beweisen. Im Rahmen des Verbrauchsgüterkaufs steht dem Unternehmer der Gegenbeweis zu. Von einer lückenlosen Vollversicherung kann also nicht die Rede sein. Zum anderen ist eine Anknüpfung des Verjährungsfristbeginns an einen objektiven Umstand nur gerechtfertigt, wenn der Mangel typischerweise innerhalb der Verjährungsfrist erkennbar ist und der Käufer eine faire Chance zur Geltendmachung seines Anspruchs erhält.[1641] Das ist vorliegend gerade nicht der Fall. Die aktuelle Regelung des Verjährungsfristbeginns verfolgt ebenso wie die Kürze der Frist hauptsächlich Verkäuferinteressen nach Rechtssicherheit, Rechtsfrieden und Haftungsbegrenzung und lässt dabei Nachhaltigkeitsaspekte völlig unberücksichtigt.[1642] Das Interesse des Käufers, keinen Rechtsverlust zu erleiden, wird fast vollständig übersehen oder einfach hingenommen. Die Vorteile einer Ausdehnung der Verjährungsregelungen überwiegen in Hinblick auf Nachhaltigkeitserwägungen sowie aus Gründen des Gläubigerschutzes die Nachteile.

Die Abhilferechte des Käufers wären bei Geltung des subjektiven Modells nicht schon vor Offenbarwerden des Mangels verjährt. Die faire Chance für den Käufer, von seinen Gewährleistungsrechten Gebrauch zu machen, wäre sichergestellt. Denn die Rechtsfolge der Verjährung soll nur denjenigen treffen, der seine Rechte bewusst nicht wahrnimmt. Daher ist eine kurze Verjährungsfrist von zwei oder drei Jahren ab Kenntnis des Mangels und sonstige den Anspruch begründende Umstände angemessen und dem Käufer zumutbar.[1643] Im Übrigen würde das subjektive Modell die Spezifika und die Lebensdauer jedes einzelnen Produkts

1638 *Eidenmüller*, JZ 2001, 283, 285.

1639 *Eidenmüller*, JZ 2001, 283, 285; *Rühl*, AcP 207 (2007), 614, 632.

1640 *Rühl*, AcP 207 (2007), 614, 630 ff.; *Konferenz der Justizministerinnen und Justizminister der Länder*, Bericht der Arbeitsgruppe „Nachhaltigkeit im Zivilrecht“, 2021, S. 53; *Schäfer/Ott*, Lehrbuch der ökonomischen Analyse des Zivilrechts, 5. Aufl. 2012, S. 534; Anders jedoch: *Brönneke*, Anpassung von Gewährleistungsfristen im Kaufrecht, 2019/20, S. 34 ff.

1641 *Mansel* in: Ernst/Zimmermann, Zivilrechtswissenschaft und Schuldrechtsreform, 2001, 333, 351.

1642 *Arnold* in: BeckOGK BGB, 01.05.2025, BGB § 438 Rn. 4, 6.

1643 *Gildeggen* in: Brönneke/Wechsler, Obsoleszenz interdisziplinär, 2015, 269, 279.

berücksichtigen und die Verjährung entsprechend des Einzelfalls anpassen.[1644] Die an die Kenntniserlangung anknüpfende Verjährungsfrist bewirkt, dass der Leistung des Käufers eine durch das Gewährleistungsrecht gesicherte Gegenleistung gewiss gegenübersteht.[1645] Zudem würde ein Gleichlauf der Regelverjährungsfrist mit der Gewährleistungsfrist zu einer Rechtsvereinfachung und Rechtsvereinheitlichung führen.[1646] Sämtliche Ansprüche des BGB würden einheitlich mit Kenntniserlangung zu Laufen beginnen und nach drei Jahren verjähren. Die Abgrenzung von Gewährleistungsansprüchen zu konkurrierenden Deliktsansprüchen würde vereinfacht. Ebenso würde die Geltendmachung des Rücktritts oder der Minderung einheitlich mit den sich aus ihrer wirksamen Erklärung ergebenen Ansprüchen verjähren.[1647]

IV. Hemmung und Neubeginn der Verjährung

Der Problematik, die mit der kurzen Verjährungsfrist einhergeht, könnte durch unterschiedliche Hemmungstatbestände oder durch Regelungen zum Neubeginn der Verjährung begegnet werden. Indem die Verjährung von Ansprüchen zeitlich ausgedehnt würde, könnte der Käufer seine Gewährleistungsansprüche für eine längere Zeit geltend machen. Die Ansprüche aufgrund versteckter Mängel bei langlebigen Gütern könnten dann weniger stark abgeschnitten sein. Die Geltendmachung des primären Nacherfüllungsanspruchs könnte eine Hemmung der Verjährung wegen Verhandlungen zwischen den Parteien gem. § 203 BGB oder den Neubeginn der Verjährung wegen Anerkenntnis gem. § 212 Abs. 1 Nr. 1 BGB begründen.

Nach § 203 BGB ist die Verjährung gehemmt, wenn zwischen den Parteien Verhandlungen über den Anspruch oder die den Anspruch begründenden Umstände schweben, bis einer der Parteien die Fortsetzung der Verhandlungen verweigert. „Verhandlungen“ ist grundsätzlich weit auszulegen und erfasst die Si-

---

1644 *Rudloff*, VuR 2018, 323, 326; *Gildeggen* in: Brönneke/Wechsler, Obsoleszenz interdisziplinär, 2015, 269, 278; *Brönneke*, Anpassung von Gewährleistungsfristen im Kaufrecht, 2019/20, S. 10; *Gomez* in: Grundmann/Bianca, EU-Kaufrechts-Richtlinie Kommentar, 2002, VGKRL Einl. Rn. 111, dem zufolge Gewährleistungsfristen in der Länge variabel, jedoch nicht nach Warengruppen abgestuft werden sollten. Dies würde durch das subjektive Modell ermöglicht.

1645 *Brönneke*, Anpassung von Gewährleistungsfristen im Kaufrecht, 2019/20, S. 13, 36.

1646 BT-Drs. 14/6040, 100; So auch *Konferenz der Justizministerinnen und Justizminister der Länder*, Bericht der Arbeitsgruppe „Nachhaltigkeit im Zivilrecht“, 2021, S. 53; *Brönneke*, Anpassung von Gewährleistungsfristen im Kaufrecht, 2019/20, S. 12, 36.

1647 BGH, Urt. v. 15.11.2006, VIII ZR 3/06, NJW 2007, 674, 677 Rn. 35 ff. m.w.N.

tuation, in welcher der Käufer seinen Nacherfüllungsanspruch geltend macht, erläutert worauf er ihn stützt und woraufhin ein ernsthafter Meinungsaustausch über den Anspruch oder seine Tatsachengrundlage zwischen den Parteien stattfindet, solange der Verkäufer seine Verpflichtung nicht sofort und eindeutig ablehnt.[1648] Die Hemmung wirkt bereits im Zeitraum der faktischen Durchführung der Nacherfüllung, endet mit Abschluss der Nacherfüllung und beschränkt sich auf den konkret verhandelten Mangel.[1649] Nach Beendigung der Hemmung tritt die Verjährung frühestens in drei Monaten ein, § 203 S. 2 BGB. Fraglich ist jedoch, ob das einseitige Nacherfüllungsbegehren des Käufers, ohne dass eine Reaktion des Verkäufers erfolgte, bereits ausreichend ist, um Verhandlungen zu begründen. Diese rechtliche Frage stellt sich, wenn kurz vor Ablauf der Verjährungsfrist ein versteckter Mangel auftritt und der Käufer gerade noch seinen Nacherfüllungsanspruch geltend machen kann, bevor die Frist abgelaufen ist. Sollte durch diese Handlung keine Hemmung ausgelöst werden und das Ende des Nacherfüllungszeitraums hinter dem Verjährungsende liegen, würden sämtliche weitere Gewährleistungsansprüche verjähren. Denn alle weiteren Rechtsbehelfe des Käufers können, im Regelfall, erst geltend gemacht werden, wenn die Frist zur Nacherfüllung erfolglos abgelaufen ist.[1650] Wenn sich der in Anspruch genommen Verkäufer nicht mehr innerhalb der Verjährungsfrist zu dem Anspruchsbegehren äußert und keine Interaktion stattfindet, schweben keine Verhandlungen und eine Verjährungshemmung ist nicht mehr möglich.[1651]

Mit erneuter Modernisierung des Schuldrechts 2022 wurde § 475e Abs. 3 BGB eingeführt. Die Norm regelt, dass die Verjährung von Ansprüchen nicht vor Ablauf von vier Monaten nach dem Zeitpunkt eintritt, in dem sich der Mangel erstmals gezeigt hat, soweit er sich innerhalb der Verjährungsfrist zeigte. Zusätzliche Tatbestandsvoraussetzungen wie das Einleiten von Verhandlungen zwischen den Parteien werden hiernach nicht gefordert. Die viermonatige Ablaufhemmung gilt für alle Verbrauchsgüterkäufe, wirkt daher nur im Verhältnis zwischen Unternehmer und Verbraucher. Mithilfe der Ablaufhemmung soll es dem Verbraucher leichter gemacht werden seine Rechte effektiv geltend machen zu können, auch wenn der Mangel erst kurz vor Ablauf der Verjährungsfrist eintritt.[1652] Die Pro-

1648 BGH, Urt. v. 17.02.2004, VI ZR 429/02, NJW 2004, 1654, 1654 f. m.w.N.; BGH, Urt. v. 14.07.2009, XI ZR 18/08, NJW-RR 2010, 975, 976 f. Rn. 16, m.w.N.

1649 *Arnold* in: BeckOGK BGB, 01.05.2025, BGB § 438 Rn. 145 ff.

1650 Siehe § 437 Nr. 2 i.V.m. §§ 323, 441 BGB sowie § 437 Nr. 3 i.V.m. § 281 BGB.

1651 BGH, Urt. v. 17.02.2004, VI ZR 429/02, NJW 2004, 1654, 1654 f. m.w.N.; *Gerdemann* in: BeckOK BGB, 74. Ed. 01.05.2025, BGB § 203 Rn. 1.

1652 BT-Drs. 19/27424, 39 f.; die Norm dient der Umsetzung des Art. 10 Abs. 5 S. 2 WKRL; *Lorenz*, NJW 2021, 2065, 2071.

blematik stellt sich allerdings nicht nur im Verbrauchsgüterkauf, sondern für alle Arten von Kaufbeziehungen. Es sollte daher erwogen werden eine Ablaufhemmung grundsätzlich für Ansprüche aus dem Gewährleistungsrecht einzuführen.[1653]

Mängelbeseitigungsmaßnahmen können auch zum Neubeginn der Verjährung gem. § 212 Abs. 1 Nr. 1 BGB führen, soweit die Maßnahme ein konkludentes Anerkenntnis der Mängelbeseitigungspflicht des Verkäufers darstellt. Ein solches Anerkenntnis ist nur ausnahmsweise und dann anzunehmen, wenn der Verkäufer aus Käufersicht nicht aus Kulanz oder Streitbeilegung handelt, sondern, bei Berücksichtigung des Umfangs, der Dauer und der Kosten der Mängelbeseitigungsmaßnahme, in dem Bewusstsein zur Mängelbeseitigung verpflichtet zu sein.[1654] Das Verhalten des Verkäufers muss klar und unzweideutig darauf schließen lassen, dass er sich dem Bestehen seiner Verpflichtung bewusst ist und der Käufer demnach darauf vertrauen kann, dass sich der Verkäufer nicht auf den Verjährungsablauf berufen wird.[1655] Nicht ausreichend wäre es daher, wenn der Verkäufer sich lediglich mit der Überprüfung der Sache und Feststellung des Mangels einverstanden erklärt, ohne die Gewährleistungsverpflichtung anzuerkennen.[1656] Demgegenüber wird der Käufer in der Regel in der Vornahme der Nacherfüllungshandlung die verkäuferseitige Akzeptanz seiner Pflicht und damit ein Anerkenntnis sehen, solange der Verkäufer nicht deutlich macht, dass er aus Kulanz handele.[1657] Die Verjährung beginnt bei der Nachbesserung nur bezüglich der nachgebesserten Mängel oder der Folgen der mangelhaften Nachbesserung neu und bei der Nachlieferung beginnt sie uneingeschränkt mit Ablieferung der Ersatzsache erneut.[1658] Wenn die Verjährung mit Abschluss der Nacherfüllungs-

1653 EG 44 WKRL überlässt es ausdrücklich den Mitgliedstaaten Regelungen zur Hemmung oder Unterbrechung von Verjährungsfristen vorzusehen; Dagegen und das Problem hinnehmend, dass Ansprüche faktisch nicht mehr durchgesetzt werden können, wenn der Mangel kurz vor Ablauf der Verjährungsfrist eintritt *Zöchling-Jud* in: Stabentheiner/Wendehorst/Zöchling-Jud, Das neue europäische Gewährleistungsrecht, 2019, 197, 211.

1654 BGH, Urt. v. 02.06.1999, VIII ZR 322–98, NJW 1999, 2961; BGH, Urt. v. 05.10.2005, VIII ZR 16/05, NJW 2006, 47, 48 Rn. 16; BGH, Beschl. v. 23.08.2012, VII ZR 155/10, NJW 2012, 3229, 3230 Rn. 12.

1655 BGH, Urt. v. 24.01.2019, IX ZR 233/17, NJW 2019, 1219, 1220 Rn. 15; BGH, Beschl. v. 23.08.2012, VII ZR 155/10, NJW 2012, 3229, 3230 Rn. 11; BGH, Urt. v. 24.05.2012, IX ZR 168/11, NJW 2012, 2180, 2183 Rn. 29.

1656 *Grothe* in: MüKo BGB, 10. Aufl. 2025, BGB § 212 Rn. 16.

1657 *Bach* in: Staudinger, 2023, BGB § 438 Rn. 214; Für einen generellen Neubeginn der Verjährung bei Nachlieferung sowie bei Nachbesserung und unabhängig von der Erheblichkeit des Mangels plädierend *Projektgruppe VSMK und JuMiKo*, Gewährleistung und Garantie, 03.02.2016, S. 14 ff., Formulierungsvorschlag für § 438 BGB auf S. 20.

1658 BGH, Urt. v. 05.10.2005, VIII ZR 16/05, NJW 2006, 47, 48 Rn. 18; *Arnold* in: BeckOGK BGB, 01.05.2025, BGB § 438 Rn. 161; *Westermann* in: MüKo BGB, 8. Aufl. 2019, BGB § 438 Rn. 41, wonach ein

handlung erneut zu laufen beginnt, sollte ebenso die Beweislastumkehr von neuem zu laufen beginnen mit Ablieferung der Ersatzsache oder der reparierten Sache, hier jedoch lediglich in Hinblick auf den reparierten Defekt.[1659] Damit der Verkäufer einen hinreichenden Anreiz hat, kurz vor Ablauf der Verjährungsfrist die Nacherfüllung noch ordnungsgemäß zu erbringen,[1660] und auch der Käufer einen Anreiz hat, sich für die Nachbesserung zu entscheiden, müssen sowohl Nachbesserungs- wie auch Nachlieferungshandlungen des Verkäufers zum Neubeginn der Verjährung führen.

V. Sonderbestimmungen für digitale Elemente und Aktualisierungen

Die allgemeine Verjährungsfrist von zwei Jahren nach § 438 Abs. 1 Nr. 3 BGB gilt auch für Waren mit digitalen Elementen. Für die dauerhafte Bereitstellung von digitalen Elementen enthält § 475c Abs. 2 BGB infolge der Umsetzung des Art. 10 Abs. 2 WKRL ins deutsche Recht mit Wirkung zum 01.01.2021 eine Spezialregelung. Die Haftungsdauer für die Vertragsmäßigkeit der digitalen Elemente erstreckt sich auf die gesamte vereinbarte Bereitstellungsdauer oder, wenn eine solche nicht vertraglich festgelegt wurde, nach § 475c Abs. 2, § 475b Abs. 4 Nr. 2 BGB auf die Bereitstellungsdauer, die der Verbraucher aufgrund der Art und des Zwecks der Ware und ihrer digitalen Elemente erwarten kann unter Berücksichtigung der Umstände und der Art des Vertrags. Überschreitet die Dauer des Bereitstellungszeitraums die zweijährige Verjährungsfrist, so ist der längere Bereitstellungszeitraum ausschlaggebend für die Haftungsdauer des Unternehmers. Demgegenüber muss der Unternehmer mindestens für zwei Jahre nach Ablieferung der Ware für die Vertragsmäßigkeit einstehen, auch wenn der Bereitstellungszeitraum für die digitalen Elemente ein kürzerer ist. Für die dauerhafte Bereitstellung der digitalen Elemente findet darüber hinaus die Ablaufhemmung gem. § 475e Abs. 1 BGB Anwendung. Danach verjähren die Ansprüche wegen eines Mangels an den digitalen Elementen nicht vor dem Ablauf von zwölf Monaten nach dem Ende des Bereitstellungszeitraums. Auch die Ansprüche wegen der Verletzung der Aktualisierungspflicht verjähren nicht vor dem Ablauf von zwölf Monaten nach dem Ende

---

Verjährungsneubeginn nur bei erheblichen Mängeln anzunehmen sei und nicht bei unerheblichen Mängeln oder der Nachlieferung einer Massenware.

1659 *Verbraucherkommission Baden-Württemberg*, Stellungnahme Nr. 34/2014, 13.11.2014, S. 5; *Projektgruppe VSMK und JuMiKo*, Gewährleistung und Garantie, 03.02.2016, S. 17.

1660 So auch *Arnold* in: BeckOGK BGB, 01.05.2025, BGB § 438 Rn. 159; *Verbraucherkommission Baden-Württemberg*, Stellungnahme Nr. 34/2014, 13.11.2014, S. 4; *Projektgruppe VSMK und JuMiKo*, Gewährleistung und Garantie, 03.02.2016, S. 7.

des Zeitraums der Aktualisierungspflicht, § 475e Abs. 2 BGB. Mit diesen Regelungen wird nicht nur eine Ablaufhemmung eingeführt, die Verjährungsfrist wird für die dauerhafte Bereitstellung digitaler Elemente sowie in Bezug auf die Aktualisierungspflicht zugleich verlängert. Entscheidend ist somit nicht die normierte zweijährige Verjährungsfrist, sondern der vereinbarte oder erwartbare Bereitstellungszeitraum.[1661]

Dem Zweck, dass es dem Käufer einfacher gemacht werden soll, seine Rechte effektiv wahrnehmen und durchsetzen zu können, kommt eine Ablaufhemmung der Verjährung nur begrenzt zugute. Es bleibt dabei, dass der Mangel innerhalb der normierten zweijährigen Verjährungsfrist eintreten muss. Für vorzeitig alternde langlebige Waren, deren Mindesthaltbarkeit weit über zwei Jahren liegt, greift das Gewährleistungsrecht daher bei Auftreten des Funktionsverlusts nach zwei Jahren in vielen Fällen gar nicht. Insoweit wäre eine Ausdehnung der Regelungen wie sie für die dauerhafte Bereitstellung von digitalen Elementen sowie für die Bereitstellungspflicht für Aktualisierungen vom Gesetzgeber getroffen wurden ideal. Letztlich würde es sich hierbei um eine Regelung handeln, die sich zusammensetzt aus dem Vorschlag der produktgruppenspezifischen Verjährungsfrist und der Hemmung des Ablaufs der Verjährungsfrist, wobei die Verjährung wie in § 438 Abs. 2 BGB vorgesehen mit Ablieferung der Ware beginnt. Zum Vorteil der Durchsetzbarkeit von Ansprüchen und der damit zusammenhängenden Anreizwirkung für Hersteller würde die Verjährungsfrist erst nach Ablauf der vereinbarten oder vom Käufer erwartbaren Haltbarkeitsdauer enden, d. h. mit Ablauf der vom Hersteller angegebenen oder durch den Gesetzgeber festgelegten Mindestlebensdauer. Mängel in Form der vorzeitigen Alterung könnten somit vom Käufer problemlos geltend gemacht werden, weil sie noch nicht vor ihrem Erscheinen verjährt wären. Die dann folgende Ablaufhemmung bewirkt, dass der Käufer auch einen kurz vor Ablauf der Verjährungsfrist auftretenden Mangel noch effektiv rügen kann.

Die Dogmatik der Verjährungsfrist könnte auch folgendermaßen nach dem Vorbild des ursprünglichen Entwurfs von § 475e BGB, der allerdings nur für Mängel an digitalen Elementen gelten sollte, ausgestaltet sein, um dieselben Ziele zu erreichen. Der ursprüngliche Entwurf des § 475e Abs. 1 BGB sah vor, dass die Verjährungsfrist entweder erst mit dem Ablauf von zwei Jahren nach Ablieferung der Sache beginnen sollte oder erst mit dem Ablauf des Bereitstellungszeitraums,

---

1661 Diese Regelung entspricht Art. 10 Abs. 5 S. 2 WKRL, wonach die Mitgliedstaaten sicherstellen müssen, dass der Verbraucher seine Abhilfen auch für Vertragswidrigkeiten, die sich innerhalb des Bereitstellungszeitraums offenbaren, erfolgreich geltend machen kann. Dieser vereinbarte oder erwartbare Bereitstellungszeitraum für digitale Elemente sowie für Aktualisierungen kann zwei Jahre übersteigen.

wenn dieser für mehr als zwei Jahre vereinbart wurde oder der Käufer einen längeren Zeitraum erwarten konnte.[1662] Für Ansprüche aufgrund von Mängeln infolge der Aktualisierung sollte die Verjährung ebenso erst mit Ablauf des Zeitraums der Aktualisierungen, d.h. vereinbarter oder vom Käufer erwartbarer Bereitstellungszeitraum, zu laufen beginnen.[1663] Würde eine solche Regelung für sämtliche Waren und Waren mit digitalen Elementen und alle Arten von Mängeln gelten, so könnte ein frühzeitig auftretender Funktionsverlust innerhalb der Mindestlebensdauer nach Ablauf dieser Mindestlebensdauer innerhalb von zwei Jahren noch geltend gemacht werden. Von dem Erlass dieses Vorschlags wurde zum einen abgesehen, weil er zu einer außerordentlich langen Verjährungsfrist führen würde, die von der WKRL so nicht vorgesehen war, und zum anderen, weil Wertungswidersprüche zu den kurzen Verjährungsfristen für Waren ohne digitale Elemente bestehen würden.[1664] Dieser Wertungswiderspruch könnte aber aufgelöst werden, indem der Vorschlag allgemein gilt, demnach sowohl für Waren mit und ohne digitale Elemente. Dies wäre zu begrüßen, da auch Waren ohne digitale Elemente lange haltbar sein können und Gewährleistungsansprüche bereits vor ihrer Entstehung verjährt sein könnten.

Beide Vorschlägen führen schließlich zum gleichen Ergebnis. Ob die starre Verjährung erst mit Ablauf der Mindestlebensdauer zu laufen beginnt oder bereits mit Übergabe, aber flexibel ausgestaltet ist und der Dauer der Mindesthaltbarkeit entspricht und sodann eine Ablaufhemmung folgt, macht in der Praxis keinen Unterschied. In beiden Fällen wäre gesichert, dass der Käufer seine Gewährleistungsrechte bei Auftreten eines Haltbarkeitsmangels geltend machen kann und Verjährung nicht schon vorher eintritt. Nicht zu unterschätzen ist jedoch, dass die Gewährleistungsdauer zeitlich erheblich ausgeweitet würde. Aus Nachhaltigkeitsgründen ist dies geboten. Diskutiert werden kann aber, ob es bei dieser dogmatischen Ausgestaltung tatsächlich einer zweijährigen Verjährungsfrist bedarf oder eine Ablaufhemmung von zwölf Monaten genügt. Zur Wahrnehmung der Gewährleistungsrechte würde auch eine sechsmonatige Frist bzw. Ablaufhemmung genügen, die mit Ende der Mindesthaltbarkeit zu laufen anfängt.

1662 BT-Drs. 19/27424, 11, 40.

1663 BT-Drs. 19/27424, 11, 40.

1664 BT-Drs. 19/28174, 5.

VI. Zusammenfassung: Ausdehnung des Gewährleistungszeitraums zur Vermeidung werkstofflicher und ökonomischer Obsoleszenz

Zusammenfassend lässt sich das Problem der faktischen Haltbarkeitshöchstdauer, welche durch die zweijährige Verjährungsfrist ab Übergabe des Kaufgegenstands begründet wird, jedenfalls nicht durch die Ablaufhemmung oder den Neubeginn der Verjährung lösen. Der Mangel müsste in jedem Fall innerhalb der zweijährigen Verjährungsfrist zutage treten. Tritt der Haltbarkeitsmangel eines langlebigen Produkts erst nach Ablauf der zweijährigen Frist hervor, kann der Käufer keine Gewährleistungsrechte mehr geltend machen und es kann auch keine Verjährungshemmung und kein Verjährungsneubeginn begründet werden. Freilich bliebe es dem Verkäufer unbenommen auch nach Ablauf der Verjährungsfrist dem Nacherfüllungsbegehren des Käufers nachzukommen.

Die Vorteile einer zeitlichen Ausdehnung der Gewährleistungshaftung, sei es in Form der pauschalen Verjährungsfristverlängerung, der Etablierung produktgruppenspezifischer längerer Verjährungsfristen, einer Regelverjährungsfrist von drei Jahren mit Fristbeginn ab Kenntniserlangung vom Mangel oder des Fristbeginns mit Ablauf der Mindestlebensdauer, überwiegen die Nachteile. Dies gilt besonders mit Blick auf Nachhaltigkeitsaspekte.

Ein längerer Verjährungszeitraum setzt (mittelbar) starke Anreize für den Hersteller zur Produktion langlebiger und reparaturfähiger Waren. Dem verkäuferseitigen *moral hazard*, d.h. dem Anreiz Produkte minderwertiger Qualität kostengünstig herzustellen und die Informationsasymmetrie bzgl. der Qualität zu Lasten des Käufers auszunutzen, ebenso wie dem Ungleichgewicht zwischen hohem Produktpreis und geringer Produktqualität, wirkt die Verlängerung der Frist entgegen.[1665] Unter Umweltgesichtspunkten sind die Vorteile von Investitionen in die Produktqualität und die Verringerung des Risikos eines Mangeleintritts höher zu bewerten als das Problem des *moral hazard* des Käufers. Zudem wird dieses Problem eingedämmt, indem Gewährleistungsfristen nicht unendlich, sondern für einen bestimmten überschaubaren Zeitraum ausgedehnt würden. Grundsätzlich liegt die Beweislast für das Bestehen des Mangels bei Gefahrübergang auch weiterhin beim Käufer. In der Folge würde keine Partei das Risiko versteckter Mängel ausschließlich tragen. Die weitreichende Zuweisung des Risikos zum Verkäufer lässt sich damit begründen, dass ihm die Mangelbeseitigung und Mangelvorsorge effektiver und kostengünstiger möglich ist als dem Käufer. Nicht zu unterschlagen ist daneben die Bedeutung von Rechtssicherheit und Rechtsfrieden, vor allem für

1665 *Schäfer/Ott*, Lehrbuch der ökonomischen Analyse des Zivilrechts, 5. Aufl. 2012, S. 532 f.; *Mansel* in: Ernst/Zimmermann, Zivilrechtswissenschaft und Schuldrechtsreform, 2001, 333, 346.

den Verkäufer. Ausreichend zur Kalkulation des Haftungsrisikos ist aber eine ausnahmslos zeitliche Beschränkung der Gewährleistungspflicht. Eine solche bestünde für 10 Jahre. Eine kürzere Begrenzung auf zwei Jahre lässt sich mit diesem Argument nicht begründen. Insbesondere auch deshalb nicht, weil die Verjährungsregelungen nicht einseitig dem Verkäufer zugutekommen sollen, sondern einen Interessenausgleich bezwecken. Bei einer zweijährigen Frist sind viele Gewährleistungsansprüche der Käufer gänzlich abgeschnitten. Hinzu kommt, dass unter der stets zu beachtenden Prämisse des Umweltschutzes Nachhaltigkeitsstandards für Waren nicht durchgesetzt werden können. Die Mechanismen des Kaufgewährleistungsrechts sollen aber in weitreichender Weise Nachhaltigkeitsziele effektiv verfolgen können. Die zeitliche Ausdehnung des Gewährleistungszeitraums hätte umso weniger Wirkkraft, wenn nicht auch im selben Zug die Beweislastumkehr für den Verbrauchsgüterkauf verlängert wird. Denn nach Ablauf der Beweislastumkehr von einem Jahr obliegt dem Käufer die Beweislast, welche die Geltendmachung von Mängeln innerhalb der Verjährungsfrist erheblich erschwert und damit die Dauer der Gewährleistung faktisch wieder verkürzt.[1666]

Eine schlichtweg pauschale Fristverlängerung, welche nun mit der Umsetzung der Richtlinie 2024/1799 eingeführt werden soll,[1667] würde nicht hinreichend sicherstellen, dass sie die Mindestlebensdauer aller Produkte tatsächlich zeitlich erfasst.[1668] Für einige Waren würde die Frist weit über ihrer Mindestlebensdauer liegen und für andere endet sie dennoch viel zu früh. Eine längere Frist würde sich für alle Produkte gleichermaßen nach dem Kalender bestimmen, obwohl sich die Lebensdauer vieler Produkte nicht per Zeitablauf, sondern vielmehr mittels Nutzungsvorgängen bestimmen lässt, die jedoch in keiner Weise berücksichtigt würden.[1669] Mangels allgemein gültiger Frist in Hinblick auf die Vielfältigkeit der Produkte scheint eine pauschale Verlängerung der Verjährungsfrist nicht zweckmäßig.[1670] Demgegenüber gelten diese Bedenken gleichermaßen für die derzeitige zweijährige Verjährungsfrist und können daher zumindest nicht als Argument gegen eine längere und für die zweijährige Frist angeführt werden. Dass eine

1666 *Gomez* in: Grundmann/Bianca, EU-Kaufrechts-Richtlinie Kommentar, 2002, Einl. Rn. 110 Fn. 1; BT-Drs. 17/13917, 2.

1667 Art. 16 Nr. 2 der Richtlinie (EU) 2024/1799 des Europäischen Parlaments und des Rates vom 13. Juni 2024 über gemeinsame Vorschriften zur Förderung der Reparatur von Waren und zur Änderung der Verordnung (EU) 2017/2394 und der Richtlinie (EU) 2019/771 und (EU) 2020/1828.

1668 *Rudloff*, VuR 2018, 323, 326.

1669 *Tonner/Gawel/Schlacke/Alt/Bretschneider*, VuR 2017, 3, 8.

1670 So jedenfalls *Schlacke/Alt/Tonner/Gawel/Bretschneider*, UBA Texte 72/2015, S. 154; *Tonner/Gawel/Schlacke/Alt/Bretschneider*, VuR 2017, 3, 7; *Honsell*, JZ 2001, 278, 280; *Rühl*, AcP 207 (2007), 614, 641 f.; *van Gool/Michel*, EuCML 2021, 136, 142.

verlängerte Frist für einige Produkte über ihrer vertraglich vereinbarten oder gewöhnlichen Lebensdauer liegen würde, fällt bei dieser Betrachtung nicht ins Gewicht. Für sie würde die längere Frist zwar formal gelten, tatsächlich läuft sie aber schlicht leer und wirkt sich wirtschaftlich und praktisch nicht weiter (negativ) aus.[1671] Nach Ende der Mindesthaltbarkeit eines kurzlebigen Produkts kann kein Mangel mehr entstehen und ein normaler Verschleiß wird bei ihnen offenkundig sein.[1672] Die Anforderungen an das Bestehen eines Mangels nach § 434 BGB stellen insofern bereits eine hinreichende Lösung bereit.[1673]

Dem Vorschlag der produktgruppenspezifischen Verjährungsfristen ist entgegenzuhalten, dass unterschiedliche Fristen für unterschiedliche Produktgruppen in ihrer Umsetzung kompliziert und aufwändig sind und zu weiterer Rechtsunsicherheit führen können.[1674] Der hierdurch entstehende Streit über die geltende Verjährungsfrist widerspricht prozessökonomischen Erwägungen nach einem kurzen und nicht kostspieligen Rechtsstreit.[1675] Aus Gründen der Praktikabilität sollten unterschiedliche Verjährungsfristen nur eingeführt werden, wenn solche aus besonders stichhaltigen Gründen unabkömmlich sind.[1676] Solche sind im Umweltschutz und in der Adressierung der oben ausgeführten konkreten Nachhaltigkeitsziele zu sehen. Die Praktikabilität wird außerdem gesteigert, wenn individuelle Verjährungsfristen nicht vom Gesetzgeber im BGB festgesetzt würden, sondern auf die bereits normierten Mindestlebensdauern schlicht verwiesen würde. Diese würden sodann bei der Bestimmung der Verjährungsfrist zugrunde gelegt. Bei Verweis auf BGB-fremde Rechtsakte wäre das Gewährleistungssystem dann aber abhängig davon, dass in den öffentlich-rechtlichen Normen tatsächlich Mindestlebensdauern für alle Arten von Produktgruppen bestimmt werden und diese aktualisiert würden, wenn sich der Stand der Technik ändert.[1677] Einer der wichtigsten Regelungsregime des BGB, nämlich die Verjährung von Ansprüchen,

---

1671 *Gildeggen*, VuR 2017, 203, 206; *Schmidt-Räntsch*, ZIP 1998, 849, 852; So auch *Michel*, Premature Obsolescence, 2022, S. 389 f.

1672 *Gildeggen*, VuR 2017, 203, 206; *Gildeggen*, VuR 2016, 83, 89; *Rudloff*, VuR 2018, 323, 326.

1673 *Konferenz der Justizministerinnen und Justizminister der Länder*, Bericht der Arbeitsgruppe „Nachhaltigkeit im Zivilrecht", 2021, S. 42 f.

1674 *Eidenmüller*, JZ 2001, 283, 286; *Rudloff*, VuR 2018, 323, 326; *Tonner/Gawel/Schlacke/Alt/Bretschneider*, VuR 2017, 3, 7; Demgegenüber für eine individuelle Verjährungsfrist für unterschiedliche Produktgruppen plädierend *Schäfer/Ott*, Lehrbuch der ökonomischen Analyse des Zivilrechts, 5. Aufl. 2012, S. 532 f.

1675 *Mansel* in: Ernst/Zimmermann, Zivilrechtswissenschaft und Schuldrechtsreform, 2001, 333, 343 ff.

1676 BT-Drs. 14/6040, 96.

1677 *Konferenz der Justizministerinnen und Justizminister der Länder*, Bericht der Arbeitsgruppe „Nachhaltigkeit im Zivilrecht", 2021, S. 54.

wäre aus sich heraus dann nicht mehr verständlich, müsste sich ggf. Auffangtatbeständen bedienen, und wäre dadurch für den Anwender unübersichtlich und kompliziert.[1678] Dennoch ist anzunehmen, dass die technischen Normgeber und Rechtsverordnungsgeber flexibel und schnell die Festsetzungen der Mindestlebensdauern überprüfen und ändern können. Die Beachtung des aktuellen Stands der Technik wäre so am ehesten sichergestellt. Obendrein wäre eine Durchsetzung gesetzlich festgesetzter Mindestlebensdauervorgaben im Privatrecht mittels Gewährleistungsrecht, die neben und zusätzlich zu öffentlichen Maßnahmen erfolgt, effektiv und erfolgsversprechend.[1679] Für eine Verlängerung der Verjährungsfrist entsprechend der Mindestlebensdauervorgaben für einzelne Produktgruppen spricht überdies die Wahrung von Systemkonformität,[1680] indem die Länge der Verjährung gleichlaufen würde mit der Länge der Aktualisierungsverpflichtung, die sich ebenfalls an der Mindesthaltbarkeit orientiert (s. o. Zweiter Teil C.I.3.).

Zur Vermeidung der technischen und praktischen Umsetzungshürden in Hinblick auf die Länge der Verjährungsfrist, sollte der Fokus auf der Änderung des Fristbeginns liegen. Um einen gerechten Interessenausgleich zu gewährleisten, das Mangelrisiko fair zuzuordnen, Rechtssicherheit und Rechtsfrieden zu sichern sowie zugleich für eine effektive Verfolgung von Nachhaltigkeitszielen zu sorgen, ist eine Gesetzesänderung zu bevorzugen, welche die Lösungsvorschläge in sich vereint. Ab Kenntniserlangung vom Mangel sollte der Käufer einer Frist von drei Jahren unterliegen, innerhalb derer er seine Gewährleistungsrechte geltend machen muss. Der Mangel muss sich allerdings innerhalb der vom Hersteller freiwillig oder verpflichtend angegebenen oder gesetzlich normierten Mindestlebensdauer offenbaren. Alle in dieser Zeit auftretenden Haltbarkeitsmängel kann der Käufer innerhalb von drei Jahren rügen. Zum Schutz von Verkäuferbelangen sollte die absolute Höchstgrenze der Verjährungsfrist 10 Jahre betragen.

Dem kann entgegengesetzt werden, dass eine Verjährungsfrist von drei Jahren, die mit Kenntniserlangung beginnt, zu lang ist. Dem Käufer ist es zumutbar ab Kenntnis vom Mangel seine Gewährleistungsrechte in einem kürzeren Zeitraum geltend zu machen. Wichtig ist ausschließlich, dass die Abhilferechte nicht bereits vor dem Ablauf der Mindesthaltbarkeit verjährt sind. Demzufolge und zugleich um Rechtsvereinheitlichung und Rechtssicherheit zu gewährleisten, wäre es optimal, wenn die Verjährungsregelung derjenigen entspricht, die für die dauerhafte Be-

1678 *Konferenz der Justizministerinnen und Justizminister der Länder*, Bericht der Arbeitsgruppe „Nachhaltigkeit im Zivilrecht", 2021, S. 55.

1679 *Tonner/Malcolm*, How an EU Lifespan Guarantee Model Could Be Implemented Across the European Union, (2017), S. 27.

1680 Vgl. *Kumkar*, ZfPW 2020, 306, 317, der zufolge die Kopplung der Dauer der Aktualisierungspflicht an das allgemeine Fristenregime die beste Lösung ist.

reitstellung von digitalen Elementen und für die Aktualisierungspflicht gilt. Die Verjährung von Mängeln von Waren und Waren mit digitalen Elementen sollte generell nicht vor Ablauf von zwölf Monaten nach dem Ende des Mindesthaltbarkeitszeitraums eintreten.

Auch, wenn die einzelnen Aspekte zur optimalen Ausgestaltung einer Verjährungsfrist nicht bis ins Detail in Ausgleich gebracht werden können, führt ein flexibel ausgestaltetes Verjährungsregime zu einer den Umständen des Einzelfalls fairen Risikoverteilung. Für jede Produktgruppe würde ein auf sie zugeschnittenes Verjährungsrecht Anwendung finden. Auch unter den anderen diskutierten Aspekten überwiegen die Vorteile einer zeitlichen Ausdehnung des Gewährleistungszeitraums. Die derzeit geltende zweijährige Verjährungsfrist, die mit Übergabe des Kaufgegenstands beginnt, schneidet eine Vielzahl von Gewährleistungsansprüchen aufgrund von Haltbarkeitsmängeln bei langlebigen Waren ab. Die Mechanismen des Gewährleistungsrechts können dann nicht aktiviert werden. Ein Verstoß gegen gesetzlich vorgeschriebene Haltbarkeitsanforderungen bliebe ungeahndet. Eine Nachmarktkontrolle durch das Zivilrecht nach erfolgtem Kauf ist jedoch notwendig, um die gesetzlichen Anforderungen an die Lebensdauer sinnvoll und wirkungsvoll sanktionieren zu können.[1681] Flächendeckende und bessere Haltbarkeitsstandards würden sich anderenfalls nicht etablieren. Ohne eine zeitliche Ausdehnung der Haftung des Verkäufers können die Nachhaltigkeitsziele (s. o. Erster Teil A.IV. sowie Erster Teil A.V.) nicht verfolgt und nicht erreicht werden. Die ökologischen Bestrebungen sind vorliegend weitaus bedeutsamer als die vorgebrachten verkäuferseitigen Belange. Zwischen den ökologischen Zielsetzungen, die eine ausgedehnte Gewährleistungshaftung verfolgt, und den käuferseitigen Interessen besteht überdies ein zu begrüßender Gleichlauf.[1682]

B. Garantieaussagepflicht des Herstellers und Herstellergarantie zur Vermeidung werkstofflicher, ökonomischer und funktionaler Obsoleszenz

Die Einführung einer Garantieaussagepflicht des Herstellers in das System der §§ 434 ff. BGB könnte eine Vielzahl bereits genannter Hemmnisse, die den eingangs erläuterten Nachhaltigkeitszielen entgegenstehen, beseitigen oder zumindest entgegenwirken.

1681 *Brönneke*, Anpassung von Gewährleistungsfristen im Kaufrecht, 2019/20, S. 16.
1682 So auch *Mak/Lujinovic*, EuCML 2019, 4, 8.

Bereits ausführlich diskutiert wurden die Problemfelder, die mit einer nachhaltigen Entwicklung und der Vermeidung werkstofflicher Obsoleszenz konfligieren. Das Gewährleistungssystem kann erst effektiv wirken, wenn es einerseits vom Käufer aktiv in Anspruch genommen werden kann und wird und es andererseits schafft, den Verkäufer als Sekundäradressaten zu treffen. Der Käufer muss, um seine Gewährleistungsrechte geltend machen zu können, den Funktionsverlust als zu frühzeitig erkennen und einen Mangel im Zeitpunkt des Gefahrübergangs beweisen. Dies wird ihm regelmäßig schwerfallen, sogar bei Anwendung der Beweislastumkehr im Verbrauchsgüterkauf. Hinzu kommt, dass die geltende zweijährige Verjährungsfrist zur Folge hat, dass Käufer langlebiger Waren häufig gar nicht erst die Möglichkeit haben, Gewährleistungsrechte geltend zu machen. Haltbarkeitsmängel sind bei ihrem Auftreten oft bereits verjährt. Außerdem treffen die Gewährleistungsansprüche den Verkäufer, der jedoch nur selten zugleich auch Hersteller des mangelhaften Produkts ist. Die Anreizsteuerung, die durch das Gewährleistungssystem bezweckt wird, bezieht sich auf das Produktdesign, die Herstellung des jeweiligen Produkts sowie das Vorhalten von Ersatzteilen und will damit vordergründig den Hersteller adressieren. Der Händler kann auf den Herstellungsprozess nur indirekt Einfluss nehmen. Er kann aber den Anreiz nach geltendem Gewährleistungsrecht mittels des Rückgriffsanspruchs aus § 445a BGB entlang der Lieferkette weiterreichen.

I. Dogmatik und Ausgestaltung

Es könnte eine gesetzliche Pflicht eingeführt werden, der zufolge der Hersteller eine Garantieaussage hinsichtlich der Mindestlebensdauer sowie des Vorhandenseins eines Reparaturservices und von Ersatzteilen der von ihm vertriebenen Produkte zu machen hat.[1683] Die Garantieaussagepflicht stellt ein Instrument der Informationspflicht über die Mindestlebensdauer sowie für die unmittelbare Haftung des Herstellers für die Beibehaltung der Funktionen des vermarkteten Produkts während der angegebenen Mindestlebensdauer dar.[1684] Die Herstellerverpflichtung sollte sich allerdings nur auf die Aussage selbst beziehen und nicht

1683 *Schlacke/Alt/Tonner/Gawel/Bretschneider*, UBA Texte 72/2015, S. 26, 155, 159; *Schlacke/Tonner/Gawel*, JZ 2016, 1030, 1037; *Tonner/Malcolm*, How an EU Lifespan Guarantee Model Could Be Implemented Across the European Union, (2017), S. 28 ff.; *Tonner/Gawel/Schlacke/Alt/Bretschneider*, VuR 2017, 3, 9; Befürwortend: *Oehme/Jacob*, Strategien gegen Obsoleszenz, 2017, S. 3 f., 13 f.; *Oehme/Unnerstall/Krause/Golde* in: Longmuß/Poppe, Geplante Obsoleszenz, 2019, 143, 149 f.

1684 *Tonner/Malcolm*, How an EU Lifespan Guarantee Model Could Be Implemented Across the European Union, (2017), S. 29, 32.

auf einen Mindestzeitraum, währenddessen der Hersteller eine Garantie geben muss.[1685] Er kann selbst die Länge der Garantie bestimmen.[1686] Diese kann auch einen Zeitraum von 0 erfassen.[1687] Die Herstellergarantieaussagepflicht kommt erst und nur für die Fälle zum Tragen, in denen gesetzlich keine Mindestlebensdauern für bestimmte Produktgruppen festgesetzt wurden (s. o. Zweiter Teil A.III.5.).[1688]

Regelungen für Garantien wurden erst im Rahmen der Schuldrechtsmodernisierung 2002 in das BGB aufgenommen. Vorher gab es die Möglichkeit der Zusicherung einer Eigenschaft der Kaufsache, welche gem. § 459 BGB a.F. einen Unterfall des Mangels darstellte und die heute eine Beschaffenheitsgarantie nach § 443 Abs. 1 BGB begründen würde. Die Garantieaussageverpflichtung kann und sollte in das Normengefüge des Gewährleistungsrechts eingefügt werden. Die hier vorgeschlagene zusätzliche Verantwortung des Herstellers für die Haltbarkeit seines Produkts soll ihre Grundlage in Art. 17 WKRL sowie § 443 BGB haben.[1689] Dogmatisch würde es sich um eine Haltbarkeitsgarantie nach § 443 Abs. 2 BGB[1690] handeln, wonach der Garantiegeber freiwillig eine Garantie dafür übernimmt, dass die Ware für eine bestimmte Dauer eine bestimmte Beschaffenheit behält. Da eine Garantieaussage zu der Dauer der Funktionsfähigkeit getroffen werden soll, kann insofern auch von einer Funktionsfähigkeitsgarantie gesprochen werden.[1691]

1685 *Schlacke/Alt/Tonner/Gawel/Bretschneider*, UBA Texte 72/2015, S. 26, 159 ff.; *Schlacke/Tonner/Gawel*, JZ 2016, 1030, 1037; *Tonner/Malcolm*, How an EU Lifespan Guarantee Model Could Be Implemented Across the European Union, (2017), S. 32.

1686 *Tonner/Malcolm*, How an EU Lifespan Guarantee Model Could Be Implemented Across the European Union, (2017), S. 16, 30.

1687 Im Gegensatz zum aktuell geltenden Recht, wonach gem. § 312a Abs. 2 S. 1 BGB i.V.m. Art. 246 Abs. 1 Nr. 5 EGBGB und gem. § 312d Abs. 1 S. 1 BGB i.V.m. Art. 246a, § 1 Abs. 1 S. 1 Nr. 12 EGBGB lediglich über das Bestehen einer Garantie informiert werden muss, soll der Hersteller nach den Regelungen der Garantieaussagepflicht auch das Nichtgewähren einer Garantie bzw. die Gewährung eines Garantiezeitraums von Null angeben müssen.; a.A. *Micklitz/Mehnert/Specht-Riemenschneider/Liedtke/Kenning*, Recht auf Reparatur, 2022, S. 56, denen zufolge ein Mindeststandard gewährleistet werden sollte und eine Angabe von Null nicht möglich sein sollte.

1688 *Schlacke/Alt/Tonner/Gawel/Bretschneider*, UBA Texte 72/2015, S. 159 ff.; *Schlacke/Tonner/Gawel*, JZ 2016, 1030, 1037; *Tonner/Malcolm*, How an EU Lifespan Guarantee Model Could Be Implemented Across the European Union, (2017), S. 14, 35 ff., 53, die zudem vorschlagen, dass Hersteller verpflichtet werden sollten eine Garantie für die Haltbarkeit für die Dauer der gesetzlich vorgeschriebenen Mindestlebensdauer zu übernehmen und diese Garantieverpflichtung könnte in den Durchführungsverordnungen zur Ökodesign-RL integriert werden.

1689 *Tonner/Malcolm*, How an EU Lifespan Guarantee Model Could Be Implemented Across the European Union, (2017), S. 32.

1690 Hiermit wurde Art. 2 Nr. 14 Verbraucherrechte-RL umgesetzt.

1691 So *Brönneke/Freischlag* in: Boos/Brönneke/Wechsler, Konsum und nachhaltige Entwicklung, 2019, 155, 157; *Keimeyer/Gailhofer/Gsell/Graulich/Prakash/Scherf/Brönneke/Gildeggen/Schmitt/Schwarz*, UBA Texte 115/2020, 2020, S. 269 ff.

Dabei ist das Verständnis der Funktionsfähigkeitsgarantie enger als das bisherige Verständnis einer Haltbarkeitsgarantie, denn die Ware muss imstande sein innerhalb eines bestimmten Zeitraums in einer bestimmten Weise ihrer Aufgabe entsprechend wirksam zu sein.[1692] Gem. § 443 Abs. 1 BGB kann eine solche Garantie nur zusätzlich zur gesetzlichen Gewährleistung der Mangelfreiheit gewährt werden, ergänzt diese und kann sie nicht beschränken.[1693] Über das Bestehen oder Nichtbestehen einer Funktionsfähigkeitsgarantie muss immer informiert werden.[1694] Das heißt, auch wenn der Hersteller einen Garantiezeitraum von 0 wählt, muss er dies anzeigen. Die entsprechende Erklärung muss vor oder im Zeitpunkt des Vertragsschlusses abgegeben werden. Nach § 443 Abs. 2 BGB wird vermutet, dass die Rechte aus der Garantie greifen, wenn während der Geltungsdauer ein Sachmangel auftritt.[1695] Der Hersteller muss demnach für den Zeitraum der angegebenen Mindesthaltbarkeit einen Reparaturservice anbieten und Ersatzteile vorhalten. Seine Garantieaussage erfasst damit zugleich die Zusicherung, dass für diesen Zeitraum eine Reparatur möglich ist. Zur Erhaltung der Funktionsfähigkeit einer Ware mit digitalen Elementen muss der Verkäufer zudem Aktualisierungen bereitstellen.

Die Grundlagen in § 443 BGB müssten um detailliertere Feststellungen hinsichtlich Art, Inhalt und Ausgestaltung der Garantie erweitert werden, um Mindeststandards einzuführen, Leerformeln sowie Intransparenz zu vermeiden und eine Vergleichbarkeit sicherzustellen.[1696] In objektiver Hinsicht sollte die Herstellergarantieaussage Gebrauchsgegenstände, nicht jedoch Verbrauchsgegenstände wie Lebensmittel, Kosmetika und Arzneimittel erfassen.[1697] Teil der erfassten Gebrauchsgegenstände sollten auch Möbel, Textilien und alle technischen Produkte

---

1692 *Brönneke/Freischlag* in: Boos/Brönneke/Wechsler, Konsum und nachhaltige Entwicklung, 2019, 155, 159.

1693 Dies entspricht Art. 2 Nr. 12 und Art. 17 Abs. 2 WKRL.

1694 Demgegenüber legt der EuGH Art. 6 Abs. 1 lit. m) Verbraucherrechte-RL dahingehend aus, dass der Verkäufer über die Existenz einer Herstellergarantie nur informieren muss, wenn der Verbraucher ein berechtigtes Interesse hieran hat, um seine Kaufentscheidung treffen zu können: EuGH, Urt. v. 05.05.2022, C-179/21 – absoluts-bikes and more-GmbH & Co. KG/the-trading-company GmbH, NJW 2022, 1871, Rn. 42, 53.

1695 Für eine Änderung dieser Regelung dahingehend plädierend, dass die Rechte aus der Garantie nicht nur entsprechend der Vermutung, sondern zwingend bestehen, wenn während der Garantiezeit ein Mangel auftritt *Schlacke/Alt/Tonner/Gawel/Bretschneider*, UBA Texte 72/2015, S. 26, 161 f.

1696 EG 62 S. 3 WKRL; *Brönneke/Freischlag* in: Boos/Brönneke/Wechsler, Konsum und nachhaltige Entwicklung, 2019, 155, 158; *Micklitz/Mehnert/Specht-Riemenschneider/Liedtke/Kenning*, Recht auf Reparatur, 2022, S. 56; *Schlacke/Alt/Tonner/Gawel/Bretschneider*, UBA Texte 72/2015, S. 26, 161 f.

1697 *Keimeyer/Gailhofer/Gsell/Graulich/Prakash/Scherf/Brönneke/Gildeggen/Schmitt/Schwarz*, UBA Texte 115/2020, 2020, S. 299.

sein, nicht nur energieverbrauchsrelevante technische Produkte, wie es teilweise vorgeschlagen wird.[1698] Um Rechtsunsicherheit zu vermeiden, für welche Funktionen eine Haltbarkeitsgarantie gewährt wird, sollte die Funktionsbeschreibung des Produkts in der Werbung, Produktbeschreibung und -kennzeichnung, Betriebsanleitung oder den Datenblättern als explizit ausschlaggebend benannt sein.[1699] Insofern Hersteller bestimmte Eigenschaften oder Funktionen von der Garantie ausnehmen wollen, müssen sie diese Einschränkungen explizit in der Produktbeschreibung oder auf andere transparente Weise erläutern und ihre Aussage als „eingeschränkte Funktionsfähigkeitsgarantie" kennzeichnen.[1700] Daneben sollten die Regelbeispiele der Rechtsfolgen in § 443 Abs. 1 BGB, d.h. Kaufpreiserstattung, Austausch und Nachbesserung der Sache, als Mindeststandards verbindlich sein.[1701] Für den Verbrauchsgüterkauf ist zumindest der Anspruch auf Nacherfüllung bereits als Mindestrecht gem. § 479 Abs. 3 BGB zwingend vorgesehen. Zudem sollte die Art und Weise der Zurverfügungstellung der Garantieerklärung gesetzlich klar geregelt werden.[1702] Die Garantieabrede stellt einen Vertrag sui generes dar und kann zustande kommen, indem der Hersteller die Garantieerklärung dem Produkt beilegt, sie auf dem Produkt oder auf der Verpackung anbringt, der Händler das Vertragsangebot als Vertreter oder Bote übermittelt und der Käufer dieses stillschweigend annimmt, § 151 S. 1 BGB.[1703] Eine förmliche

---

1698 A.A. *Tonner/Malcolm*, How an EU Lifespan Guarantee Model Could Be Implemented Across the European Union, (2017), S. 32 ff., die den Vorschlag der Einführung einer Garantieaussagepflicht lediglich auf technische Produkte beziehen; Vgl. Art. 2 Nr. 2 lit. b) und Nr. 3 lit. c) der Richtlinie (EU) 2024/825 des Europäischen Parlaments und des Rates vom 28. Februar 2024 zur Änderung der Richtlinien 2005/29/EG und 2011/83/EU hinsichtlich der Stärkung der Verbraucher für den ökologischen Wandel durch besseren Schutz gegen unlautere Praktiken und durch bessere Informationen, wonach die Informationspflicht sich auf das Bestehen einer Herstellergarantie für alle Warenarten bezieht.

1699 *Brönneke/Freischlag* in: Boos/Brönneke/Wechsler, Konsum und nachhaltige Entwicklung, 2019, 155, 159 f., 168, die auch vorschlagen auf Grundlage der Verbraucherrechte-RL eine Informationspflicht bzgl. der Angabe der Funktionen des verkauften Produkts in den Produktdatenblättern einzuführen.

1700 *Brönneke/Freischlag* in: Boos/Brönneke/Wechsler, Konsum und nachhaltige Entwicklung, 2019, 155, 168, denen zufolge Hersteller während der Dauer der eingeschränkten Funktionsfähigkeitsgarantie eine Nachlieferungspflicht für Verschleiß- und Verbrauchsteile gegen ein angemessenes Entgelt treffen sollte.

1701 *Schlacke/Alt/Tonner/Gawel/Bretschneider*, UBA Texte 72/2015, S. 26, 159; *Schlacke/Tonner/Gawel*, JZ 2016, 1030, 1037; *Tonner/Malcolm*, How an EU Lifespan Guarantee Model Could Be Implemented Across the European Union, (2017), S. 29.

1702 EG 62 S. 3 WKRL.

1703 BT-Drs. 14/6040, 237; *Schlacke/Alt/Tonner/Gawel/Bretschneider*, UBA Texte 72/2015, S. 157; *Tonner/Gawel/Schlacke/Alt/Bretschneider*, VuR 2017, 3, 9; Für ausführliche Erläuterungen zum

Vertragsabrede ist nicht erforderlich, in der Praxis sind Garantien üblicherweise im Rahmen von AGB auf dem Bestellschein oder der Rechnung zu finden.[1704] Dieses Vorgehen würde den Anforderungen für den Verbrauchsgüterkauf entsprechen, für welchen Art. 17 Abs. 2 WKRL, umgesetzt in § 479 Abs. 2 BGB, verpflichtend vorsieht, dass die Garantieerklärung auf einem dauerhaften Datenträger (§ 126b S. 2 BGB) zur Verfügung gestellt werden muss. Gem. Art. 1 Abs. 2 lit. e) VGKRL war für eine Garantie noch charakteristisch, dass sie ohne Aufpreis, d.h. kostenlos, zu gewähren war. Dies soll auch für die hier diskutierte Herstellergarantieaussage gelten. Zumal es sich hier nicht um eine von den Parteien frei ausgehandelte Garantie handelt, sondern um eine einseitig vom Hersteller aufgrund der Garantieaussagepflicht gegebene Garantie. Gesetzlich sollte auch konkret vorgesehen sein, wer zur Garantieaussage verpflichtet wird. Gem. Art. 2 Nr. 12 WKRL und Art. 2 Nr. 14 Verbraucherrechte-RL kann Garantiegeber der Verkäufer bzw. Unternehmer sein, d.h. jede Person, die zu gewerblichen, geschäftlichen, handwerklichen oder beruflichen Zwecken tätig wird, oder der Hersteller, d.h. jeder Hersteller oder Importeur von Waren oder jede andere sich als Hersteller bezeichnende Person aufgrund der Anbringung ihres Namens, Marke oder Kennzeichens. Die Mitgliedstaaten können jedoch Regelungen einführen und den genannten Kreis der Garantiegeber noch durch weitere Verpflichtete erweitern.[1705] Gem. § 443 Abs. 1 BGB kann jeder Verkäufer, Hersteller oder sonstige Dritte, wie Importeure, Vertriebsunternehmen, Zwischenhändler, Tochter- und konzerngebundene Unternehmen des Herstellers,[1706] Garantiegeber sein. Wer als Hersteller und damit als Verpflichteter anzusehen ist, sollte entsprechend § 4 ProdHaftG beurteilt werden, der die zuvor genannten Vorschriften in einer Regelung konsolidiert.[1707] Zur Aussage verpflichtet würde sodann auch der Importeur im Sinne des § 4 Abs. 2 ProdHaftG[1708] sowie der Lieferant im Sinne des § 4 Abs. 3 ProdHaftG[1709], soweit der

---

Zustandekommen des Garantievertrags siehe *Stöber* in: BeckOGK BGB, 01.01.2025, BGB § 443 Rn. 39 ff., 61 f.; Siehe auch *Riha*, Ökonomische Analyse des Sachmängelgewährleistungsrechts des BGB, 2007, S. 124 ff.

1704 *Malinvaud* in: Grundmann/Bianca, EU-Kaufrechts-Richtlinie Kommentar, 2002, VGKRL Art. 6 Rn. 17.

1705 EG 62 S. 5 WKRL.

1706 *Berger* in: Jauernig BGB, 19. Aufl. 2023, BGB § 443 Rn. 8; *Stöber* in: BeckOGK BGB, 01.01.2025, BGB § 443 Rn. 38.

1707 Gem. § 4 Abs. 1 ProdHaftG ist Hersteller, wer das Endprodukt, einen Grundstoff oder ein Teilprodukt hergestellt hat und als Hersteller gilt auch jeder, der sich durch das Anbringen seines Namens, seiner Marke oder eines anderen unterscheidungskräftigen Kennzeichens als Hersteller ausgibt.

1708 Gem. § 4 Abs. 2 ProdHaftG gilt als Hersteller ferner, wer ein Produkt zum Zweck des Verkaufs, der Vermietung, des Mietkaufs oder einer anderen Form des Vertriebs mit wirt-

Importeur faktisch nicht herangezogen werden kann.[1710] Die Verknüpfung der Garantieaussageverpflichtung mit § 4 ProdHaftG führt dazu, dass sich die Person des Verpflichteten entsprechend eines Stufenverhältnisses ergäbe, primär hat der Hersteller eine Aussage zu tätigen, sekundär der Importeur und erst im letzten Schritt der Lieferant.[1711]

II. Informationsdefizit und moral hazard des Käufers

Der Garantieaussagepflicht kommt zum einen die Funktion einer Informationspflicht zu. Die Bereitstellung von Informationen in leicht zugänglicher und transparenter Weise verkleinert das Informationsdefizit des Käufers in erheblichem Maße (siehe hierzu S. 99 ff.).[1712] Für den Käufer ist durch die verpflichtend anzugebende Mindesthaltbarkeit ersichtlich, wie lange das Produkt seine Funktion mindestens beibehalten sollte. Tritt ein Defekt während der angegebenen Mindesthaltbarkeitsdauer zutage, hat der Käufer Kenntnis, dass es sich um einen vorzeitigen Funktionsausfall und damit um einen Mangel i. S. d. § 434 BGB handelt. Er kann sodann seine Rechte aus der Garantie oder seine Abhilferechte gem. § 437 BGB geltend machen. Überdies ist die Information über die einzelnen Abhilferechte sowie insbesondere über die Wahlmöglichkeit zwischen Nachbesserung und Nachlieferung Voraussetzung für umweltschonendes Handeln des Käufers. Einer Praxis, in welcher Verkäufer lediglich die Nachlieferung oder Kaufpreiserstattung als Abhilfe anbieten, könnte der von seinem Wahlrecht in Kenntnis gesetzte Käufer entgegentreten. Die Etablierung einer solchen Verpflichtung im Kaufgewährleis-

---

schaftlichem Zweck im Rahmen seiner geschäftlichen Tätigkeit in den Geltungsbereich des Abkommens über den Europäischen Wirtschaftsraum einführt oder verbringt.

1709 Gem. § 4 Abs. 3 ProdHaftG gilt jeder Lieferant als Hersteller, wenn der Hersteller des Produkts nicht festgestellt werden kann, es sei denn, dass er dem Geschädigten innerhalb eines Monats, nachdem ihm dessen diesbezügliche Aufforderung zugegangen ist, den Hersteller oder diejenige Person benennt, die ihm das Produkt geliefert hat. Dies gilt auch für ein eingeführtes Produkt, wenn sich bei diesem die in § 4 Abs. 2 ProdHaftG genannte Person nicht feststellen lässt, selbst wenn der Name des Herstellers bekannt ist.

1710 *Keimeyer/Gailhofer/Gsell/Graulich/Prakash/Scherf/Brönneke/Gildeggen/Schmitt/Schwarz*, UBA Texte 115/2020, 2020, S. 270.

1711 Ein entsprechendes Stufenverhältnis wird auch gem. Art. 2 Nr. 6 und Nr. 8 Ökodesign-RL vorgesehen.

1712 *Grundmann*, AcP 202 (2002), 40, 54 f.; *Grundmann* in: Jayme, Kulturelle Identität und Internationales Privatrecht, 2003, 95, 106 f.

tungsrecht hat zur vorteilhaften Folge, dass die Informationspflicht für alle Arten von Produkten allgemein und generell gilt.[1713]

Dahingegen bewirkt die Versicherung des Käufers durch den Hersteller den mangelnden Anreiz des Käufers zum sorgsamen Produktumgang. Schließlich garantiert der Hersteller für eine bestimmte Zeitspanne die Funktionstüchtigkeit des Produkts und übernimmt damit einseitig das volle Ausfallrisiko. Weil beide Seiten das Risiko eines Mangeleintritts beeinflussen können, ist eine vollständige Garantie für verkäufer- ebenso wie für käuferseitige Risiken nicht effizient.[1714] Dem Hersteller sollte es zumindest möglich sein solche Mängel von der Garantie auszuschließen, die typischerweise auf das Verhalten des Käufers zurückgeführt werden können sowie für solche Mängel, die zwar im Zeitpunkt des Gefahrübergangs einen Mangel gem. § 434 BGB begründen, jedoch keine Auswirkung auf die Lebensdauer haben, z.B. Lackkratzer.[1715] So hätte der Hersteller genügend Anreiz in hohe Produktqualität zu investieren und der Käufer würde weiterhin gehalten sein sorgsam mit dem Produkt umzugehen.[1716] Ferner würden Hersteller ohne die Möglichkeit die Garantie zu begrenzen wohl keine über die Gewährleistungszeit hinausgehende Garantie gewähren.[1717] Für das vom Hersteller zu übernehmende verbleibende Ausfallrisiko und das damit einhergehende Problem des *moral hazard* gilt das bereits Ausgeführte (s. o. Zweiter Teil A.IV.2.b) sowie Zweiter Teil A.IV.2.c)). Eine Begrenzung der Garantiehaftung soll nur in engen Grenzen möglich sein. Das Mangeleintrittsrisiko trifft den Hersteller nicht zufällig und auch nicht unbegründet und die Gefahr der Haftung für Mängel, die in dem Gebrauch des Käufers begründet liegen können, ist hinzunehmen. Nicht zuletzt aus Umweltgesichtspunkten. Das Setzen eines hinreichenden Anreizes für den Hersteller, ein besonders langlebiges Produktdesign zu entwickeln und in die Produktqualität zu investieren, hat Priorität.

1713 *Tonner/Malcolm*, How an EU Lifespan Guarantee Model Could Be Implemented Across the European Union, (2017), S. 13.

1714 *Eger* in: Schäfer/Lwowski, Konsequenzen wirtschaftlicher Normen, 2002, 183, 196 f.

1715 *Brönneke/Freischlag* in: Boos/Brönneke/Wechsler, Konsum und nachhaltige Entwicklung, 2019, 155, 157 f.

1716 *Eger* in: Schäfer/Lwowski, Konsequenzen wirtschaftlicher Normen, 2002, 183, 197 f.

1717 *Brönneke/Freischlag* in: Boos/Brönneke/Wechsler, Konsum und nachhaltige Entwicklung, 2019, 155, 163.

III. Beweiserleichterung, individuelle Verjährung und Hinweispflicht

Zum anderen wird dem Käufer der Beweis des Mangels im Zeitpunkt des Gefahrübergangs erleichtert. Nach § 443 Abs. 2 BGB wird vermutet, dass ein während der angegebenen Mindesthaltbarkeitsdauer auftretender Mangel die Rechte aus der Garantie begründet. Der Käufer kann dann die Abhilferechte bei vorzeitigem Funktionsausfall direkt geltend machen. Es kann sich hingegen negativ auf den Käufer auswirken, zuerst den Hersteller auf Grundlage der Garantie in Anspruch zu nehmen. Scheitert der Reparaturversuch des Herstellers und der ursprüngliche Mangel besteht fort und will der Käufer sodann seine gesetzlichen Gewährleistungsrechte gegenüber seinem Letztverkäufer geltend machen, trägt er die gewachsene Bürde der Beweislast des Mangels.[1718] Die Beweislastumkehr für den Verbraucher nach § 477 BGB kommt ihm zumindest dann nicht mehr zugute, wenn die Frist abgelaufen ist und weil sie bei Inanspruchnahme des Herstellers aufgrund der Garantie, im Gegensatz zur direkten Inanspruchnahme des Letztverkäufers, nicht erneut zu laufen beginnt.[1719] Die Beweislast des Käufers wächst auch, wenn die Ware nach der ersten Nachbesserung durch den Hersteller einen weiteren Funktionsverlust aufweist.[1720] Der Verbraucher kann dann gegenüber seinem Letztverkäufer nur schwer darlegen, dass dieser sich noch innerhalb der Frist der Beweislastumkehr gezeigt hat und auch nicht durch käuferseitiges Verhalten entstanden ist.[1721] Noch schwieriger wird es für den Käufer gegenüber seinem Verkäufer den Beweis eines Mangels der ursprünglichen Kaufsache anzutreten, wenn er bereits eine, nun auch mangelhafte, Ersatzsache vom Hersteller bekommen hat und gar keinen Zugriff mehr auf den ursprünglichen Kaufgegenstand hat.[1722] Gelöst werden kann diese Problematik durch Erweiterung des § 477 BGB, wonach im Fall, dass der Käufer die Herstellergarantie in Anspruch nimmt und sich innerhalb von sechs Monaten oder einem Jahr nach Rückgabe durch den Garantiegeber ein Mangel zeigt, vermutet wird, dass sich dieser Mangel bereits im Zeitpunkt der Übergabe an den Garantiegeber offenbart hat, wenn der Käufer dem Verkäufer gegenüber zuvor den Mangel gerügt hat und dieser ihn an den Garantiegeber

---

1718 *Projektgruppe VSMK und JuMiKo*, Gewährleistung und Garantie, 03.02.2016, S. 33 f.; *Verbraucherkommission Baden-Württemberg*, Stellungnahme Nr. 34/2014, 13.11.2014, S. 6 f.

1719 *Projektgruppe VSMK und JuMiKo*, Gewährleistung und Garantie, 03.02.2016, S. 33 f.; *Verbraucherkommission Baden-Württemberg*, Stellungnahme Nr. 34/2014, 13.11.2014, S. 6 f.

1720 *Projektgruppe VSMK und JuMiKo*, Gewährleistung und Garantie, 03.02.2016, S. 35 f.; *Verbraucherzentrale Baden-Württemberg e.V.*, Gewährleistung und Garantie, 19.12.2017, S. 4.

1721 *Projektgruppe VSMK und JuMiKo*, Gewährleistung und Garantie, 03.02.2016, S. 35 f.; *Verbraucherzentrale Baden-Württemberg e.V.*, Gewährleistung und Garantie, 19.12.2017, S. 4.

1722 *Projektgruppe VSMK und JuMiKo*, Gewährleistung und Garantie, 03.02.2016, S. 36 f.

verwiesen hatte.[1723] Soweit der Zeitpunkt der Übergabe der mangelhaften Sache an den Garantiegeber innerhalb der Frist der Beweislastumkehr liegt, würde sie zu voller Geltung zugunsten des Verbrauchers gelangen.[1724]

Eine Herstellergarantie würde auch in Hinblick auf die Probleme, welche die aktuell geltende zweijährige Verjährungsfrist für das Erreichen von Nachhaltigkeitszielen begründet (s. o. Dritter Teil A.), Vorteile bringen. Haltbarkeitsmängel wären im Rahmen der Funktionsfähigkeitsgarantie jedenfalls nicht abgeschnitten und könnten auch bei langlebigen Waren vom Käufer geltend gemacht werden. Einige plädieren zwar für eine Anwendung des § 438 BGB auch auf die Garantie, ggf. analog, mit Beginn der Frist mit Übergabe des Kaufgegenstands bzw. mit Entdeckung des Mangels, wenn die Garantiezeit die Verjährungsfrist übersteigt.[1725] Damit der Käufer aber auch bei einer die zweijährige Verjährungsfrist unterschreitenden Garantie einen hinreichenden Schutz erfährt, wenn der Mangel sich erst kurz vor Ablauf der Garantiezeit offenbart, ist generell der Beginn der Frist nach § 438 BGB mit Kenntniserlangung vom Garantiefall vorzugswürdig.[1726] Für Rechte aus einer selbständigen Garantie eines vom Verkäufer verschiedenen Herstellers wird auch vertreten, dass die allgemeine Verjährungsfrist nach §§ 195, 199 BGB gilt, welche mit Schluss des Jahres zu laufen beginnt, in welchem der Mangel (innerhalb der Garantiezeit) entdeckt wurde.[1727] Zur Erreichung von Nachhaltigkeitszielen und um einen hinreichenden Verbraucherschutz zu gewährleisten sollte die Verjährung der Funktionsfähigkeitsgarantie erst mit Kenntniserlangung vom Mangel zu laufen beginnen. Hierfür kann die gleiche Begründung angeführt werden, die bereits im Rahmen der Diskussion zur Verjährungsfrist gegeben wurde (s. o. Dritter Teil A.). Der Formulierungsvorschlag zur Garantieaussagepflicht des Herstellers sollte somit einen Verweis auf die An-

---

1723 *Projektgruppe VSMK und JuMiKo*, Gewährleistung und Garantie, 03.02.2016, S. 43.

1724 *Projektgruppe VSMK und JuMiKo*, Gewährleistung und Garantie, 03.02.2016, S. 43.

1725 BGH, Urt. v. 20.12.1978, VIII ZR 246/77, NJW 1979, 645; BGH, Urt. v. 28.06.1979, VII ZR 248/78, NJW 1979, 2036, 2037; *Berger* in: Jauernig BGB, 19. Aufl. 2023, BGB § 443 Rn. 15.

1726 a.A. *Faust* in: BeckOK BGB, 74. Ed. 01.05.2025, BGB § 443 Rn. 53, 48, dem zufolge die Frist nicht erst mit Entdeckung des Mangels, sondern bereits mit dessen Eintreten beginnen sollte.

1727 *Berger* in: Jauernig BGB, 19. Aufl. 2023, BGB § 443 Rn. 15; *Grunewald* in: Erman BGB, 17. Aufl. 2023, BGB § 443 Rn. 16; *Matusche-Beckmann* in: Staudinger, 2023, BGB § 443 Rn. 63, dort mit Argumenten gegen eine (analoge) Anwendbarkeit des § 438 BGB; *Pammler* in: jurisPK-BGB, 10. Aufl. 01.02.2023, BGB § 443 Rn. 69 f.; *Saenger* in: HK-BGB, 12. Aufl. 2024, BGB § 443 Rn. 8; *Stöber* in: BeckOGK BGB, 01.01.2025, BGB § 443 Rn. 68, 90.

wendbarkeit der §§ 195, 199 BGB oder auf einen Fristbeginn mit Kenntniserlangung vom Mangel abweichend von § 438 Abs. 2 BGB enthalten.[1728]

Die Haftung des Herstellers ist mithin zeitlich viel umfangreicher als diejenige des gesetzlich verpflichteten Verkäufers (nach geltendem Recht). Die Verjährungsfristen der gesetzlichen Gewährleistungsrechte und der Garantierechte laufen unabhängig voneinander.[1729] Zu beachten ist daher die zunehmende Gefahr der Verjährung der gesetzlichen Gewährleistungsrechte, wenn der Käufer zuerst den Hersteller aufgrund der Garantie in Anspruch nimmt, keine zusätzlichen verjährungshemmenden Maßnahmen gegenüber dem Verkäufer einleitet, die Verjährung auch bei erfolgter Nacherfüllung nicht erneut zu laufen beginnt und die Verjährungsfrist somit während der Nacherfüllungsleistung des Herstellers abläuft.[1730] Nach gescheiterter Nacherfüllung des Herstellers kann der Käufer seinen Letztverkäufer dann nicht mehr in Anspruch nehmen.[1731]

Das Verhalten des Herstellers wird dem Letztverkäufer im Grundsatz nicht zugerechnet und auch, wenn der Verkäufer den Käufer ausdrücklich auf den Hersteller verweist, ist ihm nicht zu unterstellen, dass er diesen zu seinem Erfüllungsgehilfen machen möchte, sodass die Voraussetzungen des § 278 BGB nicht gegeben wären.[1732] Selbst unter der Annahme, dass Hersteller als Garantiegeber und Letztverkäufer als Gesamtschuldner bei Ansprüchen des gleichen Inhalts haften, wirken sich Verhandlungen, eine fehlgeschlagene Nacherfüllung des Herstellers oder eine Fristsetzung des Käufers aufgrund der Einzelwirkung nach § 325 BGB in keiner Weise auf den Letztverkäufer aus.[1733]

1728 Ob die Verjährungsfrist des § 438 BGB oder des § 195 BGB anzuwenden ist, wurde vom BGH jedenfalls bisher offengelassen, vgl. BGH, Urt. v. 26.06.2008, I ZR 221/05, NJW 2008, 2995, 2996 Rn. 16.

1729 *Matusche-Beckmann* in: Staudinger, 2023, BGB § 443 Rn. 67; *Stöber* in: BeckOGK BGB, 01.01.2025, BGB § 443 Rn. 68.

1730 *Projektgruppe VSMK und JuMiKo*, Gewährleistung und Garantie, 03.02.2016, S. 38; *Stöber* in: BeckOGK BGB, 01.01.2025, BGB § 443 Rn. 68 f., 75; *Verbraucherkommission Baden-Württemberg*, Stellungnahme Nr. 34/2014, 13.11.2014, S. 6 f.; *Verbraucherzentrale Baden-Württemberg e.V.*, Gewährleistung und Garantie, 19.12.2017, S. 4.

1731 *Matusche-Beckmann* in: Staudinger, 2023, BGB § 443 Rn. 67; *Projektgruppe VSMK und JuMiKo*, Gewährleistung und Garantie, 03.02.2016, S. 38; *Verbraucherkommission Baden-Württemberg*, Stellungnahme Nr. 34/2014, 13.11.2014, S. 6 f.; *Verbraucherzentrale Baden-Württemberg e.V.*, Gewährleistung und Garantie, 19.12.2017, S. 4.

1732 *Projektgruppe VSMK und JuMiKo*, Gewährleistung und Garantie, 03.02.2016, S. 31, 42.

1733 BT-Drs. 14/6040, 238; *Faust* in: BeckOK BGB, 74. Ed. 01.05.2025, BGB § 443 Rn. 55; *Matusche-Beckmann* in: Staudinger, 2023, BGB § 443 Rn. 69 f., dort mit ausführlichen Argumenten gegen das Prinzip der Gesamtwirkung; *Westermann* in: MüKo BGB, 8. Aufl. 2019, BGB § 443 Rn. 21; *Stöber* in: BeckOGK BGB, 01.01.2025, BGB § 443 Rn. 71.

Die Komplikationen in Hinblick auf die Beweislast und Verjährung erfordern, dass der Verkäufer den Käufer zumindest nicht pauschal auf die primär geltend zu machende Herstellergarantie verweisen und sich seiner eigenen Gewährleistungshaftung entziehen können soll. Ein solcher Verweis wäre auch rechtswidrig.[1734] Laut § 443 Abs. 1 BGB kann eine Garantie nur zusätzlich zur gesetzlichen Mängelhaftung Rechte verbürgen. Die gesetzliche Gewährleistungspflicht des Letztverkäufers kann grundsätzlich also durch die Herstellergarantie nicht beschränkt oder komplett verdrängt werden.[1735] Die Parteien können diese Regelung indes vertraglich und einvernehmlich gänzlich abbedingen oder vereinbaren, dass der Käufer zunächst die Rechte aus der Garantie geltend machen soll.[1736] Entsprechend Art. 21 Abs. 1 WKRL, § 476 Abs. 1 S. 1 BGB sind solche Abbedingungen beim Verbrauchsgüterkauf nicht zulässig, jedenfalls nicht vor Mitteilung eines Mangels. Damit unterliegt es grundsätzlich der freien Wahl des Käufers, zuerst den Hersteller oder Verkäufer in Anspruch zu nehmen. Doch oft fehlt es der Käuferschaft an den nötigen Rechtskenntnissen, um zu erkennen, dass sie neben ihren, ggf. im Vergleich zur gesetzlichen Gewährleistung nur eingeschränkten oder kürzeren, Garantieansprüchen gegen den Hersteller noch gesetzliche Gewährleistungsrechte gegen den Verkäufer haben und verzichten sodann aus Unkenntnis auf ihre Ansprüche.[1737] Aus diesen Gefahren heraus ergibt sich ein besonderes Bedürfnis nach einer Hinweispflicht. Wichtig ist, dass der Hersteller den Käufer ausdrücklich auch darüber informiert, dass seine Gewährleistungsrechte von der Garantie nicht betroffen sind, weiterhin uneingeschränkt gegen den Verkäufer bestehen und worin sie sich unterscheiden.[1738] Die Hinweispflicht auf die gesetzlichen Rechte, ihre unentgeltliche Inanspruchnahme sowie die Uneinschränkbarkeit durch die Garantie sind gesetzlich bereits gem. § 479 Abs. 1 S. 2 Nr. 1 BGB zur Umsetzung von Art. 17 Abs. 2 S. 3 lit. a) WKRL[1739] für den Verbrauchsgüterkauf

---

1734 *Stöber* in: BeckOGK BGB, 01.01.2025, BGB § 443 Rn. 74.

1735 *Stöber* in: BeckOGK BGB, 01.01.2025, BGB § 443 Rn. 46, 71.

1736 *Stöber* in: BeckOGK BGB, 01.01.2025, BGB § 443 Rn. 46 f., 71, 74, 97, wonach sich dies aus einem Umkehrschluss aus § 476 Abs. 1 S. 1 BGB für die Individualvereinbarung und aus einem Umkehrschluss aus § 310 Abs. 1 S. 1, § 309 Nr. 8 lit. b) aa) BGB für eine Klausel in AGB ergibt.

1737 BGH, Urt. v. 23.03.1988, VIII ZR 58/87, NJW 1988, 1726; BT-Drs. 14/6040, 81; *Brönneke/Freischlag* in: Boos/Brönneke/Wechsler, Konsum und nachhaltige Entwicklung, 2019, 155, 161 f.; *Gomez* in: Grundmann/Bianca, EU-Kaufrechts-Richtlinie Kommentar, 2002, Einl. Rn. 114; *Keimeyer/Gailhofer/Gsell/Graulich/Prakash/Scherf/Brönneke/Gildeggen/Schmitt/Schwarz*, UBA Texte 115/2020, 2020, S. 307; *Mak/Lujinovic*, EuCML 2019, 4, 7.

1738 *Tonner/Malcolm*, How an EU Lifespan Guarantee Model Could Be Implemented Across the European Union, (2017), S. 33; BGH, Urt. v. 23.03.1988, VIII ZR 58/87, NJW 1988, 1726; *Malinvaud* in: Grundmann/Bianca, EU-Kaufrechts-Richtlinie Kommentar, 2002, VGKRL Art. 6 Rn. 24.

1739 Vorgängervorschrift war Art. 6 Abs. 2 VGKRL.

vorgesehen.[1740] Die Hinweispflicht auf das Bestehen der gesetzlichen Rechte erfasst jedoch nicht die Information über den konkreten Inhalt dieser Rechte.[1741] Um jegliche Irreführung oder Unklarheit des Käufers aus dem Weg zu räumen, sollte ebenfalls darüber aufgeklärt werden, inwiefern der Garantiegehalt über die gesetzlich festgeschriebenen Rechte hinausgeht oder dahinter zurückbleibt.[1742] Zudem sollte eindeutig erkennbar sein, inwieweit die Garantie auch zeitlich hinter der Gewährleistung zurückbleibt. Will der Hersteller noch andere oder weitere Garantien eines beliebigen Inhalts abgeben, sollte er diese zu Informationszwecken für den Käufer mit einem Bericht zur Bedeutung, zum Unterschied und zum Verhältnis zu der gesetzlich vorgeschriebenen Garantieaussage aushändigen müssen.[1743]

Eine solche Hinweispflicht stellt eine hinreichende Lösung der Problematiken hinsichtlich der Beweislastumkehr und der Verjährungsfrist dar. Zum einen wird der Hersteller durch sie nicht unverhältnismäßig stark belastet. Dieser ist zumindest nach geltendem Recht für den Verbrauchsgüterkauf sowieso verpflichtet der Haltbarkeitsgarantie Informationen beizufügen. Eine entsprechende Garantieerklärung könnte er einmalig anfertigen, die jeweilige Aussage zur Mindestlebensdauer hinzufügen und sodann transaktionskostengünstig einem jeden Produkt, das er vertreibt, beifügen. In einem angemessenen Verhältnis hierzu steht der zu verfolgende Verbraucherschutz. Die Käufer werden in ausreichendem Maße über die geltenden Beweislast- und Verjährungsfristen informiert.[1744] Der Gefahr, dass ihre Rechte durch Zeitablauf abgeschnitten werden bei einer primären Inanspruchnahme des Herstellers, können sie durch geeignete Maßnahmen selbständig vorbeugen. Es erfolgt mithin ein angemessener Interessenausgleich zwischen Hersteller und Käufer. Belange des Herstellers können daher nicht überzeugend als Argument gegen die Etablierung einer Garantieaussagepflicht angeführt werden. Im Übrigen wären sie auch als nachrangig zu gewichten gegenüber Umweltschutzfaktoren.

1740 Anderer Ansicht ist *Dassbach*, Informationsverantwortung im Kaufrecht, 2016, S. 301, der die Informationsbeschaffung über gesetzliche Mängelgewährleistungsrechte als Teil der informationellen Eigenverantwortung des Käufers sieht und eine Informationspflicht diesbezüglich deshalb grds. ablehnt.

1741 *Augenhofer* in: BeckOGK BGB, 01.06.2025, BGB § 479 Rn. 23; *Faust* in: BeckOK BGB, 74. Ed. 01.05.2025, BGB § 479 Rn. 9.

1742 *Grundmann* in: Grundmann/Medicus/Rolland, Europäisches Kaufgewährleistungsrecht, 2000, 281, 312, unter Verweis auf EG 21 VGKRL.

1743 *Brönneke/Freischlag* in: Boos/Brönneke/Wechsler, Konsum und nachhaltige Entwicklung, 2019, 155, 165 f., 168 f.; *Keimeyer/Gailhofer/Gsell/Graulich/Prakash/Scherf/Brönneke/Gildeggen/Schmitt/Schwarz*, UBA Texte 115/2020, 2020, S. 314.

1744 A.A. *Projektgruppe VSMK und JuMiKo*, Gewährleistung und Garantie, 03.02.2016, S. 40 f.

IV. Direktanspruch gegen den Hersteller

Ein Direktanspruch des Käufers gegen den Hersteller bewirkt zum einen Einfachheit in der Praxis, wenn Ansprüche nicht entlang der Vertriebskette von Marktteilnehmer zu Marktteilnehmer geltend gemacht und weitergereicht werden müssen.[1745] Demgegenüber obliegt es jedoch der Autonomie der Marktteilnehmer sich in einer Vertriebskette zusammenzuschließen und sich eigenständig so zu organisieren, dass sie wettbewerbliche Vorteile hieraus ziehen können.[1746] Ansprüche gegen unterschiedliche Teile der Vertriebskette könnten ihre innere Organisation und vereinbarte Anspruchsregulierung behindern.[1747] Zum anderen hat ein Direktanspruch aber zur Folge, dass derjenige das Haftungsrisiko trägt, der für den Mangel verantwortlich ist und den größten Einfluss auf seine Vermeidung und Beseitigung hat.[1748] Hersteller können Reparaturen einfacher und effektiver durchführen, da sie in ihrer Funktion als Produzent sämtliche erforderliche Produktinformationen und Ersatzteile für die Reparatur zur Verfügung haben (müssen).[1749] Auch ist es für den Hersteller am einfachsten und kostengünstigsten möglich, Aktualisierungen zu entwickeln und für sämtliche von ihm entworfenen Produkte einer Kategorie bereitzustellen und durchzuführen. Damit liegt die Herstellergarantie auch im Interesse des Verkäufers, weil ein Nacherfüllungsbegehren für ihn mit einem gewissen organisatorischen Aufwand verbunden wäre.[1750] Er selbst wird nicht die notwendigen Ersatzteile zur Verfügung, keine ge-

1745 *Grundmann* in: Grundmann/Medicus/Rolland, Europäisches Kaufgewährleistungsrecht, 2000, 281, 310 f.

1746 *Atamer/Grundmann* in: Grundmann/Atamer, European Sales Law, 2023, 1, 27.

1747 *Atamer/Grundmann* in: Grundmann/Atamer, European Sales Law, 2023, 1, 27.

1748 BT-Drs. 18/8486, 41 f.; *Bridge* in: Grundmann/Bianca, EU-Kaufrechts-Richtlinie Kommentar, 2002, VGKRL Art. 4 Rn. 7; *Schlacke/Alt/Tonner/Gawel/Bretschneider*, UBA Texte 72/2015, S. 157, 163; *Tonner/Gawel/Schlacke/Alt/Bretschneider*, VuR 2017, 3, 9; *van Gool/Michel*, EuCML 2021, 136, 146; Siehe auch *Borghetti* in: Grundmann/Atamer, European Sales Law, 2023, 249, 255 f., der ausdrücklich darauf hinweist, dass dies nur für den objektiven Mangel zutreffe.

1749 *Augenhofer/Küter*, VuR 2023, 243, 247; *Borghetti* in: Grundmann/Atamer, European Sales Law, 2023, 249, 256; *Bridge* in: Grundmann/Bianca, EU-Kaufrechts-Richtlinie Kommentar, 2002, VGKRL Art. 4 Rn. 49; *Keimeyer/Gailhofer/Gsell/Graulich/Prakash/Scherf/Brönneke/Gildeggen/Schmitt/Schwarz*, UBA Texte 115/2020, 2020, S. 70, 52 ff.; *Kieninger*, ZEuP 2020, 264, 267.

1750 *Schubel*, JZ 2022, 1084, 1086; Vgl. auch *Atamer/Grundmann* in: Grundmann/Atamer, European Sales Law, 2023, 1, 26; Demgegenüber *Konferenz der Justizministerinnen und Justizminister der Länder*, Bericht der Arbeitsgruppe „Nachhaltigkeit im Zivilrecht“, 2021, S. 110, die einen Nachteil einer Direkthaftung in der Gefahr für den Einzelhandel sehen, wenn der Hersteller seine Waren statt über einen Händler nun direkt an den Kunden verkaufen würde, weil sie sich aufgrund ihrer direkten Haftung sowieso unmittelbar den Garantieansprüchen annehmen müssten und einen Service hierfür einrichten müssten.

eignete Software zur Fehleridentifikation und -behebung und auch keinen Einfluss auf den Hersteller haben, das Modell weiterzuführen und zu produzieren.[1751] Das Verantwortlichkeitsprinzip wird durch eine Direkthaftung besser gewahrt als durch einen Rückgriff entlang der Vertragskette.[1752] Insbesondere entstünden Kosten bei der fortlaufenden Geltendmachung von Regressansprüchen und die Transportwege sowie Reparaturzeiten wären länger als im Fall der direkten Inanspruchnahme des Herstellers.[1753] Dieser kann durch eine eigenständige Abwicklung der Mängelansprüche die ihm drohenden Regressansprüche abwenden.[1754] Ein Direktanspruch lässt sich zudem damit rechtfertigen, dass für Käufer die Marke und der Hersteller eines Produkts zumeist kaufentscheidend sind, während die Identität des Endverkäufers, der das Produkt an ihn vertreibt, nur von untergeordneter Bedeutung ist.[1755] Je nach Einzelfall kann es für den Käufer einfacher und schneller sein, direkt den Hersteller in Anspruch zu nehmen, z. B. wenn er das Produkt im Fernabsatz gekauft hat und ihm die Herstelleridentität bekannt ist, oder sich an seinen unmittelbaren Verkäufer zu wenden, z. B. wenn ihm die Identität des Herstellers nicht bekannt ist.[1756]

Vorteilhaft für den Käufer ist, dass er neben seinem unmittelbaren Verkäufer zusätzlich einen weiteren Schuldner in Anspruch nehmen kann.[1757] Eine Erweiterung des Personenkreises des Garantiegebers (Verkäufer, Hersteller, Importeur,

---

1751 *Bridge* in: Grundmann/Bianca, EU-Kaufrechts-Richtlinie Kommentar, 2002, VGKRL Art. 4 Rn. 49; *Keimeyer/Gailhofer/Gsell/Graulich/Prakash/Scherf/Brönneke/Gildeggen/Schmitt/Schwarz*, UBA Texte 115/2020, 2020, S. 70, 52 ff.; *Kieninger*, ZEuP 2020, 264, 267; *Mehnert*, ZRP 2023, 9, 10, dem zufolge der Verkäufer „daher notgedrungen auf eine Neulieferung ausweichen" müsse; *Micklitz/Mehnert/Specht-Riemenschneider/Liedtke/Kenning*, Recht auf Reparatur, 2022, S. 37, denen zufolge nicht nur die mangelnde Verfügbarkeit der Ersatzteile für den Letztverkäufer der Reparatur entgegenstehe, sondern auch der Schutz der Ersatzteile durch Patent-, Design- und Urheberrecht den Nachbau unzulässig machen würde.

1752 Siehe zu Hindernissen eines Rückgriffs entlang der Lieferkette *Bridge* in: Grundmann/Bianca, EU-Kaufrechts-Richtlinie Kommentar, 2002, VGKRL Art. 4 Rn. 13–24, 32–35; *Augenhofer/Küter*, VuR 2023, 243, 247 f.; Keinen Bedarf an einer zusätzlichen Direktinanspruchnahme des Herstellers sehend *Grunewald* in: FS Adams, 2013, 173, 179 f., der zufolge der Hersteller genügend Anreiz zur Herstellung haltbarer Produkte habe aufgrund des bereits bestehenden nicht unerheblichen Haftungsrisikos nach § 823 Abs. 1 BGB sowie § 1 ProdHaftG.

1753 *Augenhofer/Küter*, VuR 2023, 243, 247 f.; *Bridge* in: Grundmann/Bianca, EU-Kaufrechts-Richtlinie Kommentar, 2002, VGKRL Art. 4 Rn. 40; Vgl. auch *Borghetti* in: Grundmann/Atamer, European Sales Law, 2023, 249, 256, 258.

1754 *Schubel*, JZ 2022, 1084, 1086.

1755 *Atamer/Grundmann* in: Grundmann/Atamer, European Sales Law, 2023, 1, 28; *van Gool/Michel*, EuCML 2021, 136, 143.

1756 *Borghetti* in: Grundmann/Atamer, European Sales Law, 2023, 249, 256 f.

1757 *Borghetti* in: Grundmann/Atamer, European Sales Law, 2023, 249, 258 f.

Lieferant, s. o.) führt dazu, dass in den Anwendungsbereich der Garantieaussagepflicht auch Produkte fallen, die außerhalb der EU oder von Herstellern mit Sitz außerhalb der EU hergestellt werden. Die durch die Garantieaussagepflicht bezweckten den Umweltschutz begünstigenden Auswirkungen werden in weitreichender Weise erreicht, je mehr Waren und je mehr Personen auf Verkäuferseite dem Anwendungsbereich der Pflicht unterfallen. Das Stufenverhältnis der Verpflichteten hat zur Folge, dass es immer ein Wirtschaftssubjekt geben wird, das zur Garantieaussage verpflichtet ist und das Haftungsrisiko trägt, auch wenn der Hersteller oder Importeur nicht ermittelbar ist.[1758] Es führt ebenfalls dazu, dass es für den Käufer immer eine Person auf Verkäuferseite innerhalb der EU geben wird, die er in Anspruch nehmen kann. Der Käufer würde in der Inanspruchnahme von Herstellern aus dem nichteuropäischen Ausland regelmäßig gehemmt sein und von ihr aufgrund hoher Kosten und hohen Aufwands absehen.[1759]

Bei einem Direktanspruch zu bedenken ist der Grundsatz im Privatrecht und das Bedürfnis eines jeden Anspruchsgegners, nur den Verpflichtungen und rechtlichen Bindungen zu unterliegen, die sie selbst verhandeln und ausgestalten konnten.[1760] Dieses Anliegen kann gewahrt werden, indem Vertragsbedingungen, insbesondere Regressbedingungen, die zwischen Hersteller und Händler ausgehandelt werden, gegenüber jedem weiteren Händler bis zum Endabnehmer wirksam weitergerecht werden.[1761] Die genaue Ausgestaltung der Funktionsfähigkeitsgarantie obliegt nach dem hiesigen Vorschlag dem Hersteller. Sie wird sodann von Händler zu Händler weitergereicht bis sie den Käufer erreicht. Der Hersteller haftet demnach dem Käufer gegenüber direkt nur unter den Bedingungen und in dem Ausmaß, wie es seiner Garantieerklärung zu entnehmen ist. Alle darüberhinausgehenden Inhalte, die nach gesetzlichen Vorschriften nicht zur Disposition stehen, gelten ohnehin in gleicher Weise zwischen allen Personen der Lieferkette. Die unmittelbare Herstellerhaftung bezieht sich zudem nur auf objektive Mängel und umfasst keine subjektiven Anforderungen an die Ware, die ausschließlich zwischen den sie aushandelnden Vertragsparteien gelten.[1762] Auch der Kaufpreis

1758 *Keimeyer/Gailhofer/Gsell/Graulich/Prakash/Scherf/Brönneke/Gildeggen/Schmitt/Schwarz*, UBA Texte 115/2020, 2020, S. 293, 298, 313.

1759 *Keimeyer/Gailhofer/Gsell/Graulich/Prakash/Scherf/Brönneke/Gildeggen/Schmitt/Schwarz*, UBA Texte 115/2020, 2020, S. 297 f.

1760 *Atamer/Grundmann* in: Grundmann/Atamer, European Sales Law, 2023, 1, 25 f.; *Borghetti* in: Grundmann/Atamer, European Sales Law, 2023, 249, 260 f.; *Grundmann* in: Grundmann/Medicus/Rolland, Europäisches Kaufgewährleistungsrecht, 2000, 281, 311.

1761 *Grundmann* in: Grundmann/Medicus/Rolland, Europäisches Kaufgewährleistungsrecht, 2000, 281, 311.

1762 *Borghetti* in: Grundmann/Atamer, European Sales Law, 2023, 249, 256, 259.

kann in der Regel nicht vom Hersteller mit dem Endabnehmer verhandelt werden. Rechtsbehelfe wie Minderung oder Rücktritt sollte der Käufer daher nur gegenüber seinem Letztverkäufer nach den §§ 434 ff. BGB geltend machen können und nicht unmittelbar gegenüber dem Hersteller, der selbst keinen Kaufpreisanspruch gegen den Käufer hat.[1763] Der Kaufpreis des Letztverkäufers kann aufgrund seines Verhandlungsgeschicks höher sein als derjenige, den der Hersteller von seinem Händler verlangt hat. Er könnte deshalb wirtschaftlich schlechter dastehen, wenn der Käufer direkt ihm gegenüber mindert und eine Minderung nicht entlang der Vertragskette, dann entsprechend dem jeweils ausgehandelten Kaufpreis, erfolgt. Dasselbe würde für einen Rücktritt und der Rückgewähr des vollen Kaufpreises gelten. Gesetzlich sollte demnach nur der Anspruch auf Austausch oder Nachbesserung verpflichtend festgeschrieben sein. Freilich kann der Hersteller darüberhinausgehende Rechte in seiner Garantieerklärung freiwillig unter von ihm festgelegten Bedingungen gewähren. Eine Käuferbenachteiligung erfolgt hierdurch nicht, weil die Garantie nur zusätzliche Rechte zu den gesetzlichen Gewährleistungsrechten schafft und diese wiederum nicht beschneidet.[1764]

V. Wettbewerb um langlebige Produkte

Die inhaltsoffene Verpflichtung zur Aussage über eine Haltbarkeitsgarantie bewirkt zum einen die öffentliche Zugänglichkeit zu Informationen über Mindestlebensdauern und zum anderen begründet die Garantie eine, mehr oder weniger weitreichende, Haftung des Herstellers zusätzlich zur Gewährleistungshaftung des Letztverkäufers. Die öffentlich vergleichbaren Informationen über die Mindestlebensdauer sowie die Gewährung ergänzender Rechte in Form von Garantien aktivieren und verstärken den Wettbewerb um am längsten haltbare Waren.[1765] Mindestlebensdauerinformationen schaffen Qualitätssignale am Markt und machen die Lebensdauer zum Wettbewerbsparameter.[1766] Aufgrund der Standardi

1763 So bereits BT-Drs. 14/6040, 238; Siehe auch *Borghetti* in: Grundmann/Atamer, European Sales Law, 2023, 249, 259 f.

1764 § 443 Abs. 1 BGB; BT-Drs. 14/6040, 239.

1765 *Grundmann*, JZ 2000, 1133, 1138; *Segger-Piening*, ZfPW 2020, 358, 382 f.; *Malinvaud* in: Grundmann/Bianca, EU-Kaufrechts-Richtlinie Kommentar, 2002, VGKRL Art. 6 Rn. 3 mit Verweis auf EG 21 VGKRL.

1766 *Schlacke/Alt/Tonner/Gawel/Bretschneider*, UBA Texte 72/2015, S. 26, 213, 216; *Schlacke/Tonner/Gawel*, JZ 2016, 1030, 1037 f.; *Tonner/Gawel/Schlacke/Alt/Bretschneider*, VuR 2017, 3, 9, 11; Siehe zum Qualitätssignal durch Garantien auch *Riha*, Ökonomische Analyse des Sachmängelgewährleistungsrechts des BGB, 2007, S. 121 ff.

sierung der Garantieaussagen können Käufer die Qualitätssignale richtig wahrnehmen und die Vereinheitlichung erleichtert einen Vergleich der Informationen auf dem Markt.[1767] Sodann können sie ihre Kaufentscheidung hieran ausrichten. Bei gleichem Kaufpreis werden sich die Käufer für das Produkt entscheiden, welches mit der längsten und umfassendsten Garantie geliefert wird, vorausgesetzt die Käuferschaft weist entsprechende Präferenzen für langlebige Waren auf (s.o. Zweiter Teil A.III.4.d)i.(2)). Die Garantie gilt als Beleg für eine hohe Produktqualität.[1768] Unternehmen würden hinsichtlich der Bereitstellung und Laufzeit von Haltbarkeitsgarantien konkurrieren.[1769] Im Wettbewerb führt die Garantie somit zu einer Absatzsteigerung und Gewinnmaximierung.[1770] Hersteller hätten einen Anreiz lange Mindestlebensdauern anzugeben und eine umfassende Garantie zu gewährleisten. Eine Garantiezeit von über Null werden aber wohl nur Hersteller von hochwertigen und langlebigen Produkten machen, um Kunden zu gewinnen und ihren Absatz zu steigern.[1771] Denn der Nutzengewinn durch Garantien wird sich nur lohnen, wenn diese Gewinne die Kosten einer potenziellen Inanspruchnahme aufgrund der Garantien übersteigen. Das wird regelmäßig nur der Fall sein bei hochwertigen und tatsächlich langlebigen Waren. Bei ihnen ist die Wahrscheinlichkeit, dass sie die angegebene Mindestlebensdauer nicht erreichen, gering und Rechte aus der Garantie würden nicht geltend gemacht werden.[1772] Hieraus entsteht der Anreiz, Waren mit einem langlebigen Produktdesign und einer haltbaren Konstruktion herzustellen, um Garantien geben zu können. Die Herstellung langlebiger Waren wiederum lohnt sich nur, wenn die höheren Produktionskosten nicht die Kosten einer Inanspruchnahme bei Beibehaltung der geringeren Qualität übersteigen. Investitionen in die Produktqualität lohnen sich so lange, wie Kosten einer Inanspruchnahme gespart werden und durch einen höheren Absatz und einen steigenden Gewinn ausgeglichen werden können bzw. die Käuferschaft be-

---

1767 *Grundmann*, JZ 2000, 1133, 1138; *Grundmann* in: Jayme, Kulturelle Identität und Internationales Privatrecht, 2003, 95, 99; *Schlacke/Alt/Tonner/Gawel/Bretschneider*, UBA Texte 72/2015, S. 214.

1768 BT-Drs. 14/6040, 237.

1769 *Europäische Kommission*, Vorschlag für eine Richtlinie des Europäischen Parlaments und des Rates zur Änderung der Richtlinie 2005/29/EG und 2011/83/EU hinsichtlich der Stärkung der Verbraucher für den ökologischen Wandel durch besseren Schutz gegen unlautere Praktiken und bessere Informationen, COM(2022) 143 final, 30.03.2022, S. 13.

1770 BT-Drs. 14/6040, 237.

1771 *Akerlof*, 84(3) Q. J. Econ. 488, 496 (1970); *Eger* in: Schäfer/Lwowski, Konsequenzen wirtschaftlicher Normen, 2002, 183, 193; *Gawel/Bretschneider*, ZfU 1 (2016), 1, 21; *Prakash/Dehoust/Gsell/Schleicher/Stamminger*, UBA Texte 11/2016, 2016, S. 269 f.

1772 *Hess*, Geplante Obsoleszenz, 2018, S. 163.

reit ist, einen höheren Kaufpreis zu zahlen.[1773] Demzufolge würde jedenfalls bei entsprechender kaufkräftiger Nachfrage (s. o. Zweiter Teil A.III.4.d)i.(2)) nach langlebigen Produkten die Garantieaussage zu einer Erhöhung der Nachhaltigkeitsqualität führen.[1774] Nicht zuletzt, um einen Reputationsverlust zu vermeiden. Aus diesen wettbewerblichen Gründen ist auch die Gefahr, dass Hersteller eine unrealistisch kurze Lebensdauer angeben, um ihre Haftung zu beschränken (s. o. Zweiter Teil A.III.4.d)i.(4)), unwahrscheinlich. Weil letztlich nur Hersteller von hoher Qualität eine Garantie geben können, genießt eine solche hohe Glaubwürdigkeit.[1775]

Der Anreiz eine Garantiezeit von über Null zu gewähren wird begünstigt durch die Pflicht, auch angeben zu müssen, wenn keine Garantie übernommen wird.[1776] Eine Angabe von Null ist ein Signal minderwertiger Qualität.[1777] Den Marktteilnehmern wird dadurch angezeigt, dass der Hersteller davon ausgeht, die Ware ist lediglich im Zeitpunkt der Übergabe voll funktionsfähig.[1778] Es ist davon auszugehen, dass sie eine solche negative Werbung sowie den Imageverlust vermeiden wollen und daher eine Mindestlebensdauer für den Zeitraum von zwei Jahren garantieren würden, der dem kaufrechtlichen Gewährleistungszeitraum entspräche.[1779] Jedoch werden sich Hersteller minderwertiger Qualität eine Garantiegewährung mit einer Zeitangabe von über Null nicht leisten können. Die Wahrscheinlichkeit der Inanspruchnahme aufgrund der Garantie ist bei

1773 *Eger* in: Schäfer/Lwowski, Konsequenzen wirtschaftlicher Normen, 2002, 183, 188 f., dem zufolge davon auszugehen ist, dass Garantien immer dann gegeben werden, wenn sie im Interesse beider Parteien liegen und der Wert der Garantie für den Käufer den Kosten dieser für den Garantiegeber entspricht; *Riha*, Ökonomische Analyse des Sachmängelgewährleistungsrechts des BGB, 2007, S. 42.

1774 *Akerlof*, 84(3) Q. J. Econ. 488, 496 (1970); *Gawel/Bretschneider*, ZfU 1 (2016), 1, 21; *Konferenz der Justizministerinnen und Justizminister der Länder*, Bericht der Arbeitsgruppe „Nachhaltigkeit im Zivilrecht", 2021, S. 109; *Riha*, Ökonomische Analyse des Sachmängelgewährleistungsrechts des BGB, 2007, S. 121; *Schlacke/Alt/Tonner/Gawel/Bretschneider*, UBA Texte 72/2015, S. 26, 213, 216; *Schlacke/Tonner/Gawel*, JZ 2016, 1030, 1037; *Tonner/Gawel/Schlacke/Alt/Bretschneider*, VuR 2017, 3, 9.

1775 *Riha*, Ökonomische Analyse des Sachmängelgewährleistungsrechts des BGB, 2007, S. 121.

1776 *Tonner/Malcolm*, How an EU Lifespan Guarantee Model Could Be Implemented Across the European Union, (2017), S. 32.

1777 *Eger* in: Schäfer/Lwowski, Konsequenzen wirtschaftlicher Normen, 2002, 183, 193; *Gomez* in: Grundmann/Bianca, EU-Kaufrechts-Richtlinie Kommentar, 2002, Einl. Rn. 75, 114; *Rühl*, AcP 207 (2007), 614, 648 f. m.w.N.; *Schäfer/Ott*, Lehrbuch der ökonomischen Analyse des Zivilrechts, 5. Aufl. 2012, S. 519.

1778 *Schlacke/Alt/Tonner/Gawel/Bretschneider*, UBA Texte 72/2015, S. 214; *Tonner/Gawel/Schlacke/Alt/Bretschneider*, VuR 2017, 3, 9.

1779 *Schlacke/Alt/Tonner/Gawel/Bretschneider*, UBA Texte 72/2015, S. 159; *Tonner/Gawel/Schlacke/Alt/Bretschneider*, VuR 2017, 3, 9.

minderwertigen Waren hoch und die Kosten hierfür würden die Absatzgewinne durch eine hohe Garantiezeitangabe übersteigen. Wollten sie dennoch ebenfalls eine Garantiezeit von über Null angeben, müsste sie den Kaufpreis erhöhen, um die Kosten der potenziellen Inanspruchnahme entsprechend des Mangel- und Reparaturrisikos auszugleichen.[1780] Ein höherer Kaufpreis würde aber wieder zu einer Abwanderung der Käuferschaft führen.[1781] Denn Hersteller kurzlebiger Waren müssten für eine Garantiezeit einen höheren Kaufpreis verlangen, als ihn ein Hersteller langlebiger Waren für die gleiche Garantiezeit verlangen würde. Daraus entsteht wiederum der Anreiz zur Produktion langlebiger Güter und zur Investition in ein langlebiges Produktdesign und eine haltbare Produktkonstruktion. Anderenfalls werden minderwertige Qualität und Produkte mit einer kurzen Lebensdauer vom Markt verdrängt und so kann dem Problem der adversen Selektion begegnet werden.[1782] Zum Zweck der Erreichung von Nachhaltigkeitszielen wirkt sich die Pflicht zur Aussage über die Funktionsfähigkeitsgarantie daher positiv aus.

Aber auch bei der Angabe einer Garantiezeit von unter zwei Jahren treten die Vorteile hinsichtlich der Beweislast und der Verjährungsfrist ein. Jedenfalls würde die Mangelfreiheit über den Gefahrübergang hinaus für die gesamte, wenn auch kurze, Garantiedauer gewährleistet. Der Käufer wäre bei einer Garantie, die nicht über die gesetzliche Gewährleistung hinausgeht, jedenfalls besser über seine Rechte informiert als ohne sie und er kann diese auch leichter durchsetzen.[1783] Zudem bekommt der Käufer einen zusätzlichen Schuldner, den er in Anspruch nehmen kann.[1784] Die Möglichkeit zwei Wirtschaftssubjekte in Anspruch nehmen zu können hat für den Käufer außerdem den Vorteil, dass sich das von ihm zu tragende Insolvenzrisiko verringert.[1785] Selbst, wenn der Hersteller einen Garantiezeitraum von Null angibt, gibt er dennoch eine Garantie dahingehend, dass der

---

1780 *Eger* in: Schäfer/Lwowski, Konsequenzen wirtschaftlicher Normen, 2002, 183, 193; *Gomez* in: Grundmann/Bianca, EU-Kaufrechts-Richtlinie Kommentar, 2002, Einl. Rn. 75; *Hess*, Geplante Obsoleszenz, 2018, S. 163; *Parisi*, 52(2) Am. J. Comp. Law 403, 411 (2004); *Rühl*, AcP 207 (2007), 614, 648 f. m.w.N.; *Schäfer/Ott*, Lehrbuch der ökonomischen Analyse des Zivilrechts, 5. Aufl. 2012, S. 519.

1781 *Hess*, Geplante Obsoleszenz, 2018, S. 163.

1782 *Akerlof*, 84(3) Q. J. Econ. 488, 496 (1970); *Eger* in: Schäfer/Lwowski, Konsequenzen wirtschaftlicher Normen, 2002, 183, 193.

1783 *Malinvaud* in: Grundmann/Bianca, EU-Kaufrechts-Richtlinie Kommentar, 2002, VGKRL Art. 6 Rn. 6.

1784 *Gomez* in: Grundmann/Bianca, EU-Kaufrechts-Richtlinie Kommentar, 2002, Einl. Rn. 113.

1785 *Augenhofer/Küter*, VuR 2023, 243, 248; *Borghetti* in: Grundmann/Atamer, European Sales Law, 2023, 249, 259; *Bridge* in: Grundmann/Bianca, EU-Kaufrechts-Richtlinie Kommentar, 2002, VGKRL Art. 4 Rn. 49, dem zufolge außerdem der geschäftliche Fortbestand des Letztverkäufers weniger gesichert sei als der des Herstellers.

Kaufgegenstand im Zeitpunkt der Übergabe mangelfrei ist.[1786] Daher sind die Funktionen der Garantie gleichlaufend zu denen des Gewährleistungsrechts (s. o. Zweiter Teil A.IV.), weil sie einen Anreiz zur effizienten Mangelreduzierung und damit zur Langlebigkeit setzt.[1787]

VI. Zusammenfassung

Die Vorteile einer Garantieaussageverpflichtung des Herstellers für die Käufer überwiegen zum einen die Nachteile für den Hersteller. Die Regelung bewirkt die Vermeidung werkstofflicher, funktionaler und ökonomischer Obsoleszenz, indem sie wirksame Anreize zur Herstellung langlebiger Waren, zur Bereitstellung von Aktualisierungen sowie zur Entwicklung reparaturfähiger Designs und zur Etablierung funktionsfähiger Reparaturservices setzt. Nicht langlebige oder reparaturunfähige Waren werden vom Markt verdrängt. Die Lebens- und Nutzungsdauer von Produkten wird sich allgemein erhöhen, es würden seltener Neuanschaffungen getätigt. Und demzufolge werden die negativen Umweltauswirkungen, die mit einer Neuproduktion und der Entsorgung von Produkten einhergehen, vermieden.

Auf Grundlage dieser Ausführungen lässt sich folgender Formulierungsvorschlag für eine verpflichtende Garantieaussagepflicht unterbreiten:[1788]

> Der Hersteller (§ 4 ProdHaftG) einer Ware oder Ware mit digitalen Elementen, ist verpflichtet gegenüber dem Käufer unentgeltlich (1) die Mindestlebensdauer der verkauften Ware oder Ware mit digitalen Elementen anzugeben und für diese Dauer ihre Funktionsfähigkeit zu garantieren (Funktionsfähigkeitsgarantie) oder (2) eindeutig und ausdrücklich darauf hinzuweisen, dass er die Funktionsfähigkeit der Ware oder Ware mit digitalen Elementen für ihre objektiv und bei Waren der gleichen Art übliche Mindestlebensdauer nicht garantiert. Der Hersteller ist verpflichtet diese Informationen vor oder im Zeitpunkt des Vertragsschlusses dem Käufer mitzuteilen und auf einem dauerhaften Datenträger zur Verfügung zu stellen.

1786 *Schlacke/Alt/Tonner/Gawel/Bretschneider*, UBA Texte 72/2015, S. 160; *Tonner/Gawel/Schlacke/Alt/Bretschneider*, VuR 2017, 3, 9.

1787 *Eger* in: Schäfer/Lwowski, Konsequenzen wirtschaftlicher Normen, 2002, 183, 194.

1788 Der Formulierungsvorschlag basiert auf den Formulierungsvorschlägen von *Tonner/Malcolm*, How an EU Lifespan Guarantee Model Could Be Implemented Across the European Union, (2017), S. 34; *Brönneke/Freischlag* in: Boos/Brönneke/Wechsler, Konsum und nachhaltige Entwicklung, 2019, 155, 168; *Keimeyer/Gailhofer/Gsell/Graulich/Prakash/Scherf/Brönneke/Gildeggen/Schmitt/Schwarz*, UBA Texte 115/2020, 2020, S. 315 f.

Dieser Hauptregelung nachfolgend sollten sodann die zuvor beschriebenen und die Garantieaussage ausgestaltenden gesetzlichen Festsetzungen niedergeschrieben sein:

> Die Garantieaussagepflicht bezieht sich auf alle Arten von Gebrauchsgeständen, ausgeschlossen sind Verbrauchsgegenstände. Der Hersteller muss die Funktionen der Ware oder der Ware mit digitalen Elementen, deren Bestehen für den Zeitraum der Mindesthaltbarkeit garantiert werden, konkret benennen. Anderenfalls sind die Angaben in Werbung, Produktbeschreibung und -kennzeichnung, Betriebsanleitung oder Datenblättern ausschlaggebend. Um bestimmte Eigenschaften und Funktionen von der Garantie auszuschließen, müssen diese Einschränkungen explizit in transparenter Weise erläutert werden und die Garantieaussage muss als „eingeschränkte Funktionsfähigkeitsgarantie" gekennzeichnet werden. Die Informationspflicht erfasst auch den Hinweis auf die sich aus der konkret angegebenen Mindestlebensdauer ergebende Verjährungsregelung für Gewährleistungsansprüche. Der Käufer hat während des Garantiezeitraums mindestens einen Anspruch auf Austausch oder Nachbesserung der Ware oder Ware mit digitalen Elementen. Die Ansprüche aus der Garantie verjähren nach der regelmäßigen Verjährungsfrist gem. §§ 195, 199 BGB. Im Übrigen sind Art. 17 WKRL bzw. § 443 BGB sowie § 479 BGB entsprechend anwendbar.

Vierter Teil: Gesamtbetrachtung

Die in dieser Untersuchung diskutierten kaufgewährleistungsrechtlichen Normausgestaltungen und vorgeschlagenen Gesetzesänderungen im Sinne einer ökologischen Effizienz dienen, soweit sie durch den europäischen Gesetzgeber vorgenommen werden, der Förderung des Ziels einer nachhaltigen Entwicklung Europas und dem Gebot und der Rechtspflicht zur Berücksichtigung von Umweltschutzbelangen bei der Festlegung und Durchführung der Unionspolitiken und -maßnahmen nach Art. 3 Abs. 3 UAbs. 1 S. 2 und Abs. 5 S. 2 EUV sowie Art. 11 und Art. 191 AEUV. Soweit der deutsche Gesetzgeber tätig wird, erfüllt dieser die unmittelbar verbindliche und bereichsübergreifende Verpflichtung des Staats aus Art. 20a GG. Aus Art. 20a GG lässt sich der Auftrag, in Form eines Nachbesserungsauftrags, an den Gesetzgeber herleiten tätig zu werden, um die natürlichen Lebensgrundlagen künftiger Generationen zu schützen. Er ist damit verpflichtet Nachhaltigkeitsziele in optimaler Weise zu verfolgen, d. h. im bestmöglichen Maße. Die Nachhaltigkeitsstrategie, die dieser Untersuchung als Leitfaden zugrunde liegt, setzt sich zusammen aus der Verlängerung der Produktlebensdauer und der Produktnutzungsdauer durch Verbesserung der Produktqualität, der Möglichkeit und der Erleichterung der Reparatur von Waren sowie der Bereitstellung von Updates für Waren mit digitalen Elementen. Je langlebiger ein Produkt produziert wird, je leichter Reparaturen im Mangelfall erfolgen und je eher Updates möglich sind, desto länger kann es genutzt werden, desto weniger werden Ersatzanschaffungen getätigt und desto ressourcenschonender und damit umweltfreundlicher sind diese Waren, indem sie die Rohstoffgewinnung und den Herstellungsaufwand neuer Waren vermeiden sowie das Abfallaufkommen durch die Entsorgung verringern.

In der folgenden Gesamtbetrachtung erfolgt eingangs eine Zusammenschau der bisher erläuterten bestehenden und vorgeschlagenen rechtlichen Mechanismen und ihres Einflusses auf das Erreichen der Nachhaltigkeitsziele (A.). Es werden noch einmal die wichtigsten Inhalte und gesetzlichen Änderungsvorschläge der Strategien gegen Obsoleszenz aufgezeigt. Soweit die Änderungsvorschläge im Sinne einer nachhaltigen Entwicklung vom Gesetzgeber umgesetzt werden, entstehen strategieübergreifende Zielkonflikte, die es zu diskutieren und in einen Ausgleich zu bringen gilt (B. – F.). Es folgt ein Fazit der diskutierten Strategien zur Erreichung von Nachhaltigkeitszielen und ein Ausblick, welche kaufgewährleistungsrechtlichen Normen überarbeitet und geändert werden sollten als Auftrag an den Gesetzgeber (G.).

https://doi.org/10.1515/9783112224526-006

A. Zusammenspiel nachhaltigkeitshemmender und nachhaltigkeitsfördernder Mechanismen

Die Produktion langlebiger Waren, die Erleichterung von Reparaturen im Mangelfall und die umfangreiche Bereitstellung von Aktualisierungen bilden die Grundlagen der Untersuchung. Ziel ist es, Produkte lange zu nutzen und selten zu ersetzen, um die Rohstoffgewinnung und den Herstellungsaufwand neuer Waren zu vermeiden und das Abfallaufkommen durch Entsorgung alter Produkte zu minimieren. Die Strategie zur Vermeidung von Obsoleszenz kann durch das Zusammenspiel kaufgewährleistungsrechtlicher Mechanismen verfolgt werden. Sie decken einen Großteil des Produktlebenszyklus ab und nehmen sowohl auf den Herstellungsprozess als auch auf die Nutzungsphase Einfluss. Das Kaufgewährleistungsrecht kann Nachhaltigkeitszielen bereits in seiner aktuellen Ausgestaltung nachgehen. Es bestehen allerdings einige nachhaltigkeitshemmende Regelungen, die unter der Prämisse einer verlängerten Produktlebensdauer modifiziert werden sollten. Insoweit hat der europäische Gesetzgeber die Möglichkeit verpasst, Nachhaltigkeit als omnipräsentes Thema wirkungsvoll in das Kaufgewährleistungsrecht zu integrieren.

I. Mindesthaltbarkeitsstandards

Werkstoffliche Obsoleszenz kann durch die Etablierung eines hohen Haltbarkeitsstandards von Produkten vermieden werden. Die Strategie zur Vermeidung werkstofflicher Obsoleszenz knüpft primär an den Begriff der Vertragswidrigkeit nach Art. 6 und 7 WKRL bzw. an den Mangelbegriff des § 434 BGB an. Das Vorliegen eines Mangels ist die Grundlage eines anreizorientierten Gewährleistungssystems. Ohne dass ein Mangel besteht, kommt das Kaufgewährleistungsrecht nicht zur Anwendung. Die Haltbarkeit als eine Nachhaltigkeitseigenschaft eines Kaufgegenstands ist seit der Umsetzung der WKRL explizit als Teil des Beschaffenheitsbegriffs normiert und somit für die Beurteilung, ob ein Mangel vorliegt, relevant. Kommt es bei der gekauften Ware bei normaler Verwendung frühzeitig zu einem Funktionsausfall liegt hierin ein Mangel begründet, welcher den Käufer zur Geltendmachung seiner Abhilferechte berechtigt. Wann von einer vorzeitigen im Vergleich zu einer normalen Alterung auszugehen ist, bestimmt sich entweder nach Parteivereinbarungen oder anhand der üblichen Beschaffenheit von Gegenständen derselben Art sowie der Erwartungshaltung des Käufers. Bei den vom Gesetzgeber gewählten Begriffen handelt es sich um derart wertungsoffene Begriffe, dass es sowohl für den Rechtsanwender als auch für den Käufer nicht ersichtlich ist, wann von vorzeitiger und wann von normaler Alterung bei einem Funktionsverlust auszugehen ist. Der Käufer unterliegt gewöhnlich einem Informationsdefizit. Für ihn ist nicht ersichtlich, welche Haltbarkeit bei Gegenständen derselben Art üblich ist und welche Haltbarkeit er dementsprechend erwarten kann. Ohne einen Referenzwert kann er nicht einschätzen, ob sein funktionsunfähig gewordenes Produkt die objektiv übliche Haltbarkeit unter- oder überschritten hat. Allein die Nennung der Haltbarkeit als für die Mangelbestimmung relevante Eigenschaft, hat kaum Einfluss auf die Nachhaltigkeitsstrategie. Die unbestimmten Rechtsbegriffe erhalten Konturen und das Informationsdefizit des Käufers kann beseitigt werden, wenn Personen auf Verkäuferseite Angaben zur Haltbarkeit machen. Hierunter sollen nicht sämtliche Auskünfte in Bezug auf die Haltbarkeit fallen, sondern vielmehr die konkrete Angabe einer Mindesthaltbarkeit. Solche Mitteilungen sind als öffentliche Äußerungen relevant für die Bestimmung der objektiv üblichen Beschaffenheit. Ein Verstoß gegen die angegebene Mindesthaltbarkeit begründet einen Mangel. Je mehr Hersteller freiwillig Lebensdauerangaben machen, desto eher werden sich allgemeingültige Produktstandards auf dem Markt etablieren. Sie werden allerdings nur dann freiwillig Informationen offenbaren, wenn sie damit ein Qualitätssignal senden können, welches vom Käufer korrekt aufgenommen wird, seinen Präferenzen entspricht und durch eine Zunahme der Nachfrage nach nachhaltigen Waren honoriert wird. Die Aussicht auf Kundengewinn, Absatz- und Umsatzsteigerung führt dazu, dass sich zeit- und kostenintensive Lebensdauertests, um Angaben hinsichtlich der Mindestlebensdauer machen zu können, auch lohnen. Daraus folgt, dass Hersteller keine Auskunft über die Mindesthaltbarkeit ihrer Produkte geben werden, wenn Käufergruppen kein Interesse an diesen Informationen haben, weil sie für sie nicht kaufentscheidungsrelevant sind. Hersteller geringwertiger Güter werden zudem auf eine derart negative Werbung lieber verzichten wollen. Aus diesen Gründen sollten Informationspflichten eingeführt werden, welche die Hersteller treffen. Sie sollen verpflichtet werden, Angaben zu der Mindestlebensdauer der von ihnen hergestellten Waren zu machen. Einerseits würde dadurch Transparenz für den Käufer und den gesamten Markt entstehen. Andererseits resultiert hieraus ein Wettbewerb zur Produktion nachhaltiger Waren. Alle Hersteller senden zwangsläufig Qualitätssignale, die aufgrund der einheitlich bestehenden Informationspflicht gut miteinander verglichen werden können. Ergebnis ist, dass sich die Produktqualität an ein einheitliches, höheres Niveau angleichen wird. Ist dieses höhere Niveau unter Nachhaltigkeitsgesichtspunkten noch nicht hoch genug, sollten bestimmte Mindestlebensdauervorgaben vom Gesetzgeber zwingend vorgeschrieben werden. Rechtlich verbindliche Qualitätsstandards haben ebenso Einfluss auf die objektiv übliche Beschaffenheit, die sich wiederum am aktuellen Stand der Technik orientiert. Der Stand der Technik wird bestimmt durch öffentlich-rechtliche Normen. Somit konkretisieren rechtliche Standards den Begriff der objektiv üblichen Beschaffenheit und wirken auf die

Käufererwartung ein. Ein Verstoß gegen die gesetzlich vorgeschriebenen Anforderungen begründet einen Mangel. Neben der Beseitigung des Informationsdefizits des Käufers wird zugleich ein *Market for Lemons* vermieden bzw. sogar in sein Gegenteil verkehrt, wenn kurzlebige Produkte durch langlebige Produkte aus dem Markt gedrängt werden. Hersteller werden langlebige Waren produzieren, wenn der zu erwartende Gewinn durch den Verkauf langlebiger Waren höher ist als die Mehrkosten, die mit der Konstruktion und Produktion einhergehen. Dies wird dann der Fall sein, wenn Produkteigenschaften wie die Lebensdauer Grundlage der Käuferentscheidung sind, d. h. Käufer eine Präferenz für nachhaltige Waren haben und bereit sind einen höheren Kaufpreis für bessere Qualität zu entrichten. Je größer das Nachhaltigkeitsbewusstsein in der Bevölkerung ist, desto eher werden Hersteller eine Qualitätsprämie erhalten und nachhaltige Güter aus ihrem Gewinnerzielungsinteresse herstellen. Eine staatliche Regulierung ist hingegen in den Konstellationen erforderlich, in denen eine unzureichende Nachfrage und eine fehlende Zahlungsbereitschaft für langlebige Güter besteht. Dies ist aktuell überwiegend der Fall, auch wenn davon auszugehen ist, dass das Nachhaltigkeitsbewusstsein in der Bevölkerung stetig wächst. Langlebigkeit ist nicht das entscheidungsrelevante Kaufkriterium. Das Gewährleistungsrecht fungiert sodann als zusätzlicher Kostenfaktor, den das Unternehmen zu berücksichtigen hat und vermeiden will. Je weitreichender die Gewährleistungspflicht ist, desto größer ist der Anreiz qualitativ hochwertige Güter zu produzieren. Für den Hersteller sind Maßnahmen zur Verringerung des Mangeleintrittsrisikos, zur Erhöhung der Produktqualität und zur Verlängerung der Lebensdauer effizient, wenn deren zusätzliche Kosten geringer sind als die durch sie zu erwartenden Gewinne zuzüglich der Reduzierungen des Ausfallrisikos und der Mangelbeseitigungskosten. Es ist davon auszugehen, dass den Hersteller diese Anreize treffen, weil sie vom Letztverkäufer entlang der Lieferkette an den Hersteller weitergereicht werden. Das Gewährleistungsrecht ermöglicht dem Letztverkäufer ausdrücklich sein Haftungsrisiko zu begrenzen, indem er von seinem Verkäufer Regress verlangen kann. Der Regressanspruch besteht für alle Glieder der Lieferkette. Letztlich soll diejenige Partei die Gewährleistungskosten tragen, die für den Mangel verantwortlich ist. Bei Haltbarkeitsmängeln wird dies der Hersteller sein, da er Einfluss auf das Produktdesign, die Produktkonstruktion und die Materialauswahl hat.

II. Nachbesserungsanspruch

Die Anreizwirkung durch die drohende Haftung gemäß dem Kaufgewährleistungsrecht entsteht nicht bereits durch die Nennung des Haltbarkeitskriteriums als Teil des Beschaffenheitsbegriffs, sondern vielmehr erst durch die dem Käufer zustehenden Abhilferechte aufgrund eines Haltbarkeitsmangels. Die Inanspruchnahme kann von Verkäuferseite verhindert werden durch Vermeidung des Mangeleintritts, d.h. durch Produktion von Waren, welche die objektiv übliche Mindestlebensdauer erreichen. Demzufolge besteht die Strategie zur Vermeidung werkstofflicher Obsoleszenz sowie zur Verlängerung der Produktlebensdauer in der Kombination von Gewährleistungsanspruch und Haltbarkeit, als für die Bestimmung der Vertragsmäßigkeit nach Art. 6 und 7 WKRL bzw. der Beschaffenheit i.S.d. § 434 BGB relevante Eigenschaft. Damit das Kaufgewährleistungsrecht als Drohpotenzial und Kostenfaktor beim Verkäufer Berücksichtigung findet, muss er eine Inanspruchnahme durch den Käufer auch für wahrscheinlich halten. Andernfalls sendet ein Privatrecht, das nicht durchgesetzt wird, keinerlei Anreize zum nachhaltigkeitsbegünstigenden Verhalten. Bei Nichtbeachtung der Haltbarkeitsstandards hätte der Verkäufer keinerlei Sanktionen zu befürchten, wenn Käufer systematisch ihre Rechte gar nicht wahrnehmen.

Insofern die Kosten eines Verfahrens den Nutzen der Rechtsdurchsetzung überschreiten, wäre der Aufwand individueller Rechtsdurchsetzung für den Käufer unverhältnismäßig hoch und würde sich für ihn nicht lohnen. Er würde anstelle der Geltendmachung seiner Abhilfen nach Art. 13 WKRL, § 437 BGB einfach eine neue Ware kaufen. Dies gilt in besonderem Maße für geringwertige Waren und kleine Schäden. Dieses Problem der rationalen Apathie des Käufers lässt sich hauptsächlich auf die Regelungen der Beweislast zurückführen. Der Käufer muss grundsätzlich beweisen, dass der auftretende Funktionsausfall eine Vertragswidrigkeit i.S.d. Art. 6 oder Art. 7 WKRL bzw. ein Mangel i.S.d. § 434 BGB darstellt und bereits im Zeitpunkt des Gefahrübergangs vorlag bzw. angelegt war. Bei versteckten Mängeln wie den Haltbarkeitsmängeln, die sich erst einige Zeit nach Kaufvertragsschluss offenbaren, ist ein Beweis des Grundmangels bei Übergabe mit besonderen Schwierigkeiten und hohen Kosten verbunden. Hingegen sind die Erkenntnis- und Untersuchungsmöglichkeiten für den Verkäufer, der im Lager des Herstellers steht und in die Lieferkette eingebunden ist, ungleich besser. Die Beweislastumkehr wirkt der rationalen Apathie des Käufers in erheblichen Maße entgegen und erzeugt eine gesteigerte Bereitschaft zur Durchsetzung von Gewährleistungsrechten, indem sie die Prozessposition des Verbrauchers verbessert. Der Verbraucher profitiert jedenfalls im ersten Jahr nach Gefahrübergang davon, dass dem Verkäufer die Beweislast obliegt und ihn die Schwierigkeit der Abgrenzung von vorzeitiger zur normalen Alterung trifft. Durch die Beweislastumkehr verringern sich der Aufwand der Rechtsdurchsetzung und die Kosten der Ermittlung der Mangelursache, sodass der Nutzen einer Geltendmachung der Abhilferechte auch bei geringwertigen Gütern überwiegen wird. Mit der Regelung der Beweislastumkehr geht ein weiterer Konflikt zwischen Verkäufer und Käufer einher. Die Ware befindet sich nach Übergabe im alleinigen Herrschaftsbereich des

Käufers. Wenn der Mangel nicht aus einer ungenügend langlebigen Konstruktion herrührt, sondern aus dem überdurchschnittlich intensiven Nutzverhalten des Käufers oder seiner geringen Sorgfalt bei der Nutzung, muss der Verkäufer dies als Mangelursache beweisen. Dabei hat er keine Kenntnis von dem käuferseitigen Verhalten und er unterliegt dahingehend einem Informationsdefizit. Gelingt es ihm nicht die Vermutung der Mangelhaftigkeit zu widerlegen, trägt er einseitig das volle Mangelrisiko. Indessen soll der Verkäufer lediglich die Risiken tragen, die in seiner Sphäre begründet liegen, und der Käufer diejenigen Risiken, die er durch sein Nutzverhalten beeinflussen kann. Dieser Grundsatz soll durch § 446 BGB (vgl. auch Art. 10 Abs. 1 WKRL) sichergestellt werden. Eine faktische Haltbarkeitsgarantie wird durch die Neuerung des § 434 BGB gerade nicht begründet. Die umfängliche Haftungsfreistellung des Käufers begünstigt das Problem des *moral hazard.* Je weitreichender die Gewährleistungspflicht des Verkäufers ist, desto größer ist zwar der verkäuferseitige Anreiz qualitativ hochwertige Güter zu produzieren, desto geringer ist aber der konsumentenseitige Anreiz zum sorgsamen Gebrauch des Guts. Dieser Konflikt kann abgeschwächt werden, bspw. durch die Grundsätze der sekundären Beweislast. Letztlich muss er aber hingenommen werden. Den Verkäufer trifft das Mangelrisiko nicht gänzlich zufällig. Er kann in umfangreicher Weise Einfluss auf potenziell drohende Funktionsausfälle nehmen durch die Produktentwicklung, -konstruktion und -herstellung. Der Gegenbeweis wird dem Verkäufer aufgrund seiner Nähe zum Hersteller einfacher gelingen als der Beweis des Grundmangels durch den Käufer. Um erfolgreich eine Strategie zur Erreichung von Nachhaltigkeitszielen verfolgen zu können ist es unablässig, dass die rationale Apathie des Käufers eingedämmt wird, dieser zur Geltendmachung seiner Rechte angehalten wird, vom Gewährleistungssystem genügend Anreiz ausgeht und Hersteller in die Entwicklung, Konstruktion und Produktion nachhaltiger Waren investieren.

Auch aus diesen Gründen sollte die zeitliche Reichweite der Beweislastumkehr ausgedehnt werden für nachhaltige Produkte. Nach Ablauf der einjährigen Beweislastumkehr ist der Beweis eines Grundmangels im Zeitpunkt des Gefahrübergangs viel schwieriger und die Käufer werden ihre Rechte faktisch gar nicht mehr durchsetzen können. Darüber hinaus erhöht das Risiko der Unaufklärbarkeit der Mangelursache, das den Verkäufer treffen sollte, den Anreiz zur Optimierung einer nachhaltigen Produktqualität und Entwicklung einer Konstruktion, die zerstörungsfrei in ihre Einzelteile zerlegt werden kann. Dies fördert zugleich die Möglichkeit der Reparatur. Bei einer Verlängerung der Beweislastumkehr werden Verkäuferbelange durch die feste zeitliche Grenze einer solchen hinreichend geschützt. Die Vermutung ist auch nur so lange gerechtfertigt, bis die Mindestlebensdauer eines langlebigen Produkts abgelaufen ist. Insofern liegt es auch im Interesse des Verkäufers Mindestlebensdauertests und -angaben zu machen. Der

Käufer wird ferner in der Durchsetzung seines Nacherfüllungsanspruchs bestärkt durch die Regelungen der Unentgeltlichkeit der Nacherfüllung sowie der Pflicht des Verkäufers die Nacherfüllung in einem angemessenen Zeitraum zu erbringen.

Außerhalb des Gewährleistungsregimes würden Käufer regelmäßig von einer Reparatur aufgrund finanzieller Aufwendungen und fehlender Reparaturangebote absehen. In der Situation des erstmals auftretenden Defekts sollte die entsprechende Ware repariert werden. Eine Reparatur verlängert die Lebens- und Nutzungsdauer der Ware und ein die Umwelt negativ beeinflussender Neukauf wird vermieden. Unabhängig davon, ob der Funktionsausfall daraus resultiert, dass der Hersteller keinen hinreichenden Anreiz zur Herstellung langlebiger Waren hatte, aus sonstigen wirtschaftlichen Gründen nicht genügend in die Produkthaltbarkeit investiert hat oder es trotz nachhaltigem Design und langlebiger Konstruktion dennoch zur frühzeitigen Alterung gekommen ist, sollte die funktionsunfähig gewordene Ware repariert werden. Der Käufer, der insbesondere aufgrund der Regelung der Beweislastumkehr, genügend Anreiz hat seine Abhilferechte geltend zu machen und aufgrund der rechtlichen Voraussetzungen primär vom Verkäufer Nacherfüllung verlangen muss, soll sich im Rahmen seines Nacherfüllungsanspruchs für die Nachbesserung anstelle der Nachlieferung entscheiden. Ein die Nachbesserung unattraktiv machender Nutzungsausfall des Produkts kann durch Entschädigungsansprüche ausgeglichen werden, wenn die Nachbesserung erhebliche Unannehmlichkeiten verursacht oder zu spät kam. Entscheidet sich der Käufer dennoch für die Nachlieferung kann die Ausgestaltung des Art. 13 WKRL und § 437 BGB als *Default-Rule* dahingehend, dass die Nachbesserung der Nachlieferung zwingend vorgeht, das Verhalten des Käufers zur Förderung der umweltfreundlichen Reparatur beeinflussen, weil die Norm die Entscheidung zugunsten der Nachbesserung vorgeben würde. Aus Verkäufersicht hingegen wird Nacherfüllung bei einem mangelhaften Massenprodukt des Niedrigpreissegments meistens durch Nachlieferung und bei einem mangelhaften hochwertigen Produkt durch Nachbesserung vorgenommen, weil dies jeweils für den Verkäufer wirtschaftlich am günstigsten ist. Das lässt sich durch das relative Verweigerungsrecht des Verkäufers realisieren. Das Problem der ökonomischen Obsoleszenz kann vermieden werden, indem die rechtlichen Mechanismen bewirken, dass die Kosten einer Gewährleistungshaftung für ein nicht reparierbares Produkt im Vergleich zu den Herstellungskosten einer reparierbaren Ware höher sind. Ein reparaturfreundliches Design von Waren sowie die Verfügbarkeit von Ersatzteilen sind Voraussetzung für eine Reparatur. Nur wenn diese Voraussetzungen gegeben sind, können Entscheidungen überhaupt erst zugunsten der Reparatur ausfallen. Konkrete Anforderungen an die Reparaturfähigkeit und Reparaturfreundlichkeit sollten mittels öffentlich-rechtlicher Normen für bestimmte Produktgruppen etabliert werden, welche den aktuellen Stand der Technik aufstellen und daher zur

Bestimmung der objektiv üblichen Beschaffenheit relevant sind. Am erfolgversprechendsten zur Einführung verpflichtender Standards sind die delegierten Rechtsakte zum Ökodesign. Es könnte ein einheitliches Regelwerk errichtet werden, welches sämtliche Anforderungen an die Produktgestaltung und -herstellung, auch solche die Haltbarkeit betreffend, festlegt. Die Beispiele bisher erlassener Rechtsakte im Zusammenhang mit der Ökodesign-RL sollten daher als Vorbild dienen, jedoch im Anwendungsbereich über energieverbrauchsrelevante Produkte hinaus erweitert werden, wie es die Ökodesign-VO vorsieht. Die Umsetzung der Strategie zur Förderung von Reparaturen erfordert sodann flächendeckende, für sämtliche Produktkategorien bestehende Ökodesign-Anforderungen. Die Einführung von Standards bzgl. Reparaturfähigkeit und -freundlichkeit in Kombination mit der gesetzlichen Pflicht, primär nachzubessern, löst den Anreiz auf Herstellerseite aus, das Produkt besonders reparaturfähig herzustellen, Reparaturservices einzurichten und Ersatzteile vorzuhalten, um die Reparaturkosten so gering wie möglich zu halten. Die Kosten einer Gewährleistungshaftung für nicht reparierbare Produkte im Vergleich zu den Herstellungskosten reparierbarer Waren berücksichtigt der Hersteller in seiner Entscheidungskalkulation. Die Qualifizierung der Reparaturunfähigkeit als Mangel hat eigenständige Bedeutung. Im Falle eines Funktionsausfalls einer Ware, die nicht repariert werden kann, kann der Verkäufer nur nachliefern. Das neue Produkt müsste bis zum Zeitpunkt der Nacherfüllung allerdings bereits fortentwickelt und seinerseits reparaturfähig sein, um nicht ebenso als mangelhaft angesehen zu werden. Aufgrund der Gewährleistungshaftung müsste der Verkäufer demnach sowohl kostenlos ein neues Produkt nachliefern, welches zudem zwangsweise weiterentwickelt sein müsste. Die Haftung für ein nicht reparaturfähiges Produkt ist weitreichend und die Kosten werden höher sein als diejenigen einer nachhaltigen Produktherstellung. Somit werden schließlich reparaturunfähige Produkte vom Markt verschwinden und reparaturfähige Produkte stattdessen entwickelt. Überdies bewirkt der Mechanismus, dass die Nachbesserung gegenüber der Nachlieferung vergünstigt wird. Weil die Herstellungskosten für Waren zunehmen, die die rechtlichen Anforderungen an die Reparaturfähigkeit und Reparaturfreundlichkeit erfüllen, ist die Reparatur im Mangelfall im Vergleich zur teurer werdenden Neuproduktion umso einfacher, kostengünstiger und schneller durchführbar, je reparaturfähiger und -freundlicher die Ware ist.

III. Aktualisierungspflicht

Neben der Verlängerung der Produktlebensdauer durch die Herstellung langlebigerer Waren und durch Reparaturen im Mangelfall können Aktualisierungen als

Mittel zur Erhaltung der Funktionalität von Waren mit digitalen Elementen dienen. Sie bewirken, dass digitale Inhalte und Dienstleistungen an die Änderungen technischer Anforderungen an die Hardware, Software und Netzverbindungen angepasst werden. Eine mit einer bestehenden Hardware funktionierenden Software ermöglicht eine längere Nutzung derselben.

Die Aktualisierungspflicht des Verkäufers ergibt sich aus einem Umkehrschluss aus den gewährleistungsrechtlichen Regelungen, weil die Nichtbereitstellung sowie die fehlerhafte oder unvollständige Bereitstellung von vertraglich vereinbarten oder vom Käufer aufgrund der Art und des Zwecks der Ware erwartbaren Aktualisierungen einen Mangel darstellen. Die Bereitstellungspflicht bezieht sich auf solche Aktualisierungen, die für den Erhalt der Vertragsmäßigkeit der Ware erforderlich sind, insbesondere daher zum Erhalt von Eigenschaften wie der Haltbarkeit oder Funktionalität. Aktualisierungen sind für einen Zeitraum bereitzustellen, den der Käufer erwarten kann. Hier sollte eine Verknüpfung zur angegebenen oder gesetzlich festgelegten Mindesthaltbarkeit der entsprechenden Ware erfolgen. Der Käufer kann regelmäßig erwarten, dass Aktualisierungen für den Zeitraum der Mindesthaltbarkeit bereitgestellt werden. Durch die Vornahme von Aktualisierungen wäre während des Mindesthaltbarkeitszeitraums der Erhalt der Funktionalität und sonstiger Produkteigenschaften sichergestellt, indem sich die digitalen Elemente an die sich ändernde digitale Umgebung anpassen können. Funktionale Obsoleszenz wäre eingedämmt und die Produktlebensdauer und -nutzungsdauer würde verlängert werden können.

Auch im Rahmen der Aktualisierungsverpflichtung besteht das Problem der rationalen Apathie des Käufers. Dieser muss beweisen, dass die Aktualisierung zum Erhalt der Vertragsmäßigkeit geeignet und erforderlich ist und dass eine solche nicht bereitgestellt wurde. Vor allem aus Gründen des Umweltschutzes muss der rationalen Apathie des Käufers begegnet werden, der Käufer zur Geltendmachung seiner Abhilferechte angehalten werden und die Strategie zur Vermeidung funktionaler Obsoleszenz effektiv verfolgt werden. Art. 11 WKRL sowie § 477 BGB sollten daher verbraucherfreundlich ausgelegt bzw. analog angewandt werden. Für den Beweis, dass eine Aktualisierung notwendig ist, um den Eintritt einer potenziell bevorstehenden oder bereits eingetretenen Vertragswidrigkeit zu verhindern oder zu beseitigen, sollte die Darlegung eines plausiblen Zusammenhangs zwischen einem Update und der Vertragswidrigkeit genügen. Der Unternehmer muss seinerseits beweisen, dass er die Aktualisierung bereitgestellt hat. Für den Nachweis einer fehlerhaften oder unvollständigen Aktualisierung sollte es ausreichen, wenn der Verbraucher Symptome einer fehlerhaften Funktion, nicht hinreichenden Kompatibilität oder Ähnlichem glaubhaft machen kann.

Aufgrund der faktisch in zeitlicher Hinsicht unbegrenzten Aktualisierungsverpflichtung entsteht ein asymmetrisches Dauerschuldverhältnis zwischen den

Vertragsparteien. Die Vertragsmäßigkeit der digitalen Elemente einer Ware werden während des gesamten Zeitraums der Aktualisierungsverpflichtung geschuldet, welcher die zweijährige Verjährungsfrist übersteigen kann. Auch wenn prinzipiell nur für Vertragswidrigkeiten im Zeitpunkt des Gefahrübergangs gehaftet werden soll, muss für Waren mit digitalen Elementen eine Ausnahme gemacht werden, weil sich das digitale Umfeld stetig verändert und Aktualisierungen erforderlich sind, um sicherzustellen, dass die Waren auch nach dem Zeitpunkt der Übergabe noch funktionieren, d. h. haltbar sind. Aus denselben Gründen muss der Verkäufer auch Mängel beseitigen, die infolge einer unterbliebenen oder fehlerhaften Aktualisierung erstmalig entstanden sind. Auch in dieser Konstellation kommen dem Verbraucher die Vorzüge der Beweislastumkehr zugute. Die Dauer der Aktualisierungspflicht ist an die Mindesthaltbarkeit der Ware gekoppelt, sodass die Haftung für den Unternehmer vorhersehbar und kalkulierbar ist. Zudem haftet er nicht für Mängel infolge einer unterbliebenen Aktualisierung, wenn der Verbraucher es unterlässt, die bereitgestellte Aktualisierung zu installieren.

Die Aktualisierungspflicht trifft den Letztverkäufer, der seiner Pflicht auch nachkommen kann, indem der Hersteller die Aktualisierungen zur Verfügung stellt oder zugänglich macht. Anderenfalls kann sich der Letztverkäufer durch die Regelungen des Herstellerregresses schadlos halten. Auch in diesem Zusammenhang bewirkt der Mechanismus, dass der Hersteller den Anreiz zur Entwicklung und Bereitstellung von Aktualisierungen erhält, um Regressansprüche entlang der Lieferkette zu vermeiden. Solche gehen mit hohen Kosten einher, die den Aufwand der Programmierung und Bereitstellung von Aktualisierungen weit übersteigen. Zumal Updates einmalig für eine gesamte Produktcharge entwickelt werden und aus der Ferne über das Internet schnell und einfach bereitgestellt und durchgeführt werden können.

Darüber hinaus besteht die Möglichkeit eine defekte Ware mittels Durchführung von Aktualisierungen nachzubessern. Der Käufer hat die Wahl, ob er sich auf den nach Gefahrübergang offenbar werdenden Mangel und die Beweislastumkehr beruft oder auf die fehlende Aktualisierung, die Ursache des offenbarwerdenden Mangels ist und einen danebenstehenden separaten Mangel darstellt. In beiden Fällen erfolgt die Nacherfüllung in Form der Nachbesserung durch eine Aktualisierung. Weil Updates nur einmalig für einen Gerätetyp entwickelt und programmiert werden müssen und auf sämtlichen Endgeräten schnell und einfach über das Internet installiert werden können, vergünstigen sie die Nachbesserung eines softwarebedingten Mangels als Variante des Nacherfüllungsanspruchs. Aktualisierungen leisten somit einen Beitrag zur Lösung des Problems der ökonomischen Obsoleszenz sowie zum Problem der funktionalen Obsoleszenz. Obendrein vermindern Aktualisierungen das Phänomen der psychologischen Obsoleszenz, indem dem Wunsch und dem Trend nach dem technologisch neusten Produkt durch

Software-Updates entsprochen werden kann. Konsumenten können vom technischen Fortschritt, neuen Innovationen sowie von saisonalen Trends profitieren, solange diese in den digitalen Inhalten und Dienstleistungen begründet liegen und nicht in der Hardware.

IV. Anspruchsverjährung

Nach aktuell geltendem Recht verjähren die Gewährleistungsansprüche innerhalb von zwei Jahren nach der Übergabe des Kaufgegenstands. Offenbart sich ein versteckter Mangel erst nach Ablauf von zwei Jahren, ist der Käufer rechtlos gestellt und kann seine Abhilferechte nicht mehr durchsetzen. Insbesondere für langlebige Ware, die eine Mindesthaltbarkeit von weit über zwei Jahren aufweisen, ist eine solche kurze Verjährungsfrist problematisch. Sie ist regelmäßig bereits abgelaufen bevor der Käufer überhaupt Kenntnis vom Haltbarkeitsmangel erlangt. Dies betrifft eine Vielzahl von Produkten. Die Regelung begründet schließlich für Waren eine Haltbarkeitshöchstdauer von zwei Jahren, weil der Anreiz des Herstellers zur Produktion langlebiger Waren auf einen Zeitraum von zwei Jahren gehemmt ist. Die aktuelle Regelung des Verjährungsfristbeginns verfolgt ebenso wie die Kürze der Frist hauptsächlich Verkäuferinteressen und lässt dabei Nachhaltigkeitsaspekte völlig unberücksichtigt. Das Interesse des Käufers, keinen Rechtsverlust zu erleiden, wird fast vollständig übersehen oder einfach hingenommen. Die Vorteile einer Ausdehnung der Verjährungsregelungen überwiegen in Hinblick auf Nachhaltigkeitserwägungen sowie aus Gründen des Gläubigerschutzes die Nachteile. Käufer müssen eine faire Chance erhalten, von den Gewährleistungsrechten Gebrauch zu machen, um so das Anreizsystem der gewährleistungsrechtlichen Mechanismen zu aktivieren. Eine klare zeitliche Begrenzung der Verjährung im Sinne einer Verjährungshöchstfrist von zehn Jahren berücksichtigt Verkäuferinteressen hinreichend.

Der Verjährungszeitraum muss allgemein ausgedehnt werden, um längeren Produktnutzungs- und -lebensdauern zu entsprechen. Je länger der Verjährungszeitraum ist, desto größer ist das Mangelrisiko, das der Verkäufer trägt. Ein langer Haftungszeitraum intensiviert den Anreiz zur Herstellung langlebiger Waren, um die Gewährleistungshaftung generell zu vermeiden. Überdies wird der Anreiz verstärkt in die Reparaturfähigkeit und -freundlichkeit zu investieren, um so die Kosten einer Inanspruchnahme so gering wie möglich zu halten. Dies gilt besonders, wenn die Nachbesserung als primärer Rechtsbehelf gesetzlich normiert ist. Die Nachlieferung könnte zugleich wegen relativer Unverhältnismäßigkeit gegenüber einer Reparatur verweigert werden, weil die Nachbesserung günstiger ist und der Verkäufer kann so der Gefahr einer Gratisnutzung des Käufers entgehen. Die

Vergünstigung der Nachbesserung liegt im Sinne der Nachhaltigkeitsstrategie. Die Angemessenheit des Kaufpreises, als Zweck des Gewährleistungsrechts, wäre zudem sichergestellt, wenn der Verkäufer für die Funktionstüchtigkeit der Ware während ihrer Lebensdauer einstehen müsste.

Dabei sollte die Verjährungsfrist nicht pauschal verlängert werden, weil eine allgemein gültige längere Frist nicht der Vielfältigkeit der Produkte auf dem Markt entspricht und daher nicht zweckmäßig wäre. Es sollten produktgruppenspezifische Verjährungsfristen gelten, die sich an der vom Hersteller angegebenen oder durch Gesetz festgelegten Mindesthaltbarkeit orientieren. So wäre sichergestellt, dass Ansprüche nicht bereits vor Offenbarwerden eines Haltbarkeitsmangels verjährt wären. Voraussetzung ist hierbei, dass der Gesetzgeber die Strategie zur Vermeidung werkstofflicher Obsoleszenz aktiv verfolgt und flächendeckende Haltbarkeitsstandards für sämtliche Produktgruppen normiert. Eine andere Lösung, die ebenfalls die Lebensdauer des einzelnen Produkts berücksichtigt und die Verjährung an den Einzelfall anpasst, stellt die Geltung der allgemeinen Verjährungsfrist von drei Jahren dar, die mit Kenntnis vom Mangel zu laufen beginnt. Der Mangel müsste sich allerdings innerhalb des Mindesthaltbarkeitszeitraums offenbart haben. Verjährungsregelungen, die den allgemeinen Verjährungsregelungen entsprechen wäre auch aus Gründen der Rechtssicherheit und Rechtsvereinheitlichung zu begrüßen. Dieselben Gründe sprechen allerdings auch für eine Angleichung an die Verjährungsregelungen, die bzgl. digitaler Elemente sowie Aktualisierungen gelten nach § 475e BGB. Die Verjährung tritt hiernach nicht vor Ablauf von zwölf Monaten nach dem Ende des Bereitstellungszeitraums von digitalen Elementen ein bzw. nicht vor Ablauf von zwölf Monaten nach dem Ende des Zeitraums der Aktualisierungspflicht. Beides kann vertraglich vereinbart werden oder sich nach der Erwartung des Käufers bestimmen. Diese wird maßgeblich durch die Mindestlebensdauer der entsprechenden Ware beeinflusst. Insofern könnte ein Gleichlauf der Verjährungszeiträume erfolgen und die Verjährung von Mängeln von Waren und Waren mit digitalen Elementen tritt generell nicht vor Ablauf von zwölf Monaten nach dem Ende des Mindesthaltbarkeitszeitraums ein. Letztlich handelt es sich hierbei um eine Regelung, die sich zusammensetzt aus dem Vorschlag der produktgruppenspezifischen Verjährungsfrist und der Hemmung des Ablaufs der Verjährungsfrist, wobei die Verjährung wie in § 438 Abs. 2 BGB vorgesehen mit Ablieferung der Ware beginnt. Die Verjährungsfrist endet erst nach Ablauf der vereinbarten oder vom Käufer erwartbaren Haltbarkeitsdauer, Bereitstellungsdauer von digitalen Elementen sowie von Aktualisierungen. Mängel in Form der vorzeitigen Alterung könnten somit vom Käufer problemlos geltend gemacht werden, weil sie noch nicht vor ihrem Auftreten verjährt wären.

V. Herstellergarantieaussagepflicht

Zur Vermeidung strategieübergreifender Konflikte sollte eine Herstellergarantieaussagepflicht gesetzlich normiert werden. Eine solche wirkt sich positiv auf das Erreichen von Nachhaltigkeitszielen aus. Die Garantieaussagepflicht bewirkt die Vermeidung werkstofflicher, funktionaler und ökonomischer Obsoleszenz, indem sie wirksame Anreize zur Herstellung langlebiger Waren, Bereitstellung von Aktualisierungen sowie zur Entwicklung eines reparaturfähigen Designs und zur Etablierung Reparaturservices setzt. Nicht langlebige oder reparaturunfähige Waren werden vom Markt verdrängt. Die Lebens- und Nutzungsdauer von Produkten wird sich allgemein erhöhen.

Die Normierung einer Herstellergarantieaussagepflicht im System des Kaufgewährleistungsrechts begründet die Pflicht des Herstellers eine Garantieaussage hinsichtlich der Mindestlebensdauer sowie des Vorhandenseins eines Reparaturservices und von Ersatzteilen der von ihm vertriebenen Produkte zu machen. Der Hersteller wird verpflichtet für eine bestimmte Zeitspanne die Funktionsfähigkeit des vermarkteten Produkts zu garantieren. Die Zeitspanne entspricht der Mindestlebensdauer, welche der Hersteller verpflichtet ist anzugeben. Allerdings liegt die Angabe der Länge der Mindesthaltbarkeit in seinem Ermessen, d.h. er kann auch eine zeitliche Angabe von Null machen. Über das Bestehen oder Nichtbestehen der Funktionsfähigkeitsgarantie muss immer informiert werden. Wenn während der Geltungsdauer ein Funktionsverlust auftritt, wird vermutet, dass die Rechte aus der Garantie greifen. Gesetzlich sollte der Anspruch auf Austausch oder Nachbesserung verpflichtend als von der Garantie erfasst festgeschrieben sein. Während der angegebenen Mindestlebensdauer muss der Hersteller somit imstande sein einen auftretenden Defekt zu reparieren oder die Funktionsfähigkeit einer Ware mit digitalen Elementen durch Aktualisierungen aufrecht zu erhalten.

Einerseits beseitigt eine Garantieaussagepflicht das Informationsdefizit des Käufers hinsichtlich der Abgrenzung einer vorzeitigen von einer normalen Alterung des Produkts. Für den Käufer ist durch die verpflichtend anzugebende Mindesthaltbarkeit ersichtlich, wie lange das Produkt seine Funktion mindestens beibehalten sollte. Tritt ein Defekt während der angegebenen Mindesthaltbarkeitsdauer auf, hat der Käufer Kenntnis, dass es sich um einen vorzeitigen Funktionsausfall und damit um eine Vertragswidrigkeit nach Art. 6 oder Art. 7 WKRL bzw. um einen Mangel i. S. d. § 434 BGB handelt. Er kann sodann seine Rechte aus der Garantie oder seine Abhilferechte gem. Art. 13 WKRL, § 437 BGB geltend machen.

Andererseits verringert sich die Beweislast des Käufers hinsichtlich des Bestehens des Mangels im Zeitpunkt des Gefahrübergangs, weil vermutet wird, dass ein während der angegebenen Mindesthaltbarkeit auftretender Funktionsverlust die Rechte aus der Garantie begründet. Zwar kann sich die Rechtsstellung des Käufers verschlechtern, wenn er zuerst den Hersteller in Anspruch nimmt und sich gegenüber seinem Letztverkäufer nicht mehr auf die im Verbrauchsgüterkauf geltende Beweislastumkehr wegen Zeitablaufs berufen kann. Um dies zu verhindern, genügt jedoch eine Hinweispflicht, wonach der Hersteller den Käufer darüber informiert, dass seine Gewährleistungsrechte von der Garantie nicht betroffen sind, weiterhin uneingeschränkt gegen den Verkäufer bestehen und worin sie sich unterscheiden. Für den Verbrauchsgüterkauf ist eine solche Hinweispflicht nach Art. 17 Abs. 2 S. 3 lit. a) WKRL verpflichtend und bereits in § 479 Abs. 1 S. 2 Nr. 1 BGB normiert. Oft fehlt es der Käuferschaft an den nötigen Rechtskenntnissen, um zu erkennen, dass sie neben ihren, ggf. im Vergleich zur gesetzlichen Gewährleistung nur eingeschränkten oder kürzeren, Garantieansprüchen gegen den Hersteller noch gesetzliche Gewährleistungsrechte gegen den Verkäufer haben und verzichten sodann aus Unkenntnis auf ihre Ansprüche.

Darüber hinaus besteht das Problem einer frühzeitigen Verjährung von Ansprüchen aufgrund von Haltbarkeitsmängeln nicht. Für die Garantie gilt die allgemeine Verjährungsfrist nach §§ 195, 199 BGB, welche mit Schluss des Jahres zu laufen beginnt, in welchem der Mangel (innerhalb der Garantiezeit) entdeckt wurde. Haltbarkeitsmängel wären im Rahmen der Funktionsfähigkeitsgarantie jedenfalls nicht abgeschnitten und könnten auch bei langlebigen Waren vom Käufer geltend gemacht werden.

Auf Grundlage einer Funktionsfähigkeitsgarantie kann der Käufer direkt den Hersteller in Anspruch nehmen. Dieses Vorgehen hat für beide Seiten Vorteile. Gewährleistungsansprüche müssten nicht entlang der gesamten Lieferkette geltend gemacht und weitergereicht werden, damit der Anreiz zur Herstellung langlebiger und reparaturfähiger Waren den Hersteller erreicht. Es würde direkt diejenige Partei das Haftungsrisiko tragen, die für den Haltbarkeitsmangel verantwortlich ist und den größten Einfluss auf seine Vermeidung und Beseitigung hat. Hersteller können sowohl Reparaturen als auch Aktualisierungen am kostengünstigsten vornehmen. Der Käufer hat mehrere Schuldner zur Auswahl und kann sich auf die Garantie oder die gesetzlichen Gewährleistungsrechte berufen. Die Erweiterung des Personenkreises des Garantiegebers führt dazu, dass in den Anwendungsbereich der Garantieaussagepflicht auch Produkte fallen, die außerhalb der EU oder von Herstellern mit Sitz außerhalb der EU hergestellt werden. Die durch die Garantieaussagepflicht bezweckten und den Umweltschutz begünstigenden Auswirkungen werden in weitreichender Weise erreicht, je mehr Waren und je mehr Personen auf Verkäuferseite dem Anwendungsbereich der Pflicht unterfallen.

Die Garantie gilt auf dem Markt als Beleg für eine hohe Qualität. Angaben zur Mindestlebensdauer und der gewährten Rechte sind transparent und können verglichen werden. Garantien verstärken so den Wettbewerb um am längsten haltbare Produkte. Denn lediglich Hersteller langlebiger Waren, die über gut funktionierende Reparaturservices verfügen sowie solche, die schnell Aktualisierungen entwickeln und bereitstellen können, können es sich leisten Garantien mit einem Zeitraum von über Null zu gewähren. Die Marktgewinne, die durch die Gewährung einer Garantie erzielt werden können, werden die Kosten einer potenziellen Inanspruchnahme übersteigen. Daraus entsteht der Anreiz zur Produktion langlebiger Güter, zur Investition in ein reparaturfähiges Design und zur Bereitstellung von Aktualisierungen. Produkte mit einer kurzen Lebensdauer werden vom Markt verdrängt und so kann dem Problem der adversen Selektion begegnet werden. Diese Anreize treffen auch Hersteller von Produkten mit geringer Qualität, weil sie verpflichtet sind offenzulegen, dass sie einen Garantiezeitraum von Null gewähren.

Die Normierung einer Herstellergarantieaussagepflicht ist daher ein unter Nachhaltigkeitsgesichtspunkten zu begrüßender Vorschlag. Sie intensiviert bereits bestehende Anreizsysteme, trägt zum Verbraucherschutz bei und stellt Lösungen für Probleme bereit, die sich abseits einer Garantie des Herstellers im Rahmen der Gewährleistung zwischen Käufer und Verkäufer stellen. Sie geht damit in ihrer Wirkung über die Informationspflicht bzgl. der Mindesthaltbarkeit hinaus.

B. Marktaustritte und Preissteigerungen

An vielen Stellen in dieser Arbeit wurden bereits die Rückschlüsse gezogen, dass qualitativ geringwertige, kurzlebige und den eingeführten strengen Qualitätsanforderungen nicht entsprechende Produkte vom Markt verschwinden werden. Der Ausschluss von nicht den Anforderungen an die Haltbarkeit und anderen Eigenschaften genügenden Produkten aus dem Unionsmarkt entspricht der Intention des europäischen Gesetzgebers, um nachhaltige Verbrauchergewohnheiten und die Kreislaufwirtschaft zu fördern.[1789] Die durch das Kaufgewährleistungsrecht und mit ihm im Zusammenhang stehenden rechtlichen Normen geschaffenen Anreize und verstärkter Wettbewerbsdruck sind die Ursache der Verdrängung umweltschädlicher Produkte vom Markt. Hintergrund sind die Informationspflichten (s. o. Zweiter Teil A.III.4.d)i.(3)), die rechtlich verbindlichen Qualitätsstandards (s. o. Zweiter Teil A.IV.1. und Zweiter Teil B.II.4.a)) sowie die Herstellergarantieaussagepflicht (s. o. Dritter Teil B.V.). Diese Regelungen bestärken den Wettbewerb um die

1789 Vgl. EG 32 WKRL; *Europäische Kommission*, Der europäische Grüne Deal, COM(2019) 640 final, 11.12.2019, S. 9.

qualitativ besten Produkte und setzen Anreize zur Herstellung langlebiger, reparaturfähiger und reparaturfreundlicher Waren. Werkstofflicher und ökonomischer Obsoleszenz kann effektiv begegnet werden. Die Lebens- und Nutzungsdauer von Produkten erhöht sich, es werden weniger Neuanschaffungen getätigt und negative Umweltauswirkungen infolge von Neuproduktion und Entsorgung alter Waren wird vermieden. Gleichermaßen leistet die Aktualisierungspflicht hierzu einen großen Beitrag und unterbindet funktionale Obsoleszenz.

Mit Erreichen dieser Nachhaltigkeitsziele können gleichzeitig soziale Probleme einhergehen. Vor allem die durch Gesetz zwingend vorgesehene höhere und nachhaltige Produktqualität kann im negativen Sinne auch die Gefahr von Marktaustritten begründen.[1790] Es ist zumindest denkbar, dass in sozialpolitisch diffiziler Weise der Kaufpreis durch höhere Produktqualität steigt und damit einhergehend Käuferpräferenzen nicht befriedigt werden.

I. Kaufpreis

Es ist naheliegend, dass der Kaufpreis für Waren und Waren mit digitalen Elementen steigen wird aufgrund des den Verkäufer treffenden weitreichenderen und strengeren Gewährleistungsumfangs sowie als Folge der Einhaltung von Qualitätsstandards, welche Herstellung und Entwicklung der Waren verteuern.[1791] Insbesondere entstehen dem Verkäufer höhere Kosten für die Bereitstellung von Aktualisierungen[1792], dem Nachkommen von Informationspflichten[1793] sowie für das

1790 So *Schlacke/Alt/Tonner/Gawel/Bretschneider*, UBA Texte 72/2015, S. 200.

1791 Vgl. *Augenhofer/Küter*, VuR 2023, 243, 245; *Eger* in: Schäfer/Lwowski, Konsequenzen wirtschaftlicher Normen, 2002, 183, 205; *Gawel/Bretschneider*, ZfU 1 (2016), 1, 5; *Mak/Lujinovic*, EuCML 2019, 4, 8; *Metzger* in: MüKo BGB, 9. Aufl. 2022, BGB Vor § 327 Rn. 29; *Rühl*, AcP 207 (2007), 614, 621; *Schäfer/Ott*, Lehrbuch der ökonomischen Analyse des Zivilrechts, 5. Aufl. 2012, S. 431; *Schlacke/Alt/Tonner/Gawel/Bretschneider*, UBA Texte 72/2015, S. 46, 200; *Schmolke* in: Towfigh/Petersen, Ökonomische Methoden im Recht, 2. Aufl. 2017, 131, 161 Rn. 324; *Tietzel* in: Ott/Schäfer, Allokationseffizienz in der Rechtsordnung, 1989, 52, 62 f.; *van den Bergh* in: Ott/Schäfer, Effiziente Verhaltenssteuerung und Kooperation im Zivilrecht, 1997, 77, 78 ff.; Anders hingegen *Bizer/Führ/Proeger*, Die ökonomischen Auswirkungen einer Verbesserung des deutschen Gewährleistungsrechts, 20.09.2016, S. 18 ff., insb. 24 f., 30, 39, wonach auf Grundlage einer Studie nicht mit einer Preissteigerung infolge der Ausweitung des deutschen Gewährleistungsrechts zu rechnen ist, weil sich bei Betrachtung des Zeitraums zwischen 1998 und 2004 auch keine preissteigernde Wirkung der VGKRL zu erkennen ist, weder in Ländern mit einer Minimalumsetzung noch in Ländern mit einer Übererfüllung der VGKRL.

1792 *Atamer/Grundmann* in: Grundmann/Atamer, European Sales Law, 2023, 1, 19 f.; *Ehle/Kreß*, CR 2019, 723, 728; *Sattler*, CR 2020, 145, 149, dem zufolge sich zudem die Einpreisung von Kosten als schwierig darstellt, weil sie erst ex-post entstehen. Umfang, Anzahl und Dauer der Aktualisie-

Vorhalten von Ersatzteilen, vorwiegend für innovative und teure Komponenten, die er auf den Kaufpreis umlegen wird.[1794] Dies berücksichtigend normiert Art. 5 Abs. 11 lit. c) Ökodesign-VO in Bezug auf Nachhaltigkeitsstandards von Waren beispielsweise aber ausdrücklich, dass mit der Festlegung von Ökodesign-Anforderungen keine nennenswerten nachteiligen Auswirkungen für die Verbraucher hinsichtlich der Erschwinglichkeit der Produkte einhergehen sollen.

Ein sozialpolitisches Problem kann dadurch entstehen, dass günstigere, wenn auch weniger langlebige, aber massenfähige Produkte nicht mehr auf dem Markt angeboten würden und sich viele Bevölkerungsteile die teureren Produkte nicht leisten könnten.[1795] In der Folge entstünden negative Verteilungseffekte wie Energiearmut oder Mobilitätsarmut.[1796] Es werden mithin nicht nur Hersteller aus dem Niedrigpreissegment und kurzlebige, nicht nachhaltige Produkte vom Markt verdrängt, sondern auch die Konsumentengruppe, die sich hochwertige, teure Waren nicht leisten können. Hinsichtlich der Ausweitung des Gewährleistungsumfangs müsste die gesamte Käuferschaft höhere Produktpreise zahlen für Gewährleistungsrechte, die indes nicht alle Käufer haben wollen und die von Teilen der Käufer nicht entsprechend der Preissteigerung hoch bewertet werden.[1797] Es ist davon auszugehen, dass nur risikoscheue Käufer bereit sein werden eine Risikoprämie für einen umfangreicheren Gewährleistungsschutz zu zahlen, soweit die Reduktion des Risikos für den Käufer einen höheren Nutzen als die Steigerung des Kaufpreises hat.[1798] Vor allem für Produkte, die aus Käufersicht schnell altern bzw. schnell wieder aus der Mode kommen und nach kurzer Zeit ersetzt werden sollen (psychologische Obsoleszenz), lohnen sich höhere Preise für umfangreiche Ge-

---

rungspflicht ließen sich ex-ante nicht feststellen. Folgt man hingegen dem Vorschlag und koppelt die Dauer der Aktualisierungspflicht an die Mindestlebensdauer der entsprechenden Ware, so ist jedenfalls die zeitliche Komponente ex-ante feststellbar und die Kosten teilweise kalkulierbar.

1793 *Dassbach*, Informationsverantwortung im Kaufrecht, 2016, S. 333 ff.; *van den Bergh* in: Ott/Schäfer, Effiziente Verhaltenssteuerung und Kooperation im Zivilrecht, 1997, 77, 80 f.; *van Gool/Michel*, EuCML 2021, 136, 140.

1794 *Prakash/Dehoust/Gsell/Schleicher/Stamminger*, UBA Texte 11/2016, 2016, S. 277; *Schlacke/Tonner/Gawel*, JZ 2016, 1030, 1032.

1795 *Gawel/Bretschneider*, ZfU 1 (2016), 1, 28; *Bizer/Führ/Proeger*, Die ökonomischen Auswirkungen einer Verbesserung des deutschen Gewährleistungsrechts, 20.09.2016, S. 3 f.; *Mak/Lujinovic*, EuCML 2019, 4, 8; *Augenhofer/Küter*, VuR 2023, 243, 245.

1796 *Kurz* in: Brönneke/Wechsler, Obsoleszenz interdisziplinär, 2015, 59, 73.

1797 *Eger* in: Schäfer/Lwowski, Konsequenzen wirtschaftlicher Normen, 2002, 183, 205; *Honsell*, JZ 2001, 278, 282 f.

1798 *Riha*, Ökonomische Analyse des Sachmängelgewährleistungsrechts des BGB, 2007, S. 122.

währleistungsrechte, die die zukünftige Nutzungsmöglichkeit sichern, die gar nicht angestrebt wird, nicht.[1799]

II. Käuferpräferenzen

Das unter Nachhaltigkeitsgesichtspunkten positive Ergebnis von Informationspflichten und gesetzlich festgelegten Haltbarkeitsstandards, nämlich die standardisierte Erhöhung der Produkthaltbarkeit sowie der Reparaturfähigkeit und -freundlichkeit, kann indes auch zu weniger Produktvielfalt führen.[1800] Zwar ist generell davon auszugehen, dass Käufer von besserer Qualität und einer längeren Haltbarkeit profitieren.[1801] Es lässt sich jedoch nicht ausschließen, dass dies dann zu einem sozialen Problem führen kann, wenn Präferenzen von Käufern an günstigen und kurzlebigen Produkten nicht mehr befriedigt werden können und sie aus dem Markt ausgeschlossen werden, weil auf dem Markt nur noch nachhaltige Hochpreisprodukte angeboten werden.[1802] Dies würde dem allgemeinen Grundsatz der Konsumentensouveränität widersprechen. Nicht für jeden Konsumenten erhöht eine bessere Qualität den Nutzen einer Ware, weshalb sich für solche ein höherer Kaufpreis für höhere Qualität nicht lohnt.[1803] In Bezug auf den Umschlag der mit einer verbesserten Rechtsstellung des Käufers einhergehenden Kosten auf den Kaufpreis ist fraglich, warum der Käufer nicht stets selbst entscheiden kann, ob er einen niedrigeren Kaufpreis oder eine bessere Rechtsposition und höhere Produktqualität präferiert.[1804] Unter dem geltenden Kaufgewährleistungsrecht wird der Käufer gezwungen den höheren Kaufpreis für eine nachhaltige Ware und einen umfangreichen Gewährleistungsschutz zu entrichten. Käufern sollte es, auch zum Erhalt der Produktvielfalt, weiterhin möglich sein, Produkte entsprechend ihren Präferenzen hinsichtlich der Qualität und des Preises auf ei-

---

1799 *Schäfer/Ott*, Lehrbuch der ökonomischen Analyse des Zivilrechts, 5. Aufl. 2012, S. 532.

1800 So schon *van den Bergh* in: Ott/Schäfer, Effiziente Verhaltenssteuerung und Kooperation im Zivilrecht, 1997, 77, 95.

1801 *Atamer/Grundmann* in: Grundmann/Atamer, European Sales Law, 2023, 1, 42; *van den Bergh* in: Ott/Schäfer, Effiziente Verhaltenssteuerung und Kooperation im Zivilrecht, 1997, 77, 81.

1802 So auch *Bizer/Führ/Proeger*, Die ökonomischen Auswirkungen einer Verbesserung des deutschen Gewährleistungsrechts, 20.09.2016, S. 6; *Schlacke/Alt/Tonner/Gawel/Bretschneider*, UBA Texte 72/2015, S. 26 f., 202 f.; *Tietzel* in: Ott/Schäfer, Allokationseffizienz in der Rechtsordnung, 1989, 52, 63.

1803 So auch *Rühl*, AcP 207 (2007), 614, 621.

1804 *van den Bergh* in: Ott/Schäfer, Effiziente Verhaltenssteuerung und Kooperation im Zivilrecht, 1997, 77, 78 f.; *Priest*, 90(6) Yale Law J. 1297, 1340 (1981).

nem ausdifferenzierten Markt auszusuchen.[1805] Eine umfangreiche Versicherung gegen die Vertragswidrigkeit wird regelmäßig nur im Interesse risikoaverser Käufer liegen und sich nur für sie finanziell lohnen.[1806] Deshalb sollten Käufer auch in Hinblick auf den Gewährleistungsumfang individuelle Regelungen treffen können.

III. Negative Beschaffenheitsvereinbarung und Mangelkenntnis

Indessen ist die Gefahr von Marktaustritten insofern als gering einzustufen, als dass es den Parteien weiterhin möglich bleibt, Verträge über Produkte zu schließen, deren Eigenschaften von den gesetzlich vorgesehenen Standards abweichen, und dass ein Mangel nicht anzunehmen ist, wenn der Käufer ein Produkt erwirbt in der Kenntnis, dass es eine geringere als die objektiv übliche Haltbarkeit aufweist.[1807] Auch der Gewährleistungsumfang kann durch Parteivereinbarung vom gesetzlich Vorgesehenen abweichend festgelegt werden, um der Vielfalt der Produkte und den Käuferinteressen gerecht zu werden.[1808]

Von der objektiv üblichen und erwartbaren Beschaffenheit kann privatautonom abgewichen werden. Abweichungen von der üblichen Qualität nach oben sind stets möglich. Negative Beschaffenheitsvereinbarungen können zwischen Unternehmern und zwischen Verbrauchern ebenso problemlos getroffen werden, währenddessen ihr Abschluss im Verbrauchsgüterkauf besonderen strengen Voraussetzungen unterliegt. Wann eine negative Abweichung vorliegt, bemisst sich nach der Beurteilung der Beschaffenheit, die objektiv üblich und erwartbar ist (s. o. Zweiter Teil A.I.2.b), Zweiter Teil A.I.4., Zweiter Teil A.III.5.). Gem. Art. 7 Abs. 5 WKRL, umgesetzt in § 476 Abs. 1 S. 2 BGB, muss der Verbraucher vor Vertragsschluss ausdrücklich von der negativen Abweichung von den objektiven Anforderungen in Kenntnis gesetzt werden und eine Abweichung muss ausdrücklich und gesondert vereinbart werden. Ein Haftungsausschluss für verborgene Mängel, wie

---

1805 *Dassbach*, Informationsverantwortung im Kaufrecht, 2016, S. 441; *Grundmann* in: Jayme, Kulturelle Identität und Internationales Privatrecht, 2003, 95, 101 ff.

1806 *Schmolke* in: Towfigh/Petersen, Ökonomische Methoden im Recht, 2. Aufl. 2017, 131, 161 Rn. 324.

1807 So auch *Konferenz der Justizministerinnen und Justizminister der Länder*, Bericht der Arbeitsgruppe „Nachhaltigkeit im Zivilrecht", 2021, S. 43 f.

1808 *Eger* in: Schäfer/Lwowski, Konsequenzen wirtschaftlicher Normen, 2002, 183, 206; *Eidenmüller*, JZ 2001, 283, 286, denen zufolge die Festlegung des Gewährleistungsumfangs auch in den AGB von Seiten des Verkäufers erfolgen kann und Angemessenheitskontrollen der AGB durch Gerichte einem potenziellen Missbrauch durch den Verkäufer vorbeugen können.

sie Haltbarkeitsmängel zumeist darstellen, durch einen Hinweis, dass die Ware „möglicherweise mangelhaft" ist oder dass sie „gekauft wie besichtigt" wurde, ist hiernach unzulässig.[1809] Die gleichen Anforderungen gelten für die Verkürzung der Verjährungsfrist unter zwei Jahre bzw. unter ein Jahr für gebrauchte Waren, § 476 Abs. 2 S. 2 BGB. Zudem beansprucht § 442 BGB im Verbrauchsgüterkauf keine Geltung, sodass für einen Haftungsausschluss explizit eine Vereinbarung der Parteien getroffen werden muss und die schlichte Kenntnis des Verbrauchers von der Abweichung vom objektiven Standard hierfür nicht genügt. Anders ist die Situation nach Eintritt und Mitteilung des Mangels an den Verkäufer. Dann steht es den Parteien wiederum frei, ohne besondere Voraussetzungen etwas vom gesetzlichen Gewährleistungsrecht Abweichendes zu vereinbaren, den Mangelfall individuell abzuwickeln und sich auf Abhilfemöglichkeiten zu verständigen.[1810]

Der Gewährleistungsumfang und die Ausgestaltung einzelner Rechtsbehelfe können zwischen Unternehmern und zwischen Verbrauchern frei vereinbart werden. Im Verbrauchsgüterkauf ist eine Vereinbarung vor oder im Zeitpunkt des Vertragsschlusses über den Gewährleistungsumfang grundsätzlich jedoch nicht zulässig. Art. 21 Abs. 1 WKRL, umgesetzt in § 476 Abs. 1 S. 1 BGB, schreibt vor, dass der Unternehmer sich auf Abweichungen von den gesetzlich vorgesehenen Gewährleistungsregeln zum Nachteil des Verbrauchers nicht berufen kann. Abweichende Vereinbarungen sind ausdrücklich nur für Anforderungen von dem objektiven Mangelbegriff sowie von der Verjährungsfrist erlaubt.

IV. Dimensionen des Nachhaltigkeitskonzepts

In Folge der Strategien gegen Obsoleszenz ist es jedenfalls denkbar, dass Käufer, die sich nachhaltige Waren inklusive eines umfangreichen Gewährleistungsrechts nicht leisten können oder wollen, vom Markt ausgeschlossen werden. Es bestünde ein Zielkonflikt zwischen Allgemeinwohlbelangen hinsichtlich der Förderung einer nachhaltigen Entwicklung und individuellen Interessen, insbesondere von weniger wohlhabender Bevölkerungsteilen. Lösungen werden allerdings durch das Recht, das privatautonome Vereinbarungen zwischen Verkäufer und Käufer ermöglicht, bereitgestellt.

Die Bedeutung des subjektiven zum objektiven Mangelbegriff hat durch die Umsetzung der WKRL abgenommen (s. o. Zweiter Teil A.I.3.), die Voraussetzungen einer negativen Beschaffenheitsvereinbarung sind streng und es entstehen hohe

1809 *Kirchhefer-Lauber*, JuS 2021, 918, 819; *Lorenz* in: MüKo BGB, 8. Aufl. 2019, BGB § 476 Rn. 10.
1810 EG 12 VGKRL; *Schubel*, JZ 2022, 1084, 1087.

Transaktionskosten für einzelvertragliche Abweichungen vom gesetzlich geregelten Fall, weshalb die Möglichkeit der negativen Beschaffenheitsvereinbarung aus konsumorientierter Sicht ggf. nicht vollends ausreicht, um einen ausdifferenzierten Markt zu ermöglichen und die Präferenzen sämtlicher Käufer zu befriedigen.[1811] Regelungen, die nicht oder nur unter strengen Voraussetzungen abbedungen werden können, verteuern Markttransaktionen für solche Marktteilnehmer künstlich, die eine andere als die objektiv üblich Qualität oder einen geringeren Gewährleistungsumfang präferieren, was zur Folge hat, dass wechselseitig vorteilhafte Geschäfte seltener abgeschlossen werden.[1812] Dies hat negative gesamtwirtschaftliche Auswirkungen, weil Transaktionen und somit auch Wohlfahrtsgewinne ausbleiben.[1813] Die strengen Regelungen und damit das potenzielle Problem des Ausschlusses ganzer Käufergruppen vom Konsum aufgrund der Kaufpreiszunahme sowie der Nichtberücksichtigung von Käuferpräferenzen könnten jedoch umgangen werden, indem sich Transaktionen auf Märkte zwischen Privatpersonen verlagern, auf denen Güter mit geringem Gewährleistungsumfang und individueller Beschaffenheitsvereinbarung verkauft werden könnten.[1814] Ob sich solche Märkte tatsächlich im großem Umfang etablieren würden, wäre noch zu überprüfen.

Das Kaufgewährleistungsrecht steht, jedenfalls in dieser Untersuchung, unter der Prämisse der ökologischen Nachhaltigkeit. Das Gewährleistungsrecht muss für alle Marktteilenehmer einheitlich gelten und es muss auf nachhaltige Produkte zugeschnitten sein. Die Vorschriften harmonieren nicht uneingeschränkt mit Alltagsgegenständen und gebrauchten Waren. Von Bedeutung ist allein, dass eine abweichende Vereinbarung bei Willen beider Parteien in jedem Fall aber möglich ist. Ein Kaufgewährleistungsrecht, das den individuellen Präferenzen für die Qualität und den Preis von Produkten entspricht, muss möglich sein und ist bereits ohnehin möglich. Das gilt gleichermaßen für Vorschriften, die zu sehr am Verbraucherschutzgedanken ausgerichtet sind und für den professionellen Handel zwischen Unternehmern keine geeigneten Regelungen darstellen. Außerdem laufen die Vorschriften bei kurzlebigen Alltagsprodukten schlicht leer. So würde eine längere Verjährungsfrist keine Auswirkung haben, weil offenkundig ist, dass die Mindesthaltbarkeit eines kurzlebigen Alltagsprodukts bereits abgelaufen ist und der Funktionsverlust nicht auf einer mangelhaften Konstruktion beruht. Die

1811 So jedenfalls *Dassbach*, Informationsverantwortung im Kaufrecht, 2016, S. 441.

1812 *Eger* in: Schäfer/Lwowski, Konsequenzen wirtschaftlicher Normen, 2002, 183, 205 f.

1813 *Bizer/Führ/Proeger*, Die ökonomischen Auswirkungen einer Verbesserung des deutschen Gewährleistungsrechts, 20.09.2016, S. 3 f., 6.

1814 Siehe hierzu ausführlich *Bizer/Führ/Proeger*, Die ökonomischen Auswirkungen einer Verbesserung des deutschen Gewährleistungsrechts, 20.09.2016, S. 7, 9, 40 ff.

strengen Voraussetzungen für eine negative Beschaffenheitsvereinbarung sind zu akzeptieren, weil es primär darum geht, langlebige Produkte auf dem Markt zu etablieren. Wollen die Vertragsparteien vom nachhaltigen Standard entgegen einer nachhaltigen Entwicklung abweichen, dann soll dies nur unter gewissen Erschwernissen realisierbar sein.[1815]

Um Nachhaltigkeitsziele umfangreich und effektiv erreichen zu können, muss eine primäre Ausrichtung und Zuschnitt des Rechts auf langlebige Waren erfolgen, denn diese sollen zum Marktstandard werden. Dass der Kaufpreis für ressourcenintensive „Schrott-Produkte" mit Erhöhung des Gewährleistungsumfangs im Verhältnis zu ihrer Qualität unverhältnismäßig zunehmen könnte, ist gerade Inhalt und Zweck der Strategie gegen Obsoleszenz.[1816] Es soll sich sowohl für den Hersteller finanziell nicht mehr lohnen geringwertige Waren zu produzieren als auch für den Konsumenten nicht ein solches zu diesem Preis zu erwerben. Dies wird erreicht, wenn die Herstellungskosten für höhere Qualität geringer sind als die potenziellen Gewährleistungskosten, die durch ein strengeres Gewährleistungsrecht drohen und mit Sicherheit fällig werden bei geringwertigen Waren. Für den Käufer wäre der Kaufpreis in Hinblick auf die geringe Produktqualität unverhältnismäßig hoch, auch wenn er dafür einen umfangreichen Gewährleistungsschutz erhält. Diese Entwicklung mit der Folge von Anreizen zur Produktion langlebiger und qualitativ hochwertiger Waren ist Sinn der Strategie. Es ist naheliegend, dass der Kaufpreis generell steigen wird. Sei es aufgrund der Umlegung hoher Gewährleistungskosten, die der Verkäufer antizipiert, auf den Kaufpreis von geringwertigen Waren oder der Umlegung steigender Entwicklungs- und Produktionskosten für hochwertige Produkte auf ihren Kaufpreis. Solange die Preise für langlebige Produkte nicht in unverhältnismäßiger Weise im Vergleich zu nicht langlebigen Produkten steigen, werden sich auch Konsumenten vorrangig für die umweltfreundlicheren Produkte entscheiden.[1817]

Der in jedem Szenario potenziell ansteigende Kaufpreis stellt ein Hemmnis für den Konsum dar, was im Sinne der Nachhaltigkeitsstrategie zu begrüßen ist. Ein höherer Preis bewirkt, dass Konsumenten seltener Neuanschaffungen tätigen, ihre bisher erworbenen Produkte länger nutzen und einen Anreiz zum sorgsameren Produktumgang erfahren.[1818] Die längere sowie sorgsamere Nutzung trägt zur

1815 Vgl. auch *Grunewald* in: FS Adams, 2013, 173, 176 f., der zufolge dispositives Recht, von dem einfach und der Nachhaltigkeit zuwider abgewichen werden könne, deshalb nicht geeignet sei nachhaltigen Konsum zu fördern.

1816 So etwa *Kurz* in: Brönneke/Wechsler, Obsoleszenz interdisziplinär, 2015, 59, 73.

1817 *Kommission der Europäischen Gemeinschaften*, Grünbuch zur integrierten Produktpolitik, KOM (2001) 68 endg., 07.02.2001, S. 26.

1818 So auch *Atamer/Grundmann* in: Grundmann/Atamer, European Sales Law, 2023, 1, 20.

Verringerung des Rohstoffverbrauchs für Neuherstellungen bei. Ein höherer Kaufpreis veranlasst Suffizienz, d. h. Konsumverzicht, und trägt zur Strategie gegen psychologische Obsoleszenz bei. Zugleich hat ein höherer Kaufpreis positive Auswirkungen auf das Problem der rationalen Apathie des Käufers. Je höher der Kaufpreis für eine neue Ware ist, desto attraktiver ist es für den Käufer von seinen Gewährleistungsrechten im Mangelfall Gebrauch zu machen, anstatt eigenständig einen Neukauf zu tätigen. Die Geltendmachung der Abhilferechte ist Voraussetzung dafür, dass vom Gewährleistungsrecht genügend Drohpotenzial ausgeht und der Verkäufer einen Anreiz zur Produktion nachhaltiger Waren erfährt.

Mit Rücksicht auf die sozialen Belange hat die Umlegung der Mängelbeseitigungskosten auf die gesamte Käuferschaft aber auch die positive und insofern auch als fair anzusehende Auswirkung, dass bspw. im Vergleich zur Situation mit einer kurzen Verjährungsfrist nicht unangemessen einzelne Käufer willkürlich die Kosten der Beseitigung von Mängeln aus der Sphäre des Verkäufers tragen müssen, weil sie rein zufällig ein mangelhaftes Produkt erworben haben.[1819] Ein eventueller Preisanstieg würde zudem durch eine längere Lebensdauer der Produkte und durch geringere Reparaturkosten langfristig ausgeglichen.[1820] Überdies muss die potenzielle Vernachlässigung von käuferseitigen Präferenzen hingenommen werden. Das Gewährleistungsrecht dient nicht allein dazu, Interessen von Verkäufer und Käufer in einen gerechten Ausgleich zu bringen, sondern darüber hinaus zur Verfolgung von Nachhaltigkeitszielen (s. o. Erster Teil A.III.2.). Demgegenüber nimmt indes der Anteil an Konsumenten mit einer erhöhten Zahlungsbereitschaft für nachhaltige Waren stetig zu.[1821] Auch der Wille für gewerbliche Garantien, welche die Reparaturkosten decken, einen Aufpreis zu bezahlen steigt.[1822] Das

---

1819 So auch *Keimeyer/Gailhofer/Gsell/Graulich/Prakash/Scherf/Brönneke/Gildeggen/Schmitt/Schwarz*, UBA Texte 115/2020, 2020, S. 237; *Gildeggen* in: Brönneke/Wechsler, Obsoleszenz interdisziplinär, 2015, 269, 277 f.; *Gildeggen*, VuR 2017, 203, 208.

1820 *Michel*, Premature Obsolescence, 2022, S. 367 f., 379 f.; *van Gool/Michel*, EuCML 2021, 136, 141.

1821 Siehe hierzu *Europäische Kommission*, Vorschlag für eine Richtlinie des Europäischen Parlaments und des Rates zur Änderung der Richtlinie 2005/29/EG und 2011/83/EU hinsichtlich der Stärkung der Verbraucher für den ökologischen Wandel durch besseren Schutz gegen unlautere Praktiken und bessere Informationen, COM(2022) 143 final, 30.03.2022, S. 10 f., wonach eine Online Verbraucherumfrage ergab, dass die Hälfte der Befragten für ein langer haltbares und nicht reparaturbedürftiges Produkt ein Aufpreis zahlen würden. Fast die Hälfte der Befragten wären auch bereit für ein gleichartiges Produkt, das geringfügige Reparaturen benötigt, aber grds. länger hält, einen höheren Kaufpreis zu entrichten.

1822 Siehe hierzu *Europäische Kommission*, Vorschlag für eine Richtlinie des Europäischen Parlaments und des Rates zur Änderung der Richtlinie 2005/29/EG und 2011/83/EU hinsichtlich der Stärkung der Verbraucher für den ökologischen Wandel durch besseren Schutz gegen unlautere Praktiken und bessere Informationen, COM(2022) 143 final, 30.03.2022, S. 10 f., wonach eine

gleiche gilt sodann für einen mit einem umfangreicheren Gewährleistungsrecht einhergehenden höheren Kaufpreis, der alle Kosten im Zusammenhang mit Reparaturen abdeckt.

Gegebenenfalls zulasten der Produktvielfalt, doch zugunsten der Nachhaltigkeit können ihre Ziele aufgrund der Gleichrangigkeit von subjektiven und objektiven Anforderungen an die Vertragsmäßigkeit sowie der besonderen Hürden einer negativen Beschaffenheitsvereinbarung effektiv verfolgt werden. Zugunsten der Umwelt ist es annehmbar, dass Konsumenten unter Umständen gezwungen werden einen höheren Kaufpreis zur Förderung der Produkthaltbarkeit und Reparaturfähigkeit und -freundlichkeit zu bezahlen. Dass einige Käufer einer nachhaltigen Produktqualität möglicherweise nicht den Nutzen entsprechend dem Kaufpreis beimessen, ist im Vergleich zum Nutzen für die Umwelt zu übergehen. Insoweit ein höherer Kaufpreis das größte Hindernis für Konsumenten ist, sich für den Kauf von nachhaltigen Waren zu entscheiden,[1823] sind Anreize und Restriktionen des Kaufrechts, die bewirken, dass es nur noch einheitliche nachhaltige Waren zu erwerben gibt, zweckmäßig. Je höher die Produktqualität, desto eher ist auch eine Zweit- und Drittnutzung möglich, weil die Funktionsfähigkeit lange erhalten bleibt. So kann der Handel am und das Vertrauen in den Gebrauchtwarenmarkt gefördert werden. Die Zunahme nachhaltiger und qualitativ hochwertiger Produkte auf dem Markt durch die Mechanismen des Kaufgewährleistungsrechts begünstigt die Kreislaufwirtschaft. Die Vermeidung werkstofflicher Obsoleszenz gepaart mit den Phänomenen der psychologischen Obsoleszenz führen zu Neukäufen von nachhaltigen Waren und einer Ausdehnung des Gebrauchtwarenmarktes, wodurch die sozialen Ziele angegangen werden können und sich auch Marktteilnehmer mit weniger Einkommen gebrauchte, aber nachhaltige, Waren leisten können.[1824]

Insofern der Gewinn einer umweltschützenden Regelung, samt der mit ihr einhergehenden zusätzlichen Kosten, höher ist als die Kostenersparnis einer solchen Regelung plus anzunehmenden Schaden ohne sie, ist sie sinnvoll und zu

---

Online-Verbraucherumfrage ergab, dass mehr als die Hälfte der Befragten bereit sein würden einen Aufpreis für eine gewerbliche Garantie zu zahlen.

1823 So das Ergebnis einer Online Verbraucherumfrage der *Europäische Kommission*, Vorschlag für eine Richtlinie des Europäischen Parlaments und des Rates zur Änderung der Richtlinie 2005/29/EG und 2011/83/EU hinsichtlich der Stärkung der Verbraucher für den ökologischen Wandel durch besseren Schutz gegen unlautere Praktiken und bessere Informationen, COM(2022) 143 final, 30.03.2022, S. 10 f.

1824 Vgl. bereits *Gregory*, 14(1) South. Econ. J. 24, 29 (1947).

befürworten.[1825] Dabei ist zu berücksichtigen, dass ökonomische sowie soziale Anliegen grundsätzlich beachtet werden (müssen), jedoch nur im Rahmen des ökologisch Möglichen. Entgegen herkömmlichen konsumorientierten Sichtweisen sind ökologische Belange primär zu verfolgen und genießen in den Bereichen der Produktion und Konsumtion Vorrang. Der Gesetzgeber entscheidet rational anhand einer Hierarchie von pluralistischen Belangen, in welcher Nachhaltigkeitsziele an oberster Stelle stehen (s. o. Erster Teil B.III.3.). Letztendlich verfolgt die Strategie, dass negative Umweltauswirkungen eines zunehmenden Konsums und einer steigenden Produktion in den Kaufpreis eingepreist werden und so verhindert werden. Das Gewährleistungsrecht bewirkt, dass externe Effekte des Handelns von Produzenten und Konsumenten, die üblicherweise bei der Kosten-Nutzen-Kalkulation des Individuums außen vorbleiben und erst in Zukunft oder bei einem Dritten eintreten, zwangsweise Berücksichtigung finden. Seine zwingende Ausgestaltung dient damit als staatliche Intervention und Reaktion auf das Marktversagen. Umweltbelange als Externalitäten können durch das Gewährleistungsrecht als Kostenfaktor sowie den als Folge gewährleistungsrechtlicher Mechanismen erhöhten Kaufpreis internalisiert werden (s. o. Erster Teil B.III.1.). Durch die (wenn auch nicht unmittelbare) Internalisierung der externen Kosten wirkt sich Umweltschutz auf den individuellen Nutzen aus. Das Kaufgewährleistungsrecht vergünstigt umweltschonendes Verhalten und verteuert umweltschädliche Handlungen. Die nicht ausgeschlossene Erhöhung des Kaufpreises leistet deshalb einen positiven Beitrag zur nachhaltigen Entwicklung.[1826] Wenn das Ergebnis ein generell höherer Kaufpreis ist aufgrund der Internalisierung von Umweltbelangen, ist dies ökologisch effizient (s. o. Erster Teil B.III.2.). Dass dies den individuellen Interessen der Konsumenten zuwiderlaufen kann, ist aufgrund des Vorrangs ökologischer Ziele hinzunehmen, solange nicht die Kernbereiche sozialer oder ökonomischer Belange betroffen sind. Das Erreichen der Nachhaltigkeitsziele (s. o. Erster Teil A.II.) durch das Kaufgewährleistungsrecht ist stärker zu gewichten als die negativen sozialen und wirtschaftlichen Auswirkungen auf Käufer und Verkäufer (s. o. Erster Teil B.III.3.). Der positive Einfluss der Folgen der dargestellten Gewährleistungsmechanismen auf die Umwelt ist enorm. Außerdem haben die vorgeschlagenen

1825 So auch *van den Bergh* in: Ott/Schäfer, Effiziente Verhaltenssteuerung und Kooperation im Zivilrecht, 1997, 77, 80, 83 in Bezug auf verbraucherschützende Regelungen; Ebenso *Metzger* in: MüKo BGB, 9. Aufl. 2022, BGB Vor § 327 Rn. 29, dem zufolge der Verbraucher die Kosten einer Verbraucherschutzregel nur tragen sollte, soweit der gesellschaftliche Nutzen der Regelung höher ist als die durch sie verursachten Kosten.

1826 *Konferenz der Vereinten Nationen für Umwelt und Entwicklung*, AGENDA 21, 1992, Kapitel 30, S. 296 f. Vgl. auch *Kommission der Europäischen Gemeinschaften*, Grünbuch zur integrierten Produktpolitik, KOM (2001) 68 endg., 07.02.2001, S. 11, 13.

Regelungen, die der Verfolgung von Nachhaltigkeitszielen dienen, wie soeben aufgezeigt, nicht nur negative Auswirkungen auf soziale und ökonomische Belange. Die Internalisierung externer Umweltkosten bewirkt, dass die Präferenzen künftiger Generationen bei Entscheidungen heutiger Individuen Berücksichtigung finden und dies ist einer der bedeutsamsten sozialen Belange des Konzepts einer nachhaltigen Entwicklung. Daneben sind ein potenziell höherer Kaufpreis und die mögliche Nichtbeachtung bestimmter Käuferpräferenzen zugunsten von Nachhaltigkeitszielen zu dulden.

C. Zementierung des Status quo

Eine Ware oder Ware mit digitalen Elementen muss, um mangelfrei zu sein, neben den subjektiven auch den objektiven Anforderungen an die Vertragsmäßigkeit entsprechen. Dabei ist ein Mangel gem. § 434 Abs. 3 S. 1 Nr. 2 BGB oder in Verbindung mit § 475b Abs. 4 Nr. 1 BGB in Umsetzung von Art. 7 Abs. 1 lit. d) WKRL anzunehmen, wenn die Ware nicht die Haltbarkeit oder Reparaturfähigkeit oder Reparaturfreundlichkeit aufweist, die bei Produkten derselben Art üblich ist und die der Käufer unter Berücksichtigung der Art der Sache und der öffentlichen Äußerungen des Verkäufers erwarten kann. Entscheidend für die Beurteilung ist der Vergleich zu Produkten derselben Art, d.h. derselben Gattung. Sollte das Produkt die gleiche Beschaffenheit haben und dem gleichen Stand der Technik entsprechen wie andere Produkte dieser Gattung, so liegt kein Mangel vor, auch wenn die vorhandene übliche Beschaffenheit hinter den tatsächlichen oder durchschnittlichen Erwartungen des Käufers zurückbleibt.[1827] Relevant für die Sollbeschaffenheit ist lediglich die objektiv berechtigte Käufererwartung hinsichtlich der Beschaffenheit, die abhängig von der „Art der Sache“ ist, sodass der Käufer grds. nicht mehr erwarten kann, als dass das Produkt dem aktuellen Stand der Technik entspricht.[1828] Dass das qualitativ und technisch Mögliche über den aktuellen Stand der Technik hinausgeht, ist daher ebenso unerheblich.

Diese Regelung wirkt sich in Hinblick auf die Zementierung des Status quo einer jeden Produktkategorie sowohl negativ wie auch positiv aus auf die zu erreichenden Nachhaltigkeitsziele. Einerseits wird sichergestellt, dass Waren einem einheitlichen Stand der Technik und damit einem bestimmten, der frühzeitigen Alterung entgegenwirkenden, Qualitätsstandard entsprechen. Andererseits behin-

1827 BGH, Urt. v. 04.03.2009, VIII ZR 160/08, NJW 2009, 2056 Rn. 11.
1828 BGH, Urt. v. 04.03.2009, VIII ZR 160/08, NJW 2009, 2056 Rn. 11; BGH, Urt. v. 07.02.2007, VIII ZR 266/06, NJW 2007, 1351, 1353 Rn. 21.

dert der Mechanismus Investitionen in eine den objektiven Standard übersteigende Produktqualität.

Bei einer Produktart, die üblicherweise und herstellerübergreifend schnell altert, obwohl eine längere Haltbarkeit möglich wäre, stellt die schnelle Alterung kein Mangel gem. § 434 Abs. 3 S. 1 Nr. 2 BGB dar.[1829] Käufer können lediglich die tatsächlich bestehenden und keine verbesserten Haltbarkeitsstandards erwarten. Dies gilt besonders für minderwertige Bauteile aus dem niedrigen Preissegment, für die der Verkäufer stets anbringen kann, dass keine hohe Qualität erwartet werden könne und eine längere Haltbarkeit bei Produkten derselben Art aus demselben Niedrigpreissegment nicht üblich sei.[1830] Wenn jedoch alle Produkte derselben Art eine ausgesprochen niedrige Haltbarkeit aufweisen, kann das Problem der vorzeitigen Alterung durch das Mängelgewährleistungsrecht nicht angegangen werden. Denn die schnell alternde Ware entspricht dem objektiv Üblichen und ist daher nicht mangelhaft. Die vom Recht bezweckte Anreizwirkung zur Herstellung langlebiger und reparaturfähiger Waren läuft bei diesen Produkten mangels Anwendung des Kaufgewährleistungsrechts leer. Vielmehr zementiert sich das Phänomen der umweltschädlichen Obsoleszenz.

In diesen Fallkonstellationen können öffentlich-rechtlich festgesetzte Qualitätsstandards Einfluss auf die objektiv übliche Beschaffenheit nehmen und einen Beitrag leisten zur Lösung, wenn alle Produkte derselben Art aktuell schnell altern. Produktnormungen, die eine bestimmte Mindestlebensdauer und eine höhere als die derzeit bestehende Qualität vorsehen, werden hingegen erst üblich und für die Käufererwartung im Rahmen der Mangelbestimmung relevant, wenn Hersteller diese Vorgaben einhalten und den Vorgaben entsprechende Produkte am Markt anbieten.[1831] Für die hier skizzierten Sachverhalte, in denen die Hersteller einheitlich eine niedrige Qualität produzieren, führen freiwillige Normunterwerfungen daher zu keiner Lösung. Wettbewerbliche Mechanismen scheinen hier nicht derart zu funktionieren, dass Hersteller aus ihrem Gewinnerzielungsinteresse die Produktqualität steigern. Anders verhält es sich bei gesetzlich zwingenden Qualitätsvorgaben, die erfüllt werden müssen, um ein Produkt auf dem Markt anbieten zu können. Hierzu gehören bspw. die Anforderungen an Produkte in den Durchführungsmaßnahmen auf Grundlage der Ökodesign-RL. Die Einhaltung zwingender rechtlicher Vorgaben für die Produktherstellung, die den aktuellen Stand der Technik beeinflussen, der wiederum zur Bestimmung der objektiv üblichen Beschaffenheit herangezogen wird, werden Käufer berechtigterweise erwarten dür-

1829 *Croon-Gestefeld*, NJW 2022, 497, 502 Rn. 28.

1830 *Rudloff*, VuR 2018, 323, 324; *Verbraucherkommission Baden-Württemberg* in: Brönneke/Wechsler, Obsoleszenz interdisziplinär, 2015, 309, 315.

1831 *Latzel/Sausmikat*, ZIP 2016, 1420, 1426.

fen (s. o. Zweiter Teil A.III.5.). Die gesetzliche Festlegung von herstellerübergreifenden und verpflichtend einzuhaltenden Qualitätsstandards ist somit erforderlich, um einheitlich höhere Standards zu etablieren (s. o. Zweiter Teil A.III.5.e) sowie Zweiter Teil B.II.3.f)). Auf dem Markt wird sich eine bessere Qualität durchsetzen und niedrige Produktqualität ist nicht länger der Normalfall.[1832]

Hingegen können gesetzlich festgelegte Grenzwerte oder sonstige Produktstandards auch negative Anreize setzen, Produkte so zu produzieren, dass sie genau diese Grenzwerte einhalten und qualitativ nicht über diesen Standard hinausreichen.[1833] Hersteller werden Ersatzteile dann wohl nicht länger vorhalten als gesetzlich vorgeschrieben. Sie werden voraussichtlich nicht darauf hinwirken, dass die Funktionsfähigkeit länger als die angegebene Mindestlebensdauer besteht.[1834] Im Ergebnis führt eine vom Gesetzgeber vorgegebene Mindesthaltbarkeit einer jeden Produktgruppe zu einer staatlich eingeführten Obsoleszenz.[1835] Der Status quo an Produktqualität würde (erneut) zementiert. Hersteller werden nur unter den Voraussetzungen länger haltbare Produkte entwickeln, dass sie die längere Haltbarkeit als Qualitätseigenschaft auf dem Markt glaubhaft signalisieren können und diese von der Käuferseite in Form eines höheren Kaufpreises auch honoriert wird. Dies gelingt wiederum nur, wenn die Käufer in ihrem individuellen Nachhaltigkeitsinteresse adressiert werden können. Bei dem einheitlich geltenden Gewährleistungsrecht kann das Qualitätssignal durch Garantien (s. o. Dritter Teil B.V.) oder Produktinformationen (s. o. Zweiter Teil A.III.4.d)i.(2)) gegeben werden. Dass Hersteller einen fortwährenden Anreiz haben für eine immer bessere Produktqualität zu sorgen, kann unter diesen Bedingungen bezweifelt werden. Jedenfalls nicht jeder Hersteller kann nachhaltigkeitsbewusste Käufer erreichen und stets einen Preisaufschlag für das nachhaltige und qualitativ hochwertige Produkt erhalten. Die Herstellung einer noch längeren Haltbarkeit und eines noch reparaturfähigeren Designs wird dann mit höheren Kosten einhergehen als der Hersteller Nutzen hieraus ziehen kann. Das Kosten-Nutzen-Kalkül des Herstellers wird durchschnittlich stets so ausfallen, dass die Produktqualität den rechtlich verbindlichen Anforderungen genügt, aber nicht darüber hinausgeht.

Diese staatlich eingeführte sog. gleichförmige Obsoleszenz wird sich fortlaufend einstellen. Gesetzliche Normen werden schnell veraltet sein, weil sich die

1832 Vgl. EG 32 WKRL; *Sinn* in: Ott/Schäfer, Allokationseffizienz in der Rechtsordnung, 1989, 81, 82.

1833 *Schlacke/Alt/Tonner/Gawel/Bretschneider*, UBA Texte 72/2015, S. 131.

1834 *Prakash/Dehoust/Gsell/Schleicher/Stamminger*, UBA Texte 11/2016, 2016, S. 271.

1835 *Prakash/Dehoust/Gsell/Schleicher/Stamminger*, UBA Texte 11/2016, 2016, S. 271; *Kurz* in: Brönneke/Wechsler, Obsoleszenz interdisziplinär, 2015, 59, 74, der von einer bürokratischen Planwirtschaft spricht.

digitale Umgebung schnell ändert, wohingegen es sich bei der Gesetzgebung um einen langen, recht schwerwiegenden Prozess handelt. Das hat zur Folge, dass das Problem der gleichförmigen Obsoleszenz zu Tage tritt, sobald die gesetzlich verbindlichen Qualitätsstandards aufgrund neuer technischer Möglichkeiten wieder überholt sind. Zum Schutz der Umwelt und Erreichung von Nachhaltigkeitszielen muss sich die Produktqualität aber stetig verbessern. Die Beeinflussung der objektiv üblichen Beschaffenheit und der Käufererwartung durch verbindlich festzulegende Qualitätsstandards erfordert aus diesem Grund eine stetige Überprüfung bisheriger Standards und Festlegung neuer weitreichenderer und strengerer Standards. Daher sollten Produktstandards statt vom Gesetzgeber von Normungsinstituten oder anderen staatlichen Einrichtungen erlassen werden, die genügend Kapazitäten und Mittel haben, um bestehende Standards zu überprüfen und regelmäßig an die aktuellen Gegebenheiten angepasste Anforderungen festzulegen. Der Gesetzgeber kann auf diese aktualisierten Anforderungen im Normentext verweisen. Es würden stets die an den tatsächlich aktuellen (noch zu etablierenden) Stand der Technik angeglichenen Anforderungen für die Produktherstellung gelten. Nur so könnte beständig eine immer bessere und nachhaltigere Produktqualität eingeführt werden. Zwingende Qualitätsanforderungen in Verbindung mit dem Kaufgewährleistungsrecht würden hinreichend Anreiz für den Hersteller setzen, die kontinuierlich steigenden Produktanforderungen zu erfüllen (s. o. Zweiter Teil A.IV.1. sowie Zweiter Teil B.II.4.a)). Der Zementierung des Status quo würde so entgegengewirkt.

D. Intra-ökologische Zielkonflikte

Die in dieser Arbeit diskutierten Themen stehen unter der Prämisse, die Lebens- und die Nutzungsdauer von Produkten zu verlängern. Zwischen den eingangs dargestellten unterschiedlichen ökologischen Zielsetzungen können Konflikte entstehen, sog. intra-ökologische Zielkonflikte, welche die Annahme in Frage stellen. Vielleicht sollten Produkte nicht unbedingt so lange wie möglich, sondern eher so lange wie nötig genutzt werden können.

I. Energieeffizienz

Ein intra-ökologischer Zielkonflikt kann dadurch entstehen, dass eine lange Nutzungsdauer unter Ressourcen- und Abfallgesichtspunkten zwar erstrebenswert ist, nicht jedoch zwangsläufig unter dem Gesichtspunkt der Energieeffizienz.[1836] Der Austausch eines Geräts mit einem hohen Energieverbrauch durch ein energieeffizientes Gerät ist grundsätzlich erstmal eine sinnvolle Sache. Um die ökologischen Auswirkungen einschätzen zu können, darf aber nicht lediglich auf die Nutzungsphase abgestellt werden, sondern es sollte der gesamte Lebenszyklus betrachtet werden. Der Ressourcen- und Energieaufwand, der bei der Produktnutzung anfällt, muss dem Ressourcen- und Energieaufwand gegenübergestellt werden, der für die Herstellung und die Nutzung des neuen Produkts erforderlich wäre, sowie den Entsorgungskosten des Altgeräts.[1837] Die längere Nutzung eines energiefressenden Produkts kann gegenüber dem Austausch durch ein energieeffizientes Produkt ökologisch sinnvoller sein. In der Regel wird nämlich der zusätzliche Ressourcen- und Energieaufwand der Neuproduktion die ersparten negativen Umweltauswirkungen durch Ressourcen- und Energieeffizienz in der Nutzungsphase neuer Produkte übersteigen.[1838] In diesem Fall genießt die längere Nutzung des alten und weniger energieeffizienten Produkts den Vorzug vor dem Austausch und der Neuherstellung eines energieeffizienteren Produkts. Prinzipiell bleibt es daher dabei, dass Waren so lange wie technisch möglich und wissenschaftlich sinnvoll nutzbar sein sollten, um den Verbrauch von Ressourcen und Energie zu reduzieren, der anderenfalls erforderlich wäre für die Herstellung einer die alte Ware ersetzenden neuen Ware.[1839]

II. Innovationen

Obendrein entsteht ein Konflikt zwischen der Einführung standardisierter Mindestlebensdauern sowie grundsätzlich von konkreten Qualitätsstandards und Innovationen. Standardisierte Produktanforderungen wirken sich nachteilig auf die

1836 *Michel*, Premature Obsolescence, 2022, S. 49 f.; *Schlacke/Alt/Tonner/Gawel/Bretschneider*, UBA Texte 72/2015, S. 46; *Gawel/Bretschneider*, ZfU 1 (2016), 1, 5; *Tonner/Malcolm*, How an EU Lifespan Guarantee Model Could Be Implemented Across the European Union, (2017), S. 51.

1837 Vgl. *Oehme/Unnerstall/Krause/Golde* in: Longmuß/Poppe, Geplante Obsoleszenz, 2019, 143, 143; *Schridde/Kreiß/Winzer*, Geplante Obsoleszenz, 2013, S. 59 f.; *Tonner/Malcolm*, How an EU Lifespan Guarantee Model Could Be Implemented Across the European Union, (2017), S. 51; So wohl auch *Michel*, Premature Obsolescence, 2022, S. 49 ff.

1838 *Kieninger*, ZEuP 2020, 264, 265 f.; *Oehme/Unnerstall/Krause/Golde* in: Longmuß/Poppe, Geplante Obsoleszenz, 2019, 143, 145; So auch *Michel*, Premature Obsolescence, 2022, S. 50.

1839 *Tonner/Malcolm*, How an EU Lifespan Guarantee Model Could Be Implemented Across the European Union, (2017), S. 8, 13.

Umwelt aus, wenn Innovationszyklen auf innovativen Märkten derart beeinflusst werden, dass Innovationen verlangsamt oder gar nicht vorgenommen werden.[1840]

Zum einen fehlt Herstellern der Anreiz weitere Innovationen zu entwickeln, soweit gesetzliche Normen Mindestanforderungen an Produkteigenschaften festlegen, denen alle Hersteller folgen müssen und die keinem einen Marktvorsprung gewähren.[1841] Entsprechend den Ausführungen zuvor, zementieren gesetzlich vorgeschriebene Produktstandards den Status quo an Produktqualität (s. o. Vierter Teil C.). Auch Investitionen in die Forschung und Entwicklung von neuen innovativen Produkten lohnen sich wirtschaftlich für den Hersteller erst, wenn er die „bessere" Qualität glaubhaft am Markt versichern kann und einen Preisaufschlag erwarten kann. Kann er dies nicht, fehlt ihm der Anreiz die rechtlich verbindlichen Anforderungen zu übertreffen. Ohne Innovationen herrscht stagnierendes Wirtschaftswachstum.[1842] Die Verlangsamung von Innovationsprozessen wirkt sich außerdem negativ auf den deutschen Standort aus und führt zu einem Rückgang der Nachfrage, weil für Käufer auf einem globalen Markt ersichtlich ist, welche neuen Produkteigenschaften anderorts entwickelt werden.[1843] Volkswirtschaftlich betrachtet sollten Innovationen daher gefördert werden. Aber auch aus der ökologischen Perspektive ist die Entwicklung alternativer Produktkonstruktionen und eines fortschrittlichen Produktdesigns zu begrüßen, welche Ressourcen bei der Neuherstellung sparen, zu einer längeren Haltbarkeit führen und die Reparaturfähigkeit verbessern.[1844] Innovationen haben daher eine große Bedeutung für die Nachhaltigkeitstransformation. Es sollten rechtliche Anreizstrukturen außerhalb des Gewährleistungsrechts intensiviert werden, um auf eine Förderung von Innovationen hinzuwirken.

Zum anderen besteht das Risiko, dass Innovationen blockiert werden, weil Hersteller verpflichtet sind die objektiven Standards zu erfüllen, auch für noch zu testende innovative neuartige Waren. Solche erhoffen sich jedoch gerade durch ihre vom Standard abweichende Beschaffenheit einen positiven Einfluss auf die Umwelt.[1845] Innovative und neu auf den Markt gebrachte Produkte werden regel

---

1840 *Gawel/Bretschneider*, ZfU 1 (2016), 1, 28; *Schlacke/Alt/Tonner/Gawel/Bretschneider*, UBA Texte 72/2015, S. 201.

1841 *Longmuß/Dworak* in: Longmuß/Poppe, Geplante Obsoleszenz, 2019, 73, 86.

1842 *Kurz* in: Brönneke/Wechsler, Obsoleszenz interdisziplinär, 2015, 59, 66; Vgl. auch *Schlacke/Alt/Tonner/Gawel/Bretschneider*, UBA Texte 72/2015, S. 46; *Gawel/Bretschneider*, ZfU 1 (2016), 1, 5.

1843 *Schlacke/Alt/Tonner/Gawel/Bretschneider*, UBA Texte 72/2015, S. 203.

1844 So etwa *Europäisches Parlament, Ausschuss für Binnenmarkt und Verbraucherschutz*, Bericht über das Thema „Längere Lebensdauer für Produkte: Vorteile für Verbraucher und Unternehmen" (2016/2272(INI)), 09.06.2017, S. 5, 8.

1845 *Riehm/Abold*, CR 2021, 530, 535 Rn. 25; *Rachlitz/Kochendörfer/Gansmeier*, JZ 2022, 705, 711.

mäßig nicht in ihrer ersten Version jeden Marktstandard von gleichartigen, etablierten Produkten erfüllen können.[1846] Zur Vermeidung der Haftung würden Hersteller weiterhin traditionelle Waren entsprechend den Qualitätsanforderungen produzieren. Oder sie müssten sämtliche Eigenschaften, die von diesem Marktstandard negativ abweichen, dem Käufer ausdrücklich mitteilen. Dabei kann in den vom bisherigen Marktstandard abweichenden Eigenschaften eine positive Produktentwicklung liegen,[1847] die unter Nachhaltigkeitsgesichtspunkten vielmehr gefördert statt behindert werden sollte. Gelöst werden kann diese Problematik, indem man die innovativen Produkte einer eigenständigen Vergleichsgruppe zuordnet, d.h. eine neue „Art" von Waren begründet, für die eine eigene übliche Beschaffenheit und Verbrauchererwartung gilt.[1848] Die konkrete Produktgattung kann der Hersteller dabei selbst bestimmen, indem er sein vermarktetes Produkt genau bezeichnet, beschreibt und Unterschiede zu vergleichbaren Produktarten, für die bereits eine einhellige Käufererwartung besteht, konkret abbildet.[1849] Bei ausreichender Transparenz und umfangreicher Beschreibung des Produkts bedarf es dann keiner gesonderten Zustimmung des Käufers, weil nicht von den objektiven Anforderungen abgewichen wird. Dieses Vorgehen hat zur Folge, dass die aktuell übliche Beschaffenheit und die derzeitige Käufererwartung nicht zementiert werden, sondern eine Weiterentwicklung der Produkteigenschaften möglich ist.[1850] Insofern ein kontinuierlich weiterentwickeltes innovatives Produkt gerade erst auf dem Markt bereitgestellt wurde und sich bisher noch keine Verbrauchererwartung bezüglich seiner Qualität und Leistungsfähigkeit entwickelt hat, fehlt es gänzlich an einer objektiven Bewertungsgrundlage der objektiv üblichen Beschaffenheit.[1851] In diesen Fällen müsste auf die Leistungsbeschreibung der Produkte von den Anbietern zurückgegriffen werden, die sich regelmäßig in den AGB befinden.[1852] Demzufolge haben es die Hersteller selbst in der Hand durch eine konkrete Produkt- und Leistungsbeschreibung auf die objektiv übliche und erwartbare Be-

---

1846 *Riehm/Abold*, CR 2021, 530, 534 Rn. 24.

1847 *Riehm/Abold*, CR 2021, 530, 535 Rn. 25.

1848 *Riehm/Abold*, CR 2021, 530, 535 Rn. 26.

1849 *Gsell*, ZfPW 2022, 130, 146.

1850 *Gsell*, ZfPW 2022, 130, 147.

1851 *Kumkar*, ZfPW 2020, 306, 318, der zufolge das Fehlen der Bewertungsgrundlage ein Problem darstellt und zur Wirkungslosigkeit der objektiven Vertragsmäßigkeitskriterien führt, der entgegengewirkt werden sollte. In diesem Kontext, in dem innovative Produkte zur Förderung von Nachhaltigkeit auch bei Nichtübereinstimmung mit den objektiven Standards gerade zugelassen werden sollen, ist das Fehlen einer objektiven Bewertungsgrundlage kein Problem, sondern die Lösung.

1852 *Kumkar*, ZfPW 2020, 306, 318.

schaffenheit innovativer Produkte Einfluss zu nehmen. Sie können innovative Produkte verkaufen, ohne direkt der Gewährleistungshaftung zu unterliegen.

E. Rebound-Effekte

Ziel der Nachhaltigkeitsstrategie ist die Herstellung von Produkten mit einer langen Lebensdauer durch Eigenschaften wie der Haltbarkeit, Reparaturfähigkeit, Reparaturfreundlichkeit und durch Bereitstellung von Aktualisierungen. Zum Schutz der Umwelt ist dies zu begrüßen. Nichtsdestotrotz können sich hieraus sog. Rebound-Effekte entwickeln.

Ein einzelnes Produkt kann zwar ökologisch effizient sein, führt aber dennoch zu einem erhöhten Ressourcenverbrauch, wenn und weil die Nachfrage nach dem Produkt durch allgemeines Wohlstandswachstum steigt.[1853] In Kombination mit dem Phänomen der psychologischen Obsoleszenz würde die Produktion und der Verkauf von ökologisch effizienten Geräten zunehmen. Die Ursache der steigenden Nachfrage nach nachhaltigen Waren kann auch in einem gesunkenen Kaufpreis liegen, wenn technologische Maßnahmen zur Ressourcen- und Energieeffizienz nicht nur dem Hersteller Kosten ersparen, sondern sich auch positiv auf den Kaufpreis umlegen lassen.[1854] Dies steht wiederum im Widerspruch zur Nachhaltigkeitsstrategie, wonach wachsende Produktion und Konsumtion verhindert werden soll. Ein solcher Mehrkonsum an nachhaltigen Produkten führt zu höheren Umweltbelastungen, zu höherer Ressourceninanspruchnahme und kann die positiven Effekte ihrer nachhaltigen Eigenschaften wieder teilwiese oder sogar gänzlich aufheben.[1855] Aus diesem Grund sind Strategien gegen psychologische Obsoleszenz ebenso wichtig wie solche gegen werkstoffliche, ökonomische und funktionale Obsoleszenz. Die psychologische Obsoleszenz kann durch das Gewährleistungsrecht nur beschränkt angegangen werden (s. o. Zweiter Teil C.II.6. sowie Vierter Teil B.IV).

Rebound-Effekte können auch darin zu sehen sein, dass für ein langlebigeres und höherwertiges Produkt mehr Materialen für die Verarbeitung erforderlich

---

1853 *Ekardt*, ZUR 2016, 463, 464; *Ekardt*, Theorie der Nachhaltigkeit, 3. Aufl. 2021, S. 476, 489 f.

1854 *Europäisches Parlament, Ausschuss für Binnenmarkt und Verbraucherschutz*, Entwurf eines Berichts über das Thema „Auf dem Weg zu einem nachhaltigeren Binnenmarkt für Unternehmen und Verbraucher" (2020/2021(INI)), 13.05.2020, S. 12; *Schmidt* in: Boos/Brönneke/Wechsler, Konsum und nachhaltige Entwicklung, 2019, 27, 32, dem zufolge Rebound-Effekte ausschließlich wegen solcher Preiseffekte auftreten.

1855 *Die Bundesregierung*, Deutsche Nachhaltigkeitsstrategie, Weiterentwicklung 2021, 15.12.2020, S. 297; *Ekardt*, Theorie der Nachhaltigkeit, 3. Aufl. 2021, S. 489.

sind oder dass das durch die längere Nutzbarkeit eingesparte Geld in sonstiger umweltbelastender Weise ausgegeben wird.[1856] Diese Effekte stehen der Entwicklung hin zu einer absoluten Entkopplung in dem Sinne, dass Umweltbelastungen verringert werden und gleichzeitig das Bruttoinlandsprodukt wächst, entgegen.[1857]

Die unter Nachhaltigkeitsgesichtspunkten grds. zu befürwortenden und zu fördernden innovativen Waren können ebenfalls Rebound-Effekte verursachen. Das Ausfallrisiko und die Unzuverlässigkeit eines neuen, innovativen und komplexen Produkts ist im Vergleich zu einem etablierten Produkt, dessen potenzielle Fehler im Gerät und in den einzelnen Komponenten bereits analysiert und beseitigt worden sind, erhöht.[1858] Innovative, noch nicht ausgereifte und neu im Markt eingeführte Produkte werden im Fall des Funktionsverlustes selten repariert und eher komplett vom Markt verschwinden, um vor allem das Image des Herstellers zu wahren.[1859] Dies führt wiederum zu einer Zunahme von Neuherstellungen, einem erhöhten Ressourcenverbrauch und einem steigenden Abfallaufkommen. Außerdem tritt das Problem der psychologischen Obsoleszenz zu Tage, je schneller Produkte weiterentwickelt werden. Viele Konsumenten streben stets nach dem neusten Produkt mit der aktuellsten Technik. Je kürzer die Innovationszyklen sind, desto weniger lohnen sich für den Käufer außerdem Reparaturen von schon wieder aus der Mode gekommene Waren.[1860] Zudem verstärkt sich das Problem der ökonomischen Obsoleszenz. Denn je mehr Variationen eines Produkttyps eines Herstellers auf dem Markt vorhanden sind, desto höher sind die Kosten für das Vorhalten von unterschiedlichen Ersatzteilen und für die ausgeklügelte Entwicklung eines reparaturfähigen Designs. Die höheren Kosten für das Vorhalten von Ersatzteilen würden den Verkäufer eher davon abhalten innovative und teure Komponenten zu entwickeln,[1861] die sie mehrfach herstellen und für etwaige Reparaturen zur Verfügung stellen müssten. Im Verhältnis zur Bedeutung von Innovationen für umweltgerechtes Produktdesign und ressourcenschonende Herstellung, sind die negativen Auswirkungen aber als marginal zu bewerten. Eine immer bessere Produktqualität kann nur erreicht werden durch kontinuierliche Fortentwicklung bereits bestehender Konstruktionen und Erfindungen. Würden Innovationen behindert, um die schnelle Außerdienststellung neuer innovativer, aber mangelbehafteter Produkte zu vermeiden, wäre das Ergebnis die Zementie-

1856 *Zahrnt* in: Boos/Brönneke/Wechsler, Konsum und nachhaltige Entwicklung, 2019, 45, 46.
1857 *Zahrnt* in: Boos/Brönneke/Wechsler, Konsum und nachhaltige Entwicklung, 2019, 45, 46.
1858 *Longmuß/Dworak* in: Longmuß/Poppe, Geplante Obsoleszenz, 2019, 73, 74 f.
1859 *Longmuß/Dworak* in: Longmuß/Poppe, Geplante Obsoleszenz, 2019, 73, 75.
1860 Vgl. *Kurz* in: Brönneke/Wechsler, Obsoleszenz interdisziplinär, 2015, 59, 66.
1861 *Prakash/Dehoust/Gsell/Schleicher/Stamminger*, UBA Texte 11/2016, 2016, S. 277; *Schlacke/Tonner/Gawel*, JZ 2016, 1030, 1032.

rung des Status quo an Produktqualität. Dies ist ein Ergebnis, das den Nachhaltigkeitszielen zuwiderläuft. Primär muss die Lebensdauer von Waren durch Erhöhung der Produktqualität sowie durch Innovationen verlängert werden.

F. Anwendungs- und Geltungsbereich des Kaufgewährleistungsrechts

Die Regelungen des deutschen Kaufgewährleistungsrechts finden allein auf Konstellationen mit einem Deutschlandbezug Anwendung. Für Kaufverträge über analoge Kaufgegenstände gelten für alle Marktteilnehmer die Regelungen in §§ 434–453 BGB, die teilweise oder wie § 434 oder § 439 BGB vollständig europarechtlich determiniert sind. Für die Form des Verbrauchsgüterkaufs sind die Sonderbestimmungen in §§ 474–478 BGB zusätzlich heranzuziehen. Diese beruhten auf der Verbrauchsgüterkaufrechtsrichtlinie, die mindestharmonisierend war (Art. 8 VGKRL), und beruhen nun auf der vollharmonisierenden Warenkaufrichtlinie (Art. 4 WKRL). Regelungen, die sich explizit auf den Kauf von Waren mit digitalen Elementen beziehen, lassen sich nur in dem Abschnitt zum Verbrauchsgüterkauf finden. Für Kaufverträge über digitale Produkte sind hingegen ausschließlich §§ 327–327u BGB, mit denen die vollharmonisierende DIDRL umgesetzt wurde (Art. 4 DIDRL), anwendbar.

I. Persönlicher und sachlicher Anwendungsbereich

Im deutschen BGB werden lediglich für den Verbrauchsgüterkauf konkrete Regelungen für den Kauf von Waren mit digitalen Elementen getroffen. Dies liegt daran, dass die Regelungen für den Kauf von Waren mit digitalen Elementen der Umsetzung der Warenkaufrichtlinie dienen, die gem. Art. 3 Abs. 1 WKRL ausschließlich für Verbrauchsgüterkäufe gilt und vollharmonisierenden Charakter hat. Die Mitgliedstaaten der Europäischen Union sind lediglich für den Verbrauchsgüterkauf an die vollharmonisierenden Vorschriften der Richtlinie gebunden. Dennoch steht es den Mitgliedstaaten gem. EG 21 WKRL ausdrücklich frei, die Anwendung der Vorschriften der WKRL und den hiermit verbundenen Schutz des Käufers auch auf Verträge auszudehnen, die nicht vom Anwendungsbereich der Richtlinie erfasst sind. Hiervon machte der deutsche Gesetzgeber beispielsweise für die Regelungen des Mangelbegriffs in § 434 BGB oder der Nacherfüllung in § 439 BGB Gebrauch. Er entschied sich aber für Waren mit digitalen Elementen für eine 1:1-Umsetzung der

WKRL und gegen eine Übernahme der Regelungen über den Anwendungsbereich der WKRL hinaus auch in das allgemeine Kaufrecht.[1862]

Dabei werden Waren mit digitalen Elementen auch zwischen Verbrauchern und zwischen Unternehmern gehandelt. Vor allem im professionellen Handel zwischen Kaufleuten werden immense Umsätze mit Waren mit digitalen Elementen generiert. Sie sind ein wichtiges Investitionsgut für Unternehmen und ihr softwarebedingter Ausfall hat für sie weitreichende wirtschaftliche Auswirkungen.[1863] Das Problem der funktionalen Obsoleszenz tritt daher noch viel intensiver im unternehmerischen Bereich auf und muss vom Recht adressiert werden. Einzelheiten der Gewährleistung werden zwar im unternehmerischen Bereich zumindest eher ausgehandelt als es im B2C-Bereich der Fall ist, allerdings existieren auch im B2B-Bereich Abhängigkeiten und ein Aushandeln von Risikozuordnungen auf Augenhöhe ist nicht realistisch.[1864] Das Schutzbedürfnis von gewerblichen (Einzel-)Händlern, welche die Waren von einem Großhändler oder direkt vom Hersteller erwerben und weiterverkaufen, kann unter Umständen gleich groß zu dem eines Verbrauchers sein.[1865] Auch widerspricht die gesetzgeberische Umsetzung der WKRL einer einheitlichen Rechtsentwicklung. Für die B2B-, C2B- und C2C-Bereiche entstehen Regelungslücken und eine analoge Anwendbarkeit muss diskutiert werden.[1866] Dies ist besonders problematisch, weil die Abgrenzung von Unternehmer und Verbraucher immer noch große Schwierigkeiten bereitet, vor allem bei *Dual-use*-Gütern.[1867] Unter diesen Gesichtspunkten ist es höchst zweifelhaft und nicht überzeugend, Regelungen für den Kauf von Waren mit digitalen Elementen ausschließlich für den Verbrauchsgüterkauf zu normieren.[1868] Es kann jedenfalls nicht sein, dass solche Geschäfte von keinem rechtlichen Regelungsregime erfasst sind.

Der Wortlaut des § 434 BGB spricht ausdrücklich von „Sachen". Sachen sind nach § 90 BGB nur körperliche Gegenstände. Bei Waren, die ohne ihre digitalen Elemente ihre Funktionen nicht erfüllen können, handelt es sich grundsätzlich um körperliche Gegenstände, welche digitale Inhalte und Dienstleistungen lediglich

---

1862 BT-Drs. 19/27424, 30.

1863 *Schrader*, NZV 2021, 67, 70.

1864 *Schrader*, NZV 2021, 67, 70 f.

1865 *Lehmann/Dürrschmidt*, GRUR 1997, 549, 550 f.; Siehe zur Problematik von Umgehungsgeschäften, indem der Unternehmer einen Verbraucher als Verkäufer vorschiebt, um nicht den §§ 474 ff. BGB unterliegen zu müssen, und deren rechtlichen Folgen *Holthusen*, NJW 2024, 241, 241 ff.

1866 *Meller-Hannich*, DAR 2021, 493, 494.

1867 *Schrader*, NZV 2021, 67, 71.

1868 So auch *Firsching*, ZUM 2021, 210, 215; *Meller-Hannich*, DAR 2021, 493, 494.

enthalten oder mit ihnen verbunden sind. § 434 BGB soll daher auch auf Waren mit digitalen Elementen Anwendung finden.[1869] Ein solcher Rückschluss lässt sich zum einen aus der Erwähnung von Eigenschaften der Kompatibilität und Interoperabilität, als von der Beschaffenheit nach § 434 Abs. 2 und 3 BGB erfasst, herleiten, die nur Waren mit digitalen Elementen aufweisen. Zum anderen können Kaufverträge über digitale Elemente zwischen Verbrauchern oder zwischen Unternehmern nicht rechtlos gestellt sein. Und nur für den Verbrauchsgüterkauf über Waren mit digitalen Elementen gelten neben § 434 BGB noch die zusätzlichen Anforderungen nach § 475b BGB.[1870] Der Wortlaut des § 434 BGB hätte jedoch glücklicher gewählt werden können. Anstatt auf die „Sache" könnte sich § 434 BGB auf die „Ware" beziehen, um klar zum Ausdruck zu bringen, dass auch Waren mit digitalen Elementen erfasst werden. In der Norm hätte auch ein klarer Hinweis aufgenommen werden können, wie er etwa in § 475b Abs. 3 Nr. 1, Abs. 4 Nr. 1 und Abs. 6 Nr. 1 BGB erfolgt ist, dass die Grundsätze ebenso für Waren mit digitalen Elementen gelten.

Darüber hinaus ist nicht nachvollziehbar, dass der Mangelbegriff an unterschiedlicher Stelle normiert ist und keine für alle geltende einheitliche Lösung gewählt wurde. Bei der Umsetzung der VGKRL hieß es noch, dass ein „gespaltener Fehlerbegriff je nach der Einordnung eines Geschäfts als Verbrauchsgüterkauf oder als sonstiger Kauf" vermieden werden soll und die Rechtsordnung dies allgemein regeln sollte.[1871] In der aktuellen Fassung des BGB existiert nun aber in Bezug auf Waren mit digitalen Elementen ein gespaltener Mangelbegriff. Für Kaufverträge zwischen Verbrauchern und zwischen Unternehmern ist nämlich für Aktualisierungen keine gesetzliche Regelung getroffen worden. Aktualisierungsvereinbarungen müssen zwischen den Parteien stets individuell ausgehandelt und vereinbart werden. Dies lässt sich teilweise damit rechtfertigen, dass außerhalb des Verbrauchsgüterkaufs ein Aushandeln von Gewährleistungsbedingungen sowie Aktualisierungsbereitstellungen einfacher möglich ist. Verkäufer, die einem gewerblichen Käufer gegenüberstehen, lassen sich intensiver durch Mechanismen des Reputationsgewinns und -verlusts leiten.[1872] Die Hauptsache ist, dass Kaufvertragsschlüsse über Waren mit digitalen Elementen außerhalb des B2C-Bereichs nicht rechtlos gestellt sind und nicht ausschließlich dem Verhandlungsgeschick der Vertragsparteien unterliegen. Um das Problem der funktionalen Obsoleszenz aber umfangreich bekämpfen zu können, ist die Geltung der Regelungen zur Aktualisierungspflicht auch außerhalb des B2C-Bereichs notwendig. Die negativen Umweltauswirkungen erfolgen nicht lediglich aufgrund des zunehmenden Konsums

1869 BT-Drs. 19/27424, 30; *Faust* in: BeckOK BGB, 74. Ed. 01.05.2025, BGB § 434 Rn. 3.
1870 BT-Drs. 19/27424, 30; *Faust* in: BeckOK BGB, 74. Ed. 01.05.2025, BGB § 434 Rn. 3.
1871 BT-Drs. 14/6040, 211.
1872 *Gomez* in: Grundmann/Bianca, EU-Kaufrechts-Richtlinie Kommentar, 2002, Einl. Rn. 92.

von Verbrauchern, sondern in großem Umfang im unternehmerischen Bereich, in welchem täglich Massen von Waren mit digitalen Elementen gehandelt werden.

Überdies ist die Pflicht des Unternehmers, die Nacherfüllung innerhalb einer angemessenen Frist und ohne erhebliche Unannehmlichkeiten für den Käufer durchzuführen, explizit nur für den Verbrauchsgüterkauf statuiert. Zwar betont der Gesetzgeber die Anwendbarkeit dieser Grundsätze auch für die Nacherfüllung außerhalb des Verbrauchsgüterkaufs.[1873] Dies ist aufgrund des positiven Einflusses dieser Regelung auf die rationale Apathie des Käufers auch zu befürworten bzw. gar erforderlich (s. o. Zweiter Teil B.I.1.d)). Aber gerade unter diesem Gesichtspunkt leuchtet es nicht ein, warum die Verpflichtung explizit nur im 3. Untertitel aufgeführt ist.

Schlussfolgernd lässt sich sagen, dass es nicht nachvollziehbar ist, dass die WKRL vom deutschen Gesetzgeber nur teilweise in das allgemeine Kaufrecht und viele Regelungen ausschließlich lediglich für den Verbrauchsgüterkauf umgesetzt wurden, auch wenn dies von Art. 3 Abs. 1, Art. 4 WKRL so vorgesehen ist. In Hinblick auf ein einheitliches Kaufgewährleistungsrecht für Waren mit digitalen Elementen sowie harmonisierende Gewährleistungssysteme über den Verbrauchsgüterkauf hinaus in allen EU-Mitgliedstaaten wäre es zu begrüßen gewesen, hätte der europäische Gesetzgeber den Anwendungsbereich der Warenkaufrichtlinie nicht auf den Verbrauchsgüterkauf beschränkt.

II. Begrenzte Wirkkraft eines nachhaltigkeitsorientierten nationalen Rechts

Ziel und Zweck der europäischen Gesetzgebung zum Kaufrecht ist das Funktionieren des Binnenmarktes zu sichern, die Fragmentierung des Handels innerhalb der EU zu überwinden und den grenzüberschreitenden Handel zu erleichtern.[1874] Grundsätzlich soll der freie Warenverkehr gewährleistet werden, die Wettbewerbsfähigkeit der EU gestärkt werden und das Verbraucherschutzniveau erhöht werden.[1875] Darüber hinaus verfolgt die Europäische Union eine bereichsübergreifende Strategie der nachhaltigen Entwicklung, die zur Berücksichtigung von Umweltschutzbelangen verpflichtet.[1876] All diese Ziele erfordern die Angleichung mitgliedstaatlicher Rechtsordnungen.[1877] Zentrale Rechtssetzung führt zu positiven Skaleneffekten, weil sie Geltung für ein geografisch großes Betätigungsgebiet ent-

1873 BT-Drs. 19/27424, 29.

1874 Vgl. Art. 26 Abs. 1 AEUV; Art. 1 sowie EG 1, 2, 4, 7, 9, 47, 70 WKRL.

1875 Vgl. Art. 169 AEUV; Art. 1 sowie EG 1, 2, 4, 5, 10 WKRL.

1876 Vgl. Art. 3 Abs. 3 UAbs. 1 S. 2 EUV, Art. 11 AEUV, Art. 191 Abs. 1 AEUV.

1877 Vgl. Art. 114 AEUV; EG 70 WKRL.

faltet.[1878] Negative Umweltauswirkungen durch Konsumtion und Produktion stoppen nicht an einzelnen mitgliedstaatlichen Grenzen.[1879] Der Erhalt natürlicher Lebensgrundlagen und der Klimawandel sind globale Probleme, deren (rechtliche) Bekämpfung internationale Kooperation und weltweite Maßnahmen benötigt.[1880] Bei einem rein national, dezentral geltenden strengen Gewährleistungsrecht, das Nachhaltigkeitsziele verfolgt, wären die zu realisierenden positiven Auswirkungen auf die Umwelt nur marginal. Konkurrenzunternehmen aus anderen Mitgliedstaaten könnten sich weiterhin umweltschädlich verhalten und von dem limitierten Verhalten der Rechtsadressaten durch die eigene Mehrinanspruchnahme natürlicher Ressourcen profitieren.[1881] In wettbewerblicher Hinsicht erhalten alle Marktteilnehmer, die nicht den Restriktionen unterliegen, zudem einen Vorteil.[1882] Nur in einzelnen Mitgliedstaaten geltende strengere Gewährleistungsregelungen könnten zu Ineffektivität, Wettbewerbsverzerrungen und Handelshemmnissen führen.[1883] Regulierung, die auf das Erreichen von Nachhaltigkeitszielen abzielt, funktioniert nur, wenn sie einen hinreichend großen Markt betrifft und umfassend Hersteller und Konsumenten adressiert.[1884] Dem europäischen Markt kommt weltweit eine bedeutende Stellung zu, sodass Regelungen für den europäischen Markt, die sich zugleich auch an Importeure richten, einen ausschlaggebenden Beitrag für die Umwelt leisten können.[1885]

Die Nachhaltigkeitsziele (s. o. Erster Teil A.IV.) können somit nicht effektiv lediglich durch ein national nachhaltig ausgestaltetes Gewährleistungsrecht verfolgt und erreicht werden. Vielmehr ist es erforderlich, dass die Regelungen für den Handel im gesamten Europäischen Wirtschaftsraum Geltung beanspruchen. Die Diskussionen und Argumentationen dieser Untersuchung beziehen sich auf ein durch die Bestimmungen der VGKRL und WKRL ausgestaltetes europäisches Kaufgewährleistungssystem. Die in dieser Arbeit vorgeschlagenen Gesetzesänderungen richten sich damit nicht (ausschließlich) an den deutschen Gesetzgeber, sondern adressieren viel eher den europäischen Gesetzgeber zum Erlass vollhar-

---

1878 *Grundmann* in: Riesenhuber, Europäische Methodenlehre, 3. Aufl. 2015, 172, 177 Rn. 15.

1879 Vgl. auch *Halfmeier*, AcP 216 (2016), 717, 748.

1880 BVerfG, Beschl. v. 24.03.2021, 1 BvR 2656/18, 1 BvR 78/20, 1 BvR 96/20, 1 BvR 288/20, NJW 2021, 1723, 1740 f. Rn. 200 f. m.w.N.

1881 *Wagner*, NJW 2021, 2256, 2257 f. Rn. 9 ff.; *Hellgardt/Jouannaud*, AcP 222 (2022), 163, 185.

1882 *Wagner*, NJW 2021, 2256, 2262 Rn. 47 f.

1883 *Michel*, Premature Obsolescence, 2022, S. 317.

1884 *Hellgardt/Jouannaud*, AcP 222 (2022), 163, 194; *Halfmeier*, AcP 216 (2016), 717, 748, der insofern von einer „mangelnden Steuerungskraft des nationalstaatlichen Rechts" spricht; *Kommission der Europäischen Gemeinschaften*, Grünbuch zur integrierten Produktpolitik, KOM (2001) 68 endg., 07.02.2001, S. 4; *Wagner*, NJW 2021, 2256, 2258 Rn. 11 f.

1885 *Hellgardt/Jouannaud*, AcP 222 (2022), 163, 194.

monisierender, einheitlicher, nachhaltiger Rechtsstandards. Durch die Änderung einiger Regelungen der WKRL, die vollharmonisierenden Charakter haben und daher von allen Mitgliedstaaten ohne Abweichungen umgesetzt werden müssen, können nachhaltigkeitsfördernde Mechanismen europaweit etabliert werden. Umso bedauerlicher ist es, dass viele der vorgeschlagenen Änderungen bereits vor Erlass der DIDRL und WKRL diskutiert wurden, jedoch keine Einigung und keinen Eingang in die Richtlinien fanden. Eine rein nationale Verfolgung von Nachhaltigkeitszielen durch die Änderung von Vorschriften des Kaufgewährleistungsrechts würde ferner gegen Art. 4 WKRL verstoßen, wonach Mitgliedstaaten gerade keine strengeren oder weniger strenge Vorschriften zur Gewährung eines anderen Verbraucherschutzniveaus erlassen dürfen. Die Mitgliedstaaten sind daher an das (aktuell geringe) Nachhaltigkeitsmaß des europäischen Kaufrechts gebunden.[1886] Einheitliche nachhaltigkeitsorientierte Anreize und Restriktionen für Konsumenten und Produzenten, die durch Kaufgewährleistungsrecht vermittelt werden können, das für die gesamte Europäische Union gilt, sind unablässig.

G. Fazit und Ausblick

Das Kaufgewährleistungsrecht enthält rechtliche Mechanismen, die im Zusammenwirken Nachhaltigkeitsziele erreichen, indem sie das rechtliche Grundgerüst einer Strategie zur Eindämmung von Obsoleszenz bilden. In Folge der Umsetzung der vorgeschlagenen Gesetzesänderungen können die Nachhaltigkeitsziele noch effektiver und weitreichender verwirklicht werden. Die Regelungen der Warenkaufrichtlinie, die mit §§ 434 ff. BGB ins nationale Recht umgesetzt wurden, nehmen Einfluss auf die Verhaltensweisen von Verkäufer, Hersteller und Käufer als vom Gewährleistungsrecht adressierte Personengruppen. Sie geben nachhaltigkeitsbegünstigende Anreize und stellen Restriktionen für umweltschädliches Handeln bereit. Das zwischen den Kaufvertragsparteien geltende Gewährleistungsrecht ist in Kombination mit öffentlich-rechtlicher Regulierung ein wirkungsvoller Mechanismus einer nachhaltigen Entwicklung in den Bereichen der Produktion und Konsumtion. Werkstoffliche Obsoleszenz wird durch die Etablierung eines hohen Haltbarkeitsstandards von Produkten vermieden, welcher zu einer umweltfreundlichen Verlängerung der Produktlebensdauer führt. Dem Problem der ökonomischen Obsoleszenz wird begegnet, indem die kaufgewährleistungsrechtlichen Bestimmungen bewirken, dass die Kosten einer potenziellen

1886 Dies auch als Problem sehend *Michel*, Premature Obsolescence, 2022, S. 346; *van Gool/ Michel*, EuCML 2021, 136, 137.

Gewährleistungshaftung für ein nicht reparierbares Produkt im Vergleich zu den Herstellungskosten einer reparierbaren Ware höher sind. Im Fall des Funktionsausfalls wäre sodann die Nachbesserung einer Nachlieferung vorzuziehen, weil ein reparaturfähiges und reparaturfreundliches Produkt schnell, einfach und kostengünstig repariert werden kann, wohingegen eine Nachlieferung die Neuherstellung der Ware erfordert, welche den öffentlich-rechtlichen Anforderungen an die Reparaturfähigkeit und Reparaturfreundlichkeit genügen muss und daher mit hohen Kosten einhergeht. Die Installation von Aktualisierungen stellt den Erhalt der Funktionalität und sonstiger Produkteigenschaften einer Ware sicher, dadurch dass sich die digitalen Elemente an die sich ändernde digitale Umgebung anpassen. Funktionale Obsoleszenz lässt sich so verhindern und die Produktlebensdauer wird verlängert. Obendrein vermindern Aktualisierungen das Phänomen der psychologischen Obsoleszenz, indem dem Wunsch und dem Trend nach dem technologisch neusten Produkt durch Software-Updates entsprochen werden kann.

Die Resultate der Verfolgung von Zielen des ökologisch geprägten Nachhaltigkeitsprinzips mit Hilfe des Kaufgewährleistungsrechts stimmen zum Teil mit den Inhalten der sozialen sowie ökonomischen Dimension einer nachhaltigen Entwicklung überein. Beeinträchtigungen ökonomischer oder sozialer Belange sind schließlich zugunsten der vorrangig zu verwirklichenden ökologischen Dimension zu dulden. Um dem Klimawandel und der aktuell anhaltenden Umweltzerstörung durch Produktion und Konsumtion aktiv und effektiv entgegenzuwirken, muss primär ein hohes Level an ökologischer Nachhaltigkeit erreicht werden.

Die Nachhaltigkeitstransformation erfordert, dass nachhaltigkeitshemmende Mechanismen vermindert und nachhaltigkeitsfördernde Mechanismen verstärkt werden. Folgende Gesetzesänderungen sind daher erforderlich zur Vermeidung von Obsoleszenz und zur Erreichung von Nachhaltigkeitszielen:

- Erweiterung des Anwendungsbereichs der Warenkaufrichtlinie: Die Richtlinie sollte gem. Art. 3 Abs. 1 WKRL für alle Verträge gelten und nicht nur für solche zwischen Verbraucher und Unternehmer.
- Änderung von Art. 7 WKRL sowie § 434 BGB:
  - Neben der Haltbarkeit sollten explizit auch die Reparaturfähigkeit und die Reparaturfreundlichkeit als Beispiele für sonstige Merkmale in Art. 7 Abs. 1 lit. d) WKRL sowie als von dem Beschaffenheitsbegriff erfasste Eigenschaften in § 434 Abs. 3 S. 2 BGB normiert werden.
  - Art. 7 Abs. 1 lit. d) WKRL sollte erweitert werden und in § 434 Abs. 3 S. 1 Nr. 2 BGB sollte ein Buchstabe c) eingefügt werden, wonach die Ware sonstigen Merkmalen entsprechen muss bzw. die Beschaffenheit aufweisen muss, die bei Sachen derselben Art üblich ist und die der Käufer erwarten kann, unter Berücksichtigung rechtlicher Vorschriften, die konkrete Anforderungen an die Haltbarkeit, die Reparaturfähigkeit und die Reparatur-

freundlichkeit aufstellen, insbesondere Anforderungen, die in den Durchführungsmaßnahmen bzw. delegierten Rechtsakten zum Ökodesign festgelegt sind. Dabei sollten Ökodesign-Anforderungen flächendeckend für sämtliche Produktkategorien erlassen werden.

  - In § 434 Abs. 1 BGB sollte klarstellend formuliert werden, dass die Maßstäbe auch für Waren mit digitalen Elementen gelten. Eine solche Klarstellung wurde aktuell nur für den Verbrauchsgüterkauf in § 475b BGB getroffen. Der Gesetzestext des § 434 Abs. 1 BGB sollte dahingehend abgeändert werden, dass die Ware ebenso wie die Ware mit digitalen Elementen frei von Mängeln ist, wenn sie bei Gefahrübergang den subjektiven Anforderungen, den objektiven Anforderungen und den Montageanforderungen dieser Vorschrift entspricht.
  - Die Regelungen in § 475b Abs. 2, Abs. 3 Nr. 2, Abs. 4 Nr. 2, Abs. 5 BGB, welche die Aktualisierungspflicht betreffen, sollten für alle Kaufverträge gelten und daher entsprechend in § 434 BGB normiert werden.
- Es sollten Informationspflichten für sämtliche Produktkategorien eingeführt werden, denen zufolge der Hersteller verpflichtet ist Angaben zur Mindestlebensdauer der von ihm produzierten Waren zu machen. Informationspflichten könnten im Rahmen von delegierten Rechtsakten zur Ökodesign-VO oder von Rechtsverordnungen zum EnVKG normiert werden.
- Änderung von Art. 11 WKRL sowie § 477 BGB:
  - Der geltende Zeitraum der Beweislastumkehr sollte auf zwei Jahre ausgedehnt werden bzw. auf drei Jahre für Waren mit einer Mindestlebensdauer von über zwei Jahren.
  - In Art. 11 WKRL sollte ein Absatz 4 sowie in § 477 BGB sollte ein Absatz 3 eingefügt werden, der klarstellt, dass die Beweislastumkehr auch in Bezug auf die Aktualisierungspflicht gilt.
- Änderung von Art. 13 Abs. 2 WKRL sowie § 437 BGB: Die Nachbesserung sollte zwingend vorrangig vor der Nachlieferung geltend zu machen sein.
- Änderung von Art. 10 Abs. 1 WKRL sowie § 438 BGB:
  - § 438 BGB sollte geändert werden, sodass Ansprüche aufgrund von Mängeln von Waren und Waren mit digitalen Elementen nicht vor dem Ablauf von zwölf Monaten nach dem Ende des Ablaufs der vereinbarten oder vom Käufer erwartbaren Mindesthaltbarkeitsdauer oder Bereitstellungsdauer von digitalen Elementen sowie von Aktualisierungen verjähren. Es sollte zudem eine Verjährungshöchstfrist von zehn Jahren normiert werden.
  - Art. 10 Abs. 1 WKRL sollte geändert werden, sodass der Verkäufer für jede Vertragswidrigkeit haftet, die zum Zeitpunkt der Lieferung der Waren besteht und innerhalb der vereinbarten oder vom Käufer erwartbaren Mindesthaltbarkeitsdauer offenbar wird.

- Es sollte eine Herstellergarantieaussagepflicht normiert werden in Hinblick auf die Haltbarkeit einer Ware und Ware mit digitalen Elementen.

Schluss

Die Mechanismen des Kaufgewährleistungsrechts leisten einen entscheidenden Beitrag zur Nachhaltigkeitstransformation. Sie wirken auf die Bereiche der Produktion und Konsumtion ein, deren Umgestaltung ausschlaggebend für eine nachhaltige Entwicklung ist. Durch die Lenkung von Verhaltensweisen der Konsumenten sowie der Verkäufer und Hersteller kann in nachhaltigkeitsbegünstigender Weise auf den Produktionsprozess und das Konsumverhalten Einfluss genommen werden. Die Mechanismen des Kaufgewährleistungsrechts erzielen die Verlängerung von Produktlebensdauern durch langlebige Produktqualität, Reparaturen im Fall eines Defekts und der Vornahme von Aktualisierungen bei Änderung der digitalen Umgebung von Waren mit digitalen Elementen. Insbesondere die Phänomene der werkstofflichen, ökonomischen und funktionalen Obsoleszenz können präventiv bekämpft und in ihren umweltschädlichen Auswirkungen verhindert werden. In Hinblick auf die Langlebigkeit von Produkten stellen die kaufgewährleistungsrechtlichen Mechanismen nur ein Zahnrad im großen System rechtlicher Steuerungskraft dar. Dem Klimawandel ausschließlich durch das Kaufgewährleistungsrecht zu begegnen, genügt nicht. Es müssen weit über das Gewährleistungsrecht hinaus Mechanismen etabliert und Strategien verfolgt werden, um eine nachhaltige Entwicklung voranzutreiben. Indessen darf die Tragweite des kaufgewährleistungsrechtlichen Zahnrads nicht unterschätzt werden. Es setzt eine Entwicklung in Gang, die in Zusammenwirkung mit anderen rechtlichen Mechanismen eine nachhaltige Transformation des Produktentwicklungs- und Herstellungsprozesses sowie der Konsummuster zur Folge hat. Die Bedeutung eines europäischen Kaufgewährleistungsrechts geht über die Grenzen des Europäischen Wirtschaftsraums hinaus. Es adressiert eine große Bandbreite an Marktteilnehmern und eine Vielzahl an Waren, sodass die etablierten nachhaltigen Marktstandards weitere Märkte beeinflussen.

Der Weg hin zu einer klimaneutralen Wirtschaft ist ein weiter. Wirtschaft, Politik und Konsumenten müssen eng zusammenwirken, gemeinsam nach Lösungen suchen und Nachhaltigkeitsstrategien umsetzen. Eine nachhaltige Entwicklung erfordert einen umfassenden Struktur- und Wertewandel in der gesamten Gesellschaft. Dieser kann zumindest durch vom Kaufgewährleistungsrecht gegebene Anreize und Restriktionen für menschliches Verhalten ins Rollen gebracht und beschleunigt werden. Die durch das dispositive Kaufgewährleistungsrecht vorgegebenen Entscheidungen haben Ausstrahlungswirkung auf das Nachhaltigkeitsbewusstsein der Bevölkerung. Die Präferenzen des Einzelnen sind jedoch stabil und können vom Recht nicht gesteuert werden. Jeder sollte sich selbst

https://doi.org/10.1515/9783112224526-007

daran versuchen, Verzicht zu üben, und Entscheidungen in allen Lebensbereichen in Hinblick auf eine nachhaltige Entwicklung überdenken.

Literaturverzeichnis

Akerlof, George A.: The Market for „Lemons“: Quality Uncertainty and the Market Mechanism, 84(3) The Quarterly Journal of Economics 488 – 500 (1970).

Alexy, Robert: Theorie der Grundrechte, 9. Auflage, Frankfurt am Main 2020.

Arnold, Stefan: Recht auf Reparatur, Vertragliche Umsetzung und Herausforderungen für das Handwerk, Wirtschaft und Recht für Mittelstand und Handwerk, Band 10, Baden-Baden 2024 (zit.: Recht auf Reparatur).

Asmussen, Sven: Haftung für unwahre Aussagen über Nachhaltigkeitskodizes vor Abschluss eines Kaufvertrags, NJW 2017, 118 – 123.

Asmussen, Sven: Haftung für CSR, Schriften zum Unternehmens- und Kapitalmarktrecht, Band 74, Tübingen 2020.

Atamer, Yeşim M.; Grundmann, Stefan: Sales Law in Transformation, Sustainability, Digitalisation, Servitisation, in: Grundmann, Stefan; Atamer, Yeşim M. (Hrsg.), European Sales Law, Challenges in the 21st Century, Cambridge 2023, S. 1 – 46 (zit.: European Sales Law).

Augenhofer, Susanne; Küter, Rebecca: Recht auf oder Pflicht zur Reparatur? Gedanken zum Vorschlag für eine RL über gemeinsame Vorschriften zur Förderung der Reparatur von Waren, VuR 2023, 243 – 253.

Bach, Ivo: Neue Richtlinien zum Verbrauchsgüterkauf und zu Verbraucherverträgen über digitale Inhalte, NJW 2019, 1705 – 711.

Bach, Ivo; Kieninger, Eva-Maria: Ökologische Analyse des Zivilrechts, JZ 2021, 1088 – 1098.

Bach, Ivo; Wöbbeking, Maren: Das Haltbarkeitserfordernis der Warenkauf-RL als neuer Hebel für mehr Nachhaltigkeit?, NJW 2020, 2672 – 2678.

Bachmann, Gregor: CSR-bezogene Vorstands- und Aufsichtsratspflichten und ihre Sanktionierung, ZGR 2018, 231 – 261.

Bardt, Hubertus: Indikatoren ökonomischer Nachhaltigkeit, Analysen, Forschungsberichte aus dem Institut der deutschen Wirtschaft Köln, Nr. 72, Köln 2011 (zit.: IW Analysen Nr. 72).

Baumgärtner, Stefan: Öffentliche Nachhaltigkeitssteuerung, Ökonomik und Nachhaltigkeitssteuerung, in: Heinrichs, Harald; Michelsen, Gerd (Hrsg.), Nachhaltigkeitswissenschaften, Berlin 2014, S. 261 – 279 (zit.: Nachhaltigkeitswissenschaften).

Beck, Lukas: Die Rechte des Käufers bei fehlender Nachhaltigkeit der Kaufsache, NJW 2022, 3313 – 3318.

Beck, Lukas: Nachhaltigkeit im Wirtschaftsrecht, ZIP 2022, 1471 – 1478.

Beckmann, Martin; Durner, Wolfgang; Mann, Thomas; Röckinghausen, Marc (Hrsg.): Umweltrecht, 106. EL, München 2025 (zit.: *Bearbeiter* in: Landmann/Rohmer, Umweltrecht).

beck-online.GROSSKOMMENTAR zum BGB: siehe unter *Gsell, Beate; Krüger, Wolfgang; Lorenz, Stephan; Reymann, Christoph.*

beck-online.GROSSKOMMENTAR zum HGB: siehe unter *Henssler, Martin.*

Beck’scher Online-Kommentar zum BGB: siehe unter *Hau, Wolfgang; Poseck, Roman.*

Beck’scher Online-Kommentar zum GG: siehe unter *Epping, Volker; Hillgruber, Christian.*

Beck’scher Online-Kommentar zum HGB: siehe unter *Häublein, Martin; Hoffmann-Theinert, Roland.*

Beck’scher Online-Kommentar zum Umweltrecht: siehe unter *Giesberts, Ludger; Reinhardt, Michael.*

Beck’scher Online-Kommentar zum UWG: siehe unter *Fritzsche, Jörg; Münker, Reiner; Stollwerck, Christoph.*

Berg, Wilfried: Nachhaltigkeit und Umweltstaat, in: Kahl, Wolfgang (Hrsg.), Nachhaltigkeit als Verbundbegriff, Tübingen 2008, S. 425 – 442 (zit.: Nachhaltigkeit als Verbundbegriff).

https://doi.org/10.1515/9783112224526-008

Bernsdorff, Norbert: Positivierung des Umweltschutzes im Grundgesetz (Art. 20a GG), NuR 1997, 328 – 334.

Biermann, Anna: Das neue Kaufrecht: Die wichtigsten Änderungen, DAR 2022, 134 – 136.

Bizer, Kilian; Führ, Martin; Proeger, Till: Die ökonomischen Auswirkungen einer Verbesserung des deutschen Gewährleistungsrechts, Studie im Auftrag des Verbraucherzentrale Bundesverbands e.V., 20. 09. 2016 (zit.: Die ökonomischen Auswirkungen einer Verbesserung des deutschen Gewährleistungsrechts).

Borghetti, Jean-Sébastien: Direct Producer Liability for Non-Conformity, Is it Worth Pushing the Case?, in: Grundmann, Stefan; Atamer, Yeşim M. (Hrsg.), European Sales Law, Challenges in the 21st Century, Cambridge 2023, S. 249 – 276 (zit.: European Sales Law).

Bosselmann, Klaus: The Principle of Sustainability: Transforming Law and Governance, 2. Edition, New York 2017 (zit.: The Principle of Sustainability).

Brönneke, Tobias: Verkürzte Lebensdauer von Produkten aus Sicht der Rechtswissenschaften, in: Brönneke, Tobias; Wechsler, Andrea (Hrsg.), Obsoleszenz interdisziplinär, Vorzeitiger Verschleiß aus Sicht von Wissenschaft und Praxis, Schriftenreihe des Instituts für Europäisches Wirtschafts- und Verbraucherrecht e.V., Band 51, Baden-Baden 2015, S. 185 – 203 (zit.: Obsoleszenz interdisziplinär).

Brönneke, Tobias: Anpassung von Gewährleistungsfristen im Kaufrecht, Kurzgutachten, 2019/2020, abrufbar unter https://www.vzbv.de/sites/default/files/downloads/2021/01/07/21 – 01 – 06_broenneke_gutachten_gewaehrleistung.pdf, Karlsruhe, zuletzt abgerufen am 30. 06. 2025 (zit.: Anpassung von Gewährleistungsfristen im Kaufrecht).

Brönneke, Tobias; Freischlag, Nadja: Funktionsfähigkeitsgarantie als Herstellergarantieaussagepflicht: wirksames Instrument gegen vorzeitigen Verschleiß, in: Boos, Adrian; Brönneke, Tobias; Wechsler, Andrea (Hrsg.), Konsum und nachhaltige Entwicklung, Verbraucherpolitik neu denken, Schriftenreihe des Instituts für Europäisches Wirtschafts- und Verbraucherrecht e.V., Band 40, Baden-Baden 2019, S. 155 – 171 (zit.: Konsum und nachhaltige Entwicklung).

Bulow, Jeremy: An Economic Theory of Planned Obsolescence, 101(4) The Quarterly Journal of Economics 729 – 749 (1986).

Bundesministerium für Umwelt, Naturschutz und nukleare Sicherheit; Bundesverband der Deutschen Industrie e. V.; Umweltbundesamt: Umweltinformationen für Produkte und Dienstleistungen, Anforderungen – Instrumente – Beispiele, 7. Auflage, Rostock 2019.

Bundesministerium für Umwelt, Naturschutz und nukleare Sicherheit, Umweltbundesamt, Jury Umweltzeichen, RAL gGmbH: Blauer Engel, Das Umweltzeichen, Computer und Tastaturen, DE-UZ 78, Vergabekriterien, Version 6, Bonn 2017, abrufbar unter https://produktinfo.blauer-engel.de/uploads/criteriafile/de/DE-UZ%20078 – 201701-de-Kriterien-V6.pdf, zuletzt abgerufen am 30. 06. 2025 (zit.: Vergabekriterien Computer und Tastaturen, DE-UZ 78).

Bundesministerium für Umwelt, Naturschutz und nukleare Sicherheit, Umweltbundesamt, Jury Umweltzeichen, RAL gGmbH: Blauer Engel, Das Umweltzeichen, Mehrwegsysteme to-go für Lebensmittel und Getränke, DE-UZ 210, Vergabekriterien, Version 5, Bonn 2019, abrufbar unter https://produktinfo.blauer-engel.de/uploads/criteriafile/de/DE-UZ%20210 – 201901-de-Kriterien-V5.pdf, zuletzt abgerufen am 30. 06. 2025 (zit.: Vergabekriterien Mehrwegsysteme to-go, DE-UZ 210).

Bundesministerium für Umwelt, Naturschutz und nukleare Sicherheit, Umweltbundesamt, Jury Umweltzeichen, RAL gGmbH: Blauer Engel, Das Umweltzeichen, Staubsauger, DE-UZ 188, Vergabekriterien, Version 2, Bonn 2020, abrufbar unter https://produktinfo.blauer-engel.de/

uploads/criteriafile/de/DE-UZ%20188 – 202001-de-Kriterien-V2.pdf, zuletzt abgerufen am 30. 06. 2025 (zit.: Vergabekriterien Staubsauger, DE-UZ 188).

Bundesministerium für Umwelt, Naturschutz und nukleare Sicherheit, Umweltbundesamt, Jury Umweltzeichen, RAL gGmbH: Blauer Engel, Das Umweltzeichen, Telefonanlagen und schnurgebundene Voice over IP Telefone, DE-UZ 220, Vergabekriterien, Version 2, Bonn 2021, abrufbar unter https://produktinfo.blauer-engel.de/uploads/criteriafile/de/DE-UZ%20220 – 202101 %20de-Kriterien-V2.pdf, zuletzt abgerufen am 30. 06. 2025 (zit.: Vergabekriterien Telefonanlagen und schnurgebundene Voice over IP Telefone, DE-UZ 220).

Bundesministerium für Umwelt, Naturschutz, nukleare Sicherheit und Verbraucherschutz, Umweltbundesamt, Jury Umweltzeichen, RAL gGmbH: Blauer Engel, Das Umweltzeichen, Grafische Papiere und Kartons aus 100 % Altpapier (Recyclingpapier und -karton), DE-UZ 14a, Vergabekriterien, Version 7, Bonn 2020, abrufbar unter https://produktinfo.blauer-engel.de/uploads/criteriafile/de/DE-UZ%20014a-202001-de%20Kriterien-V7.pdf, zuletzt abgerufen am 30. 06. 2025 (zit.: Vergabekriterien Recyclingpapier und -karton, DE-UZ 14a).

Bundesministerium für Umwelt, Naturschutz, nukleare Sicherheit und Verbraucherschutz, Umweltbundesamt, Jury Umweltzeichen, RAL gGmbH: Blauer Engel, Das Umweltzeichen, System Stoffhandtuchrollen im Stoffhandtuchspender, DE-UZ 77, Vergabekriterien, Version 5, Bonn 2020, abrufbar unter https://produktinfo.blauer-engel.de/uploads/criteriafile/de/DE-UZ%20077 – 200806-de%20Kriterien-2020 – 01 – 03.pdf, zuletzt abgerufen am 30. 06. 2025 (zit.: Vergabekriterien Stoffhandtuchrollen, DE-UZ 77).

Bundesrat: Gesetzentwurf der Bundesregierung, Entwurf eines Gesetzes zur Stärkung der nichtfinanziellen Berichterstattung der Unternehmen in ihren Lage- und Konzernlageberichten (CSR-Richtlinie-Umsetzungsgesetz), Drucksache 547/16, 23. 09. 2016 (zit.: BR-Drs. 547/16).

Business Insider Deutschland: Rückgabe nicht nötig: Studie zeigt, warum Kunden von Amazon und Co. ungewünschte Ware häufig behalten dürfen, 10. 11. 2020, abrufbar unter https://www.businessinsider.de/wirtschaft/amazon-kunden-erstattete-ware-geschenkt-r/, zuletzt abgerufen am 30. 06. 2025.

Calliess, Christian; Ruffert, Matthias (Hrsg.): EUV/AEUV, Das Verfassungsrecht der Europäischen Union mit Europäischer Grundrechtecharta, Kommentar, 6. Auflage, München 2022 (zit.: *Bearbeiter* in: Calliess/Ruffert, EUV/AEUV)

Collins, Hugh: Conformity of Goods, the Network Society, and the Ethical Consumer, 22(5) ERPL 619 – 640 (2014).

Cooper, Tim: Inadequate Life? Evidence of Consumer Attitudes to Product Obsolescence, 27 Journal of Consumer Policy 421 – 449 (2004).

Croon-Gestefeld, Johanna: Die nachhaltige Beschaffenheit der Kaufsache, NJW 2022, 497 – 502.

Croon-Gestefeld, Johanna: Das Recht auf Reparatur – Vorschläge aus Brüssel, ZEuP 2024, 379 – 406.

Dassbach, Christopher: Informationsverantwortung im Kaufrecht, Ein rechtsvergleichender und rechtsökonomischer Beitrag zur zukünftigen Ausgestaltung Europäischer Rechtsvereinheitlichungsprojekte, Schriften zum Internationalen und vergleichenden Privatrecht, Band 10, Frankfurt am Main 2016 (zit.: Informationsverantwortung im Kaufrecht).

Dastis, Juan Carlos: Ethischer Konsum und Vertragsrecht, VuR 2017, 252 – 256.

Dauner-Lieb, Barbara; Langen, Werner (Hrsg.): NomosKommentar, BGB, Schuldrecht, ProdHaftG, UKlaG, Band 2: §§ 241 – 853, 4. Auflage, Baden-Baden 2021 (zit.: *Bearbeiter* in: NK-BGB).

Deutscher Bundestag: Bericht der Gemeinsamen Verfassungskommission gemäß Beschluss des Deutschen Bundestages – Drucksachen 12/1590, 12/1670 – und Beschluss des Bundesrates – Drucksache 741/91 (Beschluss) –, Drucksacke 12/6000, 05. 11. 1993 (zit. BT-Drs. 12/6000).

Deutscher Bundestag: Gesetzentwurf der Fraktionen der CDU/CSU, SPD und F.D.P., Entwurf eines Gesetzes zur Änderung des Grundgesetzes (Artikel 3, 20a, 20b, 28, 29, 72, 74, 75, 76, 77, 80, 87, 93, 118a und 125a), Drucksache 12/6633, 20. 01. 1994 (zit.: BT-Drs. 12/6633).

Deutscher Bundestag: Gesetzentwurf der Abgeordneten Alfred Hartenbach, Hermann Bachmaier, Bernhard Brinkmann (Hildesheim), Rainer Brinkmann (Dortmund), Iris Follak, Hans-Joachim Hacker, Reinhold Hemker, Gustav Herzog, Barbara Imhof, Ilse Janz, Marianne Klappert, Anette Kramme, Ute Kumpf, Christine Lambrecht, Winfried Mante, Dirk Manzewski, Dr. Jürgen Meyer (Ulm), Holger Ortel, Margot von Renesse, Wilhelm Schmidt (Salzgitter), Karsten Schönfeld, Richard Schuhmann (Delitzsch), Reinhard Schultz (Everswinkel), Erika Simm, Joachim Stünker, Jella Teuchner, Hedi Wegener, Matthias Weisheit, Dr. Rainer Wend, Heino Wiese (Hannover), Waltraud Wolff, Heidi Wright, Dr. Peter Struck und der Fraktion der SPD sowie der Abgeordneten Volker Beck (Köln), Grietje Bettin, Irmingard Schewe-Gerigk, Helmut Wilhelm (Amberg), Kerstin Müller (Köln), Rezzo Schlauch und der Fraktion BÜNDNIS 90/DIE GRÜNEN, Entwurf eines Gesetzes zur Modernisierung des Schuldrechts, Drucksache 14/6040, 14. 05. 2001 (zit.: BT-Drs. 14/6040).

Deutscher Bundestag: Gesetzentwurf der Bundesregierung, Entwurf eines Gesetzes zur Umsetzung der Verbraucherrechterichtlinie und zur Änderung des Gesetzes zur Regelung der Wohnungsvermittlung, Drucksache 17/12637, 06. 03. 2013 (zit.: BT-Drs. 17/12637).

Deutscher Bundestag: Antrag der Abgeordneten Nicole Maisch, Dorothea Steiner, Ingrid Hönlinger, Ute Koczy, Cornelia Behm, Harald Ebner, Bärbel Höhn, Undine Kurth (Quedlinburg), Friedrich Ostendorff, Markus Tressel, Hans-Josef Fell, Bettina Herlitzius, Dr. Anton Hofreiter, Sylvia Kotting-Uhl, Oliver Krischer, Stephan Kühn, Dr. Hermann E. Ott, Daniela Wagner, Dr. Valerie Wilms und der Fraktion BÜNDNIS 90/DIE GRÜNEN, Geplanten Verschleiß stoppen und die Langlebigkeit von Produkten sichern, Drucksacke 17/13917, 12. 06. 2013 (zit.: BT-Drs. 17/13917).

Deutscher Bundestag: Gesetzentwurf der Bundesregierung, Entwurf eines Gesetzes zur Reform des Bauvertragsrechts und zur Änderung der kaufrechtlichen Mängelhaftung, Drucksache 18/8486, 18. 05. 2016 (zit.: BT-Drs. 18/8486).

Deutscher Bundestag: Gesetzentwurf der Fraktionen der CDU/CSU und SPD, Entwurf eines Gesetzes zur Einführung einer zivilprozessualen Musterfeststellungsklage, Drucksache 19/2507, 05. 05. 2018 (zit.: BT-Drs. 19/2507).

Deutscher Bundestag (2021): Gesetzentwurf der Bundesregierung, Entwurf eines Gesetzes zur Regelung des Verkaufs von Sachen mit digitalen Elementen und anderer Aspekte des Kaufvertrags, Drucksache 19/27424, 09. 03. 2021 (zit.: BT-Drs. 19/27424).

Deutscher Bundestag: Gesetzentwurf der Bundesregierung, Entwurf eines Gesetzes zur Umsetzung der Richtlinie über bestimmte vertragsrechtliche Aspekte der Bereitstellung digitaler Inhalte und digitaler Dienstleistungen, Drucksache 19/27653, 17. 03. 2021 (zit.: BT-Drs. 19/27653).

Deutscher Bundestag: Unterrichtung durch die Bundesregierung, Entwurf eines Gesetzes zur Regelung des Verkaufs von Sachen mit digitalen Elementen und anderer Aspekte des Kaufvertrags – Drucksache 19/27424 – Stellungnahme des Bundesrates und Gegenäußerung der Bundesregierung, Drucksache 19/28174, 01. 04. 2021 (zit.: BT-Drs. 19/28174).

Deutsches Institut für Normung: DIN-Norm, Normungsprozess: So entsteht eine Norm, abrufbar unter https://www.din.de/de/ueber-normen-und-standards/din-norm/normungsprozess, zuletzt abgerufen am 30. 06. 2025.

Die Bundesregierung: Deutsche Nachhaltigkeitsstrategie, Weiterentwicklung 2021, 15. 12. 2020.

Directorate-General for Environment: EU Ecolabel facts and figures, abrufbar unter https://environment.ec.europa.eu/topics/circular-economy/eu-ecolabel/business/ecolabel-facts-and-figures_en, zuletzt abgerufen am 30.06.2025.

Directorate-General for Environment: EU Ecolabel, Product groups and criteria, Discover the full range of EU Ecolabel products and criteria, abrufbar unter https://environment.ec.europa.eu/topics/circular-economy/eu-ecolabel/product-groups-and-criteria_en, zuletzt abgerufen am 30.06.2025.

Dreier, Horst (Hrsg.): Grundgesetz Kommentar, Band II, Art. 20 – 82, 3. Auflage, Tübingen 2015 (zit.: *Bearbeiter* in: Dreier, Grundgesetz-Kommentar).

Drescher, Ingo; Fleischer, Holger; Schmidt, Karsten (Hrsg.): Münchener Kommentar zum Handelsgesetzbuch, Band 4, §§ 238 – 342e HGB, 5. Auflage, München 2024 (zit.: *Bearbeiter* in: MüKo HGB).

Drescher, Ingo; Fleischer, Holger; Schmidt, Karsten (Hrsg.): Münchener Kommentar zum Handelsgesetzbuch, Band 5, §§ 343 – 406 HGB, CISG, 6. Auflage, München 2025 (zit.: *Bearbeiter* in: MüKo HGB).

Dürig, Günter (Begründer)*; Herzog, Roman; Scholz, Rupert* (Hrsg.): Grundgesetz Kommentar, Band III, Art.17 – 28, 106. EL, München 2024 (zit.: *Bearbeiter* in: Dürig/Herzog/Scholz).

Eger, Thomas: Einige ökonomische Aspekte der Europäischen Verbrauchsgüterkauf-Richtlinie und ihrer Umsetzung in deutsches Recht, in: Schäfer, Hans-Bernd; Lwowski, Hans-Jürgen (Hrsg.), Konsequenzen wirtschaftsrechtlicher Normen, Kreditrecht – Verbraucherschutz – Allgemeines Wirtschaftsrecht, Festschrift für Claus Ott zum 65. Geburtstag, Wiesbaden 2002, S. 183 – 212 (zit.: Konsequenzen wirtschaftlicher Normen).

Ehle, Kristina; Kreß, Stephan: Neues IT-Vertragsrecht für digitale Inhalte und Dienste gegenüber Verbrauchern, Subjektiv-Objektiver Mangelbegriff, Aktualisierungspflicht und Änderungsbefugnis, CR 2019, 723 – 731.

Ehmann, Horst; Rust, Ulrich: Die Verbrauchsgüterkaufrichtlinie – Umsetzungsvorschläge unter Berücksichtigung des Reformentwurfs der deutschen Schuldrechtskommission, JZ 1999, 853 – 864.

Eidenmüller, Horst: Zur Effizienz der Verjährungsregeln im geplanten Schuldrechtsmodernisierungsgesetz, JZ 2001, 283 – 287.

Eidenmüller, Horst: Effizienz als Rechtsprinzip, Möglichkeiten und Grenzen der ökonomischen Analyse des Rechts, Die Einheit der Gesellschaftswissenschaften, Studien in den Grenzbereichen der Wirtschafts- und Sozialwissenschaften, Band 90, 4. Auflage, Tübingen 2015 (zit.: Effizienz als Rechtsprinzip).

Eisenriegler, Sepp: Obsoleszenz – Ein Impuls aus Österreich, in: Brönneke, Tobias; Wechsler, Andrea (Hrsg.), Obsoleszenz interdisziplinär, Vorzeitiger Verschleiß aus Sicht von Wissenschaft und Praxis, Schriftenreihe des Instituts für Europäisches Wirtschafts- und Verbraucherrecht e.V., Band 51, Baden-Baden 2015, S. 291 – 308 (zit.: Obsoleszenz interdisziplinär).

Ekardt, Felix: Umweltschutz und Zivilrecht: Nachhaltigkeit durch Kapitalgesellschaftsrecht?, ZUR 2016, 463 – 473.

Ekardt, Felix: Theorie der Nachhaltigkeit, Ethische, rechtliche, politische und transformative Zugänge am Beispiel von Klimawandel, Ressourcenknappheit und Welthandel; Mit einem Nachwort zu BVerfG-Entscheidung, Paris-Abkommen und neuer Klimapolitik, 3. Auflage, Baden-Baden 2021 (zit.: Theorie der Nachhaltigkeit).

Emons, Winand: Warranties, Moral Hazard, and the Lemons Problem, 46 Journal of Economic Theory 16 – 33 (1988).

Epping, Volker; Hillgruber, Christian (Hrsg.): Beck'scher Online-Kommentar zum Grundgesetz, 61. Edition, Stand: 15.03.2025, München 2025 (zit.: *Bearbeiter* in: BeckOK GG).

Erbs/Kohlhaas, Strafrechtliche Nebengesetze: siehe unter *Häberle, Peter* (Hrsg.)*; Erbs, Georg* (Begründer)*; Kohlhaas, Max* (ehemaliger Hrsg.).

Erman BGB: siehe unter *Westermann, Harm Peter; Grunewald, Barbara; Maier-Reimer, Georg.*

Europäische Kommission: Mitteilung der Kommission an das Europäische Parlament, den Europäischen Rat, den Rat, den Europäischen Wirtschafts- und Sozialausschuss und den Ausschuss der Regionen, Der europäische Grüne Deal, COM(2019) 640 final, Brüssel, 11.12.2019 (zit.: Der europäische Grüne Deal, COM(2019) 640 final).

Europäische Kommission: Mitteilung der Kommission an das Europäische Parlament und den Rat, Neue Verbraucheragenda, Stärkung der Resilienz der Verbraucher/innen für eine nachhaltige Erholung, COM(2020) 696 final, Brüssel, 13.11.2020 (zit.: Neue Verbraucheragenda, Stärkung der Resilienz der Verbraucher/innen für eine nachhaltige Erholung, COM(2020) 696 final).

Europäische Kommission: Mitteilung der Europäischen Kommission an das Europäische Parlament, den Rat, den Europäischen Wirtschafts- und Sozialausschuss und den Ausschuss der Regionen, Ein neuer Aktionsplan für die Kreislaufwirtschaft, Für ein sauberes und wettbewerbsfähigeres Europa, COM(2020) 98 final, Brüssel, 11.03.2020 (zit.: Ein neuer Aktionsplan für die Kreislaufwirtschaft, COM(2020) 98 final).

Europäische Kommission: Empfehlung (EU) 2021/2279 der Kommission vom 25. Dezember 2021 zur Anwendung der Methoden für die Berechnung des Umweltfußabdrucks zur Messung und Offenlegung der Umweltleistung von Produkten und Organisationen entlang ihres Lebenswegs.

Europäische Kommission: Vorschlag für eine Richtlinie des Europäischen Parlaments und des Rates zur Änderung der Richtlinie 2005/29/EG und 2011/83/EU hinsichtlich der Stärkung der Verbraucher für den ökologischen Wandel durch besseren Schutz gegen unlautere Praktiken und bessere Informationen, COM(2022) 143 final, Brüssel, 30.03.2022.

Europäische Kommission: Vorschlag für eine Richtlinie des Europäischen Parlaments und des Rates über die Begründung ausdrücklicher Umweltaussagen und die diesbezügliche Kommunikation (Richtlinie über Umweltaussagen), COM(2023) 166 final, Brüssel, 22.03.2023.

Europäische Kommission: Vorschlag für eine Richtlinie des Europäischen Parlaments und des Rates über gemeinsame Vorschriften zur Förderung der Reparatur von Waren und zur Änderung der Verordnung (EU) 2017/2394 und der Richtlinie (EU) 2019/771 und (EU) 2020/1828, COM(2023) 155 final, Brüssel, 22.03.2023.

Europäisches Parlament, Ausschuss für Binnenmarkt und Verbraucherschutz: Bericht über das Thema „Längere Lebensdauer für Produkte: Vorteile für Verbraucher und Unternehmen" (2016/2272(INI)), Berichterstatter: Pascal Durand, Plenarsitzungsdokument, 09.06.2017.

Europäisches Parlament, Ausschuss für Binnenmarkt und Verbraucherschutz: Entwurf eines Berichts über das Thema „Auf dem Weg zu einem nachhaltigeren Binnenmarkt für Unternehmen und Verbraucher" (2020/2021(INI)), Berichterstatter: David Cormand, 13.05.2020.

Faber, Wolfgang: Bereitstellung und Mangelbegriff, in: Stabentheiner, Johannes; Wendehorst, Christiane; Zöchling-Jud, Brigitta (Hrsg.), Das neue europäische Gewährleistungsrecht: Zu den Richtlinien (EU) 2019/771 über den Warenkauf sowie (EU) 2019/770 über digitale Inhalte und digitale Dienstleistungen, Wien 2019, S. 63–110 (zit.: Das neue europäische Gewährleistungsrecht).

Falke, Josef: Neue Entwicklungen im Europäischen Umweltrecht, (Berichtszeitraum: 3.10.2019–2.12.2019), ZUR 2020, 115–120.

Felsch, Johannes Claudio; Kremer, Julian; Wagener, Jonas: Handhabung der neuen Aktualisierungspflicht bei digitalen Produkten, Anwendungsbereich, Inhalt und Dauer anhand zweier konkreter Beispiele, MMR 2022, 18 – 23.

Firsching, Lukas: Der Kauf von Sachen mit digitalen Elementen, Kommentar zum Referentenentwurf des BMJV zu einem Gesetz zur Regelung des Verkaufs von Sachen mit digitalen Elementen und anderer Aspekte des Kaufvertrags, ZUM 2021, 210 – 220.

Fischer, Corinna; Moch, Katja; Prakash, Siddharth; Teufel, Jenny; Stieß, Immanuel; Kresse, Sarah; Birzle-Harder, Barbara: Nachhaltige Produkte – attraktiv für Verbraucherinnen und Verbraucher? Eine Untersuchung am Beispiel von elektronischen Kleingeräten, Funktionsbekleidung, Möbeln und Waschmitteln, Texte 11/2019, Umweltbundesamt (Hrsg.), Umweltforschungsplan des Bundesministeriums für Umwelt, Naturschutz und nukleare Sicherheit, Dessau-Roßlau 2019 (zit.: UBA Texte 11/2019).

Fleischer, Holger: Vertragsschlußbezogene Informationspflichten im Gemeinschaftsprivatrecht, ZEuP 2000, 772 – 798.

Flessner, Axel: § 14: Richtlinie und Reform – Die Einpassung der Kaufgewährleistungs-Richtlinie ins deutsche Recht –, in: Grundmann, Stefan; Medicus, Dieter; Rolland, Walter (Hrsg.), Europäisches Kaufgewährleistungsrecht: Reform und Internationalisierung des deutschen Schuldrechts, Köln 2000, S. 233 – 249 (zit.: Europäisches Kaufgewährleistungsrecht).

Fritsch, Michael: Marktversagen und Wirtschaftspolitik, Mikroökonomische Grundlagen staatlichen Handelns, 10. Auflage, München 2018 (zit.: Marktversagen und Wirtschaftspolitik).

Fritzsche, Jörg; Münker, Reiner; Stollwerck, Christoph (Hrsg): Beck'scher Online-Kommentar zum UWG, 28. Edition, Stand: 01. 04. 2025, München 2025 (zit.: *Bearbeiter* in: BeckOK UWG).

Gawel, Erik; Bretschneider, Wolfgang: Die Nutzungs- und Lebensdauer von Konsumprodukten als Gegenstand staatlicher Nachhaltigkeitssteuerung, ZfU 1 (2016), 1 – 36.

Gehne, Katja: Nachhaltige Entwicklung als Rechtsprinzip, Normativer Aussagegehalt, rechtstheoretische Einordnung, Funktionen im Recht, Tübingen 2011 (zit.: Nachhaltige Entwicklung als Rechtsprinzip).

Geiger, Rudolf; Khan, Daniel-Erasmus; Kotzur, Markus; Kirchmair, Lando (Hrsg.): EUV/AEUV, Vertrag über die Europäische Union/Vertrag über die Arbeitsweise der Europäischen Union, Kommentar, 7. Auflage, München 2023 (zit.: *Bearbeiter* in: Geiger/Khan/Kotzur/Kirchmair, EUV/AEUV).

Gelbrich, Katharina: Verbraucherschutz in Zeiten der planetaren Krisen, VerfBlog, 17. 06. 2023, abrufbar unter https://verfassungsblog.de/verbraucherschutz-in-zeiten-der-planetaren-krisen/, zuletzt abgerufen am 30. 06. 2025.

Generalversammlung Vereinte Nationen: Resolution der Generalversammlung, verabschiedet am 25. September 2015, Transformation unserer Welt: die Agenda 2030 für nachhaltige Entwicklung, A/RES/70/1 (zit.: Transformation unserer Welt: die Agenda 2030 für nachhaltige Entwicklung).

Giebler, Matthias: Praktische Auswirkungen des Gesetzes zur Regelung des Verkaufs von Sachen mit digitalen Elementen und anderer Aspekte des Kaufvertrags, DAR 2021, 673 – 677.

Giesberts, Ludger; Reinhardt, Michael (Hrsg): Beck'scher Online-Kommentar zum Umweltrecht, 71. Edition, Stand: 01. 04. 2019, München 2019 (zit.: *Bearbeiter* in: BeckOK Umweltrecht).

Gildeggen, Rainer: Vorzeitiger Verschleiß und die Verjährung von kaufrechtlichen Mängelgewährleistungsansprüchen, in: Brönneke, Tobias; Wechsler, Andrea (Hrsg.), Obsoleszenz interdisziplinär, Vorzeitiger Verschleiß aus Sicht von Wissenschaft und Praxis, Schriftenreihe des Instituts für Europäisches Wirtschafts- und Verbraucherrecht e.V., Band 51, Baden-Baden 2015, S. 269 – 287 (zit.: Obsoleszenz interdisziplinär).

Gildeggen, Rainer: Abschied von der kurzen Verjährungsfrist des § 438 Abs. 1 Nr. 3 BGB in der Praxis? Einige Überlegungen zur Überwindung der zweijährigen Gewährleistungsfrist im Kaufrecht, VuR 2016, 83 – 92.

Gildeggen, Rainer: Zur Verfassungswidrigkeit kurzer Gewährleistungsfristen bei langlebigen Produkten, VuR 2017, 203 – 211.

Glinski, Carola; Rott, Peter: Umweltfreundliches und ethisches Konsumverhalten im harmonisierten Kaufrecht, EuZW 2003, 649 – 654.

Grabitz, Eberhard (Begründer)*; Hilf, Meinhard* (Fortgeführt)*; Nettesheim, Martin* (Hrsg.): Das Recht der Europäischen Union, Band I, EUV/AEUV, 84. EL, München 2025 (zit.: *Bearbeiter* in: Grabitz/Hilf/Nettesheim, EUV/ AEUV).

Gregory, Paul M.: A Theory of Purposeful Obsolescence, 14(1) Southern Economic Journal 24 – 45 (1947).

von der Groeben, Hans; Schwarze, Jürgen; Hatje, Armin (Hrsg.): Europäisches Unionsrecht, Vertrag über die Europäische Union – Vertrag über die Arbeitsweise der Europäischen Union – Charta der Grundrechte der Europäischen Union, 7. Auflage, Baden-Baden 2015 (zit.: *Bearbeiter* in: von der Groeben/Schwarze/Hatje).

Grundmann, Stefan: § 16: Generalreferat: Internationalisierung und Reform des deutschen Kaufrechts, in: Grundmann, Stefan; Medicus, Dieter; Rolland, Walter (Hrsg.), Europäisches Kaufgewährleistungsrecht: Reform und Internationalisierung des deutschen Schuldrechts, Köln 2000, S. 281 – 321 (zit.: Europäisches Kaufgewährleistungsrecht).

Grundmann, Stefan: Privatautonomie im Binnenmarkt: Informationsregeln als Instrument, JZ 2000, 1133 – 1143.

Grundmann, Stefan: Verbraucherrecht, Unternehmensrecht, Privatrecht – warum sind sich UN-Kaufrecht und EU-Kaufrechts-Richtlinie so ähnlich?, AcP 202 (2002), 40 – 71.

Grundmann, Stefan: Vielfalt und Einheit durch Europäisches Kaufrecht, in: Jayme, Erik (Hrsg.), Kulturelle Identität und Internationales Privatrecht, Heidelberg 2003, S. 95 – 109.

Grundmann, Stefan: Welche Einheit des Privatrechts?, Von einer formalen zu einer inhaltlichen Konzeption des Privatrechts, in: Grundmann, Stefan; Haar, Brigitte; Merkt, Hanno; Mülbert, Peter. O.; Wellenhofer, Marina (Hrsg.), Festschrift für Klaus. J. Hopt zum 70. Geburtstag am 24. August 2010, Unternehmen, Markt und Verantwortung, Band 1, Berlin 2010, S. 61 – 91 (zit.: FS Hopt).

Grundmann, Stefan: § 9 Systemdenken und Systembildung, in: Riesenhuber, Karl (Hrsg.), Europäische Methodenlehre, Handbuch für Ausbildung und Praxis, 3. Auflage, Berlin 2015, S. 172 – 198 (zit.: Europäische Methodenlehre).

Grundmann, Stefan: Privatrecht und Regulierung, in: Grigoleit, Hans Christoph et al. (Hrsg.), Privatrechtsdogmatik im 21. Jahrhundert: Festschrift Für Claus-Wilhelm Canaris zum 80. Geburtstag, Berlin 2017, S. 907 – 948 (zit.: FS Canaris).

Grundmann, Stefan: Pluralistische Privatrechtstheorie, Prolegomena zu einer pluralistisch-gesellschaftswissenschaftlichen Rechtstheorie als normativem Desiderat („normativer Pluralismus“), RabelsZ 86 (2022), 364 – 420.

Grundmann, Stefan: Vom Dialog der (Rechts-)Quellen, Auf dem Weg zu Pluralismus und Verstehen in Recht und Rechtstheorie, JZ 2024, 469 – 477.

Grundmann, Stefan; Bianca, Cesare Massimo (Hrsg.): EU-Kaufrechts-Richtlinie, Kommentar, Köln 2002 (zit.: *Bearbeiter* in: EU-Kaufrechts-Richtlinie Kommentar).

Grundmann, Stefan; Hoerning, Andreas: Leistungsstörungsmodelle im Lichte der ökonomischen Theorie – nationales, europäisches und internationales Recht, in: Eger, Thomas; Schäfer, Hans-

Bernd (Hrsg.), Ökonomische Analyse der europäischen Zivilrechtsentwicklung, Beiträge zum X. Travemünder Symposium zur ökonomischen Analyse des Rechts (29. März und 1. April 2006), Tübingen 2007, S. 420 – 470 (zit.: Ökonomische Analyse der europäischen Zivilrechtsentwicklung).

Grundmann, Stefan; Kerber, Wolfgang: Chapter 15, Information Intermediaries and Party Autonomy – The Example of Securities and Insurance Markets, in: Grundmann, Stefan; Kerber, Wolfgang; Weatherill, Stephen (Hrsg.), Party Autonomy and the Role of Information in the Internal Market, Berlin/New York 2001, S. 264 – 310 (zit.: Party Autonomy and the Role of Information in the Internal Market).

Grundmann, Stefan; Kerber, Wolfgang; Weatherill, Stephen: Chapter 1, Party Autonomy and the Role of Information in the Internal Market – an Overview, in: Grundmann, Stefan; Kerber, Wolfgang; Weatherill, Stephen (Hrsg.), Party Autonomy and the Role of Information in the Internal Market, Berlin/New York 2001, S. 3 – 38 (zit.: Party Autonomy and the Role of Information in the Internal Market).

Grundmann, Stefan; Riesenhuber, Karl: Die Auslegung des Europäischen Privat- und Schuldvertragsrechts, JuS 2001, 529 – 536.

Grüneberg: Bürgerliches Gesetzbuch mit Nebengesetzen insbesondere mit Einführungsgesetz (Auszug) einschließlich Rom I-, Rom II- und Rom III-Verordnungen sowie EU-Güterrechtsverordnungen, Haager Unterhaltsprotokoll und EU-Erbrechtsverordnung, Allgemeines Gleichbehandlungsgesetz (Auszug), Wohn- und Betreuungsvertragsgesetz (GrünHome), Unterlassungsklagengesetz (GrünHome), Produkthaftungsgesetz, Erbbaurechtsgesetz, Wohnungseigentumsgesetz, Versorgungsausgleichsgesetz, Lebenspartnerschaftsgesetz (GrünHome), Gewaltschutzgesetz, Beck'sche Kurzkommentare, Band 7, 84. Auflage, München 2025 (zit.: *Bearbeiter* in: Grüneberg BGB).

Grunewald, Barbara: „Umweltverträglicher Konsum durch rechtliche Steuerung"?, Neuregelungen im Kauf-, Miet- und Gesellschaftsrecht als Mittel zur Sicherung von Nachhaltigkeit?, in: Curti, Henning; Effertz, Tobias (Hrsg.), Die ökonomische Analyse des Rechts, Entwicklung und Perspektive einer interdisziplinären Wissenschaft, Festschrift für Michael Adams, Frankfurt am Main 2013, S. 173 – 184 (zit.: FS Adams).

Grunewald, Barbara: Verkäuferhaftung für unrichtige CSR-Berichte des Herstellers, NJW 2021, 1777 – 1780.

Gsell, Beate: Sachmangelbegriff und Reichweite der Beweislastumkehr beim Verbrauchsgüterkauf, JZ 2008, 29 – 34.

Gsell, Beate: Europäische Verbandsklagen zum Schutz kollektiver Verbraucherinteressen – Königs- oder Holzweg?, BKR 2021, 521 – 529.

Gsell, Beate: Kauf- und deliktsrechtliche Haftung für das nachhaltigkeitsfehlerhafte Produkt als Schaden, ZHR 2023, 392 – 420.

Gsell, Beate: Informationspflichten im europäischen Verbraucherrecht, ZfPW 2022, 130 – 153.

Gsell, Beate; Krüger, Wolfgang; Lorenz, Stephan; Reymann, Christoph (GesamtHrsg.): beck-online.GROSSKOMMENTAR zum Zivilrecht, Stand: 01. 01. 2025, München 2025 (zit.: *Bearbeiter* in: BeckOGK BGB).

Gsell, Beate; Krüger, Wolfgang; Lorenz, Stephan; Reymann, Christoph (GesamtHrsg.): beck-online.GROSSKOMMENTAR zum Zivilrecht, Stand: 01. 03. 2025, München 2025 (zit.: *Bearbeiter* in: BeckOGK BGB).

Gsell, Beate; Krüger, Wolfgang; Lorenz, Stephan; Reymann, Christoph (GesamtHrsg.): beck-online.GROSSKOMMENTAR zum Zivilrecht, Stand: 01.05.2025, München 2025 (zit.: *Bearbeiter* in: BeckOGK BGB).

Gsell, Beate; Krüger, Wolfgang; Lorenz, Stephan; Reymann, Christoph (GesamtHrsg.): beck-online.GROSSKOMMENTAR zum Zivilrecht, Stand: 01.06.2025, München 2025 (zit.: *Bearbeiter* in: BeckOGK BGB).

Gsell, Beate; Krüger, Wolfgang; Lorenz, Stephan; Reymann, Christoph (GesamtHrsg.): beck-online.GROSSKOMMENTAR zum EGBGB, Stand: 15.03.2025, München 2025 (zit.: *Bearbeiter* in: BeckOGK EGBGB).

Häberle, Peter (Hrsg.)*; Erbs, Georg* (Begründer)*; Kohlhaas, Max* (ehemaliger Hrsg.): Strafrechtliche Nebengesetze, mit Straf- und Bußgeldvorschriften des Wirtschafts- und Verwaltungsrechts, 256 EL, München 2025 (zit.: *Bearbeiter* in: Erbs/Kohlhaas, Strafrechtliche Nebengesetze).

Häberle, Peter; Kotzur, Markus: Europäische Verfassungslehre, 8. Auflage, Baden-Baden 2016.

Habermas, Jürgen: Faktizität und Geltung, Beiträge zur Diskurstheorie des Rechts und des demokratischen Rechtsstaats, 5. Auflage, Frankfurt am Main 1997 (zit.: Faktizität und Geltung).

Hacker, Philipp: Verhaltensökonomik und Normativität, Die Grenzen des Informationsmodells im Privatrecht und seine Alternativen, Studien zum Privatrecht, Band 67, Tübingen 2017 (zit.: Verhaltensökonomik und Normativität).

Halfmeier, Axel: Nachhaltiges Privatrecht, AcP 216 (2016), 717 – 762.

Halfmeier, Axel: Abschied vom Konsumschutzrecht, VuR 2022, 3 – 9.

Hau, Wolfgang; Poseck, Roman (Hrsg): Beck'scher Online-Kommentar zum BGB, 74. Edition, Stand: 01.05.2025, München 2025 (zit.: *Bearbeiter* in: BeckOK BGB).

Häublein, Martin; Hoffmann-Theinert, Roland; Poll, Jens (Hrsg): Beck'scher Online-Kommentar zum HGB, 46. Edition, Stand: 01.04.2025, München 2025 (zit.: *Bearbeiter* in: BeckOK HGB).

Heinze, Christian: Conformity Requirements for Goods with Digital Elements, in: Grundmann, Stefan; Atamer, Yeşim M. (Hrsg.), European Sales Law, Challenges in the 21st Century, Cambridge 2023, S. 101 – 114 (zit.: European Sales Law).

Hellgardt, Alexander: Regulierung und Privatrecht, Staatliche Verhaltenssteuerung mittels Privatrecht und ihre Bedeutung für Rechtswissenschaft, Gesetzgebung und Rechtsanwendung, Band 207, Tübingen 2016 (zit.: Regulierung und Privatrecht).

Hellgardt, Alexander; Jouannaud, Victor: Nachhaltigkeitsziele und Privatrecht, AcP 222 (2022), 163 – 216.

Henssler, Martin (GesamtHrsg.): beck-online.GROSSKOMMENTAR zum Handelsrecht, Stand: 01.02.2025, München 2025 (zit.: *Bearbeiter* in: BeckOGK HGB).

Hess, Christian: Geplante Obsoleszenz, Rechtliche Zulässigkeit in der Lebensdauerplanung von technischen Gebrauchsgütern, Institut für Unternehmensrecht der Universität Mannheim (IURUM) (Hrsg.), Mannheimer Schriften zum Unternehmensrecht, Band 50, Baden-Baden 2018 (zit.: Geplante Obsoleszenz).

Hicks, J. R.: The Foundations of Welfare Economics, 49(196) The Economic Journal 696 – 712 (1939).

Hillmann, Karl-Heinz: Geplante Obsoleszenz. Bemerkungen zu Burkhardt Röper: „Gibt es geplanten Verschleiß?", ZVP 1977, 48 – 61.

HK-BGB: siehe unter *Schulze, Reiner.*

Hoffmann, Jochen; Löffler, Emma: Die Aktualisierungspflicht in der Lieferkette, ZfPW 2023, 1 – 24.

Hohmuth, Timo: Murks? Nein, danke?! Rechtliche Aspekte zum Umgang mit dem Phänomen „geplante Obsoleszenz", InTeR 2014, 74 – 85.

Holthusen, Christoph: Rechtliche Folgen von Umgehungsgestaltungen beim Verbrauchsgüterkauf, NJW 2024, 241 – 246.

Honsell, Heinrich: Die EU-Richtlinie über den Verbrauchsgüterkauf und ihre Umsetzung ins BGB, JZ 2001, 278 – 283.

Hopt, Klaus J.; Kumpan, Christoph; Leyens, Patrick C.; Merkt, Hanno; Roth, Markus: Beck'sche Kurz-Kommentare, Band 9, Handelsgesetzbuch mit GmbH & Co., Handelsklauseln, Bank- und Kapitalmarktrecht, Transportrecht (ohne Seerecht), 44. Auflage, München 2025 (zit.: *Bearbeiter* in: Hopt).

Howells, Geraint; Twigg-Flesner, Christian; Wilhelmsson, Thomas: Rethinking EU Consumer Law, Markets and the Law, London/New York 2018 (zit.: Rethinking EU Consumer Law).

Huber, Peter M.; Voßkuhle, Andreas: Grundgesetz, Band 2, Artikel 20 – 82, Kommentar, 8. Auflage, München 2024 (zit.: *Bearbeiter* in: Huber/Voßkuhle).

Hülskötter, Tim: Auswirkungen der Pflicht zur Reparatur auf das Verhältnis von Umwelt- und Verbraucherschutz im Europäischen Verbrauchervertragsrecht: Die neue Abwägung zwischen drei Polen, VuR 2024, 130 – 140.

Jaeger-Erben, M.; Proske, M.: What's hot what's not: the social construction of product obsolescence and its relevance for strategies to increase functionality, in: Bakker, C.; Mugge, R. (Hrsg.), PLATE (Product Lifetimes And The Environment), Conference Proceedings, 8 – 10 November 2017, Delft University of Technology and IOS Press, S. 181 – 185 (zit.: PLATE Conference Proceedings).

Janson, Gunnar: Ökonomische Theorie im Recht, Anwendbarkeit und Erkenntniswert im allgemeinen und am Beispiel des Arbeitsrechts, Schriftenreihe zur Rechtssoziologie und Rechtstatsachenforschung, Band 85, Berlin 2004 (zit.: Ökonomische Theorie im Recht).

Jarass, Hans D., Kment, Martin: Grundgesetz für die Bundesrepublik Deutschland, Kommentar, 18. Auflage, München 2024 (zit.: *Bearbeiter* in: Jarass/Pieroth GG).

Jauernig BGB, 19. Auflage: siehe unter *Stürner, Rolf.*

Jauernig, Othmar (Hrsg): Bürgerliches Gesetzbuch mit Gesetzen zur Regelung des Rechts der Allgemeinen Geschäftsbedingungen, 3. Auflage, München 1984 (zit.: *Bearbeiter* in: Jauernig BGB).

Junker, Markus; Beckmann, Roland Michael; Rüßmann, Helmut (Bandhrsg.): juris PraxisKommentar, Band 2, BGB, Schuldrecht, Herberger, Maximilian; Martinek, Michael; Rüßmann, Helmut; Weth, Stephan; Würdinger, Markus (Gesamthrsg.), 10. Auflage, 01. 02. 2023 (zit.: *Bearbeiter* in: jurisPK-BGB).

Junker, Markus; Beckmann, Roland Michael; Rüßmann, Helmut (Bandhrsg.): juris PraxisKommentar, Band 2, BGB, Schuldrecht, Herberger, Maximilian; Martinek, Michael; Rüßmann, Helmut; Weth, Stephan; Würdinger, Markus (Gesamthrsg.), 10. Auflage, 26. 08. 2024 (zit.: *Bearbeiter* in: jurisPK-BGB).

jurisPK-BGB: siehe unter *Junker, Markus; Beckmann, Roland Michael; Rüßmann, Helmut.*

Kahl, Wolfgang: Einleitung: Nachhaltigkeit als Verbundbegriff, in: Kahl, Wolfgang (Hrsg.), Nachhaltigkeit als Verbundbegriff, Tübingen 2008, S. 1 – 38 (zit.: Nachhaltigkeit als Verbundbegriff).

Kahl, Wolfgang: Staatsziel Nachhaltigkeit und Generationengerechtigkeit, DÖV 2009, 2 – 13.

Kahneman, Daniel; Tversky, Amos: Prospect Theory: An Analysis of Decision under Risk, 47(2) Econometrica 263 – 291 (1979).

Kaldor, Nicholas: Welfare Propositions of Economics and Interpersonal Comparisons of Utility, 49(195) The Economic Journal 549 – 552 (1939).

Keimeyer, Friedhelm; Gailhofer, Peter; Gsell, Martin; Graulich, Kathrin; Prakash, Siddharth; Scherf, Cara-Sophie; Brönneke, Tobias; Gildeggen, Rainer; Schmitt, Ralph; Schwarz, Nadja: Weiterentwicklung von Strategien gegen Obsoleszenz einschließlich rechtlicher Instrumente, Texte 115/2020,

Umweltbundesamt (Hrsg.), Umweltforschungsplan des Bundesministeriums für Umwelt, Naturschutz und nukleare Sicherheit, Dessau-Roßlau 2020 (zit.: UBA Texte 115/2020).

Kieninger, Eva-Maria: Recht auf Reparatur („Right to Repair") und Europäisches Vertragsrecht, ZEuP 2020, 264–280.

Kirchhefer-Lauber, Anna: Digitales Kaufrecht 2022, Die deutsche Umsetzung der Warenkaufrichtlinie, JuS 2021, 918–922.

Klein, Benjamin; Leffler, Keith B.: The Role of Market Forces in Assuring Contractual Performance, 89(4) Journal of Political Economy 615–641 (1981).

Kleinschmidt, Jens: Einheitliche Verjährungsregeln für Europa? Zu den Gewährleistungsfristen im Vorschlag für ein Gemeinsames Europäisches Kaufrecht, AcP 213 (2013), 538–571.

Klimke, Romy; Wetenkamp, Leah; Dahlke, Clemens: Rechtsfortbildung in Zeiten planetarer Krisen: Ökologische Nachhaltigkeit operationalisieren, VerfBlog, 16.06.2023, abrufbar unter https://verfassungsblog.de/rechtsfortbildung-in-zeiten-planetarer-krisen/, zuletzt abgerufen am 30.06.2025 (zit.: Rechtsfortbildung in Zeiten planetarer Krisen).

Klindt, Thomas (Hrsg.): Produktsicherheitsgesetz, ProdSG, Kommentar, 3. Auflage, München 2021 (zit.: *Bearbeiter* in: Klindt ProdSG).

Klöhn, Lars: Beweislastumkehr beim Verbrauchsgüterkauf (§ 476 BGB), NJW 2007, 2811–2815.

Kluth, Winfried: § 1 Allgemeines Umweltrecht, in: Kluth, Winfried; Smeddinck, Ulrich (Hrsg.), Umweltrecht: Ein Lehrbuch, 2. Auflage, Berlin 2020, S. 1–70 (zit.: Umweltrecht).

Kommission der Europäischen Gemeinschaften: Grünbuch zur integrierten Produktpolitik, KOM (2001) 68 endg., Brüssel, 07.02.2001.

Konferenz der Justizministerinnen und Justizminister der Länder: Bericht der Arbeitsgruppe „Nachhaltigkeit im Zivilrecht", unter Mitwirkung der Länder Baden-Württemberg, Bayern, Berlin, Brandenburg, Hamburg, Niedersachsen, Nordrhein-Westfalen (Federführung), Rheinland-Pfalz, Sachsen und Sachsen-Anhalt.

Konferenz der Vereinten Nationen über Umwelt und Entwicklung: Rio-Erklärung über Umwelt und Entwicklung, Rio de Janeiro 1992.

Konferenz der Vereinten Nationen für Umwelt und Entwicklung: AGENDA 21, Rio de Janeiro 1992.

Kotzur, Markus: Die Ziele der Union: Verfassungsidentität und Gemeinschaftsidee, DÖV 2005, 313–322.

Kreiß, Christian: Geplanter Verschleiß, in: Brönneke, Tobias; Wechsler, Andrea (Hrsg.), Obsoleszenz interdisziplinär, Vorzeitiger Verschleiß aus Sicht von Wissenschaft und Praxis, Schriftenreihe des Instituts für Europäisches Wirtschafts- und Verbraucherrecht e.V., Band 51, Baden-Baden 2015, S. 51–58 (zit.: Obsoleszenz interdisziplinär).

Kryla-Cudna, Katarzyna: The Update Obligation for Smart Products and a Circular Economy, A Chance not Taken?, in: Grundmann, Stefan; Atamer, Yeşim M. (Hrsg.), European Sales Law, Challenges in the 21st Century, Cambridge 2023, S. 115–134 (zit.: European Sales Law).

Kühner, Jasmin; Piltz, Carlo: Die Updatepflicht für Unternehmen in Umsetzung der Digitale Inhalte Richtlinie, Der Regelungsmechanismus im Referentenentwurf des BMJV v. 3.11.2020 zur Umsetzung der Richtlinie 2019/770/EU, CR 2021, 1–7.

Kumkar, Lea Katharina: Herausforderungen eines Gewährleistungsrechts im digitalen Zeitalter, ZfPW 2020, 306–333.

Kupfer, Tim; Weiß, Johannes: Die Warenkaufrichtlinie – Schlussstein in der Harmonisierung des kaufrechtlichen Gewährleistungsrechts?, VuR 2020, 95–101.

Kurz, Rudi: Obsoleszenz und Nachhaltigkeit aus volkswirtschaftlicher Perspektive, in: Brönneke, Tobias; Wechsler, Andrea (Hrsg.), Obsoleszenz interdisziplinär, Vorzeitiger Verschleiß aus Sicht von Wissenschaft und Praxis, Schriftenreihe des Instituts für Europäisches Wirtschafts- und Verbraucherrecht e.V., Band 51, Baden-Baden 2015, S. 59 – 80 (zit.: Obsoleszenz interdisziplinär).

Kurz, Rudi: Unsustainable Germany: Deutsche Nachhaltigkeitsstrategie auf dem Prüfstand, ZfU 3 (2019), 342 – 357.

Landmann/Rohmer, Umweltrecht: siehe unter *Beckmann, Martin; Durner, Wolfgang; Mann, Thomas; Röckinghausen, Marc.*

Larenz, Karl: Lehrbuch des Schuldrechts, Band 2 Besonderer Teil, 1. Halbband, 3. Auflage, München 1986.

Latzel, Clemens; Sausmikat, Philipp: Obsoleszenz – wirtschaftsrechtlicher Rahmen für die Gebrauchsdauer von Produkten, ZIP 2016, 1420 – 1428.

Leenen, Detlef: § 477 BGB: Verjährung oder Risikoverlagerung? Vortrag gehalten vor der Juristischen Gesellschaft zu Berlin am 29. Mai 1996, Berlin 1997 (zit.: § 477 BGB: Verjährung oder Risikoverlagerung?).

Leenen, Detlef: Die Neuregelung der Verjährung, JZ 2001, 552 – 560.

Lehmann, Michael; Dürrschmidt, Armin: Haftung für irreführende Werbung über Garantien – Zum Vorschlag einer Richtlinie des Europäischen Parlaments und des Rates über den verbrauchsgüterkauf und -garantien vom 18. 6. 1996 –, GRUR 1997, 549 – 559.

Lepsius, Oliver: Nachhaltigkeit und Parlament, in: Kahl, Wolfgang (Hrsg.), Nachhaltigkeit als Verbundbegriff, Tübingen 2008, S. 326 – 350 (zit.: Nachhaltigkeit als Verbundbegriff).

Leschke, Martin: Nachhaltigkeit und Institutionen – eine wirtschaftswissenschaftliche Sicht, in: Kahl, Wolfgang (Hrsg.), Nachhaltigkeit als Verbundbegriff, Tübingen 2008, S. 297 – 325 (zit.: Nachhaltigkeit als Verbundbegriff).

Longmuß, Jörg; Dworak, Christian: Reparierbarkeit im Fokus, in: Poppe, Erik; Longmuß, Jörg (Hrsg.), Geplante Obsoleszenz: Hinter den Kulissen der Produktentwicklung, Forschung aus der Hans-Böckler-Stiftung, Band 194, Bielefeld 2019, S. 73 – 96 (zit.: Geplante Obsoleszenz).

Longmuß, Jörg; Poppe, Erik; Neef, Wolfgang: Obsoleszenz als systemisches Problem – Ergebnisse einer Befragung von Akteuren der Produktentstehung, in: Poppe, Erik; Longmuß, Jörg (Hrsg.), Geplante Obsoleszenz: Hinter den Kulissen der Produktentwicklung, Forschung aus der Hans-Böckler-Stiftung, Band 194, Bielefeld 2019, S. 39 – 72 (zit.: Geplante Obsoleszenz)

Lorenz, Stephan: Nacherfüllungsanspruch und Obliegenheiten des Käufers: Zur Reichweite des „Rechts zur zweiten Andienung", NJW 2006, 1175 – 1197.

Lorenz, Stephan: Die Umsetzung der EU-Warenkaufrichtlinie in deutsches Recht, NJW 2021, 2065 – 2073.

Lüttringhaus, Jan D.: Kaufrechtliche Gewährleistungsansprüche bei „ethischen" Produkten und öffentlichen Aussagen zur Corporate Social Responsibility, Zugleich ein Beitrag zur Weite des Beschaffenheitsbegriffs des § 434 BGB, AcP 219 (2019), 29 – 62.

Magoulas, Georgios: Verbraucherschutz als Problem asymmetrischer Informationskosten, in: Ott, Claus; Schäfer, Hans-Bernd (Hrsg.), Allokationseffizienz in der Rechtsordnung, Beiträge zum Travemünder Symposium zur ökonomischen Analyse des Zivilrechts 23.–26. März 1988, Berlin 1989, S. 70 – 80 (zit.: Allokationseffizienz in der Rechtsordnung).

Mak, Vanessa; Lujinovic, Enna: Towards a Circular Economy in EU Consumer Markets – Legal Possibilities and Legal Challenges and the Dutch Example, EuCML 2019, 4 – 13.

Manhardt, Tobias: Die Aktualisierungspflicht beim Kauf von Waren mit digitalen Elementen, Eine dogmatisch-systematische Einordnung in das Kauf- und Gewährleistungsrecht, Augsburger Rechtsstudien, Band 93, Baden-Baden 2023 (zit.: Die Aktualisierungspflicht).

Manhardt, Tobias: (K)ein „Recht auf Updates“? Zur Rechtsnatur der Aktualisierungspflicht nach §§ 327 f, 475b BGB, JZ 2024, 394 – 402.

Mansel, Heinz-Peter: Die Reform des Verjährungsrechts, in: Ernst, Wolfgang; Zimmermann, Reinhard (Hrsg.), Zivilrechtswissenschaft und Schuldrechtsreform, Zum Diskussionsentwurf eines Schuldrechtsmodernisierungsgesetzes des Bundesministeriums der Justiz, Tübingen 2001, S. 333 – 423 (zit.: Zivilrechtswissenschaft und Schuldrechtsreform).

Mathis, Klaus: Effizienz statt Gerechtigkeit? Auf der Suche nach den philosophischen Grundlagen der ökonomischen Analyse des Rechts, 4. Auflage, Berlin 2019 (zit.: Effizienz statt Gerechtigkeit?).

Maultzsch, Felix: Der Ausschluss der Beweislastumkehr gem. § 476 a.E., NJW 2006, 3091 – 3097.

Medicus, Dieter: Ein neues Kaufrecht für Verbraucher?, ZIP 1996, 1925 – 1930.

Mehnert, Victor: Reparaturen für alle? – Rechtliche Perspektiven des „Right to repair“, ZRP 2023, 9 – 12.

Meller-Hannich, Caroline: Die Warenkaufrichtlinie und ihre Umsetzung, DAR 2021, 493 – 497.

Meller-Hannich, Caroline: Wenn die Klage sich nicht lohnt – Effektiver Rechtsschutz bei geringen Streitwerten, NZM 2022, 353 – 360.

Michel, Anaïs: Premature Obsolescence: In Search of an Improved Legal Framework, 2022 (zit.: Premature Obsolescence).

Michelsen, Gerd; Adomßent, Maik: Nachhaltige Entwicklung: Hintergründe und Zusammenhänge, in: Heinrichs, Harald; Michelsen, Gerd (Hrsg.), Nachhaltigkeitswissenschaften, Berlin 2014, S. 3 – 59 (zit.: Nachhaltigkeitswissenschaften).

Micklitz, Hans-Wolfgang: Kreislaufwirtschaft und Verbraucherrecht – Plädoyer für einen nationalen Alleingang, VuR 2019, 281 – 283.

Micklitz, Hans-Wolfgang: Squaring the Circle? Reconciling Consumer Law and the Circular Economy, EuCML 2019, 229 – 237.

Micklitz, Hans-Wolfgang; Mehnert, Victor; Specht-Riemenschneider, Louisa; Liedtke, Christa; Kenning, Peter: Recht auf Reparatur, Veröffentlichungen des Sachverständigenrats für Verbraucherfragen, Berlin 2022 (zit.: Recht auf Reparatur).

Müller, Wolf; Seitz, Niklas Maximilian: Die Einrede der Unverhältnismäßigkeit als Hüterin des Rechts auf Nachbesserung, NJW 2020, 3201 – 3206.

Münchener Kommentar zum Bürgerlichen Gesetzbuch: siehe unter *Säcker, Franz Jürgen; Rixecker, Roland; Oetker, Hartmut; Limperg, Bettina.*

Münchener Kommentar zum Handelsgesetzbuch: siehe unter *Drescher, Ingo; Fleischer, Holger; Schmidt, Karsten.*

Nelson, Phillip: Information and Consumer Behavior, 78(2) Journal of Political Economy 311 – 329 (1970).

Neuner, Jörg: Die ökologisch orientierte Auslegung und Fortbildung des Privatrechts, ZfPW 2024, 127 – 158.

NomosKommentar zum BGB: siehe unter *Dauner-Lieb, Barbara; Langen, Werner.*

Oberender, Peter; Zerth, Jürgen: Nachhaltigkeit und Marktwirtschaft, in: Kahl, Wolfgang (Hrsg.), Nachhaltigkeit als Verbundbegriff, Tübingen 2008, S. 554 – 568 (zit.: Nachhaltigkeit als Verbundbegriff).

Oehme, Ines; Jacob, Anett: Strategien gegen Obsoleszenz, Sicherung einer Produktmindestlebensdauer sowie Verbesserung der Produktnutzungsdauer und der Verbraucherinformation, Umweltbundesamt (Hrsg.), Dessau-Roßlau 2017 (zit.: Strategien gegen Obsoleszenz).

Oehme, Ines; Unnerstall, Herwig; Krause, Susann; Golde, Michael: Strategien, Perspektiven und Grenzen staatlicher Einflussnahme, in: Poppe, Erik; Longmuß, Jörg (Hrsg.), Geplante Obsoleszenz: Hinter den Kulissen der Produktentwicklung, Forschung aus der Hans-Böckler-Stiftung, Band 194, Bielefeld 2019, S. 143–156 (zit.: Geplante Obsoleszenz).

Olliges, Julia; Polania Giese, Jan Christian; Bickel, Manuel; Teubler, Jens; Hirschnitz-Garbers, Martin: Erarbeitung konkreter Strategien und Beträge für die nationale Umsetzung der UN-2030-Agende für nachhaltige Entwicklung für SDG 12, Abschlussbericht, Umweltbundesamt (Hrsg.), Ressortforschungsplan des Bundesministeriums für Umwelt, Naturschutz und nukleare Sicherheit, Dessau-Roßlau 2021 (zit.: UBA Texte 138/2021).

Parisi, Francesco: The Harmonization of Legal Warranties in European Sales Law: an Economic Analysis, 52(2) The American Journal of Comparative Law 403–431 (2004).

Petersen, Frank: Die Produktverantwortung im Kreislaufwirtschaftsrecht, NVwZ 2022, 921–930.

Petersen, Niels; Towfigh, Emanuel V.: § 1 – Ökonomik in der Rechtswissenschaft, in: Towfigh, Emanuel V.; Petersen, Niels (Hrsg.), Ökonomische Methoden im Recht: Eine Einführung für Juristen, 2. Auflage, Tübingen 2017, S. 1–24 (zit.: Ökonomische Methoden im Recht).

Pfeiffer, Thomas: Die Umsetzung der Warenkauf-RL in Deutschland: Beobachtungen zu Sachmängeln und Aktualisierungspflicht, GPR 2021, 120–128.

Poppe, Erik; Longmuß, Jörg: Zu Begriff und Theorie der geplanten Obsoleszenz, in: Poppe, Erik; Longmuß, Jörg (Hrsg.), Geplante Obsoleszenz: Hinter den Kulissen der Produktentwicklung, Forschung aus der Hans-Böckler-Stiftung, Band 194, Bielefeld 2019, S. 17–37 (zit.: Geplante Obsoleszenz).

Posner, Richard A.: Utilitarianism, Economics, and Legal Theory, 8(1) The Journal of Legal Studies 103–140 (1979).

Posner, Richard A.: Economic Analysis of Law, 9. Edition, New York 2014.

Prakash, Siddharth; Dehoust, Günther; Gsell, Martin; Schleicher, Tobias; Stamminger, Rainer: Einfluss der Nutzungsdauer von Produkten auf ihre Umweltwirkung: Schaffung einer Informationsgrundlage und Entwicklung von Strategien gegen „Obsoleszenz“, Zwischenbericht: Analyse der Entwicklung der Lebens-, Nutzungs- und Verweildauer von ausgewählten Produktgruppen, Texte 10/2015, Umweltbundesamt (Hrsg.), Umweltforschungsplan des Bundesministeriums für Umwelt, Naturschutz, Bau und Reaktorsicherheit, Dessau-Roßlau 2015 (zit.: UBA Texte 10/2015).

Prakash, Siddharth; Dehoust, Günther; Gsell, Martin; Schleicher, Tobias; Stamminger, Rainer: Einfluss der Nutzungsdauer von Produkten auf ihre Umweltwirkung: Schaffung einer Informationsgrundlage und Entwicklung von Strategien gegen „Obsoleszenz“, Texte 11/2016, Umweltbundesamt (Hrsg.), Umweltforschungsplan des Bundesministeriums für Umwelt, Naturschutz, Bau und Reaktorsicherheit, Dessau-Roßlau 2016 (zit.: UBA Texte 11/2016).

Priest, George L.: A Theory of the Consumer Product Warranty, 90(6) The Yale Law Journal 1297–1352 (1981).

Projektgruppe VSMK und JuMiKo: Gewährleistung und Garantie, Bericht, 03. 02. 2016 (zit.: Gewährleistung und Garantie).

Rachlitz, Richard; Kochendörfer, Luca; Gansmeier, Johannes: Mangelbegriff und Beschaffenheitsvereinbarung, Zur Neufassung der §§ 327e, 434, 475b und 327 h, 476 Abs. 1 Satz 2 BGB, JZ 2022, 705–714.

RAL gGmbH: Produkte und Dienstleistungen mit dem Blauen Engel, Übersicht der Vergabekriterien nach Branchen, 2021, abrufbar unter https://www.blauer-engel.de/sites/default/files/2021-07/branchenuebersicht-de.pdf, zuletzt abgerufen am 30.06.2025 (zit.: Übersicht Vergabekriterien).

RAL gGmbH: Produktwelten, Produkte und Dienstleistungen, Bonn, abrufbar unter https://eu-ecolabel.de/fuer-verbrauchende/produktwelten, zuletzt abgerufen am 30.06.2025.

RAL gGmbH: Unser Zeichen für die Umwelt, Bonn, abrufbar unter https://www.blauer-engel.de/de/blauer-engel/unser-zeichen-fuer-die-umwelt, zuletzt abgerufen am 30.06.2025.

RAL gGmbH: Wissenschaftlich erarbeitet, abrufbar unter: https://www.blauer-engel.de/de/blauer-engel/unser-zeichen-fuer-die-umwelt/wissenschaftlich-erarbeitet, zuletzt abgerufen am 30.06.2025.

RAL gGmbH: EU Ecolabel, Über das Umweltzeichen EU Ecolabel, Bonn, abrufbar unter https://eu-ecolabel.de/eu-ecolabel/ueber-das-eu-ecolabel, zuletzt abgerufen am 30.06.2025.

Rehbinder, Eckard: Das deutsche Umweltrecht auf dem Weg zur Nachhaltigkeit, NVwZ 2002, 657-666.

Reich, Norbert: Die Umsetzung der Richtlinie 1999-44-EG in das deutsche Recht, NJW 1999, 2397-2403.

Rentsch, Bettina: Grenzüberschreitender kollektiver Rechtsschutz in der Europäischen Union: No New Deal for Consumers, RabelsZ 85 (2021), 544-578.

Riehm, Thomas; Abold; Metawi Adrian: Mängelgewährleistungspflichten des Anbieters digitaler Inhalte, Vortrag auf der Arbeitssitzung „Verträge über digitale Inhalte – Überblick und Auswirkungen auf das Urheberrecht“ des Instituts für Urheber- und Medienrecht am 10.11.2017 in München, ZUM 2018, 82-91.

Riehm, Thomas; Abold; Metawi Adrian: Rechtsbehelfe von Verbrauchern bei Verträgen über digitale Produkte, Einführung in das neue Gewährleistungsrecht für die Digitalisierung, CR 2021, 530-540.

Riha, Michael: Ökonomische Analyse des Sachmängelgewährleistungsrechts des BGB, München 2007.

Ritter, Franziska; Schwichtenberg, Simon: Technisierung von Alltagsgegenständen – Zur Erweiterung des § 476 BGB unter Einbeziehung von BGH, Urteil vom 12.10.2016, Az. VIII ZR 103/15, VuR 2017, 51-56.

Roer, Louis: Im System nicht vorgesehen – Aushebelung des (Wahl-)Rechts auf Nacherfüllung, VuR 2023, 454-462.

Rudloff, Elize: Der Vorschlag einer Warenhandels-Richtlinie der EU – Fortschritt auf dem Weg zu mehr Nachhaltigkeit?, VuR 2018, 323-331.

Ruggie, John: Protect, Respect and Remedy: a Framework for Business and Human Rights, Report of the Special Representative of the Secretary-General on the issue of human rights and transnational corporations and other business enterprises, A/HRC/8/5, 07.04.2008 (zit.: Protect, Respect and Remedy: a Framework for Business and Human Rights).

Rühl, Giesela: Die Verjährung kaufrechtlicher Gewährleistungsansprüche, AcP 207 (2007), 614-650.

Rühl, Giesela: Statut und Effizienz: Ökonomische Grundlagen des Internationalen Privatrechts, Beiträge zum ausländischen und internationalen Privatrecht, Band 95, Tübingen 2011 (zit.: Statut und Effizienz).

Sachs, Michael (Hrsg.): Grundgesetz Kommentar, 10. Auflage, München 2024 (zit.: *Bearbeiter* in: Sachs GG).

Säcker, Franz Jürgen; Rixecker, Roland; Oetker, Hartmut; Limperg, Bettina, Schubert, Claudia (Hrsg.): Münchener Kommentar zum Bürgerlichen Gesetzbuch, Band 1, Allgemeiner Teil §§ 1-240a

BGB, AllgPersönlR, StiftRG, ProstG, AGG, 10. Auflage, München 2025 (zit.: *Bearbeiter* in: MüKo BGB).
Säcker, Franz Jürgen; Rixecker, Roland; Oetker, Hartmut; Limperg, Bettina, Schubert, Claudia (Hrsg.): Münchener Kommentar zum Bürgerlichen Gesetzbuch, Band 3, Schuldrecht – Allgemeiner Teil II, §§ 311 – 432 BGB, 9. Auflage, München 2022 (zit.: *Bearbeiter* in: MüKo BGB).
Säcker, Franz Jürgen; Rixecker, Roland; Oetker, Hartmut; Limperg, Bettina, Schubert, Claudia (Hrsg.): Münchener Kommentar zum Bürgerlichen Gesetzbuch, Band 4, §§ 433 – 432 BGB, Finanzierungsleasing, CISG, 8. Auflage, München 2019 (zit.: *Bearbeiter* in: MüKo BGB).
Säcker, Franz Jürgen; Rixecker, Roland; Oetker, Hartmut; Limperg, Bettina, Schubert, Claudia (Hrsg.): Münchener Kommentar zum Bürgerlichen Gesetzbuch, Band 6, Schuldrecht – Besonderer Teil III, §§ 631 – 704 BGB, 9. Auflage, München 2023 (zit.: *Bearbeiter* in: MüKo BGB).
Sattler, Andreas: Neues EU-Vertragsrecht für digitale Güter, Die Richtlinie (EU) 2019/770 als Herausforderung für das Schuld-, Urheber- und Datenschutzrecht, CR 2020, 145 – 154.
Schäfer, Hans-Bernd; Ott, Claus: Lehrbuch der ökonomischen Analyse des Zivilrechts, 5. Auflage, Berlin 2012.
Schirmer, Jan-Erik: Nachhaltigkeit in den Privatrechten Europas, ZEuP 2021, 35 – 63.
Schirmer, Jan-Erik: Nachhaltiges Privatrecht, Jus Privatum, Beiträge zum Privatrecht, Band 270, Tübingen 2023.
Schlacke, Sabine: Umweltrecht, 8. Auflage, Baden-Baden 2021.
Schlacke, Sabine; Alt, Marina; Tonner, Klaus; Gawel, Erik; Bretschneider, Wolfgang: Stärkung eines nachhaltigen Konsums im Bereich Produktnutzung durch Anpassungen im Zivil- und öffentlichen Recht, Texte 72/2015, Umweltbundesamt (Hrsg.), Umweltforschungsplan des Bundesministeriums für Umwelt, Naturschutz, Bau und Reaktorsicherheit, Dessau-Roßlau 2015 (zit.: UBA Texte 72/2015).
Schlacke, Sabine; Stadermann, Michael; Grunow, Moritz: Rechtliche Instrumente zur Förderung des nachhaltigen Konsums – am Beispiel von Produkten, Texte 24/2012, Umweltbundesamt (Hrsg.), Umweltforschungsplan des Bundesministeriums für Umwelt, Naturschutz und Reaktorsicherheit, Dessau-Roßlau 2012 (zit.: UBA Texte 24/2012).
Schlacke, Sabine; Tonner, Klaus; Gawel, Erik: Nachhaltiger Konsum – integrierte Beiträge von Zivilrecht, öffentlichem Recht und Rechtsökonomie zur Steuerung nachhaltiger Produktnutzung, JZ 2016, 1030 – 1039.
Schmidt, Mario: Die Bedeutung der Effizienz für Nachhaltigkeit – Chancen und Grenzen, 2008, abrufbar unter https://www.hs-pforzheim.de/fileadmin/user_upload/uploads_redakteur/Forschung/INEC/Dokumente/Team__Publikationen_/Effizienz_Suffizienz.pdf, zuletzt abgerufen am 30. 06. 2025 (zit.: Die Bedeutung der Effizienz für Nachhaltigkeit).
Schmidt, Mario: Effizienz als Grundvoraussetzung für nachhaltigen Konsum, in: Boos, Adrian; Brönneke, Tobias; Wechsler, Andrea (Hrsg.), Konsum und nachhaltige Entwicklung, Verbraucherpolitik neu denken, Schriftenreihe des Instituts für Europäisches Wirtschafts- und Verbraucherrecht e.V., Band 40, Baden-Baden 2019, S. 27 – 44 (zit.: Konsum und nachhaltige Entwicklung).
Schmidt-Räntsch, Jürgen: Zum Stand der Kaufrechtsrichtlinie, ZIP 1998, 849 – 853.
Schmidt-Räntsch, Jürgen: Gedanken zur Umsetzung der kommenden Kaufrechtsrichtlinie, ZEuP 1999, 294 – 302.
Schmolke, Klaus Ulrich: § 5 – Vertragstheorie und ökonomische Analyse des Vertragsrechts, in: Towfigh, Emanuel V.; Petersen, Niels (Hrsg.), Ökonomische Methoden im Recht: Eine

Einführung für Juristen, 2. Auflage, Tübingen 2017, S. 131 – 162 (zit.: Ökonomische Methoden im Recht).

Schomerus, Thomas: Öffentliche Nachhaltigkeitssteuerung, Nachhaltigkeit aus rechtlicher Perspektive, in: Heinrichs, Harald; Michelsen, Gerd (Hrsg.), Nachhaltigkeitswissenschaften, Berlin 2014, S. 290 – 304 (zit.: Nachhaltigkeitswissenschaften).

Schrader, Christian: Nachhaltigkeit in Unternehmen – Verrechtlichung von Corporate Social Responsibility (CSR), ZUR 2013, 451 – 458.

Schrader, Paul. T.: Umsetzung der Warenkauf-Richtlinie: Auswirkungen auf die Haltbarkeit von Fahrzeugen mit digitalen Elementen, NZV 2021, 67 – 72.

Schricker, Gerhard: Zur Reform des Gesetzes gegen den unlauteren Wettbewerb Schadensersatzansprüche der Abnehmer und Rücktritt vom Vertrag bei irreführender und unlauterer Werbung, GRUR 1979, 1 – 8.

Schridde, Stefan; Kreiß, Christian; Winzer, Janis: Geplante Obsoleszenz: Entstehungsursachen, Konkrete Beispiele, Schadensfolgen, Handlungsprogramm, Gutachten im Auftrag der Bundestagsfraktion Bündnis 90 / Die Grünen, ARGE REGIO Stadt- und Regionalentwicklung GmbH (Hrsg.), Berlin 2013 (zit.: Geplante Obsoleszenz).

Schröter, Michael W.; Bosselmann, Klaus: Die Robbenklage im Lichte der Nachhaltigkeit, ZUR 2018, 195 – 205.

Schubel, Christian: Haltbarkeitsgarantien des Herstellers im Dreieck zwischen Garantiegeber, Käufer und Verkäufer, JZ 2022, 1084 – 1093.

Schulze, Reiner: Die Digitale-Inhalte-Richtlinie – Innovation und Kontinuität im europäischen Vertragsrecht, ZEuP 2019, 695 – 723.

Schulze, Reiner (Schriftleitung): Bürgerliches Gesetzbuch, Nomos Handkommentar, 12. Auflage, Baden-Baden 2024 (zit.: *Bearbeiter* in: HK-BGB).

Schulze, Reiner; Zoll, Fryderyk: European Contract Law, prepared by Jonathon Watson, 3. Edition, Baden-Baden 2021.

Segger-Piening, Sören: Duales Schutzkonzept vorvertraglicher Informationspflichten im Spiegel von Verbraucheracquis und Verhaltensökonomik, ZfPW 2020, 358 – 384.

Sen, Amartya: Development as Capability Expansion, in: Fukuda-Parr, Sakiko; Kumar, A. K. Shiva (Hrsg.), Readings in Human Development: Concepts, Measures and Policies for a Development Paradigm, Oxford 2003, S. 41 – 58 (zit.: Readings in Human Development).

Simon-Kucher & Partners: Relevanz von Nachhaltigkeit als Kaufkriterium in Deutschland im Jahr 2021, Statistika.

Sinn, Hans Werner: Kommentar, in: Ott, Claus; Schäfer, Hans-Bernd (Hrsg.), Allokationseffizienz in der Rechtsordnung, Beiträge zum Travemünder Symposium zur ökonomischen Analyse des Zivilrechts 23.–26. März 1988, Berlin 1989, S. 81 – 90 (zit.: Allokationseffizienz in der Rechtsordnung).

Smeddinck, Ulrich: § 3 Kreislaufwirtschafts- und Abfallrecht, in: Kluth, Winfried; Smeddinck, Ulrich (Hrsg.), Umweltrecht: Ein Lehrbuch, 2. Auflage, Berlin 2020, S. 127 – 195 (zit.: Umweltrecht).

Specht-Riemenschneider, Louisa; Mehnert, Victor: Updates und das „Recht auf Reparatur“, Zum Zusammenspiel vertragsrechtlicher Aktualisierungspflichten und der Ökodesign-Richtlinie, ZfDR 2022, 313 – 338.

Spindler, Gerald; Sein, Karin: Die Richtlinie über Verträge über digitale Inhalte, Gewährleistung, Haftung und Änderungen, MMR 2019, 488 – 493.

Stariradeff, Tanya: Vollharmonisierung und Anhebung des Verbraucherschutzniveaus im Online-Kaufrecht, Auswirkungen des Richtlinienentwurfs auf den Online-Handel, MMR 2016, 715 – 719.

Staudenmayer, Dirk: Die EG-Richtlinie über den Verbrauchsgüterkauf, NJW 1999, 2393 – 2397.
Staudenmayer, Dirk: § 3: EG-Richtlinie 1999/44/EG zur Vereinheitlichung des Kaufgewährleistungsrechts, in: Grundmann, Stefan; Medicus, Dieter; Rolland, Walter (Hrsg.), Europäisches Kaufgewährleistungsrecht: Reform und Internationalisierung des deutschen Schuldrechts, Köln 2000, S. 27 – 47 (zit.: Europäisches Kaufgewährleistungsrecht).
Staudenmayer, Dirk: Die Richtlinien zu den digitalen Verträgen, ZEuP 2019, 663 – 694.
Staudenmayer, Dirk: Kauf von Waren mit digitalen Elementen – Die Richtlinie zum Warenkauf, NJW 2019, 2889 – 2893.
von Staudinger, J. (Hrsg.): Kommentar zum Bürgerlichen Gesetzbuch: Staudinger BGB, Buch 2: Recht der Schuldverhältnisse: §§ 433 – 480, Kaufrecht, Berlin 1995 (zit.: *Bearbeiter* in: Staudinger).
von Staudinger, J. (Hrsg.): Kommentar zum Bürgerlichen Gesetzbuch: Staudinger BGB, Buch 2: Recht der Schuldverhältnisse: §§ 433 – 480, Kaufrecht, Berlin 2013 (zit.: *Bearbeiter* in: Staudinger).
von Staudinger, J. (Hrsg.): Kommentar zum Bürgerlichen Gesetzbuch: Staudinger BGB, Buch 2: Recht der Schuldverhältnisse: §§ 433 – 448, Kaufrecht 1 – Allgemeine Grundsätze, Gewährleistung, Berlin 2023 (zit.: *Bearbeiter* in: Staudinger).
Stigler, George J.: The Economics of Information, 69(3) The Journal of Political Economy 213 – 225 (1961).
Streinz, Rudolf (Hrsg.): Beck'sche Kurz-Kommentare, Band 57, EUV/AEUV, Vertrag über die Europäische Union, Vertrag über die Arbeitsweise der Europäischen Union, Charta der Grundrechte der Europäischen Union, 3. Auflage, München 2018 (zit.: *Bearbeiter* in: Streinz, EUV/AEUV).
Stürner, Rolf (Hrsg.): Jauernig Bürgerliches Gesetzbuch mit Rom-I-VO, Rom-II-VO, Rom-III-VO, EG-UnthVO/HUntProt und EuErbVO, Kommentar, 19. Auflage, München 2023 (zit.: *Bearbeiter* in: Jauernig BGB).
Sunstein, Cass R.; Thaler, Richard H.: Libertarian Paternalism Is Not an Oxymoron, 70(4) The University of Chicago Law Review 1159 – 1202 (2003).
Terryn, Evelyne: A Right to Repair? Towards Sustainable Remedies in Consumer Law, 27(4) ERPL 851 – 874 (2019).
Theobald, Christian; Kühling, Jürgen (Hrsg): Energierecht, Energiewirtschaftsgesetz mit Verordnungen, EU-Richtlinien, Gesetzesmaterialien, Gesetze und Verordnungen zu Energieeinsparung und Umweltschutz sowie andere energiewirtschaftlich relevante Rechtsregelungen, Kommentar, 128. EL, München 2024 (zit.: *Bearbeiter* in: Theobald/Kühling, Energierecht).
Tietzel, Manfred: Probleme der asymmetrischen Informationsverteilung beim Güter- und Leistungsaustausch, in: Ott, Claus; Schäfer, Hans-Bernd (Hrsg.), Allokationseffizienz in der Rechtsordnung, Beiträge zum Travemünder Symposium zur ökonomischen Analyse des Zivilrechts 23.–26. März 1988, Berlin 1989, S. 52 – 63 (zit.: Allokationseffizienz in der Rechtsordnung).
Tonner, Klaus: Für eine nachhaltige Weiterentwicklung des Verbrauchsgüterkaufrechts, VuR 2012, 355 – 360.
Tonner, Klaus: Die EU-Warenkauf-Richtlinie: auf dem Wege zur Regelung langlebiger Waren mit digitalen Elementen, VuR 2019, 363 – 371.
Tonner, Klaus: Green Deal und Verbraucherrecht: das Recht auf Reparatur, VuR 2023, 241 – 243.
Tonner, Klaus; Gawel, Erik; Schlacke, Sabine; Alt, Marina; Bretschneider, Wolfgang: Gewährleistung und Garantie als Instrumente zur Durchsetzung eines nachhaltigen Produktumgangs, VuR 2017, 3 – 12.

Tonner, Klaus; Malcolm, Rosalind: How an EU Lifespan Guarantee Model Could Be Implemented Across the European Union, Study, Directorate General for Internal Policies, Policy Department for Citizens' Rights and Constitutional Affairs, Legal Affairs (Hrsg.), Brüssel 2017 (zit.: How an EU Lifespan Guarantee Model Could Be Implemented Across the European Union).

Towfigh, Emanuel V.: § 2 – Das ökonomische Paradigma, in: Towfigh, Emanuel V.; Petersen, Niels (Hrsg.), Ökonomische Methoden im Recht: Eine Einführung für Juristen, 2. Auflage, Tübingen 2017, S. 25 – 43 (zit.: Ökonomische Methoden im Recht).

Umweltbundesamt: Recyclingpapier, Antworten auf häufig gestellte Fragen, Hintergrund, 2015 (zit.: Recyclingpapier).

Umweltbundesamt: Ökobilanz, 17. 10. 2018, abrufbar unter https://www.umweltbundesamt.de/themen/wirtschaft-konsum/produkte/oekobilanz, zuletzt abgerufen am 30. 06. 2025.

Umweltbundesamt: Über Probas, abrufbar unter https://www.probas.umweltbundesamt.de, zuletzt abgerufen am 30. 06. 2025.

van Aaken, Anne: „Rational Choice" in der Rechtswissenschaft: Zum Stellenwert der ökonomischen Theorie im Recht, Studien zur Rechtsphilosophie und Rechtstheorie, Band 33, Baden-Baden 2003 (zit.: „Rational Choice" in der Rechtswissenschaft).

van Aaken, Anne: Vom Nutzen der ökonomischen Theorie für das öffentliche Recht: Methode und Anwendungsmöglichkeiten, in: Bungenberg, Marc (Hrsg.), Recht und Ökonomik: 44. AssÖR, 44. Assistententagung Öffentliches Recht, Jena 2004, München 2004, S. 1 – 32 (zit.: 44. AssÖR: Recht und Ökonomik).

van den Bergh, Roger: Wer schützt die europäischen Verbraucher vor dem Brüsseler Verbraucherschutz? Zu den möglichen adversen Effekten der europäischen Richtlinien zum Schutze des Verbrauchers, in: Ott, Claus; Schäfer, Hans-Bernd (Hrsg.), Effiziente Verhaltenssteuerung und Kooperation im Zivilrecht, Beiträge zum V. Travemünder Symposium zur ökonomischen Analyse des Rechts, 27.–30. März 1996, Berlin 1997, S. 77 – 102 (zit.: Effiziente Verhaltenssteuerung und Kooperation im Zivilrecht).

van Gool, Elias; Michel, Anaïs: The New Consumer Sales Directive 2019/771 and Sustainable Consumption: A Critical Analysis, EuCML 2021, 136 – 148.

Verbraucherkommission Baden-Württemberg: Gewährleistung und Garantie – Stellungnahme zum Novellierungsbedarf der Vorschriften über Gewährleistung und Garantie beim Verbrauchsgüterkauf, Nr. 34/2014, 13. 11. 2014 (zit.: Stellungnahme Nr. 34/2014).

Verbraucherkommission Baden-Württemberg: Qualität statt vorzeitiger Verschleiß – Diskussionspapier zur eingebauten Obsoleszenz bei Konsumgütern vom 21. 07. 2014, in: Brönneke, Tobias; Wechsler, Andrea (Hrsg.), Obsoleszenz interdisziplinär, Vorzeitiger Verschleiß aus Sicht von Wissenschaft und Praxis, Schriftenreihe des Instituts für Europäisches Wirtschafts- und Verbraucherrecht e.V., Band 51, Baden-Baden 2015, S. 309 – 326 (zit.: Obsoleszenz interdisziplinär).

Verbraucherzentrale Baden-Württemberg e.V.: Gewährleistung und Garantie, Auswertung einer Umfrage der Verbraucherzentralen, Projekt „Wirtschaftlicher Verbraucherschutz" 2017, 19. 12. 2017 (zit.: Gewährleistung und Garantie).

Verbraucherzentrale Bundesverband e.V.: Haltbarkeit und Reparierbarkeit von Produkten, Berichtsgrafiken, 2017, abrufbar unter https://www.vzbv.de/sites/default/files/downloads/2017/06/01/umfrage_-_haltbarkeit_und_reparierbarkeit_von_produkten_o_gewaehrleistung.pdf, zuletzt abgerufen am 30. 06. 2025.

Verbraucherzentrale Bundesverband e.V.: Vertragsrecht im digitalen Zeitalter angekommen, Stellungnahme zum Entwurf eines Gesetzes zur Umsetzung der Richtlinie über bestimmte vertragsrechtliche Aspekte der Bereitstellung digitaler Inhalte und digitaler Dienstleistungen, 30.11.2020 (zit.: Stellungnahme zum Entwurf eines Gesetzes zur Umsetzung der Richtlinie über bestimmte vertragsrechtliche Aspekte der Bereitstellung digitaler Inhalte und digitaler Dienstleistungen).

Verbraucherzentrale Bundesverband e.V.: Verbraucherbefragung zum Thema Reparaturindex, Ergebnisse einer repräsentativen Bevölkerungsbefragung, 2021, abrufbar unter https://www.vzbv.de/sites/default/files/2022-01/Umfrage_Kantar_vzbv_Reparaturindex.pdf, zuletzt abgerufen am 30.06.2025.

Verbraucherzentrale Bundesverband e.V.: Warenkauf im digitalen Zeitalter angekommen, Stellungnahme zum Entwurf eines Gesetzes zur Regelung des Verkaufs von Sachen mit digitalen Elementen und anderer Aspekte des Kaufvertrags, 07.01.2021 (zit.: Stellungnahme zum Entwurf eines Gesetzes zur Regelung des Verkaufs von Sachen mit digitalen Elementen und anderer Aspekte des Kaufvertrags).

Vereinte Nationen: Ziele für nachhaltige Entwicklung, Bericht 2016.

Vertretung in Deutschland: Pressemitteilung: Kampf gegen Wegwerfgesellschaft: Kommission will Recht auf Reparatur, 22.03.2023, abrufbar unter: https://germany.representation.ec.europa.eu/news/kampf-gegen-wegwerfgesellschaft-kommission-will-recht-auf-reparatur-2023-03-22_de, zuletzt abgerufen am 30.06.2025.

Wagner, Gerhard: Privatrechtsdogmatik und ökonomische Analyse, in: Grigoleit, Hans Christoph et al. (Hrsg.), Privatrechtsdogmatik im 21. Jahrhundert: Festschrift Für Claus-Wilhelm Canaris zum 80. Geburtstag, Berlin 2017, S. 281–318 (zit.: FS Canaris).

Wagner, Gerhard: Klimaschutz durch Gerichte, NJW 2021, 2256–2263.

Weber, Franziska: Gegenwärtige Verbraucherrechtsfälle und Bedarf an staatlicher Rechtsdurchsetzung, VuR 2013, 323–332.

Weber, Max: Wirtschaft und Gesellschaft, Grundriss der verstehenden Soziologie, Fünfte, revidierte Auflage, besorgt von Johannes Winckelmann, Studienausgabe, 5. Auflage, Tübingen 1972.

Weiler, Frank: Haftung für Werbeangaben nach neuem Kaufrecht, WM 2002, 1784–1794.

Welters, Malte: Obsoleszenz im Zivilrecht, Insbesondere die Pflicht des Herstellers langlebiger technischer Anlagen zur Ersatzteilversorgung, Studienreihe Wirtschaftsrechtliche Forschungsergebnisse, Band 162, Hamburg 2012 (zit.: Obsoleszenz im Zivilrecht).

Wendehorst, Christiane: Aktualisierungen und andere digitale Dauerleistungen: Das neue Gewährleistungsrecht auf dem Prüfstand, in: Stabentheiner, Johannes; Wendehorst, Christiane; Zöchling-Jud, Brigitta (Hrsg.), Das neue europäische Gewährleistungsrecht: Zu den Richtlinien (EU) 2019/771 über den Warenkauf sowie (EU) 2019/770 über digitale Inhalte und digitale Dienstleistungen, Wien 2019, S. 111–139 (zit.: Das neue europäische Gewährleistungsrecht).

Wendland, Matthias: Ein neues europäisches Vertragsrecht für den Online-Handel? Die Richtlinienvorschläge der Kommission zu vertragsrechtlichen Aspekten der Bereitstellung digitaler Inhalte und des Online-Warehandels, EuZW 2016, 126–131.

Westermann, Harm Peter: Das neue Kaufrecht einschließlich des Verbrauchsgüterkaufs, JZ 2001, 530–542.

Westermann, Harm Peter; Grunewald, Barbara; Maier-Reimer, Georg (Hrsg.): Erman Bürgerliches Gesetzbuch, Kommentar mit Nebengesetzen (AGG, BVersTG, EGBGB, ErbbauRG, ProdhaftG, VBVG, VersAusglG, WEG – teils in Auszügen) und Internationalem Privatrecht, 17. Auflage, Köln 2023 (zit.: *Bearbeiter* in: Erman BGB).

Wieland, Joachim: Verfassungsrang für Nachhaltigkeit, ZUR 2016, 473–483.

Wilrich, Thomas: Rechtliche Bedeutung von DIN-Normen und technischen Regelwerken, NJW 2023, 1400–1405.

Winzer, Janis: Geplante Obsoleszenz in der Wegwerfgesellschaft, Die Lebensdauer von Produkten ist planbar, ÖkologischesWirtschaften 2017, 9.

World Commission on Environment and Development: Report of the World Commission on Environment and Development: Our Common Future, 1987.

Zahrnt, Angelika: Nachhaltiger Konsum fordert Suffizienz, in: Boos, Adrian; Brönneke, Tobias; Wechsler, Andrea (Hrsg.), Konsum und nachhaltige Entwicklung, Verbraucherpolitik neu denken, Schriftenreihe des Instituts für Europäisches Wirtschafts- und Verbraucherrecht e.V., Band 40, Baden-Baden 2019, S. 45–56 (zit.: Konsum und nachhaltige Entwicklung).

Zimmer, Daniel: Das geplante Kaufrecht, in: Ernst, Wolfgang; Zimmermann, Reinhard (Hrsg.), Zivilrechtswissenschaft und Schuldrechtsreform, zum Diskussionsentwurf eines Schuldrechtsmodernisierungsgesetzes des Bundesministeriums der Justiz, Tübingen 2001, S. 191–204 (zit.: Zivilrechtswissenschaft und Schuldrechtsreform).

Zinner, Marilies: Was vom CESL übrigblieb – Neues Verbrauchervertragsrecht mit digitalem Einschlag, VuR 2019, 241–243.

Zöchling-Jud, Brigitta: Beweislast und Verjährung im neuen europäischen Gewährleistungsrecht, in: Stabentheiner, Johannes; Wendehorst, Christiane; Zöchling-Jud, Brigitta (Hrsg.), Das neue europäische Gewährleistungsrecht: Zu den Richtlinien (EU) 2019/771 über den Warenkauf sowie (EU) 2019/770 über digitale Inhalte und digitale Dienstleistungen, Wien 2019, S. 197–214 (zit.: Das neue europäische Gewährleistungsrecht).

Zöchling-Jud, Brigitta: Das neue Europäische Gewährleistungsrecht für den Warenhandel, GPR 2019, 115–133.

Kolibri 360 GmbH
Ferdinand-Jühlke-Straße 7
99095 Erfurt, Deutschland
produktsicherheit@kolibri360.de